走私犯罪
检察理论与实务

ZOUSI FANZUI
JIANCHA LILUN YU SHIWU

张和林　主编

中国检察出版社

图书在版编目（CIP）数据

走私犯罪检察理论与实务 / 张和林主编 . -- 北京 : 中国检察出版社 , 2024.12

ISBN 978-7-5102-3086-8

Ⅰ . ①走… Ⅱ . ①张… Ⅲ . ①走私罪—研究—中国 Ⅳ . ① D924.334

中国国家版本馆 CIP 数据核字 (2024) 第 108399 号

走私犯罪检察理论与实务

张和林　主编

责任编辑：苗　宇　刘思昊

技术编辑：王英英

封面设计：徐嘉武

出版发行：中国检察出版社

社　　址：北京市石景山区香山南路 109 号（100144）

网　　址：中国检察出版社（www. zgjccbs. com）

编辑电话：（010）86423796　86423788

发行电话：（010）86423726　86423727　86423728

（010）86423730　86423732

经　　销：新华书店

印　　刷：河北宝昌佳彩印刷有限公司

开　　本：787 mm × 1092 mm　16 开

印　　张：27

字　　数：581 千字

版　　次：2024 年 12 月第一版　　2024 年 12 月第一次印刷

书　　号：ISBN 978 - 7 - 5102 - 3086 - 8

定　　价：94.00 元

《走私犯罪检察理论与实务》
编　委　会

编写说明

广东作为我国的沿海经济重镇，历史上便是走私犯罪频发的敏感地带。随着粤港澳大湾区和横琴粤澳深度合作区建设深入推进，走私犯罪呈现团伙化、链条化、智能化、网络化等新特征，“蚂蚁搬家”式走私、港澳单牌车走私等新型犯罪频发，电子数据取证、跨境证据互认、犯罪收益追缴等司法难题日益凸显，传统的治理模式难以适应新形势下反走私工作的需要，亟需理论与实践的双重革新以应对新难题新挑战。

近年来，广东省检察机关以习近平新时代中国特色社会主义思想为指导，深入贯彻习近平法治思想，将走私犯罪治理纳入总体国家安全观范畴，设立“广东省人民检察院走私犯罪检察理论研究基地”，并作出“出版一本专著、立项一个国家级课题、举办一场全国性学术会议”的“三个一”具体部署。珠海是内地唯一与澳门、香港陆桥相连的全国第二大口岸城市，在服务国家开放战略中承担重要枢纽作用。珠海市人民检察院作为最高人民检察院反走私犯罪工作联系点、广东省人民检察院走私犯罪检察理论研究基地建设单位，立足区位优势，紧密结合司法实践开展理论研究，联合《中国刑事法杂志》《检察工作》，面向全国发起走私犯罪检察理论研究征文活动并举办研讨会，旨在构建“理论研究——实务探索——治理升级”的良性交互体系，推动理论研究与司法实务深度融合，为全国反走私工作提供可复制、可推广的司法样本，助力国家治理体系和治理能力现代化。

本次征文活动得到全国法学理论界与司法实务界的热烈响应和积极参与，共征集论文上百篇。经过专家学者的精心筛选和严格评审，从走私犯罪诉讼程序研究、法律适用研究、案件办理质效提升研究、犯罪治理研究四个维度进行分类整理，将获奖论文汇编成书。《走私犯罪检察理论与实务》一书充分展现了深入的理论探讨和学术争鸣，全面总结了丰富的实务经验和成功案例，力求为读者呈现一个全面、系统、深入的走私犯罪检察理论与实务研究体系。本书既收录了彭新林教授等知名专家学者关于走私犯罪司法本质、法律体系完善、法律适用问题的前瞻性理论研究成果，又荟萃了一线办案人员对冻品走私、小额多次走私、海上走私等实务难题的破解方案，实现“理论指导实践——实践反哺理论”的双向赋能。希望本书能为广大法学研究者和司法实务工作者提供有益启示，助力推动全国反走私工作协同发展，实现区域经验向国家治理方案的跃升。

本书得以顺利出版，源于广东省人民检察院的大力支持，也得益于全国法学理论界、司法实务界的智慧贡献和评审团队的严格把关。在此，谨向所有为本书编写工作作出贡献的单位和个人致以诚挚谢意！书中纰漏之处，敬请读者不吝指正。

《走私犯罪检察理论与实务》编委会

2024年12月1日

目 录

诉讼程序研究

适用法律问题研究

走私犯罪案件办理质效提升研究

走私犯罪治理研究

诉讼程序研究

走私犯罪案件的管辖问题研究

李梓雯 *

摘　要　我国的走私犯罪案件在职能管辖、地域管辖和级别管辖上均存在一定的实践问题。针对实践问题，本文提出通过明确各侦查主体的管辖边界、明确法定级别管辖制度、明确联合办案和并案管辖的规定、明确管辖错位案件的处理原则，优化完善走私犯罪案件管辖制度。同时提出将海关缉私部门侦办的走私犯罪案件回归审判级别管辖的常态、在粤港澳大湾区内对走私犯罪案件进行集中管辖等创新探索，以期更好回应打击走私犯罪实践中存在的管辖问题，并在维护程序正义的同时提升打击质效。

关键词　走私犯罪　职能管辖　地域管辖　级别管辖

刑事诉讼管辖是刑事诉讼的起点和入口，也可以说是通往公平正义的大门。管辖作为衡量公权力运行是否具有正当性的重要标准，其重要性愈来愈受到关注。① 管辖不规范，就不可能保证程序和实体的公正。② 近年来，走私犯罪日益猖獗，加之走私犯罪的侦查主体逐渐多元化，打击走私犯罪的司法实践中出现了诸多与管辖相关的问题。因此，本文拟在对我国的刑事诉讼管辖制度与走私犯罪案件管辖权配置进行梳理的基础上，检视走私犯罪案件管辖的实践问题，并提出通过明确各侦查主体的管辖边界、明确海警机构和地方公安机关侦办的走私犯罪案件应遵循法定级别管辖制度、明确联合办案和并案管辖的规定、明确管辖错位案件的处理原则，优化完善走私犯罪案件管辖制度，同时提出将海关缉私部门侦办的走私犯罪案件回归审判级别管辖的常态、探索在粤港澳大湾区内对走私犯罪案件进行集中管辖等展望，以期能够回应打击走私犯罪实践中存在的管辖问题，并在维护程序正义的同时提升打击质效。

---

*　李梓雯，广东省珠海市香洲区人民检察院第二检察部三级检察官。

①　张曙：《刑事诉讼管辖制度研究》，法律出版社2020年版，第1页。

②　桂梦美：《刑事诉讼管辖制度研究》，中国政法大学出版社2019年版，第1—2页。

一、刑事诉讼管辖制度与走私犯罪案件管辖权的配置

（一）我国刑事诉讼管辖制度的现行规定

法国社会学家埃米尔·涂尔干曾说道："如果高等社会要维持自身的平衡，就必须实行分工。"① 在刑事诉讼中，管辖就是案件分担处理的规定和依据。刑事管辖划分出公权力机关受理刑事案件的相应范围，使公权力机关明确其权限和职责。②

我国《刑事诉讼法》专章规定了管辖制度，分别是职能管辖和审判管辖，从制度起点看，职能管辖是立法者为强调国家权力的分界而对案件管辖设计的一种"类案分工"，审判管辖则是帮助确定具体案件管辖权的"个别分工"。③ 职能管辖，也称为立案管辖或者部门管辖，主要指公诉案件与自诉案件的划分，以及侦查权在不同机关间的分配问题。④ 本文所谈及的职能管辖问题主要指后者。审判管辖，是指各级法院之间、普通法院与专门法院之间以及同级人民法院之间，在审理第一审刑事案件上的权限划分。⑤ 我国的审判管辖分为普通管辖和专门管辖，普通管辖可以进一步分为级别管辖、地域管辖和指定管辖。级别管辖和地域管辖亦称之为法定管辖，是由法律规定案件管辖的事先分配，既避免管辖争议，也避免他人通过操纵管辖进而实现对审判结果的操作。⑥ 指定管辖也称为裁定管辖，是为了弥补法定管辖存在的不足而设定的，指依据法院裁定决定案件管辖的事后分配，在管辖不便或管辖不明时指定或转移管辖。二者的有机结合更有利于案件的审理以及应对社会的复杂情况。⑦

设置专门管辖的原因主要在于有些刑事案件涉及专门业务或技术方面的问题，或者与某些专门业务有密切联系，不便由普通法院审判，而交由专门法院审判更为便利。出发点是高效地解决专业性、复杂性和多样性的社会争议，便于法院统一法律适用、提高审判效率以及服务国家战略。⑧

除了《刑事诉讼法》规定的职能管辖和审判管辖，最高人民法院、最高人民检察院、公安部还联合发布了数量众多的管辖规范，内容涉及侦查管辖。侦查管辖，是指具有侦查权的机关在刑事案件上的管辖分工与职责范围。⑨ 其要解决的是具体刑事案件由哪个侦查机关进行侦查的问题，相关规定均是参照审判管辖的模式设计，同样包含了级别管辖、地域管辖、指定管辖等内容。

---

① ［法］埃米尔·涂尔干：《社会分工论》，渠东译，三联书店2000年版，第355页。

② 张曙：《刑事诉讼管辖制度研究》，法律出版社2020年版，第8页。

③ 张曙：《刑事诉讼管辖制度研究》，法律出版社2020年版，第79页。

④ 徐静村：《刑事诉讼法学（第三版）》，法律出版社2012年版，第193—199页。

⑤ 陈光中主编：《刑事诉讼法（第七版）》，北京大学出版社、高等教育出版社2021年版，第125页。

⑥ 林钰雄：《刑事诉讼法（上册）》，新学林出版股份有限公司2017年版，第112页。

⑦ 熊秋红、余鹏文：《我国刑事诉讼管辖体系之完善》，载《法学杂志》2022年第4期。

⑧ 熊秋红、余鹏文：《我国刑事诉讼管辖体系之完善》，载《法学杂志》2022年第4期。

⑨ 程军伟：《侦查管辖的立法思考》，载《法律科学（西北政法大学学报）》2010年第5期。

（二）刑事诉讼中走私犯罪案件管辖权的配置

1. 走私犯罪案件职能管辖权的配置

我国经济社会飞速发展，特定时期的刑事司法政策相应地发生变化，相关法律法规也随之进行修改，使得走私犯罪案件职能管辖权的配置历经多次变迁，逐步发展成侦查主体多元化的职能管辖格局。总体来说可以划分为以下三个时期：

第一个时期是地方公安机关和边防等部门分别行使职能管辖权，时间大致为1998年以前。党的十一届三中全会以后，随着经济体制改革和各项经济政策的落实，整个国民经济活跃起来，但与此同时，走私活动尤其是海上走私也日益猖獗。当时海关是缉私工作的主管部门，但这个时期海关只有监管权和行政处罚权，而没有刑事司法权。[①] 面对日益严峻的走私形势，1993年公安部发布《关于严厉打击走私活动和严格执行缉私规定的通知》，其中规定由边防部门依法执行公安机关的海上缉私任务，由刑侦部门负责陆上缉私任务。因此，这一阶段地方公安机关和边防等部门都在一定程度上分别行使缉私的刑事司法权。

第二个时期是以海关缉私部门为主行使职能管辖权，具体时间为1998年至2018年。1998年召开的全国打击走私工作会议作出了建立“联合缉私、统一处理、综合治理”缉私新体制的重大决策。随后，国务院批准在海关总署内设立走私犯罪侦查局并组建专职缉私警察队伍，依法查缉我国海关关境内的涉税走私犯罪案件和发生在海关监管区内的走私犯罪案件。2002年，海关总署走私犯罪侦查局更名为海关总署缉私局。此外，2012年公安部发布的《公安机关办理刑事案件程序规定》规定，地方公安机关对发生在海关监管区域外的非涉税走私犯罪案件进行管辖。总体而言，这一时期的司法实践中，绝大部分走私犯罪案件都由海关总署缉私局管辖。

为适应新形势下的执法需要，2013年第十二届全国人民代表大会第一次会议通过《关于国务院机构改革和职能转变方案的决定》，提出缉私局海上缉私队伍和职能划入海警局。国家海洋局以海警局的名义开展海上维权执法，接受公安部业务指导。但这个时期海警局并未拥有法律意义上的侦查权，仅属于公安机关侦查权的延伸，是在整合执法力量、理顺机制上进行的改革。[②]

第三个时期是海关缉私部门、海警机构、地方公安机关分别行使职能管辖权，具体时间为2018年至今。为贯彻海洋治理和海洋发展新理念，提升我国在管控海洋等方面的综合实力，建立一支更加统一、高效的海上综合执法队伍，更加合理地配置海上执法力量，2018年第十三届全国人民代表大会常务委员会第三次会议通过了《关于中国海警局行使海上维权执法职权的决定》，明确海警机构执行打击海上违法犯罪活动等任务，行使法律规定的公安机关相应执法职权。同年，新修改的《刑事诉讼法》在附则中进一

---

① 秦前红、张鹏：《关于海关“三权衔接”机制的思考》，载《海峡法学》2020年第3期。
② 毛彦民：《海上侦查制度研究》，中南财经政法大学2022年博士学位论文。

步明确海警机构履行海上维权执法职责，对海上发生的刑事案件行使侦查权。这标志着海警机构正式成为专门的海上侦查机关，对包括海上走私在内的海上刑事案件均具有职能管辖权。自此，海关缉私部门对于海上发生的涉税走私犯罪案件不再拥有管辖权。2020年2月，最高人民法院、最高人民检察院、中国海警局联合发布《关于海上刑事案件管辖等有关问题的通知》，立足海上执法司法工作的实际需求，对海上刑事案件的管辖、海警机构提请批准逮捕和移送起诉等问题予以明确。

与此同时，随着公安体制改革的不断推进，公安机关在打击走私犯罪中起着越来越重要的作用，走私犯罪案件的职能管辖也发生了一些新的变化。一方面，海关缉私部门进行管理体制调整，从以海关总署领导为主，改变为以公安部领导为主。在具体业务上，公安部在缉私领域发挥更大作用。另一方面，中共中央印发《深化党和国家机构改革方案》，明确提出公安边防部队改制，从现役部队整体转隶并入公安机关，沿海地区公安机关陆续设立新的机构负责查处包括走私犯罪在内的各类违法犯罪，比如处在打击走私犯罪的前沿阵地和重点地区的广东省公安厅，设立了打击走私犯罪局，承担组织开展打击走私专项行动等任务，各地市亦相继设立打击走私犯罪部门，积极开展反走私工作。2020年《公安机关办理刑事案件程序规定》和《公安部刑事案件管辖分工规定》的相继修改、制定，进一步完善了走私犯罪案件的职能管辖制度。

2. 走私犯罪案件审判管辖权的配置

走私犯罪案件的审判管辖权处于较为稳定的状态。1998年，最高人民法院、最高人民检察院、公安部、司法部、海关总署发布的《关于走私犯罪侦查机关办理走私犯罪案件适用刑事诉讼程序若干问题的通知》(以下简称《1998年通知》)，以及1999年最高人民检察院发布的《关于走私犯罪侦查机关提请批准逮捕和移送审查起诉的案件由分、州、市级人民检察院受理的通知》(以下简称《1999年通知》)，规定海关缉私部门侦查终结的走私犯罪案件，应移送所在地的分、州、市级人民检察院审查起诉，检察院决定起诉的，应当向本地中级人民法院提起公诉。由于在2018年以前，绝大部分的走私犯罪案件都是由海关缉私部门侦办，因而在客观上形成了走私犯罪案件基本上都是由中级人民法院管辖的局面。但在侦查主体多元化的职能管辖新格局下，走私犯罪案件的审判管辖也面临着一些新的问题，将在后文详加论述。

二、走私犯罪案件管辖的实践问题

走私犯罪案件的职能管辖格局变化，使得打击走私力量得到强化。但与此同时，通过数据显示，走私犯罪案件数量呈上升态势，以珠海市为例，2023年全市检察机关受理的走私犯罪案件（除走私毒品案件）比2022年增加了约136%。这也带来了一系列与管辖相关的问题。

（一）走私犯罪案件的职能管辖问题

1. 职能管辖存在重合或模糊情况

根据《刑事诉讼法》《公安机关办理刑事案件程序规定》《公安部刑事案件管辖分工规定》等规定，海关缉私部门管辖海关关境内发生的涉税走私犯罪案件和海关监管区内发生的走私国家禁止进出口的货物、物品案，走私废物案等13种走私犯罪案件；海警机构管辖海上的涉税和非涉税走私犯罪案件；地方公安机关管辖在海关监管区之外发生的非涉税走私犯罪案件。

尽管相关法律和规定已明确了各侦查主体的管辖权范围，但在实践中仍存在职能管辖重合或者模糊的情况。

一是海警机构与地方公安机关之间的职能管辖存在重合和模糊的情况。二者管辖权的重合之处在于，二者对于从海上走私到陆地的非涉税案件都具有管辖权。虽然根据《刑事诉讼法》海上走私犯罪案件均由海警机构管辖，但由于海上走私的货物、物品通常都会抵达陆地，因而犯罪行为也会延续到陆地。在该种情形下，如果走私对象是非涉税的货物、物品，那么从犯罪结果地来看，地方公安机关也具有管辖权。二者管辖权的模糊之处则在于，二者的管辖界限还存在不明确的情况。根据《关于中国海警局行使海上维权执法职权的决定》《关于海上刑事案件管辖等有关问题的通知》等规定，海警机构管辖海（岛屿）岸线以外、我国管辖海域以内发生的刑事案件。根据《公安机关办理刑事案件程序规定》《海警机构办理刑事案件程序规定》，公安机关管辖发生在沿海港岙口、码头、滩涂、台轮停泊点以及设有公安机构的岛屿等区域的走私犯罪案件。但实践中的问题是，有些海（岛屿）岸线划分尚未明确，以珠海市为例，由于海洋面积大、海岸线长、岛屿众多，因而海（岛屿）岸线的划分问题较为复杂，至今未能明确，带来的结果是公安机关与海警机构之间对海岸和岛屿附近海域的走私案件或者过境走私案件的管辖界限未能理顺。

二是海关缉私部门与地方公安机关之间的职能管辖存在模糊的情况。二者的管辖权存在模糊情况的主要原因是有些走私对象的定性模糊。在非海关监管区的走私犯罪案件中，如果属于涉税案件，应当由海关缉私部门行使职能管辖权，如果属于非涉税案件，则由地方公安机关行使职能管辖权，而涉税案件与非涉税案件存在转化可能。较为典型的是走私冻品案件，根据传统思路，冻品不是来自境外疫区或者无法查明是否来自境外疫区的走私行为，以走私普通货物、物品罪论处；冻品是来自境外疫区的走私行为则以走私国家禁止进出口的货物罪论处。直至2021年最高人民法院、最高人民检察院、海关总署、公安部、中国海警局联合制定的《关于打击粤港澳海上跨境走私犯罪适用法律若干问题的指导意见》，提出走私冻品均以走私国家禁止进出口的货物罪定罪处罚，至于冻品是否来自境外疫区或者无法查明是否来自境外疫区，影响的仅是量刑标准。自此，走私冻品案件便基本上不存在涉税与非涉税转化的问题。除此之外，实践中常见的问题还有在侦查初期有些走私犯罪案件的性质尚未确定，或者侦查机关对走私对象法律属性的判断存在偏差，因而影响案件管辖的判断、影响侦查主体的确定。以一起走私牛黄案为例，由于国家对牛黄的进口把控较为严格，公安机关误认为牛黄是国家禁止进出口的货物，因而对相关行为以走私禁止进出口的货物罪立案侦查。然而，检察机关在提前介入时发现牛黄系普通货物而非禁止进出口的货物，即公安机关对牛黄的法律属性的认定不准确，相关行为应认定为走私普通货物。从非涉税案件转化为涉税案件后，公安机关便没有管辖权，案件最终移送海关缉私部门管辖。

三是海关缉私部门和海警机构之间的职能管辖存在模糊的情况。二者管辖权的模糊之处同样在于职能管辖的界限尚未明确。根据现有规定，海警机构对海上走私犯罪案件具有排他性的管辖权。根据海关总署、中国海警局相关协作配合办法，海关缉私部门与海警机构的管辖区域以河流口门线为界，即海关缉私部门对于在内河发生的涉税案件，仍具有管辖权。但目前并无关于河流口门线的划定标准，实务部门有观点认为河、海分界线即入海河流口门线。然而，河、海分界线的划分标准也存在不明确的情况，以珠海市为例，不同部门有不同的划分标准，划分标准不明确的现实结果是河、海分界线附近水域成为管辖真空地带，走私团伙往往在该区域完成了散货工作，从而给走私犯罪打击工作造成严重的阻碍。

刑事诉讼管辖的基本功能之一在于划分公权力机关对刑事案件最初的受理权限，防止在受理案件时互相争执或者推诿扯皮，使刑事诉讼活动能够高效、公正地进行。[①] 首先，近年来走私犯罪的新手段层出不穷，并且呈现出隐蔽化、智能化、网络化的趋势，案件的侦查难度增大，相应地也对侦查取证的时效性以及证据固定的及时性提出了更高的要求。管辖权存在重合或者模糊的情况，那么难免会出现侦查机关“争管辖”和“推管辖”的情况。管辖争议容易贻误最佳的侦查时机，影响侦查效率和质量，甚至造成重要的客观证据损坏或者灭失，影响案件的顺利办理。其次，在管辖权模糊的区域，侦查机关对自身是否具有职能管辖存在顾虑，因而不会贸然立案侦办走私犯罪案件，事实上可能造成放纵走私犯罪的后果。再次，可能还会产生诸多跨部门改变管辖的情况。移送管辖需要耗费一定的时间自不待言，除此之外，在跨部门改变管辖的案件中原侦查机关的侦查行为是否具有合法性以及所取的证据是否具备证据能力的问题，在实践中不无争议，给公诉和审判工作带来困扰。后文将对此详加论述。

2. 以联合办案之名行扩张职能管辖权之实

2021 年，广东省高级人民法院、广东省人民检察院、广东省公安厅、海关总署广东分署、广东海警局发布的《关于走私刑事案件管辖等问题的意见》规定，根据案件或工作需要，各相关侦查机关可以成立联合专案组或联合工作专班开展侦查工作，结合管辖职能确定案件主办、协办部门。其实早在《关于走私刑事案件管辖等问题的意见》发布以前，便不乏海关缉私部门、海警机构、地方公安机关联合办案的案例，这种联合办

① 熊秋红、余鹏文：《我国刑事诉讼管辖体系之完善》，载《法学杂志》2022 年第 4 期。

案模式能够形成打击走私犯罪的合力，也确实取得了一定的成效。但需要关注的是，在实践中还存在以联合办案之名扩张职能管辖权之实的情况，即侦查机关在立案前就明确知道自身不具备职能管辖权，或是在侦办过程中才发现自身并不具备职能管辖权，但出于完成相关办案指标等目的，而在后续侦查中与具备职能管辖权的侦查机关进行形式上的联合办案作为"变通"，从而符合法律关于职能管辖的规定，这种做法恐有失妥当。首先，相关法律并未对联合办案模式予以明确，与管辖相关的司法解释、规范性文件均不能超越法律、背离立法意图或者自我授权，即不能突破法律关于职能管辖的规定，赋予原本没有职能管辖权的侦查主体以管辖权，否则，法律关于职能管辖的规定将被虚置，从而失去其应有的约束力；其次，《关于走私刑事案件管辖等问题的意见》仅是提出各侦查主体可以联合办案，并结合管辖职能确定案件主办和协办部门，但该内容不能被解读出原本没有职能管辖权的侦查主体能够通过联合办案的方式获得管辖权的内涵。

实践中，就有辩护人对联合办案中不具有职能管辖权的侦查机关所取证据的证据能力提出质疑。比如鲍某某走私普通货物、物品案，[①] 系由温州海关缉私分局与温州市公安局成立联合专案组侦办。辩护人提出，本案的办案主体是公安机关，没有侦办涉税走私案件的权限，其制作的全部谈话笔录均不能作为证据使用。温州市中级人民法院作出以下回应，"本案系温州海关缉私分局和温州市公安局成立联合专案组侦办的案件，因走私金额大、涉案人员众多，由温州市公安局抽调人员共同参与本案的侦办工作。故本案侦查机关具有相应的侦查权限，所采集的证据具有合法性和公正性、客观性，依法应予采纳。鲍某某及辩护人的相关辩解与辩护意见，与查明的事实、法律均不符，不予采纳"。应注意到该案件是公安机关抽调人员参与侦查工作，不同于前述的形式上联合办案从而符合职能管辖规定的情况，故法院未采纳相关的辩护意见。虽然有观点提出取证主体合法性理论并不是一项科学合理的证据学理论因而应当予以扬弃。[②] 但目前理论和实务界的主流观点仍认为取证主体合法性是判断证据合法性的标准，因此在借联合办案之名扩张职能管辖权的情形下，相关侦查主体所取得的证据的合法性可能面临争议，进而影响整个案件的处理。

3. 并案管辖的适用存在疑义

并案管辖的依据见于最高人民法院、最高人民检察院、公安部、国家安全部、司法部、全国人大常委会法制工作委员会于2012年联合发布的《关于实施刑事诉讼法若干问题的规定》，公安部于2020年发布的《公安机关办理刑事案件程序规定》《公安部刑事案件管辖分工规定》以及中国海警局于2023年发布的《海警机构办理刑事案件程序规定》。其内容主要是具有一人犯数罪，共同犯罪，共同犯罪的犯罪嫌疑人、被告人还实施其他犯罪，多个犯罪嫌疑人、被告人实施的犯罪存在关联的情形之一，并案处理有

① 鲍某某走私普通货物、物品案，浙江省温州市中级人民法院（2019）浙03刑初39号刑事判决书。

② 万毅：《取证主体合法性理论批判》，载《江苏行政学院学报》2010年第5期。

利于查明案件事实，可以在职责（权）范围内并案处理。另外，《关于走私刑事案件管辖等问题的意见》也规定海关缉私部门、海警机构、地方公安机关在办理本部门管辖的刑事案件过程中，发现其他部门管辖的刑事案件，符合《刑事诉讼法》《公安机关办理刑事案件程序规定》有关并案侦查规定的，可以一并办理，不再移交。

海关缉私部门、海警机构在侦办走私犯罪案件的过程中，可能会发现与走私犯罪紧密联系、相互交织的其他犯罪，如虚假出资、抽逃出资罪，骗取出口退税罪，非法经营罪，洗钱罪等。实践中常见的操作是并案管辖，其在性质上属于管辖权的合并，在诉讼法上将产生一种“绑定”的效果，即管辖机关可以将原本应由不同机关管辖的数个案件，在程序上合并处理。[①]

根据上述规定，并案管辖的范围是“在职责范围内”，但问题在于应当如何理解“职责范围”。有观点认为，《关于实施刑事诉讼法若干问题的规定》规定的并案侦查，是以《刑事诉讼法》关于职能管辖的规范为前提，并案管辖只能在法律所规定的职能管辖的范围内进行，不能打破管辖范围，否则就会自行其是，使管辖秩序紊乱。[②] 还有观点认为，并案管辖虽然可以突破地域管辖和级别管辖制度，但不能突破职能管辖和专门管辖制度的规定。[③] 对此，全国人大常委会法制工作委员会认为，并案管辖只能是本系统内的并案管辖。[④]《公安机关办理刑事案件程序规定》第30条规定，公安机关侦查的刑事案件涉及人民检察院管辖的案件时，应当将相关案件移送人民检察院。同时确立了“主罪机关为主”的分案侦办原则，并规定公安机关在侦查的刑事案件涉及其他侦查机关管辖的案件时，参照该规定。该规定同样暗含了并案管辖不能够突破职能管辖的内涵。海关缉私部门与地方公安同属于公安机关，尚可以依据以上规定适用并案管辖规则。但海警机构与海关缉私部门、地方公安机关分属于不同的国家机关，对于属于应由海关缉私部门、地方公安机关管辖的案件，如果超出海警机构的法定侦查权限，则不能当然地适用上述关于并案管辖的规定。另外，目前也无相关法律法规、司法解释明确并案管辖的实施程序，有必要对其予以具体规定。

（二）走私犯罪案件的地域管辖问题

在我国的刑事诉讼中，地域管辖是指同级人民法院之间在审理第一审刑事案件上的权限划分，[⑤] 主要是对审判地域管辖的划分。侦查管辖是参照审判管辖进行设计的，因而在管辖规范中也有关于侦查地域管辖划分的规定。一般而言，侦查地域管辖与审判地域管辖是对应关系，但走私犯罪案件有其特殊之处，作为侦查机关的海关缉私部门和海警

---

① 万毅:《解读“并案管辖”四个关键词》，载《检察日报》2014年3月5日，第3版。

② 龙宗智:《新刑事诉讼法实施：半年初判》，载《清华法学》2013年第5期。

③ 万毅:《解读“并案管辖”四个关键词》，载《检察日报》2014年3月5日，第3版。

④ 全国人大常委会法制工作委员会刑法室编著:《关于实施刑事诉讼法若干问题的规定解读》，中国法制出版社2013年版，第17页。

⑤ 陈光中主编:《刑事诉讼法（第七版）》，北京大学出版社、高等教育出版社2021年版，第128页。

机构所管辖的范围与行政区划并非一一对应关系，导致的后果是其所对应的检察院和法院对案件不一定具有地域管辖权。目前在实践中较为突出的问题主要有以下两个：

一是海警机构的管辖范围与行政区划不一致时的地域管辖问题。以广东海警直属分局为例，在其侦办深圳市以外海域发生的刑事案件时便可能产生地域管辖问题。根据《关于海上刑事案件管辖等有关问题的通知》，直属局办理的刑事案件系向所在地设区的市级人民检察院批准逮捕、移送起诉。而广东海警直属分局的所在地在深圳市，据此规定，该类案件应向深圳市人民检察院提请批准逮捕和移送起诉。这在审查逮捕时不存在障碍，也有利于检察机关及时引导侦查取证，但到了审查起诉阶段便会面临深圳市对案件没有地域管辖权的问题，那么根据《刑事诉讼法》的规定，还需要将案件移送有管辖权的人民检察院或者报请省检察院指定管辖。然而无论是选择哪种方式，要么在横向上需要跨越地区转移，要么在纵向上增加了诉讼环节，都将增加诉讼时间，有悖于诉讼经济原则。而且，如果在审查起诉阶段再移交案件，一方面，会导致"捕诉分离"，不利于检察机关动态化、全程化监督的有效开展，有违最高人民检察院推动"捕诉一体"改革的初衷；另一方面，负责审查起诉的检察机关与异地的侦查机关在沟通协作上存在跨地域的障碍，如果审查过程中发现事实不清、证据不足而需要退回补充侦查，跨地域沟通协作的弊端将更加凸显。对此有观点建议明确海警局在其管辖范围内侦办的案件，直接由海警局所在地检察机关审查起诉，不再跨区域移送管辖。[①] 该建议具有一定的合理性，能够避免跨区域移送管辖，有利于检察机关侦查活动监督工作的有效开展，也有利于检察机关与侦查机关沟通协作工作的顺利进行。

二是海关关区设置与行政区划不一致时的地域管辖问题。深汕合作区是典型代表，按照海关关区划分其属于汕头海关关区，按照行政区划划分其属于深圳市管理。按照相关规定的要求，海关缉私部门管辖关区内发生的涉税走私犯罪案件，那么在深汕合作区内发生的涉税走私犯罪案件，应由汕头海关的隶属海关汕尾海关缉私分局管辖，侦查终结后向汕尾市人民检察院移送起诉。但侦查机关具有侦查管辖权不必然意味着其所在地的法院当然地具有审判管辖权，根据《刑事诉讼法》《人民检察院刑事诉讼规则》的要求，检察院提起公诉应当与法院审判管辖相适应，因为深圳市是犯罪地，管辖法院指向深圳市中级人民法院，所以汕尾市人民检察院在受理案件后同样需要移送案件或者报请指定管辖。对此，理论上按照《刑事诉讼法》有关地域管辖的一般性原则，由于管辖法院指向深圳市中级人民法院，在推进"以审判为中心"的刑事诉讼制度改革的背景下，根据侦查管辖应服务于审判管辖的原则，则应由深圳海关缉私局管辖，由深圳市人民检察院审查起诉，并向深圳市中级人民法院提起公诉。上述管辖问题主要缘于关区划分未能适应新变化，导致合作区海关关区与行政区划不一致。

另外，对于上述走私犯罪案件中的地域管辖问题，可以考虑探索在一定区域内对走

---

① 陈鹿林：《走私犯罪司法认定》，法律出版社2023年版，第324页。

私犯罪案件进行集中管辖，将在后文详加论述。

（三）走私犯罪案件的级别管辖问题

走私犯罪案件中的级别管辖问题，突出表现在审判级别管辖上。审判级别管辖，是指各级人民法院在审判第一审刑事案件上的职权范围，解决的是上下级人民法院之间的权限分工问题。[①]《刑事诉讼法》规定中级人民法院管辖危害国家安全、恐怖活动和可能判处无期徒刑、死刑的第一审刑事案件。除了以上所列案件，其他第一审刑事案件均应由基层法院管辖。虽然海关缉私部门办理的走私案件不在上述规定的中级人民法院的管辖范围之内，但根据《1998年通知》《1999年通知》，海关缉私部门侦办的走私犯罪案件由中级人民法院管辖。该通知的内容时至今日仍然有效，但随着经济社会的不断发展以及在走私犯罪侦查主体多元化的职能管辖新格局下，走私犯罪案件的级别管辖存在以下问题：

一是海警机构（除海警工作站）、地方公安机关侦办的走私犯罪案件应由何级法院管辖的问题。据了解，粤港澳大湾区的不同城市对此有不同的操作方式。一种是参照对海关缉私部门所侦办的走私犯罪案件的处理，将海警机构和地方公安机关所侦办的走私犯罪案件，均由市级人民检察院审查起诉并向中级人民法院提起公诉；另一种是仅将海关缉私部门侦办的案件保留由市级人民检察院和中级人民法院管辖，而对于海警机构（除海警工作站）、市级公安机关侦办的走私犯罪案件，则根据《刑事诉讼法》第21条的规定确定审判级别管辖，对于不属于中级人民法院管辖的案件，则由市级人民检察院交办给基层人民检察院。

二是有无必要继续将所有海关缉私部门办理的案件均交由中级人民法院管辖的问题。《1998年通知》发布的背景是走私犯罪侦查局刚成立，提级管辖体现了打击走私犯罪的高压态势，在特定时期是有必要的。但现距离《1998年通知》发布已经过去将近30年之久，是否仍有必要将这项特殊性安排当作立法永久化的问题值得思考。而且在这期间《刑事诉讼法》经过数次修改，将恐怖活动犯罪纳入中级人民法院管辖的第一审案件的范围，也规定了外国人犯罪案件不再必须由中级人民法院进行一审，但始终未将实际已由中级人民法院管辖的走私犯罪案件纳入中级人民法院管辖的第一审案件中。从《刑事诉讼法》修改的趋势来看，继续沿用《1998年通知》，不区分案件复杂程度、可能判处刑罚轻重、社会影响面，将所有海关缉私部门办理的案件均交由中级人民法院管辖已不符合立法趋势。而且，实际上海关缉私部门办理的绝大部分走私犯罪案件与危害国家安全、恐怖活动犯罪及判处无期徒刑、死刑案件也都不具备相当性，均在中级人民法院一审，对司法资源而言并非合理配置。

---

① 陈光中主编：《刑事诉讼法（第七版）》，北京大学出版社、高等教育出版社2021年版，第126页。

三、走私犯罪案件管辖制度的优化完善

打击走私犯罪的司法实践中出现了上述与管辖相关的问题，不可避免地会对走私犯罪的打击效果造成影响，需要引起足够的重视。对此，本文认为有必要明确各侦查主体的管辖边界、明确海警机构和地方公安机关侦办的走私犯罪案件应遵循法定级别管辖制度、明确联合办案和并案管辖的规定、明确管辖错位案件的处理原则，从而回应和消弭实践中出现的管辖问题，在实现程序正义的同时提升走私犯罪的打击质效。

（一）明确各侦查主体的职能管辖边界

走私犯罪侦查主体之间的职能管辖边界不明晰不利于对走私犯罪的打击，因此对职能管辖边界予以明晰是目前亟待解决的问题。为保障打击走私犯罪工作的顺利进行，在职能管辖的界限予以明确之前，有两种应对思路，一是侦查机关之间通过协商确定模糊区域的管辖权。比如珠海市海警局与珠海市公安局已协商暂时以珠海大桥为界，确定双方的管辖范围；二是探索将模糊区域暂时作为共管区，并确立“谁先发现谁先管辖”的优先管辖原则，既有利于形成打击走私犯罪合力，避免模糊区域成为执法真空地带，也能够避免因发生管辖争议贻误侦查时机。但作为长久之策，仍应尽快对海（岛屿）岸线划分以及河、海分界线标准予以明确。

地方公安机关与海警机构之间以海（岛屿）岸线作为管辖边界，但目前有些海（岛屿）岸线划分尚未明确。根据《海警法》的规定，海警机构的职责包括维护我国管辖海域的安全和利益，对海上重要目标和重大活动实施安全保卫，维护海上治安秩序，查处海上走私行为，预防、制止和侦查海上犯罪活动等，即打击走私犯罪仅是海警机构的其中一项职能。因此，考虑到警力投入和打击走私犯罪的实际情况，在划分职能管辖界限时可以考虑适当灵活地向海洋方向前移海（岛屿）岸线和河、海分界线，从而能够在遵循职能管辖制度的前提下最大限度地合理配置侦查资源。海关缉私部门与海警之间以河、海分界线作为管辖边界，但当前有些河、海分界线标准亦不明确。以珠海市的河、海分界线标准为例，海洋行政管理部门以“大陆海岸线”为标准，即以珠海大桥、泥湾门大桥、崖门大桥为界，界以南为“海上”。但因入海口兼具河、海的特征，事实上海洋、水利部门在相关入海口实施“叠区”联管。而根据海事部门的划分标准，内河水域的区域则更大。实务部门有观点认为，海洋行政管理部门对河、海的界限的划分，涉及的是海域使用的审批和自然资源的开发、利用、保护，而海事部门的划分，涉及的是相关海域内航行、停泊、作业以及其他与海上交通安全相关活动的监督管理。走私犯罪行为更多地涉及海上、内河航行、停泊、作业，而无关海域的使用和自然资源的开发、利用、保护，因此对于海关缉私部门与海警机构管辖权的划分，应参照海事部门的划分标准。

（二）明确法定级别管辖制度的特殊规定

不同地区对海警机构、地方公安机关侦办的走私犯罪案件的审判级别管辖问题存在不同理解和操作，因此有必要明确该类案件的审判级别管辖。本文认为，海警部门、地

方公安机关侦办的走私犯罪案件，应根据《刑事诉讼法》第21条的规定确定审判级别管辖，而不参照海关缉私部门侦办的走私犯罪案件的审判级别管辖规定。理由如下：

《1998年通知》《1999年通知》规定的仅是海关缉私部门办理的走私犯罪案件的级别管辖问题，而非对所有走私犯罪案件的规定。而且，《关于海上刑事案件管辖等有关问题的通知》中关于各级海警机构移送刑事案件所对应的检察机关的规定，不同于上述海关缉私部门办理走私犯罪案件的管辖规定。各级海关缉私部门办理的刑事案件需要提请批准逮捕或者移送起诉时，都应通过海关缉私局或海关缉私分局[①]向对应的分、州、市级人民检察院移送，后由当地中级人民法院进行审判管辖。而各级海警机构办理的刑事案件则是各自向对应级别的检察机关移送，并无特别规定相关案件的审判级别管辖问题。可见二者管辖规定的逻辑并不相同，海警机构所办理的走私犯罪案件不应当然地参照适用与海关缉私部门相关的管辖规定，在没有特别规定的情况下，还是应遵循法定的级别管辖制度。对于地方公安机关办理的走私犯罪案件亦是同理。

（三）明确联合办案和并案管辖的规定

1. 联合办案不能突破职能管辖规定

我国《刑事诉讼法》遵循管辖法定原则，并对各机关受理刑事案件的权限分工进行规定。《刑事诉讼法》第109条规定，侦查机关发现犯罪事实或者犯罪嫌疑人，应当按照管辖范围立案侦查。该条文意在突出管辖权对于诉讼职权的约束作用。最高人民检察院检察长应勇提出“三个善于”的理念，其中第一个“善于”对应正确适用法律，要求不得超出法律文本的射程范围进行。[②] 关于联合办案的问题，亦应回归到立法原意解读职能管辖制度，而不应超出法律文本的范围进行解读。在走私犯罪侦查过程中，海关缉私部门、地方公安机关、海警机构固然可以通过联合办案的方式形成打击犯罪的合力，但是应当强调的是，联合办案不能违背设定职能管辖制度的立法意图，即联合办案不应成为突破职能管辖的方式，不能使原本没有职能管辖权的侦查主体据此获得管辖权，联合办案仍应在相关职能管辖规定下进行。对于没有职能管辖权的侦查机关在办案中发现自身对所办案件不具有管辖权，可以有两种操作方式：一是按照相关规定将案件移交有管辖权的侦查机关办理；二是原侦查机关如果认为自己继续办理更有利于案件的侦办，可以与有职能管辖权的机关协商进行联合办案，即由有管辖权的侦查机关作为主办部门，原侦查机关作为协办部门予以协助和配合，但必须明确联合办案不得突破职能管辖的规定，即有职能管辖权的机关不能仅是作为名义上的侦查机关而不主要参与或不实际参与案件的侦办工作。

---

① 根据海关总署于2002年印发的《国务院办公厅关于海关总署走私犯罪侦查机构职能调整和更名的复函》，“海关总署走私犯罪侦查分局”更名为“海关缉私局”，“海关总署走私犯罪侦查支局”更名为“海关缉私分局”。

② 李淮：《“三个善于”：揭示司法办案客观规律与本质要求》，载《检察日报》2024年5月23日，第3版。

2. 完善并案管辖的实体和程序规定

首先，应当明晰并案管辖应在“在职责范围内”进行。国家机关的职责分工是由法律规定的，不能为了更好地履行职责，就行使其他国家机关的权力，否则将造成国家机关以此为由自行扩大权力的严重后果。侦查权具有自我膨胀性，存在被滥用的风险。[①]因此，应明确并案管辖只能对属于自己的职能管辖范围内的案件，基于一人犯数罪、共同犯罪等关联关系进行，对于法律规定由其他国家机关行使职能管辖权的案件，不得越权并案。以此避免因并案管辖权的滥用导致某一侦查机关的管辖权无序扩张，保持法定管辖的稳定。

其次，明确并案管辖应充分考虑必要性和可行性。一方面，应明晰并案管辖的案件之间必须具有密切关联性，无关联则无并案必要。并案管辖的初衷在于查明案件事实和节约诉讼资源，并案管辖在符合《关于实施刑事诉讼法若干问题的规定》相关规定的前提下，还应实质性地考虑相关案件之间是否具有密切关联性，否则动辄进行并案管辖将导致职能管辖制度的虚化。所谓密切关联性，应考虑两案之间是否存在方法行为、目的行为、结果行为等相关关系。比如，深圳海关缉私局侦办的吴某某等人走私白银案中，[②]吴某某等人将国产白银出口香港以骗取国家出口退税，后再将该白银夹藏走私进境。在该案例中，吴某某先后实施两个性质不同的犯罪行为而成为一个犯罪整体，即存在手段行为与目的行为的牵连，两个案件之间是存在密切关联性的。但是如果两案之间的关联性不大，则没有并案管辖的必要性。另一方面，还应从量力而行的角度考虑并案管辖的可行性，即需要从人员力量、经验储备等方面予以考虑。

最后，应当明确并案管辖的运作程序。并案管辖如果运用得当，其在查明案件事实、节约司法资源等方面都具有重要的积极价值。但是如果未及时予以规范，就可能在一定程度上出现异化和滥用的问题。具体规范的思路如下：一是明确并案管辖的审批程序，通过严格的审批程序确保并案管辖制度不被滥用。二是明确侦查机关在作出并案决定前，应听取其他侦查机关的意见。从实质上看，并案管辖是剥夺了其他机关的案件管辖权，因此侦查机关在决定并案管辖前，应当充分听取有管辖权的机关的意见，避免因缺乏沟通而导致同时立案，浪费司法资源。三是明确案件移送流程。侦查机关就并案管辖达成一致意见后，原侦查机关应及时将已侦查的案件材料移送给并案机关，并明确不移送或者不按规定移送案件材料的法律后果。

（四）明确管辖错位案件的处理原则

在刑事诉讼中，管辖错位现象时有发生，而在走私犯罪领域，由于侦查主体多元化，更是不可避免地会产生管辖错位的问题。管辖错位的案件中，原侦查机关的侦查行

---

① 李华伟:《职务犯罪关联案件并案侦查机制研究》，载《法学杂志》2016年第11期。

② 《深圳海关破获两起白银走私大案》，载中国新闻网，https：//www.chinanews.com/sh/news/2007/11-07/1070305.shtml。

为是否具有合法性，以及所取的证据是否具备证据能力，法律并未明确予以规定，目前仍存在疑问。关于该问题，不同国家和地区主要有“绝对否定”“相对否定”“绝对肯定”三种处理模式。

“绝对否定”模式，以我国澳门地区为例，《澳门刑事诉讼法》第106条（e）规定，违反与法院管辖权有关之规则，相关诉讼行为构成不可补正之无效。“相对否定”模式，以德国为例，《德国法院组织法》规定，如果是出于纯粹的诉讼认识错误而确定了不符合法律要求的审判组织，则不违反《德国基本法》第101条第1款第2句规定的法定法官原则；只有以客观恣意的方法确定审判组织的，即纯粹基于不合事理的盘算，才属于剥夺法定法官情形。《德国刑事诉讼法》第338条规定，一旦被认定为对案件不具有管辖权而管辖，即属于绝对的法律审上诉理由。[①] “绝对肯定”模式，即不因为管辖权错误而导致诉讼行为无效，主要以韩国为代表。[②]

“绝对否定”模式的优势在于具有较强的威慑力，可以促使侦查机关严格遵守管辖制度，同时也起到维护程序法权威的作用。但对于违反诉讼程序的行为，应当根据行为的不完善或者瑕疵的严重程度，而不应按照等同划一的方式加以制裁，更不应当一律采取宣告无效这种最为严厉的制裁方式。[③] 在我国刑事证据法理论上，对证据的排除可以分为强制性排除和自由裁量排除两种。前者主要是针对取证行为的违法情节较为严重的情形，只有实施最为严厉的程序性制裁，也就是对所取证据绝对地否定，才能够体现程序性违法与程序性制裁相适应的原则，从而达到有效制止程序性违法行为的效果；后者则是针对违法情节不严重的违法侦查行为，如若对所取证据一律绝对否定，未免过于严厉，容易破坏程序性违法与程序性制裁相适应的原则，而且还可能导致一些有价值的证据仅因取证手段的轻微违法而被否定证据能力，进而使得案件的事实真相难以发现，造成放纵犯罪的消极后果。[④] 本文赞同该观点，首先，管辖错位与非法取证行为相比，对人权保障以及司法公正的损害程度并不具有相当性，如果对管辖错位所取的证据一律排除，不符合程序性违法与程序性制裁相适应的原则。其次，从打击犯罪与保障人权的平衡角度来看，绝对否定过于极端，不仅对司法资源造成极大的浪费，而且再次取证可能面临取证困难或是证据灭失的风险，从而招致打击犯罪不力的质疑。再次，走私犯罪案件职能管辖主体多元化，一定程度上造成了管辖权重合或者模糊的情况；有些案件的性质在侦查之初比较模糊，准确定性往往取决于取证的程度；有时候侦查主体对于事实认定或法律理解上也难免存在偏差；以上原因都可能导致管辖错位的发生，在这种情况下对所取证据的绝对否定在实践中缺乏合理性和可行性。最后，《人民检察院刑事诉讼规则》第357条第2款规定了检察机关审查起诉时发现监察机关与公安机关管辖错位案件

---

① ［德］维尔纳·薄逸克、萨比娜·斯沃博达：《德国刑事诉讼法教科书》，程捷译，北京大学出版社2024年版，第58、578页。

② 桂梦美：《刑事诉讼管辖制度研究》，中国政法大学出版社2019年版，第200页。

③ 陈瑞华：《程序性制裁理论（第三版）》，中国法制出版社2017年版，第139页。

④ 陈瑞华：《程序性制裁理论（第三版）》，中国法制出版社2017年版，第194—195页。

的处理。即如果案件事实清楚，证据确实、充分，符合起诉条件的，可以直接起诉。监察机关与公安机关是性质不同的两个国家机关，在二者之间发生管辖错位的情况下尚可直接起诉，那么海关缉私部门、海警机构和地方公安机关同是侦查机关，三者之间的管辖错位案件，更有理由适用该规则原理。

相较而言，“绝对肯定”模式在制度合理性与效率性方面具有一定的说服力，但作为“重实体、轻程序”的代表，其弊端也是显而易见的。“绝对肯定”模式对管辖错位所取证据的证据能力全盘肯定，无疑会放任为了“争管辖”而故意为之的管辖错位行为，造成弱化甚至是虚化管辖制度的后果，程序法的严肃性和刚性也将受到损害。

从程序逻辑和制度语境来看，“相对否定”模式更符合我国刑事司法的实际情况。对于应当构建怎么样的“相对否定”模式，有观点提出应对管辖错位进行区别对待，具体的标准是区分“善意管辖”和“恶意管辖”，前者是指在案件本身性质不明确，或者对案件性质合理地存在某些争议的情况下实施的管辖，在此情形下所取证据具有证据能力；后者是指明知自身没有管辖权而管辖，在此情形下对其管辖的合法性与有效性予以否定，对其违法管辖所取证据予以排除，是制止该种“恶意管辖”最为有效的方式。[①]有观点提出需要在“善恶二元论”的基础上对恶意管辖需要更加严格的认定标准。明知违法不宜直接推定为恶意管辖，还应当审查是否有主观恶意，如是否意图通过突破职能管辖谋求办理关系案、人情案等“不正当利益”。[②] 也有观点提出以侦查机关是否明知其有无管辖权作为判断标准，如侦查机关明知自身没有管辖权，那么其侦查行为无效。[③] 除恶意、明知等判断标准外，有观点认为应弱化标准适用中的主观色彩，提出建立“明显错误”标准，判断错位管辖的侦查效力。具体判断标准包括管辖错位是否明显违背管辖规范常识、侦查机关是否由于理解偏差或是客观原因判断错误等。错误只有达到“明显”的程度，诉讼程序才失去效力。[④]

总结而言，上述观点的共同点在于根据管辖错位的不同情况，对侦查机关所取证据的证据能力作出不同的判断，在有效制止违反管辖制度的行为、维护管辖秩序的同时防止诉讼效率的损害。本文赞同“善意管辖”与“恶意管辖”二分，同时应当以更加严格的标准认定恶意管辖的观点。具体到走私犯罪案件中，对于管辖错位的案件，首先应判断侦查机关是否明知自身没有职能管辖权，如不明知则应认为其是善意管辖，如明知则进一步判断其错位管辖是否出于不正当目的，如出于不正当目的则认定为恶意管辖，如非出于不正当目的则认定为善意管辖。比如前文所举例的走私牛黄案，管辖错位是公安机关对牛黄的法律属性判断不准确所致，公安机关在侦查之初并不明知自身没有管辖权，因而属于善意的错位管辖。对此，不应采取程序性制裁措施，应承认其所取证据具

---

① 龙宗智:《取证主体合法性若干问题》，载《法学研究》2007 年第 3 期。

② 谢小剑:《刑事职能管辖错位的程序规则》，载《中国法学》2021 年第 1 期。

③ 黄东熊、吴景芳:《刑事诉讼法》，台北三民书局 2002 年版，第 96—97 页。

④ 张曙:《刑事诉讼管辖制度研究》，法律出版社 2020 年版，第 322—325 页。

备证据能力。而对于恶意的错位管辖，应采取程序性制裁，即否定其所取证据的证据能力，从而从源头制止该种破坏管辖秩序的行为。

四、走私犯罪案件管辖制度的创新探索

对于走私犯罪实践中出现的管辖问题，还可以探讨将海关缉私部门侦办的走私犯罪案件回归审判级别管辖的常态、在粤港澳大湾区内对走私犯罪案件进行集中管辖。

（一）探索海关缉私部门侦办的走私犯罪案件回归审判级别管辖的常态

《1998 年通知》《1999 年通知》对于海关缉私部门侦办的走私犯罪案件审判级别管辖的规定，是在特定时期的提级审理，不同于法定管辖。如今时过境迁，不应将这项特殊性安排当作立法进行永久化，而应根据实际情况将上述案件回归到审判管辖的常态。具体分析如下：

首先，前已述及，在特定时期通过提级管辖体现当时打击走私犯罪的高压态势确有必要，但《刑事诉讼法》数次修改级别管辖的内容都未将走私犯罪纳入中级人民法院管辖的范围，继续将所有海关缉私部门侦办的走私犯罪案件均交由中级人民法院管辖已不符合立法趋势。

其次，将海关缉私部门侦办的走私犯罪案件回归到审判管辖的常态，方能合理配置司法资源。根据案件的轻重程度适用繁简有别的审判程序，是司法资源合理配置的需要。实践中大量起诉至中级人民法院的走私犯罪案件都属于轻刑案件。以珠海市的司法实践为例，2018 年 1 月至 2024 年 6 月被市人民检察院以走私犯罪（除走私毒品案件）提起公诉的被告人中，被判处 3 年有期徒刑以下刑罚的人数占约 80%。但囿于《刑事诉讼法》第 222 条规定速裁程序的适用限于基层人民法院管辖的案件，海关缉私部门侦办的大量轻刑犯罪案件都不符合适用速裁程序的条件，因而难以最大限度地实现案件审判的繁简分流。而且，让大量走私轻罪案件会挤占中级人民法院有限的审判资源。

最后，基层人民法院能够办理好走私犯罪案件。经过近 30 年对走私犯罪的打击治理，司法机关已形成一套成熟的办案模式，而且基层人民法院的办案能力不断提高，已经能够胜任对走私犯罪案件的办理，相关案件由基层人民法院管辖已具备成熟的条件。该类管辖问题可以参考外国人犯罪管辖规定的变迁。2012 年新修改的《刑事诉讼法》已不再将外国人犯罪案件列入中级人民法院管辖的范围。此前规定外国人犯罪案件由中级人民法院一审，主要是因为在改革开放初期，在我国的外国人为数不多，外国人犯罪的刑事案件也比较少，而且当时涉外案件敏感性较强。如今立法者考虑到随着改革开放的不断扩大和在我国外国人的增加，加之基层人民法院的办案能力不断提高，因此将相关案件由基层人民法院管辖的条件已经成熟。[①] 外国人犯罪案件回归正常的审判级别管

① 郎胜主编：《中华人民共和国刑事诉讼法释义》，法律出版社 2012 年版，第 36 页。

辖已有8年之久，相关案件的处理质效并未因管辖法院的级别变化而受到影响。再看诸如重大责任事故罪、假冒专利罪等涉及大量专业知识的案件，基层人民法院均能胜任，而且实际上已有相当一部分海警机构、地方公安机关办理的走私犯罪案件是由基层人民法院管辖，更充分地说明基层人民法院可以办理好走私犯罪案件。

综合以上原因，应将海关缉私部门侦办的走私犯罪案件回归审判级别管辖的常态。具体而言，可以考虑先将小额多次走私犯罪案件回归基层人民法院进行一审。一方面，在海关缉私部门侦办的走私犯罪案件中，小额多次走私犯罪案件所占比重较大，以珠海市的司法实践为例，2023年市人民检察院向中级人民法院提起公诉的走私犯罪案件（除走私毒品案件）中，小额多次走私犯罪案件约占55%。该类案件回归级别管辖的常态，能够为中级人民法院释放出较多的审判资源。另一方面，从案件的难易程度而言，该类案件的案情往往比较简单，在证据结构和法律适用等问题上也都相对单一，因而亟待回归到基层人民法院进行一审，从而能够符合适用速裁程序的条件，最大限度地实现案件审判的繁简分流。待到时机成熟时，可以考虑再将海关缉私部门侦办的所有走私犯罪案件回归到审判级别管辖的常态。

（二）探索在粤港澳大湾区内集中管辖走私犯罪

1. 集中管辖具有合法性基础

自党的十八届三中全会提出探索建立与行政区划适当分离的司法管辖制度的目标以来，司法机关先后启动了相关改革。在刑事司法领域的表现之一是集中管辖，集中管辖的案件主要集中在知识产权犯罪案件、破坏环境资源保护犯罪案件、未成年人刑事案件和外国人犯罪案件等。以珠海市的司法实践为例，全市的环境资源类刑事案件由珠海市斗门区人民检察院、法院进行审查逮捕、审查起诉、审判全流程的集中管辖。

有观点将集中管辖定义为上级司法机关改变审判地域管辖和级别管辖，将某一类刑事案件集中到特定的司法机关管辖。① 从现实角度来看，集中管辖在司法实践中应运而生，主要有以下考量：一是集中管辖是实现和构建跨行政区划办案机制的重要手段，能够破除地方行政干预，保证办案程序和结果的公正性；二是能够整合诉讼资源，通过提升办案专业化程度从而提升办理相关案件的质效，同时避免因管辖权分散产生的分歧和争议，提高诉讼效率；② 三是将同类案件集中在同一法院审判，其判决结果必然会更加统一，从而有利于裁判标准获得统一，实现同案同判。③

但是，关于集中管辖的合法性问题，理论界的认识并不统一。质疑的声音主要认为，一是集中管辖的相关规定属于司法解释而非立法，就管辖是属于诉讼制度的基础地

---

① 张曙：《刑事诉讼管辖制度研究》，法律出版社2020年版，第263页。
② 万毅：《论检察机关集中管辖制度》，载《社会科学》2021年第11期。
③ 桂梦美：《未成年人犯罪检察案件集中管辖模式研究》，载《河南社会科学》2020年第9期。

位而言，显得法律效力位阶明显不足，带来对集中管辖突破程序法定原则的质疑；[①] 二是集中管辖突破了《刑事诉讼法》一直秉承的地域管辖和级别管辖原则，对法定法官原则带来冲击；[②] 三是集中管辖难以从指定管辖立法中寻找到正当性依据。有观点认为，集中管辖以指定管辖为法律基础，被视为指定管辖的一种实践拓展。[③] 但事实上集中管辖与指定管辖在适用范围、价值定位等方面存在本质上的区别，指定管辖是个案式的管辖，即当已经发生的刑事案件出现管辖不明、管辖争议或不便管辖等情况时，由上级司法机关通过个案裁定的方式对个案管辖作出调整。反观集中管辖，则是预先将某一类案件的管辖权整体移交给某个司法机关。[④] 将上级法院的指定管辖作为授权依据，曲解了指定管辖制度目的，属于法无依据的自我授权。[⑤]

主张集中管辖具有合法性的观点认为，集中管辖虽然在管辖权的分配上有别于普通管辖制度，但其同样是以明确的规则和标准来事先分配管辖权，并不会出现“人选案”或者“案选人”的问题。其与传统的法定法官原则的精神并不冲突、更不矛盾。而且集中管辖制度其实更接近或类似于专门法院，从本质上看，其是一种特殊的专门管辖制度，是普通管辖制度的例外。[⑥] 实际上，质疑集中管辖的声音中也并未完全否定集中管辖本身所具有的效用与价值，而是肯定这些机制的有效运行能够切实增强刑事管辖制度的适用的灵活性，只是提出应严格控制适用空间，并且要求在《刑事诉讼法》中予以言明，为集中管辖制度提供规范上的正当性。[⑦]

集中管辖在刑事诉讼管辖制度上具有重要的创新价值，其顶层设计来源于《中共中央关于全面深化改革若干重大问题的决定》和《中共中央关于全面推进依法治国若干重大问题的决定》，在实践中也获得了良好的效果。我们应以更加开放和前瞻的眼光来看待集中管辖制度，但应明确其推行必须以立法机关的明确授权作为前提，并按照现代法院管理的内在规律来加以规范，促使该制度能够在法治轨道上规范运行。[⑧]

2. 走私犯罪案件集中管辖必要且可行

除了共性优势，集中管辖有利于解决走私犯罪案件面临的管辖问题。现有走私犯罪案件的管辖规定与法定管辖制度存在差异，导致该类案件在实践中存在诸多与地域

---

① 郭烁:《法官法定原则：刑事管辖制度的确定性与救济性》，载《北京联合大学学报（人文社会科学版）》2024 年第 3 期。

② 王德正:《制度同构理论视角下中国刑事管辖制度发展新路径》，载《社科纵横》2024 年第 1 期。

③ 孙长永:《中国刑事诉讼法制四十年：回顾、反思与展望》，中国政法大学出版社 2021 年版，第 23 页。

④ 赵一单:《法律保留视野下的专门法院改革——以铁路运输法院为例》，载《经贸法律评论》2022 年第 4 期。

⑤ 王一超:《刑事诉讼条件论》，法律出版社 2023 年版，第 164 页。

⑥ 万毅:《论检察机关集中管辖制度》，载《社会科学》2021 年第 11 期。

⑦ 郭烁:《法官法定原则：刑事管辖制度的确定性与救济性》，载《北京联合大学学报（人文社会科学版）》2024 年第 3 期。

⑧ 王德正:《制度同构理论视角下中国刑事管辖制度发展新路径》，载《社科纵横》2024 年第 1 期。

管辖、级别管辖相关的问题。为完善走私犯罪案件的管辖规定，有必要探索对走私犯罪案件集中管辖：首先，集中管辖能够避免因地域管辖问题而产生的争论，避免需要上级司法机关指定管辖或者跨地区移送案件的情形，提高诉讼效率。其次，集中管辖能够让所有走私犯罪案件回归到级别管辖的常态，从而将中级人民法院有限的审理资源从这些达不到《刑事诉讼法》第21条规定的案件中解脱出来。再次，对于海警机构和地方公安机关办理的走私犯罪案件的审判级别管辖问题，粤港澳大湾区不同城市的做法并不统一，对该类案件的集中管辖能够“一揽子”解决该问题。最后，对走私犯罪案件进行集中管辖实际上已有先例，北京市第四中级人民法院作为全国首批跨行政区划法院之一，自2014年成立起便对北京海关缉私局侦查的走私犯罪案件进行集中管辖；① 上海市第三中级人民法院亦是自2015年起集中管辖上海地区的走私犯罪案件。②

此外，粤港澳大湾区是我国开放程度最高也是经济活力最强的区域之一，而且粤港澳大湾区海岸线长、港口众多，该区域历来是我国走私犯罪多发的地区，客观上已成为走私货物进入内地的集散地。因此，本文认为可以在粤港澳大湾区探索对走私犯罪案件进行审查逮捕、审查起诉和审判全流程的集中管辖。

对走私犯罪实施集中管辖具有可行路径。实践中集中管辖的设置主要有两种，一种是在某一检察院和法院设置专门的内设机构，对某一区域的某一类案件进行集中管辖。该种方案最大的优势在于可以最大限度地利用现有的司法资源，当然由于案件量的激增，必然需要增加专业化司法人员的编制。另一种是设立专门的检察院和法院，专门办理某一区域的某一类案件。其优势在于具有更高的规范性，有利于走私犯罪的治理，但是该种方案在立法规范、人员编制、机构设置方面的要求均比较高，耗费的司法资源亦更大，需要考虑司法资源投入与产出之间的平衡。为了最大限度地节约司法成本，不少地区将具有跨区划特性的铁路运输检察院、法院进行一定程度的改造后由其对某类案件进行集中管辖。在粤港澳大湾区，以珠海市、深圳市为例，两地的中级人民法院环境资源审判庭均集中管辖包括走私珍贵动物、珍贵动物制品罪和走私废物罪在内的环境资源刑事案件。这也提供了一个思路，即可以从特定类型的走私犯罪案件入手探索集中管辖。具体到粤港澳大湾区，考虑到横琴粤澳深度合作区特殊的地理位置和政治地位优势，可以先行探索将珠海市的小额多次走私犯罪案件交由横琴粤澳深度合作区人民检察院、法院集中管辖，从而使该类案件回归到正常的审判级别管辖，为中级人民法院释放出大量的审判资源。待到时机成熟，再进一步探索扩大走私犯罪案件集中管辖的地域和案件类型范围，以解决前文述及的其他管辖问题。需要强调的是，所有设想最终均应通过立法将集中管辖制度予以确定，从而在根本上消弭集中管辖制度面临的合法性危机。

---

① 《北京四中院通报走私刑事案件审理情况》，载北京市第四中级人民法院网，https://bj4zy.bjcourt.gov.cn/article/detail/2021/09/id/6283256.shtml。

② 《上海三中院发布走私刑事案件审判白皮书》，载上海市高级人民法院网，https://www.hshfy.sh.cn/shfy/web/xxnr.jsp?pa=aaWQ9MjAwODE3NjUmeGg9MSZsbWRtPWxtMTcxz。

主体程序交融下走私冻品犯罪涉案财物处置矛盾分析与利益衡平

林 煜*

摘 要 传统刑事诉讼“重定罪量刑、轻财产处理”的办案倾向制约刑事审判工作高质量发展。以S市走私冻品案件生效裁判中涉财判决情况及实务状况观之，种类数量繁多、权属情况复杂的涉案财物给办案人员出了不少难题，涉案财物处置的启动、实质裁量及处置均面临证据收集困难、概念理解把握不准、法律关系复杂、权责程序交织、协同不畅、司法资源损耗等实质障碍。聚焦矛盾症结所在进行解构探析，法律供给不足，理论研究较少，先行处置程序启动涩滞，部门本位主义及价值理念差异等因素使刑事涉案财物处置难以符合现代司法需求。为实现提质增效，有必要探究构建以实质化审查为核心的走私冻品犯罪多元化涉案财物处置体系，以厘清涉案财物概念、处置措施及引导原则为先导，以刑事涉案财物实质化审查庭审模式为支柱，以科技赋能信息化引领为手段，疏通办案过程堵点难点，运用好会商协作机制和提前介入机制，建立涉案财物信息共享平台和统一保管中心等多种方式，探索刑事涉案财物审判发展方向。

关键词 走私冻品犯罪 涉案财物 实务处置 实质化审查

绕关走私冻品未经检验检疫，可能携带大量的致病菌、寄生虫或残留毒害物质，存在疫病传播风险，且因运输存储条件较差，多有腐败变质现象，部分案件中甚至出现“70后”鸡翅、“80后”猪蹄这样比查缉人员年龄还大的离谱“僵尸肉”。食品安全是保障人民群众身体健康、维护社会稳定发展的重要基础，刑事司法必须筑牢食品安全防线，依法从严从快惩处破坏市场经济秩序、威胁群众生命健康的走私冻品犯罪。但在办理走私冻品犯罪案件的过程中，办案人员时常会遇到涉案财物种类繁多、权属认定困难，刑民行规范交叉等问题。各主体理解差异大且缺乏明确指引和有效规制，权责交织又难以形成合力，涉及程序繁复但处置措施粗糙，加之传统刑事诉讼程序存在“重定罪量刑、轻财产处理”的倾向，裁判未能有效实现权益保障高质量统一的效果。本文以生

---

* 林煜，广东省汕头市中级人民法院五级法官助理。

效裁判文书为分析样本，从实务工作视角开展探析，对走私冻品犯罪刑事诉讼各阶段涉案财物处置难题进行分段论述，运用理论分析矛盾，厘清潜藏症结所在，目的是以走私冻品犯罪涉案财物为例，为构建涉案财物实质化审查模式和有效处置程序提供参考，也为办案人员在处理其他刑事案件的涉案财物难题时提供思路借鉴。

一、走私冻品犯罪涉案财物实务问题——以 S 市近五年生效裁判为基础样本

S 市毗邻粤港澳大湾区，海岸线长，码头停泊点多，水域交通便利，渔业从业者基数大，近年来特别是新冠疫情期间，边境管控措施加强，查获走私冻品案件有所增加。

（一）涉案财物处置情况分析

2019 年至 2024 年 7 月，S 市中院共审结海上走私犯罪案件 39 件，走私物品包括汽柴油、电子元件、冻品等，涉及走私冻品犯罪占绝大部分，裁判生效案件达 24 件，而其中有随案移送物品的案件 22 件，可计涉案金额初步估价达人民币 5234.026 万元，审理查明走私冻品总吨数达 3008.584 吨。从查缉地点来看，被现场查获人数远多于事后查获或自动投案的人数，具体情况如下图所示：

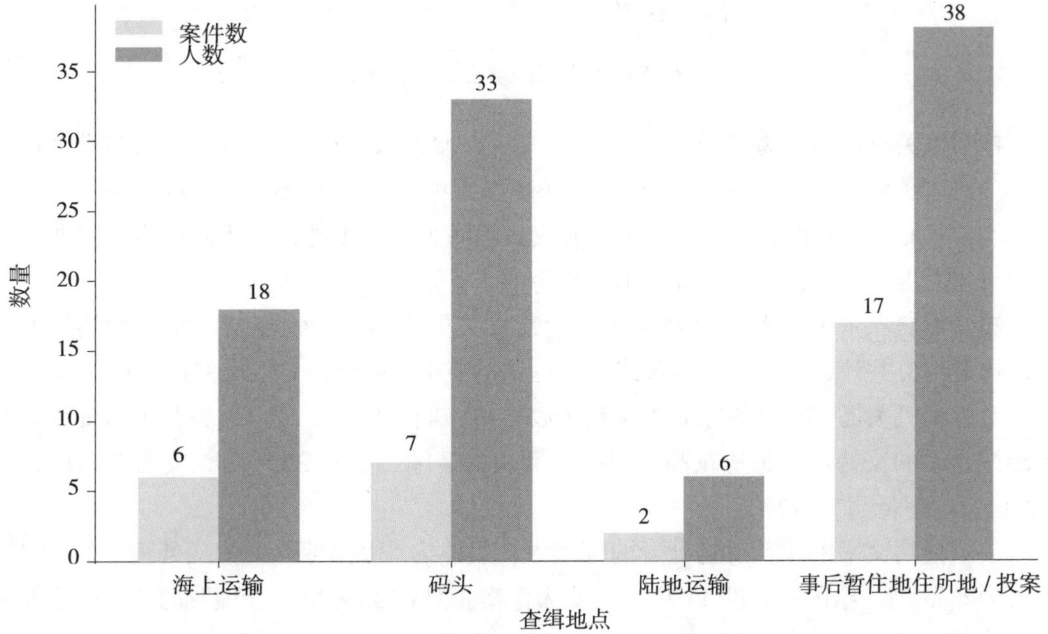

图 1　走私冻品案件查缉地点及对应人数统计

以清单形式移送随案物品的案件 16 件，主要有冻品、运输工具、船用设备、现金等，以实物形式移送随案物品的案件有 7 件，主要为手机。移送运输交通工具案件 15 件，移送船用设备案件 11 件，移送手机案件 16 件，移送现金案件 6 件，共计约人民币

87.9 万元，港币 4.0 万元；移送银行卡、证件等其余物品案件 3 件，移送冻品案件有 13 件，共 1099.314 吨。

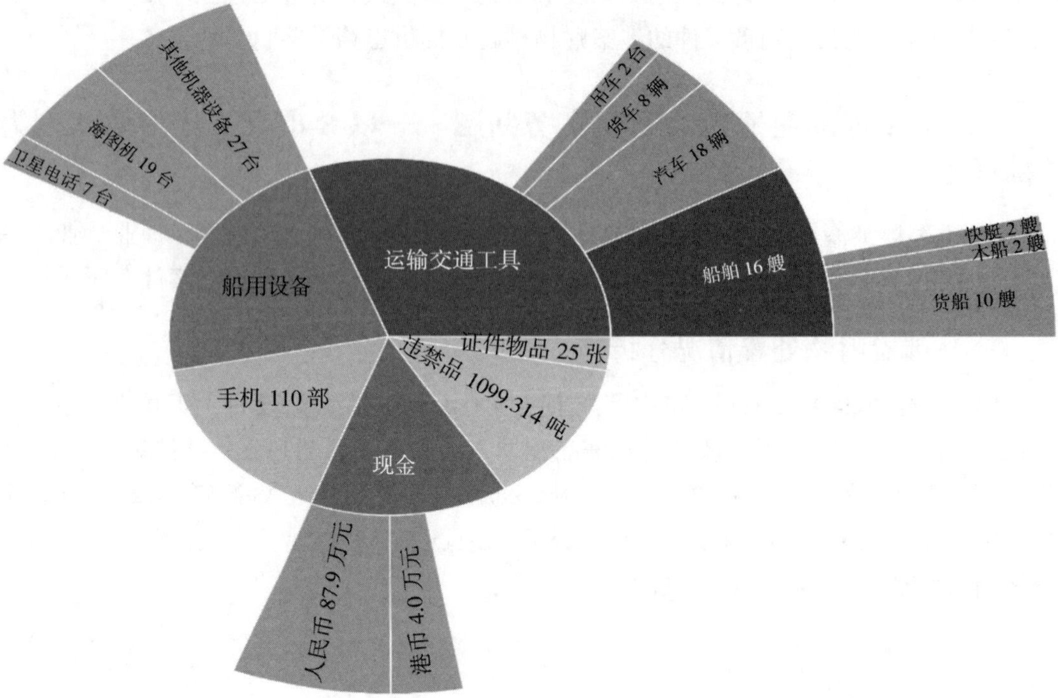

图 2　随案移送物品类型及数量统计

检察机关将涉案财物提请判决案件中，法院全部予以支持的有 3 件，大多数案件仅对部分提请予以支持。对提请未予全部支持的案件中，以证据不足或关联性不足为由的 3 件，以权属不符（非本人所有财物）或权属不明为由的 1 件，以无法认定供犯罪所用本人财物为由的 7 件，以其他理由不予支持的 1 件。

图 3 堆叠条形图的差值直观反映了检察机关提请判决的物品与法院裁判结果的差异，提请判决共计 186 单位[①]，最终支持提请的有 123 单位，支持比率约为 66.13%。其中，对检察机关提请判决的冻品法院均予以支持，船用设备、现金、银行卡、证件等其余涉案物品的支持比率也比较高，但提请判决的运输工具有 32 单位，支持提请的仅有 9 单位，比率低至 28.12%。

生效裁判文书中涉及财物处置的判项中，表述为“由扣押机关依法处理”的 11 项，主要为冻品；“上缴国库”的 11 项，主要为作案工具；“列为物证管理”的 5 项，主要为实物移送的手机。

逐份对裁判文书进行分析可以发现，相较于其他刑事犯罪案件，走私冻品犯罪的涉

① 以涉案财物可计量单位计算。

案财物普遍具有数量大、种类繁杂、权属情况复杂的鲜明特征。冻品犯罪链条长，涉案人员众多，包括但不限于出资人、组织策划者、本地代理人、居间介绍人、管理人员、运输人员、后勤人员、接驳人员、仓储人员、销赃人员等角色，运输人员中又包含货车司机、船长、大副、轮机手、船员等，有的案件甚至还有公职人员参与，团伙组织严密、分工明确，涉及大量由个人持有的财物（如手机、现金、银行卡等）。查缉现场证据来源丰富，取证范围广，码头查获现场一般有大量的运输工具（如货车、船舶、快艇等），而船舶上则有仪器设备（船用电话、海图机等）。现场还查获大批量走私冻货，部分案件中查获大量现金人民币、港币，此外还有其他各式各样的物品。冻品犯罪涉及运输、联络、装卸、仓储、资金往来等多个环节，因此涉案财物不论种类还是数量一般都远多于其他犯罪案件。

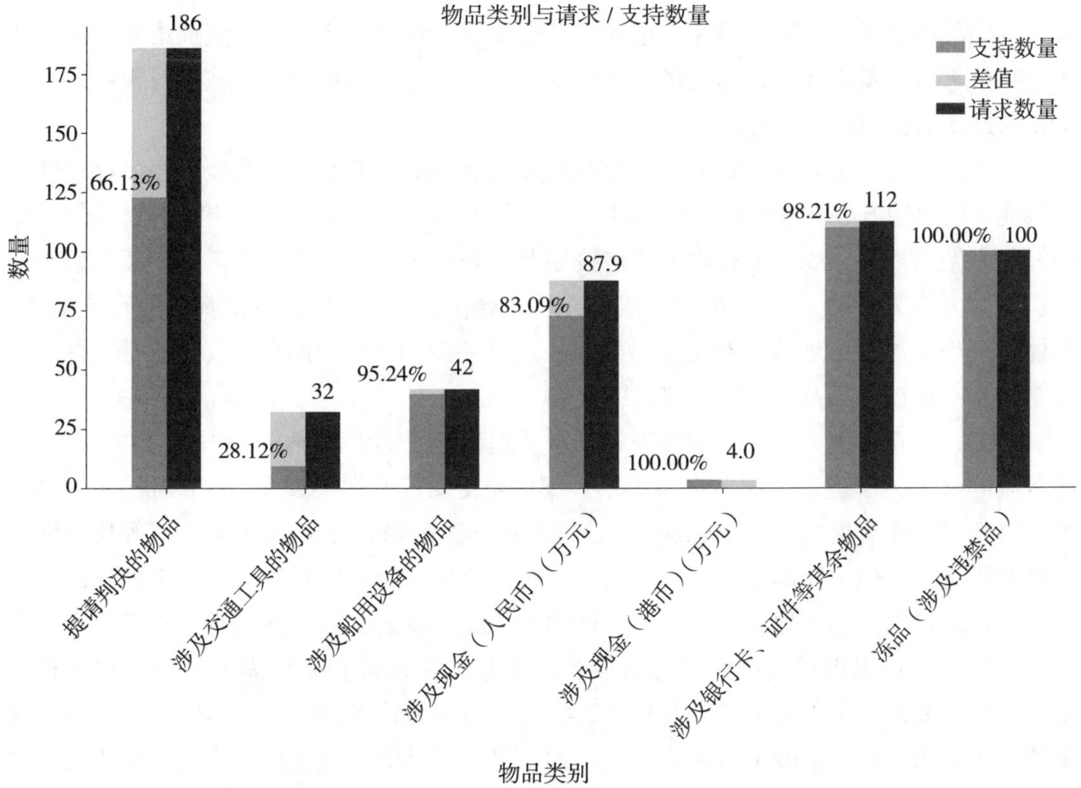

图 3　提请判决物品数量与支持数量比率

但从裁判结果来看，涉案财物的处置情况尚不理想，支持提请比率不足七成，说明公检法对涉案财物的理解及标准有所不同，大量涉案财物未在刑事审判程序中得到有效处理，由此凸显实务问题的研究价值及现实意义。

（二）涉案财物处置不同环节问题各异

以刑事实体裁判为分界，可划分为审前、审理、审后三个阶段，分别对应走私冻品案件涉案财物处置的启动环节、实质裁量环节及最终处置环节。审前以侦查和证据固定为主，侦查机关居于主导地位；审判阶段则由检法对涉案财物进行审查，理想状态下由检察机关提出明确处置意见，法院依法对涉案财物作出实质处理；审后则由执行部门落实执行。公检法主体交织，适用规范复杂，权责程序各有不同，办案人员遭逢难题亦不相同。

1. 审前阶段

第一，涉案财物信息侦查难度大。由于冻品犯罪涉案人数众多，现场情况复杂，走私分子借助改造快艇等工具和黑码头、泊船点等漏洞逃避侦查监管，手段隐蔽，案件侦办难度大。在办案时限紧张的情况下，侦查人员优先对涉及定罪量刑的事实部分开展调查，难以兼顾查实大量涉案财物实际状况并充分梳理权属的工作。现场查缉的情形下，首要任务是将犯罪嫌疑人进行控制，其次才是进行现场勘察，制作勘验、检查、扣押笔录，对冻品进行拍照、同步录像，走私冻品涉案财物资产形式多样，甄别难度较大，从实务结果来看大量涉案财物的现场处理状况不理想，证据收集固定措施相对粗糙，难以满足后续实质性审查的标准。

第二，办案人员对冻品犯罪涉案财物的概念范围把握不准，导致处置程序存在随意化倾向。《公安机关办理刑事案件适用查封、冻结措施有关规定》对涉案财物查封、冻结等程序做出规定，要求侦查机关严格按期办理查控手续，但由于涉案财物概念较为笼统，不同办案人员对其涵盖范围理解不同，查控措施存在差异，自由裁量权行使随意，具体体现为不加区分地将所有物品一并查控或“一刀切”“一扣到底”、先查扣后排除，反之则有不查控、不及时查控、移送的问题。

第三，保管难度大，司法资源损耗严重。刑诉法及刑诉法解释、《中共中央办公厅、国务院办公厅关于进一步规范刑事诉讼涉案财物处置工作的意见》（以下简称《两办规范涉财处置工作意见》）、《公安部关于公安机关涉案财物管理若干规定》[①] 等均对涉案财物有所规定，但主要侧重于取证合法性，对财物保管处理则着墨较少。走私冻品案件一般扣押大量未标明产地、无合法来源证明及检验检疫证明的冷冻肉类，本身就有卫生安全隐患。而刑事诉讼流程一般耗时较长，大量冻品在被查获后需要进行抽样送检鉴定，而后还要进入审查起诉及审判环节，需要长时间冷冻保存，涉及运输、冷链、仓储多笔费用支出。作为运输工具的汽车、船舶，吊载冻品的机械设备等物品则会占用大量空间，侦查机关一般没有相应符合规范的存储设施及专业保管人员，如委托第三方机构

---

① 《中华人民共和国刑事诉讼法》第 141 条第 2 款规定，对查封、扣押的财物、文件，要妥善保管或者封存，不得使用、调换或者损毁。

《最高人民法院关于适用〈中华人民共和国刑事诉讼法〉的解释》第 4 章第 1 节对证据作出规定。

《关于进一步规范刑事诉讼涉案财物处置工作的意见》第 4 条规定，对查封、扣押、冻结的财物，均应当制作详细清单。对扣押款项应当逐案设立明细账，在扣押后立即存入扣押机关唯一合规账户。对赃物特别是贵重物品实行分类保管，做到一案一账、一物一卡、账实相符。对作为证据使用的实物一般应当随案移送，如实登记，妥善保管，健全交接手续，防止损毁、丢失等。

《公安部关于公安机关涉案财物管理若干规定》第 2 条规定涉案财物的范围，第 2 章规定保管制度。

进行存管，费用高昂且存在保管不当、泄露案情等办案风险。此外，由于东南沿海地区常发季节性台风灾害，部分船舶吨位巨大，极少有船坞、码头适宜停放，锚地停泊难以保证安全，一旦脱管走锚，就存在触礁沉没或撞击桥梁、码头等重要设施的风险[①]。而因上述物品具有证据属性，侦查机关又不能轻易先行处理，导致司法资源损耗严重。

2. 审判阶段

第一，权属认定困难，法律关系复杂。数量庞大的涉案财物耗费办案人员大量精力进行查证，依照以往办案经验，从被告人供述入手进行梳理会比较简单，实践中却时常碰到被告人对抗侦查、拒不如实供述的情况。具体而言，犯罪人对财产性利益一般具有趋向性，为牟利从事走私冻品犯罪，但被查获后却反之拒不承认涉案财物为自己所有，案件中容易出现“无主物”。如李某某、唐某某等人走私冻品案中，唐某某两兄弟均供称船上卫星电话为李某某使用，但李某某拒不承认该电话系其所有及有相应的使用行为。同案人供述不一致，拒不交代涉案财物权属或相互推诿，怕因该物而被认定为从事联络工作、地位作用较高的参与者而获得较重刑罚，为查明真实权属增加难度。

此外，涉案物品种类繁杂且可能附着多种民事关系。如用于运输冻品的船舶物权实行登记对抗制，但登记所有人与实际使用人分离，且船舶可能是在境外登记或出现船舶为共有关系，涉及多方权利人且均对犯罪行为不知情的复杂情形；又如运载冻品的货车并非本人所有或以贷款方式购得，尚未完全取得所有权，部分案件中出现利害关系人以简单的出租合同为证，辩称涉案货车系自己所有且不明知被用于走私冻品犯罪并要求返还，此时租赁合同真伪难辨，其主观故意及是否可能成立走私共犯等问题又缺乏客观证据证明；还有被告人提出自己的职业是司机，涉案货车仅参与本次运输冻品犯罪活动，并非专门用于犯罪的本人财物等。有观点认为，当涉案财物权属认识存在差异时法院可能倾向于引用民法规则[②]，但民法领域物权的确定向来属于技术性难题。两高一部、海关总署、海警局联合印发的《关于打击粤港澳海上跨境走私犯罪适用法律若干问题的指导意见》（以下简称《打击粤港澳海上跨境走私犯罪指导意见》）第 4 条虽对运输工具提出处置原则，降低了认定标准，但其中提到的假挂靠、不作登记或改装、伪装或因出租、出借船舶车辆用于走私受过行政处罚等主观故意明确的情形，在实务中较为罕见，还是没能很好地解决实务难题。

第二，证据标准各异，信息传递及协同不畅。海关缉私局、海警局与地方公安在走私冻品犯罪侦查中形成了多维度、多层次的联动机制，织密打击犯罪法网的同时，在司法实务中也产生了协调问题。同一起走私冻品案件由于查缉地点位于海上或陆地的不同，可能归属不同侦查机关，侦查机关、批捕、起诉机关与审判机关分居多地，容易出

① 宁波海事法院课题组：《海上走私治理中涉案船舶处置问题研究——以近 6 年 N 市海上走私案件船舶处置为样本》，载《海法评论》2022 年第 8 期。

② 杨宇：《以〈民法典〉为视角对海关缉私部门处置“无主涉案财物”的若干思考》，载《海关法评论》2021 年第 1 期。

现沟通衔接障碍，涉案财物处置信息难以实现同步共享，最终处置措施不尽相同，财物在不同部门的多次流转及异地移送又可能增加证据毁损灭失的风险。

第三，实质性处置缺位不利于实现惩治犯罪目的。如果侦查机关在证据收集阶段对涉案财物的来源、权属等未予充分关注，检察机关便难以提出有效的实质性涉财处置意见，仅能以“由法院依法认定”进行模糊表述，将难题继续传导，而审判部门如若不加区分全部笼统表述为“依法处理”，则又将做出何种处理的处置问题回转至侦查机关，最终处理情况难以追踪，是否有私自留存、销毁数量不符等现象不明，难以进行监督。如此一来形成恶性循环，既不利于实现刑罚一般预防与特殊预防的目的，未实现犯罪分子财产利益的完整剥夺，使“任何人不得从其违法行为中获利”这一法治社会共识虚置，又与捍卫司法公正、彰显刑事理性的审判要求不符。

3. 审后阶段

第一，部分判决涉财内容表述不明导致执行难。《关于刑事裁判涉财产部分执行的若干规定》明确由一审法院负责刑事裁判涉财部分执行。作为刑罚执行依据的裁判文书，判项内容必须明确、具体，满足可执行性的要求[①]，但实践中部分裁判文书未对涉案财物处置提出明确意见，未明确财物名称、数量及对应处理方式，仅作笼统概述，该情况实际上是前述实质性处置意见缺位问题的延续，也是其他刑事犯罪案件的通病。当然，作为违禁品的冻品理应依法销毁，故表述为“由扣押机关依法处理”自无疑议，但总体上看，部分文书仍存在“判项不明确、判项表述混乱、遗漏裁判、错误表述、裁判不说理”等问题[②]。

第二，处置周期长，涉案财物贬值。走私冻品案件涉案财物中包含船舶、货车、机械设备，在等待实质处理的过程中容易出现锈蚀，如果案件上诉或需要补充调取证据，办案周期则会继续延长，导致财产价值减损，部分执行法官反映执行过程中某些物品拍卖费用甚至高于物的本身价值。

第三，与涉案财物有利害关系的其他主体权益未得到充分保障，削弱司法公信力。案外人对案件内容及审理进展知之甚少，无法在执行程序前针对涉案财物获得开展专门辩护的机会，又缺乏意见发表途径及救济渠道，于是将对刑事判决财产处置部分的不满转移至执行阶段。

二、走私冻品犯罪涉案财物处置不利的原因——窥见刑事涉案财物处置痼疾

涉案财物处置问题在走私冻品犯罪案件中出现并非特例，背后隐含的矛盾症结事实

---

① 刘贵祥、闫燕：《〈关于刑事裁判涉财产部分执行的若干规定〉的理解与适用》，载《人民司法》2015 年第 1 期。

② 梁超：《刑事涉案财物处置的失范与规范》，载《中国刑事法杂志》2022 年第 5 期。

上普遍存在于司法实践中，但冻品犯罪案件涉案财物的突出特点恰好放大了问题所在，产生解决问题的紧迫需求，由此汇聚关注焦点。

（一）法律供给不足，理论研究较少

长期以来，刑事诉讼的程序设计与司法实践均将重心置于依法追究犯罪嫌疑人、被告人的刑事责任，属于典型的“对人之诉”，而“对物之诉”尚付阙如[①]，“重打击轻保障”“重定罪量刑、轻财产处理”的观念仍旧根深蒂固。法治社会刑法人权保障、刑法谦抑、形式理性理念要求刑事活动不能仅局限于对犯罪人的打击，也应注重规范涉案财物处置以实现对公民财产权的保护，全面完善人权司法保障。2023年《中共中央、国务院关于促进民营经济发展壮大的意见》中指出要进一步规范涉产权强制行为，《两办规范涉财处置工作意见》明确利害关系人诉讼权利。刑事法律体系也正逐渐补全涉案财物处置方面空缺，《最高人民法院关于适用〈中华人民共和国刑事诉讼法〉的解释》第18章专章规定涉案财物处理，第279条专门规定涉案财物的法庭审查。但从整体上看，“对物之诉”的理论研究及具体细则指引同实务需求仍有差距，具体体现为以下几点：

第一，同浩如烟海的刑罪各论研究及与之相对应丰富而充盈的实务案例相比，刑事涉财理论研究起步晚，社会关注度低，研究素材匮乏，形成共识较少，对刑事涉案财物处置核心条文的《刑法》第64条实体研究不足，办案人员重视程度普遍较低。

第二，缺乏系统性、独立性指引。涉财处置规范散见于《刑法》《刑事诉讼法》、司法解释及部门规章、规范性文件等，各自规制内容互有交叉且效力层级繁乱，容易导致认识不同、协调不畅。

第三，概念理解不一。刑事涉案财物并非某部法律创设的专有名词，而是由《刑法》《刑事诉讼法》条文延伸所得的共属概念，其内涵和外延应当符合刑事诉讼体系的整体价值，但理论及实务界对具体如何理解莫衷一是，认定标准出现不同。刑事涉财处置措施涉及多种程序，处于刑民行交叉的中心领域，各主体在缺乏外部监督与规则约束的情况下，又可能会任意扩大自身职能范围或限缩自身职责范围，在客观上导致涉案财物处置措施交叉或出现空白、未获实质性处理的乱象。

（二）先行处置程序启动运行艰难

走私冻品案件中的大宗涉案财物若能通过先行处置程序有效处理，将极大缓解仓储保管的压力，但实务中先行处置工作开展非但不顺畅，反而颇具争议。《两办规范涉财处置工作意见》中正式提出要完善先行处置程序，随后公安部与最高人民检察院相继发布涉财管理规定落实相关要求，但各规定中关于先行处置对象的表述并不完全一致，亦未明示具体适用的情形，程序启动及运行则仅能依据最高人民法院2009年《委托评估、

---

① 王约然：《民刑交叉视域下涉案财物处置程序研究——以被害人及利害关系人的财产保障为中心》，载《甘肃大学学报》2022年第5期。

拍卖和变卖等工作规定》，在时效性及可操作性上均与现实需求不符[①]。于此存在以下三种隐忧：

1. 传统上刑事涉案财物的处置应由生效裁判作出，先行处置可能会悖离以庭审为中心的诉讼制度改革理念。涉案财物未经庭审举证质证及法庭辩论便被实质处理，物品属性事实上已被确定为赃款赃物，采取先行处置措施的机关反而成为涉案物品定性的主体，由临时性措施异化为终局性处分、变相架空审判权之虞，即使后续通过纸质材料进行审查也难以弥补正当程序缺失，法官既无法通过接触涉案财物的实体形态进行可感化审查，又会面临可能得出与先行处置机关相反结论的认定压力。

2. 侦查中心主义的局面尚未完全扭转。先行处置不仅包括随案移送并未经庭审举证质证的财物，还包括侦查机关先行扣押并在诉前发还的财物，现有诉讼构造使得先行处置措施成为"办案机关自我授权、自行实施且不受监督的对象"[②]，存在权力恣意扩张、处置随意性大的隐患，甚至可能通过判前发还程序将本应通过民事纠纷解决的财产问题刑事化处理，变相通过撤销案件或不起诉案件进行"发还"，插手干预民事法律关系。

3. 事后审查及涉案财物辩护权的缺失使得被告方、利害关系方对财物处置参与程度不高，难以实现有效救济。

有鉴于此，实践中各方对涉案财物先行处置往往态度谨慎，一般不会轻易适用。

（三）部门本位主义考量下各主体联动协调不畅

在我国确立公权力主导的刑事诉讼职权主义模式下，侦查机关通过行使侦查权，检察机关通过行使公诉权履行控诉职责，辩方相应履行对抗辩护职责，法院居中裁判，控辩审形成分工协同推进的合作模式。公检法各司其职、相互配合、相互制约，在依法追究犯罪人刑责方面目标相对一致，但对涉案财物的侧重点则各有不同，侦查机关重视其证据属性，检察机关关注其非法性和可强制性，审判机关强调其可执行性[③]，基于部门本位主义的考量可能做出倾向自身职权便宜的行为，协同推进动力不足，主要存在以下困难：

1. 在证据收集固定阶段，侦查机关高度重视抓捕工作及有罪证据收集，但对涉案财物的来源、权属、性质及附着于财物之上的民事法律关系往往会忽略，或认为与本职工作无关，相关证明材料未入卷，为后续审查工作带来困难。检察机关缺乏材料佐证，无法认定涉案财物性质，不能明确处置意见，难以发挥审核功用，也不利于实现检察监督全覆盖。审判机关对不加区分一并移送的涉案财物，在证据证明匮乏的情况下，难以实现精准裁断。

2. 权力主体未能牢固树立"人财并重"的涉案财物处置理念。刑事涉案财物处置可

---

① 高源、谯冉：《刑事涉案财物先行变价程序探析》，载《四川警察学院学报》2022 年第 5 期。
② 方柏兴：《刑事涉案财物的先行处置》，载《国家检察官学院学报》2018 年第 3 期。
③ 段玉玺：《刑事涉案财物处置的多元化治理及其路径》，载《五邑大学学报》2024 年第 2 期。

拟制为处于刑事诉讼程序之中，兼具民事评价、行政评价与利益衡平等多种功能的实体认定行为，具有当然复杂性且完全区分于以国家公权力追责的定罪量刑，在性质、证明标准等方面均有不同，公检法三家对此认识不一、配合不足，导致缺乏处理的合力。

3. 信息化手段运用不当，刑事涉案财物流转交接烦琐，难以满足实践需求。刑事涉案财物信息化平台尚未得到有效构建，信息登记录入不准确且不具备异地查询、跨部门查询、实时更新功能，业务系统中刑事协同的功能也未得到完全开发，实践中反而变成线上线下要走两套程序、出两份文书履行同一任务，反倒增加了工作量。

（四）证据价值与权利价值难以兼顾

一方面，证据价值强调及时收集、固定有罪证明证据，保证其来源合法、客观真实，且与待证犯罪事实紧密关联，具有逻辑上的可印证性，并围绕证据推进诉讼程序运行以实现刑法目的。但另一方面，刑事诉讼作为可能对公民人身和财产性权利进行实质性不利处分的程序，立法于其中又充分体现了保障财产权的宪法精神和文明价值。实务工作者便面临以下两方面的利益考量：

1. 证据审查要求与诉讼效益。刑事涉案财物在诉讼中所起作用并不单一，如走私冻品案件中的运输工具、机器设备等，就兼具犯罪事实证明力的证据价值和商品社会属性的经济价值。一方面，刑事诉讼证明标准中要达到"犯罪事实清楚，证据确实、充分"的核心关键是证据本身，要求证据客观真实并经审查；另一方面，司法资源的有限性又要求加快诉讼程序进度，避免不必要支出，并释放商品经济价值，使诉讼整体符合社会效益。实务中提出先行处置请求的往往是履行保管职责、付出大量人力物力的侦查机关，而持谨慎态度的则大部分是负责审理案件的审判机关，不同的态度代表着各自的立场选择倾向。

2. 从严打击犯罪与财产权保护。对涉案财物待证事实的审查标准，是采用民事上的高度盖然性标准抑或完全依照刑事犯罪待证事实的严格标准把控，现实中存在争议。从立法原意观之，《刑法》第 64 条作为犯罪物品处置的立法渊源，背后的价值目标一是为排除财产分配不法、恢复财产秩序，二是阻却犯罪经济诱因、抗制刑事犯罪的产生。采高度盖然性的涉案财产认定标准可以剥夺通过犯罪行为获得的所有利益并使其成本无法收回，有效惩戒犯罪人并对潜在的可能犯罪对象进行警示，但有扩大打击面、损害公民财产权益的风险。而将刑事标准运用在涉案财物处置上似乎过于严苛且实践难度大，过高的证明标准会严重影响诉讼效率并增加诉累。问题根源在于要对刑事诉讼程序中的民事法律关系进行评判，本身就会出现两种不同思路及各自对应的处置路径，这对主审法官提出了很高的要求。即在裁判中实现刑事惩戒目的与保障公民财产权益之间的耦合，准确把握坚持阻却犯罪经济诱因与实现涉案财物精准裁量的衡平。同样也要求侦查机关、检察机关在案件侦办过程中，于有限时效内准确区分涉案财物及与案件无关的其他财物并妥善处置。

总而言之，走私冻品犯罪涉案财物实务难题及背后矛盾因素的产生既有价值理念考量和理解差异，又存在现实运行的实质障碍，但归根结底还是在于以审判为中心的刑事诉讼制度改革不断深化的今天，对涉案财物处置的审查很大程度上仍旧依附于侦查程序，庭审专门性实质化审查不足，导致不管是权力机关对于涉案财物的理解不同抑或是相对人对涉案财物的权利主张，都缺乏观点表达、交锋渠道，控辩双方对兼具刑民行多种特性的处置措施的合理性、合法性未进行完整有效讨论，审判者无法从庭审中获取所需信息，下判决自然底气不足。

三、以实质化审查为核心构建走私冻品犯罪多元化涉案财物处置体系

对冻品犯罪类案件审判实务整体进行矛盾分析后，回应进退维谷的冻品犯罪涉案财物处置难题，笔者建议可以从社会关注度较高、反映强烈之处着手，探究构建以实质化审查为核心的走私冻品犯罪多元化涉案财物处置体系。

（一）以明晰刑事涉案财物概念、处置措施及原则为理论指引

1. 统一法律概念

结合我国《刑法》、《刑事诉讼法》、司法解释、《两办规范涉财处置工作意见》、《最高人民法院关于刑事裁判涉财产部分执行的若干规定》第 1 条、《人民检察院刑事诉讼涉案财物管理规定》第 2 条、《公安机关涉案财物管理若干规定》第 2 条及实践状况来看，刑事涉案财物作为理论性概念应当在上述规范理解范围内实现形式和实质的统一，蕴含的理念价值也应当基本一致，达到“最大公因数”[①]，并随诉讼不断深入推进，呈现逐渐坍缩最终到达精准刻度的趋向。

刑事涉案财物应是指在刑事犯罪案件办理过程中，有理由表明与案件相关联、对案件办理有实质性作用并因追责等需要而为国家权力机关暂时控制的财产或财产性利益。其判断标准可以具体化为，“具有证据证明力之物”（即证明犯罪嫌疑人被告人有罪、无罪或证明行为发生、因果关系、罪责轻重等）及“需要特殊处置之物”（即需经由刑事法定程序做出处置，如追缴、没收等）[②]。刑事涉案财物与证据、赃款赃物、罚没财产、涉案物品均有概念交叉，但并不等同，其概念外延在实践中大致可分为违禁品、供犯罪所用本人财物、违法所得及其他类别，各自对应不同的处置措施，目的是阻止犯罪人从行为中获利、证明案件事实、保护国家利益和公民合法权益。具有证明力作用的涉案财物须经审判程序后方能处置，涉案财物概念范围外与案件无关的物品，权力机关一律不得随意滥用处置措施任意进行查封扣押冻结。

2. 确立概念对应实体处置措施

以冻品犯罪案件为例，违禁品即指走私入境的冻品，该物的购买、持有、运输等行

---

① 赵祖斌:《刑事涉案财物的概念探析》，载《犯罪研究》2023 年第 6 期。

② 陈嘉、宋东:《刑事一体化视野下涉案财物的本质及其认定标准》，载《中国刑警学院学报》2020 年第 4 期。

为均为国家明令禁止，普遍具有危险性，均应予以没收，由专门机关销毁处置。有观点认为，冻品等违禁品是通过走私进境的犯罪行为获得，系通过违法行为所得之物，与之相似的还有制造所得毒品、生产所得假烟等，但笔者认为上述物品本质属性仍是国家绝对禁止之物，而非符合法益的合法之“物”，不管以何种方式都不能获得，故在属性竞合时可直接依照违禁品进行处置。该处分措施有维护社会秩序安全稳定的安保处分性质。

违法所得包括走私分子从走私冻品的违法行为中获取的所有利益及其孳息等衍生增值物，依法均应予以追缴以实现不当得利之衡平。由于走私犯罪所侵害的是国家管理秩序和经济法益，故不存在被害人退赔问题，申言至涉众型经济犯罪，则要考虑追缴或责令退赔的问题。如果违法所得与本人或他人的合法财产发生混同，如被用于购置房产或车辆，则不能简单地尽数等同处理，而应通过付款方式、银行流水、个人实际收入等多角度切入，结合证人证言进行查证，厘清违法所得数额在对应资产中所占份额。同时注意查明第三人是否主观明知而故意让财产进行混同，是否可能成立掩隐犯罪等问题，实现打击犯罪与保护个人权益的双重目的。此外，涉案主体因犯罪情节显著轻微、危害不大而不被认定为犯罪或作不诉处理的，对其违法所得也应依法追缴。

供犯罪所用的本人财物在冻品犯罪中主要为船舶、货车等运输工具、联络用的手机等物品，作为犯罪成本（工具或手段）对行为实施起实质性作用，依法应予没收，实现犯罪防控消除目的。从这个角度出发，对处于犯罪预备、未遂、中止等形态的涉案财物，也应予以没收；对无人认领的无主物及“三无船舶”，经法定程序后亦可依法依规予以没收。对实务中出现的无法显而易见推断出是否专门用于犯罪活动的本人财物问题，则要参照《刑法》第 64 条及《打击粤港澳海上跨境走私犯罪指导意见》等文件精神，从犯罪人的主观意图、手段与结果的因果关系、促进作用等因素，结合目的性、直接性、经常性[①]等评判标准综合判断。例如，对于权属不清或不能证明为犯罪人所有的财物则要特别谨慎，防止公权力使用不当越过藩篱侵入民事领域而殃及第三人，着重审查利害关系人是否主观明知该物被用于犯罪或有放任的间接故意，收集体现双方沟通商议过程的聊天记录、语音通话、纸质合同材料等证据，区分事前通谋的共犯行为，没有证据证明其与犯罪相关联的，不能随意处置。

其他财物的类型较广，从扣押的银行卡、现金到可用于执行财产刑的财产、取保候审保证金等无法归入前述三种分类的涉案物品。此类别并非严格意义上的涉案物品，但与刑事诉讼进程紧密关联，例如附着 DNA 但不具备明显财产性的物品系物证，取保候审保证金在实务中则既能作为财产担保，后续又经常转为罚金刑的执行对象，对诉讼进程都有实质作用。其他涉案财物应个案处理，但纳入涉案财物范畴有利于统一认识，全面加强监管。

---

① 潮州市中级人民法院（2021）粤 51 刑终 31 号案例即是采用这种标准，认定涉案船舶系用于犯罪的专门工具予以没收。

3. 处置原则为纲领

确立涉案财物处置原则可为办案人员在面临抉择而又缺乏明确指引时提供参考，使处置措施保持必要限度。

第一，比例原则。比例原则内涵丰富，要求剥夺手段必须接受妥当性、必要性与狭义比例性的检视[①]。有权机关应对涉案财物处置手段与对权益的损害后果进行利益衡量；在无须继续采取强制措施时及时解除并将涉案财物返还权利人；在可以有效追缴的情况下尽量缩减影响范围；在作出涉财认定时也应充分考虑其实质内核，参照无罪推定原则进行对缺乏证明的物品做出合理裁断，对为获取少量租金而出租运输工具等民事活动行为要慎重把握。

第二，程序正当原则。公权力对涉案财物的处置会对公民权利施加强制性干预，双方地位差距悬殊，故非经法定程序、没有法律依据不得随意施行，必须保障对物处置措施法律基础牢固且在法治框架下运行。对恣意扩张权力行为要严肃进行追责问责，同时保障权利人救济渠道畅通。

第三，案件质效核心原则。要牢牢把握以审判为中心，做好证据收集固定及权属梳理工作。同时要以低诉讼成本实现诉讼目的，这里的诉讼成本既包括时间效率，又包括资源利用率。在不影响案件实质认定的情况下，多措并举提高诉讼效率，减少不必要的司法资源损耗，提高整体司法系统效能。

（二）以相对独立的涉案财物实质性审查程序为体系支柱

刑诉法解释第 279 条之规定要求在庭审过程中应对财物及其孳息的权属、来源等情况进行调查，由公诉人说明情况、出示证据、提出处理建议，听取诉讼参与人、案外人意见，为冻品犯罪案件审判程序细化探究提供合法性支点，第 446 条则建构了对涉案财物及其孳息另行处理的规则，为创设相对独立且符合实务需求的涉案财物审判模式提供制度切入点。

1. 采取合一型审判模式

理论界对涉案财物处置庭审程序改革是采用合一型审判模式还是独立的刑事“对物之诉”模式聚讼不已。在我国现有诉讼结构下，刑事涉案财物的审查纳入庭审程序，一般在定罪量刑审查完毕后，由检察机关简要发表意见，属于典型的合一型。有理论认为，合一型审查模式难以达到涉案财物高质量实质化审查，而采用独立型审查模式可以将对物之诉完全从定罪量刑程序中剥离开来，有充分体现财产保护重要性、为控辩双方及利害关系人提供充分的意见表达空间、避免裁判者受案件事实影响等优点，具有理论前瞻性。然而因时制宜来看，独立型审查模式在审判组织成员组成及诉讼效率上均存在较大缺陷，且需要对现行法律体系进行较大规模的条文增补，是费工费力且收效不一定

① 何永福：《刑事诉讼涉案财物处置程序研究》，西南政法大学 2017 年博士学位论文。

可观的“大工程”。

反之，采用形式合一但程序相对独立的刑事涉财庭审模式更为行之有效。一般来说，涉案财物事实与定罪量刑事实相互交叉甚至部分重合，其处置结果也是在定罪量刑的基础上进行，该模式在程序衔接性、审理内容特定性、效率经济性[①]上均有独特优势，兼具与法律司法解释相互契合无缝衔接的可操作性和通过合理配置程序减少重复工作的便捷性，故无须大费周章另行创设新程序。故此，笔者更赞同在走私冻品犯罪案件庭审程序中后段开展专门针对涉案财物、具有相对独立性的事实调查和辩论环节。

2. 围绕实质审查设计完整程序

本文仅以走私冻品犯罪一审案件程序作为适用模型，亦鼓励借此发散建构具有普适性的涉案财物庭审程序。当案件中有物品随案移送并需要处置时，对涉案财物的审理模式当然启动，庭审审查程序置于刑事实体量刑裁判审查之后独立进行，多方主体共同参与并进行举证质证，开展辩论，法庭听取各方意见并记录在案。

关于程序启动主体有检察机关启动、法院依职权启动及利害关系人申请启动三种观点。综合考虑下，笔者倾向于赞同由检察机关作为程序启动的当然主体[②]，并赋予审判机关审查后的启动权，即在利害关系方、被告方提出关于涉案船舶、货车等运输工具的财产主张和权利申请时由法院进行审查，认为有必要启动时可征询检察机关意见或依职权径行适用。理由是依照刑事案件国家追诉原则，检察机关提起公诉时应当对移送物品进行审查、制作随案移送清单并在起诉书中明确对物处置意见，因此审查程序当然要由检察机关对涉案财物提起并随附涉财处置建议，刑诉法解释第279条第1款更是直接规定检察机关应履行对涉案物品“说明情况、出示证据、提出意见”的义务。依据不诉不理原则，当检察机关对相关物品未予移送时法院当然不具有审查义务。

庭前应做好相关公告通知、庭前会议等准备工作。涉案财物实质审查程序作为利害关系人主张权利的重要方式，应通过公告等方式有效送达并载明庭审时间、涉案财物类别、数量、查扣冻情况及所涉犯罪等信息，同时载明提交申请的期限及方式。如利害关系人在侦查、起诉阶段已向前述机关提出权利主张，则由检察机关提供相关联系方式，但仍由法院进行通知。若涉案财物众多、权利人众多、权属关系复杂，可以召开庭前会议梳理证据、统一认识、明晰争议点。

庭审活动中，开展专门法庭调查并灵活认定证据。在定罪量刑程序完成后独立开展涉案财物审查，引导利害关系人及其辩护人参加庭审，由法庭确认各方参与主体，总结争议焦点，引导各主体依照“检察机关—被告方—利害关系方”的顺序，围绕涉案财物待证事实及处置措施开展专门法庭调查辩论，对涉案财物的权属、合法性、前置程序进行全面审查，对先前在定罪量刑程序中已充分讨论并确认的涉财事实，不再进行讨论。

---

① 闵春雷、张伟：《论相对独立的刑事涉案财物处置程序之建构》，载《厦门大学学报》2022年第4期。

② 艾明、桑志强：《涉案财物法庭审理程序研究》，载《兰州学刊》2023年第10期。

检察机关对涉案财物的非法性、关联性等进行举证，详细说明提请判决理由，被告方及利害关系方则对自身主张负有举证义务。此处的证据标准应当区别于定罪量刑程序中对犯罪证据的认定，对与犯罪事实关联薄弱或无关的，可以采用民事高度盖然性的认定标准，实务中，部分地区亦持相同观点[①]。审查结束后裁判文书应明确表达对涉案财物的审理结果及处置措施，保证移送执行材料全面，依据充分。

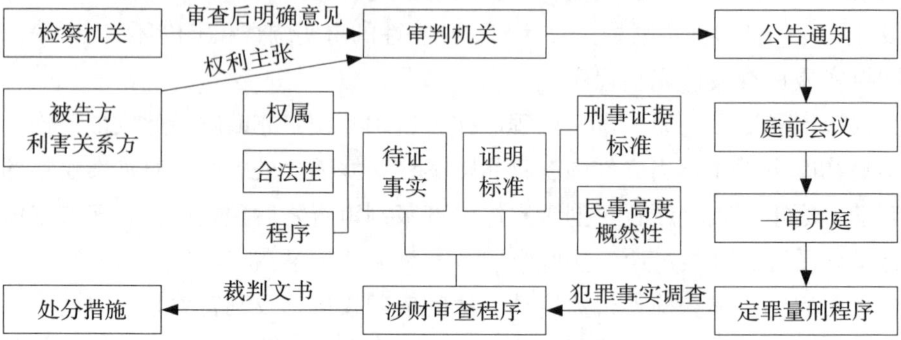

图 4　涉案财物实质化审查流程

此种审查模式在域内外法系均有范例，德国刑事诉讼体系中有第三人诉讼参与制度，而我国司法实践中亦有案例[②]，上海二中院在某涉众金融犯罪案件中采纳二审检察机关意见，创新性探索相对独立的刑事涉案财物诉讼化审查程序，取得良好效果。

（三）以搭建会商平台、完善协同措施为辅助

1. 建立会商联络机制，提高协同能力

以当前法检常态化工作会商机制构建探索为契机，扩大参与主体，不断健全和强化会商机制。深入践行习近平法治思想和总书记对政法工作的重要指示精神，明确会商机制的工作目标和具体落实，对案件审理过程中事实认定和法律适用等问题展开研讨。聚焦走私冻品犯罪涉案财物处置工作等重点领域，深化公检法三主体良性互动，持续提升跨部门跨地域合作效率，疏通关节堵点。定期召开联席会议，运用好案例分析研究等方式，加强协商研讨，统一对涉案财物的理解认识和证据适用标准。此外，对在侦案件适当提前介入，协助解决证据收集、固定难题，避免重复返工，对不规范、无根据的处置措施及时予以纠正。以此凝聚打击走私冻品犯罪、优化刑事涉案财物处置的最强合力。

2. 探索建立涉案财物信息共享平台及统一保管中心

针对冻品犯罪案件涉案财物的保管特点，要以科技赋能信息化引领刑事审判工作高质量发展，探索新技术在涉案财物信息共享和统一保管领域的充分应用。将涉案财物管

---

① 详见《浙江省刑事诉讼涉案财物取证管理处置工作指引》。

② 吴菊萍、黄翀、吉静雯：《以刑事涉案财物诉讼化审查推进追赃挽损》，载《中国检察官》2024 年第 12 期。

理数据、流程纳入统一信息管理平台，不断完善并开放更多刑事协作功能，优化系统运行。在案件侦办过程中将采取查扣冻措施的财物信息、样式、权属证明等全面记录并上传登记，实现全程留痕、实时监控、信息共享，以科技手段限缩权力恣意的可能空间。做好跨部门数据查阅同时注重网络安全性保障工作，筑起网络防火墙，保证数据安全。探索以政法委牵头、公检法共同参与建立的集中统一涉案财物保管中心，引入第三方专业机构及专门人士实现涉案财物管理的统一化专业化，制定严格出入库管理流程及统一处置制度，签订保密管理协议，优化资源配置，缓解办案机关压力。

3. 规范取证流程，正确运用先行处置程序

进一步规范视听资料、电子证据的收集、扣押、提取、制作、移送程序，严格把控证据标准，制定工作规程①，将涉案冻品从查获到移送抽样的全过程进行翔实记录，保留必要样本后，在不影响刑事诉讼正常进行的情况下进行处置。冻品作为违禁品必然要被销毁，不存在举证质证后有其他处置的可能，故可径行处理。对大型物品的变价应履行必要的告知义务和意见征求程序，并充分考虑审判、执行部门意见。进一步探索扩大适用范围，严格对照《公安机关涉案财物管理若干规定》第 21 条、《公安机关办理刑事案件程序规定》第 236 条、《人民检察院刑事诉讼规则》第 214 条等规定，明确先行处置的对象，补充细化工作规程，保证监督有力、救济渠道畅通。

四、结语

党的二十届三中全会提出的《中共中央关于进一步全面深化改革　推进中国式现代化的决定》中再次重申要“完善涉及公民人身权利强制措施以及查封、扣押、冻结等强制措施的制度”，其中刑事涉案财物处置与人身强制措施并列表述，其重要意义不言而喻。本文从走私冻品犯罪切入，对刑事涉案财物处置的司法现状开展论述及矛盾探究，对构建以审判为中心、以庭审实质化审查为核心的涉案财物处置体系的设想也尚显单薄，但笔者仍希望通过现状审视与理论探索，锚定妥善处置、良性互动、均衡保护、多元治理的涉案财物处置发展方向，为刑事涉案财物处置的法治化、系统化、科学化提供参考，为实现“情理法”融合奠定实务基础，为推动刑事审判高质量发展蓄能充电。

---

① 参考汕头市中级人民法院、汕头市人民检察院、汕头市公安局、汕头海关缉私局、汕头海警局共同发布的《关于刑事案件涉案走私冻品证据固定的工作规程》。

走私犯罪境外立法比较

陈 霞*

摘 要 走私犯罪立法模式主要分为三种：一是将走私犯罪规定在刑法中，二是将走私犯罪规定在海关法中，三是将走私犯罪分散规定在不同法律法规中。我国关于走私犯罪立法以犯罪对象为类型化的立法标准，而境外走私犯罪立法多采取以行为方式为类型化的立法标准。从入罪门槛而言，我国走私犯罪的入罪门槛相对较低。其他国家和地区关于走私犯罪的刑罚种类主要是财产刑和限制自由刑，具体在适用上体现出单处或者并处的区别。我国走私犯罪立法的完善可以从以下层面进行考量：一是明确“情节特别严重”“情节较轻”和间接走私的数额认定等问题，让法律规定更加完备；二是完善行刑衔接配套程序，健全珍贵动物行业性鉴定规范以及第三方重新鉴定程序，丰富走私犯罪程序立法；三是调整刑罚配置，丰富刑罚种类设置，实现走私犯罪案件办理与治理并重。

关键词 立法模式 类型化标准 刑罚比较 立法完善

随着商品货币关系的发展和西方资本主义的产生，统治阶级认为商品的自由贸易与货物的自由输入输出对本国不利，于是通过立法形式制定了商品进出国（边）境等事项相关的法律。囿于政治、经济、文化等方面的差异，各国关于走私犯罪规定的侧重点也有所不同，而了解走私犯罪实体法的规定，是进行走私犯罪研究的基础。

一、三类立法模式下走私犯罪规定概述

走私犯罪立法模式是有关走私犯罪立法表现形式的组合方式。考察当下世界其他国家和地区关于走私犯罪的立法，可以发现走私犯罪立法模式主要分为三种：一是将走私犯罪规定在刑法中，如美国、俄罗斯等国家。二是将走私犯罪规定在海关法中，如法国、日本等国家。三是将走私犯罪分散规定在不同法律法规中，如我国香港、澳门、台湾等地区。

* 陈霞，广东省珠海市金湾区人民检察院三级检察官。

（一）刑法中规定的走私犯罪

1. 美国关于走私犯罪的五类犯罪行为

美国联邦层面关于走私犯罪的规定，可在《美国法典》（*United States Code*）中查询。《美国法典》一共分为54编，其中第18编规定的是“犯罪和刑事诉讼程序”，第18编中的第27章系关于“海关”的规定，该章第541条至第555条则规定了走私犯罪的相关行为。根据上述规定，在美国以下行为涉及走私犯罪：

第一类是走私禁止进出口的货物、物品，以及违反美国法律法规的商品、物品或货物的行为。具体包括：（1）进口或出口被盗机动车辆、非公路移动设备、船舶或飞机；明知是被盗的机动车辆、非公路移动设备、船舶、飞机或上述货物、物品的部件，仍故意进口、出口或试图进口或出口等情形。[①]（2）故意将违反法律的商品进口或带入美国，以及明知这些商品是违法的仍接收、隐藏、购买、销售或以任何方式在进口后为运输、隐藏或销售这些商品提供便利等情形。[②]（3）故意出口或运输，或试图出口或运输违反美国法律或法规的商品、物品或货物，以及明知违反法律法规而进行的出口，仍然在出口前接收、隐藏、购买、销售此类货物、物品等情形。[③]

第二类是导致美国丧失合法关税的行为。具体包括：（1）支付税款低于法定应缴税款，即税务工作人员明知货物、产品或商品支付的税款低于法定应缴税款的情况下仍然允许其进口。[④]（2）虚假申请退税，即故意提交虚假或欺诈性的条目或主张，以要求在商品出口时支付退税、津贴或退款等情形。[⑤]（3）享有关税优惠或补贴货物的再准入市场，即任何进口或撤回出口的商品未支付关税，或意图获得已付关税的退税，或法律规定的其他出口补贴，在未进入美国的情况下在美国的任何地方再次登陆。[⑥]（4）虚假分类的货物进口，即故意以低于货物、物品的真实重量或尺寸等方式进口货物、物品。[⑦]（5）以虚假陈述方式进口货物，即通过欺诈性或虚假的发票、声明、宣誓书、信函等方式导致可能剥夺此类发票、声明、宣誓书、信函中包含或提及的商品所产生的任何合法

① United States Code§553（2024），载中华人民共和国商务部网站，https：//www.customsmobile.com/uscode/title18_partI_chapter27_section553。

② United States Code§545（2024），载中华人民共和国商务部网站，https：//www.customsmobile.com/uscode/title18_partI_chapter27_section545。

③ United States Code§554（2024），载中华人民共和国商务部网站，https：//www.customsmobile.com/uscode/title18_partI_chapter27_section554。

④ United States Code§543（2024），载中华人民共和国商务部网站，https：//www.customsmobile.com/uscode/title18_partI_chapter27_section543。

⑤ United States Code§550（2024），载中华人民共和国商务部网站，https：//www.customsmobile.com/uscode/title18_partI_chapter27_section550。

⑥ United States Code§544（2024），载中华人民共和国商务部网站，https：//www.customsmobile.com/uscode/title18_partI_chapter27_section544。

⑦ United States Code§541（2024），载中华人民共和国商务部网站，https：//www.customsmobile.com/uscode/title18_partI_chapter27_section541。

关税。[①]（6）隐藏或销毁发票或其他文件，即在收款区的收款人要求进行检查后，故意隐藏或销毁与进口到美国的商品有关的发票、书籍或文件；或为隐藏其中包含的欺诈性证据，隐藏或销毁此类发票或文件。[②]

第三类是绕关走私的行为。具体包括：（1）将货物存放在边境建筑物中，即违反法律在美国与外国边界线上的建筑物中接收或存放商品，或通过该建筑物携带任何商品。[③]（2）私建边境隧道和通道的行为，即故意建造或资助建造跨越美国和另一国家之间国际边界的隧道或通道（国土安全部已知的合法授权的隧道或通道，且接受了移民和海关执法局的检查的除外），或故意在其拥有或控制的土地上建造或使用上述隧道或通道，或使用上述隧道或通道非法走私外国人、货物、受管制物品、大规模毁灭性武器（包括生物武器）或恐怖组织成员。[④]

第四类是藏匿、隐瞒、非法获取货物的行为。具体包括：（1）藏匿、重新包装保税仓库里的货物，即在保税仓库中故意隐藏、移动或重新包装商品，或故意改变、污损或涂掉存放在该仓库中包裹上的任何标记或编号的行为。[⑤]（2）转移海关监管下的货物及破坏密封的行为，包括未经授权，在船舶、车辆、仓库或包装上附上或贴上海关印章、扣件或标记，或声称是海关印章、扣件或标记等情形。[⑥]

第五类是特定主体的犯罪。具体涉及将货物走私到国外的船只所有者、[⑦] 协助进口淫秽或叛逆性书籍及物品的人员的犯罪。[⑧]

2. 俄罗斯关于走私犯罪的主要表现

《俄罗斯联邦刑法典》分总则篇与分则篇，其中分则篇第 8 编第 22 章规定了俄罗斯走私犯罪相关的内容。该刑法典原第 188 条关于“走私”的规定已被 2011 年 12 月 7 日第 420 号联邦法律删除。[⑨] 具体而言，俄罗斯的走私犯罪主要表现为以下几种情形：

一是非法出口国家管制的货物、物品或商品。即根据《俄罗斯联邦刑法典》第 189

---

① United States Code§542（2024），载中华人民共和国商务部网站，https：//www.customsmobile.com/uscode/title18_partI_chapter27_section542。

② United States Code§551（2024），载中华人民共和国商务部网站，https：//www.customsmobile.com/uscode/title18_partI_chapter27_section551。

③ United States Code§547（2024），载中华人民共和国商务部网站，https：//www.customsmobile.com/uscode/title18_partI_chapter27_section547。

④ United States Code§555（2024），载中华人民共和国商务部网站，https：//www.customsmobile.com/uscode/title18_partI_chapter27_section555。

⑤ United States Code§548（2024），载中华人民共和国商务部网站，https：//www.customsmobile.com/uscode/title18_partI_chapter27_section548。

⑥ United States Code§549（2024），载中华人民共和国商务部网站，https：//www.customsmobile.com/uscode/title18_partI_chapter27_section549。

⑦ United States Code§546（2024），载中华人民共和国商务部网站，https：//www.customsmobile.com/uscode/title18_partI_chapter27_section546。

⑧ United States Code§552（2024），载中华人民共和国商务部网站，https：//www.customsmobile.com/uscode/title18_partI_chapter27_section552。

⑨ 黄道秀译：《俄罗斯联邦刑法典》，中国民主法制出版社 2020 年版，第 122 页。

条的规定，行为人明知而故意犯罪或者有预谋的团伙实施的非法输出或交付可用于制造大规模杀伤性武器、军事装备和军事技术的原料、材料、设备、工艺、科学技术情报的行为。[①]

二是不履行归还特定物义务的行为。其一是不归还文化珍品的行为。即根据《俄罗斯联邦刑法典》第 190 条的规定，不在规定期限内将原运送出俄罗斯联邦的文化珍品归还到俄罗斯联邦境内的行为。[②] 其二是逃避履行返还外汇或俄罗斯货币的义务。即根据《俄罗斯联邦刑法典》第 193 条的规定，不按规定程序将巨额外汇资金或俄罗斯联邦货币划拨到境内授权银行或俄罗斯联邦境外账户，以及不按规定程序返还巨额外汇资金或俄罗斯联邦货币至境内授权银行或俄罗斯联邦境外账户上的行为。[③]

三是非法运输、携带国家管制的货物、物品越过欧亚经济共同体关税联盟边界。根据《俄罗斯联邦刑法典》第 193–1 条、第 200–1 条至 200–2 条的规定，走私货币、现金、支付工具、酒类、烟草制品等均属于走私犯罪。主要包括：（1）通过伪造单证等方式实施将外汇资金或俄罗斯联邦货币汇入境外账户的金融业务的走私货币的行为。（2）走私现金或支付工具，非法使现金或支付工具越过欧亚经济共同体关税联盟边界，数额巨大的行为。（3）走私酒类产品或烟草制品，非法使酒类产品或烟草制品越过欧亚经济共同体关税联盟边界，数量巨大的行为。[④]

四是偷逃缴纳海关关税的行为。即根据《俄罗斯联邦刑法典》第 194 条的规定，逃避缴纳向组织或自然人征收的海关关税，数额巨大、数额特别巨大的行为。未缴纳的商品海关税费金额超过 200 万卢布构成数额巨大，超过 600 万卢布构成数额特别巨大。如果系公职人员利用自己的职务地位实施的、对进行海关和边防监督人员使用暴力的，则加重处罚。[⑤]

（二）海关法或关税法中规定的走私犯罪

1. 法国关于走私犯罪的规定

法国对于走私犯罪的规定主要规定在海关法中，其将违反海关法的行为分为五种等级的违规行为和三种类别的犯罪行为，并针对这些不同类型的违法行为和犯罪行为设置了相应的处罚措施。[⑥]

根据《法国海关法典》，走私行为主要包括：[⑦]（1）经由陆路边境进口的货物未立即从当地省长令指定的最近路线运至最临近的海关办事处。（2）货物未运至海关办事处

---

① 黄道秀译：《俄罗斯联邦刑法典》，中国民主法制出版社 2020 年版，第 122—123 页。
② 黄道秀译：《俄罗斯联邦刑法典》，中国民主法制出版社 2020 年版，第 123 页。
③ 黄道秀译：《俄罗斯联邦刑法典》，中国民主法制出版社 2020 年版，第 124—125 页。
④ 黄道秀译：《俄罗斯联邦刑法典》，中国民主法制出版社 2020 年版，第 125—126、132—134 页。
⑤ 黄道秀译：《俄罗斯联邦刑法典》，中国民主法制出版社 2020 年版，第 126—127 页。
⑥ 国家口岸管理办公室编译：《法国海关法典》，中国海关出版社 2016 年版，第 189—193 页。
⑦ 国家口岸管理办公室编译：《法国海关法典》，中国海关出版社 2016 年版，第 42—44、193 页。

前，未经许可超越海关办事处的位置。（3）在海关办公时间以外，未经海关许可，货物在连接两个海关办事处之间的最近路线上移动。（4）往返国际航线的航空器未按规定航线进出关境。（5）空运进口货物运输途中空投货物及甩货。（6）出口货物未运至海关办事处或海关指定地点。（7）陆路边境沿线，运输人取道绕越海关。（8）在港区内、海岸沿线非法装卸货物的一些情形。（9）运输按某项保税监管程序办理的货物过程中非法转移或换掉货物，无合法理由不遵守规定路线或规定时间行驶，从而毁坏海关封志或其他辨认手段，使原装货物无法确认，以及运输按某项保税监管程序办理的货物过程中的其他走私行为。

此外，如果行为人实施了下列行为，根据《法国海关法典》的规定，也将被视为走私：[①] 一是未申报进口或出口的行为，如货物过关时被掩藏在经过特别布置的掩藏物内，或者被掩藏于并非正常用于储藏货物的洞穴或其他空间内以逃避海关查验。二是持有或运输不具备原产地证书、运输单证等有效证明文件的货物的行为，如采取非法手段或伪报方式获得转关运输单证，将牲畜计入《边境放牧监管手册》、从《边境放牧监管手册》中注销，或取消转关运输单证上写明的义务的行为；运输禁限进口货物、重税货物、应缴纳国内消费税的货物、禁止出口或应缴纳出口税的货物过关时，无法证明其已按规定由海关对证明文件进行签证等行为。三是违反禁限制出口、复出口、复驱进口等规定的行为。如按照规定驱往国外放牧的牲畜没有复驱进口的（境外死亡除外），涉及禁止出口或应缴纳出口税的牲畜，此种情形将被视为走私出口。

2. 日本关于走私犯罪的规定

日本海关法系关于海关的国会立法及其现行立法各种修正案的总和，其现行海关立法由《关税法》《关税定率法》《关税暂定措施法》三部构成。[②] 日本的走私犯罪分为如下类别：

第一，秘密进出口被禁止进出口的货物的犯罪。日本《关税法》第 69 条第 2 款第 1 目规定了不得出口的货物，第 108 条第 4 款对违反禁止出口的犯罪行为作了罚则；第 69 条第 11 款规定了不得进口的货物，第 109 条则对违反进口规定的犯罪行为作了罚则。[③]

日本不得出口的货物主要包括：（1）麻醉药和镇静药、大麻、鸦片、兴奋剂（政府的出口以及其他的法令规定可以出口的不在此列）。（2）儿童色情制品，即根据《关于与儿童卖春、儿童淫秽行为等有关的处罚以及儿童保护的法律》第 2 条第 3 款规定的儿童淫秽物。（3）侵犯专利权、实用新型权、外观设计权、商标权、著作权、邻接权等知

① 国家口岸管理办公室编译：《法国海关法典》，中国海关出版社 2016 年版，第 80—82、193—195 页。

② 何力：《日本海关立法及法典化》，载《海关法评论》第 11 卷，法律出版社 2023 年版，第 32、36 页。

③ 何力：《日本海关法原理与制度》，法制出版社 2010 年版，第 181 页。

识产权的商品。（4）构成根据日本《反不正当竞争法》第2条第1款所列相关行为的一些物品。[①]

不得进口的物品主要包括：（1）麻醉药和镇静药、大麻、鸦片、兴奋剂以及吸食器具（政府的出口以及其他的法令规定可以进口的除外）。（2）手枪、步枪、机关枪以及炮、上述武器的弹药以及手枪零部件（其他的法令规定可以进口的除外）。（3）《关于禁止化学武器以及规制特定物质的法律》规定的特定物质，但是根据其他的法令规定可以进口此项货物的从业者根据其他法令规定进口的货物除外。（4）危害公共安全和社会风俗的书籍、图画、雕刻以及其他物品。（5）《关于与儿童卖春、儿童淫秽行为等有关的处罚以及儿童保护的法律》第2条第3款规定的儿童淫秽物。（6）侵犯专利权、实用新型权、外观设计权、商标权、著作权、邻接权等知识产权的商品。（7）构成日本《反不正当竞争法》第2条第1款所列相关行为的一些物品。[②]

第二，逃避关税的犯罪，指根据日本《关税法》第110条的规定，通过虚假或不正当的行为逃避关税的犯罪。[③] 如以欺骗或其他欺诈行为而达到逃避关税或获得关税退款，进口货物时应缴纳关税却通过欺骗或其他欺诈行为而未缴纳关税，以及通过报关行的欺骗或者其他欺诈行为而逃避关税或者收取退还关税等情形。

第三，无许可进出口和虚假申报的犯罪。根据日本《关税法》第111条的规定，未经许可进出口货物的行为，在申报或者检查过程中进行虚假申报或证明，或提出虚假文书进出口货物等行为均属于无许可进出口和虚假申报的犯罪。[④]

第四，关税赃物的犯罪。指根据日本《关税法》第112条的规定，故意运输、储存、取得与犯罪相关的货物的行为。此处的犯罪具体涉及《关税法》第108条至第110条规定的相关犯罪，[⑤] 赃物涉及不应出口而出口的货物、不应进口而进口的货物、置于保税区的不应进口的货物以及逃税货物等。

第五，藏匿和运输到达日本的非进口目的货物的犯罪。根据日本《关税法》第109条第2款的规定，违反规定将外国货物放在保税区，以及违反规定以保税的方式运输外国货物的行为均属于此类犯罪。[⑥]

（三）我国港澳台地区中规定的走私犯罪

1. 我国香港地区关于走私犯罪的规定

香港关于走私犯罪的规定散见于《进出口条例》《刑事罪行条例》《应课税品条例》《危险药物条例》等规定中。在香港，走私是指违反《进出口条例》的规定，或违反管

---

① 何力：《日本海关法原理与制度》，法制出版社2010年版，第181—182页。
② 何力：《日本海关法原理与制度》，法制出版社2010年版，第181—182页。
③ 何力：《日本海关法原理与制度》，法制出版社2010年版，第183页。
④ 何力：《日本海关法原理与制度》，法制出版社2010年版，第183页。
⑤ 何力：《日本海关法原理与制度》，法制出版社2010年版，第183页。
⑥ 何力：《日本海关法原理与制度》，法制出版社2010年版，第182—183页。

制物品进口或出口的法律规定，将物品输入、输出、运载或其他方式处理的行为。具体类别如下：

一是违反输入和输出的禁止规定或限制规定。香港《进出口条例》对战略物品、某些禁运物品的输入和输出作了规定，以及对禁运物品进口后的管有作了规定，违反这些规定即属犯罪。如香港《进出口条例》第 13b 条规定任何人进口另类吸烟产品，即属犯罪。[①] 香港《刑事罪行条例》第 105 条规定了禁止输入及输出伪制纸币及硬币，即任何人未经金融管理专员以书面同意而输入、运抵或卸下任何流通纸币的伪制品或受保护硬币的伪制品；或输出任何流通纸币的伪制品或受保护硬币的伪制品，即属犯罪。[②]

二是违反如实申报、缴纳税款的义务。应课税品作为香港关税的一种，根据《应课税品条例》第 34a 条的规定，任何人在入境站进入香港，须就其个人行李所载和其所携带的应课税货品向香港海关人员申报。在入境站以外的地方进入香港，如被穿着制服的香港海关人员查问，则须就其个人行李所载或其所携带的应课税货品数量是否超逾作出申报，不作出申报或作出虚假、不完整的申报，即属犯罪。[③]

三是违反进出口货物附随有效证明文件的规定。香港《危险药物条例》第 11 条、第 13 条、第 14 条对进出口危险药物以及过境途中危险药物应附随有效证明文件作了规定，违反这些附随义务则构成犯罪。[④] 另外，根据香港《进出口条例》第 36 条的规定，伪造许可证或认可生产通知书、没有署长授权而更改许可证或认可生产通知书等行为也属犯罪。[⑤]

四是违反处理和管有某些货品的限制的规定。如根据香港《应课税品条例》第 17 条的规定，在就已完税货品申请退还有关税款的情况下出于出口目的，没有许可证而移走货品，或就已完税货品申请退还有关税款的情况下出口该等货品（根据并按照牌照而出口的除外），即属犯罪。[⑥]

2. 我国澳门地区关于走私犯罪的规定

澳门对走私及走私犯罪主要规定在《对外贸易法》中。根据其第 12 条规定，货物的运入及运离，当经由官方为此指定的关口进行，海关则负责监察经由澳门特别行政区

---

① 《进出口条例》13B. 进口另类吸烟产品的罪行，载电子版香港法例网站，https：//www.elegislation.gov.hk/hk/cap60!sc?INDEX_CS=N&xpid=ID_1438403513130_001。

② 《刑事罪行条例》105. 禁止输入及输出伪制纸币及硬币，载电子版香港法例网站，https：//www.elegislation.gov.hk/hk/cap200!sc?INDEX_CS=N。

③ 《应课税品条例》34A. 进入香港的人的申报，载电子版香港法例网站，https：//www.elegislation.gov.hk/hk/cap109!sc@2024−02−28T11：00：00?INDEX_CS=N&xpid=ID_1438402561922_001。

④ 《危险药物条例》11. 有关进口危险药物须遵守的规定、13. 出口危险药物时须遵守的规定、14. 过境途中的危险药物，载电子版香港法例网站，https：//www.elegislation.gov.hk/hk/cap134!sc?INDEX_CS=N。

⑤ 《进出口条例》36. 关于许可证、生产通知书等的罪行，载电子版香港法例网站，https：//www.elegislation.gov.hk/hk/cap60!sc?INDEX_CS=N&xpid=ID_1438403513130_001。

⑥ 《应课税品条例》17. 对处理和管有某些货品的限制，载电子版香港法例网站，https：//www.elegislation.gov.hk/hk/cap109!sc@2024−02−28T11：00：00?INDEX_CS=N&xpid=ID_1438402561922_001。

关口进行或邮寄方式进行的对外贸易活动。[①] 因此，违反在许可地点以外进行活动规定的行为在澳门地区将构成走私犯罪。同时，我国澳门地区对单位走私犯罪亦作了规定，根据《对外贸易法》第 22 条规定，法人及等同法人如果实施走私犯罪的，亦当追究其刑事责任。[②] 除《对外贸易法》外，澳门《刑法典》第262条规定了禁用武器及爆炸性物质罪，[③] 该条规定有点类似于我国《刑法》中关于走私武器、弹药罪的规定，对输入禁用武器、爆炸装置或爆炸性物质、足以产生核爆之装置或物质、放射性装置或物质，抑或适合用作制造有毒或令人窒息之气体之装置或物质作了禁止性规定。此外，澳门《文化遗产保护法》第 94 条规定了不法出境罪，[④] 也涉及了走私文化遗产的相应处罚。

3. 我国台湾地区关于走私犯罪的规定

我国台湾地区对走私犯罪采取单行特别立法的形式，其中对于走私犯罪的罚则，在对应惩治条例集中作了规定，包括私运管制物品进出口罪、私运逾公告数额之管制物品进口罪、私运销售或藏匿管制物品罪、走私而持械拒捕罪、服务交通工具人员知走私不报罪、准走私罪等。[⑤]

二、走私犯罪立法类型化标准不同

所谓刑事立法的类型性，是指对各种犯罪所作的类型化描述，既不单纯使用抽象的概念，也不按照实践中发生的个案详尽描述犯罪事实，而是将犯罪的构成要件描述为可以与具体案件相对应的类型化标准。由于对走私犯罪的打击侧重点不同，衍生出不同类型化的立法标准。

（一）以犯罪对象为类型化标准

以犯罪对象为类型化的立法标准，是指罪名的确定以犯罪对象为依据，从而规定与该犯罪对象有关的罪名。我国关于走私犯罪立法体现的便是以犯罪对象为类型化的逻辑，现行《刑法》规定的罪名，如走私核材料罪、走私假币罪、走私文物罪、走私贵重金属罪、走私废物罪等均以走私行为所具体指向的对象为靶向，进而规定相对应的罪名。以走私武器、弹药罪为例，行为人违反海关法规、逃避海关监管，将武器、弹药运输出境，不论其通过何种方式出境，该行为在刑法上都被评价为走私武器、弹药罪。至

---

① 澳门《对外贸易法》第 12 条，载澳门特别行政区印务局网站，https://bo.io.gov.mo/bo/i/2003/25/lei07_cn.asp。

② 澳门《对外贸易法》第 22 条，载澳门特别行政区印务局网站，https://bo.io.gov.mo/bo/i/2003/25/lei07_cn.asp。

③ 澳门《刑法典》第 262 条，载澳门特别行政区印务局网站，https://bo.io.gov.mo/bo/i/95/46/codpencn/codpen0001.asp。

④ 澳门《文化遗产保护法》第 94 条，载澳门特别行政区印务局网站，https://bo.io.gov.mo/bo/i/2013/36/lei11_cn.asp。

⑤ 陈晖：《两岸走私犯罪立法比较与借鉴——兼论走私犯罪类型化立法》，载《河北法学》2008 年第 8 期。

于《刑法》第155条所规定的准走私行为，并没有规定具体的罪名，其作为与走私犯罪行为密切关联的下游行为，本质上是一种掩饰、隐瞒行为，后被法律拟制成走私犯罪，但是具体罪名仍然依附于走私对象而定。

（二）以行为方式为类型化标准

以行为方式为类型化的立法标准，是指罪名的确定以行为方式为依据，进而确立相关的罪名。例如，《美国法典》中关于走私犯罪的罪状表述，如以虚假陈述方式进口货物、向美国走私货物、向国外走私货物、将货物存放在边界线的建筑物中、在仓库中搬运或重新包装货物、转移海关监管下的货物及破坏密封、隐藏或销毁发票或其他文件等均是以行为方式为立法标准。又如俄罗斯，虽然其规定了走私现金或支付工具、走私酒类产品或烟草产品的相关罪名，但涉及不将文化珍品归还俄罗斯联邦境内、逃避缴纳向组织或自然人征收的海关关税、逃避履行返还外汇或俄罗斯货币义务等罪名时，仍然依据的是以行为方式为类型化的立法标准。

我国香港、澳门、台湾地区关于走私犯罪的规定亦体现行为方式的划分标准。我国香港地区对行为人违反输入和输出的禁止规定或限制规定、违反如实申报的义务、伪造、更改许可证、生产通知书等走私犯罪行为规定了对应的刑罚；我国澳门地区针对行为人在法律许可地点外将货物运入或运离澳门、输入武器及爆炸性物质、将文化遗产不法带出境等行为规定了刑罚；我国台湾地区则从私运、销售、藏匿管制物品或应税物品等方面规定了走私犯罪，均体现了以行为方式进行类型化区分的立法逻辑。

三、走私犯罪适用刑罚比较

走私犯罪的刑罚，主要依据走私行为的性质、情节轻重程度以及走私物品的种类等因素而确定。由于政治经济体制的差异以及打击犯罪的侧重点不同，关于走私犯罪的刑罚也呈现出较大区别。

（一）刑罚轻重比较

当前不同国家对走私犯罪的处罚相差比较大。从入罪门槛而言，我国走私犯罪的入罪门槛相对较低。一些走私分子为逃避法律制裁，尤其是规避偷逃应缴税额的起刑点，采取“化整为零”“蚂蚁搬家”式的小额多次走私方式，对经济发展和社会管理的破坏力不可小觑。因此，《刑法修正案（八）》将一年内曾因走私被给予二次行政处罚又走私的认定为犯罪，从而将小额多次走私纳入刑法评价，而小额多次走私入刑也导致我国走私犯罪的入罪门槛进一步降低。

从走私犯罪的法定最高刑期来讲，我国刑法对走私犯罪的处罚较为严厉。我国走私毒品罪最高法定刑为死刑，走私武器、弹药罪，走私核材料罪，走私假币罪，走私文物罪，走私贵重金属罪，走私珍贵动物、珍贵动物制品罪，走私淫秽物品罪以及走私普通货物、物品罪最高刑期均可以达到无期徒刑。而境外关于走私犯罪的刑罚轻重呈现较大差别。在美国，故意建造或资助建造穿越美国与另一国之间国际边界的隧道或地下通道的，应处以罚金并处以 20 年以下的监禁。[①] 在俄罗斯，如果集团实施的逃避海关税费、走私酒类或烟草制品类走私犯罪，则应当判处 7 年以上 12 年以下的剥夺自由刑罚，并处罚金以及并处或不并处限制自由。[②] 而在法国，走私或有组织地走私主管海关的部长以部长条例列明的对公共健康、道德或安全有害的物品，可最长处 10 年拘役 [③] 并最高处走私货物价值 5 倍罚款。

（二）刑罚种类比较

各国关于走私犯罪的处罚种类主要是财产刑和限制自由刑，具体在刑法适用上体现出单处或者并处的区别。

第一类是财产刑和自由刑的并罚。财产刑和自由刑作为刑罚的常见种类，其双重适用表明该类走私犯罪行为性质严重，法律对该类走私犯罪实行了较为严厉的苛责。以走私武器、弹药罪、走私核材料罪、走私假币罪为例，我国《刑法》第 151 条规定，走私武器、弹药、核材料或者伪造的货币的，处 7 年以上有期徒刑，并处罚金或者没收财产；情节特别严重的，处无期徒刑，并处没收财产；情节较轻的，处 3 年以上 7 年以下有期徒刑，并处罚金。武器、弹药、核材料等都是重要战略物资，走私上述货物、物品，将对国家政治经济安全造成严重的危害，所以该类走私犯罪应当受到严惩，适用财产刑和自由刑的并罚。

第二类是财产刑或自由刑可以选择适用也可以选择并罚。财产刑或自由刑的选择适用或者并罚代表了该类走私犯罪行为性质较为严重，但具体处罚可以视情节等要素而定。以走私国家禁止进出口的货物、物品罪为例，根据我国《刑法》第 151 条的规定，走私珍稀植物及其制品等国家禁止进出口的其他货物、物品的，如果情节严重的则应适用财产刑和自由刑的并罚，处 5 年以上有期徒刑，并处罚金；如果情节不严重的，处 5 年以下有期徒刑或者拘役，并处或者单处罚金。再以美国为例，《美国法典》第 541 条规定，对虚假分类的货物进口，处以罚金，或两年以下监禁，或一并处罚。[④]

第三类是财产刑、自由刑以及其他刑罚的选择适用。不同种类刑罚的选择适用，表明该类走私犯罪行为性质不算严重或者较轻，其具体处罚因具体情节而呈现较大区别。如俄罗斯关于走私犯罪的刑罚除了判处罚金与判处自由刑，还规定了强制性社会公益劳动或强制劳动。以走私酒类产品为例（有预谋的团伙实施的、利用自己职务地位实施的、有组织的集团实施等情形除外），处数额为 30 万卢布以上 100 万卢布以下或被判

---

① United States Code§555（2024），载中华人民共和国商务部网站，https：//www.customsmobile.com/uscode/title18_partI_chapter27_section555。

② 黄道秀译：《俄罗斯联邦刑法典》，中国民主法制出版社 2020 年版，第 127、133 页。

③ 国家口岸管理办公室编译：《法国海关法典》，中国海关出版社 2016 年版，第 192 页。

④ United States Code§541（2024），载中华人民共和国商务部网站，https：//www.customsmobile.com/uscode/title18_partI_chapter27_section541。

刑人1年以上3年以下的工资或其他收入的罚金；或处5年以下的强制劳动；或处5年以下的剥夺自由。[①]

四、走私犯罪的立法借鉴

随着世界各地贸易往来和国际交流的进一步推进，走私犯罪有时难免与多国或多地区的法律交合，掌握不同国家和地区关于走私犯罪的规定，寻找法律的契合点和执法的衔接点，才能不断提升走私犯罪打击工作成效。

（一）走私犯罪立法的共性与区别

关于走私犯罪立法的相同之处主要表现为以下几个方面：一是在走私犯罪中除了直接构成走私犯罪的自然人或单位，其他特定主体如公务人员包庇走私犯罪的也应受到处罚；二是走私犯罪的对象通常仅限于禁止或限制进出口的货物、国家管制的货物以及应税货物等几种类型；三是走私犯罪的表现形式通常包括未按法定路线进出口货物、逃避海关关税以及进出口货物未附随有效证明文件等几种类型；四是一些从重或加重情节的处罚，如武装掩护走私、暴力抗拒缉私等严重危害到国家安全行为的走私犯罪，均是严厉打击的对象。

区别之处主要在于：第一，从走私犯罪的立法体系看，其他国家和地区关于走私犯罪的规定比较分散，而我国对走私犯罪的立法规定则相对集中。第二，从修改完善走私犯罪立法的角度看，境外对走私犯罪立法主要直接通过对刑事立法、海关法或其他法律法规进行修订，我国主要通过《刑法修正案》对走私犯罪立法进行修订和完善。第三，从刑罚的适用来看，整体而言，我国关于走私犯罪的刑罚设置更重。

（二）我国走私犯罪刑事立法的完善

虽然法律概括和提炼了一类犯罪的本质与重要特征，在规定犯罪的同时也实现了法益保护的目的，但由于市场经济的不断发展和犯罪手段的不断变化，立法无法预见未来发生的所有情况，因此难免存在一些不足，走私犯罪刑事立法亦如此。不断出台的有关走私犯罪的司法解释和刑法修正案也说明我国走私犯罪的立法在不断完善。具体而言，我国走私犯罪立法的完善可以从以下层面进行考量：

第一，明确法律用语。最高人民法院、最高人民检察院于2014年发布的《关于办理走私刑事案件适用法律若干问题的解释》虽然针对不同的犯罪对象的量刑情节作了具体规定，但仍存在一些不明确之处，在司法实践中对一些具体案件的处理也存在一定争议。具体而言，以下问题需要进一步明确：

1.“情节特别严重”“情节较轻”等需要进一步明确。《刑法》第151条规定的走私

① 黄道秀译：《俄罗斯联邦刑法典》，中国民主法制出版社2020年版，第133页。

核材料罪、走私贵重金属罪中涉及情节特别严重、情节较轻的判断，刑法条文中并没有直接规定，相关司法解释也没有给出认定的标准。

2. 间接走私行为数额认定问题有待明确。《刑法》第 153 条规定走私普通货物、物品罪的构成要件之一为“偷逃应缴税额”达到较大、巨大或者特别巨大的标准，《刑法》第 155 条规定间接走私行为的构成要件之一为非法收购走私进口的货物、物品“数额较大”，对于间接走私构成走私普通货物、物品罪的情形，则会出现两种不同表述的入罪标准，有悖于刑法的准确性、一致性，因此，建议将《刑法》第 155 条“数额较大”修改为“偷逃应缴税额较大或数额较大”。

第二，完善程序设置的实施细则。一是行刑衔接配套程序有待完善。一方面，目前各地司法实践关于相对不起诉涉诉数额掌握不一、情节轻微各要素标准掌握不统一，容易出现同类案件不同判决的情况。建议建立涉走私案件相对不起诉的正面和负面清单，并对具体的情节实行赋分制，对符合相对不起诉条件的依法作出相对不起诉决定。另一方面，行刑双向衔接程序规定不够具体和完善。建议明确双向移送案件的标准和程序、检察机关依法监督的职责与程序等，建立相对不诉案件代为告知、检察意见跟踪落实、数据共享等制度。（1）将不起诉后检察机关依法制发检察意见，建议行政主管机关行政处罚等法律后果的告知提前到认罪认罚阶段，为后续行政处罚做好准备与衔接。（2）依托反向衔接开展行政违法行为监督，确保检察意见制度的落实。（3）逐步开放和共享行政执法数据、侦查监督数据、检察机关相对不起诉数据，确保行刑双向衔接信息畅通，为大数据法律监督赋能。

二是珍贵动物行业性鉴定规范以及第三方重新鉴定程序有待健全。目前对于列入人工繁殖的国家重点保护野生动物名录或人工繁育技术成熟、已成规模，作为宠物买卖、运输的，一般不作为犯罪处理，但是关于鉴定涉案珍贵动物是否属于人工驯养繁殖的行业性规范仍然没有形成。同时实践中出现涉案珍贵动物及其制品的市场交易价格低于行业主管部门核准的价格甚至出现较大悬殊情况时，如何以真实的交易价格合理调节量刑，从而避免出现司法裁判与大众认知偏差较大的情况，仍然是亟待解决的问题。对此，建议健全珍贵动物行业性鉴定规范以及涉案珍贵动物制品的重新鉴定程序，真正在法理情的有机统一中实现公平正义。

第三，提升刑罚统一性与多样性，实现刑罚均衡有效治理。一方面，存在刑罚不均的问题。以走私普通货物、物品罪为例，单位犯本罪且情节特别严重的，对其直接负责的主管人员和其他直接责任人员判处十年以上有期徒刑，但是自然人犯本罪最高可判处无期徒刑，建议对《刑法》第 153 条关于单位犯罪的部分进行修改，对直接负责的主管人员和其他直接责任人员的处罚标准应与自然人的处罚标准相一致，体现立法的一致性。另一方面，刑罚种类设置较为单一的问题。为充分发挥刑罚的惩罚、警示、预防的功能，对涉嫌严重走私犯罪的，增设在一定期限内剥夺或者限制其从事经济和金融相关业务或特定职业的资格。

侦查交叉情境下海上走私犯罪案件的办理路径探析

余冬冬　廖一良*

摘　要　侦查管辖作为刑事诉讼管辖的源头，直接影响后续刑事案件侦查取证以及审查起诉、审理判决。当前，我国海警部门、海关缉私部门和地方公安机关在海上走私犯罪案件上存在侦查交叉，引发侦查主体是否适格、诉讼程序是否正当、证据是否具备合法性等系列争议，不利于对海上走私犯罪的打击和司法公正效率的维护。本文拟通过分析侦查交叉的情形和形成原因，深挖存在的主要问题，参考借鉴国内外相关经验，进而优化侦查管辖权责配置及衔接配合、加强检察侦查引导及程序修复、推动形成司法共识甚至立法规范，为妥善办理侦查交叉情境下海上走私犯罪案件提供思路。

关键词　侦查交叉　海上走私　案件办理

因利润巨大且监管困难，近年来我国海上走私犯罪呈高发、频发态势，既严重危害了市场经济秩序、社会稳定和人民群众的切身利益，不利于海洋强国和21世纪海上丝绸之路的建设，同时对国家主权和安全造成了巨大威胁，亟须予以遏制治理。但因我国侦查管辖配置存在交叉重叠，使得海上走私犯罪案件在司法实务中存在侦查权责混乱、诉讼程序空转、庭审证据排除等风险，不仅影响了打击治理效果，也造成了司法资源的浪费，不利于维护司法公正和效率。进一步厘清海上走私犯罪案件侦查权责，加强侦查交叉情境下海上走私犯罪案件的实证研究便成为“高质效办好每一个案件”的现实需要。

一、海上走私犯罪案件侦查交叉的主要情形及原因

（一）当前海上走私犯罪案件侦查权配置情况

目前，我国对海上走私犯罪案件侦查管辖的法律法规主要有《中华人民共和国刑事

*　余冬冬，广西壮族自治区钦州市人民检察院法律政策研究室主任；廖一良，中南财经政法大学法与经济学院2023级比较法专业硕士研究生。

诉讼法》(以下简称《刑事诉讼法》)、《中华人民共和国海警法》(以下简称《海警法》)、《中华人民共和国海关法》(以下简称《海关法》)以及《公安机构办理刑事案件程序规定》、《公安部刑事案件管辖分工规定》等，其中《刑事诉讼法》第308条第2款[①]、《海警法》第12条第1款第8项[②]直接规定海警部门对海上发生的刑事案件行使侦查权，这里的海上应指海（岛屿）岸线以外我国管辖的海洋。《海关法》第4条第1款[③]则明确海关缉私部门对其管辖的走私犯罪案件具有侦查职能，即有权对海关境内的走私普通货物、物品及海关监管区内的走私武器弹药等犯罪行为进行侦查。海警部门、海关缉私部门管辖之外的沿海港岙口、码头、滩涂、台轮停泊点等区域的刑事案件则由地方公安机关管辖。由此，我国当前海上走私犯罪案件的侦查主体便形成海警部门、海关缉私部门和地方公安机关共同管辖局面。

（二）侦查交叉的主要情形

1. 海警部门与地方公安机关之间的侦查交叉。前文提到《刑事诉讼法》赋予海警部门对海上刑事案件的侦查权。按照上位法优于下位法原则，《刑事诉讼法》赋予海警部门的侦查权要优于《海关法》等赋权其他侦查机关的侦查权，理论上只要犯罪行为的实施地是在海上，海警部门就有排他的侦查权。但司法实务是复杂的，因为认识的不同往往产生不同的处理。一方面，因为海上走私是指通过海上途径，绕过海关口岸，非法运输、携带货物、物品进出境的行为，其行为往往需要从海上延续到陆地上，这时就可能涉及地方公安机关的侦查管辖。按照属地管辖原则，如果海上仅是犯罪地的其中一环，犯罪的预备地、结果地等涉及陆地，则海警部门和地方公安机关均对海上走私犯罪案件具有一定的侦查管辖权。[④]另一方面，按照属人管辖原则，海上走私犯罪的行为人往往还涉及其他下游犯罪，比如洗钱罪，掩饰、隐瞒犯罪所得、犯罪所得收益罪，窝藏、转移、隐瞒毒品、毒赃罪等。这时地方公安机关和海警部门对同一犯罪嫌疑人的不同行为都具有侦查权，因并案处理等情形，则出现管辖权交叉问题。

2. 海关缉私部门与地方公安机关之间的侦查交叉。根据我国海上走私犯罪案件的侦查权配置，海关缉私部门和地方公安机关对海上走私行为侦查管辖划分的主要标准就是案件是否涉税，也就是依据案件罪名进行划分。但未经充分侦查往往无法对所涉罪名进行预审，这也导致海关缉私部门或地方公安机关立案侦查后，才发现自己无侦查权。此外，在司法实践中，因为海上走私对象的多元化和犯罪手段的多样化，反映到具体罪

---

① 《刑事诉讼法》第308条第2款　中国海警局履行海上维权执法职责，对海上发生的刑事案件行使侦查权。

② 《海警法》第12条第1款　海警机构依法履行下列职责：……（八）预防、制止和侦查海上犯罪活动。

③ 《海关法》第4条第1款　国家在海关总署设立专门侦查走私犯罪的公安机构，配备专职缉私警察，负责对其管辖的走私犯罪案件的侦查、拘留、执行逮捕、预审。

④ 于一潇：《〈海警法〉背景下海警机构行使刑事侦查权的困境及对策研究》，大连海洋大学2023年硕士学位论文，第21页。

名适用时就容易产生争议，这也会影响侦查管辖的判断。以海上走私假烟为例，有的观点认为香烟属于应税商品，其走私行为逃避了海关监管，没有缴纳应缴税款，侵犯的应定性为走私普通货物；另一种观点则认为，假烟侵犯了知识产权，是国家明令禁止进出口的货物，其犯罪对象具有特殊性，定性为走私国家禁止进出口的货物、物品罪更为适宜。此时，罪名的不同判断就会导致侦查主体的差异，从而形成侦查的交叉。

（三）管辖权划分标准多元导致侦查交叉

海上走私犯罪案件出现侦查交叉的主要原因，是因为侦查管辖权责配置不够清晰、划分标准不够科学。当前，我国海上走私犯罪案件侦查管辖划分是依据罪名和区域双重标准。其中，海警部门管辖海上涉税及非涉税走私案件，仅以区域划分；海关缉私部门管辖我国关境内的涉税走私案件，依据罪名划分；地方公安机关管辖陆地上的海关监管区外的非涉税走私案件，则既有罪名特点又有区域性质。① 因为划分标准的不同，致使司法实务中三者对海上走私案件存在一定的侦查交叉。

1. 以区域简单划分侦查主体不适应海上走私的复杂案情。虽然《刑事诉讼法》赋予海警海上走私犯罪侦查管辖的排他权，但因为刑法概念上“海上”相对模糊，导致司法实务中侦查管辖指向不明确。如根据《最高人民法院、最高人民检察院关于办理走私刑事案件适用法律若干问题的解释》第 20 条第 2 款规定，内海包括“内河入海口”，但目前并没有法律、行政法规甚至行政规章定义哪些区域是“内海入海口”，司法实务中也认识不一，往往海警部门、海关缉私部门、地方公安机关对这一区域的案件都有侦查管辖权。② 同时，虽然以区域划分是权责分配的主要形式，但因为犯罪地是一个宽泛的概念，既包括犯罪行为的预备地、开始地、途经地、实施地、结束地等犯罪行为发生地，也包括犯罪对象被侵害地、犯罪所得的实际取得地、藏匿地、转移地、使用地、销售地等犯罪结果发生地。而一个海上走私犯罪案件往往涉及多个行为地点，简单的以区域划分侦查管辖权也会导致三者的侦查交叉。

2. 以罪名区分侦查主体违背刑事侦查规律。当前我国海关部门缉私部门与地方公安机关区分管辖权的主要依据是案件所涉罪名。按照《公安机关办理刑事案件程序规定》，公安机关立案侦查时仅需要满足以下两个条件：一是认为有犯罪事实需要追究刑事责任；二是属于自己管辖。也就是说，公安机关立案时案件往往还事实不清、性质不明，犯罪嫌疑人可能所涉及的罪名更是难以确定，这些都需要经过充分侦查才能明确。如此，确定罪名才能明确是否具有侦查权、能否进行立案侦查，又须立案后经充分侦查才能确定所涉罪名，这就形成了一个逻辑悖论，显然是违背刑事案件侦查规律的，实践中

---

① 陈鹿林、周耀凤：《略论海上走私犯罪侦查管辖权的优化配置》，载《公安学刊（浙江警察学院学报）》2021 年第 6 期。

② 《海上走私犯罪案件侦查管辖权浅析》，载微信公众号“三尺团队”，2021 年 6 月 15 日，https://mp.weixin.qq.com/s/eZBkgAL8W5Hp1wIsDar8Ug。

实施起来也会出现种种问题。

二、侦查交叉情境下办理海上走私犯罪案件导致的主要问题

（一）不利于惩治犯罪

1. 影响海上走私犯罪案件的侦查。一方面，侦查交叉引发的侦查主体不适格会影响侦查机关的办案积极性。侦查机关在付出大量人力、时间成本开展侦查后，发现案件不属于自己管辖，需要将所收集到的证据材料等移送有管辖权的机关，这不仅打击侦查机关的积极性，同时也因为时过境迁致使重新侦查难度的增加，造成接手机关畏难情绪积累，不愿“接盘”。另一方面，权责不清在容易导致职能越位的同时，也容易造成职能的缺位。海上走私侦查管辖间的边界不清，往往会造成负有侦查权的部门之间相互推卸责任，特别是针对一些复杂疑难的海上走私案件，更容易因职权不清推诿扯皮而导致案件查办迟滞甚至无人侦查、无人打击，形成违法犯罪的真空地带。

2. 程序公正受到质疑。著名刑诉法学家陈瑞华教授认为，“任何一个国家专门机关，对于不享有立案管辖权的案件所进行的侦查活动和审判活动，都属于违反法律程序的行为，由此所作出的决定都应被归于无效。”[①] 在无侦查管辖权、侦查主体不适格的情形下，侦查机关将案件移送检察机关审查起诉，此时势必会造成检察机关的“两难”境地。如若检察机关退回有侦查权的机关重新侦查，不符合诉讼的效率和经济原则；但如果检察机关直接向法院提起公诉，案件可能会因“程序的不正义”被审判机关不受理或者退回，致使诉讼程序无以为继。这时，如何平衡程序公正与实体公正成为检察机关审查起诉的一个难点。

3. 影响证据的采用确认。侦查机关在无管辖权情形下立案侦查所收集的证据是否具有合法性，能否直接作为定罪证据使用也是需要重点关注的问题。虽然在司法实务中，因为有些证据因时间流逝不具备重新提取的可能，为了打击犯罪的需要，不适格侦查主体收集的相关证据一般作为瑕疵证据使用。但对此类证据的采信确认，实务界和学术界存在很大争议。实务工作者特别是检察官认为，无管辖权侦查机关收集的证据并非《刑事诉讼法》规定的以非法方法收集的证据，不属于排除情形。有的学者则认为，在侦查程序不正当的情形下，其收集的证据如果作为起诉和审判的依据，就等同于认可了该违法侦查的行为和后果。这实质上是架空了《刑事诉讼法》等法律法规对于管辖权的规定，使得相关规定沦为一纸空文。这无疑是污染了水源，相对于“放纵”个案危害更大。[②] 该顾忌不无道理，不适格侦查主体收集证据的采信确认需要妥善解决法理与实务兼容的问题。

---

① 陈瑞华：《刑事诉讼法》，北京大学出版社 2021 年版，第 208 页。
② 仲若辛：《无管辖权的侦查机关收集证据的效力认定》，载《法制博览》2023 年第 2 期。

（二）侵害公平正义

海上走私犯罪一般具有隐蔽性强、延伸范围广等特点，涉嫌罪名认定本身存在复杂性，同时受限于侦查机关与检察机关、审判机关对构罪标准认识的差异，在侦查交叉情境下，往往是案件已经移送检察机关审查起诉了才发现侦查主体不适格。此时变更侦查机关，退回有侦查权的机关重新进行侦查，其实质是“程序倒流”“程序逆向运转”，可能造成案件在数月甚至数年的时间无法获得最终的裁决结论。同时，虽然羁押期限区别于办案期限，但因为我国没有确立最高羁押期限，这使得羁押期限与办案期限出现重叠，致使犯罪嫌疑人、被告人所受到的未决羁押期限随着案件退回侦查自动延长，从而造成“超期羁押”。这无疑严重侵犯了犯罪嫌疑人、被告人的人身自由，使人权保障的价值和司法公正性受到挑战。此外，迟来的正义非正义。“程序倒流”会影响侦查的及时性，案件久拖不决也可能会造成与案件有关证据的流失，导致案件真相难以查明，罪犯得以逃脱制裁，这也是另一种形式的侵害公平正义，不利于维护司法的公信力和威慑力。

（三）不符合效率与经济原则

在侦查机关已经立案查清案件犯罪事实的情况下，因侦查主体不适格又退回移交有侦查权的机关重新侦查，不仅增加案件当事人诉累，也必然会造成侦查成本的增加，造成司法资源的浪费。因为侦查权行使需要投入大量的人力、物力、财力等成本，资源具有稀缺性，重复侦查所耗费的资源是巨大的。同时，因我国海上走私犯罪侦查管辖的历史沿革，海关缉私部门、海警部门缺乏专业化的侦查队伍，刑事侦查专业能力相较于地方公安机关更为薄弱，应对复杂的海上走私案件本身就显吃力，在退回重新侦查时，许多证据已经时过境迁，此时再去调查取证就更为困难。此时，如果地方公安机关因无侦查权移送海关缉私部门或海警部门重新侦查，除了影响办案效率，还会影响案件的侦办效果，违背了司法的质效与经济原则。

三、侦查交叉案件办理的国内外经验

（一）我国监察执法与刑事司法衔接机制

司法实务中，监察机关、监察机关和公安机关在侦查案件的过程中，随着案件办理的推进，经常会出现发现己方无案件管辖权或多方均有管辖权情形。为顺畅高效办理此类互涉案件，2020 年 12 月 28 日，国家监察委员会、最高人民法院、最高人民检察院、公安部联合印发《关于加强和完善监察执法与刑事司法衔接机制的意见（试行）》。该意见明确了各自侦查管辖案件类别，并规定了案件管辖信息共享机制及管辖争议案件处置方式，对侦查期间发现属于其他机关侦查线索的要求及时通报移送；对管辖确有争议明确协商确定机制，必要时报上级相关机构协调解决。这为侦查机关之间如何及时发现管辖权属问题和怎样妥善处置侦查交叉案件提供了方向。此外，该意见还规定了在侦查期间发现对案件无管辖权后向有管辖权机关移交的各类证据材料，经审查符合法定要求的，可以在刑事诉讼中作为证据使用。同时也明确了"补救措施"，即有管辖权机关一般应当通过讯问、询问进一步补充完善证据。通过此种方式，可以有效弥补不适格侦查主体收集证据的瑕疵，对程序的合法性进行"修正"，避免在审判阶段遭遇证据排除的困境。

（二）日本检察官指挥侦查制度

检察制度生成的重要原因是制约侦查权，检察权吸收侦查功能，不仅有利于加强对侦查活动的专业引导，还能有效制衡侦查权的滥用。所以，在很多国家的检察制度中，检察侦查与警察侦查职能交叉、重叠、共生等是普遍的法律现象，构建检警一体化、大控方工作格局有深厚的法理基础[①]。比如在日本检察制度中，便是检察官指挥侦查。日本检察官在刑事诉讼法上享有广泛的侦查权限，对其认为有必要的刑事案件均可直接实施侦查。虽然日本法律体系与我国法律体系有所区别，但还是对解决侦查交叉案件问题有一定借鉴意义。参考日本检察官指导侦查制度，对公安机关等侦查主体侦查能力不足、推卸侦查影响犯罪打击等特定情形下，检察机关认为确有必要，可以直接开展侦查。相较于海警部门、海关缉私部门和地方公安机关，检察机关对于犯罪构成要件、庭审证据要求等更为熟识，通过赋权检察机关直接自行侦查，不仅有效解决因侦查交叉可能导致的犯罪无人打击问题，也更有利于指控犯罪，解决治理效果不佳问题。当然，我国检察制度与日本存在本质区别，为避免检察机关权力的无限扩张及侦查权的滥用，还需要对自行侦查程序的启动、可侦查范围等进行限制。

（三）意大利无管辖权证据不失效规定

当前我国法律对于无侦查管辖权、不适格侦查主体所收集证据是否采信尚无明确规定，司法实务中不同法院也存在不同认定。而意大利早在1988年刑事诉讼法典中就有明确规定，其第27条"Prove acquisite dal giudice incompetente"中规定"L'inosservanza delle norme sulla competenza non produce l'inefficacia delle prove gia' acquisite."即法院在无管辖权的情况下获得的证据，不遵守管辖权规则不得使已取得之证据失效。此时，法院更注重于证据的"真实性"而非"合法性"，这与我国证据法中"合法性往往是服务于保障证据真实性"[②]的原则是相契合的，对于我国庭审时如何采信不适格侦查主体收集的证据是一个很好的参考。

① 王祺国：《试论检察侦查》，载《法治研究》2021年第6期。

② 宋立翔：《证据"三性"和"两力"之关系研究》，载微信公众号"尚权刑辩"，2022年12月14日。

四、侦查交叉情境下办理海上走私犯罪案件的路径思考

（一）优化侦查管辖权责配置及衔接配合

1. 完善联合缉私、统一处理、综合治理体制。近年来，我国通过成立海关缉私部门、海警部门机构改革、公安体制改革和《刑事诉讼法》修订、出台《关于海上刑事案件管辖有关问题的通知》等规章制度方式，逐步对海上走私案件侦查管辖进行了调整，但仍存在职能权限界定划分不够清晰、移送管辖不够顺畅等问题，各机构间未建立完善的协调机制，主要通过召开临时性会议、专项活动等推进。在国家层面，目前尚未有明确的联合缉私、综合治理的规定和制度。虽然在 2017 年，国务院法制办公室发布了《反走私工作条例（征求意见稿）》，对于各部门联合缉私、统一处理、综合治理的职责做出了明确规定，但至今没有正式发布。各走私侦查部门之间仍需在国家层面建立完善联合缉私、统一处理、综合治理的制度，进一步明确各部门间的分工权责、协作配合，同时通过建立侦查交叉纠纷解决机制，避免出现多头治理或者侦查真空现象，提高侦查的效能，提升海上走私犯罪打击效果。

2. 健全侦查执法与刑事司法衔接机制。司法实务中，刑事侦查执法与刑事司法程序存在衔接不畅，出现有案不立、案件移交难和以罚代刑等情形，这无疑对海上走私犯罪惩处、维护海洋经济稳定造成非常不良的影响，建立完善的信息共享、案件移送、联席会商等机制就很有必要。一方面，通过构建信息共享平台，准确输入案件信息，及时研判可能涉及的罪名，从而明确侦查的主体，在侦查主体不适格时及时变更，有效打击犯罪。另一方面，信息的共享也有利于侦查机关之间的制约，减少“有案不立”“以罚代刑”等情形。此外，海上缉私工作不仅可能涉及海警部门、海关缉私部门、地方公安机关，还有税务、市场监督管理、渔政、移民管理等行政部门，行政机关之间的联系配合需求也日益紧密，需要建立完善行政部门之间的案件线索、证据移送以及联合执法、协作配合机制，形成打击海上走私犯罪的合力。

3. 探索侦查管辖协商制度。侦查权作为行政权，必须满足高效运转的运作规律。有别于检察管辖和审判管辖必须严格遵循法律管辖规定，侦查管辖更多地考虑是否有利于侦查工作，是否有利于查清全案，更注重效率导向。在此基础上，侦查及时性便成为首要考量因素。《公安机关办理刑事案件程序规定》第 22 条第 1 款[①] 明确了对管辖不明确或者有争议的刑事案件可以通过协商和指定管辖两种方式处理。相较于共同的上级机关指定管辖，交叉的侦查机关之间协商确定侦查管辖更具有效率，也更有利于对海上走私犯罪案件的及时侦查。因此，在侦查交叉情境下，可以探索侦查管辖协商制度。对于无法明确判断涉及罪名或者涉及多个犯罪地点管辖界限不清晰的海上走私犯罪案件，由可能有侦查权的部门自行进行协商，明确侦查主体，这样不仅能保障侦查的及时性，也能

---

① 《公安机关办理刑事案件程序规定》第 22 条第 1 款　对管辖不明确或者有争议的刑事案件，可以由有关公安机关协商。协商不成的，由共同的上级公安机关指定管辖。

有效解决立案侦查后发现无侦查权的问题。

（二）加强检察侦查引导及程序修复

1. 强化侦查引导。起诉对侦查具有引导、案件分流过滤的功能，检察官在履行“刑事程序进展中决定性的过滤器”这一功能时，管辖权也是一个重要的考量因素。[①] 2021年，公安机关与检察机关协作建立侦查监督与协作配合办公室，目的之一便是强化检察机关对侦查的引导。通过侦查监督与协作配合办公室，检察机关可以及时高效对侦查环节证据收集、证据标准确定等进行指引，同时对侦查过程中的违法行为进行监督，及时纠正违法侦查行为。这便能有效避免无管辖权进行侦查行为。但目前很多侦查与监督协作办公室缺乏实质化运行，监督引导的力度有限，还需要进一步强化对侦查管辖的法律监督的刚性，加强对违法侦查、滥用侦查权等行为的制约监督。同时，侦查监督与协作配合办公室主要是对侦查机关立案侦查后的案件进行监督，如对立案前的侦查管辖进行引导，还需要进一步前移监督。

2. 探索程序修复。在我国，宪法和法律规定检察机关是国家的法律监督机关，具有“法律守护人”的角色定位，其对于程序公正具有天然的维护义务，对于公安机关无侦查权所取得的证据，在证据取得无其他不当行为、证据真实可信时，可以通过检察机关对该证据进行修正，探索赋予检察机关对此类证据的“修复权”。在海上走私犯罪中，如因前期涉案罪名未查清致使侦查主体不适格，该侦查机关移送审查起诉的证据并非出于故意或者恶意，且在不存在违法取证等行为时，可以认定所收集证据存在一定瑕疵，但并不影响证据真实性。只要证据真实就可以作为定案依据。至于取证程序瑕疵，可以通过检察机关审查起诉阶段讯问犯罪嫌疑人、询问证人等方式补充完善证据，对取证程序进行修正。这样不仅符合刑事检察构建以证据为中心的刑事指控体系要求，也符合效率与经济原则，避免司法资源的浪费。

（三）推动形成司法共识及立法规范

1. 强化侦检审共识。我国刑事诉讼中的管辖制度是按照以审判为中心的诉讼原则进行设定的。在检察机关在对侦查不适格的案件直接提起公诉时，必须考虑法院对侦查管辖的认可以及对证据的采信确认，避免因检法认识不同导致犯罪行为未能有效打击，或者案件程序空转。所以为了保证诉讼活动的协调性和诉讼程序的有效衔接，有必要统一侦检法关于提起公诉后侦查主体不适格是否要退回有管辖权的侦查机关重新侦查、不适格侦查主体所获取证据能否作为定案证据使用等的共识。可以通过联合会商，形成会议纪要的形式强化侦检法之间共识，保障诉讼程序的顺利进行。同时，还可以通过发布相关指导性案例，强化判例的指引。

---

① 林雪标：《我国侦查地域管辖制度的反思与重构》，载《山东大学学报（哲学社会科学版）》2023年2期。

2. 探索法律赋权。海上走私犯罪案件产生侦查交叉的根本原因还是在于法律没有明确规定所产生的模糊地带，以及对法律理解不一所产生的争议。要解决这个问题，最根本的措施就是通过完善司法解释甚至是立法来规范。可以通过司法解释进一步明确海上等地域概念，探索罪名、地域、属人等多元结合的侦查管辖权划分方式。增加侦查管辖机动灵活性。此外，还可以探索赋予检察机关特定情形下的程序修复权和证据认可权，甚至可以明确何种情况下已取得证据有效，从立法上补足侦查交叉情境下的程序和证据漏洞，维护司法公正与效率。

走私犯罪境外证据的适用

康　沛*

摘　要　当前境外相关证据取得受到很大程度的制约，境外证据获取难、适用难。本文基于境外证据的取得方式与来源的差异，建议对境外证据的域内适用进行分类的系统重构。在我国特有的“一国两制三法系四法域”的背景下，我国的区际刑事司法协作应当以内地与澳门的刑事司法协作及证据适用构建为突破点与基点，在结合两地刑法、刑事诉讼程序法共性及司法协作传统的基础上搭建构建我国境外证据适用的新机制：一是在粤澳两地刑事司法协作的证据互换部分，应当由证据提供方在证据移交前完成对该证据的本地法域合法性审查。二是书证、视听资料与电子数据等客观性证据应该分层适用。三是涉及刑事司法鉴定，应对鉴定主体、鉴定内容及类型在限缩基础上予以适用，同时完善刑事司法鉴定的补强方式。四是在构建我国域外证据适用的新机制基础上，最终整体构建具有中国特色的现代化区际刑事司法新模式。

关键词　走私犯罪　境外证据适用　衡平判断　刑事司法协作

由于境外证据在走私犯罪中的特殊性，2005年海关总署缉私局与最高人民检察院侦查监督厅、公诉厅，最高人民法院刑二庭联合出台了我国第二份有关境外证据的司法解释性文件《关于走私犯罪案件中境外证据的认定与使用有关问题的联席会议纪要》。[①] 随后，2012年最高人民法院发布的《关于适用〈中华人民共和国刑事诉讼法〉的解释》第405条则是在前述条文的基础上首次在司法解释中对境外证据的域内适用进行了较为全面的规定。[②] 虽然我国也在相关的司法实践中不断地通过案例指导与颁布立法等方式碎片化地规范与优化境外证据的域内适用，但却始终未能充分地发挥对相关问题立法的后发优势，同时我国特有的“一国两制三法系四法域”的基本国情也导致境外证据的域内审查及适用成为办理涉外案件的难点。因此，充分、全面地结合我国的司法实践与基

*　康沛，广东省珠海市人民检察院第三检察部副主任、四级高级检察官。

①　对于境外证据适用相关问题的首份司法解释性文件是2003年最高人民法院《关于信用证诈骗案件有关问题的复函》（法函〔2005〕349号）。

②　江必新主编：《最高人民法院刑事诉讼法司法解释理解与适用》（下），人民法院出版社2013年版，第1097—1099页。

本国情，完整、成体系地构建我国境外证据的审查及适用规则与框架已是刻不容缓。

一、境外证据适用的现状分析

目前，境外证据在我国现有的司法解释及司法解释性文件中的统一表述均为“来自境外的证据”，结合我国“一国两制三法系四法域”的基本国情，境外证据对于我国的具体适用可以明确细分为两大类，一是关境外证据，是指来自港、澳、台地区的证据，二是国境外证据，是指来自除中国内地、港、澳、台地区，其他国家和地区的证据。

（一）刑事判决体现的境外证据适用特点

基于上述定义，以“（法）域外证据”“（法）域外取证”“境外证据”“境外取证”“公证机关”“使馆”等作为关键词，在2017年至2021年的范围内对中国裁判文书网进行检索，剔除重复案例以及不相关案例，共检索出案件67件。同时由于珠海市作为与港澳陆路相连的唯一内地城市的特殊性，在前述关键词的基础上增加“澳门警方”“司法警察”“香港商业登记署”“国际刑警”等作为关键词，对珠海市2017年至2021年的生效判决进行检索，共检索出案件21件。上述两个检索共计得出涉及境外证据生效判决案件88件，其中走私类犯罪案件33件，占比37.50%；诈骗类犯罪23件，约占比26.14%；伪劣产品类犯罪6件，约占比6.82%；职务犯罪类案件5件，约占比5.68%；偷越国边境类犯罪、卖淫类犯罪均为3件，各约占比3.41%；其他各类案件15件，占比17.05%。虽然前述数据样本与现有学术研究成果中筛选的时间段、关键字的选取、取样的对象等方面必然存在一定程度上的差异，但本文的数据样本分析结果与其他学者已作的实证分析研究结果是基本一致的，[①] 即走私类犯罪是司法实践中适用境外证据最为普遍与常见的犯罪类型。

在前述33件走私犯罪案件中，境外证据的具体适用情况可做如下细分统计：一是境外证据在具体走私犯罪罪名认定中的适用主要集中于两个罪名，其中走私普通货物罪案件21件，占比约为64%；走私毒品罪案件6件，占比约为18%，两罪名合计占比82%。二是境外证据的具体来源分类相对均衡，除1件无法判断来源外，涉及来源于港澳台证据的案件15件，占比约为45.45%；涉及来源于其他国家和地区国外证据的案件17件，占比约为52%。三是境外证据的具体证据种类主要为书证，相关案件共有27件，占比约为82%，大致可分为由司法机关或行政机关出具的公文书证及形成于犯罪过程中记录了案件关联信息的其他书证两大类。[②] 四是境外证据的提供主体及相关证据最终被判决认定的情况，其中司法机关提供境外证据案件为24件，占案件总数约为73%，相关证据最终

---

① 沈亚岚：《刑事诉讼境外证据司法审查的异化、纠偏与规则完善——基于76个案件83份证据的实证分析》，载《司法体制综合配套改革与刑事审判问题研究——全国法院第30届学术讨论会获奖论文集》（下）2019年，第1789—1790页，其统计境外证据适用的罪名中走私类犯罪占比39%。

② 张建伟：《证据法要义》（第二版），北京大学出版社2016年版，第191—192页。

被判决认定为22件，认定比例约为92%；辩护人及案件当事人自行提供境外证据案件为9件，占案件总数约为27%，相关证据最终被判决认定为3件，认定比例约为33%。

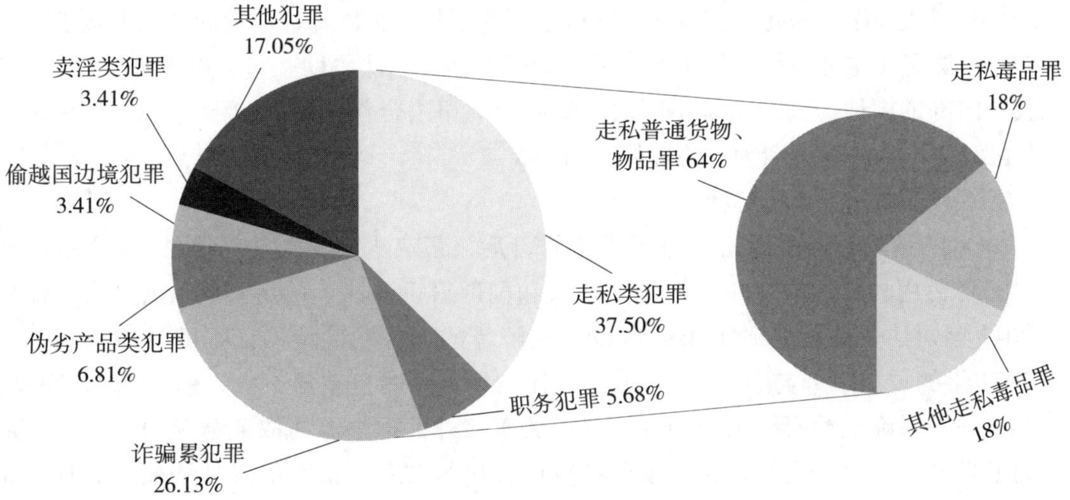

图1　境外证据域内案件适用占比情况

综合上述样本分析情况，虽然各类犯罪在司法实践中均有涉及境外证据适用的情形，但由于走私类犯罪跨境因素的天然属性决定了其仍是境外证据适用的主要犯罪类型，同时由于走私普通货物在走私类犯罪的绝对数量中占比远高于其他类型走私犯罪，因此走私普通货物罪也成为单个罪名中适用境外证据比例最高的罪名。[①] 同时，虽然在证据来源的比例上国境外证据仍略高于关境外证据，但考虑到港澳台地区在人口、经济与面积等方面均远远低于国外总和的前提下，境外证据的来源几近相等突出地反映了我国内地与港澳台地区的紧密联系。此外，目前内地刑事司法实践中，境外证据的主要证据形式仍为传统的书证等客观证据，其他言词类主观证据的占比较低。而境外证据的提供者仍主要为司法机关，虽然司法机关所提供的境外证据在审判过程中被认定的比例远高于辩护人或案件当事人所提供的境外证据，但是两类主体提供的境外证据均存在着在审判中未被认定与适用的情形，就此亦说明了目前内地司法实践在对境外证据的适用中会依据相关法律规定的指引来进行形式与实质的审查与评判，并在此基础上最终确定境外证据的适用与否。

（二）关联刑事立法与案例系统指引不足

1. 境外证据相关法律

区分司法协助与协作。2018年我国颁布了《刑事司法协助法》，该法从刑事司法协

① 走私普通货物罪在88个有效样本中占比约为23.86%，样本统计数据中第二大类的诈骗类犯罪包含了诈骗罪16件，合同诈骗罪4件，集资诈骗罪3件。

助的程序、证据的取证协助形式、涉案人员的移交等多个方面全方位地规范了我国内地与外国刑事司法协助的相关内容。同时因为该法第 3 条明确规定“中华人民共和国和外国之间开展刑事司法协助，依照本法进行”，所以该法并不适用于我国内部不同法域之间的相关司法合作。据此，在前述“国境外证据”与“关境外证据”的基础上基于相应不同的司法合作主体亦衍生出了两个相应的概念即“司法协助”与“司法协作”，对于在我国内部的内地与港澳台等不同法域间的相关司法合作应规范统称为“司法协作”，而与之对应产生的证据则为“关境外证据”。[①]

2. 境外证据相关司法解释

2018 年我国对刑事诉讼法进行重新修订后，最高人民法院也于 2021 年公布经修改后配套适用的《关于适用〈中华人民共和国刑事诉讼法〉的解释》，该司法解释是在 2012 年司法解释的基础上第二次以司法解释的形式明确境外证据的具体适用。对比 2021 年的司法解释与 2012 年的司法解释在文字表述上差异不大，但亦增加了两项内容，一是明确了检察机关应当随案移送关于境外证据来源与取证情况的说法；二是明确了当事人、辩护人等提供的境外证据应当进行“双认证”的除外情况。同时也针对境外证据特定的证据属性，将相关的条款从原来涉外案件审理与司法协助一章的第 405 条调整为证据一章的第 77 条。[②]

3. 境外证据相关司法解释性文件

目前，我国仍未制定专门针对境外证据适用的相关司法解释或司法解释性文件，但在多个涉外犯罪的司法解释性文件中均对境外证据的相关问题有所提及，这些司法解释性文件均肯定了境外证据可以在内地法域适用，也从多个角度对境外证据的适用作出了规定。一是强调对境外证据来源的说明，如 2016 年最高人民法院、最高人民检察院与公安部印发的《关于办理电信网络诈骗等刑事案件适用法律若干问题的意见》与 2022 年最高人民法院、最高人民检察院、公安部与国家移民管理局印发的《关于依法惩治妨害国（边）境管理违法犯罪的意见》，两份文件中均要求提供境外证据的国内侦查机关对证据的取证情况进行详细的说明，且相关说明的内容应作为境外证据适用的审查重点。二是强调了境外证据的移交形式，如 2021 年最高人民检察院印发的《人民检察院办理网络犯罪案件规定》，该文件对境外证据移交的详细流程首次作出了明确的规定，并明确了境外证据移交的规范应作为该证据合法性审查的内容。三是强调了对境外证据审查的内容，如 2018 年最高人民检察院印发的《检察机关办理电信网络诈骗案件指引》，2020 年最高人民法院、最高人民检察院与公安部印发的《办理跨境赌博犯罪案件

---

① 2021 年《最高人民检察院关于服务保障横琴粤澳深度合作区建设的工作意见》及 2022 年《最高人民法院关于支持和保障横琴粤澳深度合作区建设的意见》等文件与当下司法实践均已将我国内部不同法域间的司法合作规范表述为“司法协作”，以区别于国际间的“司法协助”。

② 刑事诉讼法解释起草小组:《最高人民法院〈关于适用《中华人民共和国刑事诉讼法》的解释〉理解与适用》，载《刑事审判参考》总第 126 辑，人民法院出版社 2021 年版，第 132 页。

若干问题的意见》以及2022年最高人民检察院印发的《关于办理涉外刑事案件若干问题的指导意见》，第一份文件明确了在境外证据的适用审查中应当对证据来源的合法性与转换的规范性进行审查；第二份文件则明确了当事人、辩护人等提供的来自境外证据材料，如未经证明、认证的不得作为证据使用；第三份文件则是目前对于境外证据审查内容规定最为全面的司法解释性文件。

4. 境外证据相关案例的发布

截至2024年，最高人民法院、最高人民检察院共已发布涉及境外证据适用问题的相关案例14个，其中最高人民法院发布的3个案例均刊登在其主编的《刑事审判参考》中，分别是2009年的第578号案例、2010年的第640号案例以及2012年的第748号案例，3个案例均对境外证据的审查与认定问题进行了说明，但由于3个案例的发布时间均在2012年《关于适用〈中华人民共和国刑事诉讼法〉的解释》颁布之前，所以对于境外证据"三性"的审查与认定多依据刑事证据审查的基本原则，并结合当时国内司法协助程序的相关规定以及民事诉讼中境外证据的取得与适用情况来进行经验的总结。此外，最高人民检察院发布的相关案例共有11个，11个案例均发布于2020年以后，其中指导案例2个，分别是2020年关于境外证据审查的检例第67号，2021年关于境外证据获取与司法协助的检例第128号，典型案例共9个，分别于2020年、2021年分两批发布。前述11个案例均从不同的角度根据2012年以后我国对境外证据审查与认定的相关立法进行了法律适用的阐述，其中尤为重要的是"李某某故意杀人案"与"周某某等五人抢劫，偷越边境，掩饰、隐瞒犯罪所得案"两个典型案例，前者明确了应当按照国内刑事诉讼标准审查境外取得的证据，后者则明确了境外证据因取证地与证据适用地刑事证据收集规则存在差异时，可以通过合理的说明与补正使得境外证据得以在域内适用。

综上，目前国内对于境外证据的刑事法律规定远远少于民事法律规定，且境外取证、境外证据的具体适用均没有系统规定，这些规定散见于办理电信网络诈骗、网络赌博案件的司法解释中，条文立法层级不高、立场不一，缺乏对境外证据取证及适用的系统化规定。其根源在于立法为了及时回应司法实践对相关问题解决的迫切需求，同时避免因为仓促的全面立法而导致境外证据的取证与适用僵化。但此种立法的权宜却导致境外证据的审查与适用作为一个刑事诉讼程序核心的证据问题，零散地规定于办理跨境赌博、电信诈骗、网络犯罪等实体法具体罪名的司法解释性文件当中，相关的立法操作存在着明显的错位，而且相关的问题在多个不同的司法解释性文件中以相似的内容进行了多次的重复表述，无疑进一步加剧了国内司法机关在审查与适用境外证据时的困难。

同时，由于不同国家司法管辖权相互独立，包括证据制度在内的法律制度存在较大的差异，目前国内境外相关证据的取得与适用也受到很大程度的制约。一方面，境外证据获取难。囿于内地与境外取证合作程度低、合作取证途径有限、取证程序复杂等诸多因素，实践中境外取证的复杂性和不确定性进一步增加；另一方面，境外证据适用难。境外证据的域内适用本身争议大、标准不统一，而当下境外证据适用的法律供给存在很多不足，关于适用境外证据的相关法律规定比较散乱，司法实践中也缺乏一个较为全面、系统的关于适用境外证据的指引。刑事案件中，对证据的审查适用与案件的诉讼阶段紧密相连，如果轻易否定境外取得的证据，不仅影响了案件的实体问题认定，而且也会影响到司法程序的及时性和公正性，对当事人的合法权益造成损害，同时增加了再次取得相应证据的难度，会造成司法资源的极大浪费。

针对以上情况，为进一步及时、有效、合法取得并适用境外证据，亟须明确境外证据适用的分类判断的标准，同时立足于我国特殊的国情与实际，对域外证据和境外证据作出区别对待并制定对应的适用机制，不断增强法律的协同性，助推案件办理质效的进一步提升。

二、境外证据的分类适用

（一）协助型获得境外证据的适用

国际司法协助是刑事司法实践中获取境外证据最为传统的方式，其以与其他国家和地区间签订的刑事司法协助条约、互惠原则或外交途径联系为基础（即此制度不包括港澳台地区）。根据我国《国际刑事司法协助法》第二章第一节的规定，具体程序由需要司法协助的办案机关制作刑事司法协助请求书并附相关材料，经所属主管机关审核同意后，由对外联系机关及时向外国提出请求。被请求的国家或地区在收到并审查同意后，被请求国的办案机关便可根据相关请求提供相应的司法协助。目前我国已与全球近 70 个国家与地区签订了刑事司法协助条约，根据前述刑事司法协助条约与我国关于刑事司法协助的规定可以发现，境外证据的协助取证仅是国际刑事司法协助的部分内容，国际刑事司法协助还包含查封、扣押、冻结涉案财物，没收、返还违法所得及移管被判刑人等相关协助事项，但刑事司法协助的各种事项都存在着一个共性特征，即刑事司法协助的开展对于请求国与被请求国而言均非一般意义上的国内司法行为，而是一种国家的主权行为，所以在传统国际法上，鉴于各主权国家一律平等，所以请求国对于被请求国协助取证的行为并无权复查，通过刑事司法协助取得的境外证据一般具有当然的证据准入资格。[①] 即请求国应当承认通过司法协助方式获得的境外证据都可以在本国的诉讼中适用，否则不仅会妨碍刑事正义的实现，也直接违反了刑事司法协助的目的。[②]

同时，根据我国参加的《维也纳条约法公约》第 26 条规定，“凡有效之条约对于其各当事国有拘束力，必须由各国善意履行之。”因此根据国际法当中的条约优先原则，当一个国家缔结或参加了某一国条约后，该国际条约优先于国内法适用，我国《国际刑事司法协助法》第 10、13 条的相关规定也体现了条约优先原则，因此我国相关立法

---

① 何家弘主编:《证据的审查认定规则：示例与释义》，人民法院出版社 2009 年版，第 295—297 页。

② 杨云骅:《境外取得刑事证据之证据能力判断：以违反国际刑事司法互助原则及境外讯问证人为中心》，载《台湾大学法学论丛》2014 年第 6 期。

实践表明，我国在条约与国内法关系的问题上采取的是“优先适用条约规定”的一般立场。[①] 此外，就境外证据的取证与适用，我国与其他国家和地区签订的刑事司法协助条约一般均有以下内容。[②] 一是特别程序需求的提出，如约定请求书在必要或可能的范围内应当就关于执行请求时希望遵循的特别程序及理由进行说明。二是司法协助的准据法适用，如明确请求应当按照被请求方的法律执行，如被请求方法律未予以禁止，则应在可能的范围内按照请求中提出的要求予以执行。三是获取证据的适用，如规定司法协助、协定的任何条款均不妨碍请求方在其宪法或法律基本原则下的义务范围内，在刑事诉讼中使用或披露资料。

综上，通过司法协助获取境外证据，是基于两国间刑事司法协助条约的一种国家主权行为，此种国际合作是主权让渡，是为了实现共同打击跨国犯罪和深化国际合作的一种礼让与共享。[③] 因此，在域内适用此类境外证据适用时，不应再对此类证据在其取证过程中被请求国国内法适用的情况进行审查，[④] 而应将司法协助获取境外证据的程序及司法协助请求的约定内容作为证据准入的审查重点，当其具备我国《关于适用〈中华人民共和国刑事诉讼法〉的解释》第 77 条第 1 款规定的要件，该司法协助所获得的境外证据能说明证据的来源、提供人、提取人、提取时间等证据获取情况，且不在双边条约及司法协助请求对该证据提出明确适用限制的范围内，即应当认可该境外证据具备适用的证据能力，可以在我国的刑事诉讼中作为证明案件事实的证据适用。

（二）合作型获得境外证据的适用

虽然传统刑事司法协助获取境外证据因其属于国家主权行为而赋予了所获取证据更高的合法性公信力，但由于其取证效率低、联通渠道单一、取证请求要求高及适用国家与区域少等因素的影响，目前各类便捷、高效的司法合作、区域合作、警务合作等合作型境外取证已成为我国获取境外证据的主要途径。同时，由于我国一国四法域的特殊国情，四法域之间均不存在着司法协助的证据取证模式，通过各方的相关合作则是目前获取域外证据的唯一方式。因此，目前的现状进一步大幅增加了我国内地适用合作型获得境外证据的情形。但是由于合作型获得的境外证据不具备国家主权对证据合法性的肯定，且合作的模式、途径、方法等存在着多样性，所以此类境外证据应当在适用时区分不同的取证方式进行更为全面的证据准入审查。

首先，境外执法机关取证移交的境外证据，其合法性判断分两种情况。境外执法机

---

① 万鄂湘等:《国际条约法》，武汉大学出版社 1998 年版，第 191—193 页。

② 具体我国与美利坚合众国政府、日本国、法兰西共和国政府、大不列颠及北爱尔兰联合王国、意大利共和国政府等签订的刑事司法协助条约。

③ 段存广:《从绝对主权到实效主权：对国家主权原则的再认识》，载《河南师范大学学报（哲学社会科学版）》2003 年第 1 期。

④ 国际通行的惯例亦是如此，如《国际刑事法院罗马规约》第 69 条第 8 款规定，“本法院在裁判一国所收集的证据的相关性或可采性时，不得裁断该国国内法的适用情况”。

关应请求代为取证时通常会有两种取证方式，由于两种取证方式的依据不同，因此相关境外证据在域内适用时亦应当进行区别对待。一是根据请求方要求的取证程序或方式进行境外取证，请求方所提出的取证程序性要求一般是根据其取证程序规定，也是为了在相关境外证据取得后在适用阶段没有争议，所以此类证据的证据准入应当直接以证据使用地的程序法来进行证据的适用判断。二是按照境外执法机关所在地取证程序进行取证，此类证据取得的合法性由取证方的程序所赋予，根据最高人民检察院 2022 年印发的《关于办理涉外刑事案件若干问题的指导意见》规定，如相关境外证据符合取证地法律规定的取证程序，可以作为证据使用，此时境外证据的取证合法性判断等同于境内证据适用时的合法性判断。

其次，国内执法人员境外直接取证的境外证据，在特殊情形下其证据能力“择一认定”。在传统的国际法观点中，境内执法人员是没有境外执法权的，但为了打击危害性极大的跨国犯罪，国际合作也在不断地加强与深入。当前国内执法人员通常会以联合调查的方式参与境外取证，具体的取证方式则有两种：一是联合调查的各方单独取证，二是联合调查的各方共同取证。因此，上述联合调查的境外取证阶段通常就会在取证的过程中出现境外取证程序法与域内取证程序法的混同。此时，基于前文提及的合法性等同判断，在域内适用此类联合调查取得的境外证据时，应当以证据取得地与证据适用地的法律规定同时对相关境外证据进行评判，但并不要求同时符合两地的法律规定，相关境外证据只要符合其中一地的法律规定即应当肯定其已达到证据的准入标准，具备相应的证据能力。

最后，境外证据存在瑕疵时适用一般补强规定。在我国的刑事司法实践中，瑕疵证据与非法证据之间存在着严格的界限，两者并不是相同概念，在我国刑事诉讼的相关法律法规中亦规定了多个种类的证据在存在瑕疵时并不是必然地排除适用，此时仅是相关证据的证据能力待定，只有在相关瑕疵证据不能补正、补强时，其才真正地丧失证据能力不得予以适用。同样，境外证据也必然会有存在瑕疵的可能性，根据我国关于境外证据适用的现有规定，外国机关未提供境外证据的发现、收集、保管、移交情况等材料，境外证据存在瑕疵时，检察机关可以要求公安机关对相关境外证据的来源、移交过程等情况作出说明，由两名以上侦查人员签名并加盖公安机关印章，经审查能够证明案件事实的，可以作为证据适用。因此，我国瑕疵证据补强适用的相关规定与原理在境外证据当中亦同样适用，存在瑕疵的境外证据只有在无法补正、补强的情况下才予以排除适用。

（三）适用存在缺陷的境外证据应综合价值判断

根据我国刑事诉讼相关法律法规及司法解释性文件规定，我国对诉讼证据审查的基本逻辑是以“关联性、客观性与合法性”的“三性”审查为基础。其中，合法性是决定相关证据是否具备证据能力，判断证据准入与否的关键因素。[①] 同时，我国非法证据的判断标准严格，要求严格遵循相关法律规定，瑕疵证据则属于证据能力待定，其能否适用需要视相关证据补全或补强的程度进行判断，因而现有的司法实践当中更多的是基于证据的具体形式来进行证据能力的判断，而上述两类证据均界定为侦查机关取证过程中所形成的存在证据能力缺陷的证据。[②] 由于当前境外证据的适用应当符合我国《刑事诉讼法》及有关司法规定，是境外证据适用的基本共识，因此，前述证据能力为基础的证据准入判断亦必然地映射并移植至境外证据的司法实践当中。可是此种套用却存在着一个明显的弊端，因为境内的瑕疵证据取证是由国内的执法机关取证于境内，其证据补全与补强的空间更大、效率更高，具有更为实质的现实可能性。但是由于境外证据通常是由境外执法机关代为取证这一特殊因素，所以当相关模式套用于境外证据时则极大地降低了相关证据补全或补强的可行性，其必然会使得相关的瑕疵境外证据因瑕疵的无法补全或补强而丧失证据能力，致使无法作为证据适用。针对上述问题我国目前的司法实践并无切实可行的解决方案，而此种情形的证据排除适用并不能彰显涉外刑事案件中应有的打击跨境犯罪与保障人权的双重价值平衡。

目前境外其他国家在司法实践中，对证据能力存在缺陷的境外证据并不必然排除适用，而是将对相关证据准入的判断依据由取证程序的合法性评价转移至取证程序瑕疵及不法对证据的真实性、本国的国家安全、主权、个人权利、司法公正等的实质性影响，进行综合的衡平评价，在证据真实性得以保障且其他要素对本国不产生实质性的重大侵害及负面影响时，应当对相关境外证据予以适用。如在英国的司法实践中，其通常不会以自由裁量权来排除那些在本国以外以不符合规范方法所获得的可靠证据，只有在相关非法取得的境外证据适用会使得本国司法公正受到严重影响时，相关的证据才会被予以排除。[③] 在德国的司法实践中，其判断境外证据是否可以适用，主要通过判断境外取证的法律依据或实践是否触及“不可弃守之普遍法治原则”，如果违反则相关境外证据不可适用。[④] 在日本的司法实践中，其法院通过对境外证据的适用，以判例形成了“对照日本宪法或刑事诉讼法上之价值标准”的证据排除标准，其仅在有难以采信的违法性时，才否定其证据能力。[⑤] 在美国的司法实践中，其基于“国际银盘理论”形成了境外证据属于非法证据排除的例外，不适用非法证据规则的传统，并在此传统的基础上以判例的形式确定了境外证据“震撼良知”的适用排除标准。[⑥]

---

① 龙宗智：《论我国诉讼证据审查要素及审查方法的调整改革》，载《法学研究》2023 年第 4 期。

② 陈瑞华：《刑事证据法学》，北京大学出版社 2013 年版，第 306—310 页。

③ 王世洲主编：《现代国际刑法学原理》，中国人民公安大学出版社 2009 年版，第 212—214 页。

④ 李佳玟：《境外或跨境刑事案件中的境外证人供述证据：最高法院近十年来相关判决之评释》，载《台湾大学法学论丛》2014 年第 2 期。

⑤ 邱鼎文：《论经由司法互助取得证据之证据能力：以传闻法则与排除法则为中心》，台湾东海大学法律学院法律研究所 2012 年硕士论文，第 65—66 页。

⑥ 杨宇冠：《非法证据排除规则的例外》，载《比较法研究》2003 年第 3 期。

综合上述当前世界各国对境外证据排除适用的主要实践模式，我国未来在进一步构建与完善境外证据的适用与评判体系时，应对现有境外证据相关法律规定中“符合我国《刑事诉讼法》及有关司法解释规定”的理解作出广义解释，界定为是否在实质层面符合我国的法律规范，足以保障所获取证据的真实性，[①] 通过对境外证据的实质性审查，以综合的价值判断来最终决定境外证据的适用与否。

（四）当事人等提供境外证据的适用程序较为严格

在各国的刑事诉讼制度中，制定证据取得相关规定目的在于抑制相关的违法侦查，而排除违法侦查所非法收集的证据则是最佳的方法。[②] 所以证据取得的规定，以及由其所延伸出来的非法证据、瑕疵证据概念及相关的证据适用规则均仅适用于刑事追究机关，而不包括私人的相关取证。[③] 所以在司法实践中对于案件当事人、辩护人、诉讼代理人所提供证据的审查重点则在于证据的真实性，而此种真实性的一个重要体现则为证据取得的来源清晰且有相关证明。据此，由于案件当事人、辩护人、诉讼代理人提供的相关境外证据不是通过官方合作渠道获得，亦非由境外执法机关提供，所以国内法对此类境外证据提出了更为严格的准入标准，要求对于此类境外证据应当依据我国刑事诉讼的相关法律规定对其合法性与真实性的规定，坚持更为严格的证据准入审查。如最高人民法院于 2021 年颁布的《关于适用〈中华人民共和国刑事诉讼法〉的解释》第 77 条第 2 款中规定，“当事人及其辩护人、诉讼代理人提供来自境外的证据材料的，该证据材料应当经所在国公证机关证明，所在国中央外交主管机关或者其授权机关认证，并经中华人民共和国驻该国使领馆认证，或者履行中华人民共和国与该所在国订立的有关条约中规定的证明手续……”即国境外证据一般应当遵循“证明 + 双认证”的程序才能在司法实践中得到适用。[④] 而类似来自香港等地属于关境外证据的，应根据司法部的相关规定，遵循指定公证转递的程序才能获得证据准入资格。

此外，由于目前我国与境外其他国家或地区所签订的刑事司法协助条约中并无对跨境被追诉人权利保障的任何制度安排，跨境被追诉人无权通过司法协助条约途径获得境外刑事证据，也无权直接要求请求国排除通过司法协助途径所获得的证据，所以在现实当中的确可能会对案件当事人产生一定程度的不利影响。[⑤] 但是排除案件当事人、辩护人与诉讼代理人作为直接通过司法协助或者跨境警务合作等方式申请境外证据的主体，

---

① 陈苏豪：《跨境刑事证据审查判断的要素检视》，载《现代法学》2023 年第 6 期。

② ［日］田口守一：《刑事诉讼法》（第七版），张凌、于秀峰译，法律出版社 2019 年版，第 476—477 页。

③ ［德］维尔纳·薄逸克、萨比娜·斯沃博达：《德国刑事诉讼法教科书》（第 15 版），程捷译，北京大学出版社 2024 年版，第 501—502 页。

④ 李少平主编：《最高人民法院〈关于适用《中华人民共和国刑事诉讼法》的解释〉理解与适用》，人民法院出版社 2021 年版，第 201—202 页。

⑤ 冯俊伟：《论跨境追诉中的辩护权保障——主要以域外取证为例的分析》，载《中国刑事法杂志》2019 年第 4 期。

并不代表其不能通过前述方式获得境外证据，其仍然可以依据国内《刑事诉讼法》的相关规定，通过向国内的侦查机关、检察机关及审判机关提出境外证据的调取申请，由国内相关的司法机关作为适格主体通过司法协助、司法合作等方式获取境外证据，此时司法机关的积极作为是实现打击犯罪与权利保障的双重价值的体现。

三、我国区际刑事司法协助中证据适用机制构建

我国的区际刑事司法协助应当以内地与澳门的刑事司法协作及证据适用构建为突破点与基点，在结合两地刑法、刑事诉讼程序法共性及司法协作传统的基础上，构建我国境外证据适用的新机制，随着此类新机制的成熟与有效运作，也将为后续国内不同法域间刑事司法协作的深入开展奠定坚实的实践基础。

（一）证据移交前有必要进行合法性审查

内地与澳门现有的司法实践中，对区际刑事司法协助所接受的证据，均需要在刑事诉讼过程中进行合法性审查及评判方能采纳，而此种审查与评判则主要是基于证据提供方证据取得的合法性为基础。因此，在粤澳两地刑事司法协作的证据互换部分，应当由证据提供方在证据移交前完成对该证据的本地法域合法性审查，且仅在相关证据均符合本地证据合法性要求，具备本地的证据能力后才能将证据移送另一法域，这样不仅有利于证据接收方的证据采信，也有利于维护移送证据方本地的司法权威，而基于两地检察院在刑事诉讼中的定位与立场，此项职能应当由检察院负责更为适宜。

一是合法性的监督定位。内地检察院的宪法定位是法律监督机关，法律监督的职能覆盖了刑事诉讼的全流程，① 内地检察院在刑事诉讼中对证据合法性的审查作用越来越为之凸显，不仅承担了起诉前非法证据的排除责任，亦承担了庭审中证据合法性的举证责任。澳门检察院的一项重要职责同样是监督法律的实施，② 澳门《司法组织纲要法》第56条第2款第5项规定“监察刑事警察机关在程序上的行为”，结合澳门《刑事诉讼法典》上相关的规定，澳门检察院同样要求其在行使检控权时监督侦查活动的合法性，同时排除非法证据的适用，并监督法院审判职能是否依法履行。③

二是刑事诉讼中秉持的立场。客观公正是行使检察权的根本原则，也是现代检察制度确立和不断发展的基础性原则。④ 秉持客观公正立场和对客观性义务的遵循，是粤澳两地检察院作为司法机关最大的共性所在，两地检察院在刑事诉讼过程中虽然同样负有对犯罪提起公诉的职责，但其却并非与刑事案件的当事人对立。检察院作为社会公平正

---

① 张建伟：《刑事诉讼法通义》（第二版），北京大学出版社2016年版，第159—160页。

② 邱庭彪：《澳门刑事诉法法分论》（修订版），社会科学文献出版社2014年版，第20页。

③ 何超明：《澳门检察制度的建立与检察机关职能的性质》，载《人民检察》2007年第4期。

④ 童建明、孙谦、万春主编：《中国特色社会主义检察制度》，中国检察出版社2022年版，第195—203页。

义的代表，其除了追诉犯罪外仍要保障人权，在刑事诉讼中不但要收集、审查有罪及罪重的证据，也要收集、审查无罪及罪轻的证据。只有在全面收集、审查证据的基础上，检察院才能客观公正地还原案件事实，通过刑事诉讼中的司法公正进而实现社会公平正义。

（二）客观性证据的分层适用

书证、视听资料与电子数据均为典型的客观性证据，均是以特定载体所记载、表现出来的内容来证明案件事实的证据，[①] 粤澳两地对于此类证据所定义的内涵基本一致，但在刑事诉讼体系中所表现出来的形式会存在差异。围绕相应的差异，粤澳两地在刑事司法协作中亦应当分为三个不同的层次来开展。

一是公文书书证的移交采纳。在澳门诉讼法中公文书的概念为“公共当局在其权限范围内或公证员或被授予公信力之官员在其所获授权之行事范围内依法定手续缮立之文书”。[②] 其《刑事诉讼法典》第154条规定“如并无对公文书或认证文书之真确性或其内容之真实性提出有依据之质疑，则该文书所载之实质事实视作获证明”。因此，在澳门的刑事诉讼中，公文书因其出具主体具有公权力的特性，故其证明力较一般证据更高，除非提出实质性、有效的质疑，其所证内容应当被采信。

我国内地对公文书的定义与澳门基本一致，其范围为国家公职人员依职权制作的文书，即我国机关、企业事业单位、社会团体在其职权范围内制作的文书均属公文书，该类证据在刑事诉讼中的实践适用也与澳门基本一致。同时，此类证据在粤澳两地的刑事司法实践中不仅采用的数量多、证明力强，且在各类案件中均具有必须性及普遍性，因此该类证据的互换应为两地刑事司法协作的重点，且该类互换证据在诉讼中应该得到直接采纳。

二是其他书证、物证、视听资料、电子数据的审查采纳。其他书证、视听资料及电子数据因其出具、产生、形成或持有的原始主体为非公权力主体，所以其不具备因公权力而附随的公信力，但此种公信力的不足不代表证明力的强弱，更不能直接否定其证据能力，[③] 粤澳两地在刑事诉讼中亦未对域外相关证据作出排除适用的规定。其中内地最高人民法院《关于适用〈中华人民共和国刑事诉讼法〉的解释》第77条明确规定了在刑事审判中境外证据的采纳标准为经人民法院审查，只要相关证据能够证明案件事实且符合刑事诉讼法规定，可以作为证据使用。澳门《刑事诉讼法典》第112条与第114条也规定了澳门法域具体的刑事诉讼证据采信标准。因此这意味着两地在相关证据采纳与否上，决定于对相关证据遵循各自域内刑事诉讼的法律规定进行证据能力的审查结果，

① 张建伟：《证据法要义》（第二版），北京大学出版社2016年版，第190、301页。

② ［葡］曼努埃尔·莱亚尔－恩里克斯：《澳门刑事诉讼法教程》（上册），卢映霞、梁凤明译，法律及司法培训中心出版2011年版，第155—156页。虽然澳门《刑事诉讼法典》为对该文书种类作出定义，但其在司法实践中适用该法域《民法典》第356条的相关定义。

③ 陈瑞华：《刑事证据法学》，北京大学出版社2013年版，第77—79页。

在确认境外相关证据具备证据能力后，其当然地纳入刑事案件的证明体系中作为证据适用于证明案件的相关事实，且在粤澳两地的现实司法实践中均有生效的刑事判决予以支持。[①]

近年来粤澳两地刑事司法协作所涉及的判处3年以上有期徒刑的重刑案件有接近80%为经济类犯罪，该类刑事案件证据组成的一个重要特点即为一般书证及电子数据类客观性证据繁多。所以两地刑事司法协助中必须面对与解决上述证据间的司法协助。而全面移交、审查采纳的模式不仅能满足相关刑事案件证明体系的构建，同时不违背粤澳两地各自原有的证据采信标准与原则。

三是生效判决的本地证据化适用。其他国家和地区判决的承认涉及本国司法主权的重大问题，所以我国对其他国家和地区判决的承认与执行作出了详细的规定，需要法院以审判程序对判决作出确认后才能在本国进行刑罚的执行。粤澳两地判决并非上述情形，对此类深层次问题在两地刑事司法协助构建的初期应当予以回避，但两地域外生效判决的本地证据化适用则仅为一个证据互换的协助问题，其不但有利于两地相关刑事案件办理中定罪、量刑的公正合理，同时其亦具有现实的可操作性。

根据澳门《刑事诉讼法典》第218条第1款与第3款规定的差异，澳门的刑事司法实践中，域外生效判决的效力承认与域外生效判决单独作为刑事案件的证据适用是两个截然不同的领域，其并不排除未确认判决效力的域外生效判决在澳门作为刑事案件的证据使用。在我国内地民事诉讼的司法实践内亦同样存在此种情况。如最高人民法院在其（2015）民提字第150号民事判决中认为，外国法院判决未经人民法院承认，在我国不发生法律效力，故其认定的事实不属于免证事实，但不影响人民法院将该判决作为证据之一，应结合本案其他证据予以认定。同样，澳门生效判决在内地的证据化适用并不违反我国《刑事诉讼法》的相关规定，仅其判决所认定的事实不属于免证事实，但在其他证据的印证下其所认定的事实可以且应当在法庭审理中予以认定。

（三）刑事司法鉴定的限缩与补强适用

虽然司法鉴定的意见或结论带有一定的主观性，但因其鉴定对象及所使用的鉴定规则和标准具有客观性，且此种客观性具有基础性及决定性意义，所以该类证据的互换也应纳入粤澳两地刑事司法协作的构建中。同时，司法鉴定的有效性及证据能力的确定取决于鉴定的发起、鉴定对象来源、鉴定主体、鉴定程序、鉴定依据等方面。就总体而言，两地的共通性远远大于差异，因此在对存在争议的鉴定范围作出一定的限缩及完善相应的鉴定补强方式的基础上，两地的刑事司法鉴定意见在进行证据互换后应当能被采纳进入各自的刑事案件证明体系。

---

① 如澳门特别行政区中级法院第778/2012号司法上诉裁判书，其在判决中采纳了内地公安机关提取的电子数据作为证据。又如广东省珠海市中级人民法院（2018）粤04刑终8号刑事判决书，该判决中采纳了澳门司法警察在搜查中扣押物证及调取的书证作为认定案件事实的证据。

一是刑事司法协作中司法鉴定内容及种类的限缩。刑事司法鉴定在现代刑事司法实践中的应用越来越广泛，传统的狭义刑事司法鉴定如法医学类及物证类等鉴定因其所依据的技术标准、规则或科学规律更为稳定与客观，因此其所得出的鉴定意见分歧更少，但新型的广义刑事司法鉴定如价值鉴定及价格认定等则因为鉴定的参照标准多变、鉴定体系主观性因素较多而往往得出的鉴定意见分歧较大。澳门《刑事诉讼法典》第 149 条规定“鉴定证据固有之技术、科学或艺术上之判断推定为不属审判者自由评价之范围”。因此，粤澳两地刑事司法协助中所涉及的司法鉴定的内容及类型，应为传统的客观性更强的狭义刑事司法鉴定。

二是刑事司法协作中司法鉴定主体的限缩。澳门《刑事诉讼法典》第 139 条第 2 款对三种不同鉴定主体资格作出了一个优先适用的规定，只有在前一鉴定主体无法或不适宜作出鉴定后方采用后一鉴定主体作鉴定，而首选的则是“适当之场所、实验室或官方部门”，其代表则为澳门司法警察局的刑事技术厅。与之相较，内地的刑事司法鉴定主体所强调的必要且充分条件是鉴定机构及鉴定人员具有相应的法定司法鉴定资质，而具有相应的资质的机构或人，其鉴定资质必然是官方授予的，但其却并不必然都属于官方机构，现实的情况是官方有鉴定资质的机构与社会有鉴定资质的机构并存。综合两地的现行法律规定与司法实践，粤澳两地在刑事司法鉴定中对鉴定主体应当作出一定程度的限制。如将其限缩在刑事司法鉴定的鉴定主体为官方机构时，则其鉴定的主体资格的有效性应能为两地所共同接受。

三是完善刑事司法鉴定的补强方式。澳门与内地都作出了鉴定人出庭作证的规定，但是在司法实践中并不是所有刑事案件的鉴定人都会出庭作证，而依申请或依职权确定的鉴定人出庭应为极个别案例，但如将司法鉴定作为证据纳入粤澳两地的刑事司法协作构建框架中来，就必须对此种可能出现的情况以证据补强的方式来予以完善。此种补强的方式亦可以采用优先顺序的设置方式，据此，首先，根据澳门《刑事诉讼法典》第 144 条的规定，在听证前鉴定人以书面的形式对鉴定中各方所异议的问题作出书面的补充解释；其次，可以在听证过程中以远程视频的方式出庭作证。上述两种的可能补强方式可以同样地适用于内地的司法实践，即两地结合本法域内的相关规定各自进行本地化的证据补强。

四、结语

随着各国家和地区交流越来越紧密，跨境走私犯罪方式也会愈加复杂，走私犯罪必然会将大量境外证据带入刑事诉讼程序中，如何审查适用境外证据不仅仅是个案问题，已经成为类案需要解决的紧迫性障碍。“如果收集的证据不可采纳，在审判中不能实现任何真正的目的，那么刑事取证的全部问题都变得多余了”[①]，对境外证据的适用问题会影

① 冯俊伟:《域外取得的刑事证据之可采性》，载《中国法学》2015 年第 4 期。

响走私案件事实的呈现，如何审查适用相关证据已然成为法律亟待解决的焦点问题。

在当前境外证据取得方式多元化的情形下，应当以我国刑事诉讼及相关法律法规为基础，基于境外证据的取得方式与来源的差异来对境外证据的适用进行分类的系统重构。同时，在我国特有的“一国两制三法系四法域”的背景下，我国的区际刑事司法协助应当以内地与澳门的刑事司法协作构建作为基础，在结合两地刑法、刑事诉讼程序法共性及司法协作传统的基础上构建我国域外证据适用的新机制，并以此为基础，最终整体构建具有中国特色的现代化区际刑事司法新模式。

刑事指控证据之证明标准问题研究
——以涉外跨境走私案件为分析重点

石林艳*

摘　要　构建以证据为中心的刑事指控体系自提出以来，其内涵随着实践的积累不断丰富。虽然我国刑事诉讼法确立了"事实清楚，证据确实、充分"的证明标准，但在处理涉外跨境走私案件时，除刑事诉讼法中的法定证明标准，还需在梳理该类案件办理特点及证明标准难点的基础上，从理念层面坚持证据裁判原则、非法证据排除规则，运用整体性证据分析方法排除合理怀疑；从规则层面强化检察引导侦查，明晰线下办案和线上系统权限范围；再辅之以人工智能进行自由心证判断。

关键词　涉外跨境走私　刑事指控体系　证据裁判　证明标准

一、以证明标准引导刑事指控

（一）应以证据为基础高质效履行刑事指控职权

刑事指控是检察机关的一项基本职能，是作为基础性权力的公诉权的动态运行，表现为检察机关在整个刑事诉讼活动中追究犯罪嫌疑人、被告人刑事责任的一系列追诉活动。从 1979 年刑事诉讼法确立检察机关具有自由裁量空间的公诉权，再到 2018 年的刑事诉讼法在认罪认罚从宽制度中确立量刑建议权，通过修法使检察机关的控诉职能内容更加具体，对刑事指控体系提出了更高要求。在 2014 年以审判为中心的诉讼制度改革背景下，检察机关在次年 6 月召开的第五次公诉工作会议中要求积极适应以审判为中心的刑事诉讼制度改革需要，构建以证据为中心的刑事指控体系和新型诉侦、诉审和诉辩关系，首次提出了"刑事指控体系"的命题。此后，无论是从总体上对检察改革的工作规划提出健全完善以证据为中心的刑事犯罪指控体系，还是从刑事指控体系的含义和具体标准上制定《关于健全完善侦查监督与协作配合机制的意见》《人民检察院办理认罪认罚案件开展量刑建议工作的指导意见》等法律规范，均是在不断完善刑事指控体系这一系统性工程。

---

* 石林艳，广西壮族自治区东兴市人民检察院第三检察部检察官助理。

在刑事指控体系中，检察机关无疑居于主体地位，《中华人民共和国检察官法》第5条第2款规定："检察官办理刑事案件，应当严格坚持罪刑法定原则，尊重和保障人权，既要追诉犯罪，也要保障无罪的人不受刑事追究。"检察机关在追诉刑事犯罪时，核心是要运用证据对待证事实进行论证，最终达到对犯罪嫌疑人、被告人有罪或者无罪的证成，而其中需围绕进行的基本指引即为"证明标准"。

（二）以证据为中心的刑事指控体系下的证明标准

证明标准，是指承担证明责任的诉讼一方对待证事实的论证所达到的真实程度。在"构建以证据为中心的刑事指控体系"的命题中，"证明标准"是中心要素，检察机关承担主导性责任，包括对行为是否构成犯罪的考察以及需承担的证明责任和败诉风险。从这个意义上看，"构建以证据为中心的刑事指控体系"实际上也是以证明标准为中心进行刑事指控。

我国刑事诉讼法确立了"事实清楚，证据确实、充分"的证明标准，属于司法证明的理想目标，偏重对证明标准客观层面的表述，其中，"证据确实、充分"的含义包含着"排除合理怀疑"的要求，指的是综合所有经过法庭调查、法庭辩论的证据，法官对于被告人的犯罪事实达到了"内心确信"的程度，而不再存在任何有证据支持或者符合经验法则、逻辑法则的疑问。从比较法视野来看，英美法系所称的"排除合理怀疑"，在大陆法系中则为"内心确信"。普维庭把证明标准定义为一把尺子，衡量什么时候证明成功了；证明尺度也决定对某个具体内容的心证，它决定着法官必须凭什么才算得到了心证。[①] 龙宗智教授认为，证明标准以客观性为基点，强调事实认定的客观性包括"证据客观性""被证明事实的客观性""证明过程与方法的客观性"三个方面。[②] 可以看到，理论界对证明标准的静态探讨实际上处于多元化的状态。从证明标准的动态运行来看，在控辩双方对是否达到证明标准进行相互博弈以影响法官判断的过程中，控方的主要任务是通过列举证据论证事实以排除合理怀疑，而在"以证据为中心的刑事指控体系"中，涉及检察机关作为公诉机关在刑事诉讼活动中所扮演的角色作用，在遵循证据裁判原则的基础上，检察机关要完成对犯罪嫌疑人、被告人不同类型、不同罪名的刑事指控，需要以证据为中心，达到刑事诉讼法所规定的证明标准，否则就要承担败诉的风险，而当控、辩、审三方进行证据交换时，作为控方的检察官由于受到新信息、新论据的冲击，其之前在审前程序中单方审查证据所指控的犯罪可能出现松动甚至瓦解。因此，明确、细化具体案件的证明标准至关重要。

---

① ［德］普维庭：《现代证明责任问题》，吴越译，法律出版社2006年版，第88页。

② 龙宗智：《中国法语境中的"排除合理怀疑"》，载《中外法学》2012年第6期。

二、涉外跨境走私犯罪案件中的证明标准难题

应对规范保护目的秉持指涉构成要件适用范围的意蕴导向，以法秩序的目的为出发点明确构成要件符合性的应然范畴①，理解具体案件的证明标准也应如此。走私犯罪被规定在我国《刑法》破坏社会主义市场经济犯罪一章，在对走私罪进行分析时，应在厘清该类罪名的规范保护目的及具体罪状的基础之上，对构成要件中的行为特征进行分析，以公众健康或公共利益、海关管理秩序的法益保护为目的，结合走私犯罪案件办理中较为突出的特点，梳理其证明标准中的难点问题。

（一）跨境类走私犯罪案件特点

1. 证据体系复杂

涉外跨境走私案件最基本的属性在于跨境性，这不仅意味着走私的犯罪行为事实跨境，而且也意味着案件证据跨境。从证据种类及来源看，除证明犯罪事实一般所具有的提取笔录、称量笔录及照片、扣押清单等常见的证据，还有证实资金来源、去向、走私次数、走私获利金额等收据、发票、支票等书证、非接触式即时通信工具电子数据、走私物品的细目照等境内和境外证据，该部分证据跨境穿插交错。在整个证据体系中，对于跨境证据而言，大多属于关键性证据，尤其是证明走私跨境路线、获利金额等证据，因具有涉外因素，在国际侦查协作配合机制未尽完善的情况下，极易造成证据流失或留存于境外，证据体系未尽完整、证明标准认定存在困难。基于上述情形，部分司法机关可能会存在证据不足或证据难以确认的情况，此时，对证明标准的理解主要依赖于办案机关的主观判断，尤其是证据链是否达到"排除合理怀疑"的标准，为达到证明犯罪嫌疑人、被告人罪行的目的，部分司法机关可能会依赖某一证据并覆盖全案认定走私标准，以中越边境地区D市检察机关近年来办理的走私案件来看，在证据不足不批准逮捕的案件中，如杨某某等人走私国家禁止进出口的货物、物品案，公安机关未收集该批货物系从国家禁止进出口的货物、物品国走私入境的证据，细目照显示疑似来自非禁止的国家，且没有调取监控视频证实涉案物品与走私过程、路线，主要依靠行车轨迹、称量笔录等证据认定犯罪嫌疑人犯罪事实。

2. 犯罪时间跨度长

在涉外跨境走私案件中，通常时间跨度较大，如D市检察院办理的林某某等3人走私国家禁止进出口的货物、物品案，犯罪嫌疑人从案发到被抓获的时间跨度一个多月，在这段时间内，犯罪嫌疑人可以完成跨境走私货物、删除聊天记录等电子数据等犯罪行为，这会导致认定犯罪事实的证据链因时间流逝而无法取得，有时无法排除合理怀疑。且在信息化技术日渐发展的现代化时期，跨境走私的犯罪分子反侦查意识愈加提高，为了便于与境外买家等人员联系，通常使用对讲机、无主手机等通信工具，且频繁

---

① 姜涛:《规范保护目的：学理阐释与解释实践》，载《法学评论》2015年第5期。

更换并在上线的指示下即时删除，在现有的刑事侦查技术下，对于微信聊天记录有时尚且难以恢复，更何况已被删除有一段时间的其他电子设备，要全面恢复、提取其中的数据信息存在难度，如遇犯罪分子不认罪、零口供或与同案人的供述不一致的情况，仅凭口供无法形成完整的证据链条，即使有了口供的突破，也难以在客观证据有所缺失的情况下仅凭口供将犯罪分子定罪。另外，对于认定走私犯罪金额的关键证据检验鉴定也受犯罪时间跨度影响，在走私冻品类案件中，由于冻品存放时间较长、容易腐烂变质，故而在存放、运输过程中会重新进行包装，称重标准不一、冻品来源地难以查明，难以确定其品质价格。

3. 信息化、专业化团伙作案较为突出

对于涉外跨境走私犯罪而言，共同犯罪式作案情况较为突出，且团伙分工情况较为复杂、上下游和团伙内部之间分工有层级，如在叶某某、陈某某等3人走私冻品一案中，叶某某受到同案上游犯罪嫌疑人“八公”的指使，叶某某负责调度安排陈某某、潘某某驾车将冻品运到指定地点附近，再由他人进行装货和运输。从团伙成员的分工来看，跨境走私犯罪常见的人员分工有组织人员、指挥路线、寻找买家、装卸工、运输走私货物人员、望风人员、看路人员等。共同犯罪分工层次明显的特点，为犯罪侦查带来了难度，从近年来办理的案件情况来看，上游犯罪分子往往难以抓获，在互联网技术普及的今天，加之犯罪工具也在更新换代，不再局限于传统的微信聊天记录，如G市检察院办理的邓某某等人走私国家禁止进出口的货物、物品案中，犯罪嫌疑人邓某某等人除微信、支付宝等第三方支付平台，还利用聚合扫码、智能POS、扫码枪等第四方支付平台进行资金交易，手段技术性程度较高，基于此，跨境走私案件证据链复杂程度高于普通刑事案件，司法机关在收集证据、完善“排除合理怀疑”证明标准体系方面存在难度。此外，由于共同犯罪分子反侦察意识提升，为了便于团队作案，通过海上通道走私进境的数量增长幅度明显，以沿海沿边F市辖区为例，仅2023年被查获审查起诉的海上入境走私案件约占到了54.69%。

4. 侦查协作与沟通机制欠缺

由前述可知，跨境走私犯罪案件涉及境内境外证据，犯罪行为及犯罪事实涉及面广、犯罪形势日益复杂，加之网络技术普及，在具体实践中，该类犯罪往往横跨多个国家和地区，给证据收集和证明标准体系的完整性带来不少难度。因此，在办理该类案件时，尽管各类走私的情报信息繁多，但受限于各种现实因素的影响，跨境的信息情报壁垒难以打破，缺乏跨境协作及情报共享机制，即使是在相邻国家之间，如与越南仅一河之隔的D市，对于跨境走私方面的侦查协作也是欠缺的，造成很多证据收集实际上只停留于表面，在犯罪嫌疑人、被告人零口供、无监控视频等客观证据证明走私货物路线的情况下，难以达到“排除合理怀疑”的证明标准，也无法深挖案件背后的犯罪团伙，如D市虽办理走私案件相对较多，近五年来该类案件公安机关移送共同犯罪嫌疑人的数量占总案件受理数的38.73%，但从具体案情来看，实际上大多数移送的单个儿犯罪嫌疑人也是共同犯罪团伙中的一员，只是由于同案人未能同时抓获或因证据不足以定罪而暂时仅能移送单个儿犯罪嫌疑人，造成打击跨境走私犯罪常处于被动局面。

（二）证明标准主客观固有特性的制约

对于刑法，“我们应当以国家本来就容易依赖于刑法的抑制机能和秩序维持机能的组织为前提，持续不断地检视其偏向。”[①] 对于刑法所规定的跨境走私犯罪这样一种法定犯而言，为了应对实践中出现的多样化走私方式产生的证明标准理解争议，在采用刑事诉讼法关于“事实清楚，证据确实、充分”的证明标准外，还有《关于办理走私刑事案件适用法律若干问题的解释》《办理走私刑事案件适用法律若干问题的意见》等规定了走私的情节、定罪、走私故意等的认定标准。由于证明标准这一概念所天然具有的与事实认定结论准确性的差距，无论是对于客观化抑或是主观化的证明标准，在司法实践中都难以彻底解决准确认定案件事实的难题。

1. 客观化证明标准的不足

检察机关“构建以证据为中心的刑事指控体系”，实质上要求以证明标准为中心组织刑事指控证据。从证据法发展历程来看，我国证据法大体上秉承了大陆法系的传统，确立了证据裁判原则、实质真实原则、证据合法原则等，但在内容体系上相对粗糙和缺乏系统性，在刑事诉讼法关于“事实清楚，证据确实、充分”的证明标准的含义中，前提条件是“定罪量刑的事实都有证据证明”“据以定案的证据均经法庭程序查证属实”，相对于旧有的过于抽象化、哲理化的表述而言，证明标准的客观化、具体化趋向越来越明显。实践中，对于跨境走私犯罪证据的真实性、合法性调查遵循着如下要素进行，包括证据的性质与形成原因、发现证据时的客观环境、证据持有者与当事人之间是否具有利害关系等；从证据的来源来分类的角度来看，既包括扣押清单、检验鉴定意见等侦查阶段的证据，也包括检察机关自行补充侦查、法院阶段获取的证据，以及在有辩护律师的情况下自行提交的证据。在对所收集固定的证据进行是否达到证明标准的判断时，所有的证据都需经过证据规则的验证，以使证据能够最大限度还原案件事实真相。但是，在证明标准的前提条件中，并未提及证据的全面性、合法性，在走私犯罪形式复杂的趋势下，对于收集的物证、书证、提取的电子数据等证据，尤其是易灭失的电子数据，侦查机关因受到有罪的先入经验影响，为尽快破案，倾向于收集有罪证据，在证据收集不完整的情况下就移送检察院，如在未查清涉案货物来源的情况下以“疑似”的表述认定货物来自禁止进出口的国家，或是对证据进行不当取证，如称量走私货物不符合规范，甚至不敢、不愿按照《刑事诉讼法》第 56 条的规定进行非法证据排除，使得证据的合法性存疑。对于上述情形，虽然形式上可能满足证明标准的两个前提条件，但在完整性、程序正当性上存在问题，在证据经过侦查、起诉、审判等阶段后，很难认为还符合证明标准。

---

① ［日］西原春夫：《刑法的根基与哲学》（增补版），顾肖荣等译，中国法制出版社 2017 年版，第 64 页。

2. 主观化证明标准的危机

在确定证明标准客观层面的前提条件下，容易直接得出被告人实施犯罪的有罪结论，但最终的结局有时却是认定错误，有学者研究发现，在冤错案件中，法院有罪的判决都是建立在客观证明标准基础之上，但错案被纠正后，同样的案件事实却未达到客观证明标准。[①] 因为客观性证据仍要接受司法者内心确信或排除合理怀疑的主观判断与自由心证，否则便会陷入机械司法。由于“排除合理怀疑”的程度难以把握，司法人员在具体执行时可能会基于自身先验经验和知识倾向而对证据裁判结论产生不同倾向，无法保障证明结果接受实践的检验，因此，司法机关为追求事实认定的准确性、避免认识上的分歧，往往将内心判断诉诸于客观化外部证明标准，如利用大数据智能辅助裁判、AI法官，而这也是法检终身责任制背景下为审慎认定有罪的结果，但同时也掩盖了证明标准的本质。

当面对跨境走私案件这类证据体系境内境外交杂、犯罪时间跨度长、团伙式高技术作案等特点突出的案件时，可以发现，司法机关对于排除合理怀疑的判断有时并不一致，甚至在某些案件中采用“高度盖然性”的证据认定标准，在审查报告中经常出现的表述“能够形成完整的证据链”是否真的如此是存在疑问的，心证是否达成存在担忧，如部分司法机关未实际查清走私货物的运输路线，但查获时的可疑路线与走私的路线高度趋同，此时对于是否达到排除矛盾会有不同理解。又如人民法院案例库中发布的林某某走私货物案，在对提取的犯罪中使用的非接触式即时通信工具相关记录进行证据关联性认定有疑问时，引入第三方鉴定机构对证据的关联性进行鉴定。此外，由于言词证据具有主观性、易变性，在对走私共同犯罪中的同案人供述寻找印证时，基于卷宗笔录中所记载的其他证据和其他证人证言、同案人供述的书面审查的方式，由于无法当面准确观察证人、同案人的言语表情，难以完全排除合理怀疑，这也是为什么检察机关有时在审查案卷时已排除合理怀疑但在讯问过程中却又产生了疑问。因此，要对排除合理怀疑的证明标准予以补充完善，使之具备合理性和可操作性。

三、坚持刑事指控体系下证明标准的认知过程

（一）在证据裁判原则下搭建证据基础事实

证据裁判原则是现代刑事诉讼中认定案件事实应当遵循的核心原则。[②] 证据是认定案件事实的基础，也是达到证明标准后的裁判依据，边沁在《司法证据原理》中指出“证据是正义之根基”。[③] 最终对案件事实的证成与还原，必须以证据为基础，以证据为

---

① 陈瑞华：《刑事证据法学》，北京大学出版社2012年版，第260页。

② 陈光中：《证据裁判原则若干问题之探讨》，载《中共浙江省委党校学报》2014年第6期。

③ ［美］特伦斯·安德森、［美］戴维·舒姆、［英］威廉·特文宁：《证据分析》（第二版），张保生等译，中国人民大学出版社2018年版，第1页。

中心、以达到证明标准为目标进行论证，可以说，证据影响事实演绎推理。

在涉外跨境走私犯罪案件中，为达到证明标准，证据裁判原则中的证据事实基础搭建需满足全面性、合法性、相关性的要求。具体而言，一是在证据收集的全面性上要求刑事诉讼主体尽可能多地收集证据，以最大限度还原事实真相，虽然证据的数量与论证的准确性是否呈正相关不得而知，但通过引入更多证据，能够提高论证说服力，因此，检察机关应当重视提前介入、侦检合作、侦查监督。如F市检察院立足海边山特色，建立侦检协作机制，与海关、边管、海警会签《检警互培轮训实施办法》，实施检警互培轮训新模式，在公安、海关、海警等设置侦查监督与协作配合办公室，有效提升侦查取证质效。二是在证据的合法性要求上坚持非法证据排除规则、口供补强规则等，将无法补正或解释的物证、书证以及刑讯逼供等手段获取的口供等非法证据排除于证明过程之外，尤其是检验鉴定意见等争议较大的证据。三是在证据的相关性上努力收集与案件事实相关联的证据材料，以支持运用证据进行逻辑推理，避免将无关的证据列入论证过程造成误解。在此过程中，其实也从另一侧面体现了“排除合理怀疑”的要求，这是在完善证据链中进行事实推论以推进证明标准的真实性、可靠性。

（二）为保障证据合法性排除非法证据

非法证据排除规则诞生于美国联邦最高法院在审理“威克斯案”（Weeks v.United-states）中作出的判决，并将其作为美国宪法第四修正案的重要组成部分。[①] 通过赋予公民免受非法搜查扣押的权利并将非法收集的证据进行排除，激活美国宪法第四修正案。在对证据进行审查时，对于跨境走私案件中稳定性较差的证据，如从犯罪嫌疑人使用的通信工具中提取的电子数据报告，要考察具体内容与其他客观性证据及犯罪嫌疑人和同案人的供述是否能相互印证，运用经验法则判断犯罪嫌疑人的通信内容是否有悖生活常识，关于走私易腐烂货物的保存方式、走私绕关路线是否符合常理，以及对于疑似走私相关的聊天记录是否符合犯罪嫌疑人的说话方式、认知水平等，由此考察该报告的客观性、真实性，如属于存疑的情况就应将该份证据予以排除，防止证据“带病”进入事实认定，最终导致法院不予采信、检察官败诉的结局。在对证据进行审查时，若对是否排除非法证据有疑问，可不局限于书面审和提讯的方式，引入听证式审查机制，注重听取听证员、律师、人民监督员等各方意见，在跨境走私案件中还可邀请涉及关键性证据的检验、鉴定机构专家对鉴定意见、数据提取报告等进行解释说明，通过构建以检察官为中心的侦辩控的三方审查机制，在对非法证据排除交换意见的过程中，检察官通过听取意见形成对证据是否排除的心证，最终做出是否排除非法证据的决定。

---

① ［美］丹尼尔·J. 凯普罗:《美国联邦宪法第四修正案：非法证据排除规则》，吴宏耀、陈芳、向燕译，中国人民公安大学出版社2010年版，第3—15页。

（三）运用整体性证据分析方法与排除合理怀疑

随着诉讼阶段的推进，诉讼主体的认识也在层层推进，对于检察机关而言，向前衔接侦查机关，向后衔接着审判机关，居于中间位置的认知过程促使检察机关对于公诉证明标准的把握要尽可能参照裁判的证明标准。为有效达到“证据确实、充分”，从证明方法上看，需要采取整体主义下的证据分析方法。在整体主义下，强调以最终裁判为中心重新审视证据基础事实，使裁判者形成对事实的内心确信。以刘某某、黄某某走私普通货物、物品案为例，要对被告人定罪量刑，就需要收集搜查笔录、抓获经过、检验报告、价格认定结论书、勘验、辨认笔录、电子数据等充分的证据证明走私犯罪行为发生的时间、地点、方式、对象等，并将这些证据串联整合形成证明体系，证明标准达到排除合理怀疑的程度，在此过程中运用多元证据分析方法对证据进行精细化分析，从抓获经过、勘验辨认笔录、被告人的供述和辩解监控航拍路线图等证据中可以形成对案发经过的初步推断，每个相关的证据可以形成一个基于证据推论的事实，如被告人的供述和辩解中提到为了获取报酬接受他人雇请从越南三屯帮老板开摩托艇拉运走私香烟，可以推论被告人有作案时间和动机，在对每一个局部推论事实进行梳理分析后，要将这些事实进行组合，类似讲故事式推理，按照行为时间、团伙分工或是犯罪模式等绘制思维导图，最后形成完整的推论事实，并将这个推论事实运用于具体实践检验，这也是在运用实践证明方法，而当完整的推论事实达到了有罪的证明标准，就可以得出被告人有罪的结论。

为了使完整的推论事实达到排除合理怀疑的标准，需要对排除合理怀疑进行分类，一是刑事案件证明的最高标准，也是走私案件与其他刑事案件中常用的证明标准，即证据确实、充分下的排除合理怀疑；二是认罪认罚轻罪案件，以 D 市近五年办理走私犯罪案件一审判决为例，被判处 3 年以下有期徒刑的人数占一审生效判决人数的 7.41%，在基层院办理的跨境走私案件中，轻刑案件占绝大多数，虽然认罪认罚案件中被告人已经自愿认罪、如实供述，但还是要坚持证据裁判原则，适用法定证明标准，要达到排除合理怀疑，在事实认定层面，应基本事实清楚，证据确实、充分的程度，部分事实如走私的途经具体路线、拉运走私货物的过程未能完整呈现，但对案件定罪并无实质性影响；三是对于律师提出的辩护性事实和部分程序法事实，跨境走私案件中辩护人的取证很难达到证据确实、充分的程度，多数案件律师在提出辩护意见时只是局限在检察机关已有的案件材料事实，为有效指控犯罪，对于辩护性事实及部分程序法事实，应按照优势证据标准，排除合理怀疑，以此完善指控证明体系。

最后，证据要经过法庭控辩双方充分质证，将证据“去伪存真”，实践中，检察官在对证据进行举证时，照本宣科“宣读式”或“选择性”举证会使得证据出示缺乏条理性和逻辑性，因此，检察官需要对证据体系娴熟掌握，注重证据细节，在举证过程中还要对证据进行解释说明，尤其是对于争议较大、定罪的关键性证据，如对称量笔录、货物进出口许可证、鉴定意见等，说明其合法性、所要证明的事项，目的是使裁判者对已方证据形成信任，最后决定是否予以采信。

四、完善证明标准的审查与保障机制

（一）强化“检察引导侦查”证据收集与事实建构

证据的完整性和规范性随着阶段的推进不断发生变化，这一过程是事实建构的动态形成过程，也是证明标准的实现过程。因此，检察机关要将刑事指控的案件证明标准提升至排除合理怀疑程度，就要充分发挥审前主导作用，在庭审实质化改革的背景下，努力将指控犯罪的证明标准向裁判标准对齐，从证明标准的前端，即调查取证过程，构建新型检警关系，强化检察机关提前介入、引导侦查工作力度，使证据有助于还原构成要件要素事实，实现侦查服务于公诉的目标。在跨境走私案件中，类似特定类型的案件具备地方特色，因此，要在立足本地办案实际的基础上加强检警协作配合，如F市根据其海边山环境走私案件办理较多，且采用海上运输形式较为突出的实际情况，在公安、海关、海警等设置侦查监督与协作配合办公室17个，全市检察机关依托侦协办提高走私犯罪侦查质效，还与海关、边管、海警会签《检警互培轮训实施办法》，实施检警互培轮训新模式，并设立了驻海警舰艇公益诉讼检察室。在规范侦查监督的过程中，要强化证据的收集指引，关涉跨境走私犯罪案件证据链条环节的案件线索来源、确定犯罪嫌疑人及到案经过、查清主要犯罪事实及走私路线、查证货物进出口许可证明、证据充分性及排除矛盾的说明、涉嫌罪名等，对每一待证事实都要有相应证据予以证实，注重收集证据的全面性和规范性，检警就证据清单、证明标准统一共识，签订信息共享与合作协议。

（二）明晰线下办案和线上系统不同场域的权限范围

在强调庭审实质化改革的背景下，检察官对证据标准自由心证的形成会随着实践与诉讼阶段的推进而不同，因此，在证明标准的设置上，应当为跨境走私犯罪等类型化案件区分线下办案和线上系统两个不同的场域。通过线上系统辅助证明标准的实现时，着眼点在于以证据为基础的犯罪事实建构，完善公检法三机关刑事案件收集固定证据的行为规范，适用非法证据排除规则对证据进行过滤，保障进入审判阶段的证据具有证据资格，有条件的可与公安机关情报部门等建立信息共享与证据衔接机制，如通过大数据法律监督开展审前案件分流、绘制当地跨境走私案件常见案发路线，根据案件复杂程度确定不同的证明标准。下一步，还要检察机关运用主观证明方法、办案经验与生活常识对案件是否达到法定证明标准作出宏观性判定，并在系统上留痕，减少证据标准与实践的差距。

五、人工智能：技术手段影响下的证明标准实现

随着人工智能技术的普及，对刑事证明标准的发展产生了一定影响，曾经因排除合理怀疑的主观化难以把握的问题，可通过人工智能的方式将之趋向客观明确，无论是检

察院还是法院，都在通过研发智能办案辅助系统软件，将不同类型案件的证据标准、证据规则嵌入系统，以供办案人员在论证案件证明标准时参考、使用统一的清单式和数据化指引，这也是为办案人员提供了一种通过算法进行证明标准量化的概率模型。要将人工智能予以优化，在总结办案经验中不断完善证明标准的可视化、可量化，如对上述对于跨境走私案件证明标准的类型化证明标准进行分类上传系统，并由检察机关内部成立的专门技术委员会提供技术支持并承担审查监督职能。在运用智能化辅助系统时，可先由人工算法得出案件的初步证据，为达到证明标准奠定基础，之后还要运用检察官的办案智慧，将辩护方、被告方意见纳入论证过程，避免人工算法诉讼主体参与性不足的缺点，在整个证明体系中运用多元证据分析方法，将智能辅助系统得出的初步意见再通过人工进行证明标准理念和规则层面的裁量，运用推理形成内心确信、排除合理怀疑。

六、结语

构建以证据为中心的刑事指控体系的语境要求检察机关立足于办理类型化案件具体实际，在对涉外跨境走私犯罪案件进行证明标准的判断时，充分发挥法律监督职能，完善内外协调机制，梳理分析案件特性与证明标准难点，从理念、规则、人工智能影响等各方面细化规范证明标准体系，采用整体性证据分析方法完成逻辑论证，锚定“排除合理怀疑”的最终认知程度目标，构建完善走私犯罪类型化证明标准体系，持续推进刑事检察指控犯罪质效。

走私犯罪案件电子数据问题

史月迎*

摘　要　当前社会正在经历全面且深刻的数字化变革，我国刑事诉讼原理、制度、规则的体系化更新已蓄势待发，①以走私犯罪为视角，从电子数据规则检视与应用困境两个维度出发对电子数据问题进行剖析，并对电子数据规则完善与应用优化展开思考，对推动建立适应走私犯罪特点的电子数据制度具有积极意义。本文从走私犯罪角度探索"电子数据入法"，在梳理电子数据规则体系的建立与完善和走私犯罪案件电子数据应用司法现状的基础上，检视电子数据取证规则，剖析应用困境，提出在电子数据取证规则完善方面，应建立刑事诉讼电子数据个人信息分级保护制度，科学区分强制侦查与任意侦查措施，将搜查、勘验等侦查措施向电子数据侦查取证延伸来改良电子数据侦查取证规则。同时，在电子数据应用优化方面，通过简化特定类型电子数据取证规则，加强取证技术支持来全面释放电子数据潜在效能。

关键词　走私犯罪　电子数据　侦查取证

一、走私犯罪案件电子数据概述

（一）电子数据入法的探索

20世纪60年代，以计算机应用的普及、计算机与现代通信技术的结合为标志的信息技术革命拉开序幕，20世纪80年代，我国掀起了全国性普及计算机的高潮。在国际贸易领域，电子商务扮演着越来越重要的角色。而走私犯罪是国际贸易中一个复杂而隐蔽的阴影面，它伴随国际贸易的繁荣而潜在地增长。走私案件中合同、发票、提单等商业单证资料逐渐电子化，能够证明案件事实的证据材料亦越来越多地以电子数据的形式呈现，司法适应信息化社会发展的必然选择便是"电子数据入法"。为了解决电子邮件、电子合同、电子账册等证据材料的侦查取证与审查判断问题，走私犯罪在"电子数据入

*　史月迎，广东省横琴粤澳深度合作区人民检察院二级检察官。

①　第十四届全国人大常委会将《刑事诉讼法》修改纳入第一类立法工作计划，《刑事诉讼法》第四次修改的相关工作已经正式启动。李奋飞、曹晶：《刑事诉讼法再修改如何回应数字侦查》，载《检察日报》2024年2月27日，第3版。

法”方面先行先试。

2002年，最高人民法院、最高人民检察院、海关总署联合发布了《关于办理走私刑事案件适用法律若干问题的意见》（法〔2002〕139号），该意见专门规定了走私犯罪案件电子数据的相关问题。意见一方面明确将走私犯罪案件中经常涉及的电子邮件、电子合同、电子账册、单位内部的电子信息资料等统称为“电子数据”，且规定上述证据材料应当作为刑事证据予以收集、保全；另一方面规定了提取、复制电子数据的过程应当制作说明及须记明的事项等。上述内容基本被后续电子数据规则吸收采纳。

2005年公安部先后发布了《计算机犯罪现场勘验与电子证据检查规则》（公信安〔2005〕161号）及《公安机关电子数据鉴定规则》（公信安〔2005〕281号），上述规则对电子数据鉴定、现场勘验与检查等问题进行了梳理与规定。2010年最高人民法院、最高人民检察院、公安部、国家安全部、司法部发布的《关于办理死刑案件审查判断证据若干问题的规定》（法发〔2010〕20号）第29条规定了电子证据审查的主要内容。但上述规则、规定内容较为局限，且由于电子数据并不具有立法上独立证据类型的身份认可，相关规则、规定中出现了“电子数据”“电子证据”两种表述，实践中多将其转化为其他证据类型使用。2012年《刑事诉讼法》修改，吸收了《关于办理走私刑事案件适用法律若干问题的意见》（法〔2002〕139号）中“电子数据”的表述，将其与视听资料并列，正式作为法定证据类型进行确认。但此次修法未对电子数据的定义予以明确，亦没有针对其自身特征设置相应的侦查取证规则。可以说，当时的电子数据侦查取证和审查判断工作基本处在探索阶段，相关规定散见于司法解释、规范性文件，尚未形成规则体系。

在电子数据的司法应用方面，由于走私犯罪案件涉及大量电子数据问题，其在此方面积累了许多有益经验。以广州顺亨汽车配件贸易有限公司等走私普通货物案为例。[①]该案是一起“委托包税”型走私犯罪案件，涉及多个包税人，且系层层转包，各被告人为确保各类数据在传送过程不遗漏、不受损，没有采用传统的电话、传真等传输手段，而是选择网络传输途径。在案电子数据呈现两个特点：一是覆盖广，本案的被告单位和被告人，从老板到经办文员，从签订合同、单证往来，到付汇、收款等，均用电子邮件、MSN、QQ等进行；二是数量大，侦查机关扣押了100多台电脑，一批U盘、移动硬盘、手机卡等存储介质，向服务商调取了30个涉案邮箱中的20万封电子邮件。在电子数据侦查取证方面，一是采用“封存—扣押”模式固定原始存储介质，对于未被删除的数据，采取“打印—确认”模式进行提取，对于已被删除的数据，则由侦查机关检查，进行恢复、提取，而后进行“打印—确认”。并通过鉴定的方式再次确认“真实

① 广东省广州市中级人民法院、崔小军、许媛媛：《广州顺亨汽车配件贸易有限公司等走私普通货物案——在刑事案件中如何审查电子数据的证据资格以及如何认定走私共同犯罪中主、从犯》，载最高人民法院刑事审判第一、二、三、四、五庭主办：《刑事审判参考》总第93辑，法律出版社2014年版，第1—11页。

性”。二是向网络服务商调取电子邮件。在电子数据审查判断方面，围绕证据“三性”[①]展开。“真实性”方面，注重审查内容的真实性，和电子数据收集、传送和保存方法，如是否使用只读设备对电脑进行分析，向网络服务商调取的电子邮件是否保存在只能读不能写的光盘中等。“合法性”方面，注重审查收集主体和取证程序是否合法。具体是在审查收集主体是否合法时强调网警支队等具有相关专业知识的侦查人员参与侦查，在审查取证程序是否合法时则可对照2005年公安部《计算机犯罪现场勘验与电子证据检查规则》（公信安〔2005〕161号）及《公安机关电子数据鉴定规则》（公信安〔2005〕281号）的相关规定，如是否制作了《电子证物检查笔录》等。在“关联性”方面，注重审查电子数据与虚假报关资料等其他证据间的印证关系。上述电子数据侦查取证和审查判断的思路、具体方法在当时具有典型意义，该案亦成为电子数据证据资格审查方面的指导案例[②]。但不可忽视的问题是取证效率不高，如在“真实性”方面，叠加使用“检查”“鉴定”“打印—确认”等方式。

综上，《刑事诉讼法》和相关司法解释、规范性文件关于电子数据所作规定较为原则，系统性、操作性不强。[③] 再加之传统侦查措施在应对电子数据信息虚拟性、载体与信息可分离性、信息海量性等特征时表现乏力，亟须从顶层设计的角度构建科学规范的电子数据规则体系。

（二）电子数据规则体系的建立与发展

2016年9月，最高人民法院、最高人民检察院、公安部联合发布了《关于办理刑事案件收集提取和审查判断电子数据若干问题的规定》（法发〔2016〕22号，以下简称《电子数据规定》），明确电子数据定义是案件发生过程中形成的，以数字化形式存储、处理、运输的，能够证明案件事实的数据，并列举了四种常见类型[④]。此外，该规定在明确收集、提取电子数据一般应当遵循的程序性规定的基础上，根据扣押、封存原始存储介质，电子数据提取、冻结、调取等取证方式的不同细化了相关内容，初步统一了实务界对电子数据侦查取证的认识。

随着信息技术的飞速发展，公检法机关均各自发布了相关规范性文件，在《电子

---

① 证据“三性”即证据具有相关性（关联性）、客观性（真实性）、合法性。本书不参与证据属性问题的学理讨论，关于证据“三性”的具体定义，根据学者龙宗智的观点，真实性是指证据真实可靠，与事实相符；合法性是指取证主体、证据形式、证据收集方法与程序符合法律规定；关联性是指与案件待证事实有实质性关联，即对案件事实有证明力。龙宗智：《论我国诉讼证据审查要素及审查方法的调整改革》，载《法学研究》2023年第4期。

② 该案是最高人民法院编写的连续出版物《刑事审查参考》中刊登的“指导案例”，具有参考价值。

③ 周加海、喻海松：《〈关于办理刑事案件收集提取和审查判断电子数据若干问题的规定〉的理解与适用》，载《人民司法》2017年第28期。

④ 网络平台发布的信息；网络应用服务的通信信息；用户注册信息、身份认证信息、电子交易记录、通信记录、登录日志等信息；电子文件。

数据规定》基础上，展开更多探索。2019年公安部发布《公安机关办理刑事案件电子数据取证规则》（公通字〔2018〕41号，以下简称《电子数据取证规则》）；2021年最高人民检察院发布《人民检察院办理网络犯罪案件规定》（以下简称《网络犯罪案件规定》）；2021年最高人民法院发布《最高人民法院关于适用〈中华人民共和国刑事诉讼法〉的解释》（法释〔2021〕1号，以下简称《最高法关于适用〈刑诉法〉的解释》）。

在电子数据的内涵与外延方面，《网络犯罪案件规定》延续了《电子数据规定》关于电子数据的内涵表述，对电子数据类型由四种拓展细分为七种，并增加了一些新的电子数据细项，如生物识别信息、网站源代码等。在类型拓展细分方面，具体是将《电子数据规定》中的第三项“用户注册信息、身份认证信息、电子交易记录、通信记录、登录日志等信息”拆分为用户身份信息和用户行为信息两项；第四项“文档、图片、音视频、数字证书、计算机程序等电子文件”拆分为行为工具信息、系统运行信息、电子文件及其附属信息三项。

在电子数据的收集提取原则方面，公检法三机关各自的规定均延续了《电子数据规定》的内容，在证据“真实性、合法性、关联性”基础上强调“完整性”，但具体表述及侧重点不同，如公安部发布的《电子数据取证规则》更强调取证的“真实、完整”，最高人民法院发布的《最高法关于适用〈刑诉法〉的解释》将“完整性”作为“真实性”的要素之一进行规定。

在电子数据取证方式方面，《电子数据规定》以“收集与提取”为总括，涵盖了扣押、封存原始存储介质，提取电子数据，冻结电子数据，调取电子数据，电子数据检查与侦查实验，电子数据的检验与鉴定等方式，而公安部发布的《电子数据取证规则》则对取证方式进行了细化，从取证逻辑上，按照电子数据收集、分析、鉴别三个步骤，具体划分为“收集、提取电子数据”“电子数据检查和侦查实验”“电子数据检验与鉴定”三个阶段，并将“收集、提取”细分为扣押、封存原始存储介质，网络在线提取电子数据，现场提取电子数据，冻结电子数据，调取电子数据等五种方式。《网络犯罪规定》对上述分段式取证规则进行了确认，并明确了相应的审查重点内容。

此种分段式取证规定更为合理，逻辑更加清晰。具体来说，对比传统实物证据的取证阶段，现场勘验、搜查、提取、扣押物证、书证等固定证据阶段相当于电子数据的“收集、提取”阶段，而对实物证据所带来的专门性技术问题进行鉴定，如对书证的朱墨时序鉴定，[①] 则相当于电子数据的“检验与鉴定”阶段。但由于电子数据的表现形式复杂多样，多数情况下并不像传统实物证据那样“所见即所得”，其内容难以被直接感知，因此根据实践需要，在“收集、提取”阶段和“检验与鉴定”阶段间增加了一个阶段，即“检查和侦查实验”。该阶段由侦查人员根据侦查需要对电子数据进行“恢复、

① 《物证类司法鉴定职业分类规定》（司规〔2020〕5号），第11条。

破解、统计、关联、比对”或“实验”。这一阶段的作用是对电子数据进行进一步的整理及呈现，以便更好地服务于证明体系的构建，本质上属于扣押、封存原始存储介质等“收集、提取”电子数据工作的自然延续。[①]

可以说，我国目前已基本形成了由司法解释、规范性文件等共同构成的电子数据规则体系，对电子数据的内涵及外延、取证原则与方式等进行细化，发挥了良好的引领实践作用。

（三）走私犯罪案件电子数据应用的司法现状

近年来，走私犯罪呈现团伙化、职业化运作模式。北京、青岛、上海、珠海等地司法机关陆续发布的研究报告，均指出走私犯罪涉案人数多、犯罪链条长，手段多样且隐蔽，出现网络化、智能化等新特点。在走私犯罪案件中，电子数据的应用已经变得极为普遍且至关重要，电子数据规则体系的实践引领作用也发挥得较为充分。可以说，在构建以证据为中心的刑事指控体系中，走私犯罪案件中的电子数据已经成为不可或缺的组成部分。

1. 电子数据在走私犯罪案件中的定位

从走私犯罪裁判文书看，汇总全国 2019 年至 2021 年走私犯罪判决书共 4019 份，涉及罪名涵盖走私普通货物、物品罪，走私国家禁止进出口的货物、物品罪，走私废物罪，走私珍贵动物、珍贵动物制品罪等常见罪名，具有代表性。[②] 由于电子数据规则体系基本确立侦查取证应以扣押、封存原始存储介质为原则，因此选取“手机”“电脑”“U 盘（u 盘）”“硬盘”等 4 个常见电子数据存储介质为关键词对上述判决书进行检索，筛选出至少包含上述一个关键词的判决书共计 2543 份，占比约 63.3%；由于走私团伙成员分散境内外，沟通联络多以通信工具为媒介，因此选取“短信”“微信”“电子邮件”等 3 个常见通信工具为关键词进行检索，筛选出至少包含上述一个关键词的判决书共计 2369 份，占比约 59%。可见，大多数走私犯罪案件均涉及电子数据这一证据类型。

从电子数据所证明的内容看，在许多走私犯罪案件的事实认定中，每一个走私环节均需要电子数据予以证实。如珠海市检察机关办理的王某某团伙走私案。[③] 犯罪分子通过微信朋友圈等发布广告招揽货物清关业务，在网上招聘并管理客服团队、注册客服微信号对接客户，还聘请技术人员开发了“某某物流 ERP 系统”，该系统详细记录了承揽

① 周加海、喻海松：《〈关于办理刑事案件收集提取和审查判断电子数据若干问题的规定〉的理解与适用》，载《人民司法》2017 年第 28 期。

② 汇总判决时未包括走私、贩卖、运输、制造毒品罪案件。原因是“走私、贩卖、运输、制造毒品”为选择性罪名，走私毒品罪案件仅占其中一部分，但案由为“走私、贩卖、运输、制造毒品罪”的案件量远超其他走私犯罪总和，为更好地反映走私犯罪案件电子数据应用问题，未汇总该罪名判决书。

③ 珠海市人民检察院：《珠海市人民检察院反走私工作白皮书（2019—2023）》，2024 年 4 月 28 日发布，第 7 页。

货物的类别、数量、通关费及港澳仓库接收货物、“水客”携带货物进境、境内接收货物、通过快递给境内客户寄送货物的时间节点，还有购私人的信息资料。经统计，该系统共记录走私进境货物数据40余万项，偷逃应缴税额人民币1.7亿余元。

从电子数据的效能看，其可代替口供，成为数字时代的“证据之王”。如珠海市检察机关办理的罗某某走私珍贵动物制品案。[①] 境外走私分子雇佣他人分两批将约190公斤象牙从我国澳门地区走私入境后交给罗某某，并收取费用。由于第一批走私的象牙没有被查获，第二批走私的象牙被查获时，罗某某不在犯罪现场，罗某某到案后拒不认罪。因为证据较单薄，在审查批捕环节，检察机关决定对罗某某不予批准逮捕。后经对罗某某手机中的近30万条微信聊天记录、近10万张图片等电子数据进行恢复、比对、提取，固定了罗某某在微信上向他人兜售涉案象牙的证据。同时发现了罗某某非法购买河马牙碎料，并雇请他人加工成工艺品销售的事实。最终检察机关以电子数据为核心构建了严密的证据体系，零口供定案，罗某某因构成走私珍贵动物制品罪，非法收购、出售珍贵、濒危野生动物制品罪，数罪并罚，被决定执行有期徒刑11年6个月，并处罚金人民币31万元。

此外，电子数据在对走私团伙开展全链条打击中扮演着重要角色。实践中，不包含电子数据的案件多集中在小额多次走私案件类型，该类案件案情简单易于认定，在案证据主要是先前两次走私行为行政处罚相关书证及第三次走私行为现场查获的物证、犯罪嫌疑人供述等。但该类案件中的电子数据却是打击“蚂蚁搬家”式“水客”走私团伙的重要侦办线索。“蚂蚁搬家”式“水客”走私团伙分工明确，进货、派货、通关、集散、分销等环节均由专人负责，走私频率高、隐蔽性强，打击难度大。如何通过零散的“蚂蚁”端掉整个“蚁穴”，电子数据至关重要。以某市检察机关办理的卓某某等人走私国家禁止进出口的货物案为例，侦查机关先后在口岸通关一线查获了十余名“水客”，经核查发现均是携带红珊瑚[②]通关走私。经分析研判，进一步调取了“水客”手机中的微信聊天记录，发现涉案红珊瑚均来自我国澳门地区某某商铺，被带进境后均被交货到境内某某商铺，从而挖出了整个走私团伙。经统计，该团伙走私红珊瑚价值人民币逾千万元。

2. 常见电子数据类型与应用

《电子数据规定》根据电子数据表现形式的不同，将其分为四类。走私犯罪案件中常见电子数据，基本涵盖了上述四种类型。如犯罪分子通过微信朋友圈等发布的招揽货物清关业务的广告，属于规定中的“网络平台发布的信息”；犯罪分子手机中的微信聊天记录，属于规定中的“网络应用服务的通信信息”；犯罪分子向购私人出售走私货物

---

① 《一名工艺品设计师的不归路》，载微信公众号“珠海检察”，2019年11月14日，https：//mp.weixin.qq.com/s/1pCRGcgdkEIiy_gMcdWccg。

② 涉案红珊瑚虽属于《国家重点保护野生动物名录》规定的国家一级保护水产野生动物，但并未列入经国家濒危物种进出口管理机构公布的《濒危野生动植物种国际贸易公约》附录一和附录二。

的电子交易记录则属于规定中的“用户注册信息、身份认证信息、电子交易记录、通信记录、登录日志等信息”；犯罪分子开发的“某某物流 ERP 系统”及其记录的走私进境货物数据则属于规定中的“电子文件”。

为便于司法应用，结合走私案件特点，根据电子数据产生方式及内容、证明力等的不同，又可以将其分为三类，一是随附涉案人员远程信息沟通产生的信息链电子数据；二是随附货物流转涉案人员记录的物流资金链电子数据；三是走私过程中衍生的客观痕迹类电子数据。上述三类电子数据随着走私链条的运转产生，在走私犯罪认定中相互支持，互为佐证，共同发挥着重要作用。

信息链电子数据主要包括手机短信、微信、QQ 等即时通信软件记录的涉案人员之间的通信信息，证明涉案人员互相联系的过程及具体内容。该类电子数据反映的是信息传递的动态过程，应按照时间轴全面梳理后综合审查判断，常用来证实涉案人员的主观故意、在走私团伙中的地位、分工及所起的作用等。如闵某甲等走私普通货物案。[①] 该案是通过“进境快件”等伪报贸易性质走私犯罪案件，通过审查本案电子数据信息链即可知，闵某甲参与到走私犯罪前，境外走私犯罪分子已搭建完毕仓储、发货、报关整个犯罪链条，闵某甲仅需提供虚假的身份信息给境外走私犯罪分子，境外走私犯罪分子便可按照收货地址将货物拆分发货。信息链电子数据可证实闵某甲所起作用明显小于境外走私犯罪分子，应依法认定其为从犯。

物流资金链电子数据主要包括记录走私货物价格、数量、规格、货主等信息的电子合同、账册等电子文件。不同于一般商品买卖“钱货两讫”，国际贸易流程复杂，进出口货物运输耗时长，商业风险大，定价方式多种多样，买卖双方在书面合同之外，根据实际需要，通过电子邮件等方式补充或进一步明确交易内容的情况较为常见，因此物流资金链电子数据对于走私犯罪的基本事实认定具有十分重要的作用。如冀某某走私普通货物案。[②] 该案是一起公式定价模式下的走私犯罪案件，检察机关指控冀某某在明知公式定价进口货物正确申报方式的情况下，以临时价格作为进口货物的实际成交价格向海关进行申报。在案证据如贸易合同、补充协议、资金账户和汇付凭证能够与其他证据印证，证实申报的临时价格不是最终成交价格，本案的实际成交价格是冀某某与外商来往电子邮件中的价格。

客观痕迹类电子数据，不同于前述两种涉案人员使用电子设备、网络工具等直接操作生成的电子数据信息，其是指随附货物、资金、人员的跨境流转活动，在某一数据系统中客观形成的，以数字化形式存储、处理、传输的痕迹类电子数据，如支付宝、微信、银行等资金交易记录，国际包裹邮递记录，AIS（船舶自动识别系统）数据等。该类电子数据因具有较强的客观性，通常不易受到涉案人员直接干预或篡改，因此证明力

① 闵某甲等走私普通货物案，人民法院案例库参考案例，入库编号 2023-06-1-85-001。

② 冀某某走私普通货物案，人民法院案例库参考案例，入库编号 2024-06-1-085-002。

更高，在驳斥涉案人员虚假供述方面尤为重要。如林某某走私普通货物案。[①] 该案也是一起通过“进境快件”等伪报贸易性质的走私犯罪案件。林某某辩称境外供货商存在多次未发货的情况。经审查林某某与境外供货商微信聊天记录，双方商议购买香烟的价格、运费等信息，可以和侦查机关收集提取的微信、支付宝转账记录等电子数据印证，且有部分可与国际快递单号佐证，最终对林某某的辩解不予采信。侦查机关收集提取的微信、支付宝转账记录，国际快递单号等就属于客观痕迹类电子数据。

二、走私犯罪案件电子数据规则检视与应用困境

在走私犯罪案件的办理中，电子数据作为不可或缺的证据类型，对于构建严密科学的犯罪指控体系具有举足轻重的地位，其应用具有代表性。以走私犯罪为视角，从侦查取证规则检视与应用困境两个维度出发，对当前电子数据实践问题进行剖析，具有重要价值。

（一）电子数据侦查取证规则检视

1. 侦查取证规则内部存在的矛盾与混乱

电子数据侦查取证规则体系在宏观及微观两个层面都显露出了矛盾与混乱。宏观层面，《电子数据规定》明确规定了以扣押、封存原始存储介质为原则，以提取电子数据为例外，以打印拍照录像等方式固定为补充[②]的取证原则。《电子数据取证规则》则表现出了突破上述原则的倾向，按照第 8 条第 1 款第 3 项规定，在需现场展示、查看相关电子数据的情况下，可以采取打印、拍照或者录像等方式固定相关证据，能够扣押原始存储介质的，应当扣押原始存储介质。《电子数据取证规则》起草者表示在实际侦办案件过程中，广泛存在通过拍照打印方式固定电子数据的情形，此方式操作简单，甚至能够省去后续检查、检验、鉴定等环节，节约侦查成本。[③]

然而，此种方法突破了电子数据先“收集、提取”再“检查和侦查实验”，后“检验与鉴定”的取证逻辑，用“打印、拍照或者录像”的方式代替了“恢复、破解、统计、关联、比对”的方式对电子数据进行“检查”。弊端显而易见，因为电子数据原始存储介质的使用人可以轻松对电子数据进行再编辑，如微信聊天记录的删除功能。因此以“眼见为实”的传统逻辑提取电子数据必然会面临被蒙蔽的风险。电子数据的取证规则以有效固定和查验电子数据的属性信息、关联痕迹及完整数据等措施来保证其真实性。“打印、拍照或者录像”的方式忽视了电子数据的属性信息、关联痕迹等信息的作

---

① 林某某走私普通货物案，人民法院案例库参考案例，入库编号 2023-06-1-085-001。

② 周加海、喻海松：《〈关于办理刑事案件收集提取和审查判断电子数据若干问题的规定〉的理解与适用》，载《人民司法》2017 年第 28 期。

③ 田虹、翟晓飞、王艺筱：《〈公安机关办理刑事案件电子数据取证规则〉的理解与适用》，载《派出所工作》2019 年第 3 期。

用，不能有效应对电子数据造假问题。以某直辖市走私洋酒案件为例，[①] 犯罪嫌疑人在收到外商用电子邮件发来的 PDF 版本的发票之后，利用 PS 等技术将发票金额进行修改再进行报关等操作。等到案发时，外商证言获取的难度极大甚至是不可能实现的，是否提取到电子邮件中的真实发票，对准确计算其偷逃税款的数额至关重要。

微观层面，以走私犯罪案件中常用的电子数据“检查”为例。根据《电子数据规定》第 16 条第 2 款，电子数据检查，应当对电子数据存储介质拆封过程进行录像。但《电子数据取证规则》第 47 条则对此作了变通，要求“检查前解除封存、检查后重新封存前后应当拍摄被封存原始存储介质的照片，清晰反映封口或者张贴封条处的状况”。最高人民检察院与最高人民法院对此种变通做法是否符合要求并未作出明确评价。具体来说，《网络犯罪案件规定》第 32 条合法性审查内容中第 5 项明确规定应审查“是否按照有关规定同步录音录像”，但第 40 条针对电子数据检查、侦查实验的审查内容第 4 项则表述为“是否使用拍照、录像、录音、通信数据采集等一种或者多种方式客观记录检查、侦查实验过程”，又似乎承认了拍照记录形式的合法性。《最高法关于适用〈刑诉法〉的解释》在电子数据合法性审查中仅表述为应审查“进行电子数据检查的，检查程序是否符合有关规定”，具体是何种规定则语焉不详。

2. 侦查取证规则与刑事诉讼侦查措施尚待有机融合

学界对此问题已有不少研究成果，龙宗智从传统搜查、扣押、技术侦查等侦查措施出发，论证了电子数据取证中强制侦查与非强制侦查区别不明确等问题。[②] 陈永生从电子数据区别于传统证据的特征出发，讨论了电子数据搜查与扣押方面如何实现惩治犯罪与保障人权的平衡问题，主张建立司法审查机制。[③] 吴洪淇提出对于获取电子数据的侦查行为没有被界定为搜查行为，对原始介质的扣押和封存都应该纳入查封、扣押这一侦查措施之下等观点。[④]

总体说来，回归证据学理分类，在言词证据与实物证据的二元区分框架下，电子数据本质上应属于实物证据，其与物证、书证等传统实物证据相同，具有不以人的意志为转移等特征。根据《刑事诉讼法》证据专章第 54 条第 2 款规定，行政机关在行政执法和查办案件过程中收集的电子数据与物证、书证相同，均可在刑事诉讼中作为证据使用。对比言词证据须经转化方可使用，此规定是从立法的角度对电子数据的实物证据属性的确认。

① 王露：《浅析网络走私犯罪审查中的电子数据》，载邓云、郑新俭、王轶主编：《做优刑事检察之网络犯罪治理的理论与实践——第十六届国家高级检察官论坛文集》，中国检察出版社 2020 年版，第 435 页。

② 龙宗智：《寻求有效取证与保证权利的平衡——评“两高一部”电子数据证据规定》，载《法学》2016 年第 11 期。

③ 陈永生：《电子数据搜查、扣押的法律规制》，载《现代法学》2014 年第 5 期。

④ 吴洪淇：《刑事诉讼电子数据合法性制度框架的虚化与矫正》，载《上海政法学院学报（法治论丛）》2022 年第 6 期。

然而，《刑事诉讼法》证据专章第56条非法证据排除中，仅对物证、书证、证人证言等证据类型进行了规范，并未对电子数据进行规定。同样，《刑事诉讼法》侦查专章中，勘验、检查的范围为“场所、物品、人身、尸体”，查封扣押的对象为“物证、书证”，均不包含“电子数据”。可以说，电子数据侦查取证中的“收集、提取”“检查和侦查实验”“检验与鉴定”等取证方式似乎游离在现有刑事诉讼侦查措施之外。刑事诉讼程序的价值追求是在查清犯罪事实与保护公民基本权利之间探寻一个平衡点，脱离了《刑事诉讼法》侦查程序的基本保障，电子数据的取证方式难免遭到侵犯公民基本权利的质疑，从而引发逻辑混乱与价值冲突。

（二）电子数据应用困境

与其他证据类型相比，电子数据的侦查取证更为复杂和困难。究其原因，一方面集中体现在电子数据规则本身，另一方面则体现在电子数据的司法应用问题。电子数据的应用困境在某种程度上可归因于规则的不完善，但仍有司法实践的深层次原因。电子数据在打击违法犯罪工作中发挥着重要的作用，其在走私犯罪取证中的应用困境具有分析研究的必要。

1. 侦查取证规则存在虚置现象

（1）电子数据属性“书证化”

从走私犯罪裁判文书看，汇总全国2019年至2021年走私犯罪判决书共4019份，以“电子数据”“电子证据”“电子物证”为关键词检索，筛选出至少包含上述一个关键词的判决书共计1277份，占比约32%；在不包含上述任一个关键词的2742份判决书中，以“微信聊天记录”为关键词进行检索，筛选出判决书共计1127份，占汇总判决书的28%。检索结果反映出在司法实务中，将电子数据转化为其他证据类型使用的情况仍然存在。最明显的便是将“微信聊天记录”这一电子数据“书证化”。具体做法是侦查机关将“微信聊天记录”通过照片、截图等形式固定下来后打印为书面材料，让涉案人员辨认签字。

究其原因，一方面，电子数据的取证呈现普及化趋势，随着越来越多类型的案件涉及电子数据，经侦、治安、刑侦、禁毒等警种甚至派出所都需要承担相应的电子数据取证工作，[①] 且海警机构作为打击走私犯罪的重要力量，仍处于初创阶段，侦查机关技术水平与警力有限，实践中拍照、打印等取证方式便有了存在的空间。另一方面，部分执法司法人员认为电子数据的打印件或拍照件是以其所载的内容或表达的思想来证明案件事实，将其认定为书证并无问题，且涉案人员已经辨认并签字确认该份证据内容真实，那么它属于何种证据类型，如何收集提取，就不再是关注的焦点，电子数据取证规则虚置。

① 周加海、喻海松：《〈关于办理刑事案件收集提取和审查判断电子数据若干问题的规定〉的理解与适用》，载《人民司法》2017年第28期。

（2）以“鉴定”代替“检查”

“检查”与“鉴定”作为电子数据侦查取证的不同方式，在程序设计与适用情形方面均不相同，在实施人员与工作内容方面亦有较大区别。按照《电子数据取证规则》相关规定，从实施人员看，收集、提取电子数据应当由两名以上侦查人员进行。对于技术性强的取证活动，如电子数据检查，必要时可以指派或者聘请有专门知识的人参加，此种情形下取证主体仍然是侦查人员，有专门知识的人只是提供协助。而电子数据鉴定解决的是专门技术性问题，其主体当然是鉴定人员。在工作内容方面，对电子数据存在疑问的，须由司法鉴定机构出具鉴定意见，鉴定意见应当是对电子数据内容进行判断后作出的专家意见，而检查其本质上是单纯的取证行为，不包含个人意见。

当然，根据司法部2020年发布的《声像资料司法鉴定执业分类规定》（司规〔2020〕5号），电子数据的鉴定可以分为存在性鉴定、真实性鉴定、功能性鉴定和相似性鉴定。其中存在性鉴定便涵盖了检查电子数据的功能。但对于加密电子数据的解密、破解等工作，按照《电子数据规定》起草者意见，应当采用检查的取证方法进行。[①] 实践中，以“鉴定”代替“检查”有两方面原因。一方面是侦查机关侦查技术与力量不足，许多加密设备或文件难以破解或无暇应对，导致其不得不将对电子数据的破解、恢复工作转由鉴定机构完成，“以鉴代侦”。另一方面是部分执法司法人员对电子数据这种证据类型的认识还不统一，仍然有大量电子数据要转化为鉴定意见等形式才能得到认可。[②] 然而“检查”与“鉴定”混淆使用不仅弱化了鉴定机构的独立性，而且虚化了刑事诉讼程序对侦查取证行为的程序规范。

2.取证技术相对薄弱，制约电子数据效能发挥

电子数据的产生和运用与科学技术发展水平和用户需求密切相关，出于保护用户隐私的需要，电子设备或电子数据的安全保护技术日趋完善。为了确保信息不被轻易获取，逃避责任追究，犯罪分子会采取多重加密手段来保护他们的电子设备和电子数据。实践中，走私犯罪团伙成员使用的工作手机多集中在个别品牌，亦是因为现有侦查手段强制解锁该品牌手机存在较大技术障碍。侦查机关能否从手机等电子设备中收集提取到证实犯罪事实的电子数据很大程度上依赖于持有人是否配合，若在不具备相关技术水平的情况下强行对手机进行解锁，可能会导致手机系统自动清空用户全部数据。技术障碍极大地制约着电子数据在打击走私犯罪活动中潜在效能的发挥。

三、走私犯罪案件下电子数据侦查取证规则完善与应用优化

电子数据规则与应用所涉及的问题很多，且具有普适性。以走私犯罪为视角，检视

---

① 周加海、喻海松：《〈关于办理刑事案件收集提取和审查判断电子数据若干问题的规定〉的理解与适用》，载《人民司法》2017年第28期。

② 李瑾：《〈公安机关办理刑事案件电子数据取证规则〉的运行和实践——专访规则主要起草人、公安部网络安全保卫局电子数据取证鉴定工作处处长翟晓飞》，载《警察技术》2021年第3期。

电子数据侦查取证规则，剖析应用困境，并对电子数据侦查取证规则完善与应用优化展开思考，对推动建立适应走私犯罪特点的电子数据制度具有积极意义。

（一）完善电子数据侦查取证规则

电子数据的许多侦查取证措施，本应是对搜查、扣押、勘验等传统侦查措施的进一步细化。但传统侦查措施的运作机理较为简单，不能很好地适应电子数据虚拟性、信息海量性等特征，在取证方面存在较多局限。以搜查、扣押为例，侦查人员通过对犯罪现场、涉案物品、痕迹等进行搜索与查看，提取应被扣押之物即可完成相关取证工作。但电子数据的内容难以被直接感知，因此在操作上难以遵循从搜查到扣押的取证步骤，往往需要先扣押存储介质，后对其内容进行搜查再提取与案件有关的电子数据，即按照先扣押再搜查的逻辑进行取证，且由于电子数据与其存储介质的可分离性又使得扣押这一步骤并不必然发生，如在线提取电子数据。

目前制定的规范性文件，根据电子数据自身特征，在总结电子数据侦查取证实践探索的成功经验基础上，创设了不同于传统侦查取证措施的规范，如网络在线提取、网络远程勘验等。[①] 上述侦查措施为电子数据的收集提取提供了路径，但亦造成了电子数据侦查取证规则与刑事诉讼侦查措施融合度不高的问题，且由于规则制定主体多元，其内部也还存在着矛盾与混乱。

电子数据的取证规则，在本质上应是《刑事诉讼法》侦查程序的细化与特别解释，在《刑事诉讼法》关于侦查和证据的法律框架内修改和完善电子数据取证规则，是共识也是共通的做法。[②] 当然，刑事诉讼制度吸收电子数据取证在司法实践中的运行成果，从而实现对传统侦查措施的完善和发展亦是十分必要的。理顺当前电子数据侦查取证措施的法律性质，是实现两者有机融合的基础，亦有助于理顺电子数据侦查取证规则内部的矛盾与混乱。结合走私办案中常用的电子数据取证措施，重点论述以下几点。

1. 建立刑事诉讼电子数据个人信息分级保护制度

电子数据既是打击犯罪的重要证据材料，也是公民基本权利的重要载体。如电子邮件、短信、微信等个人信息数据里就承载着公民的隐私权，通信自由和通信秘密权。[③] 根据个人信息数据所承载的隐私权等权利敏感程度的不同，对其进行区分，实施不同的保护措施或手段是当前各国的通行做法。如国际网络犯罪公约委员会 2015 年调查报告将网络犯罪侦查中所涉个人信息数据分为用户信息、交互数据和内容数据三类。[④] 《个

---

① 谢登科：《规范电子数据侦查取证措施势在必行》，载《上海法治报》2024 年 4 月 3 日，第 B3 版。

② 龙宗智：《寻求有效取证与保证权利的平衡——评“两高一部”电子数据证据规定》，载《法学》2016 年第 11 期。梁坤：《电子数据侦查措施的规范构造》，载《中国刑警学院学报》2022 年第 3 期。

③ 谢登科：《规范电子数据侦查取证措施势在必行》，载微信公众号“中国刑事诉讼法学研究会”2024 年 4 月 14 日，https：//mp.weixin.qq.com/s/Cfoq489MISVQk4dy0t1pyQ。

④ 刘玫、陈雨楠：《数字时代侦查措施的体系建构及程序控制》，载《河北学刊》2023 年第 1 期。

人信息保护法》则将个人信息数据分为个人敏感信息和一般信息，其中个人敏感信息包括个人生物识别信息、行踪信息、通信记录和内容等。

检视电子数据规则体系，仅公安部《电子数据取证规则》的相关条款将电子数据进行了分类，具体是将电子数据分为公开发布与非公开发布，并将网络在线提取电子数据的对象限制在境外公开发布的电子数据及境内远程计算机信息系统上的电子数据。可见，当前电子数据规则对于境内电子数据的取证并未根据个人信息敏感程度进行区分。

平衡电子数据有效取证与公民基本权利保护的前提，是完善刑事诉讼电子数据个人信息分级保护制度。根据电子数据所载个人信息敏感程度，准确划分侦查措施的强制或任意属性，建立相应的审批规则，是科学构建电子数据侦查取证规则的基础。刑事诉讼电子数据个人信息分级保护制度亟待建立。

2. 科学区分强制侦查与任意侦查措施

在刑事诉讼理论中，侦查可以分为强制性侦查与任意性侦查。强制侦查法定原则是现代各国刑事侦查制度通行的规则。具体来说："强制处分必须根据刑事诉讼法的规定，不得实行该法没有规定的强制处分，这是侦查中的重要原则。强制侦查要受强制处分法定主义与令状主义的双重制约。任意侦查由侦查机关通过独自判断来实施。"①

电子数据载体与信息的可分离性，导致电子数据实际控制主体与数据信息所载隐私权等权利主体出现分离，引起强制侦查与任意侦查在电子数据取证中出现混乱，应当对两者科学区分。以"调取电子数据"这一常用取证方法为例，在当前刑事诉讼规定中，"调取"证据材料并不是一项独立的侦查措施，且其具有任意侦查属性。不同于搜查等侦查措施被集中规定于《刑事诉讼法》侦查章节，"调取"规定于《刑事诉讼法》证据章第 54 条，该条将"收集"与"调取"证据对执法司法机关进行了概括性授权，且规定在初查阶段就可以使用"调取"这一侦查措施取证。"调取电子数据"作为"调取"这一侦查措施的具体应用，其当然属于任意侦查措施。

然而侦查措施是否干预或侵犯被调查对象的相关权利，是区分强制侦查与任意侦查的关键。如前所述，电子数据中可能承载着敏感程度较高的个人信息，调取这些电子数据，理应是强制侦查。但电子数据控制主体与数据信息所载隐私权等权利主体分离的情况，掩盖了其强制侦查属性。如向网络服务商、网络运营商调取个人存储在云平台中的照片、文档等电子数据，此时网络服务商、网络运营商作为电子数据的控制主体，个人则是电子数据的权利主体。在强制性侦查和任意性侦查理论中，权利主体可自愿放弃权利，同意侦查机关采取强制性侦查措施，此时强制性措施就会转化为任意性措施。网络运营商作为控制主体，有配合侦查机关取证的义务，但其同意配合取证，并不能替代权

① ［日］松尾浩也：《日本刑事诉讼法（上卷）》，丁相顺译，中国人民大学出版社 2005 年版，第 40 页。

利主体自愿放弃权利，从而将调取的强制属性转化为任意属性。[①] 2021年颁布实施的《数据安全法》已经注意到了电子数据调取的强制属性，该法第35条明确，因侦查犯罪需要调取数据，应当按照国家有关规定经过严格的批准手续。电子数据规则应重视“调取电子数据”这一侦查措施的强制侦查属性，并建立严格的审批制度。

3. 搜查、勘验等侦查措施应向电子数据侦查取证规则延伸

搜查、勘验等传统侦查措施的功能在电子数据领域被提取、检查等措施替代，电子数据规则融合至刑事诉讼侦查程序的重要一环便是将搜查、勘验等侦查措施向电子数据取证规则延伸。

一方面，应明确提取并不是一种侦查措施，而是侦查技术，其实质是对电子数据存在场域进行的搜查、勘验。侦查措施是法律所规定的侦查机关在刑事案件侦查中可以采取的调查活动和强制措施。而侦查技术则是科学技术方法在侦查领域中的具体实施与运用。刑事诉讼法并未将“提取”定性为一种侦查措施。类比实物证据取证，在勘验犯罪现场的过程中，提取指纹、足迹，在身体检查中提取血迹、生物样本等，提取多是作为搜查、勘验的内在构成要素。[②] 电子数据的提取亦是对其所在场域进行搜查、勘验后，提取相关电子数据，应回归搜查、勘验等侦查措施中来。

另一方面，电子数据检查实质上是对扣押、封存的电子数据存储介质中内容的搜查。对电子数据通过恢复、破解、搜索、仿真、关联、统计、比对等方式展开的检查，其目的是发现证据，具有证据搜索的性质，符合《刑事诉讼法》第136条规定的为了收集犯罪证据而对有关的地方进行搜查的规定。计算机搜查也是现代各国规范刑事案件中计算机取证的一个重点，[③] 且鉴于电子数据存储介质中存储的海量数据涉及了持有人工作、生活的方方面面，将检查回归到搜查中来也有利于探讨电子数据搜查范围的确定与限制等问题。

综上，完善当前电子数据侦查取证规则，应建立刑事诉讼电子数据个人信息分级保护制度，科学区分电子数据取证措施的强制侦查与任意侦查属性，并将搜查、勘验等侦查措施向电子数据侦查取证延伸，从而理顺电子数据侦查取证规则内部的矛盾与混乱，实现电子数据取证规则与刑事诉讼侦查措施的有机融合。

（二）电子数据应用优化

1. 适度简化特定类型电子数据取证规则

剖析当前电子数据应用现状可以发现，尽管电子数据相关规则在宏观上与刑事诉讼侦查措施尚待有机融合，其规则体系内部亦存在矛盾与混乱，且在具体个案的办理中，

---

① 谢登科:《论侦查机关电子数据调取权及其程序控制——以〈数据安全法（草案）〉第32条为视角》，载《环球法律评论》2021年第1期。

② 谢登科:《电子数据网络在线提取规则反思与重构》，载《东方法学》2020年第3期。

③ 龙宗智:《寻求有效取证与保证权利的平衡——评“两高一部”电子数据证据规定》，载《法学》2016年第11期。

亦出现电子数据属性“书证化”、以“鉴定”代替“检查”等多种问题，但电子数据司法应用方面并未出现重大或明显的运行阻滞，其中一个重要的原因便是虽然电子数据容易被修改，但同传统实物证据相比较，被伪造或变造的电子数据更容易被发现。因为电子数据本身就是一个包含有内容、属性、痕迹的综合体，任何造假都必须三位一体进行，而这几乎不可能不被识别。收集、提取电子数据是否应当要求做到在技术上绝对真实这一问题值得深思。[①] 鉴于司法资源的有限性与电子数据取证需求的爆炸式增长之间的矛盾，对所有电子数据不加区分地苛以最严格的技术要求并不现实且缺乏必要。基于不同类型电子数据的自身特点，适度简化电子数据取证规则有一定的合理性。

在实务中，对于有权威来源的电子数据，如支付宝、微信、银行等提供的资金交易记录，海关提供的国际包裹邮递记录等，即使缺乏完整性校验值等技术性手段保证真实，或仅是加盖公章的打印件，亦极少受到质疑，即使受到质疑也便于进一步核实。为此，对于具有权威来源的电子数据，在技术性取证要求方面可予以适当简化，以提高取证效率。

2. 确立电子设备解锁取证企业协助规则

技术障碍，特别是手机解锁技术障碍问题制约着电子数据在打击违法犯罪活动中功效的发挥。解锁取证是指侦查机关通过技术性手段解除密码设置人对电子设备所进行的访问限制，对其存储的电子数据进行取证的活动。基于侦查的需要，确立手机等电子设备解锁取证中企业协助规则十分必要且可行。一是从法理角度看，这涉及打击犯罪与保障公民隐私权的平衡问题。但两者并非互斥关系，而是动态平衡问题。当国家安全、公共安全等重大利益受到威胁时，对该利益的保护将优先于公民的隐私权。科技企业对用户隐私的保护应当受制于司法程序，必要情形下，科技企业应当帮助侦查机关解锁特定电子设备，协助侦查。二是从现行电子数据规则看，在调取电子数据时，按照《刑事诉讼法》第54条和《电子数据规定》等的相关规定，有关单位和个人应当如实提供证据。《数据安全法》第35条规定了为刑事犯罪侦查需要调取电子数据的正当性问题。以上都可作为建立手机等电子设备解锁取证企业协助规则的立法启发。三是应当意识到并非建立相关规则，就可以完全突破技术障碍。在圣贝纳迪诺枪击案中，[②] 美国政府曾要求苹果公司协助对犯罪嫌疑人的手机进行解锁，但基于技术负担重、成本大，且与重视用户隐私及系统安全的商业形象严重对立等原因，苹果公司予以拒绝。可见出于种种考量，科技企业对于电子设备解锁取证企业协助规则并不必然全盘接受，且面对经济全球化的大背景，考虑到海外市场的影响，该规则的建立亦困难重重。但探索建立电子设备解锁取证企业协助规则，加强电子数据取证技术支持，对打击违法犯罪具有积极意义。

---

① 刘品新:《论电子数据的理性真实观》，载《法商研究》2018年第4期。

② 高一飞、吴刚:《手机解锁搜查中强制企业协助行为的法律调整》，载《河北法学》2018年第11期。

梳理与配置：海上走私犯罪管辖权路径优化
—— 以Q市检察机关海上走私案件办理为样本

蔡强义　张利娟*

摘　要　随着海上走私犯罪活动的日益增多，国家不断加强打击海上走私犯罪活动的力量，海上走私犯罪管辖也经历了从无到有、从单一到协作的变迁过程。但走私犯罪立案管辖和审判管辖采用的标准不一，导致司法机关在打击海上走私犯罪过程中出现司法资源浪费、办案效率低下、违背刑事诉讼级别管辖等多种问题。本文以Q市检察机关办理海上走私犯罪案件为样本，探寻海上走私犯罪案件特征给其管辖带来的影响，在统一高效、明确便利的配置原则指导下，为海上走私犯罪管辖权配置优化路径提供选择。

关键词　走私犯罪　管辖权　立案管辖　审判管辖

Q市是一座写满海洋记忆的港口城市，Q海域位于东海和南海的交界地带，海岸线绵延曲折，全长500多公里，沿海分布有后渚、石井等多处天然深水良港，具有优越的航运条件，它在为繁荣海洋经济提供丰富资源的同时，也为海上走私犯罪提供了便利的条件。本文以2021年6月至2024年6月Q市检察机关办理的海上走私审查起诉案件为分析样本，对海上走私犯罪管辖权进行梳理。

一、海上走私犯罪特征梳理

2021年6月至2024年6月，Q市两级院检察机关共办结海上走私审查起诉案件88件。从移送单位看，海关缉私分局移送41件，占46.59%；地方公安局移送21件（均为走私毒品案），占23.86%；海警部门移送20件，占22.73%。从审判单位看，Q市中级人民法院共审理66件，占75%；各地基层人民法院审理22件，占25%。从走私物品内容看，走私柴油17件，占19.32%；走私毒品21件，占23.86%。

海上走私犯罪案件主要有以下几个特征：

* 蔡强义，福建省泉州市人民检察院案件管理部主任、四级高级检察官；张利娟，福建省泉州市人民检察院案件管理部四级检察官助理。

（一）涉犯罪人数众多，犯罪形式多为共同犯罪

海上走私犯罪涉及幕后谋划、海上货物运输、陆上货物交接等多种环节，需要多名犯罪人员一环扣一环的协作配合，才能保障走私犯罪的进行。在近几年宽严相济刑事政策的引领下，Q市检察机关对起辅助作用的海上走私犯罪嫌疑人多作出相对不诉的决定，但部分海上走私案件个案起诉犯罪嫌疑人人数仍然高达十几人。

（二）涉案金额较大，危害社会生产经营秩序

海上走私犯罪涉案物品囊括柴油、煤炭等大宗商品及高档烟酒、化妆品、燕窝等日常消费品。因躲避海关、海警等部门高压打击，海上走私犯罪极为隐蔽。当海上走私犯罪被查获时，犯罪分子往往已形成固定的犯罪团伙，并且走私了较长时间，偷逃税额往往高达几百万元以上。海上走私犯罪不仅严重扰乱正常的市场经济秩序，使正当的经营者无法获得公平的竞争机会，损害了他们的生计和利益；而且海上走私犯罪带来的非法贩运、潜逃税款等行为也直接威胁国家经济安全和税收秩序，加剧社会矛盾和冲突，影响社会和谐与稳定。

（三）犯罪数量逐年增长，查处力度逐年增强

近年来，全国相关部门一直坚决贯彻落实习近平总书记重要指示精神，坚决捍卫国家安全稳定和经济社会发展，始终保持打击走私高压严打态势。如海关缉私部门连续两年联合其他部门开展“国门利剑”行动，严厉打击海南离岛免税“套代购”、濒危物种、洋垃圾、农产品、毒品等走私，不断深化反走私综合治理。尤其是国务院内设机构改革后，国家整合国家海洋局海监、公安边防海警、农业部中国渔政、海关总署等多部门力量重塑海警局，加强海上打击走私犯罪力量。如Q市检察机关2021年办理海上走私案件14件、2022年办理海上走私案件17件、2023年办理海上走私案件36件，犯罪打击力度逐年增强。

二、海上走私犯罪管辖权的沿袭变革

为遏制海上走私犯罪的迅速发展，最大限度地保护社会经济秩序，国家加大力度打击海上走私犯罪，海上走私犯罪管辖权也经历了从无到有、从单一到协作的变迁过程。海上走私犯罪管辖是指国家专门机关依法受理海上走私犯罪案件职权范围的分工，即侦查机关与审判机关之间以及审判机关内部在直接受理海上走私犯罪方面的分工，其中侦查机关与审判机关之间以及侦查机关内部的职能分工称为立案管辖；审判机关内部审理一审海上走私犯罪的分工称为审判管辖。立案管辖作为海上走私犯罪刑事诉讼管辖的源头，决定着承担审查起诉海上走私犯罪检察机关的级别；而审判管辖则影响着海上走私犯罪的审判质量。海上走私犯罪的高发给管辖制度带来不小压力，实践中往往通过指定管辖对海上走私犯罪管辖权进行灵活变通。本文拟从立案管辖和审判管辖两方面对海上走私犯罪管辖的变革进行梳理。

（一）立案管辖的循序变迁

海上走私犯罪立案管辖先后经历公安部门独立管辖、海关缉私部门主导管辖、多部门协作管辖及海警明确管辖四个阶段[①]。

第一阶段（1998 年以前），1998 年以前公安部门独立行使立案管辖权。1993 年 7 月 31 日公安部发布的《公安部关于严厉打击走私活动和严格执行缉私规定的通知》（公通字〔1993〕75 号）第 4 条规定："公安机关的海上缉私任务一律由边防部门依法执行；陆上缉私由刑侦部门负责。边防部门未经省、自治区、直辖市公安厅、局批准，不准参加地方部门组织的海上缉私行动……"可见 1998 年以前，海上走私犯罪立案管辖权由地方公安机关和公安边防部门分别独立行使。

第二阶段（1998—2003 年），反走私新体制下海关缉私部门主导管辖。1998 年 7 月，国务院出台《国务院关于缉私警察队伍设置方案的批复》规定："国务院决定建立走私犯罪侦查局，设在海关总署，受海关总署与公安部双重领导，以海关总署领导为主"，直接将打击海上走私犯罪业务划归海关缉私分局直接管理。1999 年 1 月，海关缉私局正式成立。2000 年《中华人民共和国海关法》正式规定，确立了"联合缉私、统一处理、综合治理"的反走私体制。2002 年最高人民法院、最高人民检察院、公安部、司法部、海关总署《关于走私犯罪侦查机关办理走私犯罪案件适用刑事诉讼程序若干问题的通知》[②] 确立海关缉私部门主要负责涉税走私犯罪案件和发生在海关监管区内非涉税走私案件的侦查工作；根据当下的法律规定海关监管区域外的非涉税走私仍然由地方公安机关进行管辖。

第三阶段（2013—2018 年），国家机构改革过度阶段多部门协作管辖。2013 年 7 月 22 日，由原国家海洋局海监、公安边防海警、农业部中国渔政、海关总署海上缉私警察队伍整合而成海警局。但在该阶段，海警部门的机构改革尚未到位。海警部门、公安边防部门查获的海警走私案件通通移交给海关缉私部门进行处理。

第四阶段（2018 年以来），刑事诉讼法修订下明确海警部门管辖。2018 年 6 月 22 日，按照党中央批准的《深化党和国家机构改革方案》和《武警部队改革实施方案》决策部署，海警队伍整体划归中国人民武装警察部队领导指挥，调整组建中国人民武装警察部队海警总队为中国海警局。2018 年新修订的《刑事诉讼法》进一步明确海上刑事案件由海警部门行使；2020 年最高人民法院、最高人民检察院、中国海警局联合颁布《关于海上刑事案件管辖权等有关问题的通知》明确中国海警局统一履行海上维权执法

---

① 陈鹿林、周耀凤：《略论海上走私犯罪侦查管辖权的优化配置——以 2015—2019 年 N 市、W 市司法机关办理海上走私案件为例》，载《浙江警察学院学报》2021 年 12 月。

② 《关于走私犯罪侦查机关办理走私犯罪案件适用刑事诉讼程序若干问题的通知》中规定："就走私犯罪侦查机关在中华人民共和国海关关境内，依法查稽涉税走私犯罪案件和发生在海关监管区内的走私武器、弹药、核材料、伪造的货币、文物、贵金属、珍贵动物及其制品、珍稀植物及其制品、淫秽物品、固体废物和毒品等非涉税走私犯罪案件。接收海关调查部门、地方公安机关（包括公安边防部门）和工商行政等执法部门查获移送的走私犯罪案件。"

职责。

2019年以来，公安体制改革陆续推进，公安部门在缉私领域发挥着越来越重要的作用。如海关缉私部门变更为公安部门领导，公安边防部门整体转隶并入公安机关。2020年修订的《公安机关办理刑事案件程序规定》和《公安部刑事案件管辖分工规定》相继出台，根据走私内容涉及的不同走私罪名进一步明晰走私管辖权的分工，如经济犯罪侦查局管辖走私假币案，刑事侦查局管辖走私武器弹药案、走私核材料案、走私文物案等，进一步细化了走私犯罪的内设机构分工。自此，我国走私管辖权形成了区域划分和走私罪名划分并存的立案管辖体系。

（二）审判管辖的适用标准

走私犯罪的审判管辖主要依据有法律和司法解释、部门规范，而随着刑事诉讼法的历次修改及海警法的出台，走私犯罪案件的审判管辖主要依据案件性质大小进行审判管辖的区分，但对于海关缉私局移送的案件则仍然依据司法解释的例外规定由中级人民法院一审审判管辖。

1. 案件性质——相关法律审判管辖的主要区分标准。我国四级法院构造体系中法院性质和承担任务不同，所辖案件性质也有所区分。现行法律体系针对不同类型的走私犯罪案件也进行了明确的管辖区分。

根据2018年新修订的刑事诉讼法，明确基层法院管辖第一审普通海上走私刑事案件；中级法院管辖可能判处无期徒刑、死刑的第一审海上走私刑事案件；高级法院和最高人民法院分别管辖全省（自市区、直辖市）性的、全国性的重大海上走私刑事案件。另外，刑事诉讼法还对上下级法院之间的走私管辖权进行变通规定。

2021年第十三届全国人民代表大会常务委员会第二十五次会议通过的《中华人民共和国海警法》规定："海警机构办理海上发生的刑事案件，依照《中华人民共和国刑事诉讼法》和本法的有关规定行使侦查权，采取侦查措施和刑事强制措施。海警工作站负责侦查发生在本管辖区域内的海上刑事案件。市级海警局以上海警机构负责侦查管辖区域内的重大的危害国家安全犯罪、恐怖活动犯罪、涉外犯罪、经济犯罪、集团犯罪案件以及其他重大犯罪案件。"可见，《海警法》也是依据案件危害程度大小决定侦查管辖的机构从而确级别管辖审判机关。

2. 例外规定——相关司法解释审判管辖之特殊规定。最高人民法院、最高人民检察院、公安部、司法部、海关总署《关于走私犯罪侦查机关办理走私犯罪案件适用刑事诉讼程序若干问题的通知》（以下简称《通知》）（署侦〔1998〕742号）第5条规定："走私犯罪侦查机关在侦办走私犯罪案件过程中，需要提请批准逮捕走私犯罪嫌疑人时，应按《程序规定》制作相应的法律文书，连同有关案卷材料、证据，直接移送走私犯罪侦查机关所在地的分、州、市级人民检察院审查决定。"另，第7条规定："人民检察院认为走私犯罪嫌疑人的犯罪事实已经查清，证据确实、充分，依法应当追究刑事责任的，应当依法提起公诉。对于基层人民法院管辖的案件，可以依照刑事诉讼法第二十三条的规定，向当地中级人民法院提起公诉，人民法院应当依法作出判决。”可见对于海关立案侦查管辖的案件，不区分案件性质大小一律由中级人民管辖。

3. 管辖现状——以案件性质和例外管辖并行的审判管辖格局。《通知》于 1998 年发布实施，刑事诉讼法历经 2012 年、2018 年两次修改均没有涉及走私案件管辖更改问题，实践中也对海关缉私分局移送案件一律由中级人民法院管辖进行了默认。因此当下海上走私管辖采用案件性质和例外管辖并行的管辖格局：海关缉私局立案侦查的案件一律由地市级人民检察院审查起诉，地市级中级人民法院依法判决。海警局和地方公安局立案侦查的走私案件，则按刑事诉讼法级别管辖原则移送对应的检察机关审查起诉后交相应的法院判决。

案例一： 2020 年 8 月以来，犯罪嫌疑人蔡某先后出资购买数艘“×”船舶，并雇佣犯罪嫌疑人杨某、蔡某、陈某等人组成走私成品油团伙，通过犯罪嫌疑人邱某介绍联系“×”大油船，伙同其他船员驾驶“×”船舶到 × 海域接驳走私成品油进境，后运输到福建漳州、广东汕头等近海销售过驳给渔船下家，从中牟利。现已查明，2020 年 12 月至 2021 年 10 月，蔡某走私团伙通过“×”船舶向“×”购买成品油走私进境，后销售给渔船下家共计 7925 吨，涉嫌偷逃消费税款共计人民币 11183760 元；2022 年 2 月至 9 月，蔡某走私团伙通过“×”船舶向“×”购买成品油走私进境共计 7645 吨，涉嫌偷逃税款共计人民币 26356201.87 元。Q 海关缉私分局于 2022 年 9 月 6 日立案侦查，2022 年 10 月 14 日以走私普通货物罪移送 Q 市人民检察院审查起诉。

案例二： 2020 年 1 月 10 日 13 时许，被告人王某纠集蔡某 1、蔡某 2、周某，关闭船载 AIS 系统，驾驶空载的“××”号油船，从厦漳大桥附近海域出发后行驶至 × 南部海域，以手电筒闪烁三下的暗号与一艘货船对接接驳柴油，在接驳完成后驾驶“××”号油船向漳州港方向行驶，同日 20 时 25 分许，被告人王某在 X 市海域被 X 市 H 区海警执法站执法人员查获，现场查扣柴油 121.57 吨，经鉴定，涉案柴油价值人民币 672890 元，经核定，被告人王某通过上述绕关走私方式走私柴油偷逃应缴税额人民币 303459.9 元。X 市 H 区人民检察院指控被告人王某犯走私普通货物罪。

由以上案例可见，同样是走私普通货物罪，案例一由海关缉私局查处后移送 Q 市人民检察院审查起诉，案例二则由 X 市 H 区海警执法站查获后移送 X 市 H 区人民检察院审查起诉，相同的罪名在同一省份呈现出不同的管辖适用原则。

三、司法实践的问题反思

我国海上走私犯罪立案管辖和审判管辖存在的适用标准不一，导致司法实践中程序内耗，浪费司法资源；破案资源的分散，不利于打击犯罪。

（一）浪费司法实践资源 ①

海上走私犯罪从公海到内海再到陆地犯罪区域广、所涉犯罪人数较多。虽然同属一个案件，但抓获地的不同直接导致立案管辖所属不同侦查机关，可能存在同一个案件由不同级别的检察机关审查起诉、不同的审判机关审判，浪费司法资源。如刘某等人走私毒品案：2023 年 12 月，犯罪嫌疑人刘某伙同高某等人在 Q 市等地密谋从台湾走私毒品至大陆境内牟利。2024 年 3 月 15 日，运输船在位于东沙群岛东南侧约 130 海里处被海警机构查获，共缴获毒品净重 993.47 千克。2024 年 3 月 22 日，Q 市 L 区公安局接到 Q 市公安局的线索抓获犯罪嫌疑人刘某。2024 年 4 月 21 日，L 区公安局移送犯罪嫌疑人刘某等 4 人至 L 区人民检察院批准逮捕；4 月 24 日，Q 市海警局移送戴某、张某、钟某等 9 人至 Q 市人民检察院批准逮捕。

虽然是同一起走私毒品案件，但犯罪嫌疑人刘某等 4 人被 Q 市 L 区公安局抓获，则由 L 区人民检察院审查起诉、L 区人民法院审判；犯罪嫌疑人戴某等 9 人由 Q 市海警局抓获，则由 Q 市人民检察院审查起诉、Q 市中级人民法院审判。在该起犯罪案件审理中，为了最大限度了解案件全貌、力争做到罚当其罪，L 区和 Q 市的司法工作人员不得不重复相同的侦查、讯问、审查起诉等司法工作，浪费大量人力、物力等资源。

（二）降低案件侦查效率

明确的立案管辖权是提高打击犯罪效率的关键。司法实践中，海上走私犯罪链较长，涉及面较大，因抓获地或查处机关的不同，同一个案件立案管辖权往往不一。如果在指定管辖协调上浪费时间，则大大降低案件审理的效率。另外不同侦查机关工作方式不一，破案利用资源不同，同样也会降低案件的侦查效率。为了更全面准确打击犯罪，避免程序内耗，指定一个侦查部门管辖案件较为合适，但司法实践中出于工作绩效的考核，往往由各侦查机关各自管辖，重复相同的司法动作。如李某走私国家禁止出口货物案：2020 年 12 月 3 日凌晨 5 时许，被告人李某受雇驾驶红色重型厢式货车到 D 县 R 村附近拉冻品到 N 市，同日 8 时 15 分，途经 D 县 R 村边境管理执勤点时被公安机关查获，当场从车厢内查获无合法有效手续的冻猪脚 229 件，净重 5.496 吨。公安机关将该批冻猪脚移交 D 县打私办处理，D 县人民检察院指控被告人李某犯走私国家禁止出口的货物罪。

此案件由公安机关立案管辖，单就查获的冻猪脚 229 件对司机李某以走私国家禁止出口的货物罪移送审查起诉，难以深挖此案背后的犯罪团伙。倘若海关缉私部门从走私货物直接侦办入手，利用海关的职能权限就可以深挖走私货物背后的犯罪链条，还原整个案件的作案全貌，更深入地打击犯罪。

① 陈俊琴：《走私犯罪几个疑难问题的实务研究》，华侨大学 2013 年硕士学位论文。

四、海上走私犯罪管辖权不同模式的建构配置

走私犯罪的管辖权经过历任沿袭变革，立案管辖和审判管辖均在既定规则下初步成型。但从实践中反馈出来的司法资源浪费、案件侦查效率低等问题，我们有必要积极反思，深入践行从实践到认识再到实践的循环往复过程，从而对实践中折射的管辖问题再完善。

（一）海上走私犯罪管辖权配置原则

走私管辖权优化配置的初衷是同案同立，为案件的侦查起诉工作创设一个高效便捷的诉讼开端。同时，走私管辖权的配置，务必遵循统一高效和明确便利的原则。

1. 统一高效。管辖权配置作为刑事诉讼的闸口，是刑事诉讼活动顺畅进行的重要保障。管辖权的配置只有统一规则，司法机关在案件管辖配置或者争议协调时才会有据可依。当下刑事诉讼法历经多次修改，诉讼管辖理论规则已经非常详尽。海上走私管辖权的配置必须严格以刑事诉讼法规定为标准，才能确保管辖权配置自上而下规则的统一。侦查机关职责范围、所辖地区的不同，决定侦办案件效率不一。为了提高海上走私案件的侦办效率，势必对侦查机关的工作职能和特色有所考量。选择有利于高效办案的管辖模式，才能在办理案件过程中取得事半功倍的效果。

2. 明确便利。既然走私犯罪管辖权的配置统一以刑事诉讼法的规定为标准，那么与刑事诉讼法管辖条款相违背的司法解释、部门规章应逐步予以废止。只有明确统一的管辖规定，司法实践中才不会出现法律条款选择使用的困难，更不会在请示协调上出现程序内耗，降低办案的效率。只有法律管辖条款明确了，刑事诉讼程序活动才能便利顺畅运行。

（二）海上走私犯罪管辖模式的优化选择

为了更加高效便捷，刑事诉讼中其他类案的管辖也采取了不同的模式，如外国人犯罪的案件指定固定法院管辖、金融类案件设立专门法院管辖等。海上走私犯罪管辖权的优化可在考量其他类案管辖规则的基础上，寻找适合本罪的路径模式。

1. 指定固定法院管辖。将海上走私案件指定辖区内固定基层法院管辖，有利于锻造专业化职业化的法官检察官队伍，统一法律适用，提高海上走私案件的司法公信力。如在 Q 市政法委统一协调外国人犯罪的案件由 S 市人民法院审判管辖、涉及文物保护的案件一律由 L 区人民法院审判管辖。但上述类型的案件数量少，指定固定的基层法院管辖不会给该基层法院带来审判压力。

走私犯罪案件多为涉众型犯罪、案情复杂，加上海上走私案件数量较多，如集中由一个基层法院审判管辖，无疑陡然增加基层检察院和法院的工作量，并不是当下优化海上走私权的最优解。

2. 设立专门法院管辖[①]。有学者提议可以参照海事法院及上海金融法院的设置模式，根据走私案件数量的多少及海关缉私局的设置建立专门处理走私案件的法院。但海事法院和上海金融法院均为中级人民法院级别，走私专门法院的设立虽然有效解决了海上走私案件专业化审判问题，但仍然将大量走私案件的审判压力留在地市级司法机关，尚未妥善解决刑事诉讼中级别管辖问题。另外专门法院的设立，需要申请组织部门等行政机关给予编制等批复，需要相应的办公场所、配备一定专业素养的司法工作人员才能运转，如此大量人力财力的投入需要前期由走私专门法院试点的成熟经验予以支撑。因此走私专门法院的成立不仅需要较长的时间进行打磨检验，更需要较大的人力物力投入，并非为海上走私管辖权优化配置的最优选择。

3. 内部文件进行规范指导。在当下刑事诉讼法没有修订的情况下，可暂且按照法律和司法解释并存的要求，针对当地公安机关和海警部门侦查的案件，严格按照刑事诉讼法级别管辖的要求进行审判。而海关缉私部门侦查移送的案件，可按《通知》的要求一律移交地市级检察机关审查起诉，如该案件相关当事人被公安、海警立案侦查的，可协商指定由主要犯罪所在地侦查部门进行立案管辖。该规定可由省政法委牵头，以内部文件的形式在当地公安、海警、海关、检察机关、法院达成共识。在时机成熟的情况下，刑事诉讼法修改时将《通知》第 5 条、第 7 条的内容废止，使海关缉私部门侦查移送的案件也可按照级别管辖的规定移送审判管辖。

海上走私犯罪管辖权的优化是一个从实践到理论的辩证过程，在无数法律人的努力下，走私犯罪管辖权的设置日臻完善。当下司法实践中折射出的问题，亟待需要用现代化的法学理论修正新的规则规范海上走私犯罪管辖权。只有如此，打击走私犯罪才能不断融入中国式现代化大局中。

---

① 王文辉:《“游埠”式走私犯罪若干问题实务研究》，广东财经大学 2018 年硕士学位论文。

走私犯罪案件级别管辖的实践考察与优化路径

陈鹿林　高金强 *

摘　要　走私犯罪案件级别管辖历史变迁与缉私体制改革息息相关。1998年确立的走私犯罪案件由中级人民法院专属管辖的模式具有鲜明时代背景和实践基础，但随着近年来新一轮缉私体制改革以及反走私形势新变化，该模式的弊端日益显现，无法适应实践需要。建议通过区分通关走私与绕关走私来确立管辖模式，即通关走私案件仍然由中级人民法院管辖，而绕关走私案件则遵循刑事诉讼法的设定，回归普通管辖，既符合两类案件自身特征，也有利于理顺走私案件侦、诉、审关系，整体优化司法资源配置。

关键词　级别管辖　缉私体制改革　通关走私　绕关走私

管辖制度是刑事诉讼的基础，启动刑事诉讼，首先要解决的就是刑事案件的管辖问题。[①] 刑事案件管辖权可以分为侦查管辖与审判管辖。[②] 在各类刑事案件中，走私犯罪案件（以下简称走私案件）管辖权最具特殊性。从侦查管辖角度看，当前海关缉私部门（以下简称缉私部门）、海警机构、地方公安机关（以下简称地方公安）都有管辖权，三者管理体制差异很大，实践中既相互分工各自侧重，又互相协作合力打击走私犯罪。从审判管辖看，尽管《刑事诉讼法》并没有对走私案件管辖权作出特别规定，但根据"两高"与海关总署相关规定，走私案件在很长一段时间里均由侦查机关对应的中级人民法院（以下简称中院）管辖。然而，随着司法改革的推进以及走私犯罪侦查体制的调整，部分地方走私案件出现中院专属管辖以及基层法院管辖并存的状况。但在级别管辖上，不少地方仍然坚持所有走私案件均由中院管辖的做法，同时实践中还有一种观点主张走私案件级别管辖无须特殊对待，完全可以按照普通刑事案件来处理。上述分歧反映出当前走私犯罪的司法实践背景确实发生一定变化，从而引发人们对旧有级别管辖模

* 陈鹿林，浙江省宁波市人民检察院检察委员会委员、法律政策研究室主任、三级高级检察官；高金强，浙江省宁波市海曙区人民检察院二级检察官。

① 熊秋红、余鹏文：《我国刑事诉讼管辖体系之完善》，载《法学杂志》2022年第4期。

② 从刑事诉讼构造看，案件管辖涉及侦查、检察、审判三个环节。检察环节的管辖权通常分为两类，批捕环节管辖对应侦查管辖，公诉环节管辖则对应审判管辖。

式的反思，在这种反思中产生不同观点、不同做法。那么，如何进一步优化走私案件级别管辖，本文将结合走私犯罪级别管辖历史变迁、实践状况、司法动态等展开研究，在此基础上提出进一步优化的路径。

一、走私案件级别管辖的历史变迁

走私案件级别管辖的历史变迁与侦查管辖的变化息息相关。1998 年，国家对反走私工作体制作出重大调整，从侦查管辖角度讲，当年根据《海关法》《国务院关于缉私警察队伍设置方案的批复》《国务院办公厅关于组建缉私警察队伍实施方案的复函》，国家建立了隶属海关总署领导的专业化海关缉私队伍，[①] 专司走私犯罪侦查权。同年 12 月，最高人民法院、最高人民检察院、公安部、司法部、海关总署联合下发了《关于走私犯罪侦查机关办理走私案件适用刑事诉讼程序若干问题的通知》（以下简称《办理走私案件诉讼程序通知》），该通知进一步确立缉私部门对涉税走私案件以及发生在监管区内的非涉税走私案件享有专属侦查管辖权，同时规定走私案件由侦查部门所在地分、州、市级人民检察院负责审查逮捕、审查起诉，并向当地中院提起公诉，从而确立了走私案件由中院专属管辖的基本模式。

根据上述规定，并非所有走私案件都由缉私部门管辖，从理论上讲，缉私部门以外的公安机关对发生在非设关地（非海关监管区）的非涉税走私案件享有管辖权，但实践中地方公安除侦办部分毒品走私案件外，其他类型走私案件很少办理。因此，在国家建立专业化缉私队伍以来的近 20 年时间内，由于走私案件基本上都由缉私部门侦办，也就在事实上形成走私案件基本由中院专属管辖的状况。

自 2018 年起，走私案件侦查管辖权发生一定变化。一方面，自 2013 年启动的新一轮海上执法体制改革以来，新成立的海警机构开始实际上统一行使海上刑事案件侦查权，也开始实际侦办海上走私案件；[②] 另一方面，原公安边防队伍也在2018年前后从现役部队整体转隶并入公安机关，沿海地区公安机关陆续成立新的海防队伍、海岸警察队伍或打私队伍等，也积极侦办包括海上走私在内的各类涉海违法犯罪。[③] 走私犯罪侦查主体三足鼎立的基本格局逐渐形成。以 K 省检察机关受理审查起诉走私案件为例，2022 年合计受理 240 件 710 人，缉私部门、海警机构、地方公安三者移送案件数量占比分别为 70%、13%、17%；2023 年合计受理 525 件 1705 人，三者占比分别为 40%、15%、45%，不但各自移送案件总量均上升，而且海警机构与地方公安机关占比也显著

① 在海关总署、直属海关、隶属海关自上而下分别设立走私犯罪侦查局、走私犯罪侦查分局、走私犯罪侦查支局，又分别称为海关总署缉私局、各直属海关缉私局、各隶属海关缉私分局。

② 2018 年新修订的《刑事诉讼法》第 308 条第 2 款规定，“中国海警局履行海上维权执法职责，对海上发生的刑事案件行使侦查权。”2021 年施行的《海警法》第 12 条第 1 款列举了海警机构的职责，其中一项就是“对海上有走私嫌疑的运输工具或者货物、物品、人员进行检查，查处海上走私违法行为”。

③ 陈鹿林:《走私犯罪司法认定》，法律出版社 2023 年版，第 315 页。

提高。随着走私案件侦查主体多元化，走私案件级别管辖问题也产生了分歧，实践中出现以下三种模式：

第一种是一般中院专属管辖模式。即根据 1998 年《办理走私案件诉讼程序通知》，沿用 2018 年以前一审走私案件由中院管辖的做法，2018 年以后所有走私案件仍然由中院管辖。即使是海警机构、普通公安机关侦办的走私案件，也由中院管辖。如果属于海警工作站、基层公安机关侦办的案件，移送基层检察院后，再通过改变管辖报送地市级检察院负责审查起诉。

第二种是跨行政区划中院集中管辖模式。其基本依据与第一种模式一样。在此基础上，部分地区设立跨行政区划司法机关，对走私案件等实行集中管辖。2014 年 12 月，中央全面深化改革领导小组会议审议通过了《设立跨行政区划人民法院、人民检察院试点方案》，根据上述方案，北京海关缉私局、上海海关缉私局侦办的走私案件分别由北京市第四中级人民法院、上海市第三中级人民法院集中管辖。2021 年 8 月 18 日，江西省高级人民法院、江西省人民检察院、江西省公安厅、南昌海关缉私局印发《关于调整南昌铁路运输两级法院、检察院部分刑事案件管辖范围的通知》，该通知明确自 2021 年 10 月 1 日起，南昌海关缉私局侦办的刑事案件也实行集中管辖。

第三种是普通管辖模式。由于 1998 年《办理走私案件诉讼程序通知》只是规定缉私部门办理的走私案件由中院管辖，并没有对其他主体侦办的走私案件作出专门规定。因此，在没有特殊规定的情况下，[①] 可以按照《刑事诉讼法》有关管辖权的规定，海警机构、地方公安侦办的走私案件通常由基层法院管辖，只有可能判处无期徒刑、死刑的走私案件才由中院管辖。

为进一步了解全国各地走私案件不同级别管辖模式适用现状，笔者通过中国裁判文书网搜索，设定三个条件：时间为 2018 年 1 月 1 日以来，案由为适用《刑法》分则第三章第二节“走私罪”，裁判主体为基层法院作出的一审裁判文书。经搜索并筛查，符合条件的裁判文书共计 963 份，涉及全国 16 个省份。[②] 其中，排名前三的省份分别为广西 450 份、云南 343 份、广东 89 份，合计占比超过 91%。可见这三个省份适用普通管辖模式审理走私案件比较普遍。紧接其后的分别为内蒙古 21 份、新疆 13 份、福建 15 份，其余均未超过 10 份。而浙江、山东、辽宁、吉林、黑龙江这几个沿海、海边省份均不超过 5 份，可见这几个省份走私案件绝大部分适用中院专属管辖模式，仅在个别

① 虽然最高人民法院、最高人民检察院、中国海警局于 2020 年 2 月联合发布的《关于海上刑事案件管辖等有关问题的通知》规定，不同海警机构办理的海上刑事案件分别向相对应的省级检察院、市级检察院和基层检察院移送审查逮捕、审查起诉，但关于审查起诉只是形式上的移送，并没有从实体上规定由哪一层级法院行使审判管辖权。

② 搜索日期为 2024 年 7 月 14 日，通过一次性搜索一审裁判文书一共 1199 份。经进一步比对，发现上海基层法院裁判文书共 236 份，但均为走私、制造、贩卖、运输毒品罪，不符合搜索的条件，况且这部分最后定性为贩卖毒品罪，故予以剔除。

地方曾由基层法院管辖。[①] 即使基层法院管辖较多的省份，省内各个地级市分歧也很大，这在广东省最为明显。其中中山、东莞、江门三地基层法院管辖走私案件最为普遍，经搜索符合上述条件的裁判文书分别为 31 份、28 份、27 份。而广州、深圳、珠海、汕头这几个重要沿海城市未搜索出由基层法院作出的走私案件判决书。综上，目前全国各个省份甚至不同省份内部不同地区，走私案件如何适用级别管辖差异很大。

二、当前走私案件级别管辖体制综合评析

通过上述分析，当前走私案件级别管辖总体上有两大类型：一种是由中院专属管辖（包括一般中院专属管辖和跨行政区划中院集中管辖），另一种是普通管辖。实践中主要差异是各地对海警机构和地方公安侦办的走私案件采取不同做法。那么，对于不同侦查主体侦办的走私案件在级别管辖上是否有必要区别对待，由此进一步引申，走私案件是否有必要由中院专属管辖，本文进行了如下探讨。

（一）中院专属管辖的历史考量

如前所述，走私案件提级由中院专属管辖模式形成于 1998 年。在 20 世纪 90 年代我国沿海地区特别是东南沿海地区走私犯罪猖獗的背景下，国务院于 1998 年 7 月召开全国打击走私工作会议，明确提出实行“联合缉私、统一处理、综合治理”的缉私新体制，作出组建国家缉私警察队伍的重大决策。[②] 为配合缉私领域改革，审判环节也统一由侦查机关所在地中院行使管辖权。放在当时的时代背景下分析，客观而言，由中院行使一审走私案件管辖权，有一定合理性：

首先，由中院专属管辖大体上契合改革后的走私犯罪侦查体制，也有利于侦、诉、审衔接。通过 1998 年缉私体制改革，此后近 20 年里走私案件事实上基本由各直属海关缉私局、隶属海关缉私分局直接侦办，这些侦查部门同时属于海关内设机构，实行垂直管理，其管辖范围有很强的跨行政区划属性。审判环节由中院专属管辖，一方面能够与相对应的海关保持大体上的对等原则，另一方面也可以减少基层法院管辖可能带来的管辖冲突、地方干扰等问题，更有利于侦查、检察、审判各环节沟通衔接。

其次，由中院专属管辖比较契合走私案件特点，也有利于统一办案标准。与普通案件相比，走私案件往往涉及国家对货物、人员、资金等要素进出境的各项监管制度，相较于普通刑事案件，其涉外因素多、专业性强。而且走私犯罪通常涉及分属于不同行政区划的口岸所在地、物流仓储地、企业注册地、海上活动地等，涉及行政区划范围特别广。审判环节由中院专属管辖，体现国家对此类案件更加审慎的态度，也有利于加强检察、审判环节该领域办案队伍专业化建设，更好统一办案标准。

---

① 例如，据笔者了解，司法实践中浙江温州曾有海警机构侦查的走私案件由基层法院管辖过一两个案件。但后来被叫停，目前实践中全省仍然实行所有走私案件中院专属管辖模式。

② 郭尧东：《当前中国缉私体制改革若干问题的探讨》，复旦大学 2010 年硕士学位论文。

（二）实践困境

通过20多年探索，在中院专属管辖模式下，全国各地市级检察机关、审判机关与缉私部门通力合作，在打击走私犯罪、统一办案标准、队伍专业化建设以及反走私研究等领域取得丰硕成果。然而，随着国家缉私体制改革、反走私形势的变化以及相应司法体制改革，中院专属管辖的模式也暴露出许多问题。

1. 与现有缉私体制不适配

2018年以来，国家对缉私体制的改革主要表现在两方面：一方面是走私案件侦查主体多元化，由原先事实上仅缉私部门一家拓展到缉私部门、海警机构、地方公安三家并存；另一方面是缉私部门侦查权的拓展，从原先仅限于走私犯罪逐步拓展到逃避商检、逃避国境卫生检疫等与海关监管职能密切相关的其他犯罪。缉私体制的改革客观上对中院专属管辖模式造成冲击。

首先，海警机构、地方公安侦办走私案件无论适用何种管辖模式，都容易陷入理论悖论。对这两类侦查主体而言，其侦办的走私案件与他们所侦办的其他普通刑事案件并没有显著区别，同时在规范层面也没有明确规定将其提级管辖。实践中提级管辖的做法，仅仅是延续以往缉私部门侦办的案件由中院管辖的历史惯性，将这种做法直接移植到另外两类主体侦办的案件中的理由和依据明显是不足的。反之，如果这两类主体侦办的走私案件适用普通管辖，形成了事实上这类案件绝大部分由基层法院管辖的局面，从而与缉私部门侦办的案件作区别处理，这违背了诉讼级别管辖的基本原理，级别管辖的确定应当是依据案件本身性质、特征来区别，对于同类案件不能仅仅依据侦查主体作出区别对待，除非有其他更加充分的理由。

其次，缉私部门侦查权的拓展使得这一管辖模式的正当性减弱。如前所述，当初走私案件提级由中院集中管辖的重要理由之一就是海关垂直管理体制、缉私部门跨行政区划管辖特征，提级管辖有利于减少地域管辖冲突，加强侦、诉、审衔接。那么，当缉私部门侦查权从走私犯罪拓展到其他犯罪时，按照同样逻辑是否意味着这些案件也应由中院管辖？然而，事实并非如此。近年来司法实践中缉私部门查处了不少逃避商检等案件，当此类案件移送审查起诉后，也主要由基层检察院、法院管辖，而且实践中案件处理也比较顺利，从而出现缉私部门侦查的案件提级管辖与普通管辖并存的情形。既然如此，那么缉私部门自身机构属性对其所侦办的案件在审判环节管辖权的影响就大大弱化，走私案件提级管辖的正当性也随之弱化。

2. 案件的新变化使得原有提级管辖模式难以适应新情况

1998年缉私体制改革后很长一段时间，走私案件数量总体不多，但近年来案件数量大幅增长。从全国范围看，海关缉私部门侦办的案件数量增长明显。例如，在缉私部门刚设立的前八年（即1999年至2006年），全国一共立案侦办刑事案件10415起，年均 1300 余件。[①] 而 2021 年、2022 年、2023 年这三年立案侦办数量分别为 4259 起、4509 起、4959 起。[②] 从单个区域看，近年来沿海各地检察机关受理审查起诉的走私案件数量也持续上升，特别是 2018 年以来始终保持高位运行状态。以笔者所在宁波市检察院为例，受案数量从 2014 年的 29 件 80 人，上升至 2023 年的 149 件 333 人。又如，上海市检察院第三分院 2018 年至 2022 年五年间受理走私案件 817 件 1572 人，年均超过 160 件 310 人。[③] 又如，珠海市检察院 2019 年至 2023 年共受理走私案件 1299 件 2346 人，年均超过 250 件 460 人。[④]

近年来走私案件另一个显著特征是刑罚轻缓化占比较高。例如，2020 年至 2023 年 6 月，天津三中院审结走私案件中依法适用缓刑、单处罚金等非监禁刑 173 人，在同期审结人数中占比 75.55%。[⑤] 再如，2013 年至 2022 年这十年，青岛中院审结走私案件中适用非监禁刑 394 人，占比 65.6%。2020 年和 2021 年，上海三中院判处缓刑人数分别为 171 人、155 人，分别占比 36.77% 和 41.13%。再以 K 省为例，2022 年和 2023 年判处有期徒刑三年以下 305 人、586 人，分别占比 66.3%、71.1%。以上仅仅是对最后判处的情况进行统计，如果加上同期检察机关作出不起诉处理的案件，实际轻缓化比例更高。

走私案件数量高位运行与实际处理中轻缓化比例较高，对原有中院专属管辖模式带来深刻影响：一方面，走私案件新情况冲击地市级检察院、法院原有基本职能定位。对于级别管辖，原则上绝大多数刑事案件由基层法院进行第一审，只有犯罪性质较为严重、案情较为复杂、社会影响较为恶劣的特定案件才交由上级法院管辖。[⑥] 根据我国《刑事诉讼法》第 21 条、第 24 条的规定，中院原则上管辖危害国家安全、恐怖活动以及可能判处无期徒刑、死刑的案件，其他重大、复杂等有必要上级管辖的，中院可以提级管辖。正如有学者指出，《刑事诉讼法》既然将基层人民法院作为普通刑事案件的第一审法院，中级人民法院也就必然成为普通刑事案件的第二审法院。另外，它还有审判监督的任务。所以，划归中级人民法院管辖的第一审刑事案件，不宜过多，只限于上述两类刑事案件。[⑦] 1998 年缉私体制改革后很长一段时间，走私案件数量总体不多，全部

---

① 吕滨主编：《海关缉私业务》，中国海关出版社 2008 年版，第 6 页。

② 这里仅仅是近三年全国海关缉私部门条线侦办的案件数量，如果加上海警机构、地方公安机关，全国走私案件数量更多。全国海关缉私部门三个年度侦办刑事案件的数据分别来源于：成功财经网，http：//world.xy178.com/guoji/20220217/121908.html；腾讯网，https：//new.qq.com/rain/a/20230117A03XQU00；央广网，https：//news.cnr.cn/dj/20240123/t20240123_526568509.shtml。

③ 上海市人民检察院第三分院 2019 年、2020 年、2021 年、2022 年、2023 年分别发布的《打击走私犯罪检察工作报告》，载微信公众号“上海检察三分院”。

④ 广东省珠海市人民检察院：《珠海市人民检察院反走私工作白皮书》，载微信公众号“广东反走私”2024 年 5 月 11 日，https：//mp.weixin.qq.com/s/xuJoGYiqGRddHBimEFI2Zw。

⑤ 天津市第三中级人民法院：《走私案件审判白皮书》（2020 年至 2023 年），载微信公众号“天津三中院”，2023 年 8 月 17 日。

⑥ 熊秋红、余鹏文：《我国刑事诉讼管辖体系之完善》，载《法学杂志》2022 年第 4 期。

⑦ 陈光中主编：《刑事诉讼法》，北京大学出版社、高等教育出版社 2021 年版，第 127 页。

由中院提级管辖，当时既有缉私体制改革与走私案件特殊的必要性，从案件合理数量看也有一定可行性。但是，当近五六年走私案件总量迅速增长且大量系轻罪案件的情况下，仍然固守中院专属管辖模式，会冲击地市级检察院、法院主要聚焦重罪案件和重大案件的基本职能定位，也加剧地市级司法机关人员配置与案件数量之间的紧张关系，其指导与监督功能必然有所弱化。

另一方面，中院管辖相对复杂的程序设计也造成一定程度上的司法资源浪费。由于犯罪现象层出，刑事案件总量庞大，同时受发展水平等各方面因素的限制，国家对司法治理投入的资源总是有限的，根据具体案件情况来合理分配司法资源的投入以提高刑事诉讼效率就成了级别管辖制度不可或缺的设置理念。① 正因如此，我国《刑事诉讼法》一审程序分别设置了普通程序、简易程序、速裁程序等，而中院只能适用普通程序。当走私案件都提级由中院管辖，使得大量原本可以适用简易程序、速裁程序的案件只能适用普通程序，也会造成司法资源的浪费。而且中院一审案件大幅增加，势必导致省高院二审案件相应增加，由于省高院管辖范围覆盖全省且近年来二审开庭持续上升，由省高院对大量走私案件开庭审理，司法成本会进一步提高。②

三、走私案件级别管辖的优化路径

针对现有走私案件级别管辖方面存在的诸多问题，有必要进一步优化。对此，有两种基本思路：一种思路是完全放弃中院专属管辖模式，让走私案件全部回归普通案件管辖模式。另一种思路则是对中院专属管辖作适当调整，让一部分走私案件回归普通管辖模式。笔者认为，后一种思路更加合理。自 1998 年缉私体制改革以来，司法实践中已经形成走私案件主要由中院管辖的传统，在打击走私犯罪特别是打击重大犯罪方面取得较大成效。如果让走私案件完全回归普通管辖模式，那么只有极少数案件才会由中院管辖，③ 这会形成走私案件基本上由基层司法机关（检察院、法院）管辖的局面，这是一种比较激进的改革模式。鉴于不少走私案件确实有较强专业性，对于没有或者很少有办理走私案件传统的基层司法机关而言，短期涌进大量走私案件难以适应，也会给案件质量带来较大隐患。因此，优化走私案件级别管辖模式应当采用渐进式改革，对中院专属管辖的范围作适当调整，使之更加合理、可行。

通关走私与绕关走私是走私犯罪的两种基本类型，也体现走私犯罪最典型的两类不同作案手法，这两类案件在证据结构、事实认定、常见争议焦点等方面有显著区别。笔者建议，当前可以保留通关走私案件由中院专属管辖，而绕关走私案件回归普通管辖。④ 这种模式可以称之为二元管辖模式，既契合两类走私案件的各自特征，也较好继

① 郭心怡：《刑事审判级别管辖制度理据重述》，福建师范大学 2023 年硕士学位论文。
② 反之，如果许多案件二审放在中院，其辖区范围较小，诉讼效率也相应提高。
③ 即可能判处无期徒刑、死刑的走私案件才会由中院管辖，实践中这类案件凤毛麟角。
④ 陈鹿林：《走私犯罪司法认定》，法律出版社 2023 年版，第 323 页。

承了走私案件管辖传统，兼具理论合理性与实践可行性。

（一）从案件类型特征看，二元管辖模式有较强合理性

通关走私与绕关走私都存在逃避海关监管的情形，但二者逃避海关监管的方式、程度差异较大。通关走私发生于海关直接监管过程中，与海关监督方式、监管过程息息相关。而海关监管又有很强的专业性、政策性。从正面监管角度来讲，商品进出口往往涉及贸易方式的选择、商品归类、原产地确定、价格申报与海关估价、许可证件管理、检验检疫等海关业务。一方面，由于这些业务本身专业性、政策性较强，客观上不少监管标准、监管条件比较模糊或易变；另一方面，执法部门日常监管尺度、把握标准也不一，也在很大程度上影响人们对行为违法性的判断。行为人在进出口商品过程中，容易对上述要素的判定、把握产生分歧，对某一行为是合法还是违法，是属于违反海关监管规定的行为还是走私行为，实践中往往争议较大。特别是近年来随着各种新型贸易方式的蓬勃发展，与之相伴随的新型违法违规行为，在行为定性、事实把握、数额认定等领域争议更大。客观而言，商品进出口环节普遍性或行业性违法违规的现象比较常见，但实际处理的案件又比较有限，当相关案件进入刑事诉讼程序后，对于办案人员专业知识水平、政策把握能力等方面要求相对较高，也更需要统一执法办案标准。地市级检察院及其对应的中院有办理走私案件的悠久传统，特别是办理通关走私方面积累比较丰富的经验、形成相对稳定的办案团队，由其管辖更能胜任也更有利于统一标准。

与通关走私不同，绕关走私完全避开海关监管，从未设立海关的地点（如边境、沿岸）非法运输、携带相关货物、物品进出境，绕关走私行为方式相对简单粗暴。从证据体系看，这类案件除言词证据外，实践中以实物及相关鉴定意见、各类通信记录、资金记录等为主，即使需要认定偷逃应缴税额，价格组成、税率适用等内容也比通关走私要更为单一，总体上证据体系与其他普通案件差别不会太大。从法律适用看，只要相关商品非法跨越国（边）境，走私行为定性方面争议问题也不多，不存在受监管条件清晰程度、监管部门执法尺度等因素影响案件定性的情形。总体而言，相较于通关走私，绕关走私案件对办案的专业化程度要求相对不高，只要具备普通刑事案件办案能力，完全可以胜任绕关走私案件的办理。因此，对于绕关走私案件没必要实行中院专属管辖模式。

（二）从案件主要侦查主体分布看，二元管辖模式有利于优化侦诉审衔接与司法资源配置

随着 2018 年以来新一轮缉私体制改革的推进，目前事实上逐渐形成缉私部门、海警机构、地方公安分工行使走私犯罪侦查权的基本格局。而且后两者办案数量呈不断上升趋势。从职能管辖分工看，缉私部门管辖涉税走私和发生在海关监管区内的非涉税走私，海警机构管辖海上走私，地方公安管辖发生在非海关监管区的非涉税走私。换言之，缉私部门管辖权包括所有通关走私和一部分绕关走私，而地方公安和海警机构管辖权则仅限于绕关走私。从法律规范来看，缉私部门对涉税类绕关走私案件也有管辖权，

而且事实上以往也侦办过不少此类案件。但缉私部门以往侦办绕关走私案件比重本来就不大，而且在海警机构、地方公安机关持续加大打击绕关走私的背景下，缉私部门打击绕关走私的职能会进一步弱化，除了打击少部分重大型团伙型绕关走私外，重点聚焦到通关走私以及逃避商检等与海关监督直接相关联的其他犯罪中。

结合海关缉私部门、海警机构、地方公安职能分工以及实际运作情况，司法实践中绝大部分绕关走私由海警机构、地方公安管辖，而缉私部门侦办的案件绝大部分为通关走私。在此背景下，实行通关走私案件由中院专属管辖、绕关走私案件回归普通管辖的模式，既可以提升办案效率，也有利于保持历史连续性。

一方面，绕关走私案件回归普通管辖可以提高办案效率。回归普通管辖后，意味着绝大部分绕关走私案件由基层检察院、法院管辖。而实践中这类案件直接侦查主体以设置在各个县级行政区域的海警工作站和基层公安机关为主，其在商请提前介入、提请逮捕、移送审查起诉以及补充侦查等过程中，可以直接与基层检察院对接，能够提高衔接的效率，也减少过多改变管辖带来的不利影响。① 同时，由基层法院管辖，大量简单的绕关走私案件具备适用简易程序甚至速裁程序的基础，② 也有利于节约司法资源。

另一方面，通关走私案件由中院专属管辖有利于保持历史连续性。由于缉私部门侦办的案件绝大部分为通关走私，意味着实践层面缉私部门仍然与地市级检察院、法院对接，这也与此前关于缉私部门侦办走私案件由中院专属管辖的规定较为接近，保持一定的历史连续性。同时，由于地市级检察院、法院卸下一部分一审走私案件的任务，可以聚焦办理更加专业、更为复杂的通关走私案件，也有利于强化监督与指导职能。

根据我国刑事诉讼法的规定，改变管辖（包括报请管辖、指定管辖等）是理顺诉讼管辖的重要途径。但改变管辖无论对当事人还是对不同办案机关之间衔接来说，都会带来诸多问题，也会在一定程度上影响司法效率。当改变管辖案件数量不多时，这种影响比较有限；当改变管辖案件数量较多时，这种影响就十分显著。因此，从法律规定的基本精神看，应当确保司法实践以正常管辖为原则，以改变管辖为例外，只有在确有必要时才改变管辖。在近年来走私犯罪侦查主体多元化、走私案件大幅增长的背景下，如果通关走私由中院专属管辖、绕关走私实行普通管辖，在符合这两类案件基本特征的前提下，可以保证实践中大部分走私案件不需要改变管辖，这样更有利于侦查、审查逮捕、审查起诉、审判等不同诉讼环节之间的衔接，也从整体上实现司法资源更优配置。

---

① 可以从正反两方面说明效率提高。从反面来看，以往一些地方坚持海警机构侦办的走私案件只能由中院管辖，导致原来实际上由海警工作站侦办的案件提到市级海警局，以其名义报请逮捕、移送起诉，增加了许多不便。从正面来看，由于海警工作站和基层公安机关本身在日常办理其他刑事案件中与基层检、法之间对接比较密切，也积累了丰富经验，绕关走私案件回归普通管辖后，可以将这种对接优势延续到走私案件办理中。

② 实践中已有基层法院审理的走私案件适用简易程序。例如，福建省宁德市下辖的福鼎市人民法院审理被告人邱尚兰海上走私冻品一案法院适用简易程序，实行独任审判。参见福鼎市人民法院刑事判决书（2022）闽 0982 刑初 73 号。

走私犯罪案件涉案财物处置的路径优化
——以检察机关法律监督为视角

杨文春　李婉怡*

摘　要　当前司法实践中检察机关办理走私犯罪案件，发现涉案财物管理存在主体不明晰、先行处置不及时、判决内容不具体、处置结果不透明、信息沟通不畅通的问题。检察机关在履行法律监督职责中，因涉案财物处置中监督范围不明确、监督依据不具体、监督线索发现难的问题进而影响其法律监督质效。因此，应当从"人财并重"原则、系统监督原则、全面监督原则、效率原则等方面更新检察机关监督涉案财物处置的理念，通过厘定财物监督范围、构建全流程监督机制、完善信息共享机制以加大涉案财物监督力度，优化检察机关监督路径，提升涉案财物的利用率。

关键词　走私犯罪　涉案财物处置　法律监督

走私犯罪的形式与手段日益复杂多变，对如何提升走私犯罪涉案财物处置法治化水平提出了新的挑战。当前，办案人员仍存在"重案件办理、轻财物管理""重收缴轻处理""重人轻财"的传统刑事司法观念。在加强新时代检察机关法律监督工作的背景下，强化检察机关对走私犯罪案件涉案财物处置的监督职能，扩宽检察工作的辐射面，不仅是提升司法公信力与办案质量的内在要求，也是顺应当前司法实践发展的必然要求。[①]本文以检察机关的法律监督为视角，从走私犯罪办案实际为切入点，结合相关法律法规及司法实践，深入剖析走私犯罪案件中存在的问题，挖掘检察机关在走私犯罪案件涉案财物处置中存在的监督不足，拟参照审查人的标准对待审查物的思路，以期为加强检察机关法律监督提供理论参考与实践指导。

---

* 杨文春，广东省茂名市电白区人民检察院副检察长、四级高级检察官；李婉怡，广东省茂名市电白区人民检察院综合业务部五级检察官助理。

① 聂文峰、金华捷:《新形势下走私犯罪刑事检察工作的应对与实践》，载《上海法学研究》集刊，2020年第12卷。

一、当前走私犯罪案件涉案财物处置存在的问题

经过《最高人民法院关于严格执行有关走私案件涉案财物处理规定的通知》《刑事诉讼法》《最高人民法院关于刑事涉案财产部分执行的若干规定》《人民检察院刑事诉讼涉案财物管理规定》《公安机关涉案财物管理若干规定》的实施，涉案财物的处置已贯彻整个刑事诉讼程序。目前，多数学者和实务人员主要研究刑事案件涉案财物的处置，而对走私犯罪涉案财物的处置情况较少进行专门研究。在司法实践中，走私犯罪案件涉案财物的处置存在理解偏差和实践不统一的问题，主要体现在以下方面：

（一）管理主体不明晰

现行刑事涉案财物管理制度存在缺陷，法律和司法解释对不宜随案移送的涉案财物范围未作详细规定，加之海关查获涉案财物数量庞大、体积大、性质特殊，比如冻品这类财物，保管费高、办案成本高。从实际情况反映，许多地方主要采用实体不动、单据随案移送模式管理涉案财物，查封、扣押、冻结的涉案财物保管场所分散，多头管理方式下涉案财物损失浪费现象普遍。此外，有些地方甚至出现了“只扣不证”的情况，即侦查机关往往只是围绕“人”的犯罪行为去调查取证，而忽视了对涉案财物的全面证据收集。

（二）先行处置不及时

由于法院判决周期较长、采取扣押、查封、冻结等手续烦琐，加上走私财物多为新鲜海鲜、动物冻品等不宜长久保存的容易腐烂财物，现实中存在大量走私犯罪涉案财物积压过多、浪费严重。从扣押走私涉案财物之日起，办案人员需要结合涉案财物的物品状况、经济价值、保管期限、保全方式等信息来主动判断是否需要采取先行处置措施，但由于前期流程的烦琐和案件保密要求，走私犯罪涉案财物先行处置难以及时监督。

（三）判决内容不具体

走私案件涉案财物的处置规定在《海关法》第92条，走私行为属于行政违法的，由海关决定和执行，但构成犯罪的，则由法院判决，海关执行。[①] 走私犯罪案件涉案财物的处置主要依赖于“人民法院判决”。但多数法院判决未分清楚走私犯罪涉案财物的处置对象性质，多以“违法所得”概括处置。[②] 比如，有的判决书概括处置走私犯罪案件涉案财物，未对涉案财物的种类、数额、性质进行区分，而交给执行机关判断和处理。

---

① 《海关法》第92条规定，即“海关依法扣留的货物、物品、运输工具，在人民法院判决或者海关处罚决定作出之前，不得处理”；“人民法院判决没收或者海关决定没收的走私货物、物品、违法所得、走私运输工具、特制设备，由海关依法统一处理，所得价款和海关决定处以的罚款，全部上缴中央国库”。

② 段凰、石魏：《涉案财产处置虚化之现状分析及应对思路》，载《人民司法》2021年第19期。

（四）处置结果不透明

司法实践中对于涉案物品的处置做法较为混乱，大多数判决依据《刑法》第 64 条的规定将走私物品全部没收，但也有少部分判决依据罪刑相当原则按比例没收。[①] 这种不统一的做法进一步增加了执法处置的复杂性。有些刑事案件判决后，涉案财物处理程序不公开。[②] 尽管海关总署通报了大量走私犯罪案件的侦办情况，但在实际操作中，海关情报信息共享的程度、判决执行内容质量以及拍卖途径等方面，存在信息公开不完全以及处置结果不透明的问题。

（五）信息沟通不畅通

走私犯罪具有明显的跨区域特点，不同地区之间的执法和司法协作不够紧密，导致信息共享和案件联动处理存在障碍。从执法实践来看，海警局、公安机关、海关缉私局、检察机关、审判机关等部门之间各自独立移送、接收、处置走私犯罪涉案财物，缺乏对涉案财物流转的信息互通以及监督平台。依据现行法律规定，没有要求侦查机关要将涉案财物的各阶段变动和处置结果情况告知检察机关、审判机关，各部门之间缺乏沟通，难以实现及时、同步、有效监督。

二、检察机关监督走私犯罪案件涉案财物处置的现实困境

走私犯罪案件涉案财物处置所暴露的问题，反映出检察机关在法律监督方面的不足。明确优化检察机关法律监督研究的重点，能够为其研究方向的准确性奠定基础。[③] 检察机关法律监督路径优化问题的研究应立足于监督范围、监督依据及监督线索，以此提升检察机关的监督效能。

（一）明确监督范围

法院判决涉案财物的处置主要依据《刑法》第 64 条，[④] 犯罪分子违法所得的一切财物，应当予以追缴或者责令退赔；对被害人的合法财产，应当及时返还；违禁品和供犯罪所用的本人财物，应当予以没收。没收的财产和罚金，一律上缴国库，不得挪用和自行处理。《刑法》第 64 条规定的“犯罪分子违法所得的一切财物”，包括资金款项以及其他客观存在物。其内涵和外延大于《人民检察院刑事诉讼涉案财物管理规定》的“犯罪嫌疑人的违法所得”。从《刑法》第 64 条文义解释，可以认为“犯罪分子违法所得

---

① 谢国军、郑艳：《走私普通货物、物品罪中涉案物品的处置思考》，载中法网 2023 年 3 月 15 日，http：//www.cnlawweb.com/business/theory/2023031540463.html。

② 李建明、陈春来：《论刑事诉讼涉案财产处置的法律监督》，载《人民检察》2017 年第 3 期。

③ 杨常雨：《国家治理视野下检察机关法律监督的优化》，载《西南石油大学学报（社会科学版）》2022 年第 4 期。

④ 阎二鹏、马光远：《刑事涉案财物处置：从实体基础到教义展开》，载《中国海商法研究》2023 年第 4 期。

的一切财物”中，存在“被害人的合法财产”“违禁品”“供犯罪所用的本人财物”的这三种特定类型财物可能，如果有上述特定类型财物，则需要分别处理。

虽然《人民检察院刑事诉讼涉案财物管理规定》(2015年实施)第2条规定，检察机关将涉案财物主要分成四大类:“犯罪嫌疑人的违法所得及其孳息”“供犯罪所用的财物”“非法持有的违禁品”“其他与案件有关的财物及其孳息”。[①] 可知，检察机关将“犯罪嫌疑人的违法所得及孳息”独立为一类，并与“非法持有的违禁品”“其他与案件有关的财物及其孳息”两种财物类型并列。但是《人民检察院刑事诉讼涉案财物管理规定》《公安机关涉案财物管理若干规定》《最高人民法院关于刑事裁判涉财产部分执行的若干规定》均为各自管理规定，三者的涉案财物分类范围不完全相同。各部门职能不同导致的涉案财物的处置范围有所不同。审判机关侧重于赃款赃物的处置，公安机关侧重于证据的收集，检察机关侧重于涉案财物的非法性和可强制执行性。[②] 笔者认为，由于涉案财物从刑事立案之始，侦查机关为防止遗漏有待证明犯罪事实、防止遗漏认定罪轻罪重的关键证据，前期的证据材料收集的涉案财物范围可能远远大于最终审判认定构成犯罪和证明犯罪量刑情节的涉案财物范围。检察机关要明确自己的监督范围，在各部门涉案财物分类中探索规则共性，准确适用共同涉案财物分类标准予以监督，减少范围不明确导致的监督问题。走私犯罪案件涉案财物贯穿于刑事诉讼的侦查、审查起诉、审判、执行等各环节，从涉案财物的处置角度，可以发现即使部门职能不同，但是基本都存在“供犯罪所用的财物”“违禁品”“违法所得及其孳息”这些财产类型。

(二) 完善监督依据

检察机关在走私犯罪案件中对涉案财物的监督缺乏明确的操作指引。目前现行的规范性法律文件中，许多条款的表述较为笼统，缺乏可操作性，尤其在涉案财物处置过程中出现的新情况与新问题日益增多的背景下，难以满足实际需求。《关于办理走私刑事案件适用法律若干问题的意见》第23条明确指出，审判机关、检察机关与海关总署一致认为侦查机关应及时对走私货物、物品、违法所得及犯罪工具进行查封、扣押和冻结。对于危险品或易腐烂的涉案财物，应依法进行先行拍卖或变卖。[③]《中华人民共和国刑事诉讼法》详细规定了涉案财物的查封、扣押及冻结的处理程序，并对被害人的合

---

①《人民检察院刑事诉讼涉案财物管理规定》(2015年实施)第2条规定，“本规定所称人民检察院刑事诉讼涉案财物，是指人民检察院在刑事诉讼过程中查封、扣押、冻结的与案件有关的财物及其孳息以及从其他办案机关接收的财物及其孳息，包括犯罪嫌疑人的违法所得及其孳息、供犯罪所用的财物、非法持有的违禁品以及其他与案件有关的财物及其孳息”。

② 段玉玺:《刑事涉案财物处置的多元化治理及其路径》，载《五邑大学学报(社会科学版)》2024年第2期。

③ 2002年7月8日最高人民法院、最高人民检察院、海关总署颁布的《关于办理走私刑事案件适用法律若干问题的意见》(法〔2002〕139号文)中的第23条规定关于走私货物、物品、走私违法所得以及走私犯罪工具的处理问题：在办理走私犯罪案件过程中，对发现的走私货物、物品、走私违法所得以及属于走私犯罪分子所有的犯罪工具，走私犯罪侦查机关应当及时追缴，依法予以扣查、冻结。

法财产返还作出了明确规定。同时，公安机关与人民检察院在移送审查起诉和提起公诉时，必须就涉案财产的处理提出意见。尽管上述规定已明确检察机关对涉案财物的监督职权，但对于检察机关如何判断海关是否存在“查封、扣押、冻结与案件无关的财物”、是否存在“贪污、挪用、私分、调换、违反规定使用查封、扣押、冻结财物及其孳息”的情况，以及是否存在“应当解除查封、扣押、冻结而未解除”的涉案财物情形等，仍缺乏有效的监督细则和实施办法。

再则，检察机关在走私犯罪案件中，对于涉案财物的监督权限缺乏统一规范依据。根据现行法律规定，走私刑事案件按照管辖分工由海关缉私部门、地方公安机关、海警局侦查。其中，海关缉私部门办理走私刑事案件的提请逮捕和移送审查起诉，应当由其所在的分、州、市级人民检察院审查决定；对于地方公安机关及海警部门侦查的走私案件按照刑事诉讼法规定，由对应的检察院审查其提请批准逮捕和移送审查起诉。基层检察院一般受理地方公安机关和海警部门侦查的走私案件。检察机关对走私犯罪案件涉案财物的处置监督涉及侦查、审判及执行等多个阶段，涵盖公安机关（打击走私大队）、海警局、海关缉私局及法院等多个主体。因此，法律和司法解释都没有完全涵盖走私犯罪案件的侦查主体，各部门均自行制定内部管理办法或规则，缺乏多部门之间的共识和认可，检察机关难以直接适用《人民检察院刑事诉讼涉案财物管理规定》内部管理办法监督公安机关、海关、法院、海警局等其他部门，也在一定程度上影响检察机关敢于监督、善于监督的能力。

（三）拓宽监督线索

涉案财物的处置通常涉及多个职能部门，如何有效协调这些部门的权责关系，以确保财物处置的合法性与高效性，构成了一项重要挑战。涉案财物的收集、流转及处置信息的交流渠道不畅，直接导致检察机关监督线索的来源减少。目前，检察机关的侦查监督、审判监督和执行监督主要依赖于信访、走访及群众反映等途径，而走私犯罪案件中涉案财物的信息流转通常呈现单向性，这使得检察机关对侦查机关初步掌握的涉案财物具体情况缺乏清晰认识，无法有效监督先行处置措施的适用情况，以及判决后涉案财物的依法处置情况。尽管刑事诉讼法对侦查机关证据的收集与采信有明确的司法适用规则，但并非所有查封、扣押、冻结的财物都具备证据属性和处罚必要性，特别是在扣押第一现场的办案人员，存在事后难以准确识别和判断涉案财物违法性的情形。在当前走私犯罪手段日益隐蔽多样以及新型跨境电商走私犯罪频发的背景下，行为人利用外贸规则、商业惯例和海关专业术语进行犯罪活动，进一步增加了监督的难度。检察机关在现有办案机制下，难以通过现有案卷资料发现侦查机关和审判机关在涉案财物处置中的违法行为。

三、检察机关监督走私犯罪案件涉案财物处置的理念更新

走私犯罪案件涉案财物的规范处置是刑事司法公正性的体现，也是产权保护的重要

举措。检察机关应该明确监督涉案财物处置原则，将走私犯罪案件涉案财产的规范处置作为法律监督的重点领域和内容，切实加强对走私犯罪案件涉案财产处置的法律监督。

（一）“人财并重”原则

走私案件涉案财物处置的“人财并重”原则，体现在既要重视对犯罪行为的打击和惩罚，也要充分保护涉案财物所有者的合法权益，确保其合法财产权不受侵犯。“人财并重”原则的核心在于平衡刑事司法的实体公正与程序正义，实现对财产权的全面保护。[①] 从理论上讲，“人财并重”的理念强调了在刑事诉讼中对涉案财物的处理不仅要考虑其作为犯罪工具或违法所得的属性，还要兼顾财物所有者的权利保护，尤其是财产权的保护。这一点在我国《刑法》和《刑事诉讼法》的相关规定中得到了体现，尽管这些规定较为原则性，但在实践中应具体化和细化。[②] 实现检察机关“高质效办好每一个案件”，需要加强对涉案财物的监督，充分尊重司法权运行规律和管理工作规律，在打击犯罪的同时，更加注重保护公民的基本权利，特别是财产权，避免“重打击犯罪，轻权利保护”现象发生。

（二）系统监督原则

系统观念，就是指用系统思维分析事物的本质和内在联系，从整体上把握事物发展规律。作为宪法赋予法律监督职权的检察机关，应当在法定职权之内依法行使监督权限，不能超越职权范围。检察机关依法监督走私犯罪案件，包括对侦查活动的监督、对审判活动的监督以及对执行活动的监督。检察机关对侦查机关要依据现行法律规定对侦查权进行有效的引导和监督，规范侦查权的行使，督促侦查机关合法收集涉案财物，避免违法扣押、变卖。[③] 检察机关对法院刑事审判的监督体现在维护司法公正和树立司法权威两个方面，以确保审判活动的公正性和合法性。检察机关对执行机关要强化对刑罚执行过程中的合法性的监督。对于没有按照法律规定发布拍卖公告、单方面私下与意向购买人交易、虚构变卖信息的走私犯罪案件，要及时发现并纠正，以确保刑罚的正确实施和犯罪嫌疑人权利的保护。检察机关依法监督侦查机关、审判机关、执行机关，努力确保所有涉案财物的处置都遵循法定程序和法定监督职责。

（三）全面监督原则

依法做好走私犯罪案件涉案财物处置工作，不仅关系着当事人及其相关主体的财产

---

① 吴斌:《刑事案件涉案财物处置的司法实践现状、问题及建议》，载《检察风云》2023 年第 1 期增刊。

② 杨胜荣:《刑事诉讼中涉案财物的认定与处理》，载《湘潭大学学报（哲学社会科学版）》2015 年第 3 期。

③ 汪俏蓉:《浅议检察机关对侦查阶段涉案财物处置的监督》，载《公安学刊（浙江警察学院学报）》2014 年第 1 期。

权是否受到损害，更关系着公众对司法的信任感与认同感。检察机关通过全面监督，确保涉案财物的查封、扣押、冻结等措施得到妥善执行，避免因程序不当导致当事人合法权益受损。一方面，要坚持没收犯罪分子的违法财产原则。“人不能从自己的犯罪行为中谋取利益。”为了保护合法公私财产，法律规定对犯罪嫌疑人违法财产予以追缴、没收。另一方面，要坚持保护被害人的合法财产原则。《刑法》第64条规定“对被害人的合法财产，应当及时返还”，这要求办理案件的司法机关在诉讼过程中，对于犯罪分子通过犯罪所获得的他人的合法财物，在查明情况后应及时返还给被害人，以使被害人的财产利益得到保护。这里，需要注意被害人合法财产被犯罪嫌疑人销毁、变卖、处分后，立案之前难以确定财产价值的情形。

（四）效率原则

提升走私犯罪涉案财产处置效率，避免查封、扣押、冻结等环节造成财物浪费。需要注意以下几点：第一，及时进行先行处置。走私犯罪可以依据不同犯罪对象初步掌握涉案财物的组成内容，先行识别和处置走私犯罪涉案财物，提高执行效率。如违禁品的处置，包括走私毒品罪中的毒品，走私武器弹药罪中的武器、弹药等。第二，要坚持比例原则，不得处置与案件无关的财物。在处置涉案财物时，应当考虑到犯罪的严重性和财物的价值，避免过度处罚，经查与案件无关的财产不能处置。无论是一开始收集证据，还是最后判决没收的财物，与案件无关的财产一律不能处置，避免陷入于法无据之境。第三，可以扩张适用涉案财物实体不移送模式。笔者认为“不宜随案移送”可以扩张适用于可以随案移送的财物，一是走私涉案财物的实物流转转变为物品清单等书面凭证的流转，不会影响案件办理，若办案人员需要核实涉案财物可以依法办理相关手续到财物保管地查看；二是有助于简化重复查封、扣押、冻结程序，减少物品挪用、价值评估、仓库选择、保管人员安排等实体移交问题，提高办案效率；三是避免流转过程中遗失重要财物，防止办案人员非法挪用等违法行为发生；四是涉案财物统一集中于一个机关管理，可以准确记录并反映走私案件涉案财物的收集、侦查、评估、保管、流转、处置等程序变化和处置情况。

四、检察机关监督走私犯罪案件涉案财物处置的路径优化

（一）厘定财物监督范围

一是统一走私犯罪案件涉案财物处置的分类标准。结合走私犯罪司法实践，走私犯罪涉案财产价值较大、种类庞杂、权属复杂，其处置可以遵循不同部门涉案财物处置的基本精神和特定分类，将走私犯罪涉案财物进行准确的定性和分类，以便后续财产能够高质效按照规定执行。为规范走私犯罪案件涉案财物的处置，应采纳统一的分类标准并

明确处置原则，确保法律效力和检察机关监督的有效执行。根据《刑法》第 64 条，可将涉案财物分为六类处理，包括“被害人的合法财物”“经查与案件无关的财物”“犯罪嫌疑人的违法所得及其孳息”“违禁品”“供犯罪所用的财物”及“其他涉案财物”，以提供法律依据和审查监督的统一标准。

二是准确把握标准的理解与适用。对于被害人合法财物的返还，有观点认为，转化物丧失被侵害的原物存在前提，推断出被害人被侵害的原物转化物不属于被害人的合法财产，不能按照《刑法》第 64 条的规定予以返还。[①] 但笔者认为，被害人合法财产经过转卖、折价、变卖等转化后，主要区别是原物形式变化，其变价所得款项或替代物实质上仍属于被害人所有，即转化物仍应属于被害人的合法财物，可以参照民法第三人善意取得制度判断财产的权属。不绝对否认转化物的被害人合法财产属性，这不仅契合民法物权精神，而且也符合先行处置中等价交换原则。司法实践中也经常出现犯罪分子非法取得被害人财物后，通过退赔金额争取被害人谅解，而减轻法律责任。对于“经查与案件无关的财物”，可以将不作为作案工具的涉案财物归于此类。在法院事实认定和证据审查中，部分不作为作案工具的涉案财物可以最终排除与案件的关联而认定不予追缴。比如有的判决认定对未作为作案工具使用的在案扣押轿车不予追缴。[②] 另外，区别《刑法》第 64 条的“犯罪分子违法所得的一切财物”，这里的“犯罪嫌疑人的违法所得及其孳息”是采用违法所得的限缩解释，不包括被害人合法财物的原物及转化物、不作为犯罪工具使用的财物。从现有裁判来看，多采用狭义的“违法所得及其孳息”来处置涉案财物。如广东省高级人民法院二审判决认定犯罪主体构成走私国家禁止进出口的货物、物品罪的同时，按照“违法所得”“供犯罪所用的财物”处理冻结在案的存款及扣押在案的物品。[③]

（二）构建全流程监督机制

通过严格的监督机制，可以有效防范和纠正各种违法行为，推动刑事司法体系的完善和发展。

一是侦查环节，检察机关督促侦查机关规范证据收集范围和程序。加强检察机关对涉案财物处置法律监督机制，制定详细的证据收集指引和标准，减少涉案财物查封、扣

---

① 周猛：《刑事涉案财物处置措施的理解与适用——基于刑法第 64 条的规范分析》，载《四川职业技术学院学报》2023 年第 5 期。

② 辽宁省朝阳市中级人民法院（2019）辽 13 刑终字第 169 号丛阳走私、贩卖、运输、制造毒品二审刑事判决书中二审法院认定“上诉人及其辩护人所提奥迪 A6 轿车一辆不应当予以没收追缴的理由及意见，经查在案证据显示，在案扣押的奥迪 A6 轿车并未作为作案工具使用，原判将其作为作案工具予以没收追缴不当，本院予以纠正。”

③ 广东省高级人民法院（2023）粤刑终 104 号深圳市东霖木业有限公司、黄楚东等走私国家禁止进出口的货物、物品罪二审刑事判决书中法院的裁判结果表明“一、维持广东省广州市中级人民法院（2022）01 刑初 52 号刑事判决第一、二、三项，即对上诉单位深圳市东霖木业有限公司、上诉人黄楚东和陈炳才定罪量刑的判决，以及第四、六项，即处理退缴的违法所得和涉案物品的判决。”

押、冻结的范围，提高证据收集的合法性和有效性，减少因非法取证而引发的司法争议。加强对审查调查措施的监管，确保取证手段合法合规，落实对于审查调查谈话（讯问、询问）、搜查、查封、扣押等重要取证工作的全程录音录像要求，强化对规范取证的监督检查。在走私犯罪涉案标准的六种情形中，部分涉案财物可以不必拖延至刑事诉讼程序终结之日。比如，对“违禁品”，可以先行处置，避免违禁品的使用和传播。对“被害人的合法财物”，及时先行公告，收集被害人对合法财物的意见和辨认证据，充实证据证明力，提前明确财产权属关系，减少审判压力。对不宜长期保存的涉案物品，如鱼类、贝壳、冻品等，依法先行变卖、拍卖，转化为其他财物长期保存，减少审判周期过长对涉案财物的处置影响。

二是起诉环节，检察机关应注重审查涉案财物的来源和管理情况。根据最高人民检察院《人民检察院刑事诉讼规则》第330条第13项规定，需要查明涉案财物先行处置情形以及临时刑事司法措施的合法性。① 同时，检察机关可以与其他部门合作，在审前程序强化对涉案财物强制措施的司法审查，确保措施既合法又必要。鉴于走私犯罪案件的专业性与复杂性，检察机关还需不断提升自身专业知识水平，强化内部监督，优化合规不起诉监督制度，以有效遏制自由裁量权的滥用，从而消除社会公众的疑虑。

三是审判环节，检察机关应加强监督走私犯罪案件涉案财物处置的判决内容及程序。构建刑事诉讼涉案财物处置公开机制，提高透明度和公信力，确保财物的合法性和正确处理。强化检察机关对法院判决的执行监督，监督涉案财物处置信息网络平台公开情况，包括公开返还涉案财物、处理结果、拍卖信息以及建立集中管理平台等，扩大监督线索来源渠道。检察机关必须坚持实事求是，进一步增强监督意识、法治意识和程序意识，依规依纪依法监督走私犯罪涉案财物处置全流程。

（三）完善信息共享机制

一是建立走私犯罪涉案财物信息共享平台，完善检察机关监督途径。利用现有政法跨部门大数据办案平台，由公安机关或海关线下集中管理走私犯罪案件涉案财物，创新在海关、公安、检察院、法院等多部门之间的涉案财物信息通道，解决“信息孤岛”效应问题。在流转案件基本文书的同时，从开始扣押违反行政法的走私财物之日起，经过侦查、审查、审判，到最后海关的执行，财物的销毁，实现涉案财物数据信息的共享和可信管理，赋予各环节线上流转和查阅权限，建立完善的涉案财物信息共享平台。这可以增加不同部门之间涉案财物案件信息透明度，加大检察机关的监督力度，防止侦查机关选择性执法和先行处置措施滞后的现象发生。如根据《广东省反走私综合治理条例》第16条的规定，反走私综合治理工作机构组织协调海关、公安（边

---

① 最高人民检察院《人民检察院刑事诉讼规则》第330条规定“人民检察院审查移送起诉的案件，应当查明：……（十三）涉案财物是否查封、扣押、冻结并妥善保管，清单是否齐备；对被害人合法财产的返还和对违禁品或者不宜长期保存的物品的处理是否妥当，移送的证明文件是否完备。”

防）、工商等相关部门进行信息交流，建立反走私信息通报制度，实现信息共享。[①]

二是建立跨部门协作机制，明确检察机关监督依据。加强各部门之间的沟通协调，合理配置监管资源，防止内外勾结和徇私枉法的行为。例如，广东省五部门联合签署纪要，要求各单位围绕更好地实现案件办理效果，深化惩治走私犯罪。[②] 又如，长三角地区检察机关构建了反走私执法一体化协作机制，建立常态化联合培训机制，探索七方检察机关兼职师资、专家智库等跨区域共用共享，加强反走私执法的理论研究和经验交流。[③] 通过跨部门交流和培训，共享最新的执法技巧和经验，提升整体走私犯罪案件办案水平。

三是加强自动识别技术的应用，提升检察机关监督质效。对冻品、烟草、成品等走私财物自动识别分类，设置流程监控基本监督规则，设置自动预警功能，提前提醒办案人员及时处置涉案财物，缓解办案压力，有助于提高案件办理过程中对走私犯罪案件涉案款物的暂予扣留、封存以及移交、保管等环节的效率和准确性。目前，走私犯罪涉案财物主要依赖于海关的收集和执行，法院判决对涉案财物的“没收”，判决后的具体执行措施由海关依法进行。若缺乏有效的监督和信息交流，容易造成走私物品长期囤积、滞留，甚至腐烂和浪费。

五、结语

强化涉案财物检察监督是新时代检察机关在不同领域服务中国式现代化的具体角色定位。[④] 优化检察机关在走私犯罪案件中对涉案财物处置的监督路径，是提升司法公信力和办案质量的必然要求，是符合当前的法律实践所需。此外，检察机关通过能动履职发挥监督职能，以实现走私犯罪案件涉案财物全流程监督与部门自我监督衔接平衡问题，有效促进办案进程、减少司法资源浪费，进而提升打击走私犯罪案件涉案财物处置法治化水平。

---

① 《广东省反走私综合治理条例》，载广东省公安厅网站 2019 年 6 月 27 日，https：//www.gd.gov.cn/zwgk/wjk/zcfgk/content/post_2524600.html。

② 《广东五部门签署纪要 加强查办走私犯罪案件》，载中国新闻网 2024 年 7 月 17 日，https：// www.chinanews.com.cn/gn/2024/07-17/10252948.shtml。

③ 林中明、杭晶琪：《长三角地区检察机关签署框架协议 共同推进反走私司法一体化》，载最高人民检察院官网 2021 年 8 月 16 日，https：//www.spp.gov.cn/spp/zdgz/202108/t20210816_526781.shtml。

④ 郭立新、张薰尹：《新时代检察机关角色定位的法解释学阐释》，载《国家检察官学院学报》2024 年第 4 期。

适用法律问题研究

走私洗钱犯罪司法适用疑难问题探讨

彭新林　王景辉*

摘　要　走私洗钱犯罪对象的认定、他洗钱行为中行为人“明知”的认定，以及销售、代为销售、收购（买卖）走私货物行为的定性，乃是走私洗钱犯罪司法适用中最为突出的疑难问题。本文认为，走私洗钱的犯罪对象是通过上游走私犯罪直接或间接产生的任何财产。对于仅仅是走私和收购走私货物、物品的行为，由于走私者的真实目的是将货物运入境内进行销售，销售行为应被视为走私行为的自然延续，当被上游的走私罪所吸收，不应认定为洗钱罪。对他洗钱行为中的“明知”的认定，宜采取扩张解释的方法，并确立“推定明知”的证明机制。

关键词　走私洗钱犯罪　洗钱　犯罪对象　自洗钱　明知

一、走私洗钱犯罪中的司法适用问题

对走私洗钱犯罪的现状进行统计分析，可以更好地解决走私洗钱犯罪司法适用的各种问题。对此，本文借助北大法宝网站，以“走私洗钱”“犯罪行为”为关键词，检索范围为“全文”，文书类型为“全部”，裁判日期从 2016 年至 2023 年，检索范围为全国法院，共得到 275 份生效判决书。在 2021 年后，因为新冠疫情的影响，有关走私犯罪行为的判决书数量呈现下降的趋势。

可见，自从《刑法修正案（十一）》将自洗钱行为入罪后，全国范围内关于走私洗钱行为的一审判决呈现明显增长的状态。其中，在这 275 份生效判决书中总计有 99 份属于二审判决书，约占到总案件的 1/3。可以看出，走私洗钱犯罪行为在事实或法律上存在较大的争议。仔细分析上述裁判文书，有以下几个值得注意的问题：

一是将走私犯罪对象所得认定为利润所得。走私犯罪的犯罪对象是财产，其具体涉及的犯罪对象是来自境外的货物和物品[①]。行为人针对境外的货物、物品以逃避海关监督的方式将这些东西从境外运输到境内。货物一旦运输入境，走私犯罪即完成。这些由

---

*　彭新林，北京师范大学法学院暨刑事法律科学研究院教授、博士生导师，《刑事法判解研究》主编；王景辉，陕西省西安市高陵区市场监督管理局干部。

①　沈娟、季军、金兰：《行为人购销走私货物行为辨析》，载《中国检察官》2024 年第 4 期。

货物转化而成的犯罪收益就是犯罪所得。目前在实务中对于走私洗钱犯罪的犯罪所得存在不同的观点和规定。如在"北京金某科技有限公司等走私"[①]案件中，金某通过制作虚假单证伪报原产地，并采用边境小额贸易和边民互市的方式走私入境，金额共计人民币5483726.83元，并将违法所得予以补缴税款，上缴国库。该案是将利润作为违法所得。但"邢某走私普通货物、物品"[②]案中，却将偷逃税额和违法所得的利润进行了区分。

二是将代为售卖走私货物的行为定性为洗钱罪。走私犯罪被归类于经济类型的犯罪，该种类型的犯罪与资金流动和跨境贸易等活动紧密相连。在《刑法修正案（十一）》将自洗钱行为入罪前，刑法仅针对他洗钱行为进行了相应的规范。他洗钱的具体行为方式主要包括提供资金账户、协助转换财产刑事等。这里的行为与掩饰、隐瞒犯罪所得、犯罪收益罪中规定的"窝藏、转移、收购、代为销售"等行为方式相吻合。自洗钱行为被明确规定为犯罪后，对于涉走私洗钱犯罪案件的司法处理便存在新、旧问题并存的错综复杂局面。走私犯罪作为洗钱罪的上游犯罪，其行为特点对洗钱罪的判定产生了深远的影响。随着《刑法修正案（十一）》将自洗钱行为纳入刑法制裁的范围后，上游走私犯罪的犯罪人自身的洗钱行为也会受到刑法的惩罚。这也使得原本就复杂的涉走私洗钱犯罪行为的认定变得更加棘手。具体来讲，在走私过程中经常发生"提供资金账户""转换资金形式""资金转移"等行为，都是涉及洗钱罪列明的行为方式。对于以上行为的认定能否构成洗钱罪还需要结合相关行为从洗钱罪的保护法益、行为性质等方面进行剖析。此外，在实务中还存在将非法收购走私货物的行为、代为售卖走私货物的行为、为走私分子提供银行账户的行为定性为洗钱等。

三是对他洗钱行为中的"明知"定性较概括。对于如何界定洗钱罪中的"明知"要素，一直是司法实践中的棘手难题。在认定洗钱罪时，法律要求被告人对于上游走私的犯罪有"概括性认识"。相比之下，在掩饰、隐瞒犯罪所得、犯罪收益罪的情境中，则要求隐瞒人必须知道这是犯罪所得。因此，在司法实践中，"明知"的判断直接关系到相关罪名的确定。洗钱罪和掩饰、隐瞒犯罪所得、犯罪收益罪之间的特殊罪名与一般罪名的关系也进一步增加了对"明知"要素认定的复杂性。

这两个罪名在竞合时应当优先适用《刑法》第191条的洗钱罪的规定。二者最主要的区别在于对上游犯罪的主观明知内容的不同[③]。对于"明知"问题的认定容易让司法实务陷入客观归罪的情形。在自洗钱行为中，由于洗钱行为是走私犯本人实施的，行为人对于自己所实施的上游的走私犯罪肯定具有"明知"。但是在他洗钱行为中，在证明"明知"时需要将客观证据和主观证据相结合。在"徐某某等10人贷款诈骗、掩饰、隐瞒犯罪所得"案中，一审法院判定被告人龚某某和其他犯罪人均为掩饰、隐瞒犯罪所得

① 北京金某科技有限公司等走私案，北京市第四中级人民法院刑事判决书（2020）京04刑初27号。

② 邢某走私普通货物、物品案，海南省高级人民法院刑事判决书（2018）琼刑终159号。

③ 吴晓蓉、赵铖柯：《洗钱罪与掩饰、隐瞒犯罪所得、犯罪所得收益罪的区分》，载《人民司法》2022年第20期。

罪，而二审法院则进行了改判，并改判为洗钱罪。对于此案例中他洗钱行为“明知”的认定采用了对“上游犯罪存在一定的明知，只是此种明知程度较低”的观点。

二、走私洗钱犯罪犯罪对象的界定

洗钱罪与走私罪是性质不同的两种犯罪，对犯罪对象应当进行区分。但是在实践中有不少的刑事判决将两者进行了混淆，模糊了走私罪和洗钱罪的界限。通过对判决书内容的梳理和分析发现，洗钱犯罪通常是和走私罪在同一份判决书中进行判决，洗钱犯罪的判决书分为单独判处洗钱罪、与走私罪一起判决两种情形。这种现象的出现，主要源于对自洗钱与他洗钱行为和走私罪的犯罪对象缺乏明确的界定。在洗钱犯罪中，走私犯罪所得及其产生的收益的来源与性质是需要被刻意隐瞒的关键信息。

（一）走私洗钱犯罪对象的争议观点

关于走私洗钱犯罪的对象，无论是理论界还是实务界都存在一定争议。具体来说，主要有以下几种观点：

1. 利润说。有的法院以获得的利润或分红认定违法所得，这里的利润是指违法所得扣除成本后所获得的实际收益。有学者认为走私罪的违法所得包括因偷逃税款所获得的利益。在北京金某科技有限公司走私[①]案中，金某通过制作虚假单证伪报原产地，并采用边境小额贸易和边民互市的方式走私入境，金额共计人民币5483726.83元，并将违法所得予以补缴税款，上缴国库。这一案例便是将利润作为违法所得。但是这里的利润属于因为偷逃税款所获取的利润收入，不属于经营利润。在解释利润时，有学者[②]将其界定为实现经营目的而获利。在邢某走私普通货物、物品[③]案中，海南省高级人民法院将偷逃税额和违法所得的利润进行了区分。最终对所涉及的款项进行分开判决，使罚金应当优先于违法所得得到执行。

2. 现金说。走私犯罪所得是经过走私行为获取的货物物品经过销售之后获得的钱款，走私货物物品转化后的现金才是洗钱罪的犯罪对象。该观点所基于的是洗钱罪侵犯的金融管理秩序，其行为是使得赃款合法，并提供资金的融通。因此，洗钱罪规定的犯罪所得必须是资金，如走私的货物物品销售之后所获得的钱款，但是不包括走私的货物物品。

3. 折中说。这种观点主要认为走私犯罪可以区分为涉税的走私罪犯罪和非涉税的走私罪犯罪[④]。折中说认为，对于海关扣押的物品应当按照所规定的偷逃的税额作为利益

---

① 北京金某科技有限公司等走私案，北京市第四中级人民法院刑事判决书（2020）京04刑初27号。

② 叶羽：《法律上的违法所得是指营业收入还是指利润？》，载《中国品牌与防伪》2020年第3期。

③ 邢某走私普通货物、物品案，海南省高级人民法院刑事判决书（2018）琼刑终159号。

④ 陈家林、吴珂：《“提供资金账户型”洗钱罪的规范解读与司法适用》，载《河南财经政法大学学报》2023年第5期。

来计算犯罪所得。对于已经流入市场的货物，应当以其实际价值作为计算犯罪所得的基础标准。洗钱罪作为下游犯罪，其“洗钱”行为针对的是上游犯罪产生的犯罪所得及其收益，其涉及的金额不应超出上游犯罪的金额。对于合法财产，自然不属于洗钱罪的处理对象。[①] 因此，在认定洗钱罪的犯罪所得时，必须确保其与上游犯罪的金额保持一致。

4. 货物说。无论涉税与否，货物说主张将走私的货物、物品直接视为洗钱罪的犯罪所得。这种学说符合国际反洗钱的趋势，是目前很多发达国家和反洗钱国家在实践中所奉行的观点。例如，全球反洗钱国际组织金融行动特别工作组（Financial Action Task Force）强调洗钱旨在掩饰犯罪收益的真实来源，并由犯罪人自行享受犯罪收益的过程。德国《刑法典》[②] 和美国《洗钱控制法案》均将犯罪所得的财物定义为洗钱罪的犯罪对象。在我国，立法上已将走私的普通货物正式界定为犯罪所得。从法律规定的视角出发，最高人民法院、最高人民检察院等部门联合发布的《关于办理走私刑事案件适用法律若干问题的意见》中，详细阐明了违法所得的认定标准，即依据进口完税价格或实际销售价格来确定。

（二）对各争议观点的评析及本文的观点

首先，必须严格遵循刑法的一般原则和规定。对于走私洗钱犯罪的犯罪所得应特指走私者在实施走私行为后所非法取得的财物。[③] 参考《日本刑法典》的规定，违法所得涵盖由犯罪行为产生或因犯罪行为所获得的全部物品，以及作为犯罪行为报酬所得到的物品。[④] 这种违法性具体表现在进出口环节的逃税和违规进出口禁止、限制的货物和物品。中国刑法对限制或禁止出口的货物和物品有明确规定，走私这些物品的行为是违法的。但需要注意的是，取得这些物品的行为本身可能是合法的。对于限制或禁止出口的产品而言，其违法性主要源于物品本身的特殊属性。因此，单纯根据物品是否属于限制或违禁品来界定不同对象的走私犯罪所得，并不具备充分的正当性基础。

其次，在认定走私罪的犯罪所得时，必须细致考虑财物的种类及其相互关系。尽管我国刑法并未将走私犯罪的犯罪所得直接作为走私洗钱定罪量刑的必要条件，但犯罪所得及其收益却是洗钱罪的核心犯罪对象，决定了洗钱行为的具体指向。准确界定犯罪所得及其收益，对于公正客观地定罪量刑走私洗钱行为至关重要。

在走私洗钱犯罪中，犯罪所得不仅可以作为走私罪定罪量刑的依据，也可以作为没收的对象。因此在认定犯罪所得时，要将其和其他涉案财物的界限予以区分。在走私违禁品的洗钱犯罪中，违禁品作为法律所限制禁止的对象，由于其本身所具备的特殊属性应当予以没收。在此应注意，供犯罪所用的犯罪工具作为一种犯罪成本，是为了让行为

---

① 覃颖诗：《金融安全背景下洗钱罪刑法适用研究》，载《华章》2024 年第 3 期。

② 徐久生、庄敬华译：《德国刑法典》，中国方正出版社 2004 年版，第 16 页。

③ 陈晨：《自洗钱入罪背景下涉走私洗钱犯罪实务疑难问题研究》，载《海关与经贸研究》2022 年第 6 期。

④ 罗曦、陈晨：《洗钱罪司法实务疑难问题探讨》，载《人民检察》2022 年第 18 期。

人获取更多利益的手段和工具，犯罪所得则是行为人获取的利益。因此，要对犯罪所得的概念进行界分。

最后，在认定走私的犯罪所得时要注意行刑衔接。走私犯罪在认定违法所得时不仅要考虑刑法上的违法性特征，也要考虑行政法上的违法性。根据《海关法》第82条[①]的规定可以看出，走私的货物和物品、偷逃的税款均被排除在违法所得之外，且没收走私货物、物品与没收违法所得在实践上是有顺序的，即先对走私货物和物品进行没收，然后追缴违法所得。对于走私行为所偷逃的税款，当走私的货物和物品被扣押没收时，偷逃的税款还没有产生，这部分是附着于物件之上的。这时便不再通过偷逃税款的应缴税额界定其违法所得。对于走私的货物和物品不便于没收的，应首先按照其价格追缴税款，然后再按照其计税的价格进行价值本身的追缴。对于已经流入的市场，行为人通过偷逃税款获得了交易的，应当将销售利润作为违法所得进行没收。[②]

综上所述，在确定犯罪所得时，应当把握住其本质要点：犯罪所得本质上是通过进行犯罪行为而获得的非法利益。本文将走私洗钱犯罪的犯罪对象界定为通过犯罪行为获得的非法利益，这里的利益不仅包括犯罪的直接所得，还涵盖犯罪所得的孳息。这意味着偷逃的税款等消极违法所得同样属于洗钱罪的犯罪对象。[③] 法律应对实施上游犯罪而投入的成本持否定性评价。在司法实践中，走私罪的具体获利往往难以确定，因为实际获利与投入成本经常混杂在一起，有时甚至会出现亏损的情况。对于洗钱人来说，他们可能意识到资金或货物是通过某种犯罪行为获得和转化的，但从实际操作角度来看，很难进行明确区分。因此，将成本视为走私洗钱犯罪对象的一部分，更符合人们的普遍认知。这样的界定不仅有助于更准确地定罪量刑，也能更有效地打击走私洗钱犯罪，维护社会的公平正义。

三、销售、代为销售、收购（买卖）走私货物的定性

在司法实践中，通常认为洗钱罪的犯罪对象是犯罪所获得的财产性利益，即在走私洗钱犯罪中通过走私犯罪所获取的资金。但是这里的资金是否涵盖货物，存在一定的争议。具体来说，争议焦点在于走私货物能否被视为犯罪所得，进而成为走私洗钱犯罪的犯罪对象。[④]

销售走私货物是指销售者明知该货物系走私所得，仍将其出售并从中获利的行为。是一种非法经营的行为。代为销售走私货物与销售走私货物有所不同，代为销售者没有参与走私活动，是明知或应知所销售的货物为走私入境的，但仍然进行销售的行为。对

---

① 《海关法》第82条第2款。

② 何萍、殷海峰：《自洗钱入罪的理解与适用》，载《青少年犯罪问题》2022年第1期。

③ 张明楷：《论刑法中的没收》，载《法学家》2012年第3期。

④ 刘晓光、金华捷：《洗钱罪的犯罪认定问题研究——以上游犯罪和洗钱罪构成要件的联系为切入》，载《青少年犯罪问题》2022年第1期。

于销售走私货物的定性问题，走私人销售、代为销售走私货物的罪数问题，收购（买卖）走私货物问题在实践中存在众多的观点。

（一）销售、代为销售走私货物与洗钱罪的认定问题

对于销售或代为销售走私货物的行为能否构成自洗钱行为的问题在实践中存在不同的观点。有一种观点认为，销售走私货物这种行为的实质是将实物转化为现金，符合洗钱罪的一种行为模式。另一种观点提出，销售、代为销售走私货物的行为仅仅是在表面上将货物转化为现金，这部分现金仍然是不合法的，并没有真正地使走私货物或其收益变得合法化。[①] 同时，值得注意的是，在《刑法修正案（十一）》生效后，走私人出售成品油的行为也有可能被视为洗钱行为。这种情况可能导致一个复杂的现象，即洗钱行为可能会发生在走私行为之前，从而引发一些概念上的混乱。

在立法层面，由最高人民法院、最高人民检察院以及海关总署共同颁布的《打击非设关地成品油走私专题研讨会会议纪要》（以下简称纪要）中，对成品油走私行为作出了明确规定。根据该纪要，任何直接向走私人大量购买成品油的行为，都将被视为走私罪进行处理。而对于向非走私人购买成品油的情况，将根据购买者的主观意图来判断其应负的法律责任，可能会以洗钱罪或掩饰、隐瞒犯罪所得、犯罪所得收益罪进行惩处。此项规定为有效打击成品油走私行为提供了明确的法律依据，有助于规范市场秩序，保护国家税收和消费者权益。通过对上述观点进行梳理，笔者发现这些观点大多是将走私洗钱犯罪的认定集中于犯罪对象的认定上。但是，基于实践行为的复杂性，该问题不能简单地通过一个定义来解决此问题。因此，在解决这个问题时，可以将思维进行拓展，从整体来思考这个问题。具体来说，应当将此行为的界定立足于对洗钱罪犯罪对象内涵界定的基础上进行理解。在纪要中曾明确指出，对于不构成走私共犯的购买人，将根据其主观意图来判断其是否构成洗钱罪或掩饰、隐瞒犯罪所得、犯罪所得收益罪，并以此为依据进行定罪处罚。对于仅仅是走私和收购走私货物、物品的行为，由于走私者的真实目的是将货物运入境内进行销售，销售行为被视为走私行为的自然延续。因此，这种销售货物的行为应被上游的走私罪所吸收和涵盖，不构成独立的洗钱行为，同时也不能被认定为洗钱罪。否则将会违反“禁止重复评价原则”。对于他人从走私人处收购走私货物、物品的行为，由于这并非协助走私人将其财产转化为现金，因此也不能被认定为洗钱罪。

（二）走私人销售、代为销售走私货物的罪数问题

《刑法修正案（十一）》将自洗钱行为纳入刑事犯罪范畴。这意味着走私人销售走私货物、物品的行为可能同时触犯走私罪和洗钱罪。然而，这并不意味着必须对此类行为

---

① 廖汉文、程小白：《洗钱犯罪治理面临的问题及完善对策研究》，载《江西警察学院学报》2023年第6期。

进行数罪并罚。从传统观点来看，自洗钱行为与上游的走私行为之间存在着密切的牵连关系，通常会被视为走私行为的事后不可罚行为。不过，洗钱行为所侵犯的法益并不能完全被走私罪所规定的法益涵盖。根据牵连犯的理论[①]，自洗钱行为在实践中可能会因为与上游的犯罪之间存在牵连关系，进而被包容评价。在牵连关系中，除非有法律的特别规定，否则构成牵连犯的情况通常不会被数罪并罚。然而，在我国的刑法条文中，对于牵连犯的描述相对较少，且没有明确规定牵连犯的处理方式。

针对传统理论的观点，本文认为：在讨论牵连犯关系时，不应仅仅局限于前行为与后行为之间内在的、必然的联系。这种联系固然重要，但是牵连犯的关系复杂性远不止于此。牵连犯不仅涉及两个行为之间的直接联系，还包括在主观上有连续犯意的存在。并且，牵连犯通常需要满足在目的和行为上具有联系。如果两个行为在客观上表现出通常的手段与结果关系，在主观上有连续的犯意，多数情况下的两个行为皆可以被认定为具有通常的手段或结果的关系。尽管刑法规定对于牵连犯应采取数罪并罚的原则，然而，就行为人在走私犯罪后将物品直接进行销售的行为而言，我们并不能简单地将其视作具有牵连关系的两个行为。即走私行为与直接销售行为分别触犯了走私犯罪和洗钱犯罪所保护的法律利益，且这两种行为都各自拥有独立的刑法评价依据。我们应分别对这两种行为进行评估，而非将其视作一个整体的牵连犯来评价。关于走私人销售或代为销售货物的罪数问题，事后不可罚理论提供了以下观点：若某一犯罪行为完成后，其违法状态依旧延续，并且在此状态下实施的行为已经被该犯罪的构成要件充分评价的，同时这些行为不构成其他新的犯罪的，那么这些行为将不会受到额外法律制裁。[②]

对于上述问题，需对传统理论进行深入思考和讨论。在运用事后不可罚理论时，应特别注意其成立的具体条件。在具体案件中，由于走私行为和具体的洗钱（销售）行为方式具有多样性，他们是否侵犯其他法益，以及是否属于事后不可罚行为，都存在一定的差异性和复杂性。

（三）收购走私货物与洗钱罪的认定问题

在刑法理论上，间接走私是指行为人直接向走私人购买国家明确禁止进出口的物品，或从走私人处直接非法进口大量其他货物、物品的行为。[③] 此类行为被视为走私罪，并据此定罪处罚。

从另一个角度看，收购走私货物的行为，其本质上是对上游走私犯罪所得进行掩饰和隐瞒。因此，这种行为无疑也构成了洗钱罪。然而，根据法律的特殊规定，对于那些

---

① 陈鹿林、战晓宁:《买卖走私货物过程中的洗钱犯罪问题研究》，载《中国检察官》2021 年第 22 期。

② 王键波、宋思佳、徐邦国:《涉走私案件洗钱犯罪法律适用问题探析》，载《中国检察官》2021 年第 22 期。

③ 石经海、邱胜帆:《走私毒品罪的扩张适用与理性回归》，载《重庆大学学报（社会科学版）》2024 年第 4 期。

直接购买走私货物（即间接参与走私）的行为，我们应当按照走私罪来对其进行定罪和处罚。

对于从第一手购买走私货物的人（即二手走私者）那里进行购买的人，我们应根据其主观认知来评估其行为。如果二手走私者明知所购货物是走私来的，那么应以洗钱罪对其进行定罪处罚。若难以证明其主观上是否明知货物为走私品，则可评价为掩饰、隐瞒犯罪所得罪。当二手走私者再次转售这些货物时，对于接下来的买家（三手走私者）来说[①]，这些货物就变成了洗钱犯罪的所得。因此，如果三手走私者明知所购为走私货物，也应以洗钱罪论处。若收购者在主观上出现了认识错误，即对货物的来源或性质有误判，具体来讲，这种主观的认识错误是在同一犯罪构成要件内有具体的认识错误，则构成洗钱罪。若发生的是抽象的认识错误，则应定为掩饰、隐瞒犯罪所得罪。

四、他洗钱犯罪中“明知”的认定

（一）他洗钱犯罪中“明知”要件的认定困境

“明知”是指洗钱行为人对上游犯罪客观事实的认知。这里的认识包括确定性认识和可能性认识两种。[②] 在实践中判断行为人是否属于“明知”时，要结合办案中的证据内容对行为人上游犯罪所得及其收益的认知程度进行判断。在判断“明知”时不仅需要证明相关掩饰、隐瞒来源和性质的财物系犯罪所得或收益，还需证明其明知犯罪所得是来源于走私犯罪。尽管在《刑法修正案（十一）》中将“明知”一词删除，是为了将自洗钱行为也纳入本罪的处罚范围。然而，“明知”的删除并不意味着主观构成要件被取消。“明知”要件的认定成为他洗钱犯罪认定过程中不成文的构成要件要素。在洗钱犯罪的认定过程中，我们仍然需要证明洗钱行为人明确知晓所处理的资金或财产来源于上游犯罪所得及其产生收益。

这一要求体现了法律对于洗钱犯罪主观故意的重要考量，即洗钱行为人不仅实施了处理资金或财产的行为，还必须有意识地认识到这些资金或财产的非法来源。[③] 为了满足这一认定标准，我们需要通过充分的证据来证明洗钱行为人的明知情况，如相关交易记录、通信记录或是行为人的供述等。这样的认定过程有助于确保法律的公正性和精确性，防止无辜者受到不公正的指控，同时也能够更有效地打击洗钱犯罪活动。这一点对于确保法律的公正性和准确性至关重要。

“明知”作为一种洗钱行为人实施犯罪行为时的思想状态，比较难以认定。在司法解释领域，最高人民法院于 2009 年 11 月 4 日发布了《关于审理洗钱等刑事案件具

① 周国良等：《“走私洗钱犯罪法律适用问题研讨会”研讨观点综述》，载《中国检察官》2021 年第 22 期。

② 张小宁、宋立宵：《洗钱罪主观要素的认定难题及化解》，载《齐鲁学刊》2023 年第 3 期。

③ 吴波：《洗钱罪的司法适用困境及出路》，载《法学》2021 年第 10 期。

体应用法律若干问题的解释》，其中详细阐明了洗钱罪中“明知”的判断标准。该解释指出，在判定洗钱罪中的“明知”时，应综合考虑被告人的认知能力、接触到的犯罪所得及其收益的具体情况、所得收益的种类与金额大小，以及犯罪所得及其收益的转换、转移方式等主客观因素。这一全面综合的考量方法，有助于更准确地界定洗钱罪中的“明知”要素，从而确保法律适用的公正性和精确性。在司法实践中，如果行为人确实知晓或根据事实能够合理推断出行为人对所处理的上游犯罪所得赃款有所认识，都将被视为“明知”。

此外，在现有的法律规定和司法实践中，“明知”通常不包括“故意不知”这一行为。在具体的司法实践中，如果洗钱行为人在行为时对资金来源有所怀疑，但是出于自我保护的目的故意地不去对“明知”进行询问，从而导致其在后续案件的审理过程中能够否定其“明知”。这一缺陷也导致了一部分无法依法追究行为人法律责任的情形。

（二）他洗钱犯罪中对“明知”要件的扩张解释

因为掩饰、隐瞒犯罪所得的行为本身只能是故意的行为，所以洗钱罪只能是一种故意犯罪。洗钱罪的主观要件受到刑法规定的限制。故意包括认识因素和意志因素两个部分。在刑法中，故意通常被划分为确定的故意与不确定的故意两种类型。[①] 这两者的区分主要是看行为人对危害结果所持的态度。洗钱案件中，犯罪人对由此产生的后果持积极追求的希望态度，属于直接故意。而行为人在不确定故意支配下实施的掩饰、隐瞒行为，从法益危害性和实施结果上来看，与直接故意并没有差距，因此还是予以“直接故意”行为进行评价。

在我国刑法中，对于“明知”的规定通常采用“明知是”的表达方式。在明确洗钱犯罪仍应当具备“明知”的基础上，认定问题就在于在他洗钱犯罪行为中，行为人对行为对象的“明知”需要达到什么样的程度。在具体认定洗钱罪的明知时，从“明知是”向“明知可能是”的可能性不断扩展。[②] 即在洗钱案件中要求被告人认识到相关款项可能是走私的犯罪所得及其产生的收益。在相关司法解释中，将明知确定为知道或应当知道。这里的应当知道指的并不是过失犯罪中的应当预料到。其真正想表达的是一种事实上的推定，即结合事实等对行为人具有明知的一种推断。此外，该定义解释的扩大要与国际反洗钱规则进行自发性的接轨，“明知”涵盖的可能性认识的解释在我国是没有直接的法律依据的，洗钱罪明知要件必须结合洗钱罪符合法益侵害性、刑事政策的预防必要性来判断。

结合反洗钱刑事政策收紧的客观需要角度出发进行考虑，刑法修正案三次对洗钱罪的相关条文进行修正，从扩充洗钱罪的上游犯罪种类到将洗钱行为入罪，从比例罚金刑调整为无限罚金刑。这种趋势已经能反映出对于反洗钱行为的惩罚日益严重。因此，在

① 张小宁、宋立宵:《洗钱罪主观要素的认定难题及化解》，载《齐鲁学刊》2023 年第 3 期。
② 魏东:《洗钱罪不法的规范判断》，载《政治与法律》2024 年第 3 期。

审判他洗钱犯罪时，应当对“明知”的程度进行扩大的解释。如果要求社会一般人对上游犯罪所得及其收益具有更为明确、具体的认识是不符合现实情况的，这将导致洗钱罪的犯罪认定难度加大。这样既不利于履行作为世界大国的国际义务，也会危害国家金融安全。

（三）确立“事实明知”到“推定明知”的证明机制

《刑法修正案（十一）》对洗钱罪条文修改并未消减司法机关对于洗钱罪罪行的主观证明责任。如果行为人无法证明其对掩饰、隐瞒的对象是走私罪的犯罪所得及其收益，并具有“明知”，那么这将成为其洗钱犯罪中最重要的无罪抗辩理由。司法机关处理洗钱案件，应形成从事实明知到推定明知的证明机制，兼顾对直接证据和间接证据的收集和审验。当有直接能够证明行为人知悉掩饰、隐瞒犯罪所得对象的来源和性质的证据的，属于事实明知。当只能依靠间接证据推定得出被告人掩饰、隐瞒对象的来源和性质的，属于推定明知。运用直接证据所确定的事实明知争议不大，但是对于推定明知需要进行一定的思考。

推定明知是一个复杂的概念，它包含认识因素和意志因素两个方面。在运用推定明知时，我们需要基于某一存在的事实来对另一事实作出推断。即以基本事实为基础，认定待证事实的存在。从行为人的客观行为入手，深入分析其主观心理，这是推定明知的核心环节。具体来说，我们可以通过考察行为的对象、采用的手段和方式，以及行为条件等因素，来推断行为人的主观心理状态。同时，在推定明知的过程中，除了要坚持主客观相统一的原则，还需要充分考虑案件的具体背景和情境。从程序法上看，对于明知的刑事推定主要从基础事实、证明责任和证明标准三个层面开展。由于“明知”本身是一种犯罪行为人内心的活动，需要通过犯罪嫌疑人的供认加以认定。这就加大了检察机关的工作难度。因此，在考虑这一层面的判断时，可以通过法律推定来加以证明。比如通过《洗钱罪应用若干问题解释》中所列举的七项基础事实的证明就可以推定被告人具有洗钱罪的“明知”状态。

由于“明知”这一构成要件证明的特殊性，对他洗钱犯罪的明知推定在适当减轻控方举证责任的同时，也要使辩方负担一定的举证责任。比如辩方如果有证据证明其在他洗钱犯罪中不明知，则可以认定其不明知。从证明标准上来看，现行的刑事诉讼法对于案件基础事实证明的标准是需要达到事实清楚，证据确实、充分的标准的。对于他洗钱行为的明知具有严格的限定范围。即在基础事实上，明知的推定应当严格地限缩在由法律规定的基础事实上，法定之外的事实不得作为他洗钱的明知推定。

内海、领海接驳运输走私货物的中小船舶行为定性分析
——以L地区海域走私犯罪案件为例

汤 智 崔 清*

摘 要 当前走私案件多发，浮吊船、内河船等中小船舶在内海、领海从外籍船舶上接驳运输走私货物至境内码头已成为L地主要走私模式。在认定中小船舶行为时，应当厘清直接走私、间接走私以及洗钱罪等上下游犯罪的关系。对走私行为已经既遂，且与上游走私行为人无通谋的，不应认定为直接走私的共犯。中小船舶直接从境外走私船舶接驳运输走私货物、物品的，且主观上明知是“一手买私”的，应认定为间接走私。中小船舶并非直接从境外走私船舶接驳运输走私货物、物品的“二手买私”行为，可认定为洗钱罪。

关键词 接驳走私船舶 走私既遂 间接走私 洗钱

一、L地区海域走私犯罪形势

（一）L地区海域走私模式的发展变化

从近年来L地区检察机关办理的走私案件看，犯罪分子无法通过正规渠道将国家禁止进口的货物运输入境，而以伪报原产地等方式通关走私入境的成本过高，因此多采用绕关的方式走私入境。近年来，绕关走私的模式主要有三种：模式一，境内走私团伙组织船舶从境内码头出发前往他国海域，从该国港口或者母船过驳货物后，利用伪造的内贸单证在L地区内贸码头卸货，或者直接在其他非涉关地“野码头”卸货。模式二，母船在他国港口满载货物后，直接驶往L地区海域（属于我国内海、领海）附近滞留，境内走私团伙组织内河船、浮吊船，以“打游击”的形式伺机接驳后，再经内河运往内地码头。模式三，母船在他国港口满载货物后，在L地区海域在内的近海短暂停留，由境内走私团伙为走私母船加装AIS（船舶定位系统）、涂改船名、船号等，将他国母船伪装成境内内贸船，再以伪造的内贸单证直接在L地区码头报港卸货。

---

* 汤智，江苏省人民检察院第四检察部检察官；崔清，江苏省连云港市人民检察院检察官助理。

（二）L 地区海域走私犯罪案件高发的原因

走私犯罪团伙内外勾结，无视国家法律，其犯罪行为在 L 地区附近海域愈演愈烈、愈加猖獗，主要有两方面原因：一是地域优势“得天独厚”。L 地区海岸线长、码头多，沿海水域港汊交织，入海口地势复杂，沿岸海堤路和临海公路贯穿南北，交通便利。流经 L 地区的某内河还是在干流上未建闸的天然入海潮汐河道，河道顺直，河宽水深，航道畅通，沿河两岸有数个优质河港，船舶进出停靠便利。走私船舶入境后，或是在沿海码头卸货后走陆路，或是经水路顺流直上在沿河两岸码头伺机卸货，均极为便利。二是打击力度不均形成“洼地效应”。前期福建等南方省份及长江口区域对走私活动打击力度不断加大，走私犯罪分子绕道向北，由 L 地区沿海登陆，并与本地“地头蛇”勾连，逐步形成海陆运输、码头卸货、购销完整的走私犯罪网络和利益链条。

二、内海、领海接驳运输的境内中小船舶行为定性争议

上文模式一及模式三中的走私行为都是以绕关的形式，逃避海关监管，直接将禁止进口货物运输进境，均属于直接走私行为。该行为在定性上没有争议，可根据《刑法》第 151 条第 3 款认定为走私国家禁止进出口的货物罪。但模式二中的在 L 地区海域从他国船舶上接驳、运输至境内的中小船舶，应当如何定性，实践中分歧争议较大。

基本案情：2023 年 9 月，犯罪嫌疑人王某某经他人介绍安排，组织船员驾驶其所有的浮吊船前往 L 地区海域，将一艘朝鲜船舶上的煤炭过驳给一艘内河船。在过驳过程中，被海警执法船当场查获。经检验、称重，内河船已装载煤炭 200 余吨。

本案中，关于从朝鲜船舶上过驳煤炭的浮吊船和内河船行为定性，有三种意见。第一种意见认为，由于朝鲜船舶一直未抵达海岸或者靠泊码头卸货，整个走私犯罪行为尚未全部结束，此时境内浮吊船和内河船介入接驳煤炭，属于走私犯罪行为的其中一个环节，可评价为实施或者参与直接走私，应当认定为直接走私行为。第二种意见认为，朝鲜船舶将煤炭运输进境并在我国内海、领海停留时，走私行为就已经既遂，此时浮吊船、内河船接驳运输朝鲜船舶上煤炭的行为，属于向直接走私的朝鲜船舶收购走私货物，应当认定为间接走私行为。第三种意见认为，上游朝鲜船舶走私行为已经既遂，浮吊船、内河船从朝鲜船舶上接驳运输煤炭，帮助朝鲜船舶将走私煤炭转化为现金，应当认定为洗钱罪。

笔者认为朝鲜船舶在进入我国领海之时，走私煤炭的行为即已经既遂。但对此类犯罪行为定性时，根据接驳运输煤炭行为人与上游走私犯罪分子是否具有通谋以及主观认知内容的不同，仍可能存在认定为直接走私的事先或事中共犯、间接走私的帮助犯、洗钱犯罪等不同情形，应当具体问题具体分析。

三、内海接驳运输的中小船舶行为的法律适用分析

（一）海上进口绕关走私的既遂认定

通说认为，走私犯罪是行为犯而非结果犯，即走私犯罪是行为和结果同时发生的犯罪。走私犯罪的既遂并不要求行为人实际偷逃税款或者实际取得货物、物品，行为人实施完成货物、物品的非法进出境，走私犯罪即为既遂状态。

构成海上绕关型走私犯罪应当以侵犯国家外贸管制制度或者进出口管理制度为前提。行为犯也必须具有侵犯法益的性质，否则不可能构成犯罪。[①] 换言之，成立行为犯，也需要以对法益产生实际威胁为前提。走私犯罪属于类罪名，所侵犯的法益可以分为两类：一类是共同侵犯的同类法益，即国家外贸管制制度或者进出口管理制度，此为所有走私犯罪所侵犯的共同法益，也是主要法益。另一类是由犯罪对象决定的特殊法益，如走私废物罪，走私普通货物、物品罪，除同类法益，还分别侵犯环境资源、国家税收等特殊法益，可以称为该罪的间接性法益。[②] 笔者认为，在衡量是否构罪方面，应当主要依据是否对国家外贸管制制度或者进出口管理制度这类同类法益造成侵害，而每个罪名对应的特殊法益，应当作为次要、辅助法益，或者作为区分不同罪名的考量因素。

即使是行为犯，犯罪既遂也当以实施完毕刑法分则规定的某个犯罪构成要件的所有行为为准，不同危害行为的过程长短不一、内容各异，行为犯的实行行为进行到犯罪进程的哪一阶段才能达到犯罪既遂状态，既与行为是否实施终了有关，也与立法对犯罪行为的社会危害性评价相关。[③] 在海上进口绕关走私背景下，行为人未经国务院或者国务院授权机关的批准，从未设立海关的地点或者不经过海关，以海上运输形式，将国家禁止、限制进出境的货物、物品或者依法应当缴纳税款的货物、物品走私进境。走私行为人不可能向海关申报，违反了进口货物、物品必须如实向海关申报的法定义务。而国境是指一个国家行使主权的领土范围，因此，走私的货物、物品进入我国领海，海上进口绕关走私即为既遂。

需要另外说明的是，我国香港、澳门和台湾金马等地区单独设置的关境地区，执行与内地不同的海关法规和关税制度。行为人将来源于或者经过上述地区的货物、物品，运输携带进入内地，也需要经过设置海关的地点，接受内地海关的监督管理。因此，通过海上进口绕关方式走私的，货物、物品越过香港、澳门和台湾金马等单独设置关境地区并进入内地关境之时，也应当认定为走私既遂。

上述观点也得到司法解释文件的印证。2014 年最高人民法院、最高人民检察院《关于办理走私刑事案件适用法律若干问题的解释》第 23 条，列举了判断走私既遂的三个标准，其中“在海关监管场所被查获的”规定与海上绕关走私相关。结合《海关法》第

---

① 张明楷主编:《刑法学》，法律出版社 2021 年版，第 216 页。
② 金泽刚:《走私犯罪既未遂形态认定研究》，载《政治与法律》2022 年第 1 期。
③ 金泽刚:《走私犯罪既未遂形态认定研究》，载《政治与法律》2022 年第 1 期。

6条关于海关行使权力范围的规定，海关监管场所包括海关监管区、海关附近沿海沿边规定地区以及海关监管区和海关附近沿海沿边规定地区以外的其他地区均可以行使相关调查权力。《海关法》第100条对海关监管区的范围进行了明确，包括设立海关和其他有海关监管业务的场所，也包括虽未设立海关，但是经国务院批准的进出境地点。由于海上绕关走私多是以不通过设立海关的地点即"海关监管区"走私的方式呈现，海关在查缉上述走私中行使职权的重点在海关附近沿海沿边规定地区及其以外的地区，因此海关监管现场也主要体现为海关附近沿海沿边规定地区。海关附近沿海沿边规定地区的范围，由海关总署和国务院公安部门会同有关省级人民政府确定。海关附近沿海沿边规定地区并不是无限制扩张到任何地区，其范围当然受到一国领海和关境因素的限制。而一国在本国境内享有完整的主权，行使海关方面的权力时不会有障碍，因此"在海关监管场所被查获的"也自然可以理解为"在境内被查获的"。

综上，走私船舶将货物、物品运输到达我国内海、领海的，当然应当认定为走私行为既遂。因此，在无事前或事中通谋的情况下，帮助已经既遂的走私犯罪分子接驳、运输货物，其行为不构成直接走私共犯。

（二）间接走私的理解

根据是否直接侵害海关监管秩序，可以将走私犯罪分为直接走私和间接走私。直接走私是违反海关法规，逃避海关监管，直接参与实施运输、携带、邮寄货物、物品进出境的行为。[①] 间接走私规定在《刑法》第155条，该条分两项分别规定了"一手买私"和"水上走私"两种不同类型。间接走私并不是典型的走私行为，因其收购行为为走私货物、物品的境内流通和扩散提供了渠道，或者其利用内海、领海、界河、界湖水上运输等行为，为禁限类货物、物品的出境或者最终上岸、卸驳提供了运输渠道，对于走私犯罪的最终完成起到了非常重要的作用，所以被法律拟制为走私行为。

1."一手买私"行为认定

《刑法》第155条第1项规定的"直接向走私人非法收购走私的货物、物品"的间接走私行为，也被称为"一手买私"。笔者认为，认定成立"一手买私"，需要把握以下要素：

（1）货物、物品已经完成非法进境，即走私行为已经既遂。"一手买私"是发生在走私人实施完毕走私行为之后的后续行为。"买私人"订购货物、物品时，走私人已经完成了在境外寻找货源、装船发货、跨境运输等过程，与走私实行行为直接相关的货物非法进出境行为已经全部完成，货物、物品已经进入境内，走私行为已经既遂。此时，"买私人"收购走私货物、物品行为发生在上游犯罪实施完毕以后。

（2）买私人直接向走私人非法收购走私的货物、物品，是走私货物、物品的"第一

---

① 陈鹿林:《走私犯罪司法认定》，法律出版社2023年版，第6页。

手买家”。实践中，在走私人和买私人之间还可能存在中间人，中间人不仅可能充当卖私人和买私人之间的中介，还会存在另一种作为独立交易环节的情况，即中间人在与走私人约定的收购价格基础上，上浮一定的比例销售给买私人，走私的货物、物品由走私人直接交付给买私人。从形式上看，貌似是买私人直接从走私人处收购到货物、物品，但实际上在此之前，走私人已经将货物、物品销售给了中间人，是中间人转销售给了买私人。此时，中间人才是“第一手买家”，买私人已演变为“第二手买家”，不是直接向走私人收购货物、物品的人。[①] 但如果中间人只是充当走私货物、物品买卖双方之间的中介角色，帮助买私人联系货源或者帮助走私人寻找买家，则应评价为买私人或走私人一方的帮助犯。

（3）买私人明知货物、物品系走私而来，且交易对手就是走私人。主客观相统一是认定犯罪的基本原则，在认定“一手买私”时，不仅要求行为人在客观上实施了直接向走私人收购走私货物、物品的行为，还要求行为人主观上对货物、物品的走私属性和交易对手系直接走私人有明确认知。否则，如果行为人不知道货物、物品系走私而来，则行为人没有“购私”的主观故意，不仅不能认定“一手买私”，甚至有可能不构成犯罪；如果行为人明知收购的是走私货物、物品，但对交易对手是否是走私人不具有明知，也不能认定为“一手买私”，而只能考虑认定为洗钱罪。

（4）买私人与直接走私人没有通谋，不成立走私共犯。《刑法》第 156 条规定了“与走私罪犯通谋”，为其提供各种帮助行为的，应当认定为走私罪的共犯。关于“通谋”，2002 年最高人民法院、最高人民检察院、海关总署《关于办理走私刑事案件适用法律若干问题的意见》第 15 条则作了具体规定，是指帮助行为人与走私犯罪行为人之间在事先或者事中形成了的共同的走私故意，司法解释还罗列了两种典型情形：第一种情形是明知他人从事走私活动而同意为其提供贷款、资金、账号、发票、证明、海关单证，提供运输、保管、邮寄或者其他方便的；第二种情形是多次为同一走私犯罪分子的走私行为提供前项帮助的。根据上述规定，第一种情形下“同意”的作出，应当发生在走私的事前或者事中；第二种情形下，买私人已经与走私人形成长期、稳定的合作关系，可以推定买私人与走私人具有“通谋”。上述行为，买私人一般被认定为走私人的帮助犯。如果走私人原本无走私意图，但因买私人不停劝说、游说、利诱，让他人产生走私犯意，并承诺高价收购走私的货物、物品。此时，买私人一般应认定为走私犯罪的教唆犯。

2.“水上走私”行为认定

针对《刑法》第 155 条第 2 项规定的在内海、领海、界河、界湖运输、收购、贩卖国家禁止进出口的物品以及限制进出口的货物、物品且无合法证明的间接走私行为，也被称为“水上走私”。笔者认为在适用时需把握以下五点：

（1）该条款同样为法律拟制，属于推定的走私行为。国家明令禁止进出口的货物、

① 王懿敏：《间接走私与共同犯罪的思辨》，载《海关法评论》（第十一卷），法律出版社 2023 年版。

物品不可能有正常的通关渠道，限制进出口的货物、物品需要依法取得相关许可证件。在内海、领海、界河、界湖发现的国家禁止进出口的货物、物品，或者没有合法证明的限制禁止进出口的货物、物品，足以排除其合法进出境的可能性，故将运输、收购、贩卖上述禁止或限制进出口的货物、物品的行为推定为走私行为具有合理性。

（2）该条款在适用对象上，相较于《海关法》作了限缩规定。《刑法》第155条第2项“以走私罪论处”的行为对象仅限于国家禁止进出口的物品和限制进出口的货物、物品，而《海关法》第83条“按走私行为论处”的情形既包括“国家禁止或者限制进出境的货物、物品”，也包括“依法应当缴纳税款的货物”。笔者认为，《刑法》限缩范围主要是考虑涉税的普通货物、物品通常不存在贸易管制规定，只要缴纳足额税款就可以自由进口，因此除非查明其非法进出境的方式，直接推定为走私有扩大刑事犯罪打击之嫌。

（3）在适用地域范围上仅限于内海、领海、界河、界湖。上述地域处于国（边）境附近，行为人利用水上运输船舶可直接通往境内或境外的水路便利，因此，一般可以合理推定在上述特定地点的行为人已经实施走私入境或者将要实施走私出境的行为。

（4）证明事项相对较少。认定“水上走私”只需查明是国家禁止进出口的物品还是数额较大的没有合法证明的限制进出口的货物、物品即可。由于行为人在内海、领海、界河、界湖收购、运输、贩卖国家禁止进出口的物品或者国家限制进出口的货物、物品，执法机关查获时，通常情况下船舶已经完成与上游或下游船舶的货物接驳，上下游船舶已经无从追寻，货物、物品来源很难查清。但基于该类行为与走私活动具有通常的内在逻辑联系，因此在适用该条款推定走私时，只要查明货物、物品的属性系国家禁止或者限制进出口的类别，不需再查明货物、物品来源和去向。

（5）该条款宜在例外情况下补充适用。走私是逃避海关监管，将货物、物品以非法的方式运输、携带进出境的违法犯罪行为，查明货物、物品的进出境方式是侦查取证应有之义。因此司法实践中，一般还是应当以查明货物、物品的来源为基本原则，优先适用直接走私或者“一手买私”规定定案，确因客观条件限制无法查清货物、物品来源的，才对符合“水上走私”情形的案件适用本条款作为补充。在本文所讨论的海上绕关进口走私既遂情境下，如行为人与上游走私犯罪不存在“通谋”，能够查明中小船舶直接向境外走私船舶收购走私货物、物品的，应认定为“一手买私”；如无法确定中小船舶的接驳位置，货物、物品来源无法查清，但货物、物品系国家禁止或者限制进出口属性明确，限制进出口的货物、物品同时满足数额较大，无法提供合法证明的，接驳运输的中小船舶在内海、领海现场查获的，可以适用“水上走私”条款。

同时，不论是“一手买私”还是“水上走私”，均是法律拟制的走私行为，均没有独立的罪名和刑期，定罪量刑的标准与直接走私完全一致。[①]《关于办理走私刑事案件

① 曹芬芳、宋典:《间接走私法律适用的困境与出路》，载《上海法学研究》集刊2021年第24卷。

适用法律若干问题的解释》第20条明确规定“直接向走私人非法收购走私进口的货物、物品，在内海、领海、界河、界湖运输、收购、贩卖国家禁止进出口的物品，或者没有合法证明，在内海、领海、界河、界湖运输、收购、贩卖国家限制进出口的货物、物品，构成犯罪的，应当按照走私货物、物品的种类，分别依照刑法第一百五十一条、第一百五十二条、第一百五十三条、第三百四十七条、第三百五十条的规定定罪处罚”，根据《刑法》第155条和上述司法解释的规定，刑法并没有为间接走私设置独立的罪名和刑罚，对间接走私行为人定罪处罚时，依据走私的对象即间接走私人向直接走私人实际收购的走私货物、物品类型确定。

（三）收购走私货物、物品行为在洗钱罪中的适用

1. 收购走私货物、物品的行为有成立洗钱罪的空间

根据《刑法》第191条以及2019年最高人民法院、最高人民检察院、海关总署《打击非设关地成品油走私专题研讨会会议纪要》（以下简称《纪要》）的规定，走私犯罪是洗钱罪规定的七类上游犯罪之一，收购走私货物、物品的行为可以认定为洗钱罪。《纪要》第1条第2款规定，向非直接走私人购买走私的成品油的，根据其主观故意，分别以洗钱罪或掩饰、隐瞒犯罪所得、犯罪所得收益罪定罪处罚。《纪要》的上述规定实际上是对以下两点予以了明确。

（1）走私进境的货物、物品是走私的犯罪所得。最高人民法院《关于审理掩饰、隐瞒犯罪所得、犯罪所得收益刑事案件适用法律若干问题的解释》第10条规定，通过犯罪直接得到的赃款、赃物，应当认定为《刑法》第312条规定的“犯罪所得”。具体到走私犯罪中，首先，通过实施走私犯罪，直接获得的就是走私进境的货物、物品；其次，不管是通关走私还是绕关走私，行为人都是通过违法手段将货物、物品走私入境，进而取得货物、物品的实际占有和支配，也即在货物、物品的取得方式上本身就不具有合法性，而刑法上的赃物采取广义上的赃物概念，只要是犯罪分子违法犯罪活动所得的一切东西都作为赃物，[①] 通过走私获得的货物、物品也不例外，属于刑法上的“赃物”。

（2）通过收购形式帮助走私犯罪分子将走私的货物、物品转换为现金，符合洗钱罪“将财产转换为现金、金融票据、有价证券的”的行为构造。洗钱罪与掩饰、隐瞒犯罪所得、犯罪所得收益罪的本质相同，均在于掩饰、隐瞒犯罪所得及其收益的来源和性质。通过购销行为，可以使走私犯罪所得进入流通领域，帮助上游犯罪将实物转化为资金，使得承载上游犯罪所得这一财产性利益的载体发生实质性变化，造成所得财物与走私犯罪之间信息缺失，模糊二者的关联性，在一定程度上达到掩饰、隐瞒犯罪所得来源和性质的效果。[②] 另外，2009年最高人民法院《关于审理洗钱等刑事案件具体应用法

① 王利明：《论赃物的善意取得——以刑民交叉为视角》，载《清华法学》2024年第1期。

② 陈鹿林、战晓宁：《买卖走私货物过程中的洗钱犯罪问题研究》，载《中国检察官》2021年第22期。

律若干问题的解释》第2条，同样也将“通过典当、租赁、买卖、投资等方式，协助转移、转换犯罪所得及其收益的”作为“以其他方法掩饰、隐瞒犯罪所得及其收益的来源和性质”。2024年8月20日施行的最高人民法院、最高人民检察院《关于办理洗钱刑事案件适用法律若干问题的解释》第5条也作了类似规定。

2.“一手买私”与洗钱的关系区分

如上文所述，刑法第155条第1项将“一手买私”行为拟制为走私犯罪，罪名和量刑均适用直接走私的规定。而“收购”式的洗钱行为，属于为走私犯罪掩饰、隐瞒犯罪所得或者犯罪所得收益的下游犯罪，罪名和量刑上适用《刑法》第191条洗钱罪的规定。二者之间存在联系和区别，需要准确理解把握。

（1）同为收购走私的货物、物品，“一手买私”和“收购”式的洗钱行为存在相同之处。一是从行为发生的阶段来看，两种行为均发生在上游走私犯罪既遂之后；二是从主观认识上看，“一手买私”和洗钱行为人对所收购的货物、物品系他人走私而来均具有明知；三是从与上游犯罪的关系来看，“一手买私”和洗钱行为人与上游走私行为人均不存在事前、事中的通谋，否则成立走私共犯。

（2）认定洗钱罪需要行为人客观上的交易对象系走私人之外的人，或者行为人主观上不明知交易对象系直接走私人。行为人直接向走私人收购走私货物、物品的，且具有相应主观明知，主客观相一致的，应当适用《刑法》第155条的规定认定为“一手买私”型的间接走私。行为人客观上向直接走私人以外的人员购买走私物品，但误以为交易对象是直接走私人的，说明其主观认为其实施的是“一手买私”，但客观上却是“二手买私”等洗钱行为；行为人客观上向直接走私人购买走私物品，但误以为交易对象是直接走私人以外的其他人员，说明其主观上认为其实施的是“二手买私”等洗钱行为，但客观上是“一手买私”。上述两种情形，行为人主观故意和客观行为虽然均不统一，但在为上游走私人掩饰、隐瞒犯罪所得上一致，因此均可包容评价为洗钱行为。行为人明知自己是在和走私人之外的人收购走私货物、物品的，主客观一致，则是典型的洗钱犯罪行为。简言之，“一手买私”是直接走私的下游犯罪，洗钱是“一手买私”的下游犯罪。

四、在我国内海、领海内接驳运输走私货物的中小船舶行为认定思路

以前述从朝鲜船舶上过驳煤炭走私案件为例，在我国内海、领海海域内用浮吊船、内河船运输接驳货物的行为的定性可按以下四个步骤分析并予以定性，通常情况下应认定“一手买私”型走私犯罪的帮助犯。

首先，可以确定在该类案件中直接走私行为已经既遂且通常情况下朝鲜船舶就是直接走私人。朝鲜船舶经过朝鲜海域、公海、毗连区，采用绕关的形式进入我国海域，已经将煤炭非法运输入境，走私行为已经既遂。另外，考虑成本和风险因素，朝鲜船舶将煤炭走私进境后，通常不会先过驳到其他朝鲜船舶上，然后再联系境内接货人从上述其

他朝鲜船舶上过驳煤炭。因此，在我国内海、领海内发现的过驳煤炭来源的朝鲜船舶一般就是直接“走私人”。

其次，需要查明浮吊船、内河船相关人员是否与朝鲜船舶走私人员存在“通谋”。在司法实践中，一般情况下，朝鲜船舶在进入我国内海、领海海域后，在此等待境内买家安排浮吊船、内河船接驳运输货物入境。浮吊船、内河船接收的是境内买家的指令后到达指定的朝鲜船舶位置，浮吊船与朝鲜船舶通过高频对讲机呼号的形式确定双方购销身份，随后朝鲜船舶在确认收到货款后，再将货物通过浮吊船过驳给内河船。从实践案例来看，在过驳运输之前，浮吊船、内河船一般不会与朝鲜船舶存在事先联系。而且，一艘朝鲜船舶通常载重5000吨以上货物进境，而一艘内河船仅能载重200吨左右，从同一艘朝鲜船舶接驳货物的浮吊船、内河船多由境内不同买家分别联系、安排。为了规避风险，境内买家也不直接与浮吊船、内河船联络，而是指派专门联络员负责与浮吊船、内河船单线联络。浮吊船、内河船既不知晓境内买家实际情况，也无从判断境内买家与朝鲜船舶之间联络的时间、内容。因此，难以认定浮吊船、内河船与朝鲜船舶存在事前或事中的走私“通谋”。浮吊船、内河船在走私行为已经既遂后接驳运输货物上岸的行为，只能评价为走私犯罪的事后帮助行为，不成立直接走私的共犯。如果在某些具体个案中能够查明浮吊船、内河船相关人员与朝鲜船舶走私人存在事前或事中通谋，则可以认定为直接走私的共犯。

再次，需要查明浮吊船、内河船相关人员是否明知其系帮助他人直接向朝鲜船舶走私人收购货物。在接驳货物过程中，浮吊船、内河船在沟通交流中对于对方使用的语言、朝鲜船舶的外观、船员特征等均清晰可听可见，能够认知到对方船舶属于朝鲜船舶。浮吊船、内河船收取境内买家一定的租金或者佣金，负责将接驳的货物运输到买家指定的境内码头卸货，境内买家也系直接从朝鲜船舶购买货物的“一手买私”人，浮吊船、内河船对帮助“一手买私”人直接向朝鲜船舶收购走私货物具有明确认知，应当认定其与境内买家成立共同犯罪，并适用刑法第155条第1项“一手买私”的规定认定为走私国家禁止进出口的货物罪，而非洗钱罪。

最后，浮吊船、内河船的行为如果同时也符合“水上走私”条款时，应优先认定为构成“一手买私”。浮吊船、内河船在内海接驳运输国家禁止进口的朝鲜煤炭，同时也符合《刑法》第155条第2项“水上走私”的规定情形。但适用“水上走私”规定是在无法查明货物来源的情况下，才将在特定水域对特定货物实施的特定行为推定为走私犯罪，其并不能全面评价行为人在整个走私链条中的地位作用。将浮吊船、内河船的行为评价为帮助境内买家向直接走私人收购走私货物、物品，并认定为“一手买私”的帮助犯，可以更为全面地评价其在走私全链条犯罪中所处的次要、辅助地位，也更为符合罪责刑相适应的刑法基本原则。

粤港澳大湾区特殊海关政策下走私犯罪形态研究
——从港澳规则中探寻认定路径

李东蓊　何嘉丽*

摘　要　为推动粤港澳大湾区高质量发展，中央在大湾区内实行自贸区“一线放开、二线管住”政策，建立保税区仓储转口制度，在深圳经济特区率先探索国际船舶登记制度改革，这些新政策、新制度的实施对走私犯罪的防控与犯罪形态的认定提出了新的课题。本文着眼于最高人民法院、最高人民检察院《关于办理走私刑事案件适用法律若干问题的解释》第23条规定的三个既遂标准，结合广东省实际案例和港澳走私犯罪形态认定规则，探讨在上述三种特殊海关政策下认定粤港澳大湾区走私犯罪形态的具体路径。

关键词　大湾区　港澳规则　走私　犯罪形态

一、粤港澳大湾区的特殊海关政策及新型走私犯罪特点

为深入推进粤港澳大湾区建设，中央相继对粤港澳大湾区内的自贸区、保税区及深圳经济特区出台特殊的海关政策。自贸区的“一线放开、二线管住”政策会对通关走私犯罪产生影响、保税区的仓储转口制度会对后续走私犯罪产生影响，在深圳经济特区率先探索国际船舶登记制度改革会对绕关走私犯罪产生影响，可能会导致部分走私犯罪呈现出新的发展态势或者出现新的刑法适用的困难。

（一）“一线放开、二线管住”政策下的新型走私犯罪

当前，粤港澳大湾区设立了广州南沙、深圳前海、珠海横琴3个自贸区，并创新施行“一线放开、二线管住”的管理政策，“一线放开”是指境外货物进入自贸区，允许先凭舱单提货入区，再向海关备案。“二线管住”是指货物运离自贸区进入国内普通区域，需向海关申报缴税。该模式降低了通关的时间和成本，但也有不法分子利用漏洞实

---

* 李东蓊，广东省广州市南沙区人民检察院党组成员、副检察长；何嘉丽，广东省广州市南沙区人民检察院检察官助理。

施通关走私犯罪。如在“一线放开”区域备案时，因货物还在保税状态，海关一般不查验货物，走私团伙借用自贸区企业资质将禁止进口货物伪报成允许进口货物进境，或者通过夹藏的方式走私未备案的货物。

（二）保税区仓储转口制度下的新型走私犯罪

截至2023年3月底，粤港澳大湾区已设有13个保税区。[①] 保税区内仓储、加工和转口的货物享有免税优惠。保税区仓储转口制度下的走私犯罪类型主要是后续走私犯罪，有两种方式：一是擅自内销特定减税、免税货物的走私。二是擅自内销来料加工原材料等保税货物的走私。行为人可能会采取假出口、假结转或者利用虚假单证核销等方式，伪造加工贸易手册，逃避海关监管。如新某英皮革公司走私普通货物、物品案，新某英皮革公司将一般贸易方式缴税进口的蓝湿羊皮伪报为进料加工，向海关申报保税进口，后使用牛皮、PU皮等原材料生产的成品顶替保税进口的蓝湿羊皮生产的成品出口，或者使用高报单耗的手段，平衡贸易手册进出口数据，骗取海关核销。[②]

（三）国际船舶登记制度改革下的新型走私犯罪

为有效吸引外资，深圳经济特区率先探索一套与国内严格船舶登记制度并行的国际船舶登记制度，于2023年5月11日公布《深圳经济特区国际船舶条例（草案征求意见稿）》（以下简称深圳《条例》）。深圳将设立国际船舶登记中心，对国际、港澳航线等船舶进行统一登记。深圳企业船舶进行登记时不限制外资股比，国际船舶上任职的外籍船员也免于办理工作许可。随着登记门槛的降低，外国船员不熟悉中国绕关走私的规定，不明确中国水域的管辖边界，可能会导致海上绕关走私犯罪的增加。

二、粤港澳大湾区海关政策下走私犯罪形态认定的难题

最高人民法院、最高人民检察院《关于办理走私刑事案件适用法律若干问题的解释》（以下简称2014年《解释》）规定了走私犯罪的三种既遂标准，[③] 不同政策适用既遂标准不同，还需反面推导出“不构成既遂”的其他犯罪形态。

（一）“一线放开、二线管住”政策下走私犯罪形态认定的难题

利用“一线放开、二线管住”政策的走私犯罪多为通关走私，满足2014年《解释》

---

① 《截至2023年3月底全国海关特殊监管区域情况》，载中华人民共和国海关总署网2023年5月31日，http://zms.customs.gov.cn/zms/hgtsjgqy0/hgtsjgqyndqk/5057805/index.html。

② 新某英皮革公司走私普通货物、物品案，广东省江门市中级人民法院刑事判决书（2017）粤07刑初71号。

③ 最高人民法院、最高人民检察院《关于办理走私刑事案件适用法律若干问题的解释》（法释〔2014〕10号），第23条规定：“实施走私犯罪，具有下列情形之一的，应当认定为犯罪既遂：（一）在海关监管现场被查获的；（二）以虚假申报方式走私，申报行为实施完毕的；（三）以保税货物或者特定减税、免税进口的货物、物品为对象走私，在境内销售的，或者申请核销行为实施完毕的。”

第23条第1、2项其中之一即可构成犯罪既遂。关于“在海关监管现场被查获”既遂标准，有调研发现，走私犯罪行为人在“一线区域”被抓获，不认定为犯罪而是行政违法行为，若在“二线区域”被抓获则构成犯罪既遂。[①] 如果因为“一线放开”的政策便利导致走私活动猖獗，显然背离该政策的设置初衷。因此“一线区域”实施走私行为是否属于犯罪行为，以及“一线区域”如何适用“在海关监管现场被查获”的既遂标准，如何认定“海关监管现场”的范围，值得进一步探讨。

关于“申报行为实施完毕”的既遂标准，不同于传统走私犯罪，向海关履行报关手续是着手行为，申报完毕构成犯罪既遂。在“一线放开、二线管住”政策下，行为人在“二线区域”报关手续之前，会在“一线区域”先行备案。那在“一线区域”向海关虚假备案是否也与在“二线区域”向海关虚假申报一样，向海关提交材料是着手行为，申报完毕构成犯罪既遂呢？有学者认为，因为一线区域行为人尚未报关，货物仍处于保税状态，不存在偷逃税款的可能，所以不能被认定为走私犯罪。[②] 如严某某等人走私普通货物、物品案中，走私团伙与自贸区内供应链管理公司合谋，借用该公司的资质办理货物的“进境备案”，帮助他人走私价值7.69亿元的液晶玻璃基板，偷逃应缴税额1.7亿余元。[③] 此时走私团伙在“一线区域”虚假备案，在“二线区域”申报行为还未进行，能否认定为走私犯罪既遂？

（二）保税区仓储转口制度下走私犯罪形态认定的难题

利用保税区仓储转口制度的走私犯罪多为后续走私，2014年《解释》第23条第3项既遂标准适用于保税货物或特定减税、免税进口的货物、物品为对象的走私活动，因此该制度下走私犯罪应当适用2014年《解释》第23条第3项规定的“在境内销售的”和“申请核销行为实施完毕”两个既遂标准。

难题在于两个既遂标准的适用是否有先后顺序？如何适用“申请核销行为实施完毕”既遂标准呢？关于“在境内销售的”既遂标准，《民法典》第595条规定，买卖合同是出卖人转移标的物的所有权于买受人，买受人支付价款的合同，那么走私犯罪中是否要求行为人销售行为完成且已经获得利益，才能适用该既遂标准呢？如东某公司走私普通货物、物品案中，东某公司向海关申请办理来料加工手册并保税进口高、低密度聚乙烯胶粒用于生产塑料胶袋出口，为牟取非法利益，将该保税进口的物料以低于市场价格销售给其他单位，涉及税款约7.7万元，东某公司与买方公司就购买的价格、数量、交货的地点、时间等均已商定，且东某公司已经出货，交由货车运至买方公司租赁的仓

---

① 《自贸区犯罪问题研究》华东政法大学课题组：《自贸区走私犯罪问题研究》，载《海关与经贸研究》2015年第1期。

② 陈晖：《走私犯罪论》，法律出版社2002年版，第99—112页。

③ 张嘉钧、聂文峰：《海关“先进区后报关”业务模式下走私犯罪风险防控问题研究》，载《上海法学研究》2020年第6期。

库门口，但买方公司还没有支付货款。[①] 本案的关键在于，东某公司还未收到买方公司支付的货款，是否适用“在境内销售”的既遂标准?

（三）国际船舶登记制度改革下走私犯罪形态认定的难题

从深圳《条例》第 2 条“国际船舶”的定义[②] 可知在深圳登记的国际船舶虽名为“国际船舶”，但是实为“中国船籍”，判断国际船舶走私犯罪形态仍要遵循国内规定。国际船舶登记制度改革下的走私犯罪多为海上绕关走私，应适用 2014 年《解释》第 23 第 1 项“海关监管现场被查获”的既遂标准。

难点在于 2014 年《解释》并未明确“海关监管现场”的具体含义，如何认定“海关监管现场”范围。如陈某贤、林某走私普通货物、物品案中，陈某贤等人最后一次驾船前往公海接驳柴油后，回程途中，在珠海市淇澳岛对开水域被缉私警察查获。[③] 走私船舶未靠岸，且该水域并非在涉关处水域，是否属于“海关监管现场”？另外，深圳《条例》规定，国际船舶既会在港澳台航线航行，也会在国际航线航行，若船舶是在航行过程中被查获，该如何界定“海关监管”的界限也有不同观点。如苏某、赵某等人走私普通货物案中，法院裁判理由为“判断海上走私既遂与未遂，关键船舶是否进入我国领海、内水”。[④] 如黄某威、谢某德等人走私普通货物、物品案中，法院裁判理由为“只要其未经申报直接进入我国管辖的水域，该水域任何地点都属于海关监管现场，应认定本案被告人走私犯罪既遂”[⑤]。还有的学者提出船舶进入内海、领海可认定为既遂，也有的学者提出进入毗连区、专属经济区也可认定为既遂。随着国际船舶登记制度改革逐渐从深圳试点向全国铺开，会出现越来越多国际船舶实施海上绕关的走私犯罪，因此如何认定海上走私中“海关监管现场”成为亟须解决的难题。

三、粤港澳大湾区走私犯罪形态认定的路径选择

自贸区“一线放开、二线管住”政策、保税区仓储转口制度借鉴了港澳自由港政策（Free Port），深圳经济特区探索的国际船舶登记制度改革也是借鉴了港澳船舶注册制度（Shipping Register）的有益经验，因此，关于湾区内地三种特殊海关政策下的走私犯罪形态难题，也可试图从港澳走私犯罪认定规则中寻求解决路径。

---

① 东某公司走私普通货物、物品案，广东省江门市中级人民法院刑事判决书（2013）江中法刑二初字第 40 号。

② 《深圳经济特区国际船舶条例（草案征求意见稿）》第 2 条规定：“本条例所称国际船舶是指在深圳经济特区登记的，船籍港为‘中国前海’的航行国际航线的船舶。”

③ 陈某贤、林某走私普通货物、物品案，广东省高级人民法院刑事裁定书（2018）粤刑终 1070 号。

④ 苏某、赵某等人走私普通货物、物品案，广东省广州市中级人民法院刑事判决书（2014）穗中法刑二初字第 197 号。

⑤ 黄某威、谢某德等人走私普通货物、物品案，广东省广州市中级人民法院刑事判决书（2018）粤 01 刑初 249 号。

（一）“一线放开、二线管住”政策下走私犯罪形态的认定

1.“在海关监管现场被查获”既遂标准下走私犯罪形态的认定

（1）港澳走私犯罪认定规则的启示

与内地自贸区设置“一线放开，二线管住”的政策不同，港澳地区推行自由贸易政策，地区内不区分“一、二线区域”。港澳地区内类似于内地自贸区的“一线区域”，通常只需向海关提供舱单即可进口商品，但香港仍规定了走私犯罪。根据香港《进出口条例》（Import and Export Ordinance）第 18 条“输入或输出未列舱单货物的罪行”（Offence of importing or exporting unmanifested cargo），① 可得知认定既遂的重点在于货物进出境的事实，而不在于发现、查获走私犯罪的地点，建议内地“在海关现场查获的”既遂标准可参照香港的既遂标准作广义的理解。澳门《对外贸易法》（Lei do Comércio Externo）第 37 条“须具备申报单的活动”（Operações sujeitas a declaração），② 规定在“行政违法行为”（Infracções administrativas）章节中，对内地走私犯罪形态的认定参考价值不大。

（2）湾区内地走私犯罪形态的认定

自贸区“一线区域”可认定为走私犯罪，除了有香港地区法律可作借鉴外，内地《海关法》第23条规定了海关监管范围，③ 对于进口、出口、转运货物，货物从进境到出境全程都接受海关的监管。因此，货物进入“一线、二线区域”，都属于“进境”，运离“一线、二线区域”，都属于“出境”，属于“海关监管区域”。如何认定“在海关监管现场”，应效仿香港对“在海关监管现场”作广义的理解，应认为在“一线、二线区域”及自贸区之间的运输过程中，只要海关工作人员有权依法行使监管执法权力的现场都应属于海关的监管现场，不应以是否有海关人员固定驻守和监管为判断依据，否则不利于打击走私犯罪活动。如“一线区域”对仓储的货物进行抽检的现场、对区内自由运输的货物进行监督的现场等均属于“在海关监管现场”，被查获可认定为走私犯罪既遂。

2.“申报行为实施完毕”的既遂标准下走私犯罪形态的认定

（1）港澳走私犯罪认定规则的启示

与内地的犯罪形态不同，香港没有犯罪预备的规定，一般也不处罚犯罪中止，因此

---

① 香港《进出口条例》第 18 条规定，任何人输入任何未列舱单货物，或输出任何未列舱单货物，即属犯罪，可处如下罚则——一经循简易程序定罪，可处罚款 $500000 及监禁 2 年，或一经循公诉程序定罪，可处罚款 $2000000 及监禁 7 年。就本条所订的控罪，被告人如证明他并不知道和即使作出合理努力亦不会知道货物并未列于舱单内，即可以此作为免责辩护。

② 澳门《对外贸易法》第 37 条规定，在未具备所要求的申报单的情况下，使货物运入或运离澳门特别行政区或在此转运者，科处澳门币 1000.00 元至 50000.00 元罚款，且须将货物扣押，并宣告归澳门特别行政区所有。

③ 《海关法》第 23 条规定：“进口货物自进境起到办结海关手续止，出口货物自向海关申报起到出境止，过境、转运和通运货物自进境起到出境止，应当接受海关监管。”

对内地有参考价值的就是犯罪未遂和既遂的认定。香港刑事法律在“预行犯罪”中规定了未遂罪，若以内地的犯罪形态理论来看，容易混淆预备行为与犯罪未遂，关键在于判断何为香港刑法理论中“着手”的实行行为。香港理论界对此有两种认定标准，排除歧义标准侧重主观方面，表明行为人不能被合理地认为是为了其他目的，最后行为标准则侧重客观方面，表明行为人实施了能力所及范围内的最后行为。[①] 判断香港走私犯罪中“未列舱单”是否属于“着手”行为，可从客观行为上看，除豁免物品外，任何人均须在输入或输出物品后 14 日内呈交准确及完整的进、出口报关单。[②] 可见递交舱单时货物已经走私入境，递交舱单已是走私犯罪的最后行为，符合最后行为标准。从主观上看，香港《进出口条例》第 18 条规定，被告人以对货物未列舱单不知情而提出抗辩，被告要承担举证责任，此为过错推定原则，货物未列装舱单推定为被告人有走私的目的而非其他目的，符合排除歧义标准。因此，在香港，向海关递交虚假舱单可以认定为着手，申报完毕为既遂，由于意志以外的原因未能完成申报为未遂。

（2）湾区内地走私犯罪形态的认定

在普通走私犯罪中，向海关报关是走私犯罪的着手行为，本质原因是向海关履行报关手续会对“海关的正常监管秩序”造成紧迫的危险性。自贸区中，不论是“一线区域”的备案还是“二线区域”的申报行为，只要向海关提供虚假材料都会危及海关的正常监管秩序。因此，与香港“未列舱单”构成犯罪一样，自贸区“一线区域”虚假备案也可构成犯罪。具体情况如下：一是“一线区域”虚假备案，向海关备案为着手，伪造材料尚未备案被查获为预备，在备案行为实施完毕之前被查获为未遂，在备案行为实施完毕之前主动放弃犯罪为中止，备案完毕为既遂。二是“一线区域”真实备案，“二线区域”虚假申报，此时与传统走私犯罪无异，“一线区域”真实备案进入“二线区域”后，向海关申报为着手，伪造材料尚未申报被查获为预备，在申报行为实施完毕前被查获为未遂，在申报行为实施完毕之前主动放弃犯罪为中止，申报完毕为既遂。因此，上述严某某等人走私普通货物、物品案中，走私团伙在“一线区域”虚假备案行为实施完毕，造成破坏海关正常监管秩序的危害后果，可以认定为走私犯罪既遂。

（二）保税区仓储转口制度下走私犯罪形态的认定

1.“在境内销售的”既遂标准下走私犯罪形态的认定

（1）港澳走私犯罪认定规则的启示

保税货物“在境内销售”是内地走私犯罪的既遂标准，但由于港澳自由港的特殊属性，一般不会对进口货物征收关税，在港澳境内销售免税商品不会导致关税减少。但

---

① 姚兵：《内地与香港刑法中犯罪未遂比较研究》，载《昆明理工大学学报（社会科学版）》2009 年第 3 期。

② 《进出口报关》，载香港海关官网 2022 年 12 月 8 日，https：//www.customs.gov.hk/tc/service-enforcement-information/cargo-clearance/import-export-declaration/index.html。

香港对酒精、烟草、碳氢油及甲醇需征收税收，这 4 类应课税品在清缴税款前需储存在保税仓内。此时香港的应课税品就如内地保税区仓储转口制度下的货物一样，均在保税仓内储存保税，但从保税仓运往本地市场就需交税。根据香港《应课税品条例》（Dutiable Commodities Ordinance）第 17 条“对处理和管有某些货品的限制”（Restrictions on dealing with and possession of certain goods），[①] 可得知任何人未缴税在香港境内处理、管有、售卖或购买应课税品，即属违法。4 种既遂标志并列规定，实施“处理”“管有”行为即成立既遂，同理实施“售卖”行为即成立既遂，无须卖方获利。澳门应课消费税品属于受预先许可制度约束之货物，澳门《对外贸易法》第 36 条“须具备准照的活动”（Operações sujeitas a licença），[②] 规定在“行政违法行为”章节中，不构成犯罪，对内地走私犯罪形态的认定参考价值不大。

（2）湾区内地走私犯罪形态的认定

“在境内销售”的既遂标准不等于“在境内销售获利”，除了如香港的认定规则提供有力支撑外，最高人民法院、最高人民检察院、海关总署关于《办理走私刑事案件适用法律若干问题的意见》（以下简称 2002 年《解释》）第 13 条阐明了对《刑法》第 154 条走私犯罪“销售牟利”的理解，[③] 实际获利与否或者获利多少并不影响其定罪。通过体系解释，可以认为实际获利与否、多少不影响走私犯罪中“在境内销售”既遂标准的成立。因此，若行为人未经海关许可，在境内实施销售货物的行为即构成犯罪既遂，并不要求实际获利，因意志以外原因尚未销售的可认定为犯罪未遂。如前述东某公司走私普通货物、物品案中，查获的保税进口料件双方已达成协议，而且东某公司送货到了目的地，销售行为一经实施即构成既遂，虽然买方公司还未支付货款，但获利与否并不影响既遂的成立，因此应认定东某公司构成走私犯罪既遂。

2.“申请核销行为实施完毕”既遂标准下走私犯罪形态的认定

（1）港澳走私犯罪认定规则的启示

在香港，一般只有 4 类应课税品才需要缴税，才有核销退税可能。根据香港《应课税品用户指引手册》，已完税的应课税品出口，经过获得关长书面同意可以申请退还税

① 香港《应课税品条例》第 17 条规定：“任何人不得进口或出口或管有、看管或控制，或以任何方式处理或处置任何本条例适用的货品。任何人不得为其本人或代表另一人售卖、提供出售或买入任何在香港的应课税货品。任何人不得在已有人就已完税货品申请退还有关税款的情况下出口该等货品，但根据并按照牌照而出口则除外……否则处以 $1000000 罚款和 2 年监禁。”

② 澳门《对外贸易法》第 36 条规定：“在未具备所要求的准照的情况下，使货物运入或运离澳门特别行政区或在此转运者，科处澳门币 5000.00 元至 100000.00 元罚款，且须将货物扣押，并宣告归澳门特别行政区所有。”

③ 最高人民法院、最高人民检察院、海关总署《关于办理走私刑事案件适用法律若干问题的意见》（法〔2002〕139 号），第 13 条规定：“刑法第一百五十四条第（一）、（二）项规定的‘销售牟利’，是指行为人主观上为了牟取非法利益而擅自销售海关监管的保税货物、特定减免税货物。该种行为是否构成犯罪，应当根据偷逃的应缴税额是否达到刑法一百五十三条及相关司法解释规定的数额标准予以认定。实际获利与否或者获利多少并不影响其定罪。”

款。但依据香港《应课税品条例》第 17 条，没有牌照而出口已退还税款的应课税品可能构成犯罪，出口依法退税的商品不会危及海关监管秩序，虚假核销退税的行为才是扰乱海关监管秩序的罪魁祸首，因此开始申请核销退税是着手行为，申请核销行为完毕因意志以外原因未能成功退税为犯罪未遂，申请核销行为完毕成功退税为犯罪既遂。

（2）湾区内地走私犯罪形态的认定

对于货物先销售、后核销或直接销售这两种情形，主要的判断标准在于是否满足“在境内销售”的既遂标准，上文已详细论述如何认定。只有当货物是先核销、后销售的情形，才适用“申请核销行为实施完毕”的既遂标准。香港与内地走私犯罪既遂标准的相同之处在于申请核销行为实施完毕，但稍有不同的是，香港走私犯罪法条强调“已退还税款”的状态，而内地既遂标准只是“申请核销行为实施完毕”，行为人只需将有效单据递交海关申请核销的行为实施完毕就可以认定为犯罪既遂，无须等到税款退还。认定保税区货物的报关流程特殊之处在于，货物进境后进入保税仓，在保税仓期间可以暂缓报税（仅收取监管手续费）。[①] 因此，属于先核销、后销售的货物进入保税仓库后，走私行为人尚未申请核销时可成立犯罪未遂。

（三）国际船舶登记制度改革下走私犯罪形态的认定

1. 港澳走私犯罪认定规则的启示

相较于香港《进出口条例》第 18 条，关于绕关走私的特征描述不多，澳门《对外贸易法》第 21 条“在许可的地点以外进行活动罪”（Operações fora dos locais autorizados），[②] 更多的是对绕关走私的规定。另外，澳门与湾区内地同属大陆法系，对于犯罪预备、既遂、未遂的规定颇为接近，具有参考价值。[③] 澳门《对外贸易法》第12条“海关的监察”（Fiscalização aduaneira）规定，[④] 货物需要经由官方指定的关口运入、远离澳门，否则就可能构成澳门《对外贸易法》第 21 条规定的绕关走私犯罪。澳门海事及水务局公布了澳门46个码头港口，[⑤] 可视为官方指定的关口。据此，在上述码头以外的地点将货物运入、运离澳门即成立犯罪既遂。另外，澳门《对外贸易法》规定了对走私犯罪预备和未遂的处罚，预备在许可的地点以外运入或运离澳门则构成犯罪预备，在许可的地点外由于意志以外的原因未能成功运入或运离澳门则构成犯罪未遂。但是对于海上航行的走私

---

① 郑旺佳：《走私行为的既未遂区分标准》，载微信公众号“法纳刑辩”2021 年 5 月 31 日，https：//mp.weixin.qq.com/s/Z7uUL15bB5VO5JR4Ly7eJQ。

② 澳门《对外贸易法》第 21 条规定：“在 12 条第 1 款所指专门地点以外地方，以任何方式使货物运入或运离澳门特别行政区者，处最高一年徒刑，或科最高二百日罚金。有关货物及曾用于或预备用于作出第一款所指事实的物件亦须予以扣押，且在判刑的情况下，宣告归澳门特别行政区所有。犯罪未遂，处罚之。”

③ 谢望原：《台、港、澳与大陆刑法中犯罪形态比较研究》，载《中国法学》1999 年第 2 期。

④ 澳门《对外贸易法》第 12 条规定：“货物的运入及运离，是经由官方为此而指定的关口进行。”

⑤ 《本澳港口简介》，载澳门及海事水务局官网 2022 年 3 月 24 日，https：//www.marine.gov.mo/subpage.aspx?a_id=1629693631。

船舶，澳门对于海上水域司法管辖的边界没有明确规定。1982年第八届人大常委会通过的《联合国海洋公约》同样适用于香港和澳门，船舶在澳门、香港的内水走私当然构成既遂，但内水外哪个水域可以认定为走私犯罪的未遂、预备仍未明确。

2. 湾区内地走私犯罪形态的认定

国际船舶登记制度改革下的走私犯罪多为海上绕关走私犯罪，应适用2014年《解释》第23条第1项“海关监管现场被查获”的既遂标准，关于该既遂标准的认定难题，可参考澳门相关规定作较为宽泛的理解。虽内地的《海关法》并未明确何为“海关监管现场”，但我国《海关法》第6条第4项明确了“海关行使调查权力的地区”，[①] 包括“海关监管区”“海关附近沿海沿边规定地区”及“海关监管区和海关附近沿海沿边规定地区以外的其他地区”。据此理解会更符合走私犯罪的立法精神，更有利于打击海上绕关走私犯罪。但是，《海关法》第6条第4项只规定了“海关附近沿海沿边规定地区”的范围如何确定，对于“海关附近沿海沿边规定地区以外的其他地区”的范围，可以延伸至什么水域没有明确界明。需注意的是，《海关法》第6条第6项规定海关在“海关附近沿海沿边规定地区以外地区”有连续追击权，[②] 类似于国际法上“紧追权”。在中国的领海或毗连区内对违反中国法律的船舶我国有权实行紧追，即使在违法船舶逃至专属经济区外的公海，仍可继续紧追，只要这种紧追是连续的、未曾中断的。[③] 此时，在公海有紧追权的前提是在中国的领海或毗连区内违反中国法律且不中断的紧追，因此不可简单理解为“海关附近沿海沿边规定地区以外地区”延伸至公海，从而认为只要走私船舶在公海被查获就满足“海关监管现场”既遂标准。根据1982年《联合国海洋法公约》，领海的宽度从领海基线量起为12海里，是我国主权范围，外国船舶有无害通过权。因为内水和陆地领土地位相同，国家基于对领海、内水的属地管辖权行使司法管辖权，走私船舶进入内水、领海造成了对我国海关监管秩序实质性破坏，应当认定为犯罪既遂。而对于犯罪未遂，则不应将标准放得过宽。重点要确定进入哪个水域可以认定为走私犯罪的“着手”。专属经济区（宽度从领海基线量起为200海里）和公海，国家并不享有属地管辖权，故无法依据地域管辖理论实施司法管辖，因此走私船舶进入该水域不能

---

① 《海关法》第6条第4项规定：“海关可以行使下列权力：（四）在海关监管区和海关附近沿海沿边规定地区，检查有走私嫌疑的运输工具和有藏匿走私货物、物品嫌疑的场所，检查走私嫌疑人的身体；对有走私嫌疑的运输工具、货物、物品和走私犯罪嫌疑人，经直属海关关长或者其授权的隶属海关关长批准，可以扣留；……在海关监管区和海关附近沿海沿边规定地区以外，海关在调查走私案件时，对有走私嫌疑的运输工具和除公民住处以外的有藏匿走私货物、物品嫌疑的场所，经直属海关关长或者其授权的隶属海关关长批准，可以进行检查，有关当事人应当到场；当事人未到场的，在有见证人在场的情况下，可以径行检查；对其中有证据证明有走私嫌疑的运输工具、货物、物品，可以扣留。海关附近沿海沿边规定地区的范围，由海关总署和国务院公安部门会同有关省级人民政府确定。”

② 《海关法》第6条第6项规定：“海关可以行使下列权力：（六）进出境运输工具或者个人违抗海关监管逃逸的，海关可以连续追至海关监管区和海关附近沿海沿边规定地区以外，将其带回处理。”

③ 郭红岩：《中国海上紧追权立法浅议》，载《国际关系学院学报》2007年第2期。

简单认为我国海关监管秩序已受到威胁，不能认定为“着手”。当走私船舶进入毗连区（宽度从领海基线量起为24海里），根据《中华人民共和国领海及毗连区法》第13条规定，中华人民共和国有权在毗连区内，为防止和惩处在其陆地领土、内水或者领海内违反有关安全、海关、财政、卫生或者入境出境管理的法律、法规的行为行使管制权。据此我国海关对毗连区有一定管制权，可以认定为“着手”，走私船舶在毗连区因意志以外的原因被海关现场查获，构成“犯罪未遂”。如上述陈某贤、林某走私普通货物、物品罪案中，陈某贤、林某运输走私货物在珠海市淇澳岛对开水域，船未靠岸即被海警人员查获，该水域属于我国内水，属于海关行使监管权力的地区，被查获应认定为走私犯罪既遂。

利用道具型高科技产品出口退税的刑法定性

许天睿 *

摘　要　利用道具型高科技产品出口贵金属并申报出口退税是实质违法行为，司法中基本认定成立骗取出口退税罪与走私贵金属罪，争点主要在于罪数问题。但出口退税退还的是进项税而非销项税，进项税在国内采购贵金属时已经缴纳，根据《刑法》第204条第2款应排除骗取出口退税罪成立，拟制适用《刑法》第201条逃税罪。骗取出口退税罪是特殊诈骗罪，相较于诈骗罪优先适用，但当优先适用的骗取出口退税罪条款被排除时，作为一般法的诈骗罪条款能够适用。骗取已缴纳的出口退税款行为也符合诈骗罪的构成要件，由于逃税罪与诈骗罪不存在法条竞合关系，该骗税行为应当成立二罪的想象竞合，从一重罪处断，在骗取出口退税数额特别巨大时，应当认定为诈骗罪。出口行为能够构成走私贵金属罪，且从法益、目的、社会危害性等方面考虑，二罪之一均不能完整评价全案犯罪事实，应当将诈骗罪与走私贵金属罪数罪并罚。

关键词　骗取出口退税罪　走私贵金属罪　避税　进项税　想象竞合犯

为提升国内货物出口时的国际竞争力，有效避免国际双重课税，国家规定了出口退税政策，实现特定出口货物整体税负归零。2012年5月25日，财政部、国家税务总局发布的《关于出口货物劳务增值税和消费税政策的通知》（财税〔2012〕39号），明确生产企业出口自产货物在符合增值税退（免）税政策时，适用免抵退税办法，其中包含很多高科技产品。党的二十大报告指出，高质量发展是全面建设社会主义现代化国家的首要任务，创新是引领发展的第一动力，对高科技产品的研发出口从税收政策上予以支持是应有之义。但实践中出现大量利用出口退税政策骗取税款的案例，最常采用的手法是将黄金、白银等贵金属伪装成高科技产品出口，运出海关后再将贵金属拆卸贩卖，实际是为了走私贵金属并以高科技产品为名目申报出口退税。这种走私退税行为具有极强的迷惑性与争议性，处在合法与违法之间的灰色地带，给司法认定带来难题。2022年4月20日，国家税务总局等十部门联合发布的《关于进一步加大出口退税支持力度　促

---

* 许天睿，江苏省高级人民法院审判监督庭法官助理。

进外贸平稳发展的通知》（税总货劳发〔2022〕36号）第15条规定，要对虚假出口、骗取出口退税等违法犯罪行为加大联合打击力度，为出口企业营造更优的营商环境。基于优化企业营商环境的基本命题，对将贵金属简单加工成高科技产品申领出口退税的行为必须正确定性，实现违法犯罪的精准打击，从而为合规合法出口高科技产品的企业保驾护航。

相较于传统的骗取出口退税犯罪，将黄金、白银等贵金属简单加工成高科技产品申报出口退税具有更大的迷惑性与争议性。尽管行为人也存在骗取出口退税、走私贵金属的非法目的，但其构造了形式上符合法律规定，依据国家出口退税政策申报退税的贸易路径，而这种形式合法性能否使行为本身合法从而阻却犯罪成立存有争议。如果不能使行为本身合法，这种以合法形式掩盖非法目的的行为能否认定为欺骗手段，从而成立骗取出口退税罪或其他犯罪，也是需要解决的问题。

一、道具型高科技产品的认定

传统的骗取出口退税主要通过虚报增值税发票、买单配票、道具货物循环出口、假自营真代理等手段，随着国家查处骗取出口退税力度的增大，不法分子也逐渐完善骗取方式，通过包装与设计后，使其形式上符合法律的规定。现在多发的是利用贵金属兼具工业属性的特点，以及国家为鼓励科技行业的发展而对技术含量高的科技产品及其附配件实行全额退税的“零税率”政策，给贵金属出口贸易套上高科技产品的出口“外衣”，以骗取退税。[①] 骗税方式由传统的“假票、假单、假货、无资金流”向“真票、真单、有货、虚构资金流”转变，作案环节已由初期的最后环节实施骗税转变为提前若干个环节实施。[②]

近来实践中出现大量将贵金属包装成高科技产品出口申报出口退税的案件，本质上是将贵金属简单包装、以假充真实现走私及骗税目的，此时的高科技产品只是行为人实现非法目的的工具。这些产品与真正的高科技产品极为相似，具有极大的迷惑性与模糊性，给执法查处以及司法认定带来困难。道具型高科技产品只是申报出口退税的手段，与高新产业的发展无关，通过对现有案例分析研究，道具型高科技产品通常具有如下特点：

1. 符合财税〔2012〕39号名目。财政部、国家税务总局《关于以贵金属和宝石为主要原材料的货物出口退税政策的通知》（财税〔2014〕98号）第1条规定，出口企业和其他单位出口的货物，如果其原材料成本80%以上为通知附件所列原材料的，应按照成本占比最高的原材料的增值税、消费税政策执行。附件材料主要是金、银、铂等贵金属，这些贵金属均不享受出口退税政策。为申领出口退税，行为人采取将贵

① 李青：《骗取出口退税的新模式、外部因素及防控》，载《国际税收》2021年第11期。

② 李晓欢：《防范骗取出口退税行为的对策研究》，载《税收经济研究》2019年第2期。

金属做成符合财税〔2012〕39 号名目的高科技产品，以适用免抵退税政策，如编号“HS8486909100”带背板的溅射靶材组件，享有 13% 的出口退税率。

2. 产品较为粗糙。为了方便在出口后拆卸提取，即使行为人将贵金属包装成高科技产品，也会较为简单粗糙，无法达到真正高科技产品具备的性能、质量，此时的所谓高科技产品只是行为人用来申报退税的工具。在 L 某黄金智能设备案中，为了出口黄金，L 某将黄金制作为视觉训练仪、变流器，但实际只在外形和简单结构方面做成与真正高科技产品相仿。

3. 部分原材料循环使用。道具型高科技产品出口与传统的道具商品循环出口相似，都具有循环性。不同之处在于，传统的道具商品循环出口是整个商品的循环利用，常与走私手段衔接，而道具型高科技产品出口则只循环其中的部分原材料。真正的高科技产品交易，从国内生产开始到销售至国外买家即已结束。但道具型高科技产品出口还存在境外拆卸等后续环节，产品的部分原材料还会通过关联公司进口甚至走私等手段回流国内公司，具有循环使用的性质，如 Y 某白银“溅射靶材”案中铼板材料的循环使用。

4. 产品比例异常。为了规避财税〔2014〕98 号 80% 原材料占比的规定，行为人基本会将道具型高科技产品中贵金属的含量比例，严格控制在稍低于出口退税政策要求的 80% 比例，一般控制在 78%—79%。

5. 产品利润多来源于出口退税款。行为人在出口道具型高科技产品后将其中的贵金属拆卸贩卖，由于贵金属能够充当一般等价物，国内外价格通常差距不大，而行为人还需要支付生产、拆卸、熔炼等费用，如果不申请出口退税，一般会出现亏损。因此，道具型高科技产品申报出口退税的主要利润来源是国家的出口退税款，当然在国内外贵金属价格差距较大时，行为人也可以直接通过走私行为获利。

6. 目的具有非法性，这是道具型高科技产品出口的本质特征。目的是行为人主观方面的内容，可以通过行为人供述及案件事实予以推断。如果综合行为人供述、产品质量、交易环节、利润来源等多方面事实，能够认定行为人具有骗取出口退税、走私贵金属等非法目的，可以认定行为人是利用道具型高科技产品骗取出口退税。但如果某高科技产品只是质量较差，行为人主观目的仍是正常出口，不宜认定该高科技产品属于道具，但不排除有构成生产、销售伪劣产品罪的可能。

因此，如果某高科技产品的出口基本符合上述六个特征，能够说明该高科技产品只是作为行为人申报出口退税的道具，并非真正的高科技产品，应当认定为道具型高科技产品。

二、利用道具型高科技产品出口退税属于“其他欺骗手段”

《刑法》第 204 条第 1 款规定，成立骗取出口退税罪，需要通过假报出口或者其他欺骗手段。对于何为其他欺骗手段，2024 年最高人民法院、最高人民检察院公布的《关于办理危害税收征管刑事案件适用法律若干问题的解释》作了进一步明确，第 7 条规定：

"具有下列情形之一的，应当认定为刑法第二百零四条第一款规定的'假报出口或者其他欺骗手段'：……（四）以其他欺骗手段骗取出口退税款的。"此条第4项的规定属于兜底条款，主要是考虑到实践中骗取出口退税的方式复杂多样，并不断出现新类型的申报出口退税行为。当这些新类型申报行为不属于法释〔2002〕30号规定的具体骗取手段时，能否成立骗取出口退税罪需要判断该行为能否纳入本兜底条款。

（一）利用道具型高科技产品出口退税是违法避税行为

利用道具型高科技产品申报出口退税案件涉及的犯罪都是典型的行政犯，要认定行政犯，需要处理刑法与作为前置法的税法的接洽。根据法秩序统一的原理，犯罪的认定应当将行政法、民法等法律的规定作为前提，犯罪认定的范围不能超出前置法的规定，行为在前置法上的合法性对后续的犯罪认定起着限缩作用，离开了前置法对行为性质的评价，犯罪认定就缺乏了基础与支撑。[①] 也就是说，前置法认定一个行为属于合法行为，该行为就不能再进入刑事评价领域，只有当行为在前置法上违法时，刑法才有必要进一步判断其是否具有刑事违法性，学者将其称之为"消极的行政从属性"，[②] 前置法上合法刑事一定合法的观点，学界基本不存在争议。因此，要判断利用道具型高科技产品申领出口退税的行为是否构成犯罪，首先需要判断该行为是否违法。

1. 避税基本概念。将贵金属简单加工成高科技产品，然后以高科技产品名义出口，贩卖其中的贵金属，实际是在利用国家扶持高新产业发展的政策牟利。但行为毕竟在形式上符合财税〔2012〕39号规定，具有形式合法性，这种合法性能否使行为本身合法，从而使道具型高科技产品申报出口退税不能进入刑事评价领域，就成为需要解决的问题。从本质上看，利用道具型高科技产品申报出口退税是一种避税行为，关于避税行为的法律性质，存在合法说、违法说与脱法说的争论。

（1）合法说。该说学者认为，企业有动机为降低自身的实际税负而利用税法的特例或漏洞进行不违反税法规定的财务安排或税务筹划等活动，即税收规避。[③] 认定避税是一种合法行为，主要是基于严格的税收法定主义，只有明确违反税法法律规定时，才能对行为给予规制处罚。

（2）违法说。该说学者认为，避税是纳税人采取利用法律上的漏洞或者含糊之处的方式来安排自己的义务以致减少其本应承担的纳税数额，而这种做法不受法律的保护，这也是联合国税收专家小组对避税所下的定义。[④] 违法说依据的主要是实质课税原则，

---

① 田宏杰：《行政犯的法律属性及其责任——兼及定罪机制的重构》，载《法学家》2013年第3期。

② 陈兴良：《法定犯的性质和界定》，载《中外法学》2020年第6期。

③ 洪金明：《企业管理层业绩压力是否会影响财政收入？——基于税收规避的视角》，载《经济与管理评论》2023年第6期。

④ 刘剑文：《中国反避税法律制度的演进、法理省思及完善——以〈税收征管法〉修改为中心》，载《涉外税务》2013年第2期。

坚持实质重于形式原则，认为税收规避是“诈欺规避”或“用诈欺制造连结点”，同时依据“诈欺毁灭一切”的古训，因此认定其为无效。[①] 尽管行为人构造出形式上符合法律规定的征税路径，但实质上是意图逃避税收监管，相较于正常的纳税义务人，有违税收公平原则。

（3）脱法说。该说学者认为，避税具有边界性或中间性，是纳税人利用税法的漏洞选择立法者未曾考量而立法不曾涵摄的法律行为进行税负的规避造成的，它脱离并溢出了税法的文义规定，无法得到法律的直接适用，因而是一种脱法行为。[②] 民法法系国家或地区的民法典一般不概括性地规定脱法行为一律无效，[③] 脱法行为本身价值中立，仅描述当事人为了牟取私人利益，通过外观合法的迂回措施来回避国家强制法约束的客观状态，[④] 处于合法与违法之间的灰色地带。

合法说虽然立论于税收法定主义，但不利于国家税收安全的保护，就贵金属伪装高科技产品骗取出口退税来说，犯罪金额基本在千万元以上甚至上亿元，这些行为如果一律认定合法，必定造成国家税款的大量流失。违法说虽然强调避税对国家税收安全的危害，但忽视了避税实际上是“以合法形式掩盖真实目的”的行为，而真实目的包含合法目的与非法目的，比民法中规定的“以合法形式掩盖非法目的”的无效行为外延更大。脱法说则是合法说与违法说的折中，强调避税行为只是税法学人为制造的概念，既不是通过活用税法上的特惠措施所实施的节税行为，也不是追究刑事责任的偷税行为，而是两者的中间，[⑤] 有效解决了合法说与违法说的弊端。根据脱法说，基于主观目的是否合法正当，避税行为可以进一步区分为合法避税与违法避税。

2. 利用道具型高科技产品出口退税是违法避税行为。对于如何具体认定避税行为属于违法避税，我国在立法上并未明确，只在《中华人民共和国企业所得税法》第 47 条规定：“企业实施其他不具有合理商业目的的安排而减少其应纳税收入或者所得额的，税务机关有权按照合理方法调整。”该条款对违法避税行为的规制只是一般规定，仅确立了实质课税原则与商业目的原则。

英美国家有着丰富的税收经验及较为完善的税收制度，其存在大量的避税与反避税判例，针对避税行为的态度则经历了由形式主义向实质主义的转变。最初英美国家立足严格的税收法定主义，认为经济主体有选择商业模式的自由，避税是由于国家法律存在漏洞，不能将立法上的失误施加于经济主体，比如英国法官 Tomlin 在 The Duke of Westminster 案中确立的原则，主张应尊重纳税人自由选择交易行为的权利，纳税人

---

① 杨华：《法律规避与直接适用法的关系——兼论我国国际私法上法律规避制度之存废》，载《云南大学学报（法学版）》2016 年第 2 期。

② 刘剑文：《避税之法理新探（上）》，载《涉外税务》2003 年第 8 期。

③ 王军：《法律规避行为及其裁判方法》，载《中外法学》2015 年第 3 期。

④ 史尚宽：《民法总论》，中国政法大学出版社 2000 年版，第 299 页。

⑤ ［日］北野弘久：《税法学原论》（第 4 版），陈刚、杨建广等译，中国检察出版社 2001 年版，第 150 页。

有权采取任何可能的方式安排其事务以减少税收责任，除非法律有明确禁止规定。[①] 20世纪70年代始，随着税收规避活动愈演愈烈，英国的税收安全受到严重冲击，司法层面对税收规避的态度也发生变化，认为Westminster原则应有限制地应用于有商业风险、经济后果的交易，从而确立了反避税的Ramsay原则。[②] 与英国相似，美国也通过Gregory v. Helvering、Waterman Steamship Corp. v. Commissioner、Compaq Computer Corp. v. Commissioner等判例，逐步确立了在避税问题上实质重于形式的基本原则，并在判断方面确立了虚假交易原则、分步交易原则、商业目的原则、经济实质原则等原则。

基于这些判例及确定的原则，英美判例法判断避税行为是否违法，主要考虑的是某项交易是否除了创造立法未意料到的税收利益外无实际经济效果、交易的环节是否异常、纳税人在实施一个交易或系列交易时是否仅仅为了规避税收。[③] 这些因素都是实质上判断避税目的是否存在不正当性的标准，符合我国税法实质课税原则的要求，值得我国司法实践借鉴。

结合这些违法避税的实质判断标准，在利用道具型高科技产品出口贵金属申报出口退税类案件中，由于道具型高科技产品只是为了创造财税〔2012〕39号等税收法律法规未意料到的税收利益，而无真实的商业目的，交易环节设计得异常复杂，部分交易环节存在虚假形式，系列交易的终极目的也只是套取出口退税，能够认定申报出口退税的行为属于违法避税行为。

（二）利用道具型高科技产品出口贵金属并申报出口退税属于伪装型欺骗手段

从立法沿革上看，1992年9月4日第七届全国人民代表大会常务委员会第二十七次会议通过的《关于惩治偷税、抗税犯罪的补充规定》（已失效）第5条规定："企事业单位采取对所生产或者经营的商品假报出口等欺骗手段，骗取国家出口退税款，数额在……前款规定以外的单位或者个人骗取国家出口退税款的，按照诈骗罪追究刑事责任，并处骗取税款五倍以下的罚金……"该条款首次规定了骗取出口退税罪，但此时的骗取出口退税罪只能由企业事业单位作为主体成立犯罪，其他单位与个人骗取出口退税款的，只能成立诈骗罪。通过分析得知，设立骗取出口退税罪的目的即是作为特殊类型的诈骗罪[④]，法益上本罪在侵犯国家税款所有权的基础上，还侵犯了国家的税收征管制度。作为诈骗罪的特殊罪名，骗取出口退税罪同样符合诈骗罪的基本构造：行为人实施欺骗行为→对方产生错误认识→对方基于错误认识处分财产→行为人或第三者取得财产→被害人遭受财产损害。[⑤] 判断利用道具型高科技产品出口贵金属申报出口

---

① 俞敏：《税收规避法律规制研究》，复旦大学出版社2012年版，第17页。
② 俞敏：《税收规避法律规制研究》，复旦大学出版社2012年版，第18页。
③ 王宗涛：《反避税法律规制研究》，载《武汉大学学报》2014年第7期。
④ 陈兴良：《虚开增值税专用发票罪：罪名沿革与规范构造》，载《清华法学》2021年第1期。
⑤ 张明楷：《诈骗犯罪论》，清华大学出版社2021年版，第7页。

退税，是否属于骗取出口退税罪兜底条款“其他欺骗手段”，可以结合诈骗罪的基本构造。

上文已经论证利用道具型高科技产品出口退税是违法行为，但行为人刻意构造了合法形式迎合财税〔2012〕39号的要求。为了申报出口退税将金、银等贵金属简单加工出口，是一种以合法形式掩盖非法目的的“伪装”行为。制作道具型高科技产品是为了使税收征管人员陷入错误认识，与传统虚报增值税发票等方式的骗取出口退税不同，出口道具型高科技产品存在真正货物，同时征管人员也确实认识到伴随高科技产品的出口，有贵金属流出。但从本质上看，行为人是为了将贵金属简单加工后，使征管人员产生行为人是要出口高科技产品而非贵金属的错误认识，从而使行为人享受本不该享受的退税政策。从产品本身看，道具型高科技产品并非真正的高科技产品，但行为人在申报出口退税时，虚构了产品的性能、质量等关键事实，属于虚构事实的诈骗手段。因此，利用道具型高科技产品出口贵金属申报出口退税属于违法避税行为，且是伪装型的欺骗手段，能够归入法释〔2002〕30号规定的“以其他手段骗取出口退税款”。

三、利用道具型高科技产品出口退税的罪名认定

利用道具型高科技产品出口贵金属申报出口退税，能够归入《刑法》第204条第1款规定的“其他欺骗手段”，但并非意味着该行为要以骗取出口退税罪定罪处罚。《刑法》第204条第2款规定了拟制条款：“纳税人缴纳税款后，采取前款规定的欺骗方法，骗取所缴纳的税款的，依照本法第二百零一条的规定定罪处罚；骗取税款超过所缴纳的税款部分，依照前款的规定处罚。”据此，当行为人在骗取出口退税款前已经缴纳税款，应当拟制适用《刑法》第201条逃税罪条款定罪处罚。此外，行为人的骗税行为同样符合诈骗罪的犯罪构成，只是由于骗取出口退税罪与诈骗罪存在法条竞合关系。依据《刑法》第266条诈骗罪法条，“本法另有规定的，依照规定”，也就是说骗取出口退税罪与诈骗罪的法条竞合适用的是特别法优于一般法规则，优先适用骗取出口退税罪条款。

（一）出口退税是进项税应适用拟制条款

出口退税退还的是进项税，对于将贵金属伪装成高科技产品申报出口退税的案件，行为人在国内购入贵金属时就已经缴纳了相应进项税，应适用《刑法》第204条拟制条款，而非认定成立骗取出口退税罪。

1. 出口退税退还的是进项税。1994年税制改革明确了增值税出口退税的“零税负”政策，2002年1月23日财政部、国家税务总局发布的《关于进一步推进出口货物实行免抵退税办法的通知》（财税〔2002〕7号，已失效）进一步明确，生产企业出口自

产货物，免征本企业生产销售环节增值税[①]，以实现特定出口货物整体税负归零。之后发布的财税〔2012〕39号废止了财税〔2002〕7号，并在第2条规定了新的免抵退税办法："生产企业出口自产货物和视同自产货物（视同自产货物的具体范围见附件4）及对外提供加工修理修配劳务，以及列明生产企业（具体范围见附件5）出口非自产货物，免征增值税，相应的进项税额抵减应纳增值税额（不包括适用增值税即征即退、先征后退政策的应纳增值税额），未抵减完的部分予以退还。"当生产企业出口财税〔2012〕39号规定名目的自产货物时，适用免抵退税政策。

在生产销售商品流程中，增值税是指商品在流转过程中产生了增值额，以此作为计税依据征收的流转税；进项税是指纳税人购进货物时支付或者负担的增值税款；销项税则是指销售货物时应交的税款。对于出口货物的免抵退税政策，承继了财税〔2002〕7号文的规定，免征的增值税是指商品出口外销时产生的销项税，而被抵扣的应纳增值税则是生产企业在国内销售时产生的销项税，进项税则可以理解为购买原材料时缴纳的成本税。根据免抵退税办法，出口退税退还的部分是进项税（即成本税）与国内销项税的差额。在利用道具型高科技产品骗取出口退税案件中，由于不存在真正的高科技产品，国内一般是没有销售交易的，也就不存在国内销项税，所以利用道具型高科技产品骗取出口退税案件的出口退税额就等于进项税额。

在利用道具型高科技产品骗取出口退税案件中，尽管行为人的最终目的是走私贵金属、骗取出口退税款项，但是贵金属都是从国内采购的，而采购时进项税款就已经缴纳。在我国，进项税是间接缴纳的税金，纳税人在向原材料供货商购买商品时支付的价款，会同时包含商品本身的价格与应当支付的税款，这一部分税款虽然属于纳税人的进项税，但由供货商向税务机关代为缴纳，国家对出口高科技产品行业的扶持就体现在这里。通过退还抵顶之后的进项成本税，实际是退还了企业生产的成本费用，而这一部分成本费用在采购贵金属时就已经缴纳。贵金属伪装高科技产品骗取出口退税的盈利，就在于退回了国内购买贵金属时缴纳的税款。

因此，对于利用道具型高科技产品出口贵金属申报出口退税的行为，应当根据《刑法》第204条拟制条款的规定，依照《刑法》第201条逃税罪条款定罪处罚。

2. 成立逃税罪与诈骗罪的想象竞合犯。对于骗取出口退税罪拟制条款应如何理解存有争议。有观点认为，骗回已缴纳的税款与未纳税而骗取国库其他财产行为的实质不可等量齐观，前者是国库相当于未收到税，后者是国库不仅未收到税，而且额外支出了退税，是财产的净损失。两者都按骗取出口退税罪同一标准定罪处罚，造成了缴不缴税、

① 财政部、国家税务总局《关于进一步推进出口货物实行免抵退税办法的通知》第2条：实行免、抵、退税办法的"免"税，是指对生产企业出口的自产货物，免征本企业生产销售环节增值税；"抵"税，是指生产企业出口自产货物所耗用的原材料、零部件、燃料、动力等所含应予退还的进项税额，抵顶内销货物的应纳税额；"退"税，是指生产企业出口的自产货物在当月内应抵顶的进项税额大于应纳税额时，对未抵顶完的部分予以退税。

国库有没有损失都是同样程度处罚的不公。[①] 但也有观点认为，《刑法》第204条第2款的规定不仅彻底丧失了公平，还给司法实践带来无法克服的困难[②]，有违罪数理论、犯罪构成理论、禁止分割评价的定罪原则。[③]

应当说，骗取出口退税罪拟制条款的规定，只是宽严相济等刑事政策在立法中的体现，而非法教义学推导的必然结论。一方面，骗取出口退税案件犯罪数额往往特别巨大，特别是利用道具型高科技产品骗取出口退税，犯罪数额基本在千万元甚至亿元以上，具有极大的社会危害性，但根据《刑法》第201条逃税罪的规定，法定最高刑只有七年有期徒刑。显然，骗取成千万上亿元的国家税款，却只能判处七年以下有期徒刑，违反了罪责刑相一致原则。另一方面，从犯罪构成理论的角度看，行为人也确实实施了虚报出口或者其他欺骗手段，骗取了巨额的国家出口退税款，已经成立骗取出口退税罪的构成要件。至于骗取的出口退税款是否已经缴纳，并不影响给国家税收造成了实际损失，都危害了国家的税收征管制度。

从法教义学上考虑，成立骗取出口退税罪的同时也符合诈骗罪的犯罪构成，此时诈骗的财物是国家的税款，受骗的对象是税务管理机关。之所以不认定为诈骗罪，是因为骗取出口退税罪与诈骗罪存在法条竞合关系，而且诈骗罪明确规定了“本法另有规定的，依照规定”，一般情况下，骗取出口退税罪与诈骗罪的法条竞合应当适用特别法优于一般法的规则，骗取出口退税罪相较于诈骗罪有优先适用的位阶。但是，法条竞合优先适用特别法的原则并非绝对的。“当适用特别法条的犯罪由于实体上或者程序上的原因不受处罚时，被排除适用的普通法条会重新得到适用”，[④] 也就是说，当特别法法条不能适用时，普通法条仍能够适用。在利用道具型高科技产品骗取出口退税案件中，行为人骗取的出口退税款已经缴纳，由于拟制条款的存在，骗取出口退税罪的法条，即《刑法》第204条第1款被排除适用，此时诈骗罪的法条会重新得到适用。

由于骗取出口退税罪拟制条款的存在，行为人骗取已经缴纳的出口退税款，要依照《刑法》第201条逃税罪定罪处罚，也就是说，骗取已经缴纳的出口退税款实际上是逃税罪的特别犯罪构成，骗取已经缴纳的出口退税款不再被刑法评价为诈骗行为，而被评价为特别的逃税行为，与诈骗罪不再存在法条竞合关系。这种处理方式就类似于《刑法》第269条转化型抢劫罪的规定，当行为人犯盗窃、诈骗、抢夺罪时，为窝藏赃物、抗拒抓捕或者毁灭罪证而加入暴力行为，应以抢劫罪定罪处罚，是抢劫罪的特别犯罪构成。当行为人盗窃的物品是枪支时，应当成立盗窃枪支罪，在加入暴力行为后也会转化为抢劫罪[⑤]，此时盗窃枪支再加入暴力的行为会同时触犯盗窃枪支罪与抢劫罪两个罪名，

---

① 陈航：《骗取出口退税罪的新旧立法比较》，载《兰州商学院学报》1998年第3期。

② 周洪波：《骗取出口退税罪若干问题探讨》，载《法学评论》2003年第6期。

③ 王佩芬：《骗取出口退税犯罪立法问题评析——以〈刑法〉第204条第二款存废为中心》，载《海关与经贸研究》2015年第4期。

④ 张明楷主编：《刑法学（上）》（第六版），法律出版社2021年版，第630页。

⑤ 张明楷：《侵犯人身罪与侵犯财产罪》，北京大学出版社2021年版，第271页。

但显然盗窃枪支罪与抢劫罪不存在法条竞合关系，应当构成想象竞合犯，从一重罪处断。与此相似地，在行为人骗取的出口退税款已经缴纳时，其行为同时触犯逃税罪与诈骗罪两个罪名，也应当构成想象竞合犯，从一重罪处断。

这种处理方式也有利于实现罪责刑相一致原则，当行为人利用道具型高科技产品骗取已经缴纳的出口退税款达到千万元甚至上亿元时，符合诈骗罪数额特别巨大的规定，从一重罪处断应当认定为诈骗罪，处十年以上有期徒刑或者无期徒刑，并处罚金或者没收财产。

（二）应当与走私贵金属罪数罪并罚

《中华人民共和国海关行政处罚实施条例》(以下简称《条例》)第7条第2项规定："经过设立海关的地点，以藏匿、伪装、瞒报、伪报或者其他方式逃避海关监管，运输、携带、邮寄国家禁止或者限制进出境的货物、物品或者依法应当缴纳税款的货物、物品进出境的"，是走私行为。利用道具型高科技产品申报出口退税采取的是伪装型欺骗手段，真实目的是出口贵金属，将贵金属简单加工为不具有使用性能的高科技产品出口，属于《条例》规定的伪装、伪报手段。

我国的贵金属是限制出口的货物，如黄金、白银的出口都需要取得出口许可证。将贵金属伪装成道具型高科技产品出口，不能认定为真实高科技产品出口，不能适用财税〔2012〕39号规定的免抵退税办法，其实质仍是贵金属出口。由于出口未取得行政机关颁发的出口许可证，黄金、白银等贵金属相对于行为人是限制出境的货物、物品。

在道具型高科技产品出口中，并不存在真正的高科技产品，采取伪装手段适用免抵退税办法，免征的是作为高科技产品外销的增值税。但该手段属于虚假手段，实际上是贵金属出口，应当按照贵金属外销的增值税征收，这一部分税款被行为人通过伪装手段免征偷逃。在实践中，利用道具型高科技产品走私白银一般利润较少，行为人主要通过骗取出口退税款盈利，但对于黄金等贵金属，免征的外销增值税本身就非常可观，这部分免征的外销增值税款应当作为走私贵金属罪的犯罪数额。当然，我国刑法规定的走私贵金属罪是行为犯、情节犯，犯罪数额大小不影响犯罪的成立，只影响量刑。因此，行为人具有走私贵金属的犯罪故意，采取伪装、伪报手段无证出口贵金属，已经该当《刑法》第151条规定的走私贵金属罪。

前文所述，利用道具型高科技产品骗取已经缴纳的出口退税款达到千万元甚至上亿元时，应当认定诈骗罪，但诈骗罪与走私贵金属罪如何处理在实践中争议非常大。

有观点认为，法释〔2002〕30号第9条规定："实施骗取出口退税犯罪，同时构成虚开增值税专用发票罪等其他犯罪的，依照刑法处罚较重的规定定罪处罚。"依据该司法解释，在行为同时构成骗取出口退税罪与走私贵金属罪时，应当依照刑法处罚较重的规定定罪处罚。从学理上解释，因为诈骗国家出口退税款是走私贵金属的目的，二者有着紧密的牵连关系，应当认定牵连犯，从一重罪处断。

但利用道具型高科技产品骗取已经缴纳的出口退税款，不应认定为骗取出口退税犯罪，而应当认定逃税罪与诈骗罪的想象竞合，在骗取出口退税款项特别巨大时，应当成立诈骗罪，故不能适用法释〔2002〕30号第9条的规定。将贵金属伪装成高科技产品诈骗出口退税的利润获取方式，除了诈骗国家出口退税款外，在国内外金价存在差额时，行为人也能通过走私贵金属直接获得利润。特别是走私黄金的案件，诈骗国家出口退税款并非走私贵金属的唯一目的，行为人还有偷逃缴纳黄金外销增值税的犯罪目的。因此，走私贵金属罪与诈骗罪不成立一般意义上的牵连关系，不能构成牵连犯。同时，利用道具型高科技产品走私黄金、白银等贵金属经常会达到上百吨，对国家贵金属的储备造成严重损害。如果将走私贵金属罪与诈骗罪按照牵连犯从一重罪处断，仅认定成立走私贵金属罪或者诈骗罪一罪，都不足以评价全案犯罪事实，违反罪责刑相一致的基本原则。因此，利用道具型高科技产品骗取出口退税的行为，应当成立走私贵金属罪与诈骗罪两罪，数罪并罚。

四、结语

利用道具型高科技产品走私贵金属诈骗国家出口退税款，行为方式隐蔽曲折，其中涉及合法与非法、罪与非罪、此罪与彼罪等多方面问题。不法分子利用争议方式套取巨额国家税款，不利于正常出口高科技产品的企业发展，不符合优化企业营商环境的要求。对于刻意构造合法形式钻法律漏洞以实现违法甚至犯罪目的的行为，要从实质上把握。打击骗取出口退税违法犯罪行为，需要税务、公安、银行等多部门共同努力，通过填补立法漏洞、加强税务监管、构建大数据模型等方式，从根源上解决问题。但对于法院，基于不告不理原则，则应该在现有法律规定下，合理解释法律，在法教义学的范围内准确认定骗取出口退税行为的性质，做到既不矫枉过正，也不放纵犯罪。

利用道具型高科技产品走私贵金属申领国家出口退税款的行为，属于违法避税行为，应为法律所禁止。伪装高科技产品构造合法形式，该当《刑法》第204条第1款规定的“其他欺骗手段”，但由于拟制条款的存在以及出口退税退还的是进项税，该类型行为应当拟制适用《刑法》第201条逃税罪。本类型行为也符合诈骗罪的犯罪构造，因此成立逃税罪与诈骗罪的想象竞合犯，从一重罪处断，当诈骗出口退税款项特别巨大时，应当认定成立诈骗罪。走私贵金属的行为能够独立构成走私贵金属罪，基于行为目的不唯一以及罪责刑相一致原则等，不能将走私贵金属罪与诈骗罪认定为牵连犯，而应当数罪并罚。

跨境电商零售进口中的走私行为认定

刘晓光　刘阿华 *

摘　要　近年来通过跨境电商零售进口渠道实施的走私犯罪案件不断涌现，鉴于此类犯罪的新颖性与复杂性，各地执法、司法实践中或多或少存在着认定标准、打击范围等方面的争议。本文以此类案件中较为常见的走私活动参与主体为区分，分类讨论各参与主体的行为定性，主张在罪与非罪的判断上应坚持刑法的谦抑性和独立性要求，兼顾法律效果与社会效果。

关键词　跨境电商零售进口　走私行为　走私犯罪

跨境电商零售进口，是指境内消费者通过跨境电商第三方平台向境外电商企业购买商品，并通过“网购保税进口”或“直购进口”运递进境的消费行为。自2013年国家提出“一带一路”倡议以来，我国跨境电商的市场交易规模进入了持续增长的时期，在创造新的经济增长点、迸发新的经济活力的同时，也滋生了诸多新的法律问题，给走私犯罪打击和预防工作带来了新挑战。各地执法、司法实践中也或多或少存在着认定标准、打击范围、税款计核等方面的争议。基于此，本文在总结争议问题的基础上，以此类案件中较为常见的走私活动参与主体为区分，分类讨论各参与主体的行为定性及相关税款核定问题。

一、主要争议问题

（一）主要监管规定

跨境电商进口作为新型业态，自2012年开始试点，至2016年全面推广，海关部门一直保持审慎的监管态度，但是审慎监管不代表没有监管。根据海关关于跨境电商的监管规定[①]，跨境电商平台及有关服务商均需在海关注册登记，境外注册的跨境电商企业应在国内委托代理人代为在海关注册。以跨境电商零售形式进口的商品，单次交易限值

---

*　刘晓光，上海市人民检察院第三分院第二检察部副主任、三级高级检察官；刘阿华，上海市人民检察院第三分院第二检察部一级检察官。

①　主要规定有《关于完善跨境电子商务零售进口监管有关工作的通知》（商财发〔2018〕486号）、《关于跨境电子商务零售进出口商品有关监管事宜的公告》（海关总署公告2018年第194号）、《关于完善跨境电子商务零售进口税收政策的通知》（财关税〔2018〕49号）等。

人民币5000元以内，年度交易限值人民币26000元以内，在限值以内进口的跨境电子商务零售进口商品，关税税率暂设为0%；进口环节增值税、消费税取消免征税额，暂按法定应缴税额的70%征收。享受该税收优惠政策的主体为消费者个人，要求个人消费者在具备资质的跨境平台生成订单，跨境电商平台向海关传输交易、支付、物流电子信息（俗称“三单”），供海关审核，支付人和购买人身份信息必须一致。

（二）案件办理中的主要争议问题

根据近年来的案件情况，跨境电商领域中不法分子的违规经营行为具有复杂性、多变性，其行为方式也是层出不穷，有伪报品名型、少报多进和多报少（不）出型、低报价格型、伪报贸易方式型等。总体来说，伪报品名、少报多进和多报少（不）出、低报价格等系传统的走私方式，而伪报贸易方式型走私系跨境电商零售进口领域最为常见、较为独特的案件类型，也是实务中争议最多的类型。

1. 行为定性存在争议。单就常见的伪报贸易方式型走私来说，“刷单”成为主要手法，不断涌现的“推单”“引流”“转售”等模式如何认定存在争议[①]。“刷单”行为一般不存在争议，也是目前跨境电商领域打击的重点，而且此类案件往往还伴随着非法获取、利用公民个人信息的行为。而所谓“推单”“引流”等模式[②]，一般是指淘宝、微商、代购等从业者在接受客户订单、支付费用后，将订单信息收集，集中发送给跨境电商企业或者平台，由平台再行利用上述信息生成订单并向海关申报。这样的行为明显不符合海关“三单一致”的监管要求，但是，不符合监管要求是否构成走私、是否实质造成国家税款损失等，理论和实务界都存在争议。一种观点认为，根据监管规定，能够享受跨境电商优惠税率的商品必须符合“三单一致”监管要求，只要任意一单是虚假的，比如消费者订单并非产生于跨境电商平台，则就已经在一定程度上脱离了海关的监管，不能适用跨境电商的优惠税率，则所涉商品应当缴纳的税款与已经按优惠税率缴纳的税款之间的税差就应当认定为实际税款损失，达到犯罪起刑点的应认定构成犯罪；另一种观点认为，不能仅从形式要求上审查“三单”是否一致，而是要从实质角度考察。征收税款针对的是通关环节的行为主体，只要通关环节实际的主体确实是消费者，而不是经营者，则未造成实际税款损失，没有产生实际危害后果，不宜认定为走私犯罪。

2. 链条长环节多，不同主体罪与非罪仍需甄别。与传统的走私案一般仅涉及货主和报关公司不同，涉跨境电商类走私犯罪案件链条较长，参与者众多，包括货主公司、平

---

① 此处“推单”“引流”的概念有别于“刷单”，“刷单”是指行为人伪造个人客户购买事实购入货物、囤积后用于国内销售的情况。在“刷单”情况下，并未有国内个人真实交易产生，实质上是商家的批发进口，将本应以一般贸易申报进口的货物伪装成了跨境零售进口的商品享受优惠政策，而这种优惠政策本应仅在个人购买自用的情况下才能享有。“刷单”行为系目前跨境电商领域打击的重点。

② “推单”“引流”等系司法实务中对跨境电商零售进口中违法行为的概括、简称，并没有严格规范的定义，每种违法行为在具体的操作上都可能存在一定程度的交叉，在司法实践中，每个案件往往也都伴生多种手法。

台公司、报关公司、物流公司、支付公司等，除了货主公司和平台公司，其他环节的参与者如果事先共谋或者在明知的情况下提供帮助行为，均有可能构成走私犯罪。实践中存在争议较多的是针对个人消费者或者开设个人店铺的淘宝店主等，借用他人身份证件及额度购买跨境零售商品的行为定性，一种观点认为，跨境电商零售进口商品要求境内消费者在年度限额内购买自用，之所以要求使用本人身份证件正是基于额度的监管需要，故借用他人额度的系不符合主体优惠资格，产生的税差应当认定为国家税款损失；另一种观点认为，虽然使用他人额度，但他人额度系自愿让渡，购买的商品本身系用于个人消费，没有违背跨境电商零售进口优惠政策的本意，不应当认定存在税款损失。

3. 计税价格和偷逃应缴税额的认定存在争议。跨境电商走私链条较长，伴随着伪报、低报行为的发生，走私过程中还会出现不同环节行为人层层低报的现象，行为人会在不同环节商定或申报不同价格，如境内货主报给平台的实际采购价格、进境备案环节的备案价格、在电商平台上的销售价格、货主与平台的结算价格等。故查明涉案商品的真实价格以及不同环节参与者低报的幅度等难度较大。在无法查明真实成交价格的情况下，关于计税价格的认定实务中也存在不同观点，一是认为应当按照货物进入保税区的进境备案价格作为成交价格，确定计税价格；二是认为应使用评估价格作为计税价格；三是认为应以国内二次销售的价格作为计税价格，此种意见的理由系因为行为人伪报了贸易性质，故二次销售环节才是实质意义上的进口环节。

二、坚持实质评价认定罪与非罪

刑法所打击的应该是严重危害社会的行为，某种行为成立犯罪必须具备刑事违法性、社会危害性和应受刑罚惩罚性。对跨境电商零售进口过程中的各类行为罪与非罪的认定，涉及形式判断与实质判断、行政违法与刑事犯罪等问题，总体上应坚持刑法独立判断、实质评价，兼顾法律效果与社会效果。

（一）实质税款损失原则

从法益侵犯的角度，走私普通货物类犯罪侵犯的法益包括海关监管制度和国家税收征收。仅仅违反海关监管规定，但未实质造成国家税款损失或者造成的税款损失尚未达到刑法所不允许的严重程度的，不应纳入刑法评价。

根据规定，海关对于跨境电商零售进口监管制度是多维度的，既有消费者身份、电商企业的注册等要求，也有对物流、交易、支付等环节的监管[①]。而这种交易模式的核心是特定主体对于特定商品在进口通关环节享有税收的优惠。因此，判断税款损失的依据就是通关环节直接纳税义务人是否享有税收优惠资格，即是否为境内符合监管条件的

① 刘晓光、王祉浩、金华捷：《涉跨境电商零售进口犯罪行为的犯罪现状与罪刑分析》，载微信公众号“上海检察三分院”2021 年 1 月 29 日。

消费者。若这类人员不享有资格而根据优惠税率缴纳税款，其少缴部分即可认定为税款损失。反之，即便在报关中使用了虚假身份、支付或者物流信息，也只能认定为违规。这是因为，享有优惠税率的消费者根据海关规定的优惠税率缴纳了相应的税款，未造成国家税款损失，也就不成立走私犯罪。比如典型的“刷单”行为中，并未有国内个人消费者真实交易产生，实质上是商家的批发进口，而这里的商家显然不具有享受跨境零售进口税收优惠资格，其根据优惠税率缴纳税款，既侵犯了海关监管制度又造成了国家税款损失，认定为走私犯罪无疑。而如果是境内消费者在电商平台下单后，平台未将客户信息提供给境外电商企业，电商企业为符合报关要求，遂将涉案商品以虚假身份信息报关入境，此种情况如果查明最终商品的确流向了境内消费者，则该消费者对于该商品本就具有享受优惠税率的资格，不能认定造成了税款损失。

（二）坚持刑法的独立判断

刑法的谦抑性和独立性要求对刑事犯罪的认定应当区别于行政违法，遵循刑法特有的理念和方法，以正当理念为指引，坚持实质解释的立场，坚持刑法的独立判断。[①] 走私普通货物、物品罪是典型的行政犯，以行为存在行政违法为前提。但在实践中，要特别注意避免以下倾向：认为行政违法与刑事犯罪之间的差异仅仅是量的差异，违反海关监管的行为如果导致行为人少缴税款金额达到司法解释规定的起刑标准即可认定为刑事犯罪。笔者认为，界分跨境电商零售进口行为中违反海关监管规定的行为是行政违法或刑事犯罪，至少要进行“质”和“量”的双重判断：一是“质”的判断，也即行为类型或行为本质的不同。具体来说，要判断行为是否改变“跨境零售进口”的贸易性质、是否改变“跨境零售”的商品属性、享受优惠税率的是否是特定主体即境内消费者等。二是“量”的判断，具体到走私普通货物、物品罪中，就是偷逃应缴税额的判断，偷逃应缴税额的“量”可以理解为衡量法益受损程度的具体表现，也是行为社会危害性的一种体现，所以司法解释才会规定达到一定的“量”方能追究刑事责任。

（三）兼顾法律效果与社会效果

从政策监管的角度，国家对跨境电商这一新兴业态，总体从政策上支持、监管上放宽，本意在于鼓励、促进跨境电商行业的发展，对发展过程中出现的虽形式上违反相关监管规定，但实质危害程度较轻的，应适度包容、审慎入罪。

首先，跨境电商政策制定的初衷就是为了减少贸易壁垒，一方面让国内消费者能够享受到价格优惠的进口商品，另一方面能够促进跨境贸易的发展。如果仅以形式上不符合监管要求区分罪与非罪，则大量的跨境电商零售进口行为将都会面临刑事打击，案件处理的法律效果和社会效果也难以保障。其次，从相关政策发展的脉络来看，海关对跨

---

① 张明楷：《避免将行政违法认定为刑事犯罪：理念、方法与路径》，载《中国法学》2017 年第 4 期。

境电商进出口商品的监管呈现较为明显的变化过程，其间始终存在着纳税义务与申报义务“错位”、海关相关监管审核流于形式等争议性问题。比如诸多案件中暴露出的“三单比对”监管流于形式、相关政策也并未完全禁止订单在非海关备案跨境电商平台生成[①]等问题。最后，传统业态向新兴业态转型过程中，出现的一些“推单”“引流”等行为确实“事出有因”，或为了留住客源、或为了推广新的商务平台等，行为人主观恶性相对较小。比如笔者在办理案件发现，一些中小商家知名度低、客源少，为了提高销量进驻知名度较大的跨境电商平台，除了需要承担保证金、年金、技术服务费用等成本，还需要使用大平台指定的仓储、报关等服务，为了降低经营成本，有些商家就通过淘宝、微商等线上或线下店铺进行“引流”，将相关订单信息推送到跨境电商平台申报进口。

三、以参与主体分类讨论行为定性

从实践来看，多地有关执法部门往往以“三单”（订单、支付单、运单）是否相符作为区分罪与非罪的依据。这种认定标准在取得一定打击效果的同时，也引发了理论和实务界的争议[②]。事实上，跨境电商零售进口类型多样，又因政策性强、监管规定较原则、行业发展不均衡等原因，其罪与罚的判断不能简单地以“三单”是否一致作为依据，仍需实质判断违规是否即违法、违法是否即犯罪、违反监管规定是否必然造成国家税款损失等。

（一）跨境电商走私活动参与主体分类讨论

1. 境内个人消费者

根据海关监管规定，享受跨境电商零售进口税收优惠政策的主体为境内个人消费者，该政策本身属于国家促进消费、让利于民的举措，因此，境内个人消费者在政策规定的额度范围内，使用个人真实身份购买跨境商品，原则上均符合跨境电商零售进口行为的核心特征，享有优惠税率的消费者根据海关规定的优惠税率缴纳了相应的税款，未造成国家税款损失。

实践中有观点认为，消费者未在与海关联网的平台下单，就属于订单虚假的情况，不应享受优惠税率，从而认定税款差额累加到一定的程序应予打击。笔者认为，根据《关于跨境电子商务零售进出口商品有关监管事宜的公告》（海关总署公告 2018 年第 194 号）的规定，海关要求跨境电商平台推送订单信息进行“三单一致”对碰，主要在于防止消费者个人信息及购买额度被盗用、进而用于二次销售等情形，因而并不能以形

---

① 比如《关于完善跨境电子商务零售进口监管有关工作的通知》第 1 条规定跨境电商零售进口商品符合的条件之一为，未通过与海关联网的电子商务平台交易，但进出境快件运营人、邮政企业能够接受相关电商企业、支付企业的委托，承诺承担相应法律责任，向海关传输交易、支付等电子信息。

② 刘晓光、金华捷：《如何界分跨境电商零售进口走私行为》，载《检察日报》2020 年 8 月 7 日，第 3 版。

式上订单是否在平台生成来区分消费者是否能够享有优惠税率。即使消费者本人额度在本年度使用完毕，借用亲友的身份证件在额度内使用，只要不存在盗用、低报、伪报等情形，均不应予以打击。

2. 淘宝、拼多多、微商等经营者[①]

上述经营者一般均属于个人注册登记或者作为个体工商户登记经营，按照海关监管规定，属于“C”（consumer），在形式上，不属于跨境贸易中禁止的“B2B”（business to business）的情形。

根据《关于完善跨境电子商务零售进口监管有关工作的通知》的规定，跨境电商的监管系按照“政府部门、跨境电商企业、跨境电商平台、境内服务商、消费者各负其责”的原则，在该文中，对于消费者仅规定“对于已购买的跨境电商零售进口商品，不得再次销售”。而相关罚则仅针对企业作出规定：“海关对于违反本通知规定参与制造或传输虚假‘三单’信息、为二次销售提供便利、未尽责审核订购人身份信息真实性等，导致出现个人身份信息或年度购买额度被盗用、进行二次销售及其他违反海关监管规定情况的企业依法进行处罚。对于涉嫌走私或违规的，由海关依法处理；构成犯罪的，依法追究刑事责任。”也正是基于上述规定，以往跨境电商类案件中打击的都是跨境电商企业、平台、境内贸易公司等，在该类案件中将“B2B”贸易伪报成了“B2C”贸易。

故笔者认为，一般情况下，上述经营者使用本人、亲友身份信息、额度至跨境电商平台上购买商品，无论是先囤货用于销售，或者事先有了境内订单后再去跨境电商平台上下单，均应审慎评价，不宜作为犯罪打击。在与跨境电商平台或者其他公司构成共同犯罪的情况下，可能构成走私犯罪。比如，某跨境电商平台以刷单方式囤积货物用于销售，则该平台本身构成走私犯罪，在此过程中，寻找愿意合作的淘宝等平台上的经营者合作，上述经营者经与平台事先串通，采用平台按需上架、批量上架、淘宝经营者根据平台通知去购买的方式，囤积货物用于销售，则在此情况下，上述经营者与平台构成走私普通货物的共同犯罪。

3. 跨境电商平台经营者

跨境电商第三方平台经营者（简称跨境电商平台），指在境内办理工商登记，为交易双方（消费者和跨境电商企业）提供网页空间、虚拟经营场所、交易规则、交易撮合、信息发布等服务，设立供交易双方独立开展交易活动的信息网络系统的经营者。该类企业经海关备案从事相关贸易，属于最明确知晓海关监管规定的企业，实践中，也需区分以下几种情况具体评判：

（1）与境内公司、企业共谋，采用“刷单”方式将境内企业采购自境外的商品申报入境，这种情形下属于典型的伪报贸易方式的走私行为，在实践中不存在争议，也是跨

---

① 此处仅讨论该类经营者为个人或个体工商户的情形。

境电商类案件打击的重点。

（2）“自刷自销”，典型的方式为行为人注册成立跨境电商平台，同时又拥有自己的境内贸易公司，再将自己境内公司购买的境外货物通过自己的平台刷单入境，此种情形实质上与第一种相同，区别在于境内公司也是行为人的，应认定为伪报贸易方式的走私犯罪。或者，平台经营者本身自境外采购货物，再通过拆分成个人订单的方式自平台申报入境，囤积用于销售，则在此情形下，虽平台经营者在境内不存在贸易公司，但囤积货物用于销售的行为实质仍不符合跨境电商“B2C”的实质，则也应认定为伪报贸易方式的走私犯罪。

（3）合法注册备案的跨境电商平台，为了增加知名度影响力、扩大经营、增加盈利等，将消费者在其他境内电商（行为人自己控制的或者他人控制的）采购的订单数据，导入后在自己的跨境电商平台上生成订单、支付单、物流单，最终快递货物至消费者个人手中。此种情况下，系典型的“引流”（或称“推单”）行为，除了在形式上不符合订单生成在平台这一要求外（也即“三单”中有一单不符合形式要求），实际上也系消费者个人自用的商品，本质上符合跨境电商消费行为的核心特征，且没有造成国家税款损失的实质危害，从刑法实质评价的角度，不宜认定为走私犯罪。

4. 转运公司、揽货公司等团伙

这类行为主体也是跨境电商类案件中的重点打击对象，根据司法实践中现有的案例来看，这类团伙一般都系在明知涉案货物性质情况下，伪造“三单”通过跨境电商平台申报进口，具有走私犯罪的主观故意和客观行为，一般情况下均构成走私犯罪。

（1）揽货团伙在境外收集境内个人消费者在境外网站购买物品的订单（通常是通过转运物流公司等收集、揽货），与跨境电商平台共谋，将零散的、本应以行邮方式申报进境的物品，通过伪造“三单”的方式以跨境电商方式申报进境，此种情况下，揽货团伙与跨境电商平台构成走私普通货物的共同犯罪。但是值得注意的是，此类案件中对末端的消费者的打击应当慎重，若消费者正常购买海外商品并交由国际物流公司清关进口，客观上没有参与走私环节、没有实施伪造虚假单证等行为，主观上也无证据证实具有偷逃税款的故意，则不应刑事打击。

（2）如果存在以下特殊情形，则从刑法实质评价的角度，笔者认为应当慎重打击，不宜以犯罪论处：揽货团伙收集了境内消费者在境外的订单，同时也收集了境内消费者个人的真实身份信息，然后通过在跨境电商平台生成“三单”将上述订单货物申报入境，则因消费者身份信息真实、货物系消费者个人购买、最终送达至消费者个人手中，实际上等同于典型的“引流”行为，仅是形式上违反了海关监管规定，但实际上未造成国家税款损失。

（二）跨境电商零售进口类走私普通货物案件中税款计核问题

在走私普通货物案件中，涉案货物的计税价格有明确的依据，也即按照《中华人民共和国海关计核涉嫌走私的货物、物品偷逃税款暂行办法》（以下简称《计核暂行办法》)，应当依次以该货物的成交价格、海关所掌握的相同进口货物的正常成交价格、海关所掌握的类似进口货物的正常成交价格、海关所掌握的相同或者类似进口货物在国际市场的正常成交价格、评估价、拍卖价格等作为计税价格。跨境电商类案件中，定罪的基本逻辑是行为人伪报贸易方式，也即将本应以一般贸易方式申报进口的货物伪报成跨境电商零售进口商品。行为人应缴税款的计核原则就是将该贸易视为正常的进出口贸易，以真实的进口采购价格，也即实际成交价格作为计税价格。

但正如上文分析，跨境电商类案件走私链条长、参与人员多、涉及的“价格”又多样，在无法查明实际成交价格的情况下，认定计税价格在实践中确实存在使用进境备案价格、二次销售价格或评估价格等的争议。笔者认为，此类案件中不宜以进境备案价格作为计税价格，无法查清实际成交价格且没有相同或类似进口货物正常成交价格的情况下，可依次依据《计核暂行办法》第17条第4项国内有资质的价格签证机构评估的涉嫌走私货物的国内市场批发价格减去进口关税和其他进口环节税以及进口后的利润和费用后的价格、第5项其他合理方法确定的价格来认定计税价格。

第一，在走私案件中，走私行为人在将货物申报进入保税区备案时，往往会低报实际成交价格，为后续的正式申报进口“打下基础”，加之此时海关并未对货物的申报价格进行实质的审查，也就造成了备案价格往往不真实甚至远低于实际成交价格的情况。若以备案价格作为计税价格，可能会出现核定应缴税款反而低于后续申报进口时应缴纳的税款的情况，显然与事实不符。结合司法实践，笔者认为以进境备案价格作为计税价格的可行性，一般只存在于利用保税区换货走私、未缴纳任何税款，且穷尽所有侦查办法无法查清货物实际采购价格的案件中。

第二，在无法查明真实成交价格的基础上，且没有相同或类似进口货物正常成交价格的情况下，依据《计核暂行办法》第17条第4项的规定，根据国内有资质的价格签证机构评估的涉嫌走私货物的国内市场批发价格减去进口关税和其他进口环节税以及进口后的利润和费用后的价格来认定计税价格。这一做法在司法实践中也有可参考的经验，很多绕关走私成品油案件中的计税价格即按此项认定，得到法院判决支持。

第三，按其他合理方法确定的价格作为计税价格。实践中有观点提出无法查清实际成交价格又因实物缺失无法评估的情况下，可以国内二次销售的价格作为计税价格的观点，笔者亦不赞同。在跨境电商走私案件中，货物的实际进口环节同样是向海关申报缴税放行的这一节点，而“二次销售”的环节应当存在“境内利润”，以该价格作为计税价格则无法回应存在的“境内利润”问题。在穷尽《计核暂行办法》第17条前5项仍无法认定计税价格的情况下，可按第17条第6项“按其他合理方法确定的价格”认定。笔者认为，下列价格可认定为此处的其他合理价格：一是以申报出区的价格认定为计税价格，认定按一般税率应缴税款与按跨境电商零售进口税率已缴税款之间的税差为偷逃税款的金额。此种情况下，不能排除行为人在申报出区时仍存在低报的情况，但因无法查明，只能做出有利于行为人的认定；二是以“二次销售”的价格作为国内市场批发价格，采用《计核暂行办法》第17条第4项的方式推算出计税价格。

四、结语

作为一种新兴业态，跨境电商的经营模式也在不断推陈出新，不法分子利用跨境电商交易渠道所实施的各类违规行为游走在违法和犯罪的边缘，加之政策的不完备、法律的滞后性等，也客观上增加了司法机关对相关行为出入罪认定的困难。刑法作为“最后一道防线”，在司法过程中应坚持谦抑原则，综合判断行为是否造成值得科以刑罚的实质危害，既要防止“越位”，也要做到不“缺位”，力求做到打击与保护并重，惩治犯罪和行业治理并举。

走私人类遗传资源材料罪的法益重塑与法律适用机制构建

黄琼谊*

摘　要　目前缉私部门所办理的走私人类遗传资源材料案件主要以走私孕妇血样的“寄血验子”案件为主，在案件侦办过程中，因对本罪法益保护目的认识不一，导致一系列法律适用分歧。为解决分歧建议形成以下共识：本罪所保护法益既包括我国人类遗传资源管理秩序，也包括我国生物安全及公众健康等权益。作为抽象危险犯，本罪的犯罪构成评价应当围绕行为“违反国家有关规定”的不法性和有责性展开，犯罪情节评价应当围绕犯罪对象的种类和数量展开，并以此确定符合实际的行刑案件移交标准，统一取证的方向及思路。

关键词　走私人类遗传资源材料罪　法益保护目的　抽象危险犯　犯罪构成要件

2020年12月26日，《刑法修正案（十一）》正式通过，根据其第38条之规定，刑法分则增设第334条之一为“非法采集人类遗传资源罪”和“走私人类遗传资源材料罪”。同年，公安部发布《刑事案件管辖分工补充规定》（公通字〔2021〕7号），明确将海关监管区内发生的走私人类遗传资源材料案划归缉私部门管辖。立足缉私部门案件管辖规定，本文有关法律适用探讨将主要围绕走私人类遗传资源材料罪展开。

一、走私人类遗传资源材料罪的法益认知问题

按照《生物安全法》第85条有关人类遗传资源材料的定义，人体血液是最主要的人类遗传资源材料，故而，目前缉私部门所办理的走私人类遗传资源材料案件主要以走私孕妇血样的“寄血验子”（以下简称“寄血验子”）案件为主。但由于对走私人类遗传资源材料罪所保护的法益认识不清，当前各办案部门对本罪犯罪行为认定、犯罪构成证立、入罪门槛设定以及犯罪情节裁量等方面尚未能形成共识，导致不仅无法在共识的基础上有效推进诉讼进程，还可能陷入错误归因的逻辑陷阱，进而偏离刑法客观归责的基

---

*　黄琼谊，湛江海关缉私局四级警长。

本原则和精神。

（一）法益保护目的认识不清引发错误归因逻辑谬误

对于法益保护目的认识不清，直接导致办案部门无法在“寄血验子”的诸多环节中准确抽离出具备走私人类遗传资源材料罪法益侵害性的行为，只能以笼统归因的方式对本罪“危害公众健康或者社会公共利益”的危害后果作“法益包揽”的牵强解释，甚至往空泛的间接社会危害性方向延伸，使不同单位对“寄血验子”行为罪与非罪的分歧更加扩大。

例如，有部分办案单位认为：走私孕妇血样出境进行性别鉴定的行为，虽然不对我国人类遗传资源管理秩序造成直接危害，但是实施非医学需要的胎儿性别鉴定会导致难以发现和管理的非法选择性堕胎，不仅会剥夺女孩的生存权，损害妇女身心健康（有的非法堕胎可能导致孕妇死亡的严重后果），而且会导致男性婚配困难、婚姻挤压等社会问题，故“寄血验子”行为具有间接社会危害性，进而应该构成本罪（以下称肯定说）。对此，有反对意见指出：既然“寄血验子”行为与走私人类遗传资源材料罪的法益侵害后果没有直接因果关系，而且非法运送、邮寄、携带孕妇血样出境的行为对象是孕妇的人体脱离物，既没有损害孕妇的身体健康，也没有危害公众健康和社会公共利益，故不应构成本罪（以下称否定说）。由此可见，本罪在“寄血验子”案件中的法律适用意见分歧，首先是对本罪法益保护目的的分歧，即对本罪的罪状表述中“危害公众健康或者社会公共利益”究竟指向何处的分歧，其次，才是该危害后果与“寄血验子”行为之间是否存在又如何存在刑法上因果关系的分歧。

有必要指出，上述观点本身各有不足，尤其是肯定说，除法益识别错误外，观点中“寄血”行为与“非法堕胎法益侵害后果”之间是否具有直接的引起与被引起关系实际上值得商榷，其在因果流程中加入并特别强调了诸如重男轻女等不可控社会观念为因果锁链的必要联结，也相当于肯定了该行为与结果之间的因果关系受人的主观意志而改变，无异于否定行为与结果之间作为事实判断的客观联系，形成自相矛盾的逻辑悖论。反观否定论的观点，尽管其指出了当前“寄血验子”案件打击目标与走私人类遗传资源材料罪法益保护目的不一致的问题，但由于没有识别出“寄血验子”行为对本罪法益的实质侵害路径，故同样存在不足。

（二）法益认识偏差导致犯罪证据体系构建误入歧途

由于法益认识偏差引起“错误归因”，目前“寄血验子”案件的侦查取证方向不同程度地偏离“公众健康以及社会公共利益”两大基础法益保护目的。

一方面，为了避免过度延展的因果关系流程受到非医学需要的胎儿性别鉴定、选择性别的人工终止妊娠等介入因素影响而随时断裂，办案单位主要从着重强调“孕妇血样走私助推非法胎儿性别鉴定活动，胎儿性别鉴定结果回流导致选择性别的人工终止妊娠，进而导致人口比例失衡并带来一系列社会问题”的层层递进逻辑关系入手，试图以关联事件的发生频率之高来凸显走私行为与危害结果间具有通常的引起与被引起关系。

另一方面，为在有限因果逻辑框架内完成行为足以“危害公众健康或者社会公共利益”的论证、突出强调“走私人体血样出境最直接的危害后果系终止妊娠”，部分办案单位在案件侦办指引中提出要重点审查犯罪嫌疑人与境外医疗机构之间的合作方式，如犯罪嫌疑人及境外机构是否有境外背景，孕妇收到检测结果后是否有非法终止妊娠行为以及是否存在因非法妊娠导致人身损害或死亡等危害后果，并认为可根据查明的检验胎儿性别为女性的母血检测报告上所载明的孕妇信息找到当事人，通过询问当事人或者调查走访其就医的医疗机构等方式，查明当事人是否根据检验结果终止妊娠、剥夺女婴生存权，以此认定危害后果。

但实际上，依据此侦查取证指引所组建的犯罪证据体系，除有所涉及的“境外背景”以外，其他证据都不同程度地偏离了本罪的法益保护目的。原因在于，无论是从直接还是间接的危害后果来看，本罪设立之目的都不是追究非法堕胎的法益侵害责任，否则立法者应增设“选择性别的人工终止妊娠罪”以对妇女的生育自由和堕胎权利进行限制。而且，纵观“寄血验子”全流程，进行胎儿性别鉴定最关键的步骤也应是“采血”与“验血”，至于非法运送、邮寄、携带孕妇血样出境的走私环节，尽管其规避法律监管，但对非医学需要的胎儿性别鉴定和选择性别的人工终止妊娠而言却不具有决定性作用，从相关因果关系的视角看，也不足以产生前述直接或间接的社会危害后果。由此可见，办案部门对“寄血验子”涉嫌走私人类遗传资源材料罪的侦查取证正面临“脱轨”的风险。

（三）法益曲解导致入罪门槛及犯罪情节界定模糊

由于人类遗传资源材料没有市场价格，目前各办案单位主要围绕走私材料数量、涉及人员规模和行为人违法所得等方面对违法犯罪的具体情节进行评价。从大的方向看，这一综合评价体系具有可行性，但以“寄血验子”案件为切入口，受制于前述对本罪法益保护目的以及侦查取证方向的认识偏差，目前办案部门对本罪的入罪门槛厘定、犯罪情节界分也有较大分歧。

就入罪门槛而言，有办案单位认为：应当以现场查获走私人体血样出境管数达 200 管及以上、情报掌握走私人体血样出境管数有可能达 500 人份或者委托检测服务费用等违法所得总计达到人民币 20 万元为刑事追诉标准。理由为，结合现场海关查发携带血样出境案件的具体情况，一是，当携带血样管数多于 200 支时将造成行动不便，反映出行为人的主观故意明显；二是，按照鉴定费用 2000 元的下限标准，200 管血样预估鉴定费用超 20 万元，数额较大；三是，按照检测所需单个个体血样数量为 1 管或 2 管的标准，200 支以上涉及的人数已超 100 人，将造成较为恶劣的社会影响并引发较高的不可测生物安全风险。

对此，有办案单位提出不同意见，认为，对人口较少的地区和部分少数民族而言，涉及 100 人以上的样本容量已具有相当的代表性，足以充分揭示该地区特定人群的生物学特征，对公众健康以及社会公共利益形成现实紧迫的生物安全威胁，属于“情节特别严重”。而且无论走私血样数量多少，一旦积少成多，都会成为不可控的生物安全风险，使人民的生命健康、国家的长治久安以及中华民族的永续发展都面临严峻威胁，故综合来看，不仅不宜将携带血样试管在 200 支及以上作为入罪门槛，还应当进一步降低入罪门槛，将本罪作为行为犯处理。

由此可见，目前各办案部门对“危害公众健康或者社会公共利益”“情节严重”的入罪要件尚未形成共识，因入罪门槛无法厘清，而且本罪作为新增罪名在法律适用上既缺乏司法解释作为执法办案的依据，也没有同类案件作为犯罪情节的参照指引，故“情节严重”和“情节特别严重”两档量罚情节在执法过程中实际上也难以区分适用。

二、法益保护目的的理解与适用

从立法背景看，本罪立法目的显然不是“禁止选择性别的人工终止妊娠”，而是“有效保护我国人类遗传资源，维护国家生物安全，与《生物安全法》等相衔接”。[①] 从犯罪客体看，本罪禁止侵犯的是复杂客体，罪状表述中所指称的“危害公众健康或者社会公共利益”，既包括我国对人类遗传资源的管理秩序，也包括我国生物安全及公众健康等权益。

（一）我国人类遗传资源管理秩序法益

我国人类遗传资源管理秩序，是指根据国家有关规定共同形成并保障实施的人类遗传资源管理的制度体系。有必要指出，本罪罪状表述中的“违反国家有关规定”并非惯用的立法表达，[②] 此处语义的差异性表明立法者对前置性规定的扩大解释意图。由此，本罪“国家有关规定”的范围应当大于“国家规定”，可以扩大至国务院所属各部委在本部门的权限内发布的命令、指示和规章，这一结论已经得到全国人大法工委和最高人民法院的一致认可。[③]

以此为基础，本罪对人类遗传资源管理秩序法益的保护意图可通过体系解释得到验证：一方面，从本罪所在的章节体系看，《刑法》第 334 条之一规定于刑法分则第六章第五节中，可见该类行为入罪时主要参考公共卫生的管理秩序，[④] 这一点，由《生物安全法》第 2 条将“人类遗传资源与生物资源安全管理”列为我国生物安全监管重要内容

① 杨万明:《〈刑法修正案（十一）〉条文及配套〈罪名补充规定（七）〉理解与适用》，人民法院出版社 2021 年版，第 351 页。

② “国家有关规定”并非惯用的立法表达方式，理由在于，一方面，刑法总则仅对“国家规定”的内涵进行规定，未对“国家有关规定”的内涵进行说明；另一方面，纵观刑法分则全部条款，仅有两个罪名在罪状描述中采用此种表达（除本罪，还有侵犯公民个人信息罪）。

③ 杨万明:《〈刑法修正案（十一）〉条文及配套〈罪名补充规定（七）〉理解与适用》，人民法院出版社 2021 年版，第 356 页。

④ 王杰:《人类遗传资源犯罪的法益阐释》，载《山西省政法管理干部学院学报》2021 年第 3 期。

的规定中可以得到印证。另一方面，“国家有关规定”实际上是对我国人类遗传资源管理秩序的具象表达，其内容以《生物安全法》《人类遗传资源管理条例》《人类遗传资源管理暂行办法》等为主导，以《血液制品管理条例》等为辅助并以《刑法》第334条之一为最后手段，形成对人体血液运输、出口、转让行为的全面规制格局。由此，违规运送、邮寄、携带我国人类遗传资源材料的行为，无疑违反了我国对人类遗传资源的管理规定，直接侵害了我国人类遗传资源的管理秩序法益。

（二）国家生物安全及公众健康权益

国家生物安全，是指国家有效防范和应对生物威胁，使人民生命健康和生态系统处于相对没有危险和不受威胁的状态，使生物领域具备维护国家安全和持续发展的能力。就我国内外部生物安全保护形势而言，尽管1998年以来我国陆续出台相关法律规定，但是我国人类遗传资源非法外流的情况实际长期存在。根据我国国家安全部门的调查结果，自20世纪90年代起，美国科研机构以及科技公司就借助慈善公益、基因检测等名义，大量收集我国的人体血样用于基因研究。究其背后的原因，除了我国具有独特的人类遗传资源优势，还在于这些大量获取的基因信息可用于基因武器研发，强化自身在国际政治斗争中的相对优势。①

具体而言，相较于传统生化武器，基因武器作为利用基因工程技术研制的新型生物战剂，能够通过改变基因结构诱发致命疾病或制造传播致命病毒及细菌的方式选择性地消灭特定生物群体，不仅制造和使用成本更低，而且具有更强的隐蔽性、易扩散性和长远危害性。按照美国国防部20世纪90年代初提出的20YY生物战理论，人类DNA中决定不同种族区分关键的基因片段仅占不到0.3%，故只要有充足的研究样本和稳定的技术手段，就能够在不伤及自身的情况下针对特定种族的独特基因进行精确靶向攻击。由此，在当前国际地缘政治紧张局势加剧、民族冲突与恐怖主义威胁频发、经济不确定性危机与疫病流行等全球公共卫生危机相互交织的国际复杂形势下，我国人类遗传资源材料持续非法外泄，相当于将我国公众健康以及社会公共利益暴露在致命的危险之中。

三、本罪抽象危险的识别与依据

以法益保护目的为基础，为进一步明确“危害公众健康或者社会公共利益”“情节严重”的入罪门槛，需要对本罪的法益侵害状态进行识别。考虑到本罪的法益侵害后果在短期之内通常难以显现，而且在国家安全语境下，本罪之成立也必然不能以实际侵害结果发生为前提，故本罪法益侵害后果只能以危险犯的形态呈现，由此，需回答本罪是具体危险犯还是抽象危险犯（即法益侵害后果是否作为犯罪结果构成要件）的问题。

按照刑法理论通说的观点，作为结果构成要件内容的危险，是指危险程度更高、使

① 冯军、马丽丽:《危害国家人类遗传资源安全犯罪立法述评》，载《河北法学》2021年第8期。

法益侵害可能达到现实化的程度的具体危险，而非因行为本身包含了侵害法益的可能性而被立法者拟制、禁止的抽象危险。[①] 从案件侦办的具体情况看，目前办案部门已对本罪作为抽象危险犯形成一定共识，认为：只要行为人未经许可，逃避海关监管，走私出境一定数量的人类遗传资源材料，以致存在走私出境的人类遗传资源材料被恶意利用以危害我国生物安全，就存在入罪的基础，并不要求走私出境的人类遗传资源材料实际用于临床医疗以外的破坏性目的，造成具体危险甚至实害结果。该共识对于本罪作为抽象危险犯的定性值得肯定，但从犯罪构成的证明逻辑看，要求行为存在“材料被恶意利用以危害我国生物安全”的风险，体现了对抽象危险进行实质性限缩并向具体危险方向倾斜的立场，这一模棱两可、摇摆不定的办案思路正导致侦查取证方向发生偏离，应予梳理和纠正。具体而言，由法益保护目的并结合抽象危险犯的区分认定标准，将本罪作为抽象危险犯处理主要出于以下三个维度的考量：

（一）符合法益保护的基本目的

从法益保护的基本目的来看，“危害公众健康或者社会公共利益”的社会面影响要求刑罚处罚的节点必须大幅提前至实害结果及具体危险发生以前，进而只能以抽象危险犯的方式存在。鉴于一旦“非法运送、邮寄、携带我国人类遗传资源材料出境”的行为终了，就相当于宣告对应的人类遗传资源材料已经脱离我国的监管，此时再去查证人类遗传资源材料是否被用于非法目的为时已晚，故有必要通过刑法前置的方式在行为着手时就予以打击，以便在及时制止违法犯罪行为的同时尽可能避免危害结果扩大。此外，由于本罪所保护法益不仅融合了人类生命健康、国家安全、公共安全和社会秩序等传统集体法益，还包括了人类基因安全、物种安全、科技伦理等新型集体法益，以及人格尊严、民主自由等超个人法益，且这些法益背后所隐藏的非传统性安全威胁均具有极大的破坏性和弥散性，故一旦现实化或者具备现实化危险，要么将使人类物种安全受到致命威胁，使国家、民族遭遇灭顶之灾，要么引起群体性恐慌，给国家和社会治理带来巨大挑战，对不特定多数人的法益造成侵害。可见，本罪之危害后果在严重等级上可比拟危害国家安全犯罪，是真正的抽象危险犯。

（二）贴合法律适用的现实需求

从法律适用的现实需求来看，明确本罪危害后果为抽象危险不仅能够大大减轻司法机关的证明责任和负担，使刑事归责更加便宜，而且能够有效提升法律适用的明确性，提高本罪法律适用效率。一方面，基于社会生活经验法则，应当认为，本罪属于因“难以或者不能证明（包括不适合在法庭上证明的情形）实害结果与具体危险的发生”而需要作为抽象危险犯处理的情形。[②] 具体而言，虽然依据社会生活经验足以推知，本国人

① 周光权：《刑法总论》，中国人民大学出版社2016年版，第121页。
② 张明楷：《抽象危险犯：识别、分类与判断》，载《政法论坛》2023年第1期。

类遗传资源材料非法外流通常会带来危害国家生物安全、危害公众健康或者社会公共利益的实害或者具体风险，但是由于科研周期具有长期性与不确定性的特点，在法庭上实际无法证明行为产生现实化的危害后果，否则相当于无必要地额外升高本罪证明难度进而实质性地架空立法。另一方面，将本罪的危害后果视为抽象危险，仅以一定行为作为犯罪构成要件，意味在入罪时只需要着眼于行为的违法程度进行社会危害性评价，这在一定程度上能缓解本罪目前法律适用不清的问题，提高刑事归责效率。具体而言，行为的违法性评价依托《生物安全法》《人类遗传资源管理条例》《人类遗传资源管理暂行办法》等前置性的“国家有关规定”即可完成，而且基本能建立起较为完整明确的犯罪行为评价体系，在司法实践尚无可供参照的立法解释或司法解释时，能够缓解相当一部分的法律适用焦虑。

（三）适应刑事处罚和治理需要

就刑事处罚和治理效果而言，将本罪作为抽象危险犯对待，不仅能够提高刑事处罚效率，实现特殊犯罪预防目的，而且通过向社会公众直接传达国家禁止某种行为的态度和立场，也能够起到积极的一般犯罪预防效果。如前所述，抽象危险作为法律依据社会一般经验而拟制的危险，其设立本身就是基于预防性刑法理念采取的刑法前置化手段，甚至，通过对本罪构成要件作进一步分析，从走私行为与本罪最终指向的危害我国生物安全的实行行为之间的内在逻辑关联，还能瞥见一些预备行为实行化、帮助行为正犯化的“影子”。由此，就特殊犯罪预防而言，在走私行为着手时就予以打击，对于从事相关违法犯罪行为的人员更能起到警示威慑教育效果，更好实现特殊犯罪预防目的。另外，从一般犯罪预防的角度看，因刑事执法能够形成社会宣示效应，故本罪作为抽象危险犯，相当于直接明确向社会公众传达国家“禁止非法运送、邮寄、携带我国人类遗传资源材料出境”而无论该行为最终是否造成特定危害结果的立场和态度，起到积极的一般预防作用，也更有助于实现社会控制的总体效果。

四、犯罪证成体系的构建与应用

我国刑法对犯罪成立标准采用定性和定量的模式，意味着犯罪证成不仅需要对犯罪构成要件事实进行认定，还需要对犯罪情节进行评价。由此，尽管“危害公众健康或者社会公共利益”并不作为结果构成要件，但是其所代表的抽象危险在解释本罪构成要件中仍扮演着重要角色，并为“情节严重”的具体审查指明方向。从解释论的角度进行分析，本罪的抽象危险可以直接转化为对行为不法的评价，[①] 进而，“情节严重”可以转化

① 二者直接转化的依据在于，虽然理论上出于“抽象危险犯立法可能导致处罚不当罚行为”的顾虑，认为司法实践有必要对抽象危险犯立法的处罚范围予以限制，但由于本罪所保护的是极其重大的国家集体法益，属于真正的抽象危险犯，与行为犯可以等同视之，故本罪在犯罪构成上不仅无须证明行为是否达到足以“危害公众健康或社会公共利益”的危险状态，也不需要对符合构成要件行为的危险性进行额外的实质性判断以限缩处罚范围。

为对行为不法程度的具体审查。着眼于走私人类遗传资源材料犯罪行为的方式和对象，本罪犯罪构成及犯罪情节评价体系展开如下：

（一）行为违反"国家有关规定"的个案判断

1. 犯罪客观行为要件

按照罪状描述，本罪构成要件行为的"非法性"应当包括对国家有关实体性规定及程序性规定的违逆。但是由于本罪在实体性国家安全等法益侵害方面主要依赖于抽象的法律拟制，在司法实践中难以证明，可操作性不强，故为构建更清晰的犯罪情节评价体系，本文认为在行为人违反"国家有关规定"的个案评价中，应当将行为的不法具象化为对我国人类遗传资源材料管理的程序性规定的违反。换言之，即行为人未经国务院科学技术主管部门批准，在未取得人类遗传资源材料出境证明的情况下，逃避海关监管，将我国的人类遗传资源材料非法运送、邮寄、携带出境，即构成对"国家有关规定"的违反，进而该当本罪的客观构成要件。

2. 犯罪主观故意内容

本罪的主观罪过形式为故意，故只要行为人具备"非法运送、邮寄、携带我国人类遗传资源材料出境"的认识因素和意志因素，无论其系出于何种动机实施符合构成要件的行为，均不影响本罪成立。以此为基础，考虑到行为人认识的内容可能存在区别，目前，实践中存在是否要求走私人明确认知人类遗传资源材料的具体种类，以及是否要求清楚相关物品是用于提取人类遗传资源信息的困惑。对此，本文持否定观点，原因在于，在"寄血验子"的个案中，无论是基于生活常识，还是基于从业人员对于所从事业务常具有较社会一般人更优越的认识条件的社会经验，都应当肯定行为人对"人体血液属于人类遗传资源材料，走私会导致基因数据非法外泄"具有充分的认识。此外，由行为人刻意逃避海关监管的走私方式也可推知，行为人明知自身行为违法，仍希望或者放任相关法益侵害风险发生，可见其犯罪故意明确，具备有责性。

（二）以犯罪对象为核心的情节评价体系

以本罪犯罪构成的主客观要件为基础，犯罪"情节严重"的后续评价可以围绕走私犯罪对象的种类和数量进行展开。[①] 由此，立足本罪法益保护目的，并结合《人类遗传资源管理条例实施细则》第 37 条"应当进行安全审查的情形"，判断非法运送、邮寄、携带我国人类遗传资源材料出境行为的情节严重程度可以由以下维度展开：

---

① 为避免歧义，需要预先说明，此处所讨论的犯罪对象仅作为人类遗传资源材料的细化分类而存在，所指向的是立法预设、拟制的法益侵害的具体方向，仅作为司法机关评价潜在法益侵害危险的程度提供参考依据，不属于走私行为人的违法性认识内容。换言之，所走私人类遗传资源材料的细分种类和具体数量是司法机关对于"情节严重"的评价依据，并不作为走私行为人的违法性认识内容。换言之，行为人不明确知道自己所走私的血液是否携带以及携带多少重要遗传家系或特定地区的遗传信息的，不成为本罪的主观责任阻却事由。

1. 走私我国重要遗传家系或特定地区人体血样

根据《科学技术部重要遗传家系和特定地区人类遗传资源申报登记办法（暂行）》第2条之规定，重要遗传家系是指患有遗传性疾病或具有遗传性特殊体质或生理特征的有血缘关系的群体，患病家系或具有遗传性特殊体质或生理特征成员五人以上，涉及三代；特定地区人类遗传资源指在隔离或特殊环境下长期生活，并具有特殊体质特征或在生理特征方面有适应性性状发生的人群遗传资源（特定地区不以是否为少数民族聚居区为划分依据）。

按照对同质性群体基因研究的实验需求，由于被研究群体在遗传背景、生活环境、饮食习惯等方面相对同质，实验所需样本量相对较少，通常样本容量为30至100例不等，且样本量越大，越能够弥补检测精度的不足。由此，为兼顾刑法谦抑性与国家安全、公众健康以及监管秩序等社会公共利益的保护，本文认为，行为人非法运送、邮寄、携带我国人体血样出境，经查证，所走私的人体血样具有家族性特征或者采集自相同、特定地区的人体血样达30人份及以上的，即应当视为触犯本罪且情节严重。

2. 走私我国其他人体血样累计大于100人份

当被采集血样用于基因检测的群体具有高度的异质性（如种族、地域、生活方式等差异较大）时，总的来说，为了充分代表这种多样性和控制混杂因素，在中等规模的群体基因组关联研究中，通常需要使用100—500例的样本容量，而在一项大规模的全基因组关联研究（GWAS）中，则需要用到成千上万甚至数万个样本，且在选择收集、运送的样本中，行为人还可能考虑被采集群体的年龄、性别、种族、地域、生活方式等因素的分布，进而更倾向于尽可能收集能够反映被研究人群的整体特征的多样化数据。

在此情形下，行为人非法运送、邮寄、携带出境的我国人体血样通常不存在家族性或地域性特征，司法机关也只能通过行为人走私的数量和次数对走私人类遗传资源材料的具体情节进行判定。考虑到伴随新一代测序技术等高精度的基因检测技术逐步推广，未来对样本量的要求可能越来越低，为确保刑事打击效果，本文认为，无差别走私我国人体血样累计大于100人份的，即可视为触犯本罪情节严重。

除此以外，有必要指出，行为人经海关现场查扣后再次走私我国人体血样，或者多次走私我国人体血样出境的，也应当被视为情节严重。同时，考虑到本罪的打击重点不在于行为人是否据此盈利，而是在于禁止我国人类遗传资源材料非法外泄，故行为人在此走私过程中获利的，违法所得需要转化为采样人数，否则难以作为刑事责任认定的直接依据。

综上，围绕走私人类遗传资源材料行为的方式和对象，结合行为人的走私频次和主观恶性，基本能够对行为人违反“国家有关规定”“情节严重”进行较为完整、全面的评价。以此为基础，“情节特别严重”的认定标准可以以“走私我国重要遗传家系或特定地区人体血样达100人份及以上”或者“走私我国其他人体血样累计达500人份及以上”。

（三）行刑衔接机制构建与侦查取证工作建议

结合海关总署 2013 年第 46 号公告第 3 条规定，血液及其制品、人类遗传资源均属于“海关限制出境的其他物品”。由此携带人体血样出境作为行政案件处理时，根据确定的血样属性，应引用《海关行政处罚实施条例》进行处罚；作为刑事案件处理时，根据特殊法优于一般法的原则，应当适用走私人类遗传资源材料罪论处。进而，结合前述入罪门槛为行刑衔接分界点，行为人非法运送、邮寄、携带出境的我国人体血样超过 30 人份（按照每人提供 2 管人体血样的标准计算，单次查获的人体血样数量应为 60 管以上）时，现场海关应当通知缉私部门提前介入。经检验核实，所走私的人体血样来源于我国重要遗传家系或特定地区且数量在 30 人份及以上，或者所走私的人体血样非来源于我国重要遗传家系或特定地区但总量达到 100 人份及以上的，交由缉私部门立案管辖。所走私人体血样仅有部分来源于我国重要遗传家系或特定地区的，分别计算。

以此为基础，为在行刑衔接过程中提升证据移交的质量，结合前述本罪犯罪构成及犯罪情节评价的具体维度，以证据关联性为切入点，本文认为，“寄血验子”案件中，走私人类遗传资源材料罪的侦查取证工作可重点从以下两方面完善：

1. 多角度认定犯罪嫌疑人的“境外背景”

不同于《人类遗传资源管理条例实施细则》第 12 条之规定，在司法实践中，具体实施“非法运送、邮寄、携带我国人类遗传资源材料出境”行为的犯罪嫌疑人通常只充当“水客”或者“水客头”的角色，其所获得的报酬，许多时候也非来源于境外机构或者个人，而是具有基因检测需求的孕妇等。此时，认定“境外背景”不能拘泥于其对境外机构的决策、控制能力，而应当结合前述有关本罪具有“预备行为实行化、帮助行为正犯化”的内在逻辑特征的前见，肯定行为人只要清楚其实施的走私行为能够为境外机构及个人对我国人类遗传资源材料进行基因检测准备条件、提供便利，并且实施相应行为，即可构成犯罪。换言之，只要查实行为人参与向境外寄递我国人体血样的走私环节，即完成本罪基本构成要件的证据证明体系塑造。

2. 认可通过抽样检验方式认定的血液属性

在证据体系中，为证明犯罪事实，所走私的人体血样是最关键的证据，但由于在“寄血验子”案件中，血样的采集及保存极有可能无法达到血液保管的严格要求，DNA 成分降解进而使样本无效，故一般要求样本在 72 小时内送检。如此一来，一方面，会使现场查缉的难度随着血样转运时间的缩短而增大，另一方面，前期血液样本保管不当，还可能导致在后续案件办理过程中因无法对血样进行检验而无法排除合理怀疑，使定罪量刑面临合法性挑战，故有必要采用更便捷高效的方式对作为本罪犯罪对象的人体血液进行确认，而最有效的方法就是进行抽样检验。有必要指出，血样检验报告作为行政检验报告属于意见性证据，且抽检结果通常不能作为刑事诉讼证据使用。对此本文建议，可以参照《食品药品行政执法与刑事司法衔接工作办法》，由公安部、海关总署、最高人民法院以及最高人民检察院协同有关部门制定有关部门规章，确认海关在其行政执法和查办案件过程中所进行的抽样检测结果可以作为刑事证据使用。[①]

由此，再结合已查证属实的，能证明走私人体血样来源、数量、去向及被采血者本身所具有的地域性或家族性特质的物证、书证及电子数据，基本能够充分、完整地完成由证据推论走私人类遗传资源材料犯罪事实真相的回溯性证明。

五、结论

《刑法修正案（十一）》增设走私人类遗传资源材料罪，是在人类遗传资源的战略价值日益凸显的时代背景下，贯彻落实总体国家安全观，并回应人类遗传资源安全管理的规范发展要求的重大举措。但徒法不能自行，为增强本罪的适用性，首先需要对本罪所保护的法益进行梳理，明确本罪关乎秩序与安全等重大法益保护；其次需要对本罪作为抽象危险的法益侵害状态予以强调，避免司法实践中出现不当曲解的情形；最后，还要立足于本罪的法益保护目的及其功能定位，围绕行为的主客观方面和犯罪对象的种类、数量，明确立案追诉标准，统一证据收集和固定的方向和思路，以“摸着石头过河”的姿态，通过共同努力，使纸面上的走私人类遗传资源材料罪真正在司法实践中得以具象化。

① 《食品药品行政执法与刑事司法衔接工作办法》（食药监稽〔2015〕271号）第18条规定，食品药品监管部门在行政执法和查办案件过程中依法收集的物证、书证、视听资料、电子数据、检验报告、鉴定意见、勘验笔录、检查笔录等证据材料，经公安机关、人民检察院审查，人民法院庭审质证确认，可以作为证据使用。

走私犯罪自洗钱行为的认定

陈剑峰 *

摘　要　自洗钱入罪对反走私工作意义重大，涉走私自洗钱行为司法适用中易遇到如上游走私犯罪“犯罪所得及其收益”的范围认定，走私自洗钱犯罪成立是否以占有控制“犯罪所得”为前提，案发后伪造证据掩盖行为是否构成自洗钱犯罪，投资属性财产形式转换是否一概构成自洗钱犯罪，“提供资金账户”是否构成自洗钱，通过非金融途径实施掩饰、隐瞒行为如何定性等争议问题，应从走私犯罪自洗钱犯罪的特征出发并结合自洗钱犯罪一般特性进行厘清。

关键词　走私犯罪　自洗钱　司法适用

《刑法修正案（十一）》修改了刑法第 191 条规定，将自洗钱纳入刑事打击范围，破除了传统刑法理论“事后不可罚”的观念桎梏，是我国反洗钱刑法规制的重大进步。《刑法修正案（十一）》施行三年多以来，在走私自洗钱犯罪的认定上，一些司法适用疑难问题不断涌现。本文从走私类自洗钱犯罪的特征出发，结合自洗钱犯罪一般特性，对走私类自洗钱犯罪中实务争议问题加以审视、探析，望有助形成打击走私类自洗钱犯罪合力，助力“高质效办好每一个案件”。

一、涉走私自洗钱入罪与当前适用

（一）自洗钱入罪规范及其对反走私工作的意义

《刑法修正案（十一）》删除第 191 条关于客观行为方式中的三个“协助”和“明知”等术语，解除了洗钱罪只能由他人构成的限制，突破传统赃物罪框架，自洗钱入罪是洗钱罪历次修订中最大亮点。近年来，执法部门加大对走私犯罪的打击力度，在相当程度上遏制了大规模走私犯罪，但是一些重点地区、重点渠道、重点商品的走私活动仍然十分猖獗。当前涉走私洗钱犯罪呈现一些新特点，如利用网络洗钱而实现人、财相分离，洗钱手法多样化等。为了切断走私犯罪“黑钱”与走私犯罪联系，走私犯罪分子让

*　陈剑峰，广东省东莞市人民检察院第三检察部一级检察官。

第三人进行洗钱，也会自己去实施。反洗钱是对走私犯罪的“打财断血”，有利于切断走私犯罪的“经济血脉”和利益驱动力，自洗钱入罪后走私犯罪自洗钱犯罪被纳入犯罪圈进行打击，有利于改善走私犯罪洗钱犯罪打击效果薄弱的被动局面，斩断走私犯罪“经济链”，开创反走私工作新局面。

（二）涉走私自洗钱犯罪司法适用情况

《刑法修正案（十一）》实施以来，已查获的走私犯罪自洗钱案例反映出一些特点与趋势：一是自洗钱中走私犯罪自洗钱较少，这与走私犯罪占洗钱罪七类上游犯罪的比例不成正比，走私犯罪自洗钱的司法适用情况将极大影响自洗钱犯罪打击的数量和质量。二是目前查处的走私犯罪自洗钱主要为典型的自洗钱犯罪。如走私犯罪人员雇请他人使用个人银行账户收取走私犯罪所得并提现构成自洗钱。随着走私类自洗钱犯罪打击不断深入，自洗钱的客观行为、主观认识等司法适用疑难问题不断涌现，亟须进行审视与解析。

二、涉走私自洗钱犯罪司法适用疑难问题检视

（一）走私类自洗钱犯罪成立前提

1. 上游走私犯罪“犯罪所得”的范围认定

当前关于走私犯罪中犯罪所得内涵的认定，主要有三种观点。第一种观点为走私货物、物品说，认为“走私犯罪行为人销售走私犯罪之‘物’的行为，便符合刑法第 191 条规定的‘将财产转换为现金、金融票据、有价证券的’行为，进而构成洗钱罪”，[①] 即认为走私货物、物品就是走私犯罪所得。该观点主要理由为：从规范性文件来看，“两高”、海关总署《打击非设关地成品油走私专题研讨会会议纪要》明确“向非直接走私人购买走私的成品油的，根据其主观故意，分别依照刑法第一百九十一条规定的洗钱罪或者第三百一十二条规定的掩饰、隐瞒犯罪所得、犯罪所得收益罪定罪处罚”，即购买走私货物行为以洗钱罪或者掩饰、隐瞒犯罪所得罪论处；从加大走私洗钱犯罪角度来看，“仅将洗钱罪对象限定于增值部分的利益，作为成本的资金仍然可以循环流转，在后续犯罪中再使用，无法切断上游犯罪财产链条，难以达到设立洗钱罪的目的”。[②] 第二种观点为偷逃应缴纳税额说。认为涉税走私犯罪中走私犯罪所得为偷逃的应缴税款，该观点主要理由为：从刑法打击的对象来看，涉税走私货物、物品可以合法报关，通过走私偷逃税款的行为是刑法规制的行为，重点应当落脚在偷逃的税款；从法律法规、司法解释的规定看，《海关法》等法律法规将走私货物、物品与违法所得并列规定，反映出违法所得有别于走私货物、物品；从一般理解来看，走私行为人获得的利益就是偷逃

---

① 赵拥军：《直接销售走私之“物”的“自洗钱”行为及其罪数认定》，载《中国检察官》2021 年第 5 期。

② 吕梅青、黄玲林：《论走私洗钱犯罪中的犯罪所得》，载《法律适用》2023 年第 6 期。

的税款。第三种观点为走私犯罪获利说。认为走私犯罪所得应是走私犯罪的非法获利，该观点主要理由是根据刑法和司法解释规定，经营类犯罪普遍规定了违法所得数额作为入罪标准和判处罚金标准，明确扣除成本之后的数额是违法所得数额，走私犯罪中的犯罪所得也应当做相同认定。

2. 走私自洗钱犯罪成立是否以占有、控制“犯罪所得”为前提

在有组织的走私犯罪或者稳定的走私集团案件中，有的行为人反侦查意识强，为了逃避反洗钱监管和法律追究，要求他人在支付走私费用等款项前先行通过转换资金账户、资金形式等方式割裂资金与作案人员的联系后，再将相关资金支付给行为人，这种洗白行为能否认定为自洗钱存在争议。有观点认为，在行为人尚未实际控制犯罪资金前，犯罪所得尚未产生，也就无“钱”可以清洗，不属于掩饰、隐瞒犯罪所得及其收益，仅是走私犯罪行为的一部分，不能认定为走私自洗钱。也有观点认为，在一些司法解释或者规范性文件中，违法所得也指行为所得和可得的全部违法收入，涉案钱款虽在洗白阶段尚未由行为人控制，但属于行为人即将获得的犯罪所得，属于其可得的收入，应当认定为犯罪所得，且该类洗白行为不是走私行为的必备阶段，其行为割裂真实交易链条，损害金融管理秩序和司法机关正常追查活动，具有单独评价的必要，应当认定为走私自洗钱行为。

（二）走私类自洗钱犯罪行为方式认定

1. 案发后伪造证据掩盖行为是否构成自洗钱犯罪

在一些走私犯罪案件查处过程中，走私人员与其他人员事后串通伪造证据对抗侦查，如伪造股权投资协议、借条、收据等，将走私款项伪造为股权分红、借款等。该类型行为能否评价为自洗钱犯罪存在不同认识。有观点认为，案发后伪造证据进行平账或者掩盖的过程是一个完全闭环，不存在赃款析入、析出的过程，特别是赃款在被使用行为消耗掉的情况下，洗钱对象不存在，不符合自洗钱犯罪构造，行为性质应当评价为妨害作证。也有观点认为，伪造证据行为产生掩饰、隐瞒走私犯罪所得及其收益的效果，破坏金融监管秩序，妨害上游犯罪追查，应当以走私犯罪与洗钱罪数罪并罚。

2. 投资属性财产形式转换是否一概构成自洗钱犯罪

行为人将赃款用于购买具有投资属性的理财产品、房产等，涉及财产形式转换，是否一概构成自洗钱，存在一定争议。有观点认为，“对于行为人获取特定上游犯罪后自己投资房产、汽车、股票等有价证券的，应认定为‘自洗钱’”。[①] 也有观点认为，应当分情况进行判断，如“从银行账户转移至期货保证金账户，或者从银行账户转换成房产，仍很难切断其与上游犯罪行为人的联系，达到‘表面合法化’的效果”，[②] 难以认定这种行为具有掩饰、隐瞒客观功能，不能认定为自洗钱行为。

---

① 何荣功：《洗钱罪司法适用的观察、探讨和反思》，载《法学评论》2023 年第 3 期。

② 罗曦、陈晨：《洗钱罪司法实务疑难问题探讨》，载《人民检察》2022 年第 18 期。

3. “提供资金账户”是否构成自洗钱

“提供资金账户”条文表述在《刑法修正案（十一）》前后没有发生变动，在洗钱罪扩容到自洗钱的背景下，走私犯罪行为人为自己提供资金账户的行为是否构成自洗钱存在一定争议。一种观点认为，“上游犯罪人本犯提供本人资金账户资金进行使用的，其性质属于上游犯罪完成后，对违法所得进行事实上的控制、占有的自然延伸状态，而不能评价为掩饰、隐瞒行为，也就不能成立洗钱罪”，[①] 自己的银行账户只是资金的存放载体，资金账户的提供人与使用人是同一个主体，无法混淆资金的非法性质，为割裂与犯罪所得及其收益的关联，行为人还必须在提供资金账户之外实施其他行为，同时使用自己的银行账户不符合“提供”的字面含义，“提供”的字面意思是供给他人，行为人使用自己资金账户存取行为认定为自洗钱行为超出法条规范范畴。另一种观点认为，将上游犯罪所得及其收益存入自己的资金账户属于转换财产形式，已经不属于上游犯罪的自然延伸，本质上与其他自洗钱行为没有差别，“其破坏或者瓦解了金融机关的监管制度，破坏了金融机构稳健经营的基础，加大了金融机构的法律风险和运营风险”，[②] 如果不对自己提供资金账户进行处罚，将形成处罚漏洞，该类行为应当认定为自洗钱。

4. 通过非金融途径实施掩饰、隐瞒行为的定性

走私犯罪行为人通过走私获取的犯罪所得不限于钱款，一些情形下行为人获得对价为实物（如车辆），后行为人通过以物易物方式或者签订虚假买卖合同来使犯罪所得合法化，有观点认为，这类掩饰、隐瞒手段通过非金融途径进行，不构成自洗钱。该观点主要理由是洗钱罪规定在“破坏金融管理秩序罪”章节中，洗钱罪保护法益是金融管理秩序法益，如果没有利用金融机构或者利用金融领域的相关活动掩饰、隐瞒犯罪所得及其收益，不可能侵犯到金融管理秩序法益，不构成洗钱罪，对于没有破坏金融管理秩序的掩饰、隐瞒行为可以以掩饰、隐瞒犯罪所得、犯罪所得收益罪论处，不会放纵犯罪。同时也有观点认为，只要上游犯罪是走私犯罪等七类犯罪，通过非金融途径实施掩饰、隐瞒行为，也应认定为洗钱罪。

（三）走私类自洗钱犯罪主观内容问题

1997 年《刑法》与《刑法修正案（十一）》在洗钱罪中均作出了“为掩饰、隐瞒其来源和性质”的表述。有观点认为，该内容是关于目的犯的规定，“行为人主观上必须具有掩饰、隐瞒犯罪所得及其产生的收益的来源和性质之目的”，[③] 否则不能构成洗钱罪的表述。也有观点认为，该表述“属于客观构成要件要素，不可将该目的纳入目的犯的

---

① 刘洋：《自洗钱入罪后洗钱罪客观不法要件争议问题聚讼》，载《上海法治报》2022 年 7 月 20 日，B05 版。

② 黎宏：《自洗钱行为认定的难点问题分析》，载《法学评论》2023 年第 2 期。

③ 李光林、陶维俊：《提供资金账户式洗钱行为的司法认定》，载《检察日报》2021 年 7 月 23 日，第 3 版。

范畴，从而不必要地加重举证责任”。[①] 如果按照目的犯的观点，则将间接故意排除出洗钱罪，同时在认定行为人构成洗钱罪时需论证行为人主观上具有掩饰、隐瞒的目的，具体到走私类自洗钱犯罪认定中，对行为人提出的没有掩饰、隐瞒的目的需进行论证，而这种论证往往无法排除行为人辩解，刑事证明难度极高，对走私类自洗钱犯罪打击效果将大打折扣。同时上述对洗钱罪主观故意的理解与国际公约及世界其他国家的规定存在差异。《联合国禁毒署反洗钱示范法》《欧洲反洗钱公约》等国际刑事司法准则均认可间接故意构成洗钱罪，德国等国家立法明确洗钱罪可以由间接故意构成。如德国刑法典第 261 条第 1 款规定洗钱罪是指行为人将源于特定违法行为所得之物品加以隐藏，掩饰其来源，或者阻碍或危害对该物品来源的调查、发现、追缴、没收或查封此等物品之行为。德国等国家司法实践中也认定间接故意可构成洗钱罪，如德国联邦最高法院认定两名刑事辩护人明知当事人给予的酬金来源于投资欺诈并接受成立洗钱罪 [②] 。

三、走私犯罪自洗钱司法适用疑难问题探析

（一）走私类自洗钱犯罪成立前提

1. 走私犯罪“犯罪所得及其收益”的范围厘定

其一，走私货物、物品说不符合犯罪所得定义，也容易导致罪责刑失衡。从犯罪所得的定义来看，日常生活用语中货物、物品都可以称为犯罪所得，但刑法意义上的犯罪所得与日常生活概念不一致，与犯罪对象、犯罪生成之物等概念存在区别，走私犯罪中的货物、物品在走私犯罪实施前就已存在并由行为人控制，并非通过走私犯罪行为而得到的，不能评价为犯罪所得，同时这些货物、物品属于在走私前通过买卖等形式取得，属于合法的所有权获取形式，尚未实施走私犯罪前依法取得的财物认定为犯罪所得有违物权法等民商法规定。从实现罪责刑均衡来看，与货物、物品的价值相比，涉税类走私犯罪偷逃税款通常占比较小，按照货物和物品的价值、货款认定犯罪所得，则洗钱犯罪数额一般远大于涉税类走私犯罪犯罪数额，容易导致上下游犯罪罪责刑失衡。

其二，偷逃应缴纳税额说不符合走私犯罪特征，也有违法秩序统一。从走私犯罪的特征看，偷逃的税款不是真实的支出，走私人员获取的资金与偷逃税款不具有对应性，偷逃的税款并不是行为人的直接获利，偷逃税款只是为获利创造了条件，即使偷逃了税款，行为人在过程中也可能没有实际获利甚至亏本；从法秩序统一角度看，《海关法》等法律、行政法规将货物、物品与违法所得并列规定，认定犯罪所得时应当与相关行政法律法规保持一致。

其三，走私犯罪中非法获利应认定为犯罪所得。走私犯罪是经营型犯罪，与非法转让、倒卖土地使用权罪、侵犯著作权罪等一样，犯罪所得应当将成本剔除，以行为人实

---

① 陈新旺：《洗钱罪有关法律适用问题》，载《人民司法》2023 年第 20 期。
② 徐久生：《德国刑法典的重大变化及其解读》，载《刑事法评论》2017 年第 2 期。

际获利作为犯罪所得。实践中将走私犯罪获利认定为犯罪所得有两大障碍：一是获利查清有一定难度，二是关于是否不利于打击走私犯罪的疑虑。实际上，获利难以查清一般是因为走私人员故意隐藏证据、拒不交代实际获利，在走私人员拒不配合交代实际获利的情况下，可以结合涉案单据反映出的信息从证据采信上作出不利于行为人的认定，但如果在案证据证实行为人确实在走私过程中“亏本”，没有实际获取到利益，则在走私犯罪过程中没有实际产生“犯罪所得”，该种情形下行为“无钱可洗”，不认定为洗钱罪，以走私犯罪一罪对其进行评价可以实现罪责刑相适应。同时，以获利认定犯罪所得不会出现放纵走私犯罪问题。按照刑法和相关司法解释的规定，供犯罪所用本人财物应当予以没收，在走私人员没有实际获利的情况下，其走私所用的货款等资金属于应当没收的涉案财物，通过没收涉案财物可以有效剥夺走私人员再次作案的能力，同时已经对上游走私犯罪进行定罪处罚，可以起到相应的威慑效果。

2. 自洗钱犯罪成立应当以实际占有、控制“犯罪所得”为前提

认定自洗钱犯罪应当以走私犯罪行为人实际控制犯罪所得为前提。其一，从“犯罪所得”定义来看，按照2009年最高人民法院《关于审理洗钱等刑事案件具体应用法律若干问题的解释》（以下简称《解释》）规定，犯罪所得是“通过犯罪直接得到的赃款、赃物”，在行为人尚未实际控制、支配走私犯罪所得及其收益的情况下，洗钱罪没有行为的对象，行为人“无钱可洗”，也就不可能构成洗钱罪。一些司法解释或者规范性文件中认定违法所得包括可得违法收入，系出于行为人在尚未取得违法收入情形下填补入罪漏洞、为罚金刑判罚基数提供依据、明确没收财产范围考虑，与上述问题在不同的语境中不能做同类解释。其二，以实际控制犯罪所得作为走私犯罪与洗钱罪的界限，可以实现对上游犯罪的客观全面评价并对行为人准确适用刑罚。其三，最高人民检察院发布的第二批检察机关惩治洗钱犯罪典型案例，对该问题明确阐述为“洗钱罪是在上游犯罪完成、取得或者控制犯罪所得及其收益后实施的新的犯罪活动，与上游犯罪分别具有独立的构成”，明确洗钱罪与上游走私犯罪之间的界限，应作为实践认定的重要参考。

（二）走私类自洗钱犯罪行为方式认定

1. 案发后伪造证据掩饰、隐瞒走私犯罪所得及其收益应当认定为自洗钱犯罪

案发后伪造证据掩饰、隐瞒走私犯罪所得及其收益符合自洗钱犯罪构成要件。其一，伪造证据掩盖行为符合自洗钱犯罪行为方式要求。根据《解释》规定，“通过虚构交易、虚设债权债务、虚假担保、虚报收入等方式”属于其他掩饰、隐瞒犯罪所得及其收益的方法。案发后伪造股权协议、借款协议等证据，属于虚构交易、虚设债权债务范畴，符合自洗钱方式规定。其二，走私犯罪所得即使在实施行为时已被使用，财物的来源性质非法性并没有被消除，伪造证据行为产生使其表面合法化的效果，起到掩饰、隐瞒效果。其三，伪造证据掩饰、隐瞒行为对进入流通领域的走私犯罪所得的查清、走私犯罪的追究设置了障碍，扰乱了对走私犯罪追查活动，侵犯洗钱罪所保护的法益。因此该类行为应当认定为自洗钱犯罪。

2. 投资属性财产形式转换应当根据实际情况判断是否构成自洗钱犯罪

走私犯罪行为人将赃款用于购买具有投资属性的购买理财产品、房产等，行为可以切断转化后的财物与上游犯罪之间的联系，对犯罪所得可以起到“漂白”的作用，一般构成自洗钱犯罪。但如果在行为人实际控制赃款后，财物在外在形式上均体现为行为人名下，未借用他人账户或者名义等方式制造流向“断点”，从银行账户到股票账户、房产登记等均可以通过正常途径查询到流向，则不会对有关机关追诉带来额外困难与追诉成本，财产形式转换不能体现掩饰、隐瞒效果，该类情形则不宜作为自洗钱犯罪行为处理。

3. “提供资金账户”应当分类型认定是否属于自洗钱行为

实践中走私犯罪等上游犯罪获取犯罪所得及其收益后存入自己的资金账户存在多种情形。行为人使用自己资金账户对走私犯罪的所得及其收益整存整取的，虽然该种情形变换了财产形式，但仅有存取行为，没有在此基础上虚构资金来源等行为，通常主观故意上不能体现为了割裂与犯罪所得及其收益的关联，客观上也难以混淆资金的非法性质，故不宜认定为自洗钱犯罪。同时，我国通过大额交易和可疑交易报告制度等机制加强反洗钱工作，中国人民银行 2016 年通过的《金融机构大额交易和可疑交易报告管理办法》第 3 条规定“金融机构应当履行大额交易和可疑交易报告义务，向中国反洗钱监测分析中心报送大额交易和可疑交易报告”，第 5 条规定“当日单笔或者累计交易人民币 5 万元以上（含 5 万元）、外币等值 1 万美元以上（含 1 万美元）的现金缴存、现金支取、现金结售汇、现钞兑换、现金汇款、现金票据解付及其他形式的现金收支”等属于应当报告的大额交易、可疑交易情形。行为人如果将犯罪所得及其收益化整为零存入自己银行账户，或者在自己多个银行账户间转账拆分等切割交易链条，则属于逃避金融机构监管的行为，不再是上游犯罪的自然延伸，而是实施了侵害金融管理秩序的行为，应当认定构成自洗钱犯罪。

4. 通过非金融途径实施掩饰、隐瞒行为也应认定为自洗钱

虽然通说认为，“洗钱罪侵犯的客体是复杂客体，包括国家金融管理秩序和司法机关的正常活动”，[①] 实际上，金融管理秩序不是洗钱罪主要保护法益，“从世界范围来看，多数国家和地区均认为洗钱罪侵害的法益是司法机关的正常活动而不是金融管理秩序”，[②] “处罚洗钱，是为了保护刑事司法权的运作，也是为了切断犯罪人与正常经济活动的系带”。[③] 认为未侵犯金融管理秩序法益不构成洗钱罪的观念不符合当前国际立法规定和实践。同时，虽然《刑法》第 191 条规定洗钱方式为提供银行账户等与金融机构相关的手段，但《解释》对洗钱方式提炼了“通过典当、租赁、买卖、投资等方式”等六种情形，这些情形与金融活动关联不大，仍被司法解释认定为洗钱罪的方式。因此不

---

① 王作富：《刑法分则实务研究》，中国方正出版社 2013 年版，第 488 页。
② 李云飞：《我国广义洗钱罪概念下的体系混乱及成因分析》，载《政治与法律》2014 年第 8 期。
③ 林东茂：《刑法综览》，中国人民大学出版社 2009 年版，第 11 页。

管是理论与实践均倾向认为“洗钱罪与掩饰隐瞒犯罪所得、犯罪所得收益罪客观行为区分不在于具体的行为方式而在于行为性质”，洗钱罪与掩饰、隐瞒犯罪所得、犯罪所得收益罪的区分界限在于上游犯罪是否是走私犯罪等七类上游犯罪。所以，走私犯罪行为人将所得通过非金融途径实施掩饰、隐瞒行为同样可以认定为自洗钱犯罪。

（三）走私类自洗钱犯罪主观内容厘清

1.“为掩饰、隐瞒……”的规定不是目的犯规范

认为“为掩饰、隐瞒其来源和性质”是目的犯规范的主要理由在于，“从立法语言看，将‘为+动词’结构解释为主观目的是我国的立法习惯”。[①] 但从刑法条文本身来看，刑法条文中的目的犯一般使用“以……为目的”的表述，如“以非法占有为目的”“以营利为目的”等，“为掩饰、隐瞒其来源和性质”与上述表述明显不同；从立法目的来看，排除间接故意构成洗钱罪将出现法网疏漏，将严重制约洗钱犯罪的刑事打击，不利于对走私犯罪的追查与打击，不利于我国参与反洗钱国际合作，与《刑法修正案（十一）》更好打击洗钱罪目的相悖。因此“为掩饰、隐瞒……”的表述不是关于主观超过要素——目的犯的规范，洗钱罪在主观内容方面包括了间接故意。具体到涉走私自洗钱犯罪中，行为人将所得及其收益用于投资、购置资产等活动，行为客观上使“黑钱”洗白，其主观上一般是放任的间接故意，可认定其行为符合自洗钱要件从而构成洗钱罪。

2. 走私类自洗钱犯罪主观认识

在明确“为掩饰、隐瞒……”的规定不是目的犯规范基础上，还需要进一步明确走私类自洗钱犯罪故意的认定。在认定行为人具有间接故意继而构成自洗钱犯罪的认定上，应当至少证明行为人认识到自己的行为能够掩饰、隐瞒走私犯罪所得的来源和性质。由于走私犯罪的特殊性，行为人往往对犯罪所得的处理较谨慎，因此一般能够认识到行为会起到掩饰、隐瞒犯罪所得来源和性质的效果。在个别情形下，处理犯罪所得行为“与日常生活中常见的资金处置和财务管理行为容易发生重合，在判断其是否具有‘为掩饰、隐瞒’的主观心态时更需慎重”，[②] 如果行为人提出关于主观上无故意的合理辩解并提供相应证据，则应当否定自洗钱犯罪认定。

---

① 胡印富、孙振江：《自洗钱犯罪中“为掩饰、隐瞒……来源和性质”如何定性》，载《人民检察》2023 年第 2 期。

② 罗曦、陈晨：《洗钱罪司法实务疑难问题探讨》，载《人民检察》2022 年第 18 期。

“自用手表”走私案件刑法规制的必要性研究
——以海关法律规范为视角

付 强 储德林*

摘 要 “自用手表走私”行为的规制需立足《海关法》进行违法性评价。《海关法》对违法行为的二元划分要求“走私行为”是入罪的必要条件。实践中对于《海关法》第82条、第85条的错误理解导致“走私行为”认定标准不一致，进而造成刑法规制的标准混乱。“自用”“合理数量”原则对“自用物品走私”具有典型的出罪功能，因而需要明确“自用”“合理数量”的范围边界。特殊情形下，行为人的“自用”辩解的破除应着重审查行为人客观“逃避海关监管”行为与主观“违法性认识”。

关键词 自用手表走私 海关法 合理数量 走私行为

一、问题的提出

案例一：周某、郭某系母子关系。2020年11月、2021年4月，被告人周某先后两次受吴某委托，帮吴某从境外购买“江诗丹顿”手表一块、“劳力士”手表三块，未向海关申报，以人身藏匿方式将前述手表非法携带入境。2021年4月，被告人郭某某、周某某在境外共同购买“百达翡丽”手表两块，以人身藏匿方式将手表携带进境，后由二人自用。经海关计核，前述六块手表涉嫌偷逃税款819000余元（郭某涉嫌偷逃税款397000余元），后法院判决二人分别构成走私普通货物、物品罪与走私普通物品罪[①]。

案例二：2015年4月，王某在欧洲购买某品牌手表13块，货值金额约为50万元，准备带回国内馈赠亲友。入境时，王某选择无申报通道，后被海关查获。同年8月，海关扣除一块手表自用后，针对其余被查获的12块手表予以行政处罚，并按照货物适用

* 付强，江苏省苏州市人民检察院重大犯罪检察部主任、一级检察官；储德林：江苏省苏州市人民检察院经济犯罪检察部五级检察官助理。

① 见（2021）沪03刑初159号判决书，来源于裁判文书网。

的税率征税后放行①。

案例三：留学生赵某于2011年4月受亲友委托，从德国购买15块手表入境，因未申报而被海关查获，后移交缉私部门。经计核，认定其偷逃税款7万余元，后该案由检察院向法院提起公诉，最终被法院定罪免刑②。

以上案例表明，从境外购买名贵手表自用，因未如实申报而被海关查获的案件（以下对此种行为概称为“自用手表走私”），在全国各地时有发生，但对于此种类型的案件，不同地区司法机关的处理也并不相同。从全国范围来看，此类案件的处理结果包括：作为行政案件处理、部分案件移送检察机关后被不起诉、部分案件起诉后被判处免予刑事处罚，也有部分案件被科处刑罚。

此类案件的多元处理结果显然并不符合司法定分止争的价值导向，而且无法发挥法治的指引功能。从结果来看，受制于“自用”目的，行为本身对法益的侵害有限，将此类案件一律纳入刑事打击范围的合理性值得商榷。即使认定“自用手表走私”行为具有相当程度的违法性与处理必要性，当前司法实践中也并未充分考虑该行为在前置性海关法律规范中的性质评价。因而，当前实践中对于“自用手表走私”类案件动辄诉诸刑事途径予以规制的现象亟须纠偏。

二、“自用手表走私”的性质界定

（一）《海关法》对违法行为的类型界分

一般而言，“自用手表走私”案件所触犯的罪名系《刑法》第153条的走私普通物品罪。但何为“自用”，《刑法》第153条却并未作出明确界定，2014年“两高”《关于办理走私刑事案件适用法律若干问题的解释》也没有论及“自用物品走私”的相关问题。因而，对于此类案件的适当处理需先探究“自用”物品在海关法律规范中的性质，进而厘清“自用物品走私”的入（出）罪逻辑与归责基础。基于走私犯罪典型的法定犯属性，对其法律性质的界定仍应首先回归于海关法律规范。从《海关法》及配套的行政性规定来看，“自用手表走私”在某些情形下具有前置违法性。但需要指出的是，此类案件中不能仅以行为具备违法性而直接认定为走私犯罪，进而得出刑事可归责的结论。

按照《海关法》第82条的内在逻辑体系，除第82条第1款规定的三种情形外，所有违反《海关法》的行为，除非另有规定，否则均不应当以“走私行为”认定。因为《海关法》第82条第2款规定，“有前款所列行为之一，尚不构成犯罪的，由海关没收走私货物、物品及违法所得，可以并处罚款”。根据该条款，走私犯罪的构成需以成立

① 史东海：《关于进境旅客携带应税物品未申报行为的定性分析》，载《海关法评论》第3卷，法律出版社2013年版，第272页。

② 徐姗姗：《从一起走私普通物品案再看行邮物品进口税制度之完善》，载《海关法评论》第3卷，法律出版社2013年版，第118页。

《海关法》上的走私行为为前提。《海关行政处罚实施条例》同样采用这一逻辑。该条例第12条规定，“违反海关法及其他有关法律、行政法规和规章但不构成走私行为，是违反海关监管规定的行为”（出于表述上的方便，以下对前述条例第12条规定的行为表述为违规行为）。因而在以《海关法》为核心的海关法律规范体系下，违反海关法的行为自然可以界分为走私行为与违规行为。走私行为具有进一步构成走私犯罪的可能，而违规行为仅能依据《海关法》及配套规定对行为人加以行政处罚，不具有任何入罪的空间。

（二）走私行为与违规行为的性质区分

如前所述，现行《海关法》对走私行为也不当然构成走私犯罪。根据《海关法》对违法行为的划分，除构成走私行为外，其余行为均属于“违规行为”。某一行为在成立走私行为的前提下，具有入罪的空间与可能；但若某一行为仅为“违规行为”，无论其行为方式及后果，在罪刑法定原则下，均无法构成走私犯罪。基于实践的角度，当前调整“自用手表走私”行为的核心法律依据为《海关法》与《刑法》，这两部法律适用的内在先后次序及走私犯罪典型的法定犯属性，要求对走私犯罪采取一种渐进式的阶梯分析思路：首先要评判该行为是否具有《海关法》上的违法性；其次分析该行为在《海关法》上的评价类型，即该行为属于走私行为或是违规行为（如果属于走私行为，后续有认定为走私犯罪的可能）；最后行为后果是否达到刑事追诉标准。

（三）“自用手表走私”的性质归属

旅客携带名表进境而未向海关申报，违反了《海关法》第47条第1款[①]中向海关如实申报的法定义务，似乎也符合“走私行为”的构成，在偷逃税款超过十万元时，即达刑事立案追诉标准，以走私犯罪追究似乎并无不妥。但若回归《海关法》及其相关的配套规定，这种逻辑仍有不恰之处，因为按照《海关法》第85条[②]，即使超出合理数量未向海关申报也属于“违规行为”。同一行为的两种评价结果，表明两个法条之间存在冲突，对于这一冲突该如何厘清，又成了摆在司法实践面前的一道关卡。

从《海关法》第85条所确定的处罚方式上看，海关可以针对“超出合理数量”且“未向海关申报”的行为责令补缴罚款，可以处以罚款，而并未作为走私行为予以规制。本文认为，《海关法》第85条调整的核心对象为“自用物品”（合理数量系对“自用物品”的进一步限制，后文将详细论述），在“自用物品”的前提下，是否超出“合理数量”以及是否“依法向海关申报”并非认定走私行为的判断因素，亦即在“自用物品”这一前提下，未“依法向海关申报”也只能科处行政处罚。这一点在《海关行政处罚实

① 《海关法》第47条第1款：进出境物品的所有人应当向海关如实申报，并接受海关查验。

② 《海关法》第85条：个人携带、邮寄超过合理数量的自用物品进出境，未依法向海关申报的，责令补缴关税，可以处以罚款。

施条例》第19条[①]亦可得以证实。基于此，“自用手表走私”自然只属于《海关法》上的“违规行为”，即使偷逃税额达到刑事追诉标准，也不能将其作为走私犯罪处理。

另外，通过考察《海关法》第85条的渊源，我们发现，该条是一条特殊规定，旨在避免走私行为而引起的打击面过大情形的出现。海关总署于1987年4月2日发布的《关于执行〈海关法〉第五十条规定的通知》（以下简称《通知》）说明，《海关法》第50条的立法目的在于将个人贪图小利从走私行为中划出来，改按违反海关监管规定的行为处理，以缩小打击面。其后，进一步明确进出境人员有本通知第一、二项所列行为[②]，但所带物品属于禁止进出口的或者明显具有商品性的，以及逃避海关监管的手段恶劣、情节严重（如采用人体、特制工具藏匿等）的，仍按走私行为定性、处理。同样地，2004年《海关行政处罚实施条例》（以下简称《条例》）第7条对走私行为的认定沿用这一思路，将主动采用隐匿手段规避正常海关监管的行为纳入走私行为之中。从另一视角观之，《条例》第20条将“藏匿、伪装等方式逃避海关监管”的情形排除在减轻处罚不作为走私的情形之外。由此观之，对于司法实践中的“自用手表走私”案件需结合行为特点，宜分情形予以考量。一是未采取藏匿、伪装等方式逃避海关监管的，不应认定为“走私行为”，自然也不作为犯罪处理；二是采取隐匿方式逃避海关监管的，则显然具有行政违法性，进而具有认定为走私犯罪的空间。不难理解，作出前述规定的原因在于藏匿、伪装等行为与逃避监管的行为的同质性，因而自然可以归入《海关法》第82条第1款第3项，进而将其认定为走私行为。

（四）“自用”“合理数量”的客观认定

除《海关法》第85条明确“自用”“合理数量”外，《海关法》第46条[③]也有论及，但这些规定均未提供“自用”“合理数量”的认定思路。《中华人民共和国海关对进出境旅客行李物品监管办法》（海关总署令第9号）明确，“自用”指旅客本人自用、馈赠亲友而非为出售或出租；“合理数量”指海关根据旅客旅行目的和居留时间所规定的正常数量。通过分析可以发现，该条不仅陷于循环论证，未厘清何为“自用”、未明确“合理数量”的认定标准，也未对二者之间的关系加以说明。

欲精准界定“自用”“合理数量”的范围，先得厘清二者之间的关系。本文认为，“自用”与“合理数量”系彼此独立的两个要件，二者在逻辑上具有递进与互补关系，

---

① 《海关行政处罚实施条例》第19条第1款第2项：个人运输、携带、邮寄超过合理数量的自用物品进出境未向海关申报的，予以警告，可以处物品价值20%以下罚款，有违法所得的，没收违法所得。

② 该两项规定：（一）进出境人员逃避海关监管，携带炒货海关规定数量的物品，但数量零星，价值在人民币二百元以下（含二百元）的，可以教育补税放行，不予处罚；（二）进出境人员逃避海关监管，携带超过海关规定数量，但仍属自用的物品，价值在人民币二百元以上五百元以下（含五百元）的，不再按走私论处，可根据情况予以补税或者退运，可以并处物品等值以下的罚款。

③ 《海关法》第46条：个人携带进出境的行李物品、邮寄进出境的物品，应当以自用、合理数量为限，并接受海关监管。

二者在是否构成走私行为的认定中，同样居于主导地位。其中“自用”系对旅客携带物品的用途的限定；“合理数量”则是在自用的基础上，对携带行李物品数量的额外限制，因为基于使用属性，数量上必然不会太多，相反亦能基于数量判断、佐证行为人的“自用目的”是否合理。有论者认为，不符合自用目的的物品，无论数量多少都不可以正常放行，[①] 因而在“自用”的背景下，才有适用合理数量原则的空间。于此，“自用”是放行物品的前提条件，“合理数量”是放行物品的具体边界，超出合理数量的物品，即使行为人申明为自用，也不符合放行条件。因为在现行《海关法》法律规范下，超出合理数量的“自用物品”则不再属于“物品”范畴，转而将其认定为“货物”，行为人需缴纳关税后方能予以放行。[②]

1.“自用”含义的界定

《海关法》《关税法》对“自用”原则的规定，首要目的在于排除行为人商业性、贸易性行为，因为物品通常不具有商业、贸易属性，而具有此种性质的物品显然应归入“货物”范畴。在《海关法》以及《关税法》的规定下，“货物”与“物品”并非严格的二元对立关系，二者在限值的数额波动下，“物品”具有向“货物”转化的可能。除前述《关税法》第5条的规定外，海关总署第43号公告中也明确“个人寄自或寄往港、澳、台地区的物品，每次限值为800元人民币……个人邮寄进出境物品超出规定限值的，应办理退运手续或按照货物规定办理通关手续”。

前述海关总署第九号令将“自用”解释为“‘自用’指旅客本人自用、馈赠亲友而非为出售或出租”，该解释实际上排除了行为人“牟取利益”的目的。这一点在1987年的《海关法》中亦能得以体现。1987年《海关法》第六章中规定了走私的法律责任。该法第47条直接规定了走私罪的行为模式、处罚方式与单位犯罪条款。该条第1款第2项明确“以牟利为目的，运输、携带、邮寄除前项所列物品外的国家禁止进出口的其他物品、国家限制进出口或者依法应当缴纳关税的货物、物品进出境，数额较大的”直接构成走私罪。根据第2项，构成走私犯罪需“以牟利为目的”，同时犯罪对象为“应税货物”。后续修订过程中，基于罪刑法定原则的考虑及立法技术的成熟，删去了“以牟利为目的”等内容。本文认为，“牟利目的”这一表述的删除，并非《海关法》认为构成走私犯罪不要求行为人具有牟利目的。因为常规走私犯罪（走私普通货物、物品罪）的最大犯罪成因在于行为人通过逃避监管，规避了海关关税的缴纳，进而赚取“差价”，其本身就属于“牟利”型犯罪，“牟利目的”在这一犯罪中属于不言自明的要素。因而，就此类犯罪而言，行为人“牟利目的”无须在立法中赘言。此外，1987年《海

① 史东海：《关于进境旅客携带应税物品为申报行为的定性分析》，载《海关法评论》第7卷，法律出版社2017年版，第276页。

② 2024年新修订的《关税法》第5条规定：个人合理自用的进境物品，按照简易征收办法征收关税。超过个人合理自用数量的进境物品，按照进口货物征收关税。个人合理自用的进境物品，在规定数额以内的免征关税。

关法》第50条规定“个人携带、邮寄超过合理数量的自用物品进出境，未向海关申报的，责令补缴关税，可以处以罚款”，表明在1987年《海关法》的体系下，自用物品当然不具有“牟利目的”，自然不构成走私犯罪。这一规定在现行《海关法》中得以沿用。

据此，在“自用”原则的限制下，行为人不应当具有任何牟利意图，其所携带的手表仅作自己使用或馈赠亲友之用。在实践中，对于“自用”原则的认定，需结合行为人的辩解、携带的手表数量以及行为人的真实意图以及相关证据对其所携带的手表是否“自用”予以判断。

2.“合理数量”的认定

关于“合理数量”，通常理解为海关可放行的数量，但若结合海关方面的规范，结论却并非如此。根据《海关总署公告2010年第54号（关于进境旅客所携行李物品验放标准有关事宜）》的规定，境内居民携带境外取得的自用物品进境，总价值不超过5000元，单一品种在自用合理数量范围内的，予以免税；确属自用，但价值超过5000元的，应当依法征税。同样地，海关总署2010年第43号公告亦对于旅客寄自或寄往港澳台地区的物品限额为800元人民币，其他国家或地区的限额为1000元人民币。从以上规定可以看出，海关予以放行（补税后放行）的评判标准并非物品数量的多寡，而是基于货物本身的价值。

由此产生的一个问题是，在“自用手表走私”中，因手表自身的高价值属性，一块手表同样会超出现行规定中货物价值，进而超出“合理数量”原则统摄范围。因而，本文认为，单纯的数量限制或价值限制均不符合当下执法、司法实践。《海关法》第56条第4项以“规定数额”确定是否减、免征税，而“数额”在文义上显然同时包括数量与金额（价值）之义，此种界定标准更显合理。而且数量与金额的区分可推而广之适用各类物品，在高价值物品监管中，采取数量标准，而价值相对较低的进出境物品则可以采取金额标准，进而可以保证执法司法该有的灵活性。故本文建议在认定标准上采取“数额”或“合理数量、金额”替代当下的“合理数量”。至于在“自用手表走私”类案件中，基于前述对于“自用”的理解，本文主张将1—2块认定为合理数量，并明确价值上限，在超出价值上限时，按照《海关法》第85条的规定由行为人补缴关税，而后予以放行；在超出2块时，无论其是否超出价值上限，一般可否定其“自用”目的，并将其认定为走私行为，除非行为人提供充分的证据证明其“自用”目的。

三、审查“自用手表走私”案件是否入罪的路径分析

在审查起诉环节，判断某一行为是否为构成性犯罪，除了刑事违法性的分析，还要评判该行为是否具有与刑事处罚相匹配的社会危害性。按照法秩序统一的基本原理，具有前置处罚或救济途径的可能，不应将该行为评价为刑事犯罪。立法者在确定刑罚规制对象时，首要考虑的为社会危害性的有无及其程度，只能将那些社会危害性达到应受刑罚处罚程度的行为在刑事法律上予以否定性评价，将其类型化、抽象化为具体的犯罪类

型，宣告其具有刑事违法性。

就本文所探讨的“自用手表走私”行为来看，无论是刑事违法性，还是应受刑罚处罚性，显然均未达到与之相称的程度。一则从刑事法律来看，“自用物品走私”具有相对较弱的刑事违法性，刑法规制的走私行为范围小于《海关法》中的走私行为；二则海关法律法规对“自用物品走私”行为有着明确且完备的规定，在此情形下，依据海关法律法规作出行政处罚足以惩戒“自用物品走私”行为。因而，对于此类案件，需重点审查行为人的主观认识与客观行为，全面把握刑事违法性与非难可能性，审慎把握提起公诉的标准。

（一）行为人是否具有违法认识可能

对于违法性认识问题，我国刑法未将违法性认识错误作为行为人减免刑事责任情节。本文认为走私犯罪作为典型的法定犯，且由于法律、政策的复杂性，一律按照“不知法不免责”处理显然难以取得较好的社会效果。责任主义的基本精神也要求，行为人不具备违法性认识的可能性时，对其行为不应予以刑事追究。因而，在“自用手表走私”类案件中，本文认为仍有必要探求行为人的违法性认识，进而评判其行为是否有刑法非难的可能性。“两高一署”2002 年印发的《办理走私刑事案件适用法律若干问题的意见》中明确“行为人明知自己的行为违反国家法律法规，逃避海关监管，……并且希望或放任危害结果发生，应认定具有走私的故意”。因而违法性认识应当作为“自用手表走私”类走私犯罪故意的认识因素。

作为责任要素的一种，违法性认识也影响到行为人是否需要承担刑事责任以及责任的大小，这是检察工作实践中判断案件起诉必要性而不能忽视的一环。根据日常经验，以名贵手表为典型的物品，满足使用功能的最小单元即为一块。但如前所述，一块高端手表的税款便可能高达数十万元，此时一块手表便有可能达到走私犯罪的入罪门槛，这不仅违背了普通民众的日常生活经验，也会造成走私犯罪的犯罪圈无限扩大，更是对《海关法》第 85 条的背离。

本文认为《海关法》、《中华人民共和国海关对进出境旅客行李物品监管办法》（海关总署令第 9 号）等规定以及前述分析，1—2 块手表应属于“合理数量”范畴，也符合“自用”原则的约束。即使行为人未向海关申报而被发现，根据《海关法》第 85 条的规定，也只能责令行为人补缴税款，可以处以罚款。因而，未超出“合理数量”而被评价为刑事犯罪，显然无法实现《海关法》下的逻辑自洽。

除此之外，根据司法实践，诸多进入刑事诉讼程序处理的类似案件，行为人普遍会提出“被海关查到最多就是补税、罚款”“要是知道这么严重，我肯定不会这么做”“之前被查到，但也就是补税放行”之类的辩解。这种对违法性质的认识错误，不能一味苛求民众具有较强的法律知识、意识。很多情况下，法律本身的模糊地带，或执法机关的执法尺度不统一，使得民众无法形成适法的合理预期。在本文所讨论的案件中，海关上位法律与下位法规之间存在一定差异性规定的情况下，苛求一般民众区分其二者之间的细微差别，以至科处刑罚，显然与现代法治精神有所出入。在“自用手表走私”类案件中，应当要求行为人对其行为的违法性具有相当程度的认知。当行为人只能认识到违反刑法前置性规范时，如民法、行政法，而不能认识到自己行为违反刑法时，此时刑法也不能介入行为评价。[①]

（二）行为人是否具有逃避海关监管的行为

走私普通货物、物品罪所保护的法益为关税收益和货物、物品的进出口管理秩序。[②] 在走私普通货物、物品案件中，“逃避海关监管”是此类走私犯罪的本质特征。因为对于普通走私而言，犯罪行为得以实施的主观动因往往在于规避关税缴纳义务，进而获取相关的利润差额，即“牟利”目的。通常情况下，“牟取利益”的目的往往与逃避海关监管的行为、偷逃应缴税额的结果高度绑定。因而本文认为，是否属于“逃避海关监管”也应秉持主客观相一致原则予以判断，即必须坚持行为人主观上有逃避监管的意思并且客观上实施了逃避监管的行为，才能构成走私犯罪中的“逃避海关监管”。剥离“牟利”这一目的的干预和影响，便将行为人的身份严格限定在“正常进出境旅客”，基于这一身份的约束，行为人通常均会主动接受海关监管，往往不具有逃避海关监管的主、客观因素。

实践中经常出现的一种情形是，行为人选择无申报通道，后被海关关员查验，此时行为人选择无申报通道进境的行为，是否构成逃避海关监管？如果行为人明知其所携带的物品属于应缴纳关税品类而选择无申报通道，则显然构成“逃避海关监管”。此时，在行为人视角下，选择无申报通道入境不被查获，就可以偷逃应缴税款，其内心必然是积极追求偷逃应缴税款的结果的发生，至少也是放任心理，在主观上符合故意的要件。另外，无申报本身也是一种申报，选择无申报通道即表明其向海关申报的内容为“无须要申报的物品”，在具有故意的前提下，违反了《海关法》第 47 条项下如实申报的义务，构成虚假申报，本质上仍然属于伪报瞒报，构成逃避海关监管。但根据《海关法》第 85 条，只要是合理数量的自用物品，未依法申报，仍不作为犯罪处理。并且该条对于行为人的主观明知并未作出任何限定，亦即行为人即使明知自己携带的物品应当申报而未申报，也仅能依据该条责令其补缴关税，可以处以罚款。而若行为人不具备前述违法性认识的情况下，此时行为人在主观上不具有“逃避”的意图，自然无须评价为“逃避海关监管”。因而，本文主张，除旅客确系被蒙骗、不知晓行李内存在应当申报而未申报的物品或不了解申报规定等特殊情形外，选择无申报通道的行为构成走私行为。

在海关法律规范体系下，逃避海关监管同时包括积极的逃避行为以及消极的逃避行为，如采取藏匿、夹带等手段；未如实申报以及消极的不申报显然也应当认定为逃避海

① 张明楷主编：《刑法学》，法律出版社 2021 年版，第 414 页。
② 张明楷主编：《刑法学》，法律出版社 2021 年版，第 965 页。

关监管，因为《海关法》第 47 条赋予进出境人员法定的如实申报及接受查验的义务。在此义务下，无论是虚假申报，还是消极的不申报，本质上与夹带、藏匿并无区别，目的即为规避应纳税款的征收，只是心理上对于这一结果的预期和态度存在细微差异。

（三）司法规制“自用手表走私”的审查要点

一般而言，“自用手表走私”通常属于《海关法》上的“违规行为”而难以具有入罪基础。但基于社会实际的复杂性，行为人出具经济动因的考虑往往会采取“蚂蚁搬家”式的行为模式规避刑事打击，此时“自用”成为行为人逃避法律责任的借口。同时司法实践中，走私手表犯罪链条中“水客”现象的猖獗，表明需要加大对此类现象的惩治。因而在实践中需要甄别行为的实际性质，破除行为人辩解的“表面合理性”，进而保障国家的关税主权与关税利益。具体而言，可以从以下角度出发：

一是重点审查行为人有无采取“藏匿、伪装、分装”等异常方式规避海关的正常查验。在具备前述行为方式的情况下，不仅可以直接认定具有逃避海关监管，还可以据此认定行为人具有走私的故意。如在某市人民检察院提起公诉的某一审案件中，起诉书指控被告人谭某某在罗湖口岸入境时，被海关现场在其行李内、手腕、脚踝处查获名牌手表三块，涉案税款三十余万元[①]。在本案中，抛开行为人本身的“水客”身份不谈，即使其为普通旅客，提出“自用”的辩解，该辩解亦无法成立。根据海关现场查验发现，其手腕佩戴的手表全新覆膜，且脚踝处还用透明胶带固定手表，由此可以证明行为人积极采取了“藏匿、伪装”等逃避海关监管的行为方式，亦可推定出其并不属于《海关法》第 85 条中的“自用”目的。

二是在不具备前述逃避监管的行为时，综合考量行为人有无走私相关的刑事、行政处罚前科劣迹以及行政监管等情况。同时结合行为人的教育背景、工作经历以及出入境频次等因素，从严把握行为人的违法性认识可能性，重点审查行为的刑事违法性、危害性与行为人的非难可能性，避免出现“三个效果”不统一的案件处理决定。在某市人民检察院起诉指控的黄某某走私普通货物案中[②]，被告人黄某某在 2017 年 4 月 13 日携带未缴关税的货物、物品被海关现场查验。后发现，黄某某此前曾分别于 2016 年 7 月 20 日、2016 年 10 月 6 日携带手表、奶粉等货物入境，后分别被海关处以没收货物的行政处罚。基于本案行为人的出入境频率、被海关查获次数及行政处罚情况，可以认定本案行为人的违法性认识。

三是综合考虑行为人携带手表的数量、次数评判行为人的真实目的，并审查其行为辩解的合理性。在数量、次数超出“自用”“合理数量”的限制时，除非有相反证据，否则可以据此认定行为人“自用”的辩解无法成立。在某省高级人民法院审理的某二审

---

① 见（2020）粤 03 刑初 213 号判决书。

② 见（2017）粤 03 刑初 413 号判决书。

案件中[①]，上诉人梁某某先后于2017年5月14日走私2块手表入境且于同月20日走私13块手表入境。即使将2017年5月14日携带的2块手表认定为合理数量的自用手表具有一定的合理性，但20日该数量的手表显然超出“合理”“自用”原则所涵摄范围，并且在两次时间上临近性表明，行为人极有可能为此类案件中的“水客”，基于此即使行为人在一审判决后提出上诉，二审法院仍旧维持原判。

四、结论

“自用手表走私”类案件，通常具有较弱的刑事违法性，一般不宜使用刑法途径予以规制。现行《海关法》第82条与第85条理解的不同，导致各地对“自用手表走私”行为在实践中的定性相互冲突。符合“合理数量”要求的“自用手表走私”类案件，原则上应当按照《海关法》第85条的规定作出罪处理。如果行为人客观上采取了“藏匿、伪装、分装”等方式逃避海关监管的异常行为方式，可以综合考虑行为人的走私相关刑事、行政处罚前科劣迹以及手表的数量与自用目的是否相称、出入境频次、教育背景、工作经历等方面的因素认定其是否具有“牟利目的”及违法性认识。行为人具备违法性认识、逃避海关监管的行为，并且携带的手表超出“自用”“合理数量”范围时，对其有必要动用刑事手段予以打击，以此保护国家的关税主权与利益。

① 见（2017）粤刑终1719号裁定书。

走私普通货物、物品罪与非法经营罪的界限辨析与实践研究

陈宏师 *

摘　要　随着我国经济社会的高速发展，国内外的经济交往也在逐渐加强，跨国贸易已逐渐呈现常态化、多元化、复杂化的趋势，走私普通货物、物品与非法经营的行为也呈现激增势头，这对经济社会的发展、稳定无疑是巨大的威胁，且走私普通货物、物品与非法经营常同时发生、相互勾连，这给司法部门带来了巨大的挑战。本文从理论研究层面，梳理分析了走私普通货物、物品罪与非法经营罪的研究现状，同时围绕走私普通货物、物品罪与非法经营罪的共同之处深入探讨，并且集中对于走私普通货物、物品罪与非法经营罪的界限深刻辨析，提出办好走私普通货物、物品罪与非法经营罪的三个路径：一是务必坚持主观目的与客观行为相统一；二是务必综合考量实现政治效果、社会效果、法律效果的有机统一；三是务必严格区分此罪与彼罪的界限依法办案。

关键词　走私普通货物、物品罪　非法经营罪　法律界线　比较研究

一、走私普通货物、物品罪与非法经营罪的研究现状

近年来，随着国家对走私普通货物、物品以及非法经营的打击力度逐渐加强，学界对于走私普通货物、物品罪与非法经营罪的相关研究也日趋丰富，但是经过梳理相关文献发现走私普通货物、物品罪与非法经营罪的研究重点、主题、角度仍然存在较大不同。

（一）走私普通货物、物品罪的研究现状

在梳理近年来的相关研究成果的基础上，可以发现关于走私普通货物、物品罪的研究大多仍集中于传统的犯罪构成四要件上，而对于走私普通货物、物品罪在法律层面上的认定以及相关司法实践的评定仍有待丰富。总的来看，学界关于走私普通货物、物品罪的相关研究可以归纳为以下几个方面：关于走私普通货物、物品罪的犯罪

---

*　陈宏师，安徽省蚌埠市人民检察院检察官助理。

对象的研究，关于走私普通货物但未受到处理的研究及关于走私普通货物、物品罪犯罪停止的相关研究。

1. 关于走私普通货物、物品罪犯罪对象的研究

对于走私普通货物、物品罪的犯罪对象，我国刑法有着明确的规定。刑法第153条指出，走私普通货物、物品罪的犯罪对象指的是走私刑法第151条、第152条、第347条规定以外的货物、物品[①]。这是一种通过反面列举的方法，对走私普通货物、物品罪犯罪对象的范围判定。但是，对于这种通过反面列举对走私普通货物、物品罪犯罪对象进行判定的方式，张明楷教授[②]认为有着严重的弊端，一方面是这种判定方式并不灵活，难以与日新月异的社会发展相适配；另一方面可以看出反面列举的方式相对较为笼统，处罚力度难以把控，处罚不力或者处罚过重的现象也时有发生。对此，有学者提出了相应的解决方案，如学者陈晖[③]提出示例法能够弥补反面列举法的不足，示例法能够将走私普通货物、物品罪的犯罪对象进行精细分类，进而对处罚力度进行合理把控。除此之外，也有学者对刑法中所指明的走私普通货物、物品罪的犯罪对象进行深入研析，如张大春[④]认为刑法中所提到的“规定以外的货物、物品”应该分为以下三类，一是国家在法律层面上明确禁止进出口的货物、物品；二是国家在法律层面上明确限制进出口的货物、物品；三是国家在法律层面上明确指出需要缴纳关税的货物、物品。当然，也有部分学者对刑法中所提到的“货物、物品”二者本身如何区分进行深度研析，曹坚[⑤]认为可以从运输途径和具体用途两层面对两者进行区分，从运输途径来看，简而言之就是物由人随身携带，人与物不分离且同时由出发地到目的地的是物品，而物与人分离，且通过邮寄、快递等方式进行运输的物称之为货物。从具体用途层面来看，以自用为主要用途的为物品，而以销售牟利为目标指向的称为货物，在此过程中运输只是物在销售过程中的一个流程。

2. 关于走私普通货物、物品但未受到处理的研究

所谓走私普通货物、物品但未受到处理指的是有过走私普通货物、物品的犯罪行为，但是却没有受到相应的法律惩罚。《刑法》第153条也有规定“多次走私未经处理的”，指出了司法实践中的可能性。早在1997年，学者胡康生与李福成就对“走私普通货物、物品但未受到处理”有过详细的阐释，他们指出，走私普通货物、物品但未受到处理包含着两层含义，一是有过走私普通货物犯罪事实，但是未受到相关部门的处罚；二是由于相关部门的失误，对走私普通货物进行了错误的判决，形成了冤假错案，

---

① 《中华人民共和国刑法》第151条、第152条、第347条。

② 张明楷:《刑事立法的发展方向》，载《中国法学》2006年第4期。

③ 陈晖:《两岸走私犯罪立法比较与借鉴——兼论走私犯罪类型化立法》，载《河北法学》2008年第8期。

④ 张大春:《走私罪研究》，中国海关出版社2004年版，第306页。

⑤ 曹坚:《对走私犯罪中几个常见争议问题的思考》，载《海关法评论》2016年第6期。

也可视为走私普通货物但未受到处理。[①] 但是随着社会的发展，越来越多的学者对胡康生与李福成的观点提出了不同的意见。车安然[②] 就指出，如果将走私普通货物但未受到处理视为有过走私普通货物犯罪事实，却未受到相关刑事部门的处罚，这无疑将会导致走私普通货物、物品情节显著轻微的犯罪行为频发，因为很多情况下，走私普通货物的价值较低，往往达不到处罚标准，这无疑是助长走私普通货物这一不正之风。基于此，有学者提出将“未受到处理”这一概念进行限制性解读，简言之，就是将未受到处理解读为未受到刑事处罚。因为在多数情况下走私普通货物的价值较小，并不能达到刑事犯罪的标准，这种情况下，只能对其进行行政处罚。倘若将受过行政处罚之后的情形视为“未受到处理”，这无疑给走私小额物品的投机分子以可乘之机，是对走私普通货物这一违法行为的放纵。[③]

3. 关于走私普通货物、物品罪犯罪停止的相关研究

关于走私普通货物、物品罪犯罪停止的研究，大部分学者认为不存在走私普通货物、物品罪犯罪停止形态，如徐秋跃等人[④] 与胡利敏[⑤] 从走私普通货物的行为主体的角度指出，走私普通货物、物品罪犯罪停止形态（犯罪未遂）并不存在，因为只要行为主体实施了走私普通货物这一行为，即构成了走私普通货物、物品罪。特别是结合《刑法》第 153 条来看，“应缴税额”一词的表述显而易见，此时是处于税额应当缴纳而未缴纳的状态，但是客观上“走私”的行为已经完成。当然，也有少部分学者认为，走私普通货物、物品罪犯罪停止的情况是客观存在的，但从结果导向来看，有没有造成偷税漏税的后果是该罪名能否成立的重要条件，换言之，即使有走私普通货物、物品的客观事实，但是并未有偷税漏税的情况发生，则视为不构成走私普通货物、物品罪。[⑥]

（二）非法经营罪的研究现状

非法经营罪自从 1997 年在刑法中确立以来，经过了多次的修订，尤其是近年来国家层面发布了关于该罪的一系列的相关解释与补充条文，在学界引起了极大的反响，涌现了一大批关于非法经营罪的研究成果。

1. 关于非法经营罪的概念研究

明确非法经营罪的概念是研究该罪名的前提，只有在对非法经营罪辨析清楚的基础上，才能判断某一行为是否构成了非法经营罪。但是，目前学界对于非法经营罪的定义

---

① 胡康生、李福成编：《中华人民共和国刑法释义》，法律出版社 1997 年版，第 183 页。

② 车安然：《走私普通货物、物品罪疑难问题研究》，华东政法大学 2019 年硕士学位论文，第 33 页。

③ 翁凯一：《走私国家禁止进出口其他货物、物品罪若干问题探讨》，载《中国检察官》2009 年第 9 期。

④ 徐秋跃、王建明、李文健、张相军：《走私罪认定与处理中若干疑难问题研究》，载《刑事法律指南》2001 年第 1 期。

⑤ 胡利敏：《走私罪的有关问题研究》，载《石家庄师范专科学校学报》2003 年第 1 期。

⑥ 李希慧、童伟华：《论行为犯的构造》，载《西北政法学院学报》2002 年第 6 期。

并未统一，具体而言有以下几种定义解释。一是以赵秉志[①]为代表的一派认为非法经营罪所指的是，违反国家规定，非法经营，情节较为严重、扰乱市场秩序的行为。二是以高铭暄与马克昌[②]为代表的一派对赵秉志等人定义中的"非法经营"进行了更加详细的解释，他们指出应将"非法经营"限制为"从事非法经营活动"。三是张明楷教授[③]对于非法经营罪进行的详细阐释，指"自然人或者单位，违反国家规定，故意从事非法经营活动，扰乱市场秩序，情节严重的行为"。同时，张明楷教授对非法经营罪的犯罪主体进行了更加详细的限定，即"自然人或者单位"，同时对犯罪主体的主观意向也进行了阐释，即"故意"，这就使得非法经营罪的概念更加清晰易懂。总的来看，上述对非法经营罪的相关定义在大方向上是一致的，只是在具体的表述上有所差异。上述三种定义都明确了违反国家规定、非法经营、扰乱市场秩序与情节较为严重是认定该罪的四个必要条件，定义较为详细，但是笔者认为上述定义的方式存在着的最大问题是以非法经营罪来定义非法经营罪本身，这就会导致人们对非法经营罪这一概念更加模糊。

上述三种是从较为宏观的层面来对非法经营罪进行定义，也有学者从更加具体的层面来对其进行定义。如刘家琛[④]指出非法经营罪是没有经过相关部门的允许而进行的扰乱市场秩序、情节严重的非法经营行为。值得注意的是，刘家琛对"没有经过相关部门经营的物品"进行了详细的解释，有以下几个层面：一是经营未经许可的物品或者受到限制的物品；二是经营没有相关进口许可证以及相关产品原材料（原产地）的物品；三是没有经过相关法律经营许可证文件认可销售的物品。这种定义与上述三种定义相比更加具体，但是，该定义只是对《刑法》第225条进行了机械性的列举，并未从本质上揭示非法经营罪的概念内涵。

综上可知，学界现阶段对于非法经营罪的概念解读并未统一，大多是对刑法相关定义进行解释与扩展。笔者认为要想对非法经营罪的概念有较为清晰的认识，应将以下几个方面考虑在内：一是要明确违反相关法律法规是该罪成立的首要前提条件；二是非法经营这一行为要对社会造成较为严重的经济损失；三是非法经营的物品是国家所明令禁止或者限制交易的物品。

2. 关于非法经营罪的主体研究

阮齐林[⑤]在其著作《刑法学》中明确指出，非法经营罪的犯罪主体是有过犯罪事实，并依法需要承担相应刑事责任的"人"，此处的"人"具有双重含义，一是指自然人，二是指相关单位。对于自然人，其作为非法经营罪的主体是比较好理解的，但是相关单位较为抽象，相关单位成为非法经营的主体是社会发展的必然结果。在社会市场经

---

① 赵秉志主编:《新刑法教程》，中国人民大学出版社 2012 年版，第 113 页。
② 高铭暄、马克昌主编:《刑法学》，北京大学出版社、高等教育出版社 2016 年版，第 221 页。
③ 张明楷主编:《刑法学》，法律出版社 2003 年版，第 665 页。
④ 刘家琛:《新刑法条文释义》，人民法院出版社 1997 年版，第 978 页。
⑤ 阮齐林:《刑法学》，中国政法大学出版社 2010 年版，第 90 页。

济发展初期，大多数的经营主体为个体经营户，此时的经营主体以自然人居多。但是随着市场经济的不断扩张，以个体为单位的经营主体已经不能满足经济社会的发展趋势，越来越多的单位涌入了社会经济的发展浪潮中，并逐渐代替了一部分个体经营户成为新的经营主体，如跨国公司、合资企业等都是其代表。相较于自然人而言，以单位为主体的经营主体规模更大，对经济发展的促进作用更强，但是随之而来的非法经营也更加复杂，对非法经营这一犯罪行为的认定也更加困难，也更容易对社会的经济发展造成更大的危害。基于此，将非法经营罪的犯罪主体分为自然人与相关单位是很有必要的。

3. 关于非法经营罪的客体研究

近年来，关于非法经营罪的客体的相关研究成果颇丰，可以将相关研究成果总结归纳为“单一客体说”与“多样客体说”。“单一客体说”是指非法经营罪的客体是单一的社会关系，而“多样客体说”指的是非法经营罪的客体是两种或者两种以上的社会关系，其本质就是单一客体说的累加，换言之，“单一客体说”的单一社会关系累加便成了“多样客体说”的多样社会关系。本文主要对“单一客体说”进行详细解读。部分学者认为，非法经营罪的客体为社会市场经济秩序，如吴大华①认为非法经营罪破坏了原本正常的社会市场经济秩序，即对国家设置的相关经济秩序的破坏。另一种观点则认为，非法经营罪的客体为社会市场交易秩序，如杨庆堂②在其博士学位论文中指出，非法经营罪破坏了公平的社会市场交易秩序，即对国家设置的相关交易秩序造成了破坏。另外，也有学者认为，非法经营罪是对社会市场管理秩序进行了破坏，如雷宗儒③指出，国家通过制定一系列的制度对市场经营进行管理，非法经营行为的出现破坏了原有的正常市场管理秩序，是对社会市场管理秩序的戕害。但是对于这一观点，学界也有不同的声音，有学者对“市场管理秩序”进行了更为细致的解读。马长生与余松龄④指出，“市场管理秩序”指的是工商市场的管理秩序，即非法经营罪的客体为工商市场的管理秩序。对此，屈学武⑤提出了不同意见，他指出非法经营罪的客体是国家专营专卖或者限制买卖物品的管理秩序。总而言之，关于非法经营罪的客体研究已经相对成熟，虽没有形成统一，但是主要的方面也已涉及，需在具体的案件中注意区分。

4. 关于非法经营罪的当事人主观层面研究

关于非法经营罪的当事人主观层面的研究也是当下学界研究的热点，主要是对于非法经营罪的当事人在其进行犯罪行为的过程中以及在犯罪行为实施之后的心理态度研究。阮齐林教授在其著作《刑法学》中指出，非法经营罪的主观方面是指行为人对其行为及其危害后果的所持有的心理态度，这是一种主观映像的客观表现，它包括故意或过

---

① 吴大华：《新刑法罪名通论》，中国方正出版社 1997 年版，第 187 页。
② 杨庆堂：《非法经营罪立法及司法适用研究》，华东政法大学 2009 年博士学位论文。
③ 雷宗儒：《论非法经营罪的认定》，中国政法大学 2011 年硕士学位论文。
④ 马长生、余松龄：《刑法学》，湖南大学出版社 2001 年版，第 376 页。
⑤ 屈学武：《刑法各论》，社会科学文献出版社 2005 年版，第 225 页。

失、犯罪动机、犯罪目的等内容。[①] 现阶段，学界对于非法经营罪的当事人的主观层面基本达成了一个共识，即非法经营罪的当事人必须表现出故意的主观表现。简言之，就是非法经营罪的当事人是在知晓其非法经营的行为是违法的情形下，仍然进行其犯罪行为，即“明之不可为而为之”。与此同时，当事人在进行相关犯罪行为之后，仍然期待没有不良后果发生在其身上，即如果犯罪者知道或应该知道其行为是法律不允许的，但是仍然心存侥幸而为之，则可以认为其具有犯罪的主观要件。

二、走私普通货物、物品罪与非法经营罪的共同之处

走私普通货物、物品罪与非法经营罪虽然属于不同的犯罪类型，但它们两者在某些方面也存在一些共同之处，以下是对这些共同之处的归纳。

（一）两者均属于经济犯罪范畴

走私普通货物、物品罪与非法经营罪都涉及对社会主义市场经济秩序的破坏和侵害。不论是通过逃避海关监管和关税征收，扰乱了国家对进出口货物的正常管理秩序；还是未经许可经营特定物品或业务，损害了公平竞争的市场环境，两者都是对社会主义市场秩序的破坏和侵害。

（二）两者均具有一定的隐蔽性和复杂性

走私普通货物、物品罪往往需要行为人精心策划和隐蔽实施，以逃避海关的监管和检查。犯罪分子可能利用各种手段，如伪报品名、夹藏走私、利用“水客”带货等方式进行走私活动。非法经营罪同样具有一定的隐蔽性，因为非法经营活动往往是在未经许可或未取得相关资质的情况下进行的。此外，非法经营行为还可能涉及多个环节和多个主体，使得案件的调查和处理变得极为复杂。

（三）两者客观上均对国家社会的经济利益造成损害

走私普通货物、物品罪直接导致国家关税税额的流失，大大减少了国家的财政收入。同时，走私货物、物品可能冲击国内市场，损害国内相关产业和企业的经济利益。非法经营罪则通过扰乱市场秩序和破坏公平竞争环境，可能导致消费者购买到假冒伪劣产品，损害消费者权益；同时也可能破坏行业的健康发展，影响经济的稳定增长，最终给国家和社会的整体经济利益造成损害。

（四）两者均受到法律的严厉打击

无论是走私普通货物、物品罪还是非法经营罪，都是我国刑法所明确禁止的犯罪行为。我国法律对这两种犯罪都规定了承担的法律责任和相应的刑罚处罚，以严格的法律

---

① 阮齐林：《刑法学》，中国政法大学出版社2010年版，第90页。

制裁维护市场经济秩序和国家社会利益。

三、走私普通货物、物品罪与非法经营罪的界限辨析

随着近年来全球一体化的趋势不断增强，以国内大循环为主体、国内国际双循环相互促进的新发展格局加快构建，国内外市场合作逐渐加深，国内外商品交换也愈加频繁。在此大背景下，一些不法分子为了牟取巨额利润，铤而走险，走私普通货物、物品进而非法经营获利，使得走私普通货物、物品罪与非法经营罪往往牵连在一起，给司法实践增加了较大难度。例如，在某些情况下，走私的货物、物品可能被用于非法经营活动，或者走私的假冒伪劣商品可能被用于非法销售，从而同时构成走私普通货物犯罪和非法经营罪，又或者非法经营活动中所需的某些物品可能无法通过正常渠道获得，犯罪分子可能通过走私方式获取这些物品。于是，非法经营行为与走私行为就产生了勾连，深入剖析两者的内在区别，厘清两者的不同之处，显得非常必要。

（一）司法概念界定的不同

我国刑法对走私普通货物、物品罪有着明确的定义，走私普通货物犯罪是指违反海关法规，逃避海关监管，将国家禁止进出口或者限制进出口的普通货物，非法地从一国走私到另一国，情节较轻的行为。同时，刑法也明确了非法经营罪是指违反国家规定，非法从事或者组织、领导、参加非法经营活动，扰乱市场秩序，情节严重的行为。刑法在罪名概念解释的层面指明了两者存在着明显不同。

（二）构成要件的客体不同

走私普通货物、物品罪，其侵犯的客体是国家对普通货物、物品进出口的监督管理制度和关税征管制度，主要涉及海关法规以及国家对货物、物品进出口的监管和关税征收等方面。非法经营罪侵害的直接客体是全国人大及其常委会制定的法律和决定，国务院制定的行政法规、规定的行政措施、发布的决定和命令中涉及经济管理的制度以及这些制度所维护的秩序。这主要涉及国家对专营、专卖及经营许可证制度的管理规定，以及社会主义市场经济秩序的稳定。

（三）构成要件的客观方面不同

走私普通货物、物品罪的客观方面表现为行为人违反海关法规，逃避海关监管，走私普通货物、物品，偷逃关税数额较大的行为。这种行为通常涉及跨境运输、携带或邮寄货物，且货物往往未经海关申报或未缴纳应缴关税。而非法经营罪的客观方面则表现为违反国家规定，从事非法经营活动，扰乱市场秩序，情节严重的行为。这些非法经营活动可能包括未经许可经营法律、行政法规规定的专营、专卖物品或者其他限制买卖的物品；买卖进出口许可证、进出口原产地证明以及其他法律、行政法规规定的经营许可证或者批准文件；非法经营证券、期货或者保险业务等，并且这些活动都在国内进行，

无须经过海关。

（四）法律后果的规定不同

根据《刑法》的相关规定，对于走私普通货物、物品罪而言，偷逃应缴税额较大或者一年内曾因走私被给予二次行政处罚后又走私的，处三年以下有期徒刑或者拘役，并处偷逃应缴税额一倍以上五倍以下罚金；偷逃应缴税额巨大、特别巨大或者有其他严重情节，将面临更长的有期徒刑和更严重的罚金，甚至可能被没收财产。同样，根据《刑法》第225条的规定，非法经营罪情节严重的，处五年以下有期徒刑或者拘役，并处或者单处违法所得一倍以上五倍以下罚金；情节特别严重的，处五年以上有期徒刑，并处违法所得一倍以上五倍以下罚金或者没收财产。

综上所述，走私普通货物犯罪与非法经营罪在概念、客体、客观方面、法律后果等方面都存在明显的区别。这些区别有助于我们更准确地理解和区分这两种犯罪行为，并依法进行打击和惩处。

四、走私普通货物、物品罪与非法经营罪的司法路径探析

我们从理论研究层面梳理分析了走私普通货物、物品罪与非法经营罪的研究现状，同时围绕走私普通货物、物品罪与非法经营罪的共同之处深入探讨，并且集中对走私普通货物、物品罪与非法经营罪的界限进行辨析，但是，一切纸上的内容最终都要落到实处、落到每一个司法案件办理中。

（一）坚持主观目的与客观行为相统一

周某走私普通货物、物品案：2021年，周某以快递邮寄的方式从境外网站大量购买雪茄香烟在境内销售牟利。被告人周某走私进境到国内的雪茄9000余盒，其计税价格总计人民币1300余万元。最终，法院以走私普通货物、物品罪，判处被告人周某有期徒刑11年，并处罚金人民币1500万元。

实践中个别犯罪分子为逃避缴纳进口货物应缴税款，采取“化整为零”“蚂蚁搬家”等方式，将货物伪装成个人自用物品随身携带入境，其本质上是逃避海关监管，达到逃避缴纳税款的目的。该案中，被告人周某以销售牟利为目的，在无烟草销售许可证的情况下，在境外网站注册多个账号大量购买雪茄烟，办理多张手机号码或借用他人手机号码，使用虚假收件人、收件地址，采取将本应以一般贸易方式申报进境的雪茄烟通过寄递渠道以个人自用物品方式申报入境并销售牟利，这种走私行为严重侵害了我国海关监管秩序和国家的税收秩序，且逃避应缴税额特别巨大，涉嫌走私普通货物、物品罪；同时违反国家烟草专卖管理法律法规，在未办理烟草专卖零售许可证的情况下，将走私的雪茄烟在国内进行销售的行为，涉嫌非法经营罪。检察机关经审查认为基于牵连犯原理和处罚必要性，对于走私雪茄烟，又在境内销售的行为，择一重罪处罚更为适宜。该案被告人周某犯走私普通货物、物品罪，偷逃税款数额特别巨大，可能判处十年以上有期

徒刑或者无期徒刑，处罚更重。该案中走私的雪茄烟明显超出自用、合理数量的范畴，具有贸易的性质，应认定为“货物”。因此被告人周某构成走私普通货物、物品罪。

通过周某的这一案例，不难发现走私普通货物、物品罪与非法经营罪在具体的案件中往往勾连在一起。通常来看，走私普通货物、物品是途径，而非法经营是目的，非法经营的需求促进走私普通货物、物品这一犯罪行为的泛滥，而走私普通货物、物品的泛滥又在一定程度上不断扩大非法经营的规模，两者形成了恶性的循环。因此，在具体的案件中，对走私普通货物、物品的犯罪认定中要格外注意是否与非法经营罪相勾连，这也是在研究走私普通货物、物品罪与非法经营罪的重点、难点所在。

（二）综合考量实现政治效果、法律效果、社会效果的有机统一

胡某某非法经营案：被告人胡某某女儿患癫痫病，日常服用喜保宁治疗，但该药含有的氯巴占成分属国家管制的二类精神药品，在境内市场无销售。2019 年 5 月，胡某某在为女儿购药过程中，联系到境外贩卖氯巴占的人员。为牟取利益，胡某某低价从境外人员处购买氯巴占、喜保宁，逃避海关监管，分批邮寄至国内其指定人员处，再由相关人员转寄至胡某某提供的地址，后通过微信群加价出售给癫痫病患者家属。案发时，公安人员共查获胡某某从境外购买的氯巴占共 155 盒、7750 粒、105000 毫克。根据国家禁毒委员会办公室发布的《100 种麻醉药品和精神药品管制品种依赖性折算表》，折算海洛因 10.5 毫克，故应以走私、贩卖毒品罪追究刑事责任。第二次开庭过程中，公诉机关变更起诉罪名，认为胡某某明知氯巴占、喜保宁系国内限制买卖药品，其中氯巴占还系国家管制的二类精神药品，未经许可在国内非法销售，销售金额共计 504140 元，依法应构成非法经营罪。

河南省中牟县人民法院于 2023 年 3 月 31 日作出判决：被告人胡某某犯非法经营罪，免予刑事处罚；被告人胡某某的违法所得人民币 31676.4 元予以追缴，上缴国库；扣押在案的氯巴占 155 盒、喜保宁 132 盒、雷帕霉素 18 盒，由扣押机关中牟县公安局依法处理。一审宣判后，胡某某未提出上诉，检察机关未提出抗诉，判决已生效。

本案中，虽然是围绕走私、贩卖毒品罪与非法经营罪的区分展开，毒品与普通货物、物品并不相同，但是对于司法实践中办理走私普通货物、物品罪也具有重要的参考价值和实践意义。在案例的裁判要旨部分，最高人民法院指出，不能仅从行为特征本身予以认定，还应从侵犯法益、刑事处罚必要性等方面进行综合评价。行为人胡某某虽然明知某境外药品同时也属于国家管制精神药品，但是出于治疗特定疾病的目的，通过逃避海关监管的形式为不特定人员大量从境外代购，不应认定为毒品犯罪。通过代购境外药品非法牟利，情节严重的，应当以非法经营罪定罪论处。应当说，该案的办理既彰显了法律的严肃性和权威性，维护了国家的药品市场管理秩序，也在合法的范围内回应了民众对司法公正的诉求，既有司法的严肃，也有司法的温度，达到了政治效果、社会效果、法律效果的有机统一。

（三）严格区分此罪与彼罪的界限依法办案

走私普通货物、物品罪与非法经营罪之间，一是具有经济犯罪属性的共通性，两者都涉及违反国家经济管理制度和法律法规，扰乱市场经济秩序，对国家的经济安全和市场公平竞争环境造成危害。无论是走私普通货物、物品还是非法经营，往往都是出于经济利益的驱动，即为了通过非法手段获取不正当的经济利益。二是均涉及对市场经济秩序的扰乱。走私普通货物、物品罪通过逃避海关监管和关税征收，使得未经合法程序进口的货物进入市场，破坏了市场准入制度。非法经营罪则是通过未经许可经营特定物品或业务，直接扰乱了市场的正常经营秩序。走私的货物、物品往往以低于正常市场价格的价格销售，这可能导致同类商品的市场价格受到扭曲，影响市场的公平竞争。非法经营行为也可能通过不正当竞争手段扰乱市场价格机制。

在走私普通货物、物品的具体犯罪案例中，犯罪人员的犯罪方式也趋于复杂，犯罪手法也更加隐秘，往往与非法经营罪相勾连，准确把握两者实质法律关系及走私普通货物、物品罪的实质特点是研究此罪与彼罪的重中之重。对于同时涉及走私普通货物和非法经营的案件，需要根据具体案情进行罪数的认定。如果两个行为之间存在牵连关系或竞合关系，可能需要按照从一重罪处罚或数罪并罚的原则进行处理。更重要的是，一定要加强对证据的收集与审查工作，特别是要查明走私普通货物、物品与非法经营活动之间的关联关系以及各自在犯罪中的作用和地位。

走私犯罪中违法所得认定问题的思考

王文丽 *

摘　要　走私犯罪中违法所得的认定应遵循《刑法》第64条关于违法所得的基本原理，走私违法所得分为走私直接所得和走私间接所得。对于走私物和走私物变现价款，应区分非涉税走私和涉税走私，根据不同的走私情形合理认定违法所得。对于走私劳务报酬和走私间接所得均应认定为违法所得。

关键词　走私犯罪　违法所得　走私物和走私物变现价款

走私犯罪作为经济类犯罪，往往涉案金额较大，准确认定并及时追缴违法所得，对有效打击走私犯罪行为、挽回国家财产损失、保障社会公平正义等具有十分重要的作用。但当前理论界和实务界对走私犯罪中违法所得的认定，存在对违法所得相关规定的含义理解不同、依据分散、判决结果混乱等问题。因此，迫切需要厘清走私犯罪违法所得的认定问题。

一、走私犯罪中认定违法所得存在的问题及实践争议

（一）走私犯罪中认定违法所得存在的问题

一是关于走私犯罪违法所得认定的法律规定较少。相关刑事规定仅对普通货物、物品的违法所得进行规定，对于禁限类物品如何认定违法所得缺乏相应法律依据。

二是关于走私犯罪中违法所得的认定现有规定无法满足现实办案需求。随着走私方式多样化，非设关地走私和行邮渠道走私犯罪显著增加，走私呈现团伙化、专业化趋势，而涉税走私中不同商品关税差距甚大，仅根据现有规定依据货物完税价或者销售价格认定违法所得违背罪罚相当原则。如张某走私普通货物、物品案中，张某在从事海外商品代购业务中通过水客团伙走私普通货物物品，经核查，张某走私入境的商品完税价格合计51万余元，偷逃税款10万余元。按照现有规定，本案张某违法所得应按照商品完税价格计算为51万余元，而实际上张某在走私过程中已缴纳部分税款，

*　王文丽，山西省太原市人民检察院第四检察部检察官助理。

张某偷逃税款仅10万余元，因此，完全根据商品完税价格认定违法所得是否合理？从实践角度讲，按照上述标准没收导致了很多涉案企业破产，或因数额过大难以执行致使判决成为一纸空文，有损司法严肃性[①]。

三是司法实践中对违法所得的追缴未形成统一的、具体的裁判标准导致判罚混乱。笔者对走私案件判决进行检索发现，司法实践中部分判决书并没有按照走私货物所对应的完税价格没收违法所得，如有些判决仅有罚款无违法所得的追缴，有些则笼统表述继续追缴违法所得等，甚至同一法院在不同案件中对“违法所得”的没收、追缴数额所采用的认定标准不同，造成类案不同判现象。

四是针对走私犯罪作出不起诉决定移送行政处罚时存在认定标准不同等问题。上述张某走私普通货物、物品案中，因张某涉嫌偷逃税款数额刚达到立案追诉标准，考虑到张某认罪态度良好，且能够积极退缴税款，检察机关在决定不起诉后是否需要再将案件移送海关部门进行行政处罚，而当前行政处罚中关于走私案件违法所得的认定亦缺乏相应认定标准。

（二）走私犯罪中认定违法所得的实践争议

走私的违法所得应当如何认定，目前主要有三种不同的观点：

一是总额说。该观点认为走私违法所得系通过走私行为直接或者间接产生、获得的任何财产，不扣除走私犯罪成本，包括走私货物本身（无论禁限类或者普通类）、走私货物变现价款、走私劳务所得等，以及上述直接所得转变、转化后的财产[②]。

二是获利说。该观点认为走私违法所得系收入扣除成本后获得的实际收益。走私货物、物品（无论禁限类或者普通类）均属于供犯罪所用的本人财物，是走私犯罪的成本，而不是走私犯罪所得，在认定犯罪所得时应扣除这部分犯罪成本[③]。

三是折中说。该观点认为涉税走私与非涉税走私犯罪对象和社会危害性不同，违法所得认定思路也有所区别。对于走私普通货物的，违法所得应以偷逃税款认定；对于走私禁止类货物的，货物本身就是违法所得；对于走私限制类货物的，在许可配额之内，违法所得为偷逃税款，在许可配额之外，违法所得为货物、物品本身[④]。

笔者认为上述三种观点在个案处理中均有其合理和不合理的地方。从走私的类型来看，走私犯罪包括非涉税走私和涉税走私两种；从走私行为方式来看，走私行为表现为绕关走私、通关走私、后续走私、间接走私和水上走私等方式。由于走私犯罪的类型和方式不尽相同，违法所得认定标准亦不能一概而论。理由如下：

---

① 陈增宝：《经济犯罪疑难问题司法认定与要案判解》，法律出版社2019年版，第138页。

② 陈新旺：《洗钱罪有关法律适用问题》，载《人民司法》2023年第20期。

③ 周国良、须璐、田娟、王林生：《“走私洗钱犯罪法律适用问题研讨会”研讨观点综述》，载《中国检察官》2021年第22期。

④ 周国良、须璐、田娟、王林生：《“走私洗钱犯罪法律适用问题研讨会”研讨观点综述》，载《中国检察官》2021年第22期。

首先，走私犯罪的违法所得的认定，不应受制于其后续经营活动的盈亏结果，而应从走私行为本身来评判。走私犯罪的违法性根源在于逃避海关监管、侵犯国家在进口环节的税收利益，走私犯罪构成不需要以经营活动为要件。以通关走私普通货物、物品为例，走私既未遂的判断存在海关监管现场标准和申报行为实施完毕标准两个标准[①]，但无论适用哪个标准，通关走私普通货物在进入监管区域并且完成申报，全部实施完成逃避海关监管的行为后，便构成走私既遂。行为人走私出入境的货物物品是否销售或者销售盈亏均不影响走私犯罪的成立。如果走私的货物物品并未流通到市场，没有后续的销售活动或者销售亏损即无获利金额可言，若按照获利说认定违法所得，这种情况将导致走私犯罪没有违法所得甚至是负数。

其次，对于低报价格类走私，当事人已经缴纳部分税款，若按照总额说将整个货物的价值认定为违法所得，其偷逃的税款与违法所得明显不成比例，极易导致罪责刑不相适应。例如，一批货物价值500万元，假设该批货物税率按20%计算，其应缴税款为100万元，张三通过低报价格走私入境后实际缴纳税款为50万元。本案中张三偷逃税款即给国家实际造成的税收损失是50万元，若将全部500万元的货物都作为违法所得查扣没收，无疑对张三的处罚过重，将导致罪刑不成比例。而对于关税较高的走私类案件，如进口香烟类的相关税率高达150%，若全部按照走私货物、物品的进出口完税价格认定违法所得，其违法所得将是行为人购买香烟价格的两倍，亦将导致处罚过于严重。

最后，走私犯罪具有明显的团伙化、职业化特征，犯罪链条较长、环节较多，涉及人数众多，一般可以区分为组织准备、指挥联络、出入境运输、销售和运输等不同环节，而不同行为人在共同犯罪中的地位、作用各不相同。对于走私犯罪投资策划人员，其在走私犯罪中追求利润最大化；对于获取相对固定报酬参与走私犯罪的劳务人员如受雇用的船员、“水客”等，其获利情况比较固定，经济风险较小。若针对这两类人员一并按照总额说认定其违法所得，该数额与劳务人员实际获利相差甚远，甚至部分员工根本无力偿还追缴高价的违法所得，有违罪责刑相适应的原则。

二、走私犯罪中关于违法所得认定的相关法律规定

（一）刑事法律规定方面

最高人民法院、最高人民检察院、海关总署《关于办理走私刑事案件适用法律若干问题的意见》（法〔2002〕139号，以下简称139号文）第24条规定，在办理走私普通货物、物品犯罪案件中，对于走私货物、物品因流入国内市场或者投入使用，致使走私货物、物品无法扣押或者不便扣押的，应当按照走私货物、物品的进出口完税价格认定违法所得予以追缴；走私货物、物品实际销售价格高于进出口完税价格的，应当按照实

① 王文利：《破坏社会主义市场经济秩序犯罪办案指引（上册）》，中国检察出版社2022年版，第268页。

际销售价格认定违法所得予以追缴。该意见第23条规定，在办理走私犯罪案件过程中，对发现的走私货物、物品、走私违法所得以及属于走私犯罪分子所有的犯罪工具，走私犯罪侦查机关应当及时追缴，依法予以查扣、冻结。

（二）行政法律规定方面

《海关行政处罚实施条例》（以下简称《实施条例》）第9条第1款、第56条规定，在行政案件中，应当依法没收走私货物、物品及其违法所得，有关货物无法或者不便没收的，应当追缴该货物的等值价款。《中华人民共和国海关法》（以下简称《海关法》）第82条规定，有走私行为，尚不构成犯罪的，由海关没收走私货物、物品及违法所得，可以并处罚款。第92条第2款规定，人民法院判决没收或者海关决定没收的走私货物、物品、违法所得、走私运输工具、特制设备，由海关依法统一处理。从这两个规定可以看出，走私货物、物品与违法所得、走私工具并列。

海关总署《关于贯彻实施〈中华人民共和国海关行政处罚实施条例〉若干问题的意见》（署法发〔2005〕37号，以下简称《实施条例若干问题的意见》）第3条“关于违法所得的认定问题”明确，违法所得是指违法行为人的违法收益，不包括走私货物、物品的等值价款。在行政处罚时，没收走私行为的违法所得应当扣除走私货物、物品的等值价款。

此外，海关总署政策法规司《关于〈湛江海关关于对伪报、瞒报进出口货物价格案件法律适用问题的请示〉的批复》（政法函〔2005〕49号）第2条规定，对伪报货物价格偷逃应纳税款的走私行为，应当没收与偷逃税款占应纳税款比例相对应的走私货物。该精神在现行《海关行政处罚幅度参照标准》（署缉发〔2016〕6号文件）第7条第2款中亦有体现。

三、刑事案件违法所得的认定

司法实践中对刑事案件中涉案财物的处理不尽相同，不同的司法解释对违法所得的认定不同，如个罪中涉及“违法所得”现行有效司法解释的规定存在多种表述：非法出版、内幕交易等解释中将违法所得规定为获利数额；而非法集资的违法所得是向社会公众非法吸收的资金，即不需要扣除犯罪成本。笔者认为基于对《刑法》第64条的理解不同，刑事司法中对违法所得的认定一直存在很大争议。由于该法律条文是处置犯罪分子违法所得的核心内容，因此，在认定走私违法所得前必须先理解《刑法》第64条对违法所得的认定。

（一）违法所得的范围

《刑法》第64条规定，犯罪分子违法所得的一切财物，应当予以追缴或者责令退赔。我国于2005年10月加入的《联合国反腐败公约》（以下简称《公约》）第2条对“犯罪所得”这一概念术语进行解释：“指通过实施犯罪而直接或间接产生或者获得的任何财产”，这里的任何财产包括违法行为成本外的获利在内的全部内容[①]，以此来说明对违法所得的追缴应做到应追尽追。最高人民法院、最高人民检察院《关于适用犯罪嫌疑人、被告人逃匿、死亡案件违法所得没收程序若干问题的规定》(以下简称《没收程序规定》)中将“违法所得”定义为“通过实施犯罪直接或者间接产生、获得的任何财产”，与《公约》中关于“犯罪所得”的解释含义一致[②]。因此，《刑法》《公约》《刑事诉讼法》等规定的“违法所得”“犯罪所得”可视为统一概念。

《没收程序规定》第6条规定了“违法所得”和“视为违法所得”[③]。一是将通过实施犯罪直接或者间接产生、获得的任何财产认定为违法所得。二是违法所得已经部分或者全部转变、转化为其他财产的，将转变、转化后的财产应当视为违法所得。三是将来自违法所得转变、转化后的财产收益，或者来自已经与违法所得相混合财产中违法所得相应部分的收益视为违法所得。由此可见，违法所得按照是否是违法行为直接取得的标准，可以将违法所得分为直接所得和间接所得[④]。违法直接所得，指的是行为人通过实施犯罪行为而直接取得、控制、占有的在行为人实施犯罪行为之前就已经存续的财物，主要包括行为人通过犯罪行为直接取得之物、犯罪行为产出之物、行为人因其犯罪行为而获得的收益或报酬，如被害人的财物、用于犯罪活动的本人财物、违禁品以及通过犯罪活动如销售走私物的获利等。违法间接所得，指的是行为人处置其直接违法所得的财物而产生的物质性利益，主要包括违法所得的孳息和投资收益，如以私货变现价款来购置房产、股票等。

（二）刑事案件违法所得的处理原则

《刑法》第64条规定，犯罪分子违法所得的一切财物，应当予以追缴或者责令退赔；对被害人的合法财产，应当及时返还；违禁品和供犯罪所用的本人财物，应当予以没收。没收的财物和罚金一律上缴国库，不得挪用和自行处理。有的观点认为该规定对于违法所得、违禁品、供犯罪所用的本人财物分别采取追缴、责令退赔、没收等不同的处置行为。[⑤]因此，要准确区分违法所得、违禁品、犯罪工具、供犯罪所用的财物、组成犯罪之物。但笔者认为，“犯罪分子违法所得的一切财物，应当予以追缴或者责令退赔”，是对涉案财物总的处理原则和要求；而“对被害人的合法财产，应当及时返还”与“违禁品和供犯罪所用的本人财物，应当予以没收”，是对涉案财物的具体处理方式。从中文含义上来看，追缴是指勒令缴回，即追回、收缴，所以具体到《刑法》第64条，司法机关对犯罪分子的违法所得的一切财产均应当予以追回、收缴。而追缴行为本身并

---

① 卫磊:《刑事违法所得追缴的两元体系构造》，载《法律方法》2023年第37卷。
② 杨义林、闫丽勤:《论走私犯罪所得及其产生的收益》，载《中国检察官》2021年第22期。
③ 吕梅青、黄玲林:《论走私洗钱犯罪中的犯罪所得》，载《法律适用》2023年第6期。
④ 左袖阳:《违法所得投资收益的追缴：判断标准与追缴范围》，载《中国法律评论》2022年第4期。
⑤ 张磊:《〈刑法〉第64条财物处理措施的反思与完善》，载《现代法学》2016年第6期。

不涉及对违法所得财物的最终处置，至于缴回至司法机关的违法所得财物最终如何处理，则应属于返还、没收等法律行为表达的内容。最高人民法院、最高人民检察院、公安部 1997 年 3 月 28 日颁布的《关于办理非法生产光盘案件有关问题的通知》规定："公安机关……对查获的光盘生产线设备作为犯罪工具依法追缴。追缴后，应采取拍照、录像等方式做好物证的保全、固定工作，再变卖给有关部门指定的单位，变卖的价款及其孳息可暂存入银行"。该规定也充分说明追缴行为本身并不涉及对赃款赃物的最终处置，对赃款赃物的最终处置是追缴行为完成以后所进行的另一法律行为。因此，《刑法》第 64 条前半段"犯罪分子违法所得的一切财物，应当予以追缴或者责令退赔"应当理解为是对刑事涉案财物总的程序性处置措施的规定，[①]《刑法》第 64 条后半段才是对刑事涉案财物的实体性处置措施，即刑事涉案财物在追回、收缴后，针对违法所得再按照被害人的合法财产、违禁品、供犯罪所用的本人财物等分别予以返还、没收的最终处置。需要说明的是，针对非法获利此类违法所得，根据《刑法》第 64 条前半段的规定，对于犯罪分子违法所得的一切财物均应当予以追缴或者责令退赔。这也符合"无人能因犯罪而受益"的正义理念，对于任何形式的违法所得均应当由国家机关强制性改变被犯罪分子占有、控制的状态。

四、走私犯罪中违法所得的认定

《刑法》第 64 条规定对刑事涉案财物处置做出总括性规定，走私罪违法所得的认定理应遵循《刑法》第 64 条关于违法所得的基本原理。

（一）走私违法所得的范围界定

走私违法所得即走私犯罪的所得及其产生的收益，其具体表现形态可以依据上述两种违法所得类型进行界定，即走私直接所得和走私间接所得。

1. 走私直接所得

走私直接所得是指通过走私行为直接获得的财物，包括走私物、走私物变现价款、走私劳务报酬。

（1）走私物，是指走私的货物、物品。

（2）走私物变现价款，一般是私货销售所得现金，其是走私物的货币价格实现，与走私物是走私直接所得具体表现形态之间的转换。

（3）走私劳务报酬，是指受雇佣而帮助走私货主实施走私犯罪行为的劳务活动[②]，如搬运、清点、运输私货、为走私望风看路等劳务来获取相对固定的报酬。

---

① 张磊:《〈刑法〉第 64 条财物处理措施的反思与完善》，载《现代法学》2016 年第 6 期。

② 杨义林、闫丽勤:《论走私犯罪所得及其产生的收益》，载《中国检察官》2021 年第 22 期。

2. 走私间接所得

走私间接所得是指由走私直接所得及其收益转化、转变而获得的其他财产，包括走私所得的孳息和投资收益。

（1）违法所得的孳息，是指以违法所得为原物，由原物按照自然规律所产生的物（自然孳息）或者因法律关系得到的物（法定孳息）。[①] 如走私动物繁衍出的幼仔为天然孳息；出租走私的设备收取的租金等为法定孳息。

（2）违法所得的投资收益，是指以违法所得作为基础，进行投资经营活动产生的利益。[②]

（二）走私违法所得的认定建议

1. 走私直接所得

（1）走私物与走私物变现价款。走私犯罪从学理上可以分为非涉税走私和涉税走私。非涉税走私即走私国家禁止或者限制进出口的货物、物品，如走私毒品、走私固体废物、走私来自疫区的动物及制品等行为；涉税走私即走私普通货物、物品，主要表现为通过低报价格、伪报贸易方式、夹藏、绕关闯关等行为走私普通货物。

①对于走私国家禁止进出口的货物、物品，由于这些货物物品本身禁止进出口，属于违禁品，不可能通过合法途径得到，只能通过走私等违法犯罪途径获取，因此，此类货物、物品应当全部认定为违法所得查扣没收；如果货物、物品已被销售或收购，无法被查扣，则应依据货物、物品的销售价格或者收购价格作为违法所得予以没收。实践中分两种情形，一种情形是销售价格高于走私物的真实价格的，应认定销售价格为违法所得，这也符合“不使任何人从犯罪中受益”的法则；[③] 另一种情形是销售价格低于走私物的真实价格，根据 139 号文第 24 条的规定，则应以司法机关审定的私货真实价格为违法所得。

②对走私限制进出口的货物、物品，司法实践中具体可分为三种情况：一是行为人在未取得许可证的情况下走私非涉税的限制进出口货物、物品，如绕关走私，这种情形下走私的货物、物品就是违法所得，应当将走私的货物、物品或者对应的货值认定为违法所得；二是对借用许可证进口但是没有偷逃税款的行为，以行为人实际获利作为违法所得予以没收追缴；三是对于超出行政许可或者配额的部分，具有国家不允许进出口的性质，因此，此部分应当视为走私违法所得[④]。

---

① 左袖阳：《违法所得投资收益的追缴：判断标准与追缴范围》，载《中国法律评论》2022 年第 4 期。

② 左袖阳：《违法所得投资收益的追缴：判断标准与追缴范围》，载《中国法律评论》2022 年第 4 期。

③ 陈鹿林、龚玲：《涉税走私违法所得问题研究》，载《海关法评论》第 11 卷，法律出版社 2023 年版，第 381—392 页。

④ 周国良、须璐、田娟、王林生：《“走私洗钱犯罪法律适用问题研讨会”研讨观点综述》，载《中国检察官》2021 年第 22 期。

③对于涉税走私即走私普通货物、物品，其侵犯的法益是海关税收征管秩序，该罪名主要目的在于保障国家对进出口货物、物品的税收征管权，因此，偷逃进出口环节应缴税额是走私普通货物、物品罪最关键的要素。当涉案货物的价值远远高于偷逃税款金额时，不应当全部查扣、没收，应当区分不同的情况进行考虑：

一是对于绕关走私、闯关走私的行为，如果货物物品被查获，则物品作为违法所得予以没收；如果货物物品流入国内市场或者投入使用无法查扣或者不便查扣，根据139号文第24条的规定，则以货物、物品对应完税价格作为违法所得予以追缴；如果货物、物品已经销售且销售金额高于完税价格，则以销售金额作为违法所得予以追缴；但若销售价格低于市场价格的，则应按照市场价格进行计核应缴税款。

二是为了逃避缴纳税款，采取低报、伪报等方式少报多进的走私行为，由于当事人已经缴纳部分税款，其缴纳部分和偷逃部分都投入了相应的货物成本。缴纳部分是合法的，笔者认为其相应投入的货物、物品也理应视为合法的，这部分不属于犯罪成本，不应作为违法所得，因此已缴纳税款部分对应的货物、物品应当从走私物中扣除，即根据比例原则，以偷逃税款占应缴税款比例相应部分走私货物物品认定违法所得予以没收更为合理。如果货物、物品无法分割或者投入使用无法扣押的，则以完税价格为基础，按照上述比例追缴违法所得。

（2）走私劳务报酬。对于参与走私犯罪的劳务人员如受雇用的船员、“水客”等提供走私劳务而获得的报酬，目前实务中存在两种观点：一种是视为走私货主投入的犯罪成本，另一种是视为从走私货主处瓜分的犯罪利润，但两种观点均将走私劳务报酬归属于走私直接所得。对参与走私活动的受雇人员而言，其虽然作为走私共犯共同造成走私的犯罪事实，但一般情况下，相较于雇主因偷逃税款获取的丰厚利润，受雇人员在走私活动中的获利仅是微薄的劳动报酬，因此，笔者认为以实际获利为标准追缴其违法所得更为合理，如此既能对劳务人员达到惩罚的效果，同时也能促使其认可判决内容，达到息讼服判的目的。

2. 走私间接所得

根据《没收程序规定》第6条，犯罪行为直接获得的财物后续转换得到的转换物或者收益视为违法所得。具体到走私犯罪中，走私行为完成时，行为人得到的直接所得就是违法所得；其直接所得后续转换得到的转换物或者收益“视为违法所得”。另根据《刑法》第191条的规定，洗钱罪针对的是走私犯罪等七类上游犯罪的所得及其收益。走私行为后续的财物转换行为，使得走私犯罪所得这一财产性利益的载体发生实质性变化，故走私间接所得极大可能会涉及走私洗钱犯罪。因此，从上述两个角度来看，走私间接所得应当认定为违法所得予以追缴没收。

走私犯罪案件办理质效提升研究

海关缉私领域行刑衔接问题研究

李毅荣　金　鹏　刘亚新　周晓娟*

摘　要　本文以海关缉私部门和检察机关的视角出发，研究海关缉私领域行政执法和刑事司法衔接工作机制相关规定以及运行现状，在分析其存在问题的基础上，提出进一步明确走私罪与非罪的界限、加强内部与外部的监督、细化相关工作流程等完善建议。

关键词　海关缉私　行政执法　刑事司法　行刑衔接

行政执法与刑事司法衔接工作机制（以下简称行刑衔接），主要是指行政执法机关在依法查处行政违法行为过程中发现涉嫌犯罪的行为，及时移送公安机关、检察机关等司法机关处理，形成行政执法和刑事司法工作合力的机制。海关缉私部门从 1999 年成立之初即被赋予了侦查走私犯罪案件的刑事侦查职能。自 2003 年起，海关缉私部门职能进行调整，增加了办理走私行政处罚案件的职能，开始以海关名义对外行使行政调查权与处罚权。因此，海关缉私部门一方面查处走私犯罪案件，另一方面查处违规、走私等行政违法案件，同时拥有行政执法权和刑事执法权。

2020 年 4 月 15 日，海关总署印发《关于进一步加强涉检行政处罚案件管理的通知》，决定涉检行政处罚案件统一由海关缉私部门履行职能管理，一般程序涉检行政处罚案件由海关缉私部门办理。2022 年 6 月，海关总署办公厅印发《研究加强海关缉私工作专题会议纪要》，将检验检疫行政处罚案件职能管理调整至海关稽查部门，海关缉私部门不再办理一般程序涉检行政处罚案件。2020 年 9 月 1 日，公安部关于印发《公安部刑事案件管辖分工规定》的通知，进一步明确海关总署缉私局管辖案件的范围，增加了对"逃避商检案""妨害国境卫生检疫案""妨害动植物检疫案"三种涉检犯罪案件的管辖。2021 年 5 月 28 日，公安部印发《公安部刑事案件管辖分工补充规定》，进一步授予海关总署缉私局对海关监管区内发生的"走私人类遗传资源材料案""非法引进外来入侵物种案"的管辖职权。这种情况下，相较于其他执法部门，海关缉私部门的行刑衔接工作更具有独特性。

---

* 李毅荣，北京市人民检察院第四分院副检察长；金鹏，北京海关缉私局法制一处副处长；刘亚新，北京海关缉私局法制一处副科长；周晓娟，北京市人民检察院第四分院四级高级检察官。

党的十八届三中全会以来，“完善行政执法与刑事司法衔接机制”改革成效显著，但行刑衔接工作依然面临着机制不全、衔接不畅等诸多问题。当前我国进入新发展阶段，打击走私违法犯罪，事关改革发展稳定大局、社会主义市场经济秩序、人民群众切身利益，迫切要求我们对海关缉私领域的行刑衔接工作难点和困境进行深入总结和思考，创新思路、转变理念，实现行政执法与刑事司法的双向无缝衔接，为反走私工作高质量发展提供更有力的法治保障。

一、海关缉私部门行刑衔接工作现状

（一）行刑衔接工作一般规定

有关行刑衔接的规定最早见于 1996 年公布施行的《行政处罚法》，明确规定行政违法行为构成犯罪的，行政执法机关应当及时移送刑事司法机关，不得“以罚代刑”。2001 年 7 月 9 日，国务院公布施行《行政执法机关移送涉嫌犯罪案件的规定》（2020 年 8 月 7 日修订），规定了行政执法机关移送涉嫌犯罪案件的移送条件、基本程序、工作时效等，确定了行刑衔接机制的基本框架。2011 年 2 月 9 日，中共中央办公厅、国务院办公厅转发国务院法制办等部门出台《关于加强行政执法与刑事司法衔接工作的意见》，明确规定了行政执法机关与刑事司法机关各自的职责，为执法司法机关具体开展行刑衔接工作提供了依据。

其他法律和规范性文件，亦有对行刑衔接的规定。如《刑事诉讼法》第 52 条第 4 款，规定了行政证据与刑事证据之间转换的规则。[①] 2016 年 6 月 16 日，公安部公布施行的《公安机关受理行政执法机关移送涉嫌犯罪案件规定》，规定了公安机关对行政执法机关移送的涉嫌犯罪案件的受理程序及受理后的处理流程。《刑法》第 37 条规定：“对于犯罪情节轻微不需要判处刑罚的，可以免于刑事处罚，但是根据案件的不同情况……由主管部门予以行政处罚或者行政处分。”最高人民检察院于 2021 年 10 月印发《关于推进行政执法与刑事司法衔接工作的规定》，为加强检察机关对行刑衔接工作的检察监督，提供具体指引。

（二）海关缉私领域行刑衔接工作特殊规定

2004 年 9 月，国务院公布的《海关行政处罚实施条例》第 4 条规定：“海关发现的依法应当由其他行政机关处理的违法行为，应当移送有关行政机关处理；违法行为涉嫌犯罪的，应当移送海关侦查走私犯罪公安机构、地方公安机关依法办理。”

2020 年 3 月 20 日，海关总署发布的《关于加强国境卫生检疫行政执法与刑事司法衔接工作的通知》，强调：“各海关查处国境卫生检疫所涉违法行为……对有证据证明该

---

① 阮建华：《行政执法与刑事司法衔接机制的现状分析与完善对策》，载《江西警察学院学报》2016 年第 6 期。

违法行为涉嫌构成妨害国境卫生检疫罪的，应当依照有关规定办理移送公安机关相关手续，不得以行政处罚代替刑事处罚。”

从以上法律规定的梳理来看，目前行刑衔接的规定主要以行政法规、司法解释、规范性文件等组成，法律层级比较低，而且规定较为原则、宽泛，海关缉私领域的专门规定更是少之又少，导致行刑衔接制度在运行中面临很多困难。

（三）海关缉私部门行政与刑事案件程序转换规则

海关缉私部门在办理行政案件中，发现涉嫌走私犯罪、涉检犯罪等，应当按照刑事案件管辖分工相关规定，及时移送海关缉私刑事侦查部门或其他有管辖权的公安机关（此处统称“刑事侦查机关”），同时中止行政案件的办理。有关案件经刑事侦查机关立案侦查、人民检察院审查起诉，最终被人民法院判决进行刑事处罚后，海关缉私部门应对中止办理的行政案件作终结处理。有关案件刑事侦查机关决定不予立案、人民检察院作出不起诉决定或者人民法院作出无罪判决或者免予刑事处罚的，海关缉私部门应当恢复行政案件的办理，依法作出行政处罚决定。

海关缉私部门对有关案件作出行政处罚决定后，发现涉嫌犯罪的，应当移送刑事侦查机关，并随附行政处罚决定书。已经执行的行政处罚决定，不停止执行。尚未执行的行政处罚决定中止执行，涉案违法行为最终定罪处罚的，终结执行有关处罚决定；未被定罪处罚的，恢复执行。[①]

海关缉私刑事侦查部门或其他公安机关在办理刑事案件时，受案后经审查不予立案的、立案后经侦查认为不构成犯罪或者情节显著轻微不予追究刑事责任而撤销案件的、经人民检察院审查依法不起诉的，或者经人民法院审理依法免除刑罚或者作出判决，但需海关缉私部门做出行政处罚的案件，由海关缉私部门依法定程序办理。

二、海关缉私领域行刑衔接工作存在的问题

（一）走私罪与非罪的认定存在自由裁量空间

1. 刑事立案追诉与否存在自由裁量空间。众所周知，走私罪属于典型的行政犯，即由于违反了行政法律法规且情节严重而构成犯罪，其行为因同时违反了行政法与刑法而具有了行政违法和刑事违法的双重违法性。走私犯罪和走私行为的构成要件如主观方面和客观行为特征可能完全一致。如何界定是走私犯罪还是走私行为，许多情况下取决于量的因素或者情节轻重，从而决定启动刑事还是行政执法程序。

《最高人民法院、最高人民检察院关于办理走私刑事案件适用法律若干问题的解释》，明确了走私犯罪中大部分罪名的定罪量刑标准。但尚有些罪名未明确立案追诉标准，例如走私贵重金属罪，未有明确数额等定量标准。面对诸如此类情形，海关缉私部

---

① 见2020年3月20日《海关总署关于加强国境卫生检疫行政执法与刑事司法衔接工作的通知》。

门在执法实践中面临着认定罪与非罪、追究刑事责任与进行行政处罚的两种选择，由此也产生了自由裁量的空间。

2. 走私犯罪主观故意认定有难度。由于走私犯罪需要以违反行政法律法规为前提，在实践中，不少走私犯罪分子以其对海关行政法律法规的无知为借口否认其具有走私的主观心理。由于走私犯罪越来越趋向于智能化、集团化、隐蔽性等特点，在行为人拒不如实供述的前提下，侦查人员极难取得证据有效证明行为人的犯罪心态，给走私犯罪的认定增加了相当的难度。[①]

针对以上问题，《最高人民法院、最高人民检察院、海关总署关于办理走私刑事案件适用法律若干问题的意见》第5条第2款规定了可以认定为走私主观故意的“明知”的七种情形。尽管如此，走私罪主观故意的认定仍是个难题。在实践中，有些海关缉私办案部门在接到相关违法线索材料时，虽然违法数额或情节符合刑事立案追诉标准，但因未有证明行为人走私犯罪主观故意的相关证据，通常会倾向于直接按照行政案件进行办理，并认定为违反海关监管规定的行为而进行行政处罚，而不会再按照刑事案件程序受案去深入的调查。海关缉私部门在行为人主观方面的调查与认定上存在较大的自由裁量空间。

在行刑衔接工作中，对于达到数额或情节达到立案追诉标准、但作行政处罚的涉嫌犯罪案件，检察机关发现后会建议移送，但在进入受案、立案阶段后，主观故意方面也存在较大争议，而且由于监督移送具有一定的滞后性，主观方面的证据更加难以调取，甚至可能已经灭失。

（二）行刑执法手段使用不当易造成权力滥用或不作为

1.“手段优先”易造成权力滥用。海关缉私部门在办案过程中常存在“手段优先”的倾向。即出于收集证据上的方便，在案件还未有证据证明存在走私犯罪事实需要追究刑事责任的情况下，将案件先行按照刑事程序办理，利用刑事侦查手段或者强制措施实现调查案件、查明真相的目的。经侦查取证后，若发现不构成走私犯罪，再按照行政案件处理。上述做法虽然有利于案件的查明，但忽视了刑事立案标准以及刑法的最后手段性，客观上造成刑事侦查权的恣意滥用。

2.“自由选择”易造成不作为。在案件罪与非罪的定性上存在困难时，尤其是在行为人主观故意的认定上难以判断时，海关缉私部门有时出于快速处理案件的目的，通常会径行按照行政案件进行处理。由于此类案件未能进行刑事立案，未经海关缉私部门侦查，丧失了利用刑事侦查手段对行为人的主观方面作出全面分析认定的机会。客观上容易产生“以罚代刑”“降格处理”的可能性，使真正的犯罪分子逃脱刑罚的制裁。

---

① 最高人民法院刑事审判第二庭:《〈最高人民法院、最高人民检察院关于办理走私刑事案件适用法律若干问题的解释〉理解与适用》，中国法制出版社2015年版，第280页。

（三）行刑转换过程中案件保证金衔接问题

2019 年 1 月 2 日，海关总署印发的《海关行政处罚案件保证金收取处置办法（试行）》第 2 条规定：“本办法所称保证金是指海关在办理行政处罚案件工作中依法向当事人或者运输工具负责人收取的案件类担保资金。”

海关收取案件类保证金显然是一种行政职权。在刑事案件相关法律法规体系中，未有案件类保证金相关规定，只有取保候审保证金。在行政案件转换成刑事案件后，海关缉私部门在行政调查阶段已经收取的案件类保证金如何处理，相关法律法规没有明确规定，实践中做法不一。甚至出现在办理涉税刑事案件过程中也收取案件类保证金，在刑事程序中行使行政职权，极易引发执法风险。

（四）行刑衔接中证据转化存在问题

在行刑衔接工作中，证据的转化是一个长期存在的疑难问题。《刑事诉讼法》第 54 条第 2 款规定：“行政机关在行政执法和查办案件过程中收集的物证、书证、视听资料、电子数据等证据材料，在刑事诉讼中可以作为证据使用。”该规定虽然确立了行政证据与刑事证据转换制度，但是过于原则与笼统，一方面使用“可以”，不易把握是否能够转化使用；另一方面，“等”还包括哪些证据材料，难以确定。同时，法律规定对证据转换的具体规则也不甚明确，具体操作存在困难。

海关缉私部门的行政执法与刑事执法又有其特殊性，尤其是在行政处罚案件办理中，存在大量价格鉴定、核税证明等鉴定意见，实践中此类证据如何实现行政证据与刑事证据的转换，标准不明确，做法不统一。

（五）行刑衔接智能化程度不足

自行刑衔接工作开展之初，各级执法司法机关就提出要建立健全信息共享平台，虽然取得了一定的成效，但明显还未实现真正的数字化、智能化。对于海关缉私领域来说，虽然由行政到刑事的移送障碍不大，但行政、侦查、检察、审判之间并未建立真正的信息平台。作为监督机关，检察机关无法实时对行政处罚案件进行浏览查询，并且在监督移送时，还是依靠传统的纸面文书送达。同时，对于案件后续是否受立案、是否起诉、是否判决，也无法通过网络系统进行跟踪，只能多次询问办案人员，距离网上移送、网上办理还有很大距离，极大影响行刑衔接工作效率，不能适应新时代行刑衔接工作的发展要求。

（六）反向行刑衔接出现经济后果倒挂

《刑事诉讼法》第 177 条第 2 款规定，对于犯罪情节轻微，依照刑法规定不需要判处刑罚或者免除刑罚的，人民检察院可以作出不起诉决定。第 3 款规定，对被不起诉人需要给予行政处罚、处分或者需要没收其违法所得的，人民检察院应当提出检察意见，移送有关主管机关处理。基于此，检察机关也可以向行政执法机关移送行政处罚案件，即反向衔接。近年来，检察机关在做出不起诉决定之后，以检察意见书的形式移送海关缉私部门，这也是检察机关履行法律监督职责的重要体现。

不过在实践中，反向行刑衔接出现了经济后果倒挂的问题。反向行刑衔接工作开展之后，当事人可能面临巨额罚款。根据刑法的规定，走私普通货物物品罪只是有偷逃税款1倍到5倍的罚金刑，不存在强制补缴偷逃税款、追缴等值价款等处罚。根据《海关行政处罚实施条例》的相关规定，海关对于已经销售或者灭失的走私货物物品应当追缴等值价款并给与偷逃税款3倍以下罚款。这种倒挂结果，往往令当事人难以承受。尤其是对于企业来讲，在刑事案件办结后往往能够继续经营，但在行政处罚后却不能存活，对于企业经济发展产生不利后果。另外，刑事案件不起诉反向行刑衔接之后，当事人可能会因为巨额罚款而推翻之前的供述及认罪认罚内容，导致案件陷入僵局。

三、海关缉私领域行刑衔接工作机制的完善

针对海关缉私领域行刑衔接工作存在的上述问题，笔者提出如下建议：

（一）进一步明确走私罪与非罪的界限

1. 通过司法解释明确立案追诉标准。走私犯罪作为刑法的单独一节，有多个相关罪名，建议相关部门制定司法解释进一步明确走私相关罪名的立案追诉标准，厘清罪与非罪界限，尽量压缩海关缉私部门自由裁量的空间。同时，作为典型的行政犯，相关行政法规对于走私犯罪追诉标准的认定，也应当及时细化或者修正。

2. 细化主观故意方面认定标准。对于走私犯罪而言，客观行为比较容易认定，当事人是否具有主观故意往往成为案件性质转化的关键点。对于主观故意的认定，一方面应当及时固定可以直接证明的相关证据，如手机聊天软件记录、电子邮件、录音录像等；另一方面可以探索根据当事人本身的情况如职业、实践经验、生活习惯、行为方式等来进行间接推定。

3. 加强各部门沟通形成共识。在法律规定较为明确的情况下，走私犯罪的认定仍然存在一些模糊地带。以走私珍贵动物、珍贵动物制品罪为例，2022年4月6日公布的《最高人民法院、最高人民检察院关于办理破坏野生动物资源刑事案件适用法律若干问题的解释》，明确了走私珍贵动物、珍贵动物制品罪的起刑点及定罪量刑标准，规定了走私珍贵动物及其制品价值二万元以上不满二十万元的，不具有从重处罚情形，且未造成动物死亡或者动物、动物制品无法追回，行为人全部退赃退赔，确有悔罪表现的，可以认定为犯罪情节轻微，不起诉或者免予刑事处罚；情节显著轻微危害不大的，不作为犯罪处理。对于哪种情形可以认定为“情节显著轻微危害不大，不作为犯罪处理”，建议各海关缉私部门加强与当地检法机关的沟通，对不作为犯罪处理的情形达成共识，以期准确适用法律。对于海关查处的行刑交叉案件，也可以由检察机关进行提前介入。

4. 兼顾“刑事优先”与“刑事谦抑”原则。在海关缉私部门行政执法过程中，发现行政违法行为涉嫌走私犯罪、涉检等犯罪，应当及时将该案件转换成刑事程序办理，坚

持“刑事优先”原则。此处移送或者转换的标准，应遵循客观上达到法定起刑点即刑事受案。对于行为人是否有走私犯罪主观故意，是否应该追究刑事责任，应该由刑事办案部门来判断，经过调查核实后进行立案审查。对于是否刑事立案存在争议或者不予刑事立案的，需移送法制部门进行审核。

当然因为刑罚的严厉性及最后手段性，在坚持“刑事优先”原则基础上，应该特别注意“刑事谦抑”原则。即在刑事立案前，应进行调查核实，有证据证明存在犯罪事实需要追究刑事责任时，才能按照法定程序进行立案，启动刑事司法程序。由于走私犯罪大部分属于经济犯罪案件，即使在立案后，也应采取调查性侦查措施，严格依法定条件和程序使用强制性措施，依法慎用羁押性强制措施。①

（二）加强内部与外部的监督

1. 加强法制部门的审核与监督。在行政执法与刑事执法转换过程中，海关缉私法制部门应充分发挥审核与监督职能作用，对于刑事案件不予立案、撤销案件以及移送行政处理等高风险环节重点审核与把关。同时加强对办案程序、时限、执法手段与强制措施等执法活动的监督，发现办案部门违反规定或强制措施适用不当，应及时予以纠正。既要防止“以罚代刑”，又要防止滥用刑事执法权力，侵害公民人身权和财产权。

2. 强化检察机关的监督。进一步强化检察机关对于海关缉私部门行刑衔接工作的监督，健全监督机制，设立侦查监督与协作配合办公室，将涉检案件纳入监督范围，构筑全方位的监督模式。重点加强对案件移送、立案和撤销案件的监督，防止有案不移、该立不立、立案后久侦不结、不当撤案及违反法定期限等违法情形。此外，还要加强立案后侦查活动的监督，一方面监督海关缉私部门严格依法取证，正确适用强制措施；另一方面协助其完善证据链条，确保案件诉得出、判得下，使走私犯罪涉检犯罪等犯罪分子得到应有惩罚。

检察机关发现海关缉私部门在行刑衔接过程中存在违纪行为，需要追究行政纪律责任的，应及时发出检察建议督促纠正或者移送纪检监察部门处理；涉嫌职务犯罪的，移送司法机关依法追究刑事责任。

（三）规范行政案件保证金与刑事案件相关措施的转换程序

海关缉私部门在执法过程中，应该严格区分行政和刑事法律措施，避免出现交叉混用情形。建议相关部门出台规范性文件，明确海关行政案件保证金与刑事案件冻结存款、暂存款之间的转换程序。

当行政案件转为刑事程序，海关缉私部门对于先前收取的保证金应及时办理解除担保和退还手续，并立即转换成刑事冻结存款法律手续，将该笔存款予以冻结。

当刑事案件转为行政程序，海关缉私部门对于已经冻结的存款应该及时解除冻结，

---

① 《最高人民检察院、公安部关于公安机关办理经济犯罪案件的若干规定》第 18 条、第 31 条。

如果符合收取保证金的相关规定，应按法定程序收取保证金。在先前办理刑事案件过程中对涉案财物先行变卖、拍卖所得的暂存款需转为行政案件保证金的，也应先行办理发还手续，再办理保证金收取手续。

（四）明确行政与刑事案件证据转换规则

《刑事诉讼法》第50条的规定虽然仅对可以作为证据使用的证据种类进行了列举，但是这也意味着行政执法机关在查办案件中收集的证据，实际上是可以移交给侦查机关，作为证明犯罪嫌疑人有罪无罪、罪轻罪重的证据，只不过要以刑事诉讼的证明标准来判断证据的合法性及证明力。基于此，笔者认为海关缉私领域的行政与刑事案件证据转换应遵循以下原则：

当行政案件转为刑事程序后，在行政执法中收集的物证无须重新收集，只需转换法律手续，将行政的扣留手续转换成刑事扣押手续。收集的书证，在补充调取证据通知书及清单等法律手续后即可使用。对于言词证据，因其本身极大的不稳定性，一般需要重新收集，只有“确实无法重新收集，但又必须使用的，且有证据证明取证程序合法、能与其他证据相印证的”才能作为刑事定案证据。对于价格鉴定、核税证明等鉴定意见，若行政调查阶段已经依法委托具有鉴定资质的鉴定机构进行鉴定且做到程序公正的则无须重新鉴定，但是可以对鉴定意见的格式、内容等予以完善，以便于检察机关和法院进行更有效的审查。

当刑事案件转为行政程序后，侦查过程所收集的证据材料，也存在是否可以直接作为行政案件证据使用的问题。《海关办理行政处罚案件程序规定（2021）》第21条规定，刑事案件转为行政处罚案件办理的，刑事案件办理过程中收集的证据材料，经依法收集、审查后，可以作为行政处罚案件定案的根据。因此，在刑事执法中收集的证据原则上在进行必要的法律手续转换后可以直接作为行政案件的证据使用，但言词证据一般也需重新收集。需要注意的是，这类证据在行政处罚中也只是有证据资格，是否作为定案及处罚的证据，仍然需要办案人员从实质上进行审查。

（五）强化数字赋能行刑衔接工作

在海关缉私部门、检察机关、法院之间建立统一的海关领域行刑衔接工作平台，在保证信息安全的情况下，除共享行政案件、刑事案件信息外，应当在平台上实现线上移送、受理、流转等，改变目前工作效率低下的局面。同时，在平台中可以设置提前介入、侦查监督、数据统计、案例检索等功能，实现行刑衔接工作的数字化运行。

（六）完善反向行刑衔接操作程序

为避免不起诉后经济后果倒挂情况的出现，应当从制度层面尽快落实视情况减免行政处罚制度。减免行政处罚能够减轻企业压力、保证企业正常经营，实现法律效果与社会效果的统一，这也是高质效办好每一个案件的必然要求。

同时，在司法实践中，可以在认罪认罚阶段告知当事人可能面临的行政处罚后果，既可以考察当事人的认罪悔罪态度，又可以使当事人对行政处罚有一定的心理准备。将“自愿接受行政处罚”的相关内容，写进《认罪认罚具结书》中，保证在不起诉决定作出后，当事人能够接受行政处罚，确保后续效果。同时，检察机关和海关缉私部门也应当进行及时沟通协商，便于后期案件转入行政程序的办理。

（七）加强人才队伍建设

人才队伍建设是一切工作的基础。无论是海关缉私部门民警，还是检察人员、审判人员，都要强化日常学习与培训工作，提高自身工作素养。定期到行政执法一线开展调研学习，加强与海关执法部门、其他公安机关的交流，提高专业化水平。加强海关缉私部门与检、法机关的沟通，以召开联席会议、举办同堂培训等形式，更好地理解与适用法律，提升执法办案能力。

四、结语

海关缉私部门只有严格依法开展行政执法与刑事司法活动，准确适用法律法规，采取适当执法措施，加强内部监督并主动接受外部监督，建立完善的工作机制才能充分发挥两种执法手段的优势和作用，实现两种执法的有效衔接，依法惩治走私、涉检违法犯罪，维护市场经济秩序，保障人民群众生命安全和身体健康。

走私案件行刑衔接困境与破局
——以数字检察赋能监督协作为视角

郑龙清　张晓兰　黄殷颖　阮露玫　李翠云*

摘　要　司法实践中走私案件行刑衔接存在行政处罚缺位、行政处罚信息存在壁垒、情报线索未能深度经营等问题，导致“漏罪”现象日益突出。究其原因，行刑二元制裁体系下，走私案件管辖权交叉且呈现多层次、交叉型管辖，增加执法司法衔接环节，提高衔接成本。尽管我国出台相关文件规定促进行刑衔接机制不断完善，但在多头管辖框架下，走私案件信息共享意识不强、共享方式效率低、共享内容不充分，信息共享机制并未实质化运行。通过数字检察赋能促进法律监督办案思维和办案模式实现转型升级是数字检察战略的必然要求。检察机关亟须积极主动作为，拓展融合数据资源，推动数据要素整合，构建设计数字模型，促进走私案件“行行共享、行刑共治”云平台应用，最终实现共建共享共治。

关键词　走私犯罪　数字检察　共享共治云平台　法律监督

反走私治理是一项长期性、复杂性、艰巨性的系统工程，一直以来，我国反走私工作遵循的是联合执法、综合治理原则。1993年，全国首次成立全国打击走私领导小组，实行联合缉私、统一处理、综合治理的查缉走私体制。① 2000年《海关法》第一次修订，首次通过法律明确“综合治理，海关统一处理”原则。2013年3月，第十二届全国人民代表大会第一次会议审议通过《国务院机构改革和职能转变方案》，决定整合国内海上执法力量，将公安机关边防海警、中国海监、中国渔政、海关缉私局并入国家海洋局，同时挂牌中国海警局，重新整合海上行政执法职能。2018年，第十三届全国人民代表大会常务委员会第三次会议通过《全国人民代表大会常务委员会关于中国海警局

*　郑龙清，福建省福州市人民检察院党组成员、副检察长；张晓兰，福建省福州市人民检察院第四检察部主任、四级高级检察官；黄殷颖，福建省福州市人民检察院检察技术信息部主任；阮露玫，福建省福州市人民检察院第四检察部副主任、一级检察官；李翠云，福建省福州市人民检察院第四检察部四级检察官助理。

①　《国务院关于成立全国打击走私领导小组的通知》，载《中华人民共和国国务院公报》1993年第13期，第628—629页。

行使海上维权执法职权的决定》，决定按照党中央批准的《深化党和国家机构改革方案》和《武警部队改革实施方案》决策部署，将公安机关边防海警重新组建为中国海警局，并整体划归中国人民武装警察部队指挥，同时赋予中国海警局海上行政执法权。

在反走私综合治理视阈下，推动走私案件行刑衔接，既是依法打击走私、维护海上安全的有力体现，也是实现走私违法犯罪治理体系和治理能力现代化的内在要求。走私案件办理过程中，检察机关主要通过立案监督强化行刑衔接，防止“以罚代刑、有案不移”，减少“应当立案侦查而不立案侦查”。但在司法实践中，行刑交叉关系复杂，“漏罪”现象依然突出，不仅纵容了走私违法犯罪行为的发生，而且严重影响走私犯罪治理质效，亟须引起重视。

近年来，行刑衔接问题备受关注，不少学者从多维度探究行刑衔接的优化路径并取得一定成效。不过，理论学界对走私案件行刑衔接问题的关注度仍然较低，相关解决方案也较为粗放、可操作性较差。2021年6月，党中央专门印发《中共中央关于加强新时代检察机关法律监督工作的意见》（以下简称《法律监督意见》），要求健全行政执法和刑事司法衔接机制。2023年7月，最高人民检察院制定《关于推进行刑衔接和行政违法行为监督 构建检察监督与行政执法衔接制度的意见》（以下简称《行刑衔接意见》），强调要加强检察机关与行政执法机关衔接配合，积极构建检察监督与行政执法衔接制度。检察机关肩负法律监督重任，必须与时俱进深化落实法律监督职责，协同其他司法执法机关建立“有力监督、有效配合”的侦查监督与协作配合机制，做好走私案件“前半篇文章”。据此，本文拟从走私案件司法实践出发，就检察机关如何通过数字检察赋能监督协作，推动走私案件“行行共享、行刑共治”提出可行性方案。

一、走私案件行刑衔接之现实困境

一般而言，海关负责管辖关境内涉税走私案件以及海关监管区内的非涉税走私案件，非海关监管区的非涉税走私案件由公安管辖，而海警主要负责海上走私行为的侦查，实践中三者的管辖权也存在一定的交叉。[①] 近年来，检察机关与海关、海警机构、公安机关等相关部门大力推动反走私综合治理，行刑衔接工作取得一定成效，但行政处罚缺位、信息存在壁垒，情报未深度经营问题日益突出，“漏罪”现象依然存在，走私违法犯罪不能得以有效打击。

（一）行政处罚缺乏有效监督

走私犯罪一般体现为团伙犯罪，涉及海上过驳、岸上接驳、路上运输等多个环节，犯罪团伙人数众多。移送起诉之前，侦查机关往往重点追究走私案件中主要参与人的刑

---

① 陈鹿林、周耀凤：《略论海上走私犯罪侦查管辖权的优化配置——以2015—2019年N市、W市司法机关办理海上走私案件为例》，载《公安学刊（浙江警察学院学报）》2021年第6期。

事责任，对初次参与犯罪且犯罪情节轻微的船员、岸上搬运工、货车司机等作用较小的同案人，一般采用取保候审或仅传唤其做笔录，而未对其进行行政处罚，也未移送起诉；审查起诉之后，检察机关对上诉人员一般也作不起诉处理，并通过制发检察意见要求行政处罚主管机关，对应当给予行政处罚的被不起诉人作出处罚决定，但检察意见往往难以落到实处。司法实践中，由于对进入刑事程序无须承担刑事责任但须给予行政处罚的案件缺乏有效监督，致使行政处罚缺位，即同一个走私行为人参与多起走私案件，却未被给予行政处罚。

（二）行政处罚信息存在壁垒

《刑法》第 153 条第 1 款第 1 项规定，一年内曾因走私被给予二次行政处罚后又走私的构成犯罪。质言之，对走私行为人进行行政处罚的记录十分重要，系证明行为人达到刑事犯罪立案标准的证据之一。海关、海警机构或公安机关在案件侦查阶段一般仅从公安机关联网系统调取走私行为人前科及行政处罚相关数据，而不会到各个其他具有管辖权的部门调取数据，除非行为人在供述中提到自己之前曾经因走私被某部门查获。目前，由于行政处罚信息并未实现全国联网，一般情况下通过向公安机关调取行政处罚数据难以全面掌握行为人是否曾经因走私受过行政处罚情况。由于不同部门之间行政处罚信息共享不充分，对于实质上已达 3 次走私行为，侦查机关往往因不能全面掌握走私案件行为人曾经受过行政处罚的情况，进而遗漏犯罪追诉。

（三）情报线索未能深度经营

不同部门之间情报线索共享不充分，导致走私犯罪难以精准打击，遗漏追诉。深层次、高质量、有价值的反走私情报信息有利于发挥先导作用，提高走私案件侦破效率，为反走私工作顺利开展奠定坚实基础。走私案件情报信息的来源主要为其他单位通报的案件线索、沿海群众的举报等。从横向来看，海关、海警机构、公安机关办理的走私案件信息沟通并不顺畅；从纵向来看，同一条线的办案信息共享平台并不完善。不同办案部门之间存在信息鸿沟，导致走私案件数据无法得以充分挖掘和运用。检察机关技术部门针对近年来走私案件数据碰撞发现，多个走私上岸码头、过驳海域、车辆、船舶等信息在不同案件中重复出现，甚至存在同一走私人员以不同绰号在不同走私案件中频繁出现，但因信息壁垒问题，侦查机关之间各自为战，单打独斗，难以及时发现并深度经营线索，严重影响了防范和打击走私工作的精准度和实效性。

二、走私案件行刑衔接困境之成因检视

从我国顶层设计看，行政处罚与刑事惩罚相分离的二元制裁体系创造了行刑衔接空间，而走私违法犯罪治理多头管辖的制度模式不断增加衔接环节，提高衔接沟通成本。反走私工作综合治理、系统治理、协同治理理念不深，不同部门之间形成信息壁垒。尽管侦查监督与协作配合机制为打通信息壁垒提供政策支持，但实践中信息共享机制因未

能实质化运行，致使走私案件行刑衔接困境未能得以有效破解。

（一）顶层设计：二元制裁体系下管辖权力交叉增加衔接成本

就一般违法犯罪行为的治理而言，行刑衔接体现为单线型或辐射型。公安机关集执法权与司法权于一身，如故意伤害行为、盗窃行为、职务侵占行为等无论涉及违法还是犯罪皆由公安机关管辖，此时行政处罚与刑事犯罪的衔接环节仅需在公安机关内部流转，衔接效率较高。即使行政执法机关与刑事司法机关并非来自同一系统，如生产销售伪劣产品、涉税类违法犯罪行为，行政执法机关为市场监督管理局或税务局，但当该行为达到刑事标准时，最终只需移送至公安机关，由公安机关统一侦查并移送起诉。但是，走私违法犯罪的行刑衔接则大不相同，管辖内容呈现交叉，衔接工作较为烦琐。

1. 走私案件管辖权分散增加移送成本

其一，行政执法与行政处罚权责不统一增加移送成本。2000年《海关法》修订时提出，海关统一组织、协调、管理查缉走私工作，其他行政执法机关对应当给予行政处罚的走私案件移送海关处理。换言之，尽管其他行政执法机关对走私行为有行政执法权，但并不当然具备行政处罚权。该规定一直延续至2021年《海关法》修订，且其间并无其他法律规定赋予其他行政执法机关对走私行为给予行政处罚的权力。因此，尽管机构改革后增加了海上行政执法机构，但走私案件行政处罚有权机关依然在海关。直至2021年，全国人大常委会通过《海警法》，其中第23条规定，海警机构对违反海关相关法律、法规、规章的组织和个人，具有包括限制人身自由在内的行政处罚权。换言之，2021年之后，除了海关可以对走私行为给予行政处罚外，海警机构同样享有该职权，而公安机关等其他对走私案件具有行政执法权的机关仍然并不具备行政处罚权。此时，其他行政执法机关在查获走私且认为应当给予行政处罚时需再次移交海关或海警机构，衔接成本更高。

其二，刑事管辖权分散加剧行政执法与刑事司法衔接成本。长期以来，我国社会治理一直采用的是违法和犯罪区分的二元制裁体系，该体系是相对以刑事处罚为唯一制裁方式的一元制裁体系而言，两者的根本区别在于谁控制对不法行为的制裁权。不可否认，采用二元制裁体系这一立法模式可以从程序上对不法行为进行分流，有利于节约司法资源，降低社会治理成本。同时，行政规范与刑事规范的区别既给一些不法行为人提供“亡羊补牢”的机会，也让严重侵犯法益的行为受到应有的惩罚。但是，二元制裁体系下，行政机关与司法机关在不同程度上共享了对不法行为的制裁权，而非司法机关独享。[①] 这就意味着，一个不法行为在未被认定为违法或犯罪时，它就有可能在行政机关与司法机关之间流转，而每一道流转程序都可能出现规范重叠或法秩序不统一问题。因此，为了避免遗漏评价与重复评价，刑事司法机关不仅需要关注如何打击犯罪，也需要

① 陈兴良：《轻罪治理的理论思考》，载《中国刑事法杂志》2023年第3期。

做好与行政执法机关之间的衔接配合，从而确保法律实施无缝衔接。而走私案件相比一般行刑交叉案件，刑事管辖权分配也较为分散，公安机关、海关、海警机构皆具备刑事侦查权。其中，仅海警机构集行政执法权、行政处罚权与刑事侦查权于一身，公安机关仅有刑事侦查权，而对海关而言，虽然行政执法权与行政处罚权实现权责统一，但行政处罚权与刑事侦查权在海关内部又进一步细分，主要由海关行政处罚主管部门与海关缉私局分别行使，进一步加大走私案件行刑衔接成本。

2. 走私案件管辖权交叉增加监督成本

一方面，正向衔接困难提高监督成本。海关内部行政处罚主管部门在关区内发现走私犯罪行为，移送海关缉私局进一步侦查；而海警机构与公安机关由于不存在行政处罚权与刑事侦查权的分离，当其在海上或非设关地码头发现走私犯罪行为，一般可直接启动刑事侦查程序。移送审查起诉之前，海关缉私局发现走私行为未达到刑事立案标准且需要给予行政处罚时直接移送海关内部行政处罚主管部门处理；海警机构则无须移送程序，可直接作出行政处罚；而由于公安机关缺乏对走私案件的行政处罚权，只能将案件移送至有权机关。但 2021 年海警机构与海关共享行政处罚权后，法律并未进一步明确走私违法案件接收部门，致使应当给予被不起诉人行政处罚的案件在不同部门之间空转。由于移送程序缺乏顶层统筹规划，检察机关也难以开展有效监督。

另一方面，反向衔接繁冗提高沟通成本。移送审查起诉之后，当检察机关审查发现走私行为显著轻微、轻微或因证据不足决定作不起诉且认为应当给予行政处罚时，需要将走私案件移送至有关主管机关并提出检察意见。对于“有关主管机关”，刑事诉讼法并未给出具体解释。以往实务中，检察机关刑事检察部门一般将不起诉决定书移送侦查机关时一并移送检查意见书。此时，当侦查机关为海警机构时，由于其同时具备行政处罚权与刑事侦查权，在收到不起诉决定书后可直接作出行政处罚，无须再次移送其他行政处罚主管部门；但当侦查机关为海关缉私局或公安机关时，需另外将检察意见书进一步移送其他行政处罚有权机关。2021 年《最高人民检察院关于推进行政执法与刑事司法衔接工作的规定》（以下简称《行刑衔接规定》）出台后，检察机关为高效推进衔接工作，将需要给予被不起诉人行政处罚的不起诉案件统一归口至行政检察部门，由行政检察部门统一对接具有行政处罚权的主管机关。可见，《行刑衔接规定》出台前后，行刑衔接环节实现由“检察机关刑事检察部门——多个刑事侦查机关——多个行政处罚有权机关”到“检察机关刑事检察部门——检察机关行政检察部门——多个行政处罚有权机关”的转变。不过，无论是何种衔接方式，走私案件行刑衔接环节并未减少，只不过是需要开展衔接协调工作的对象发生改变而已。与普通案件相比，走私案件检察机关反向监督的对象更为庞杂，法律监督成本更高。

（二）实践探索：多方管辖信息共享机制不健全造成衔接困难

为了促进行刑无缝衔接，2014 年出台的《中共中央关于全面推进依法治国若干重大问题的决定》明确强调，要健全行刑衔接机制，完善案件移送标准和程序，建立行政机关与司法机关之间信息共享制度。[①] 2021年12月，最高人民检察院、公安部联合制定《关于健全完善侦查监督与协作配合机制的意见》(以下简称《公检侦监协作机制意见》)，强调要注重加强执法司法衔接，保证刑事案件办理质效。2023年6月，最高人民检察院、中国海警局联合印发《公海侦监协作机制意见》，进一步明确侦查监督与协作配合机制的运用。同时，两份侦监协作机制意见均明确提出，要健全完善办案数据信息共享保障机制。

1. 走私案件信息共享积极性不强导致衔接乏力

信息共享机制实质化运行是落实侦查监督与协作配合机制的关键环节，而实现跨部门大数据平台是信息共享机制实质化运行的重要载体。然而，跨部门大数据平台建设需要人力物力财力支持。目前，关于行刑衔接信息共享机制建设的规定主要以文件而非法律方式提出，一方面，文件本身指导性有限且强制力不足，难以被及时、有效贯彻落实；另一方面，文件内容规定较为笼统，制度设计不够明确。如《公海侦监协作机制意见》提出，人民检察院、海警机构应当加强信息化建设，逐步实现案件信息跨部门网上实时共享，但并未明确牵头主体。而跨部门大数据平台智能化建设往往需要牵头部门积极主动协调各部门力量，收集各部门数据，对前期数据进行碰撞分析梳理、购买相关设备等，前期工作投入巨大，因此，多数检察机关往往较为被动。同时，我国对走私案件具有管辖权的主体多元，各部门参与信息共享的积极性、主动性也不同。[②] 此外，一旦实现走私案件跨部门大数据共享，不同部门之间可以实时查阅相关案件信息，出于安全性考虑等原因存在抵触心理，进一步阻碍信息共享机制的实质化运行，走私案件行刑衔接乏力。[③]

2. 走私案件信息共享方式效率低导致衔接不畅

走私案件行政执法与刑事司法衔接信息共享平台建设由来已久。早在2014年，检察机关和公安机关的办案平台均已完成数字化转型，实现纸质化向电子化的过渡，但不同部门之间的系统仍具有独立性。从目前情况来看，检警两家的办案平台建设逐渐趋于完善，但检察机关、海关、海警机构、公安机关之间并未真正建立跨部门大数据共享平台，无法实现所有走私案件基础信息实时共享，与真正的数字检察与数字警务差距较大。司法实践中，检察人员、侦查人员仍然通过传统方式获取案件基础信息。[④]

目前，走私案件信息共享主要依托于打私执法协作机制、联席会议制度等，海关、

---

① 《中共中央关于全面推进依法治国若干重大问题的决定》指出："健全行政执法和刑事司法衔接机制，完善案件移送标准和程序，建立行政执法机关、公安机关、检察机关、审判机关信息共享、案情通报、案件移送制度，坚决克服有案不移、有案难移、以罚代刑现象，实现行政处罚和刑事处罚无缝对接。"

② 文哲：《行刑衔接信息共享机制的构建》，载《人民检察》2024年第5期。

③ 陈超、陶云峰、杨茂艺：《公检侦查监督与协作配合机制运行之困境及破解》，载《安徽警官职业学院学报》2023年22卷第2期。

④ 国晶、蒋薇、吴恩惠：《深化侦查监督与协作配合助力推进检察工作机制现代化》，载《中国检察官》2023年第19期。

海警机构、公安机关之间主要以座谈、定期信息通报等非智能方式实现信息共享，检察机关则主要采取查阅卷宗、台账、参与案件讨论、提前介入等传统方式开展法律监督，仅少数地区派驻检察官可以借用侦查人员的数字证书登录公安机关办案平台进行案件查询。[①] 现有的共享方式存在三个问题：其一，定期信息通报在时间上具有滞后性，导致办案人员无法第一时间通过共享平台掌握犯罪嫌疑人行政处罚信息，影响信息共享效率；其二，检察机关在作出不起诉决定后，无法及时通过平台充分掌握不同部门执行行政处罚的标准，提出统一、规范的行政处罚检察意见；其三，在检察意见发出后，走私案件行政处罚有权机关是否及时对被不起诉人给予行政处罚缺乏监督反馈机制，检察机关通过传统信息共享方式难以实现高质量行刑衔接有效监督。

三、走私案件行刑衔接之数字检察路径构建

信息共享机制实质化运行有助于整合执法司法机关的数据资源，打通走私案件行刑衔接工作的堵点，消除以往“各自为政”的尴尬局面，有效防止“遗漏追诉”。而实现跨部门大数据平台建设是信息共享机制实质化运行的根本保障。党的二十大报告提出，加快建设“数字中国”。2022 年，最高人民检察院印发《关于加快推进数字检察工作的通知》，明确要深化实施数字检察战略，构建“业务主导、数据整合、技术支撑、重在应用”的数字检察工作机制。因此，亟须开发走私案件共享共治云平台，强化检察监督、加强协作配合，以便解决走私案件实务中存在的“漏罪”问题，为“高质效办理每一个走私案件”提供重要路径。

（一）形成统一共识，聚合业务数据资源

检察机关应当加强法律监督，坚持高质效办好每一个案件，努力实现办案质量、效率与公平正义的有机统一。应当认识到，检察机关法律监督的本质属性决定了其具有监督协调各方的天然优势。《法律监督意见》进一步要求人民检察院从国家的法律监督机关的定位出发，构建与各执法部门监督协作的体系，这也为确立检察机关在其中的协调地位和作用提供了坚实的政策支持。[②] 因此，检察机关应当转变法律监督理念，正确认识检察机关在行刑衔接中的重要意义，坚持依法履职，积极主动作为，既深化审查起诉阶段的法律监督，同时做好不起诉后的法律监督，充分发挥检察机关在行刑衔接中的主导作用，构建检察主导、执法协作体系。首先，梳理筛选所需共享的案件信息，编制信息资源供需清单、探索部分数据或专项数据针对性共享范围供后续检警协商提供前进方向。其次，凝聚各方力量，主动加强与海关、海警机构及公安机关的协作配合，阐明共享信息平台建设的重大意义，消除疑虑，或借助地方党委或政法委支持，就信息共享平

---

① 傅信平:《侦查监督与协作配合问题研究》，载《人民检察》2022 第 19 期。

② 杨建顺:《把握体系特色推进行刑衔接机制完善发展》，载《检察日报》2021 年 11 月 15 日，第 3 版。

台建设、数据要求事宜与各部门进行沟通协商，争取获得各部门支持与配合，推进办案理念一体化，确保平台数据的科学性和准确性，为数字赋能拓展数据源。

（二）围绕走私案件，推动数据要素整合

数字检察工作离不开数据源支持，更离不开海量数据要素整合。福州市人民检察院汇聚检察机关、海关、海警机构、公安机关提供的走私案件执法司法各环节行政处罚信息、走私情报线索、相关文书移送等数据，实现所有走私案件数据的物理集中，通过整合全部数据要素，形成统一有序的数据结构。在数据解构的过程中，结合走私犯罪特征按最小分析单元进行数据化，按照业务规则，让数据链动起来，解决“漏罪”问题。譬如，对走私案件审查报告进行合并、清晰和归类，形成结构化数据，以犯罪嫌疑人绰号、身高、户籍、是否曾经因走私受过行政处罚等数据要素进行关联，生成可视化人物画像，筛选出重复多次出现的漏犯信息作为线索移送。在数据分析的过程中，将检察机关不起诉决定后作出的检察意见与海关、海警机构、公安机关提供的走私犯罪行政处罚数据进行碰撞，发现行刑衔接的异常，为检察机关就不起诉决定后“应罚不罚”问题开展监督提供依据。在数据挖掘的过程中，从所有走私案件信息中提取走私船舶、运输车辆、雇主、热点码头、热点海域等信息，通过挖掘出数据背后的隐含信息，为码头管理、涉案船舶处置、社会治理提供决策参考。

（三）优化司法资源，强化技术力量支撑

在推进数字检察工作中，“技术力量支撑”是推动信息共享机制实质化运行的重要枢纽和关键节点。如果缺少技术力量支撑数据转化，“沉睡”的数据资源将无法激活和运用。福州市人民检察院已着手构建的走私案件行刑共治模型，集计算、分析、识别等功能为一体，为走私案件信息共享提供强有力的技术支撑。其一，实现案件信息共享全覆盖。走私案件往往涉及跨境、跨地区、跨行业等特点，传统信息共享模式仅仅依靠人工对部分数据进行统计和梳理，不仅效率低下，而且难以实现全面覆盖，而走私案件行刑共治模型的构建将助力信息实现充分共享。其二，从技术层面提高共享数据的精准性。走私案件行刑共治模型可以根据历史数据和实时信息，自动识别、分类、分析走私案件的链条，发现雇主，掌握船员动向，深挖走私案件幕后老板、其他走私案件办理以及侦查机关重点巡查提供精准的情报支持。其三，为有限司法资源配置提供技术便利。走私案件行刑共治模型可自动分析走私区域的热点、风险点和高发点，实现对走私犯罪活动的实时监控和预警，确保有限的资源能够集中热点区域，有效遏制走私犯罪的蔓延势头。

（四）实时共享共治，实现平台应用价值

模型构建重在应用，结果可视化是检验模型能否用于实践的“试金石”。福州市人民检察院结合走私案件行刑共治模型，充分用好智慧检务建设基础设施，着手开发走私

案件共享共治云平台。一方面，走私案件共享共治云平台聚焦走私案件执法司法数据交互、量化闭环，打破各部门之间的数据壁垒，推进业务数据分析一体化，实现监督中配合，配合中共赢。譬如，侦查机关可通过该云共享平台随时查询走私案件行为人的行政处罚信息，及时掌握走私案件的犯罪嫌疑人行政处罚情况，减少发函、线下调取证据等环节。检察机关可以通过该云共享平台监督行政处罚有权机关，对未移送起诉但应当给予行政处罚或做出不起诉决定后应当给予行政处罚的案件进行实时监督，防止“漏罚或不罚”。另一方面，走私案件共享共治云平台为行政处罚有权机关提供数据支撑，保障行政处罚的适当性。由于不同行政执法机关行政处罚信息在该云平台实时共享，行政处罚有权机关可通过比对其他行政处罚案件信息，统一行政执法裁量标准。同时，检察机关可以通过该平台衡量不同行政处罚尺度，提出客观、专业、合理的检察意见，提高检察意见可行性。

四、结论

“高质效办好每一个案件”，努力实现让人民群众在每一个执法决定、每一件司法案件中都感受到公平正义，是每一个行政机关与司法机关的价值追求。做好走私案件“行行共享”“行刑共治”新篇章是检察机关、海关、海警机构、公安机关共同提升案件办理质量，促进执法司法规范化建设的必然选择，也是实现政法工作现代化的必然要求。针对司法实践中走私案件行刑衔接的堵点和沟壑，检察机关、海关、海警机构、公安机关应当顺应时代发展要求，深耕数字检察赋能协同共治，推动信息共享机制实质化运行，从而健全法律监督制约机制，完善执法司法协作配合机制，持续深化综合履职，不断加强法治的凝聚力，共同维护执法司法公正，推动政法工作高质量发展。

走私普通货物、物品罪的认定难点、规制困境及其应对

金 石 刘合太*

摘 要 走私犯罪是一种典型的行政犯，其既具有一般犯罪所具有的法益侵害性，又具有特殊性。走私普通货物、物品罪兼具典型性和非典型性特点，在刑法理论和司法实践中存在的争议主要集中在“货物”“物品”的区分上。目前走私普通货物、物品罪的规制还存在海关监管手段有限，监管力度不够、犯罪分子法制意识淡薄等困境，对此需要在严格坚持罪刑法定原则的基础上从监管主体、法律适用等方面积极应对。

关键词 走私罪 走私普通货物 走私普通物品

走私犯罪严重侵害国家利益，历来是每个国家严厉打击的对象。走私犯罪既具有一般犯罪所具有的法益侵害性，又具有其特殊性，走私犯罪是一种典型的行政犯，是由于违反了法律、行政法规且情节严重而构成犯罪。走私罪规定在《刑法》第3章第2节，与1979年刑法典相比，将走私规定为节罪而不再是个罪，可以说是我国刑事立法一大进步。《刑法》第151条至第157条，连同被规定在第6章第7节的第347条和第350条，共计九个条文，规定了12个走私犯罪的具体罪名①。从具体内容上来说，走私犯罪行为具有明确性，但走私犯罪内容的外延却十分广泛，走私犯罪还具有非常强的专业性特征，对走私罪的犯罪性正确理解和认识需要海关、行政法规的规定。作为走私罪的一种类型，走私普通货物、物品罪纳入我国刑事法律规制的范畴较早，也是走私罪中最为普遍的类型。随着走私普通货物、物品的类型化扩张，该罪名在司法实践中存在一定的认定难题和困境，需要从理论和实践相结合的角度予以探讨。

---

* 金石，甘肃省人民检察院法律政策研究室主任、二级高级检察官；刘合太，甘肃省庄浪县人民检察院四级检察官助理。

① 秦智勇、赵永明《走私罪立法缺陷及修正》，载《国家检察官学院学报》2009年第4期。

一、走私普通货物、物品罪的认定难点

走私普通货物、物品罪是典型的涉税类走私[①]。在司法实践中，该罪名的适用主要争议集中在对构成该罪对象要件的“货物”“物品”的准确理解上。

（一）认定基础：走私普通货物、物品罪的含义及罪状

走私普通货物、物品罪，是指违反海关法规，逃避海关监管，非法运输、携带、邮寄除武器、弹药、核材料、伪造的货币、文物、贵重金属、珍贵动物及其制品、珍稀植物及其制品、淫秽物品以及毒品之外的其他货物、物品进出国边境，偷逃应缴关税及工商税税额较大的行为。根据《刑法》第153条的规定，本罪的表现形式有两种：一是走私普通货物、物品偷逃应缴税额较大；二是一年内曾因走私被给予二次行政处罚后又走私。根据《关于办理走私刑事案件适用法律若干问题的解释》第16条和第18条规定，“应缴税额”包括进出口货物、物品应当缴纳的进出口关税和进口环节海关代征税的税额。应缴税额以走私行为实施时的税则、税率、汇率和完税价格计算；多次走私的，以每次走私行为实施时的税则、税率、汇率和完税价格逐票计算；走私行为实施时间不能确定的，以案发时的税则、税率、汇率和完税价格计算。“偷逃应缴税额较大”是指偷逃应缴税额在十万元以上不满五十万元。根据《关于办理走私刑事案件适用法律若干问题的解释》第17条第1款的规定，“一年内曾因走私被给予二次行政处罚后又走私”中的“一年内”，以因走私第一次受到行政处罚的生效之日与“又走私”行为实施之日的时间间隔计算确定；“被给予二次行政处罚”的走私行为，包括走私普通货物、物品以及其他货物、物品；“又走私”行为仅指走私普通货物、物品。

（二）认定前提：“货物”“物品”的区分

《刑法》第153条规定是选择性罪名，触犯该条款构成的罪名包括走私普通货物罪、走私普通物品罪以及走私普通货物、物品罪。从汉语语义的角度而言，“货物”是指被运输的物品。“物品”概念的外延十分广泛，泛指各种东西或零星的物品。法律概念是汉语概念的法律化，理解、解释法律概念不能脱离汉语语义上的概念。我们认为，从法律意义上来说，“货物”“物品”的区别主要体现在：

1. 法律规定的差异性。《中华人民共和国海关法》第2条规定：“中华人民共和国海关是国家的进出关境监督管理机关。海关依照本法和其他有关法律、行政法规，监管进出境的运输工具、货物、行李物品、邮递物品和其他物品（以下简称进出境运输工具、货物、物品），征收关税和其他税、费，查缉走私，并编制海关统计和办理其他海关业务。”由此可知，海关的主要职能是“管物”，而“海关管物”中的“物”是指进出境的运输工具、货物、物品。“货物”和“物品”是海关最主要的两类监管对象，根

① 刘博伟：《走私普通货物、物品罪从犯情节的认定》，载《法制博览》2023年第6期。

据《海关法》的有关规定，我国海关对进境商品区别为货物、物品等不同监管对象，适用不同的管理要求，包括税率、通关方式、许可证件等，同一件商品按照物品入境与按照货物入境对于行为人产生的义务是不一样的。由此产生《刑法》规定走私普通货物、物品罪中的“普通货物”“普通物品”与《海关法》的规定是否一致的问题。我们认为，《海关法》的规定与《刑法》的规定具有同质性、同一性，换言之，走私普通货物、物品罪中的“货物”“物品”与海关部门监管的对象“货物”“物品”在内容上是相同的。

2. 制度适用的差异性。在监管内容方面，“货物”需要根据其 HS 编码确定监管条件，可能被要求递交各种进出口许可证件，对于法定检验检疫的货物，在通关时还需要接受检验检疫。而“物品”除文物等少数国家限制进出境物品需要相应的进出口许可证件外，不需要通常意义上的进出口许可证件，也不实行法定检验检疫。以婴幼儿奶粉为例，按照“货物”以一般贸易方式通关，需要具备 3 项资质，提供至少 12 项材料或证书、检测报告，而按照“物品”通关则不需要任何资质和材料。在税收制度方面，“货物”一般需要分别缴纳关税和增值税，有的商品货物还涉及消费税、双反税等。而“物品”则不作这么复杂的区分，统一征收行邮税，目前有 13%、20%、50% 三档，计算方便。

3. 区分方式的差异性。《中华人民共和国海关法》第 46 条规定：“个人携带进出境的行李物品、邮寄进出境的物品，应当以自用、合理数量为限，并接受海关监管。”由此规定可以看出，个人携带进出境的行李“物品”、邮寄进出境的“物品”具有自用性和数量限制性特征。《中华人民共和国海关行政处罚实施条例》（国务院令第 420 号）第 64 条规定，“物品”，指个人以运输、携带等方式进出境的行李物品、邮寄进出境的物品，包括货币、金银等。超出自用、合理数量的，视为货物。“自用”，指旅客或者收件人本人自用、馈赠亲友而非为出售或者出租。“合理数量”，指海关根据旅客或者收件人的情况、旅行目的和居留时间所确定的正常数量。与海关法规定一致。货物与物品的区别可以从两个方面来认识：第一，从实质要素分析，货物进出境的目的在于贸易性质，主要是商业往来，而物品主要是非贸易性质。第二，从形式要素分析，货物一般有合同、协议，而物品一般不存在。所以，如果是非贸易性质的，属于自用的，并在合理数量范围内的，应该视为物品。

4. 罪责程度的差异性。如前所述，走私普通货物、物品罪中的“货物”“物品”是该罪的重要构成要件要素，对“货物”“物品”的准确理解对该罪的罪与非罪、此罪与彼罪具有重要的区分功能。以马某涉嫌走私黄金案为例，2022 年 6 月，马某携带黄金 6075 克（其中成品金 4680 克，原料金 1395 克）归国，从国内某海关入境时未向海关申报（马某携带成品金关税为 32900 元，增值税为 75600 元，两项税额共计人民币 108500 元）。后马某携带全部黄金在国内准备销售时被查获。对马某的行为应如何定性，有以下两种不同的意见，第一种意见认为马某的行为应构成走私普通货物、物品罪。理由是我国《刑法》第 151 条第 2 款规定的走私贵重金属罪指的是走私国家禁止出口的黄金，对进口黄金未作规定，因此对进口黄金应按照《刑法》第 153 条的规定，以走私普通货物、物品罪定罪处罚。第二种意见认为马某的行为应不构成犯罪。理由是我国《刑法》第151条只规定禁止走私出口黄金，对进口黄金没有做任何限制和禁止性规定，而《刑法》第153条规定是指“第151条规定以外的货物物品”，不包括黄金，依照罪刑法定原则，马某的行为不构成犯罪。我们认同第二种意见。以上案例可以看出，区分走私普通货物、物品罪中的“货物”“物品”在司法实践中的重要性。

综上，我们认为，对《刑法》第153条规定的走私普通货物、物品罪中的“货物”“物品”的理解和适用应严格坚持罪刑法定原则，将《海关法》对“货物”“物品”的解释和刑法适用紧密结合，既不能作扩大解释也不能作限缩解释。

二、走私普通货物、物品罪的规制困境

长期以来，我国的刑事司法重点强调的是对犯罪的惩治和打击，将惩罚犯罪作为追求的目标。[①] 走私普通货物、物品罪侵害国家和社会利益，当然是我国刑事法律打击的重点对象。随着中国式现代化的深入推进，我国司法机关办理走私普通货物、物品类案件的水平不断提升，但如前所述，刑法理论和司法实践中对走私普通货物、物品罪的理解和适用还存在一些难点，在司法实践中还存在以下规制困境。

（一）海关监管手段有限，监管力度不够

我国是世界进出口贸易大国，目前，海关对进出境货物的查验主要有以下方式：一为彻底查验，即对货物逐件开箱（包）查验，对货物的品种、规格、数量、原产地等情况逐一与货物申报数据核对；二为抽查，即按一定比例对货物有选择的开箱（包）查验；三为外形核查，即对货物的包装、唛头等进行验核；四为仪器检测，如利用地磅、X光机等技术设备查验；五为利用电子数据、智联网络等全新信息技术进行查验。虽然检查方式在不断地更新，但彻底查验仍然需要大量的人力、物力、财力和时间，不具有普遍可行性。外形核查的缺陷显而易见，不能及时发现高度伪装的走私行为。仪器检测主要针对一些特殊形状、性质的物品，如象牙等珍贵动物及其制品，对于一般货物、物品功效不大。因此，抽查是查验走私普通货物、物品最主要的方式，但是抽查由于受技术条件和业务压力（如通关速度）的限制，对进出口货物、物品的抽检范围并不大，开箱检查率较低。因此，对于日益庞大的进出口业务和依旧猖獗的走私活动，仅仅依靠这些通常手段并不能有效防止走私犯罪的发生。新海关法增加了海关缉私权力和责任，进一步完善了海关在全关境的行政执法手段，完善了海关对加工贸易、保税区的监管制度和税收征管制度，为海关打击走私违法犯罪活动提供坚实的法律依据，但走私普通货物、物品行为的执法司法难度仍然不小。

---

① 陆诗忠:《对我国刑罚目的的再追问》，载《甘肃政法大学学报》2021年第4期。

（二）行为人法制意识淡薄，个人意识、小团体意识过浓

走私普通货物、物品犯罪的行为人往往出于牟利目的进行走私活动。为了少缴关税或其他费用，行为人不惜铤而走险。这些人或者缺乏对走私犯罪的法律认识，或者以侥幸心理为依托希望在通关时蒙混过关。在单位犯罪案件中，一些单位主管人员、直接责任人员把单位、部门利益看得过重，认为自己走私是为了单位的集体利益，是为“公”，只要自己不捞好处就不是犯罪。个别人员将自己的工作业绩或利益分成与单位的经济效益挂钩，单位效益好，水涨船高，自己的经济收入也会增加。在这些小团体意识、个人意识的支配下，他们走上犯罪道路却浑然不觉。

（三）单位成为走私普通货物、物品犯罪的“掩体”

近年来，走私普通货物、物品单位犯罪的现象较为普遍，根据我国刑法规定，认定单位犯罪有两个要件：一是要以单位名义；二是违法所得归于单位。[①] 走私普通货物、物品单位犯罪较之自然人犯罪具有以下犯罪优势：一是隐蔽性强。由于走私普通货物、物品单位犯罪主要采用通关走私和后续走私的方式进行，隐蔽性好，不易侦破。大部分案件是因“单位”内部矛盾而由“单位”职工举报案发。个人走私一般只能通过个人的合法运输和携带限额，采取伪报、藏匿等手段进行走私，隐蔽性较差。二是走私量大。走私普通货物、物品单位犯罪由于通过合法的对外贸易形式进行走私，走私量大，一旦成功就能获取较大的非法利益。而个人走私由于受走私手段的限制，走私量小，风险也大。由于走私普通货物、物品单位犯罪相对于自然人犯罪，具有明显的犯罪优势，犯罪成本相对较小，在实践中不乏有一些个人假单位名义实施犯罪，以逃脱或减轻处罚。

（四）罚金刑适用存在难点

单位犯罪诉讼中单位缺位现象相当严重，造成该现象的既有被告单位客观方面的情况，也有立法和司法方面的原因。客观情况如被告单位在案发后被吊销营业执照、注销，或者虽未注销但已人去楼空，或者法定代表人为港、澳、台或外籍人士而无法找寻。立法和司法上的原因主要在于，《最高人民法院关于执行〈中华人民共和国刑事诉讼法〉若干问题的解释》规定，代表被告单位出庭的诉讼代表人，应当是单位的法定代表人或者主要负责人；法定代表人或者主要负责人被指控为单位犯罪直接负责的主管人员的，应当由单位的其他负责人作为被告单位的诉讼代表人出庭。被告单位的诉讼代表人与被指控为单位犯罪直接负责的主管人员是同一人的，人民法院应当要求人民检察院另行确定被告单位的诉讼代表人出庭。但实践中，由于走私普通货物、物品单位犯罪中的公司多为有名无实的私营公司，股东只是挂名而已，其他员工临时聘用，往往除了单位主管人员或者直接责任人员外并无他人参与走私犯罪活动，因此代表被告单位应诉的

---

① 胡春健:《单位走私犯罪主体的认定》，载《法学》2007 年第 3 期。

诉讼代表人难以确定。由于诉讼中被告单位缺位，在定罪量刑上便带来这样一个问题，即刑法规定单位犯罪应对单位判处罚金，但法院却无法对缺位的被告单位判处罚金刑，而只能对直接负责的主管人员和直接责任人员判处刑罚。另外，不能排除一些被告单位为逃脱罚金刑的巨额经济负担，一走了之，拒不应诉。

三、走私普通货物、物品罪适用难点及规制困境的应对措施

（一）准确理解走私普通“货物、物品”罪中的“货物”“物品”

如前所述，准确理解走私普通“货物、物品”罪中的“货物”“物品”在司法实践中关系到案件的定性，因而是该罪名的重中之重。我们认为，准确理解“货物”“物品”要严格坚持罪刑法定原则。具体来说，对“物品”的理解须注意分类：根据进出境的方式不同，可以将进出境物品分为行李物品、邮递物品两大类，其中个人行李物品又包括随身携带、托运和分离运输的行李物品；邮递物品包括邮袋、个人邮包、小包邮件、保价函件、非贸易性印刷品。根据相关的法律法规，“物品”具有以下特点：一是自用性。即物品是旅客或者收件人本人自己使用的，而非用于出售或者出租，这里的自用包括境内外亲友间的相互馈赠。二是合理数量。即“海关根据旅客或者收件人的情况、旅行目的和居留时间所确定的正常数量。”在合理数量内，行为人携带在境外获取的自用物品进境给予免税，若超过了合理数量但仍在自用范围内，则对于超过部分征税，需要注意的是，我国法律在这方面对于“行李物品”和“邮递物品”有不同的规定。“货物”具有贸易性质，属于《中华人民共和国对外贸易法》的范畴。货物的买卖双方为贸易关系，需要以合同、协议的方式明确双方的法律关系。根据进出境目的可以将进出境货物分为进口货物、出口货物和其他进出境货物三类。海关对于物品与货物在监管上的具体规定差异很大，就征税而言，一般进口货物需要缴纳的税款包括关税、增值税、消费税三部分，法律规定减增关税的货物还需缴纳增值税与消费税。此外，对进出口货物的征税往往涉及一个国家的经济政策以及与其他国家或者国际组织之间的贸易关系。因此，是否属于“自用”且“合理数量”范畴是区分货物与物品的主要标准，在司法实践中需严格把握。

（二）加大海关监管力度

海关是国家进出关境的监督管理机关，依法监管进出境的运输工具、货物、物品，征收关税和其他税、费，并查缉走私。完善海关在通关检查、执法方面的监管制度，增强海关执法和口岸管理的公开性和透明度，有助于及早发现并惩治走私活动。促进经济和贸易的健康发展。一是大力推进通关作业改革，将职能管理、审单作业和物流监控三大系统集中到一个信息化通关作业平台上，实行信息共享条件下的通道判别、集中审单和风险管理，提高通关管理的有效性和整体效能；科学设置通关作业流程，将风险布控、审单作业、物流监控、职能管理、执法监督权分离，形成直属海关职能部门、审单

中心和现场海关共同把关、相互制约的新的作业机制，有效地防止通关过程中的违法行政和执法腐败现象。二是建立口岸电子执法系统，运用现代化信息技术，实现资源共享。长期以来，一些不法分子利用各管理部门间的信息、数据不沟通，在外贸进出口环节采取假印章和收买内部人员等手段，大肆进行走私等违法犯罪活动，扰乱了对外贸易的正常运行，给国民经济带来了重大损失。口岸电子执法系统围绕进出口贸易，将海关、公安、市场监管、税务等相关职能部门分别管理的有关信息存入一个公共数据中心，建立电子底账数据，为政府管理提供跨部门、跨行业联网数据核查服务。这一措施将使进出口执法管理更加规范、统一、透明，使相关各部门、各个操作环节相互监督和相互制约，同时提高进出口贸易效率，降低企业通关成本，打击、防范经济性犯罪，从根本上杜绝不法分子的造假。

（三）加强法治宣传教育

针对一些犯罪分子对走私普通货物、物品犯罪认识不足而走上犯罪道路这一情况，加强相关法治宣传，提高全社会公民的法律素质，增强社会责任感，可以有效预防犯罪。内部举报是走私普通货物、物品犯罪案发的重要途径，因此在提高公民法律意识的基础上，发动群众监督的力量及时揭发犯罪，对于惩治走私犯罪活动具有重大意义。对于那些知法犯法，怀有侥幸心理的走私犯罪分子，要坚决打击，警戒、劝阻犯罪。

（四）正确区分单位犯罪和自然人犯罪

随着经济体制改革的深入和社会主义市场经济的不断发展，单位犯罪越来越突出。如前所述，对于单位犯罪中直接负责的主管人员和其他直接责任人员最高可处十年以上有期徒刑，而对自然人犯罪情节特别严重的，可处无期徒刑或死刑，并处没收财产。侦查机关在侦查过程中，由于种种原因，一般不太重视区分单位犯罪与自然人犯罪，一些单位走私普通货物、物品犯罪案件往往被当作自然人犯罪处理。对此，审查起诉案件时就应当引起重视，正确认定单位犯罪。在批捕阶段正确认定是否属于单位犯罪可以及时提醒侦查机关调整侦查方向，全面收集证据，有利于提高侦查质量和效率。

另外，根据最高人民法院《关于审理单位犯罪案件具体应用法律有关问题的解释》规定，个人为进行违法犯罪活动而设立的公司、企业、事业单位实施犯罪的，或者公司、企业、事业单位设立后，以实施犯罪为主要活动的，或者盗用单位名义实施犯罪，违法所得由实施犯罪的个人私分的，是自然人犯罪。因此，在办案中必须注意区分单位犯罪与自然人犯罪，既要强化单位犯罪的意识，又要透过现象看本质，认清假借单位名义实施犯罪的本质，真正做到不枉不纵。

（五）完善立法和司法解释，严惩单位走私普通货物、物品犯罪

单位犯罪是在单位整体意志支配下实施的，这种意志不是单位内部某个成员的意志，也不是所有成员意志的简单相加，而是单位内部成员在相互联系、相互作用的条件

下经一定程序形成的整体意志。从形式上说，这种整体意志是由单位的决策机构按照单位的决策程序形成的；从法律上说，这种整体意志就是单位整体的罪过。[①] 我国刑法对单位涉嫌走私犯罪的处罚原则是“双罚制”，即对单位判处罚金，加大处罚力度，剥夺其再犯能力；对直接负责的主管人员和其他直接责任人员判处刑罚。《刑法》第 153 条对走私普通货物、物品单位犯罪即实行了双罚制。但是，该条对直接负责的主管人员和其他直接责任人员判处刑罚与自然人犯罪判处刑罚作了不同的规定，刑法在起刑点和最高刑上对走私普通货物、物品单位犯罪的处罚较自然人犯罪要轻。由于单位犯罪是走私普通货物、物品犯罪的主要形式，且单位犯罪比自然人犯罪对社会主义市场经济秩序具有更大的危害性，为遏制单位犯罪的蔓延，建议加大对单位犯罪的惩罚力度。

一方面，对走私普通货物、物品单位犯罪直接负责的主管人员和其他责任人员，刑法应提高刑罚上限，缩小甚至消除单位犯罪中对直接负责的主管人员和其他责任人员的判罚与自然人犯罪的判罚之间的差距。我们认为，对于单位犯走私普通货物、物品罪偷逃应缴税额在 250 万元以上的，可将原处十年以上有期徒刑改为处十年以上有期徒刑或者无期徒刑。另一方面，对于单位犯走私普通货物、物品犯罪的，要严格适用罚金刑。在走私普通货物、物品单位犯罪中，法院应根据偷逃税额大小、走私次数等犯罪情节决定罚金数额。对于单位走私普通货物、物品犯罪以个人名义提起公诉的案件，由于法院在认定该案为单位犯罪，对其中直接负责的主管人员和其他责任人员判处刑罚后，却难以对缺席的单位判处罚金。因此，我们认为在诉讼处理上应慎重区分被告单位在案发后是否属于已被吊销营业执照或注销，还是法定代表人为港、澳、台或外籍人士无法找寻等情况。罚金是刑罚的一种，对走私犯罪的单位，必须判处罚金，否则有悖于法律规定。如果确因单位不存在而无法应诉的，可对直接负责的主管人员和其他责任人员提起公诉。如果单位尚存在，只是无人应诉，就仍应将单位列为被告人，由司法机关指定该单位中某人作为诉讼代理人参加诉讼。只有这样，才能体现法律的严肃性，对单位犯罪真正起到惩治、抑制的效果。

---

① 张明楷:《刑法学》，法律出版社 2003 年版，第 205 页。

走私成品油犯罪案件的办理难点及司法应对

吴晓节　董史统　潘伟峰*

摘　要　走私成品油犯罪是一种海域常见多发的走私犯罪。以温州地区走私成品油犯罪案件为例，呈现发案地相对较集中、活动实施较为隐蔽等特点。办理走私成品油犯罪案件过程中，存在事实认定较困难、法律适用存有争议、行政制裁略有不足等难点。通过凝聚各方合力强化成品油市场监管、构建双赢型侦诉关系、探索分层式处理模式、推进嵌入式源头治理等路径，高质效办好走私成品油犯罪案件，一体推进走私成品油领域系统治理。

关键词　走私成品油　分类处理　刑行衔接　高质效办案　综合治理

党的二十大报告强调，加强重点领域安全能力建设，确保粮食、能源资源、重要产业链供应安全。成品油就是能源资源安全的重要一环。浙江自贸区自挂牌以来，供油量持续上升，成品油市场的健康发展成为关注重点。温州市基于地理特殊性，与舟山、宁波等地具有相似性，成品油走私呈现多发高发态势。有鉴于此，我们对温州市检察机关办理的走私成品油犯罪案件进行系统分析，剖析存在的问题，提出靶向治理的对策建议，以期规范和引导成品油市场健康发展。海域走私成品油犯罪案件特征在新冠疫情前后基本一致，且经过系统治理、源头治理，近年来走私成品油案件已呈现断崖式下降趋势，故本文主要以疫情前受理的走私成品油犯罪办案数据为分析样本。

一、温州地区走私成品油犯罪案件的主要特点

从总体数据看，2016 年 1 月至 2019 年 12 月，温州市检察机关共受理审查起诉走私犯罪案件 142 件 869 人，其中涉走私成品油犯罪案件 61 件 556 人，件数占比达 42%，人数占比超 63%。温州地区走私成品油犯罪案件主要呈现以下特点：

---

*　吴晓节，浙江省温州市人民检察院第二检察部副主任、四级高级检察官；董史统，浙江省温州市鹿城区人民检察院检察委员会委员、双屿检察室副主任、二级检察官；潘伟峰，浙江省温州市鹿城区人民检察院第八检察部五级检察官助理。

（一）发案地相对较集中

温州地处东南沿海，靠近福建、台湾等地，海域面积约11000平方公里，海岸线长达355公里，境内有瓯江、飞云江、鳌江等水域，海岸及水域情况复杂，码头多、岙口多、自然形成可供船舶停靠的海堤多，航运交通发达。走私成品油类犯罪案件集中在温州瑞安、苍南等地。瑞安地区大部分来自于沿海地域，加油地均在领海外，基本为东经121度，北纬27度附近的地段，卸油地集中在瑞安市一些简易码头，并逐步向其他地区拓展发展。

（二）活动实施较为隐蔽

一是组织结构家族化。走私犯罪运作模式组织严密，尤其是在接头、运输、卸油、过磅、分销等环节高度筛选组织。走私人员招募的同伙大多为本地人，熟悉当地环境。为确保犯罪隐蔽性，犯罪成员均是关系较好朋友，甚至以家族成员为网络。走私网络中，参与角色涉及组织者、记账者、望风者等身份，遍布走私各环节。二是分工配合专业化。走私成品油犯罪活动中，从前期的走私行为到后期的销售行为，犯罪团伙的分工往往较为严密。如，2016年办理的黄某某等人走私柴油案，购入、出资、财务、分销、运输、装卸等环节专人负责。在购入环节，黄某某作为幕后老板统筹安排，购买或委托造油船，联系上下家，负责招募船长，起决定性作用。在运输环节，船长对轮机长、普通船员、水手进行招募，每次出海基本都要八九个小时，行至大陆毗连区之外海域。在装卸环节，主要是船长在黄某某指挥下到指定地点加油、卸油，并专人进行卸油、过磅，其间有固定人员对码头周边环境进行“盯梢”望风。为保障走私行为顺利进行，部分走私活动伴随黑恶势力介入。三是交接方式隐蔽化。现有走私成品油活动的反侦察能力强，交易各环节日趋隐蔽。联系时使用暗号，为确保和上家的对接安全，走私行为人设置专门“接头暗号”。交付方式隐蔽，即走私成品油活动组织者通常不使用自己银行账户实施走私款的转账行为，基本上采用多个他人账户，或者通过购买不认识的他人账户即“幽灵账户”进行转账。

二、走私成品油犯罪案件办理的难点解析

走私成品油犯罪涉刑法多个条文，涉境内境外多个环节，案件复杂而专业。实践中，一些案件在事实认定、证据审查、法律适用等方面存在难点，还有的个别案件存在认识有分歧、处理不平衡等问题，影响走私成品油犯罪案件的高质效办理。

（一）事实认定较困难

成品油走私犯罪涉及供货方、购入方、出资方、财务、分销、运输、装卸等环节，各环节分工明确，环环相扣，相应的证据链收集需完整，缺少其中某个环节就有可能无法对犯罪分子定罪处罚。该类案件中，家族式走私行为由于参与人员的特殊关系，相互之间熟知，能够互相指认；其他案件，由于每个环节均由不同人员参与，除指挥者能

对整体走私行为有所掌握外，其他环节参与人员的独立性难以确认，如汇款金额只有组织者知晓，其他人员如船长、船员等对交易金额均不知晓，致使认定事实主要有以下几方面困难：一是查处难。某些走私分子反侦查能力较强，在幕后指挥操纵有关人员对抗侦查，找人顶罪。从 2016 年办理的走私成品油类案件中，出现 2 起利用他人顶罪情况。如，周某某走私案中，周某某利用身患肾病的王某某；朱某某走私案中，朱某某利用瘫痪的王某某及其他人进行顶罪。此外，少数缉私检查人员放纵走私，甚至参与走私，使得走私物品在出入境时畅通无阻。二是取证难。走私案件从行政处罚到刑事打击关键就是偷逃税款金额的计算。交易金额和交易数量是影响应缴税款的两大因素。走私成品油案件均是走私油船与境外上家碰头后，通过卫星电话通知岸上老板支付油款，或现金交易或银行转账支付油款后才开始驳油。在侦查过程中需要通话记录、短信内容、调取银行交易明细、记账本、微信往来，以便能固定交易金额和数量。如，朱某某走私案中，微信往来包括分红情况、银行交易记录，并有记账本对每次走私情况进行记录。但该类案件证据有调取时效性，通话记录和短信记录通讯部门都有调取时间的限制，一旦错过取证时机就无法调取。如，在黄某某走私案中，黄某某作为多个案件的介绍人，为外甥女李某准备五六部手机，并要求将发送给买家的油品图片、银行账户等一系列和案件有关的微信短信内容删除，且由于很多手机为非智能手机，该部分电子证据无法还原，而其他由其提供账户、上家信息的买家一旦对于银行往来记录予以否认，该银行汇款金额是否为购买走私油的金额便成为难点。三是数额认定难。在走私成品油犯罪案件中，存在实际交易价格认定难、走私油量认定难等问题，是影响偷逃税款金额的两大变量。在有账本、银行往来等客观证据前提下，该两大变量较好确定，只要该部分客观证据能和犯罪嫌疑人供述相一致即可确认；但也存在两大变量需推定的情况。某些案件中，没有记账本、微信往来等证据，如何推定走私的吨数和交易金额成为难题。为确保数据精确性，需第一时间让犯罪嫌疑人核对通话记录、汇款往来是否为购油款、交易单价等。

（二）法律适用存有争议

一方面，主从犯区分认定难。走私犯罪涉及组织策划、出资合作、货物采购、跨境运输、接应销赃等环节，经常出现因经办人员对犯罪嫌疑人在案件中作用大小理解偏差影响主从犯认定。众所周知，主犯为共同犯罪中的主要作用者，从犯则是依照分工对共同犯罪人进行帮助以及起次要作用的实行犯。[①] 在成品油走私案件参与人员主要包括纠集人（组织者）、运输人员（船长、轮机长）、受雇人（水手、厨师、卸油望风者）等。对一般案件，纠集人在司法实践中一般作为主犯认定，厨师、望风者从事单一工作的则认定为从犯，但对船长、轮机长，特别是有股份的船长、轮机长等群体的主从犯认定存在两种不同观点。有部分观点认定为主犯，认为运输过程是走私犯罪得逞的最主要环

① 陈兴良：《共同犯罪论》，中国人民大学出版社 2006 年版，第 195 页。

节，一般案件中的船长、轮机长往往作为主犯处理。但有部分观点认为那些股份很少的出资者来说，虽然也参与密谋，但在决策、实施犯罪时影响力较小，认定起次要作用更符合实际情况。[①] 我们认为，走私犯罪环节中运输者所起的作用并不完全一样，甚至还有较大差别，应当根据不同情形区别对待。如果船长、轮机长以为他人运送走私货物为业的，或者有积极招募人员、联系货源，并参与购油、出售、分红等决策、拍板等情形的，应属于主犯无疑；但如果船长等运输人只是受雇于某个固定的走私团伙，按照老板指挥负责既定线路的驾驶，其余的上下家联络、运输路线、购油数量、价格等均由老板决定，其只是作为运输者执行指令，从属、被动地位特征明显，一般可按从犯处理，即使有少量出资，也影响认定。如，2016 年办理的黄某某等人系列走私柴油案件中，船长、轮机长等既有出资，又有从事运输行为，但出资比例很少，纠集者给其少量股份是为享有更好服务，而不是让其决策。因此，即使身为船长、轮机长身份，也以从犯认定，该判断标准同样适用有参股的船员、望风者等主从犯的认定。

另一方面，宽严相济尺度把握难。相对于自然犯，走私犯作为行政犯，社会危害性较小，可适当作相对不起诉处理。浙江省检察院《2014 年度办理走私刑事案件联席会议纪要》规定，对积极出谋划策的人员可予以追究；对受人指使、付出劳务等被动实施走私行为的人员原则上不予以追究。对检察机关而言，需对成品油案件精准适用不起诉。2016 年 6 月至 2017 年 9 月办理走私成品油犯罪案件 26 件，有 25 件涉案金额超过 50 万，只有 1 件低于 50 万，根据《最高人民法院、最高人民检察院关于办理走私刑事案件适用法律若干问题的解释》特点，偷逃税款在五十万以上不满二百五十万的，认定为偷逃税额巨大，法定刑在有期徒刑三至十年。如，2016 年办理的第一起走私成品油案件王某某案中，对吴某某等水手均起诉，其中吴某某偷逃税款金额 650 多万，但依据从犯等法定从轻、减轻情节被判处缓刑。检察机关在该批已起诉的 9 件 58 人中，对从犯认定、相对不起诉适用进行统一。组织者为让其他参与者更好服务走私，给其少量股份情况，出现大股份大作用、大股份小作用、小股份大作用、小股份小作用等情况，明确以实际作用认定。在该批案件中，作相对不起诉人 4 件 10 人，这 10 人均在法定刑十年左右，均处于从犯地位，特别有部分被不起诉人身份是介绍人、水手、拉缆绳、厨师，参与仅仅为谋生，只拿基本工资，未获取走私利润，且大都认罪态度好，具有法定从轻、减轻情节。

（三）行政制裁略有不足

走私犯是行政犯，只有走私行为达到一定标准才能成立走私罪并追究刑事责任。我国刑法将“一年内曾因走私被给予二次行政处罚后又走私”作为与走私普通货物、物品偷逃应缴税额较大并列的不法行为，所以行政权的规制是国家干预成品油走私的第一

---

① 吴铭泽：《走私犯罪案件中主从犯如何认定》，载《中国审判》2011 年第 5 期。

道关卡。可见，违背行政法律规范并经行政处理后仍进行违规行为的，才纳入刑法规制的行政犯范畴。[①] 现实中，走私成品油行为处理过程中还存在行政权边界不清晰的情况：一是相关部门职能交叉。海关部门作为查缉走私部门，内部专职缉私警察负责对走私犯罪案件的侦查任务。在海警部门成立后，海关缉私艇和海查科并入海警。由于没有缉私艇，海关容易在获取线索时陷入想查不能查的困境。边防、海警作为有缉私船只的执法部门，打击海上违法活动，但边防的行政处罚对象仅针对无证的船老大、无合法手续的油品[②]，而没有针对走私成品油行为的罚款权限。海事部门的行政处罚对象仅针对无证的船员，处罚力度不大，且对船只等的处理客观难度大。二是行政处罚力度轻。从走私成品油犯罪案件的办理数据看，很多走私成品油犯罪案件没有行政处罚前置而直接以刑事处罚介入，且很多走私成品油犯罪案件以不起诉等方式结案后，并未跟进开展后续的行政处罚。2016 年 1 月至 2017 年 9 月，温州市检察院办理的走私成品油案件中，只有 3 起案件在被追究刑事处罚之前有过行政处罚，且部分三无船只未被拆解，在扣押数月后予以返还。部分被查处船只事后大部分以罚款了事，基本没有进一步处理。三是执法警力不够。由于公安、边防、海警、商务、市场监管等部门执法警力不够，对初查认为有走私犯罪事实，不属于自己管辖的案件在无法查实情况下没有及时移送给海关缉私分局处置，而海关缉私分局面对井喷式的走私成品油案件，存在"案多人少"困境，导致行政权干预成品油走私犯罪的第一道防火线形同虚设。因此，在案的犯罪嫌疑人经常以主观上不明知实施的行为有罪及违法为由进行辩解。

三、高质效办好走私成品油犯罪案件的可行路径

走私成品油犯罪产生原因较为复杂，治理此类犯罪需要结合具体因素采取针对措施破解。就当前走私成品油犯罪形势，可发挥海关、公安、检察、法院等相关部门职能优势，发动全社会力量，形成打击走私成品油犯罪工作合力，系统推荐走私成品油领域综合治理，规范和引导成品油市场健康发展。

（一）凝聚各方合力，强化成品油市场监管

走私成品油犯罪案件多发高发，既受成品油市场供需影响，又有法治宣传未深入渔民心中，更有成品油查处不及时不到位的问题，故要凝聚多方合力，实现成品油市场的

---

① 汪俊伦：《浅议走私的行政从属性》，载《市场周刊（理论研究）》2011 年第 9 期。

② 海关总署、发展改革委、公安部、商务部、工商总局、国务院法制办《关于严格查禁非法运输、储存、买卖成品油的通知》第 3 条：任何单位和个人在内海、领海、界河、界湖和海关附近沿海沿边规定地区运输、储存、买卖成品油无合法、齐全手续的，由海关、公安（边防）、工商行政管理部门依照本通知的规定，对无合法、齐全手续的成品油依法予以没收，不得罚款放行；《治安管理处罚法》第 64 条：有下列行为之一的，处五百元以上一千元以下罚款；情节严重的，处十日以上十五日以下拘留，并处五百元以上一千元以下罚款：（一）偷开他人机动车的；（二）未取得驾驶证驾驶或者偷开他人航空器、机动船舶的。

综合监管。

1. 保障相关群体民生。走私成品油犯罪是一种贪利型犯罪，行为人往往被利润驱使而铤而走险。成品油定价采用“市场指导、政府定夺”机制。[①] 但即使调价后，国内成品油价格仍与国际成品油价格平均每吨相差1000—1500元。政府为抑制通货膨胀而未将国内油价与国际接轨、产销倒挂下国内炼油企业严重亏损导致国家采取贴补政策等因素下，消费者、生产企业、国家三者之间的利益未能平衡。[②] 为此，政府要形成合理透明价格机制，引入定价对话机制让社会公众知晓成品油价格形成。对留守渔民，政府通过实现再就业从根本上促进渔民增收，通过设立合作社等形式指导渔民提高水产养殖业等劳作收入。设立系统社保基金，对经济能力较低的渔民由政府作为缴纳主体保障基本生存。

2. 鼓励举报走私行为。海关、公安、工商、税务等职能部门结合各自监管领域，借助网站、新闻媒体、广告牌等媒介，深入开展基层反走私政策宣传。考虑到走私环节中作案船只都是流动渔船、改装油船或“三无”船舶，船长、船副等人是海上接油运输的关键人员，尤其要突出加强沿海村镇群防体系建设。从办理案件参与人员组成情况看，政府部门对沿海重点村庄会开渔船的人员进行收集、登记，开展针对性重点宣传。提高群众报警率和特请耳目提供线索的积极性，在110指挥中心设立海上成品油走私举报平台，统一接受举报，并及时出警处置。

3. 联合开展缉私活动。政府把好成品油经营市场准入关，加强经营单位的规范管理。公安、边防加大对陆上走私通道的封堵力度，加强对港口、码头的巡逻。海洋与渔业、海事部门加强对沿海码头的排查，取缔、拆除非法码头。边防、海警加大成品油销售环节监控，加大买卖走私成品油查处、扣押力度，对“三无船舶”按照国务院规定没收，及时拆解。对有证渔船，由海洋与渔业部门取消或扣减涉案渔船年度渔业油价补贴，直至吊销（收缴）渔业相关证书。公安、边防、海警、市监等部门对达到一定数额的移交司法部门处理，经初查为走私犯罪的，在24小时内移送海关缉私分局处置。由于走私罪属于行政犯，入刑前主要由经济行政法律法规调整，故要建立有效行政监督体系，实现行政处理前置。既不能笼统地案件一律先按刑事程序办理，也要避免“以罚代刑”错误倾向，要慎重动用刑罚手段。

（二）强化侦查引导，构建双赢型侦诉关系

强化检察机关公诉权对侦查的引导，通过对走私成品油犯罪案件的提前介入，从审查起诉角度协助海关缉私部门做好证据收集、固定完善等工作，为此类案件高质效办理奠定基础。

---

① 国家发改委参照新加坡、鹿特丹、纽约三地市场价格调整国内成品油价格，以三地成品油加权平均价格为定价基础，考虑到基本杂费、关税以及流通费等因素，确定国内成品油零售基准价，再由中石油与中石化在基准价上下浮动8%的范围内，制定出具体的零售价格。

② 陈家彬：《我国成品油定价机制的现状及对策》，载《发展研究》2008年第6期。

1. 提前介入引导侦查，前端夯实证据体系。在走私成品油犯罪案件提前介入，专业办案组严格把握证据标准，引导固定客观性证据，第一时间开展对账本、银行交易流水等物证、书证的搜查取证，加大对电子物证、手机话单、微信聊天等电子证据的收集力度，通过与书证、物证的比对，形成完整的证据链，建立侦查引导实质化机制。一是加强同步录音录像的制作，固定有罪供述。在以口供定案案件中，翻供现象常见，这就要求侦查人员在调查时就采取措施，而常见的多用同步录音录像固定有罪供述。二是指导海关部门对物证、书证的搜查。涉案金额是走私成品油案件的量刑主要依据，在该类案件中股东众多，走私次数多，经营时间长，除犯罪嫌疑人供述外，犯罪嫌疑人基本会对每次走私进行记账以便日后分红，故而会有记账；由于走私案件与上家的交易难以面对面直接现金交易，会有银行交易记录。因此，需要第一时间对账本进行搜查、对银行交易记录进行调取。

2. 强化联结性证据收集，构建指控证据闭环。一是强化对电子物证、手机话单的收集。犯罪嫌疑人除将分红进行记账、通话确定加油位置外，还会通过微信等电子物证进行确认，将分红情况发到微信群里进行确认。如，朱某某走私案中，由于加油位置不确定性，犯罪嫌疑人将与上家驳油的经纬度及上家的大机号通过微信发给船上人员确认。加大对电子证据的侦查力度，如查找、恢复手机短信、微信聊天内容。同时，电子证据在取得后需经过形式转换才能作为有证据效力的书证材料，程序上确保电子证据转化合法性。二是加强卫星通话和银行记录的对应。走私船只公海上加油时手机无通话记录，只能使用卫星通话，在船长、老板确认后，汇款后加油。因此，在调取银行交易明细、通话记录后，第一时间让犯罪嫌疑人确认，做好这类客观性证据固定。

3. 推动建立争议会商机制，消弭侦办过程分歧。针对查办过程中争议突出问题，温州市检察机关积极依托市委市政府打私平台，推动侦、控、审三方积极会商，2017 年 12 月，经市委政法委牵头，在全省率先出台《关于打击走私犯罪涉及法律适用问题的协调会纪要》，就管辖立案、案件移交、证据转换、物品处置、协作配合等相关事项形成共识，推动专业执法部门间建立更加紧密的专案侦查、联合办案制度，市公安局、市海关缉私分局成立联合作战中心，充分发挥公安警力配置广泛、情报系统丰富的优势，弥补缉私警力不足的缺陷，共同发力查办上下游关联犯罪，有力震慑走私犯罪，检察机关全局跨部门引导侦查，及时发现衍生、次生犯罪，协同开展走私犯罪全链条打击。2018 年 4 月，省公检法等六部门以温州实践成果为调研蓝本，出台《关于办理涉油刑事案件若干问题的会议纪要》，进一步明确走私案件的侦查协作机制，为联合处置走私案件查获的赃款赃物提供地方立法支撑。

（三）坚持宽严相济，探索分层式处理模式

随着宽严相济刑事司法政策的推进，在办理走私案中需要转变办案方式方法。具体到走私成品油犯罪案件中，社会危害性的因素包括参与程度、数额大小、所起作用等方面。在批准逮捕阶段，符合条件的能不捕尽量不捕；在审查起诉阶段，区分主从犯，符

合条件的能不诉尽量不诉；在审判阶段，结合自首、坦白等法定从轻、减轻情节能轻判尽量轻判。

1. 注重区分罪名适用。结合检察工作实际，坚持依法从严惩处的基础上，提出慎用非法经营口袋罪放大打击无证购买成品油的意见。在2019年国务院办公厅印发《关于加快发展流通促进商业消费的意见》，取消成品油仓储批发经营资格的审批，将零售经营资格审批权下放至地市级后，温州市检察院积极跟进，主动征求公安、缉私、法院意见，形成书面建议提交市委政法委，层报上级部门，引起省政府的高度重视，组成反走私工作组来温专题调研，在吸纳温州检察意见基础上，形成依法分类审慎稳妥的处理意见。

2. 构建涉众型犯罪量刑体系。为进一步规范涉众型走私犯罪量刑建议，温州市检察院积极调研，根据2019年两高、海关总署《打击非设关地成品油走私专题研讨会会议纪要》，制定出台常见走私犯罪案件规范化量刑指引，根据参与程度、数额大小、所起的作用、股份大小等客观因素，量化主从犯区分，统一规范主刑、附加刑的适用、酌情从宽的幅度，较好解决同类案件、同一案件的量刑均衡问题，同时围绕主观悔罪、积极退赃、主动罚金等要素，对情节较轻、作用不大，积极退赃人员，在认罪认罚基础上积极适用相对不起诉，减少司法成本，逐步取得海关、海警、法院等部门的共识。

3. 灵活适用强制措施和不起诉裁量。鉴于走私具有行政犯特征，社会危害不大，犯罪嫌疑人被批准逮捕后，检察机关适时开展羁押必要性审查，对不需要继续羁押的，予以释放或变更强制措施。随着犯罪嫌疑人认罪态度变化，在综合参与程度、数额大小等情况下，作用相对较轻的，适时变更强制措施。检察机关把握逮捕社会危险性和起诉必要性条件，用准相对不诉。[①] 在严厉打击走私成品油犯罪案件主犯、首要分子基础上，对情节轻微、有悔罪表现的从犯，运用不起诉裁量权，实现轻重案件分流。对犯罪情节是否轻微，办案人员根据犯罪性质情节、是否造成严重后果等因素认定，但没有定量标准，具有相对不确定性。2016年至今，走私成品油犯罪案件95%的量刑区间在有期徒刑三年以上，但对水手、厨师等人员均可认定为从犯，且基本有坦白情节、个别犯罪分子有立功情节，在考量数额、作用等因素外，判定属于情节轻微，作出不起诉决定。在走私成品油犯罪案件中，主犯范围限定为管理型参股的股东以及小股份大作用、大股份小作用的参与者，从犯范围限定为激励型参股的股东、介绍人员、财务人员、船长、轮机长、船员、拉油管人员、过磅人员、码头望风人员。

（四）延伸检察职能，推进嵌入式源头治理

高质效办案要求高质效的案后治理。走私成品油犯罪案后治理是一项系统工程，既要从办案伊始既贯穿全流程追赃挽损理念，斩断非法利益链条，又要强化行刑双向衔接，形成惩治合力，还要抽象出一般的倾向性、普遍性问题，精准提出靶向性治理的对

① 刘辰:《轻微犯罪宽缓处置理念与思路》，载《检察日报》2021年1月27日。

策和建议。

1. 发挥行刑衔接机制作用，剥夺非法经济利益。为强化走私成品油犯罪案件行刑衔接，检察机关与行政执法部门加强沟通协作，主动有效对接，就“两法衔接”范围、时间、事项等达成共识。公安、边防、海警等行政执法部门与检察机关建立行刑衔接工作平台，健全行政执法与刑事司法衔接工作机制，不断加强双向沟通，共同促进相关领域执法规范化建设，提升依法行政能力，突出执法重点，加大行刑结合惩处力度，震慑打击情节严重、危害较大的走私成品油行为，检察机关同步将后续剥夺非法经济利益要求及时快速传导给侦查机关，确保违法所得依法追缴，为后续法院依法判决奠定基础。

2. 清查上下游灰色产业链，助力行业健康发展。走私犯罪案件中有较明显的上下游犯罪，可能构成走私罪的共犯，或是掩饰、隐瞒犯罪所得罪甚至洗钱犯罪，而这些上下游犯罪有时还伴随着黑灰产业链，制约成品油市场健康规范发展，需花大力气整治。在走私成品油犯罪案件中，往往伴随着供需关系，即有供货商也有销货商，构成一个流程性灰色产业链。故，在办理走私成品油犯罪案件时，单纯处理已查获的犯罪行为已远远不够，关键是要斩断上下游的灰色产业链。此外，还要避免“重上游犯罪、轻下游犯罪”认定的习惯倾向，注意上下游犯罪定罪量刑的轻重平衡。如，温州市检察机关牵头人民银行、海关缉私局建立反洗钱协作机制，健全情报会商信息共享、洗钱线索和信息运用、联合督办同步追查等工作机制，依托资金查询轨迹追查走私犯罪资金，建立高度疑似走私洗钱犯罪账户数据库，有效截断走私犯罪资金交易。温州市检察院协同中国人民银行温州市中心支行签署《检银协同防控金融风险的实施意见》，搭建检银金融数据交互平台，实现可疑交易信息、诉判案件信息等共享，打破数据壁垒，推动检察监督与金融监管协同开展对犯罪资金流、信息流交叉匹配模式下的“穿透式识别”，对走私犯罪中使用他人银行卡转账资金进行实时追踪，追回赃款近 2000 万元。就走私犯罪案件存在认定违法所得但未予以追缴的、仅对有具体分成获利的被告人进行追缴、认定共犯共同违法获利但未对共犯追缴违法所得等问题，温州市检察院通过与海关辑私分局等部门建立反走私合作备忘录，督促落实罚没违法所得。对侦查机关查封、扣押的应返还的财物，原主无法联系的，对接市中院采取公告方式告知原主认领，在通知原主或者公告满六个月后无人认领的，按照无主财物处理，依法拍卖、变卖后所得价款上缴国库，剥夺走私参与者违法经济利益，有力震慑走私成品油犯罪分子。

3. 系统剖析走私犯罪特点，及时填补监管漏洞。就走私成品油犯罪案件办理中发现的倾向性、普遍性问题，围绕办案中发现的监管薄弱环节、群众法律意识淡薄等问题，深入开展调研，提出成品油行业的风险防控和领域治理的检察建议。通过梳理某段时间内某类走私成品油犯罪案件趋势特点，对普遍性问题进行总结，深挖职能部门监管和企业管理的漏洞，形成综合性的研判报告或咨政报告，上报党委政府供决策参考。就走私成品油犯罪案件暴露的立法空白、执法交叉、司法困难，深入调研论证后，通过人大代表建议，向全国人大常委会提出立法建议。如，梳理分析走私成品油犯罪案件情况，剖析走私犯罪的成因和特点，就走私环节中承担接驳任务的船只一般由流动渔船、改装油船或“三无”船舶组成；受雇的船长、船员通常为留守渔民且是直接参与海上走私的关键人员；犯罪成员间存在血缘地缘关系；“走私村”现象严重；前科、重病、境外人员等特类人员为走私活动重要参与人员等源头问题，提出加强沿海村镇群防体系建设；做好“走私村”社区矫正；通过实现留守渔民再就业、网格式分化走私活动的货源流、资金流、运输流、销售流、船只流和人才流；清理整治走私产业链等综合治理建议。2019年温州市政府吸纳上述对策建议，出台加强反走私相关意见。

海南自贸港“套代购”型走私犯罪研究

刘俊剑 *

摘　要　随着海南离岛免税政策的实施，“套代购”型走私犯罪逐渐增加。这类案件的审判也引起了大众的热议，反映出这类案件的审判存在一些争议问题。主要体现在：以牟利为目的与“套代购”型走私犯罪的关系问题，偷逃税款的金额在本罪中的认定标准，对“多次走私未经处理”存在不同理解等。应厘清上述相关的争议问题，此外，我国还可以从立法、关税调节以及普法等方面寻找相应的对策，以减少此类犯罪的发生，促进自贸港法治化建设，为自贸港的繁荣发展保驾护航。

关键词　“套代购”型走私犯罪　认定难点　规制建议

一、案情简介及争议焦点

（一）案情简介

李某恒、李某贤走私普通货物罪案 ① 是“套代购”型走私犯罪中的典型案例。李某恒、李某贤组织、利用他人购买离岛免税品的身份与额度，购买免税品进行销售牟利。② 海口市中级人民法院认为，③ 该行为构成走私普通货物罪，判决被告人承担刑事责任。④

在开某、林某走私普通货物、物品罪案中，⑤ 被告人涉及在校大学生，也引发公众

*　刘俊剑，海南省万宁市人民检察院第六检察部主任。

① 海口长安网，http：//www.hkca.gov.cn/，2022 年 3 月 18 日。

② 被告人李某恒在多家离岛免税店套用他人免税额度购买免税商品销售牟利，涉及免税商品价值 12207045.21 元，涉嫌偷逃税款 2106248.86 元人民币。被告人李某贤参与利用他人免税额度购买免税商品价值 1060474.27 元，涉嫌偷逃税款 221008.45 元人民币。

③ 海口市中级人民法院审判观点：被告人李某恒、李某贤违反海关监管规定，组织、利用他人购买海南离岛免税品的身份与额度，购买免税商品进行二次销售牟利，属于未经海关许可并且未补缴应缴税额，擅自将特定免税进口的货物、物品在境内销售牟利的行为，且偷逃税款数额巨大，故构成走私普通货物罪。

④ 海口中院依法对被告人李某恒、李某贤走私普通货物罪一案进行一审公开宣判。以走私普通货物罪判处被告人李某恒有期徒刑七年，并处罚金 360 万元；以走私普通货物罪判处被告人李某贤有期徒刑一年，并处罚金 40 万元。

⑤ 中国裁判文书网，https：//wenshu.court.gov.cn/，2021 年 3 月 26 日。

关注。本案被告人开某利用他人的离岛免税额度在免税店套购免税商品，[①] 并在其开设的网店上销售。后开某找到被告人林某帮助其实施上述行为，并给予其报酬。经查，二人偷逃税款数额较大。三亚市中级人民法院认为被告人构成开某、林某犯走私普通货物罪，并依法作出判决。[②]

由于离岛免税政策的实施，"套代购"型走私犯罪也逐渐增加，引起了公众的广泛关注。作为一种新型的走私方式，"套代购"型走私犯罪中出现的罪与非罪以及量刑的争议焦点，都需要在理论与实务中进行探讨。

（二）争议焦点

"套代购"型走私犯罪说到底它并不是一种新型的走私犯罪，其所涉及的犯罪行为与传统形式的走私犯罪行为还是存在相似之处的，该种类型犯罪行为是随着时代的发展、海南自贸港政策的推行而进入大众视野的。但是，该罪的走私模式与传统的走私行为方式不同，存在一定的新颖性。此外，我国目前对这类犯罪行为并没有专门的法律规范来予以规制，所以在处理的时候对相关案件存在一些争议。主要有以下几个方面：

1. 罪与非罪的争议。"套代购"型走私行为是随着海南离岛免税政策而兴起的。我国海关打击的对象主要是行为人基于"套代购"行为的牟利行为，即将代购或套购获取的免税品进行二次销售获利。根据不同的走私行为方式可以划分成绕关走私、通关走私、后续走私和间接走私。[③] 离岛免税走私和传统的绕关走私、通关走私不同，其本质属于后续走私，只不过是一种新型后续走私。[④] 传统的走私行为大多为绕关走私、通关走私，而"套代购"行为就不存在此类行为，因为免税品已经完成了入关手续，只需要完成离岛前的核销。从当前司法机关审理案件的判决结果来看，法院认为该走私行为属未经海关许可并且未补缴应缴税额，擅自将特定免税进口的货物、物品在境内销售牟利的行为，也即属于后续走私行为，在司法实践中也肯定了这一观点。[⑤] 若行为人偷逃税款金额没有达到"数额较大"的标准时，则根据行为人的走私情节给予行政处罚或者不予处罚。

2. 量刑的争议。通过查阅司法实践中一些相关案件的判决来看，大部分案件的处罚都涉及徒刑和罚金刑。这类案件引起广泛关注的另一个原因就是公众对其量刑的讨

---

① 本案中被告人开某涉嫌偷逃应缴税额人民币 242065.27 元；被告人林某涉嫌偷逃应缴税额人民币 164652.07 元。

② 三亚市中级人民法院判处被告人开某犯走私普通货物罪，免予刑事处罚；被告人林某犯走私普通货物罪，免予刑事处罚；二人补缴的税款 242065.27 元，予以没收，上缴国库；扣押在案的作案工具手机三部予以没收，上缴国库；扣押在案的 677 件免税商品由扣押单位三亚海关依法没收，上缴国库。

③ 张大春：《走私罪研究》，中国海关出版社 2013 年版。

④ 刘荣：《离岛免税走私监管模式的检视与完善——基于〈海南自由贸易港法〉第 15 条的规定》，载《海南大学学报（人文社会科学版）》2021 年第 4 期。

⑤ 《金某、宋某、林某走私普通货物罪案》，载文昌市人民法院网，http：//wcfy.hicourt.gov.cn/，2022 年 3 月 20 日。

论。[①] 量刑对于案件的顺利解决至关重要，对走私犯罪者更是有着切身的关系。量刑有刑法报应和刑法预防的意义，从刑罚报应的意义上来看，裁判者要在结合案件事实及危害后果、主观心态等情节的基础上，达到惩处犯罪人的目的，同时也要确保量刑的公正，以刑罚公正作为指导。从司法实践中相关案件的判决可知，徒刑和罚金刑经常被适用于对行为人的处罚。[②] 对这些案例的量刑主要有两种观点，一种观点认为，目前对于“套代购”走私行为的处罚存在一定程度上的量刑不一、同案不同判的情况。另一种观点认为，案件的判决是根据全案的事实、证据以及危害后果、认罪态度等量刑情节来评判的。因此，案件不同判决也有所差别属于正常情况，司法人员主要持此种观点。

二、“套代购”型走私犯罪概述

为了能够有效的规制“套代购”型走私犯罪，就要对其有全面、充分的认识。下文将主要对“套代购”的概念、特点以及规制的必要性等方面进行阐述。

（一）“套代购”的概念

“套代购”不是一个专业的法律术语，而是对购买免税品特定行为的一种称呼。为了更好地研究“套代购”型走私犯罪，有必要对“套代购”这一词语的内涵进行清晰的界定。关于“套代购”含义的解读，可以将其分解为“代购”和“套购”。

1. 代购。“代购”又可以分为海外代购和离岛免税代购，本文主要讨论离岛免税代购。离岛免税是指对乘坐飞机、火车、轮船离岛（不包括离境）的旅客在一定数额、品种内的商品免征进口税的税收优惠政策。“代购”依其字面意思为代为购买，“代购”其本质上属于民法中的代理制度。所以，代购行为主要涉及了三方主体，分别为代购人、被代购人和第三人。[③] 代购人基于被代购人的委托，根据被代购人对商品的品牌、质地、颜色、数量等具体的要求去搜寻相关商品并与第三人达成买卖交易，最终由代购人将其购买的商品交付给被代购人。“代购”行为又可以分为有偿代购和无偿代购，有偿代购是指代购人以牟利为目的，为被代购人购买免税品的行为。该行为被认定为走私行为，无偿代购主要出现在“熟人圈”中，是指代购人在其额度内不以牟利为目的，基于一定

① 杨茜：《海外代购行为的刑法规制研究》，广西大学 2016 年硕士学位论文。

② 三亚市中级人民法院，金某、宋某、林某走私普通货物罪案，案号（2020）琼 02 刑初 75 号：一、被告人金某犯走私普通货物罪，判处有期徒刑三年，缓刑四年，罚金人民币 25 万元；二、被告人宋某犯走私普通货物罪，判处有期徒刑一年，缓刑一年，并处罚金人民币 10 万元；三、被告人林某犯走私普通货物罪，判处有期徒刑二年，缓刑三年，并处罚金人民币 10 万元。

三亚市中级人民法院，万佳敏、陈灿锋走私普通货物、物品罪案，案号（2020）琼 02 刑初 52 号：一、被告人万佳敏犯走私普通货物罪，判处有期徒刑三年，缓刑五年，并处罚金人民币 35 万元；二、被告人陈灿锋犯走私普通货物罪，判处有期徒刑二年，缓刑三年，并处罚金人民币 15 万元。

三亚市中级人民法院，刘好庆走私普通货物、物品罪案，案号（2020）琼 02 刑初 63 号：被告人刘好庆犯走私普通货物罪，判处有期徒刑二年，缓刑三年，并处罚金人民币 21 万元。

③ 朱娇娇：《海外代购走私行为性质研究》，华东政法大学 2018 年硕士学位论文。

的社会关系（如亲人、朋友、同学等）为被代购人购买免税品的行为，这种情况不违反相关法律法规的。目前主要是对行为人利用走私行为牟利进行打击。

2. 套购。从字面来进行理解，“套”是指套用离岛旅客的身份信息，即“套购”组织者招募代购人员，利用其身份信息和离岛免税的额度。“购”就是指购买免税物品。离岛、免税及走私可直接按其字面意思进行理解，离岛免税套代购走私即通过利用他人购买免税品的身份资格以及购买额度，代购免税品，进行二次销售牟利，偷逃税款的行为。这类行为属于法律法规严厉打击的行为，《中华人民共和国海关对海南离岛旅客免税购物监管办法》[①] 也进行了明确的规定。通过上述分析，可以得知“套代购”行为是指以牟利为目的，利用个人购买离岛免税品的资格和额度为他人购买免税品或将所购免税品在国内市场再次销售，以及组织、利用他人购买海南离岛免税品的资格和额度，化买免税品并进行倒卖的行为。

（二）“套代购”行为的特点

“套代购”走私犯罪是随着海南离岛免税政策的出台而新生的事物，该种类型的走私犯罪在具备走私罪一般特征的基础上，还有一些自身独有的特点，笔者对其进行了以下几个方面的归纳：

1. 走私行为的隐蔽性、有组织性[②]。首先，实施走私行为的人员难以辨认。根据离岛免税“套代购”行为自身的特性，从相关案件中也可以发现，参与实施走私的人员大多都隐藏在真实买家之中。他们的身份一般都是导游、游客、学生等，加之售卖人员也难以知悉其购买免税品的真实意图，所以该走私行为很难被发现。就算被发现，其行为是否构成走私罪也很难判断。其次，由于现代网络通信技术的发展，信息的交流与传播比之前的范围更广、速度更快。组织人员可以通过网络将相关的商品信息、代购的时间、交货的地点告知代购人，然后再由代购人去实施。所以说，在这种情况下走私行为是很难发现的，更不要说对其进行处罚。最后，该走私行为由专门的组织人员招募代购人员，代购人员利用其身份信息和离岛免税的额度购买免税品，离岛机票、船票由组织人员提供，代购人员在离岛之后再将购买的免税品直接或者通过邮寄等方式交付给组织人员。在实施走私行为之前组织人将代购人员、离岛时间、出岛方式、免税商品的交付等方面都做好了安排，可见其组织的严密性、流畅性。

2. 走私数额小。目前，离岛免税政策对免税商品的种类存在限制。《关于海南离岛旅客免税购物政策的公告》明确扩大了免税商品种类，增加电子消费产品等 7 类商品，离岛免税商品的种类也由之前的 38 种增加到了 45 种。而且离岛免税品的种类主要包括

---

① 《中华人民共和国海关对海南离岛旅客免税购物监管办法》第 18 条规定，若该行为构成违反海关监管规定或者走私行为的由海关依照《中华人民共和国海关法》和《中华人民共和国海关行政处罚实施条例》的有关规定予以处理；构成犯罪的，依法追究刑事责任。

② 梁争：《走私罪研究》，法律出版社 2013 年版。

化妆品、香水、电子产品等商品，这些商品呈现出单件商品体积小、单价低。而传统走私的对象主要是国家禁止或者限制进出口的商品，比如珍稀动植物制品、贵重金属、毒品、武器弹药等，这些物品就显得体积较大、价值较高。组织者通过代购人购买免税品，为了达到走私牟利的目的，会招募大量的代购人进行购买免税品，每次购买的数量和金额不会很大，并且会控制在代购人的限额之内。所以，这就使得该类犯罪行为，难以被监管。

3. 走私行为无须过关。海关是指依据本国（或地区）的法律、行政法规行使进出口监督管理职权的国家行政机关。我国法律规定，海关是查缉走私的主管部门。中国海关总署为维护国民经济安全和对外贸易秩序，对走私犯罪行为给予坚决打击。而走私指违反海关法和国家其他有关法律、法规，逃避海关监管，非法运输、携带、邮寄国家禁止进出境的物品、国家限制进出境或者依法应当缴纳关税和其他进口环节代征税的货物、物品进出境，数额较大、情节严重的行为。换句话说，走私就是指通过绕关走私、通关走私、后续走私和间接走私[①]来逃避海关的监管，以此来达到其少缴或者不缴关税的目的。

在司法实践中，"套代购"型走私犯罪被认为是后续走私。而传统的走私行为方式主要是绕关走私、通关走私，即携带走私物品绕、越关口的行为，其行为方式与海关关口之间有联系。而进行离岛免税的商品已经完成了进口，也就是说已经进入了海关关口，其走私行为主要是在离岛之后二次销售的牟利行为。因此，该走私行为的整个过程都不存在绕、越关口。

（三）"套代购"型走私犯罪刑法规制的必要性

对"套代购"型走私犯罪进行刑法规制有利于维护国家税收秩序，同时也有利于明确该犯罪行为罪与非罪的界限，以此来保障海南自贸港的蓬勃发展。

从保护国内市场经济秩序方面看，由于离岛免税政策的实施，免税产品不用缴纳关税，相比于国内需要缴纳关税的商品而言存在一定程度上的价格优势。这无疑冲击了国内市场秩序，对国内正规的市场主体来说是一种不正当竞争。刑法对该种走私行为的规制有利于减少走私行为的发生，也有利于维护市场公平的竞争秩序。

从维护国内民众的权益方面看，离岛免税走私团伙的走私商品售出后，购买此类商品的民众在出现售后问题时求助无门，导致其无法维权。因此，对"套代购"型走私犯罪进行刑法规制有利于维护购买者的相关权益，同时，也有利于相关立法的进步和完善。

---

① 张大春著：《走私罪研究》，中国海关出版社2013年第2版。

三“套代购”型走私犯罪认定的若干难点

（一）构成“套代购”型走私犯罪是否需要以牟利为目的

关于“套代购”型走私犯罪是否需要以牟利为目的目前也存在争论，主要有肯定说和否定说两种观点。肯定说认为，该罪属于涉税类犯罪，行为人实施犯罪活动就是为了逃避税款的缴纳，来牟取利益，所以牟利为目的是该罪的构成要件。[①] 否定说认为，以牟利为目的不是该罪的构成要件，该罪的成立也并不需要以牟利为目的。犯罪的目的性不能反应走私犯罪的本质特征，也并不能代表所有走私行为人的主观动机。[②] “套代购”型走私犯罪不应只打击以牟利为目的的行为人，行为人有其他的犯罪目的也应包含在内。若仅规制以牟利为目的的行为人，无疑缩小了该罪的打击范围。笔者赞成否定说，主要理由如下：

第一，我国刑法中并没有明确规定以主观牟利为该罪的构成要件。罪刑法定原则是我国刑法的重要基本原则，“法无明文规定不为罪，法无明文规定不处罚”是其具体体现。不可否认“套代购”型走私犯罪中大部分确实是以销售牟利为目的，但是走私犯罪打击的是未经海关许可并且未补缴应缴税额的行为，保护的是我国的海关监管制度和税收制度，以牟利为目的不构成法律明文规定的入罪条件。

第二“套代购”型走私犯罪活动并非都具备以牟利为目的。该罪的犯罪目的呈现出复杂化特点，除了以牟利为目的之外，还有以赠送亲友、好意帮忙，欣赏收藏等非牟利性目的。如果仅认定以牟利为目的的走私行为构成犯罪的话，那么前述的非以牟利为目的的走私行为将会被排除在刑法规制的范围之外。这样会严重缩小刑法打击此类走私犯罪活动的范围，不利于对犯罪行为的制裁。非以牟利为目的的走私犯罪依然侵害了相关社会法益，造成了社会危害结果，只要其达到了偷逃的税款达到了刑法规制的数额标准，依然要追究其刑事责任。

（二）偷逃税款金额的确定

偷逃税款数额会影响行为人的量刑，数额的认定在实践中存在难点问题，笔者将对此予以探讨。

第一，要明确“套代购”型走私犯罪应缴纳税种的范围，这样才能准确计算出偷逃税款的金额。有学者认为，应缴税额只包括进口税、出口税、过境税等关税。[③] 还有的学者认为应缴税额不仅包括关税，还包括由海关代征代扣的税款，如增值税、盐税、船舶、吨税等。[④] 最高人民法院、最高人民检察院《关于办理走私刑事案件适用法律若干

---

① 何立荣:《论走私罪的立法缺陷与完善》，载《学术论坛》2002 年第 3 期。
② 陈超:《海外代购型走私犯罪研究》，载《法制与经济》2018 年第 6 期。
③ 高铭暄、马克昌著:《刑法学（下）》，中国法制出版社 1999 年版。
④ 张大春:《走私罪研究》，中国海关出版社 2013 年版。

问题的解释》(以下简称《解释》)[①] 对该问题也作出了明确的规定，因此，在“套代购”型走私犯罪活动中对于偷逃税款的计算要明确应缴税款的种类范围，这样才能做到准确定对量刑，也有利于打击犯罪和维护行为人的合法权益。

第二，明确走私应缴税额计算标准。我国税额计算标准 [②] 一般都规定于《海关法》《关税条例》等海关行政法规当中，随着我国经济发展情况的变化，税额计算标准也会发生那变化。由于“套代购”型走私犯罪活动存在多次少量、时间跨度大的特点，对其应缴税额的计算需要累计，由此就会引发税率适用基准的争论。对于出现走私时间不能认定的情况时，有观点认为，税率基准一律适用案发时的标准；也有观点认为，如果案发时的税率基准高于行为人行为时的标准时，对行为人会产生不利结果，这也不符合我国刑法保障人权的内在要求。为了解决在实践中该类案件的存在的税率基准的问题，《解释》第 18 条 [③] 进行了明确的规定。

（三）关于“多次走私未经处理”的理解

我国刑法第 153 条第 3 款规定，对多次走私未经处理的，按照累计走私货物、物品的偷逃应缴税额处罚。对这一条款的争议主要出现在前半部分，即对“未经处理”的理解，“未经处理”到底是未经行政处理还是刑事处理？对此，学界存在不同的观点。第一种观点认为，“未经处理”是指行为人的走私行为未经行政处理，[④] 若行为人此前经过行政处理的话，经过处理的金额将不累计纳入对其进行刑事处罚的金额。第二种观点认为，“未经处理”是指行为人的走私行为未经刑事处理，[⑤] 该观点认为，对其走私金额进行累计计算仍然包括之前经过行政处罚所涉及的金额，只对经过刑事处罚的走私税款金额不进行累计计算。第三种观点认为，“未经处理”是指行为人的走私行为未经行政处理和未经刑事处理，是对前两种观点的综合。也就是说，行为人经过前述任一处理时，被处理所涉及的金额都不进行累计计算。

笔者更赞同第二种观点。即“未经处理”是指行为人的走私行为未经刑事处理，之前经过行政处理的金额仍然要纳入到后续刑事处罚的金额中。主要有以下理由：首先，

---

① 最高人民法院、最高人民检察院《关于办理走私刑事案件适用法律若干问题的解释》第 18 条规定，刑法第一百五十三条规定的“应缴税额”，包括进出口货物、物品应当缴纳的进出口关税和进口环节海关代征税的税额……

② [进口货物关税计算公式：①从价计征的：应纳税额 = 完税价格 × 关税税率；②从量计征的：应纳税额 = 货物数量 × 关税税率；进口环节增值税计算公式：应纳税额 =（关税完税价格 + 关税 + 消费税）× 增值税税率；进口环节消费税计算公式：应纳税额 =（关税完税价格 + 关税）/（1- 消费税税率）] × 消费税税率；行邮税计算公式：应纳税额 = 完税价格 × 进口税税率。

③ 2014 年《最高人民法院、最高人民检察院关于办理走私刑事案件适用法律若干问题的解释》第 18 条第 1 款规定：“……应缴税额以走私行为实施时的税则、税率、汇率和完税价格计算；多次走私的，以每次走私行为实施时的税则、税率、汇率和完税价格逐票计算；走私行为实施时间不能确定的，以案发时的税则、税率、汇率和完税价格计算。”

④ 胡平、王彦：《再论走私普通货物、物品罪的若干问题》，载《上海海关学院报》2011 年第 3 期。

⑤ 李希慧：《走私普通货物、物品若干问题之探讨》，载《商法研究》2001 年第 4 期。

持“未经处理”指未经行政处理的观点认为，要坚持“一事不再罚”的原则。如果此前经过行政处理的金额还要再次纳入累计金额的范围内就是对“一事不再罚”的原则的违背。笔者不同意此观点，第一，“一事不再罚”原则规定在行政法中，是对行政处罚的制约，而我们此处所探讨的金额的累计计算涉及的是刑事处罚，适用的范围并不相同。第二，“一事不再罚”原则是指对同一违法行为，不得给予两次及以上性质相同的处罚。行政处罚和刑事处罚的性质并不相同，所以不受该原则的制约。其次，如果“未经处理”是指行为人的走私行为未经行政处理的话，那么会让行为人因为较轻的行政处罚来逃避较重的刑事处罚，这是不合理的，也显然不符合立法者的立法目的。因此，笔者认为“未经处理”是指行为人的走私行为未经刑事处理，该种理解能够更加有效的打击“套代购”型走私犯罪。

四、对“套代购”型走私犯罪的规制建议

（一）纳入刑法规制并增设相应资格刑

“套代购”型走私犯罪是随着海南离岛免税政策的出台，一些走私团伙看到免税品的走私贩卖有利可图才逐渐开始的，虽然此类犯罪存在的时间不是很长，但是与传统的犯罪的实质并没有多大的差别。在海南自贸港建设四年来，海关累计打掉离岛免税“套代购”走私团伙 123 个，案值约 4 亿元，涉税金额约 5400 万元，[①] 可见对于该罪的打击依然任重而道远。我国目前还没有将该种类型的犯罪在刑法中进行明确的规定，由于免税品的种类还不在国家禁止进出口的物品的范围内，在司法实践中，司法审判人员大都将其认定为走私普通货物、物品罪来进行处罚。因此，笔者认为应将“套代购”型走私犯罪纳入我国刑法进行规定，这样才能对其进行有效打击。

根据我国刑法的规定，可以看到我国对走私犯罪的处罚一般主要涉及自由刑、罚金刑、没收财产等处罚类型。在目前已经判处的“套代购”型走私犯罪的案件来看，对行为人也主要适用以上刑罚类型。有观点认为，对于走私犯罪的屡禁不止是因为目前刑罚处罚力度不够，仍应该加大处罚力度。笔者对此并不认同，我国刑法对走私普通货物、物品罪自由刑的处罚最高可达无期徒刑，罚金刑为偷逃应缴税额一倍以上五倍以下的罚金，此外还有罚金刑，可见处罚力度并不轻。此前也有相关行政法规对走私行为人的离岛免税资格进行了限制，但是实施的力度较小，范围较窄。因此，我国刑法可以将资格刑作为该类犯罪的一种处罚，加大对犯罪行为人的威慑，更好的遏制“套代购”型走私犯罪活动。

① 《海南四年打掉离岛免税“套代购”走私团伙百余个案值约 4 亿元》，载中国新闻网，https://www.chinanews.com.cn/，2022 年 4 月 1 日。

（二）推动该类犯罪帮助犯的正犯化立法进程

帮助犯的正犯化，就是指刑法分则条文直接将某种帮助行为规定为正犯行为，并且设置独立的法定刑，来对其进行打击。这是由于某一特定罪名的帮助犯同正犯行为都具有严重的法益侵害性，所以有必要对帮助犯进行独立的规范，以此也能间接对该罪的正犯予以有效地打击。帮助犯的正犯化对于我国刑法的规制来说并不是一个新鲜事物，早在 1997 年刑法颁布之时，刑法中便规定了帮助犯的正犯化问题。在当时就规定了资助危害国家安全犯罪活动罪，其实资助危害国家安全犯罪活动罪的行为就是危害国家安全犯罪活动罪的帮助行为，但是将其作为了一个独立的罪名来进行规制。

反观“套代购”型走私犯罪，从实践中的案例可以看出，大部分犯罪行为的实施是由组织人招募的代购人员完成的。在当前，组织人一般被认定为正犯，中间的下线人员被认定为帮助犯。笔者认为从该罪的犯罪流程来看，组织人被认定为主犯这是没有争议的，那么下线人员是否可以将其帮助行为正犯化呢？笔者认为这是合理的。该罪的帮助行为看似对犯罪的成立仅存在一个推动作用，但是可以看到帮助行为对犯罪的成立起到了不可或缺的作用，没有其帮助行为，犯罪是很难进行下去的。既然该罪的帮助行为对正犯行为的实施至关重要，那么作为帮助犯进行处理，似乎其行为的危害性与所受到的打击不相符合。因此笔者认为，可以直接将该帮助行为纳入正犯进行处理，以便于更好的发挥法律对犯罪分子的威慑作用。

（三）合理调节关税

“套代购”型走私犯罪的屡禁不止，主要还是由于免税商品在免税前后存在较大的价格差，让人觉得有利可图。换句话说，就是我国目前对于免税商品在国内市场收取的关税较高，也直接导致其在国内市场的售价高。或许有观点认为，由于此类商品的销售火爆，高关税可以收取更多的税收，并且在一定程度上还可以保护国内相关产业的发展。其实不然，目前“代购”行业的兴起，让国内更多的消费者选择“海外代购”的方式，导致我国的消费外溢严重，不利于国内市场消费活力的提升。[①]

笔者认为，适度降低海南离岛免税商品在国内市场的关税税率，缩小此类商品免税前后的价格差，可以从根本上减轻“套代购”型走私犯罪发生的压力。此举也有利于避免消费外流，促进国内消费，提升消费活力。此外，关税税率的降低，会增加商品的进口总量，对海关税收收入的总量也没有太大影响。

（四）加强普法宣传教育

现代刑法鼻祖贝卡利亚对走私犯罪有一段较为深刻的阐释：当犯罪行为不直接或者看起来不会损害自身利益时，它就往往不会引起广泛的愤怒与谴责。[②] 就如“套代购”型走私

① 李佳佳:《我国奢侈消费品进口关税政策的调整探索》，上海海关学院 2017 年硕士学位论文。
② 贝卡利亚著:《论犯罪与刑罚》，中国大百科全书出版社 1993 年版。

犯罪是对国家利益的侵害，它对我们个体的生命、经济利益并没有发生直接的危害，而是侵害国家的关境监管制度和关税征收制度。“套代购”型走私方式虽然与传统的走私方式存在一定的差异，但是其本质上还是属侵害国家的关境监管制度和关税征收制度的走私行为，危害了国家的经济主权和社会经济秩序。所以，我们要站在国家的角度看待它，对“套代购”型走私行为构成走私犯罪的，应一律按走私罪相应罪名定罪处罚。在目前的实务处理中，一般都会以走私普通货物、物品罪定罪处罚。

正是由于人们目前对“套代购”型走私犯罪的危害性认识还存在不足，所以，对“套代购”型行为引发的犯罪的法律意识薄弱。对此，在海南自贸港建设的过程中，针对“套代购”型的走私犯罪行为应加大相关法律法规宣传力度，提高民众的法律意识以及增强对法律法规的敬畏。通过此举来减少“套代购”型走私犯罪的发生，维护国家利益。

五、结语

从司法实践的角度来分析我国近几年对走私犯罪活动的打击，“套代购”型走私犯罪活动随着海南离岛免税政策的推行呈现上升的趋势。此类案件中在认定行为人罪与非罪一个重要的标准就是要看其走私的数额有没有达刑法规制的标准；而量刑则要结合案件具体情况，如犯罪事实、危害程度和认罪态度等情节进行综合判断。对于该罪的成立是否以牟利为目的为要件，刑法并无明确规定，且以牟利为目的不是该罪的构成要件。因此，在认定该罪不以主观牟利的目的为入罪标准。偷逃税款的金额对“套代购”型走私犯罪的认定至关重要，它直接关乎罪与非罪的判断。偷逃税款的计算是非常严谨的，在计算的过程中要明确应缴纳税种的范围以及要考虑到应缴税额计算标准存在变动的情况。此外，将“多次走私未经处理”中的“未经处理”理解为走私行为未经刑事处理，能够加大刑法对“套代购”型走私犯罪的打击力度。总之，对“套代购”型走私犯罪的研究不仅有利于打击该类走私犯罪，而且也有利于促进我国海南自贸港的繁荣发展。

基于显示偏好理论的走私普通货物罪精准量刑建议模型

——以Z市2023年法院判决的走私普通货物案为例

张　钰　吴嘉润　黄　苑*

摘　要　数字司法时代的到来促进检察机关量刑建议精准化，然而司法活动受到司法人员的主观影响，不宜通过技术算法进行直接拟合。对Z市中级人民法院2023年1月至12月所作出的走私普通货物罪248例裁判文书进行结构化解析发现，走私普通货物犯罪量刑建议在数字化过程中遇到了困境，表现为涉及行政法，在税额特别巨大的情况下缺乏通行量刑细则。结合显示偏好理论可以将司法人员裁判行为折叠为司法机关量刑活动分析与评估，从而达到量刑建议数字化分析的改进，并在此基础上，构造针对上述罪名的宣告刑和罚金刑算法模型。这一模式尝试性地揭示出司法人员对不同偷逃应缴税额适用相同量刑情节，会由于群体性表现出偏好，而可能会部分地背离和改变适用相应情节的理论效果。

关键词　走私普通货物　数字司法　显示偏好　量刑建议　量刑模型

科技突飞猛进使观念时新、信息易得，便捷的大数据分析和规模化的语言模型使得量刑建议制度进入了全新的数字司法时代。然而，二律背反（antinomies）问题一直是数字司法转型期间不能避开的阵痛，检察人员按照传统进行个案处理时常纠结于量刑，而适用数据算法往往只能机械化处理量刑情节从而导致结果失真。

数字司法应当把参与办案的司法人员视为量刑过程中的参与者，通过分析司法人员对量刑的影响使更为精准的量刑建议成为可能。要达到这一目的，经济学中的量化研究是一种能够分析个案得到量化结论的绝佳方法。对微观量刑行为的量化研究有助于纠正机器算法模拟出的中性结论。因此，经济学中成熟的统计、建模等工具是对定罪量刑过程进行量化分析的不二选择。

---

*　张钰，广东省珠海市人民检察院第三检察部检察官助理；吴嘉润，广东省珠海市人民检察院第三检察部副主任、一级检察官；黄苑，广东省珠海市人民检察院第三检察部一级检察官。

一、走私普通货物罪的量刑数据

1979年《刑法》只规定了一种走私犯罪，包括了走私任何物品的行为。《刑法》施行后，在1997年最高人民法院公布的《关于执行〈中华人民共和国刑法〉确定罪名的规定》将《刑法》第153条规定的走私特定物品以外的货物的犯罪行为确定为走私普通货物、物品罪[①]。2011年施行的《刑法修正案（八）》不再在刑法条文中直接规定税额，而是规定“其他严重情节”和“其他特别严重情节”两种升档处罚的情形。同时，增加一个入罪标准“一年内曾因走私被给予二次行政处罚后又走私的”，因“三次通关”走私犯罪的定罪量刑标准与偷逃应缴税额金额无关，大多数此类案件同走私普通物品案件一样偷逃应缴税额较小，情节轻微，司法人员对此类案件有特殊的处理流程和衡量因素，因此该类情况不在本文研究范围之内。

（一）走私普通货物精准量刑建议的数字化困境

走私普通货物罪天然属性决定了其量刑不易进行数字化处理，究其原因主要有两个方面。一是走私普通货物罪是法定的犯罪，但犯罪行为的特定范围和社会危害性在各个时期并不完全一致。二是走私普通货物罪属于行政法中的罪名。走私行为是按海关法来定义的。走私普通货物罪的很多概念也都是由海关法衍生而来，如禁止（限制）进出境物品等。认定走私普通货物罪偷逃应缴税款极大依赖于海关法、关税条例等行政法律和规章[②]。行政规范注重从正面监管的角度出发，对特定行为提出特定规范要求，该要求由实质条件和形式条件两部分构成，并在具体操作应用中加以规定，行政机关对直接判断实质条件更多地采取看得见摸得着的方式调价，并据此做出监管决策。刑事规范注重从反面对某种行为进行最为苛刻的否定性评价并更加重视得失行为本质上的危害性和严重性。但在办理走私案件实践中，刑事规范规定的实质条件和行政规范规定的形式条件相矛盾的情况时有发生。由此，走私普通货物罪法定犯罪属性及其他因素赋予走私普通货物罪在量刑建议数字化过程中所面临的实践困境。然而，这一两难选择在探索利用数字化方式提高量刑精准度这一研究出发点时，使走私普通货物犯罪作为研究对象显得有其特殊的价值与必要性。

虽然2011年5月实施的《刑法修正案（八）》对《刑法》第153条关于走私普通货物罪的定罪和量刑标准进行了重大修订，并确立了“税额＋情节”的量刑模式，以适应社会经济发展的变化，有助于更好地体现罪责与刑罚相适应的基本原则，但在很多方面仍然沿用原有的思路，其结构化的典型特征还能够进一步细化。首先，走私普通货物罪法定刑跨度极大，传统的阶梯式递进量刑相对机械化，将量刑档次之间的刑期以月份为单位进行线性划分再根据量刑情节适当调整的做法较为常见。其次，偷逃应缴税额作

---

① 李希慧：《走私普通货物、物品罪若干问题之探讨》，载《法商研究（中南政法学院学报）》2001年第4期。

② 路红青：《论走私普通货物、物品罪》，武汉大学2010年博士学位论文，第9页。

为量刑的首要因素，这一结构化数据使得标准化应用数字司法成为可能。为体现个案差异，量刑指导意见往往难以量化，如《关于办理走私刑事案件适用法律若干问题的解释》（法释〔2014〕10号）尽管为量刑尺度提供了一定参照，但应用在司法实践中仍然显得有些宽泛。最后，走私普通货物罪的量刑很容易受到其他因素的影响：一是司法人员的基于经验确定的量刑会因个人意志存在显著差异；二是当前以人工智能为代表的量刑辅助方法难以体现具体罪名的犯罪特性。因此，为所有类型的犯罪设计的通用解决方案，无论是简单的大数据拟合还是司法人员的主观推断，都存在着误判量刑重点的风险。

（二）走私普通货物犯罪实证样本算法处理

第一，通过数据算法结构化解析Z市中级人民法院于2023年1月至12月作出的涉及走私普通货物罪的刑事判决，经前期梳理，去除“三次通关”类型的走私普通货物案，以每个被告人为数据统计单位，样本有248条原始记录。

第二，结构化解析判决书，将文书字符串化并抓取关键案件信息，录入数据库。

第三，筛选案件要素。将从判决书中提取到的案件信息分为基本要素（判决文书号、被告人姓名等）、判决结果（刑期、缓刑适用、罚金等）、量刑要素（偷逃应缴税额、从轻、减轻、加重情节等）。

第四，将文本类型量刑要素标准化。将被告人是否有从犯、累犯、自首、坦白、立功、退赃、认罪认罚等情节的文本数据分别赋值，转化为标准的结构化数据。除认罪认罚的赋值（未适用认罪认罚赋值为0，法院审理阶段认罪认罚赋值为0.5，审查起诉阶段认罪认罚赋值为1），其他量刑情节均以无（赋值为0）和有（赋值为1）的方式进行赋值。

（三）走私普通货物实证样本数据特征

经过对样本的初步分析，248例走私普通货物样本的数据特征有以下四点。

第一，关于绝对值。一是刑期差距大。被告人平均有期徒刑刑期为46—47个月，即3年10个月至3年11个月，最重案件系王某某、张某某等15人走私普通货物案（2022）粤04刑初51号，王某某被判处有期徒刑15年，最轻案件系刘某某走私普通货物案（2023）粤04刑初248号、吴某某走私普通货物案（2023）粤04刑初130号、韦某某走私普通货物案（2023）粤04刑初192号、云某走私普通货物案（2023）粤04刑初37号，以上四案中被告人均被判处拘役2个月，另有四案系单位犯罪案件，其中共5家案涉单位被判单处罚金。二是缓刑适用率较高，占比为49.2%，即将近半数的被告人适用缓刑。三是偷逃应缴税额、罚金标准差大。被告人平均偷逃应缴税额为人民币5098.260万元，最大值是最小值的3.9×10^6倍；平均罚金为人民币193.685万元，最大值为最小值的1×10^5倍。基础变量描述性统计信息，如表1所示。

表 1　基础变量描述性统计信息

变量	平均值	标准值	最大值	最小值
偷逃应缴税额	5098.260	35784.038	385914.380	0.098
刑期	46.486	34.718	180	0
缓刑	33.659	10.118	60	6
罚金	193.685	791.818	10000.0	0.1
从犯	0.601	0.490	1	0
自首	0.153	0.360	1	0
立功	0.065	0.246	1	0
坦白	0.351	0.477	1	0
退赃	0.875	0.331	1	0
累犯	0.028	0.166	1	0
认罪认罚	0.778	0.377	1	0

第二，关于比例。一是被告人构成从犯的比例高于主犯，60% 的被告人被认定为从犯，认定为主犯的比例仅为 40%；二是坦白是最为常见的法定量刑情节，达 35.1%，自首和立功的比例较低，仅有 15.3% 的被告人有自首情节，6.5% 的被告人有立功情节。三是退赃和认罪认罚的认定率极高，退赃达到 87.5%，认罪认罚达到 77.8%

第三，关于数据分布。一是部分要素对整体影响大，样本数据分布不平衡，要素相对集中。其中坦白、从犯和缓刑的数据的偏度都接近0，接近于正态分布[①]。呈高峰度分布态势的数据有偷逃应缴税额、罚金、累犯、立功。二是偷逃应缴税额的四分位数之间差距较大，而刑期四分位数之间差距较小，这说明偷逃应缴税额表示的理论法定刑与刑期代表的宣告刑有一定差距。偷逃应缴税额的中位数为人民币 270.319 万元，后 25% 的偷逃应缴税额在人民币 1205.490 万元以上；刑期中位数为有期徒刑3年，前25% 的刑期低于2年5个月，后 25% 的刑期高于 4 年 2 个月。变量数据偏移程度统计信息，如表 2 所示。

表 2　变量数据偏移程度统计信息

变量	偏度	峰度	25% 分界值	中位数	75% 分界值
偷逃应缴税额	10.203	105.811	126.473	270.319	1205.490
刑期	1.539	2.196	2.417	3.000	4.146
缓刑	–0.017	–2.016	0.000	1.000	1.000
罚金	8.871	98.462	6.000	12.000	44.000
从犯	–0.461	–1.803	0.000	1.000	0.000
自首	1.986	1.962	0.000	0.000	1.000
立功	3.514	10.435	0.000	0.000	0.000
坦白	0.646	–1.595	0.000	1.000	1.000

① 张巍、李超、霍钊:《法统计学》，中国经济出版社 2022 年版。

续表

变量	偏度	峰度	25% 分界值	中位数	75% 分界值
退赃	–2.356	3.579	1.000	1.000	1.000
累犯	5.657	30.247	0.000	0.000	0.500
认罪认罚	–1.316	0.045	0.500	1.000	0.000

第四，关于相关性。一是偷逃应缴税额与退赃显著（指在 10% 的水平下显著，下同）负相关；二是刑期与罚金显著正相关，与缓刑、从犯、自首、认罪认罚、退赃显著负相关，且其中缓刑、罚金、从犯、认罪认罚、退赃在 100% 的水平下还能显示显著的相关性；三是与认定缓刑相关的变量最多，达 6 个变量。缓刑的适用与从犯、自首、认罪认罚从宽、退赃显著正相关，与罚金负相关；四是罚金与从犯显著负相关；五是从犯与退赃显著正相关；六是自首与坦白显著负相关，与退赃显著正相关；七是认罪认罚与退赃显著正相关。变量之间相关性检验结果，如图 1 所示。

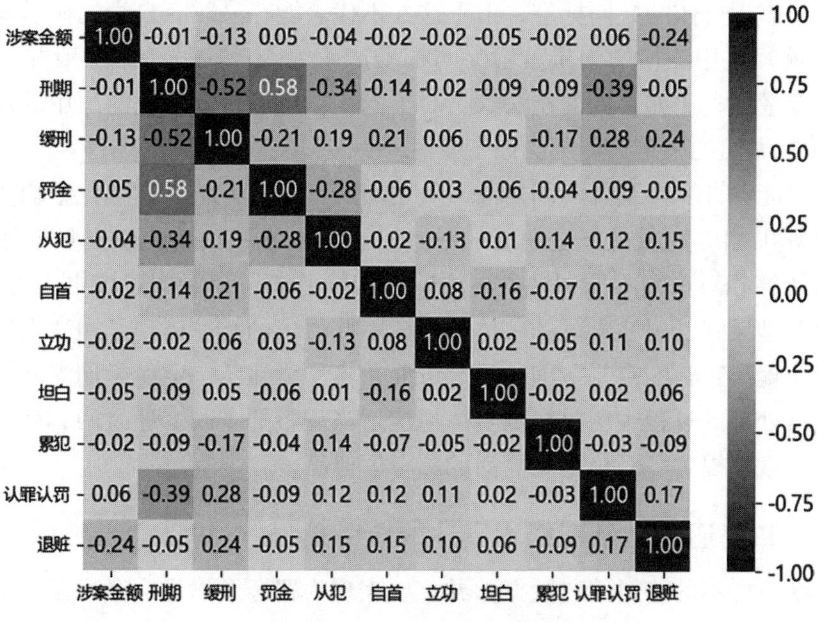

图 1　变量之间相关性检验结果

二、基于显示偏好理论的精准量刑建议数字化解析

适用认罪认罚的过程中包含着国家权力与被告人之间的理性协商[①]。司法人员在这一互动过程作为国家权力的代表和具体执行者，在量刑过程中的倾向是值得研究的重点[②]。

① 吴思远：《反思认罪认罚从宽的路径依赖》，载《华东政法大学学报》2021 年第 4 期。
② 李梁：《认罪认罚从宽作为量刑情节及其具体适用》，载《华东政法大学学报》2023 年第 3 期。

（一）显示偏好理论概述

显示偏好理论是对西方新古典经济学中效用最大化的理性人理论的改进。当价格同在可接受范围内的商品 A 和 B，A 的价格相对较高但消费者选择 A 而非便宜的 B，作出这一选择的原因或条件就被定义为显示偏好[①]。显示偏好理论同样可用于研究非确定性选择或集体性决策。在司法人员确定量刑的过程中，同样可以把量刑情节视为一种商品，将适用情节的幅度视为购买商品的量，那么判决结果就是量刑就是"消费者"追求的社会效用[②]。显示偏好理论为关于司法人员法定量刑自由裁量结果进行数字化建模提供了一条路径。

（二）量刑建议模型构建

选择不同幅度地适用不同量刑情节体现了司法人员的显示偏好，包括但不限于对意识形态、法律的理解、裁判习惯、个人心理、道德观念等个人因素以及刑事政策、讨论会商等集体意志的影响[③]。当司法人员对量刑情节的适用与群体观点有差异时，虽然司法人员会倾向靠近群体的共同标准，但不这并不代表能轻易放弃自身的显示偏好，司法人员因自身偏好适用法律的结果就容易与标准产生差距。这种差距一般并不显著，甚至不足以改变量刑，比如不同的司法人员对于同一作用地位的从犯能适用的减轻幅度是 30% 还是 40% 做出的决定可能不会改变。

机器学习能够计算和统计不同司法人员之间的偏好差异，通过量化影响宣告刑的因素，可以计算出相应量刑情节适用时的参数，影响最终量刑就此建立量刑建议数字模型。该模型能够相对平衡不同司法人员之间的偏好差异，使量刑建议更为可靠、稳定。一方面，该模型反映了司法人员的整体偏好，因此得出的结论体现了司法人员的一般接受度，不至于偏离正常的裁判范围；另一方面，模型能显示一定的量刑浮动空间，给司法人员在个案处理的过程中留出根据具体情况适当调整的空间。通过两方面的调节，量刑模型为司法裁判提供了既稳定又灵活的参考框架。

（三）走私普通货物量刑样本表达的显示偏好

关于 248 条样本的绝对值，数据差异主要表现为罚金及偷逃应缴税额标准差大、宣告刑差异大、缓刑适用率高。产生上述差异的原因在于：第一，走私普通货物罪法定刑最高为 15 年，为了体现针对偷逃应缴税额特别巨大的走私普通货物犯罪的量刑梯度，

---

① SAMUELSON. P.A:《Consumption theory in terms of revealed preference》，载《Economica》1948 年第 15 期。

② SMEULDERS.B, CRAMAA. Y, SPIEKSMA.F.C.R:《Revealed preference theory: An algorithmic outlook》，载《European Journal of Operational Research》2019 年第 3 期。

③ CHEN.D.L:《 Machine learning and the rule of law》，载 LIVERMORE.M.A, ROCKMORE.D. N 主编《Law as data: Computation, text, and the future of legal analysis》，Santa Fe: Santa Fe Institute Press 2019 年版，第 437 页。

量刑情节的适用会有个案差异性；第二，被判决采取缓刑执行方法的被告人均具有从犯或坦白、自首、退赃情节等从轻、减轻情节，此外，在分工更为细致的犯罪链条中的末端参与者有可能获得更低主观恶性的评价。

从 248 条样本相对指标看，数据行为画像显而易见：被告人中有六成为从犯，大多能在到案后认罪认罚（因坦白属于自首、认罪认罚的必要条件，多数判决在认定自首或认罪认罚之后不再单独认定坦白，故此处不单独分析坦白的特点），少部分被告人被认定为自首，绝对大多数被告人愿意通过退赃试图谋求更为轻缓的处罚。产生上述特点的原因可能有以下三点：

第一，走私普通货物犯罪的共同犯罪中从犯认定的比例较高，约占 60%。走私犯罪近年来呈现高度团伙化特征，不同人员专业化分工比较明确，通常可以分成组织准备、指挥联络、运输入境、靠岸卸货、销售运输、款项收付等。其中参与走私犯罪的起意、组织、策划、指挥的“决策者”人数较少，在共同犯罪中层级较高，而按照决策者的意志分工落实的“执行者”人数较多，一般只参与某一环节或只负责某一事项，比如涉海走私中的普通船员、岸边卸货人员、陆上运输人员、通关走私中的“水客[①]”。

第二，走私普通货物案件具有走私类案件的共同特征，侦查机关往往先查清案件主要事实才对嫌疑人实施抓捕，很难留下自首的空间。

第三，因交代尚未掌握的犯罪被认定为自首的被告人认罪态度更好，退赃意愿更为主动。被认定自首的被告人退赃的比例高达 94.7%，高于数据样本的总体退赃率 87.5%。

248 条样本数据的偏移度主要特征及其原因分析如下：

第一，适用率低的量刑情节通常不会在同一个案中出现，例如适用率较低的立功情节和累犯情节，偏度与峰度均十分明显。

第二，参数从轻、减轻处罚的效果越显著，受司法人员自由裁量的影响越大，尤其在偷逃应缴税额特别巨大时格外明显。这也能解释为何刑期呈现低偏态分布的同时偷逃应缴税额显示出较高峰度，也就是说，在偷逃应缴税额存在巨大差异的情况下量刑结果的分布反而相对平缓。这就说明偷逃应缴税额特别巨大的数据样本充分体现了司法人员的显示偏好，使得量刑结果能达到罪责刑相适应的效果。

走私普通货物犯罪模型中各变量的相关性在罚金刑上的突出特征显示出其受多种量刑要素共同影响的内在规律。一是罚金与刑期以及缓刑适用的相关性畸高，分别高达 0.58 和 0.52。尤其是被告人被认定为从犯时，在忽略极端值影响后，罚金与刑期的相关性为 0.73，而与偷逃应缴税额的相关性仅为 0.28；而被告人被认定为主犯时与偷逃应缴税额的相关性高达 0.87。这或许是因为按照团伙犯罪部分行为、全部责任的原则，从犯与主犯的偷逃应缴税额相当，若从犯同样根据较大的偷逃应缴税额确定罚金，无法体现从犯在个案中差异巨大的地位作用。因此对于走私普通货物犯罪的主犯，偷逃应缴税额

① 陈鹿林：《走私犯罪的司法认定问题》，法律出版社 2023 年版，第 165 页。

是认定罚金的基础性变量，而对于从犯，判决或许更多采取的是先根据偷逃应缴税额、地位作用和其他情节确定刑期，再以刑期为基础确定罚金。二是认罪认罚对罚金刑的影响会被退赃情节稀释。退赃情节在数据上与罚金的相关性并不显著，却与认罪认罚的适用直接相关。

综上，模型样本量 248 例，已属于大样本抽样研究，足以体现走私普通货物罪的部分共性特征如下：一是走私普通货物罪的宣告刑期受到从轻、减轻情节的显著影响，与偷逃应缴税额的变化趋势相比更显宽缓；二是罚金的精准量刑建议数字化过程中需重点关注偷逃应缴税额和刑期的影响效果。

三、显示偏好理论下精准量刑建议数字化的范式

本文以 Z 市走私普通货物罪 248 例裁判样本为基础，通过根据相关法律规定假设理论，逐步自初始范式构建走私普通货物罪量刑数值模型。模型定义过程如下：

（一）参数假定原则

第一，模型算法假定司法人员的量刑过程符合显示偏好理论，即反映在任意一个参数上的对每个量刑情节的适用都力求使自己的内心偏好倾向得到最大程度的满足，但个人偏好会被在集体决策作用下逐步趋近于群体选择的特定准则[①]；第二，求参后的结果本质上是全部样本的平均值，适用率越低的情节被极端值影响的可能性越大；第三，参数并不是固定不变的，不同情况下的裁判结果需要考虑不同的参数。

（二）走私普通货物的法定刑公式

走私普通货物罪分为三个量刑档次，其对应的数字化含义如表 3 所示。

表 3　量刑档次对应的数字化含义

法律术语	数字化含义
偷逃应缴税额较大	10 ≤偷逃应缴税额＜ 50
偷逃应缴税额巨大	50 ≤偷逃应缴税额＜ 250
偷逃应缴税额特别巨大	偷逃应缴税额≥ 250

设司法人员按照显示偏好理论做出的量刑建议结果为 J，其中刑期为 X（年），罚金为 F（万元），偷逃应缴税额为 j（万元），可得走私普通货物量刑条件事件树如下：

① ［美］丹尼斯·缪勒：《公共选择理论》，韩旭、杨春学译，中国社会科学出版社 2010 年版，第 741 页。

$$J\begin{cases}X\begin{cases}X_{偷逃应缴税额较大} & 10\leqslant j<50\\X_{偷逃应缴税额巨大} & 50\leqslant j<250\\X_{偷逃应缴税额特别巨大} & j\geqslant 250\end{cases}\\F\end{cases}$$

假定刑期 X 关于偷逃应缴税额 j 的函数为 $X(j)$，罚金 F 关于偷逃应缴税额 j 的函数为 $F(j)$，设二者转化系数为 α 和 β，则刑期关于偷逃应缴税额公式为

$$X(j)=\begin{cases}\alpha_1 j+c & 10\leqslant j<50\\\alpha_2 j+c & 50\leqslant j<250\\\alpha_1 3+c & j\geqslant 250\end{cases}\tag{1}$$

式中：c 为基础刑期。

（三）拓展常见量刑情节参数

根据走私普通货物犯罪被告人的普遍特征，《关于常见犯罪的量刑指导意见（试行）》常见量刑情节中的年龄、积极赔偿、特殊人群、精神异常人员、身体残疾人员一般不属于量刑考量的范畴。为了避免模型参数过多，暂不考虑上述量刑情节，定义其他常见量刑情节如下：未遂为 γ；中止为 δ；从犯为 ε；胁从犯为 ζ；教唆犯为 η；自首为 θ；坦白为 ι；立功为 κ；退赃退赔为 λ；在羁押期间表现好为 μ；认罪认罚从宽为 υ；灾害及群体性事件期间为 ξ。将上述变量代入式（1），得到走私普通货物犯罪人身自由刑量刑建议假设模型，公式为：

$$X(j)=\begin{cases}(1+\lambda+\delta+\varepsilon+\zeta+\eta+\theta+\iota+\kappa+\lambda+\mu+\upsilon+\xi)\alpha_1 j+c & 10\leqslant j<50\\(1+\lambda+\delta+\varepsilon+\zeta+\eta+\theta+\iota+\kappa+\lambda+\mu+\upsilon+\xi)\alpha_2 j+c & 50\leqslant j<250\\(1+\lambda+\delta+\varepsilon+\zeta+\eta+\theta+\iota+\kappa+\lambda+\mu+\upsilon+\xi)\alpha_3 j+c & j\geqslant 250\end{cases}\tag{2}$$

如前所述，罚金模型并不是仅与单一变量相关的简单模型，而是在被认定为从犯时与刑期直接相关、被认定为主犯时与偷逃应缴税额直接相关的模型。

罚金的公式为：

$$F(j)=\begin{cases}\beta_1 X(j)+c' & \eta=1\\\beta_2 X(j)+c' & \eta=2\end{cases}\tag{3}$$

式中：c' 为基础罚金。

四、精准量刑建议模型的数字化实现

（一）分类、简化量刑建议模型公式

为代入 248 例走私普通货物犯罪裁判样本数据对假设算法模型求参，需根据样本情况结合走私普通货物犯罪特点将公式进行分类、化简。

首先，依据量刑档次将 248 条案件样本按照偷逃应缴税额分为三类。

其次，去除适用率极低的量刑情节。在走私普通货物犯罪中，未遂、中止、胁从犯、教唆犯、在羁押期间表现好、灾害及群体性事件期间发生概率极低，在248例案件样本中均无适用，所以暂不予以求参。

由此，式（3）可简化为

$$X(j)=\begin{cases}(1+\varepsilon+\theta+\iota+\kappa+\lambda+\upsilon)\alpha_1 j+c & 10\leqslant j<50\\(1+\varepsilon+\theta+\iota+\kappa+\lambda+\upsilon)\alpha_2 j+c & 50\leqslant j<250\\(1+\varepsilon+\theta+\iota+\kappa+\lambda+\upsilon)\alpha_3 j+c & j\geqslant 250\end{cases}\tag{4}$$

248条裁判结果样本中适用累犯情节的仅有7例，容易对整体数据产生极端影响，故对此单独进行折算。具体如表4所示。

表4　含有累犯情节样本

一审判决书文号	刑期 / 年
（2023）粤04刑初19号	3.2
（2023）粤04刑初32号	1.6
（2023）粤04刑初235号	1.2
（2023）粤04刑初109号	3.8
（2023）粤04刑初106号	2.1
（2023）粤0402刑初740号	3.3
（2022）粤04刑初103号	2.3

再次，假定司法人员在适用量刑情节时存在符合显示偏好的群体性倾向选择，并将自首 θ、坦白为 ι、立功 κ、退赃退赔 λ、认罪认罚从宽 υ 这5类从轻情节的最大适用值作为基准，即30%、20%、20%、20%和30%①。将代入式（4）可得

$$X(j)=\begin{cases}(1+\varepsilon+0.3q_\theta+0.2q_\iota+0.2q_\kappa+0.2q_\lambda+0.3q_\upsilon)\alpha_1 j+c & 10\leqslant j<50\\(1+\varepsilon+0.3q_\theta+0.2q_\iota+0.2q_\kappa+0.2q_\lambda+0.3q_\upsilon)\alpha_2 j+c & 50\leqslant j<250\\(1+\varepsilon+0.3q_\theta+0.2q_\iota+0.2q_\kappa+0.2q_\lambda+0.3q_\upsilon)\alpha_3 j+c & j\geqslant 250\end{cases}\tag{5}$$

最后，无任何其他量刑情节的“完美案例”可用于设定检验的基本算法，248条裁判结果样本中符合条件的为6例，其涉及变量仅有偷逃应缴税额、刑期、罚金，具体情况如表5所示。

---

① 谢铖涛、吕静、王恩海：《斡旋受贿精准量刑建议数字化的显示偏好理论面相——基于293例斡旋受贿犯罪裁判文书的数字化剖析及模型构建》，载《北京航空航天大学学报（社会科学版）》2024第2期。

表 5 “完美案例”案情简况

一审判决书文号	偷逃应缴税额 / 万元	量刑 / 年	罚金 / 万元
（2022）粤 04 刑初 42 号	1549.678	10.5	1350.0
（2023）粤 04 刑初 115 号	57826.745	15.0	2784.0
（2023）粤 04 刑初 5 号	626.046	10.3	320.0
（2021）粤 04 刑初 158 号	226.884	7.0	87.0
（2022）粤 04 刑初 235 号	104.967	3.2	35.0
（2022）粤 04 刑初 235 号	105.961	3.7	80.0

（二）多元线性回归

为了求取从犯 ε、群体性倾向选择的参数值，3 类情形下需剔除不同的部分变量以避免对分析结果产生干扰或混淆从而符合算法模型假设，再就刑期、偷逃应缴税额、群体性倾向选择分组求参，多元回归求参后通过计算自首 θ、坦白为 ι、立功 κ、退赃退赔 λ 和认罪认罚从宽 υ 等变量与偷逃应缴税额的系数比值，即可得出各量刑情节的平均从轻比值，也即群体性倾向选择。

经计算可得，$\begin{cases}\alpha_1 = 4.92 \times 10^{-2} \\ \alpha_2 = 2.16 \times 10^{-2} \\ \alpha_3 = 0.26 \times 10^{-2}\end{cases}$，则有求参回归结果，如表 6 至表 8 所示。表中因变量为“刑期”，表示各量刑情节对应的刑期结果。表 7 和表 8 相同。

表 6　偷逃应缴税额较大且 p<0.01 时的求参回归结果

变量	系数	标准误差	t 值	p>t	置信区间下限	置信区间上限
偷逃应缴税额	0.0492	0.008	6.544	0.000	0.033	0.065
从犯	−0.0110	0.004	−2.586	0.023	−0.020	−0.002
坦白	−0.0011	0.005	−0.198	0.846	−0.013	0.011
立功	−0.0024	0.009	−0.254	0.804	−0.023	0.018
认罪认罚	−0.0154	0.006	−2.493	0.027	−0.029	−0.002
常数项目	0.0695	0.173	0.402	0.694	−0.304	0.443

注：剔除“退赃”和“自首”两个变量。

表 7　偷逃应缴税额巨大且 p<0.01 时的求参回归结果

变量	系数	标准误差	t 值	p>t	置信区间下限	置信区间上限
偷逃应缴税额	0.0216	0.002	9.239	0.000	0.017	0.026
退赃	−0.0036	0.002	−1.892	0.062	−0.007	0.000
从犯	−0.0103	0.001	−9.831	0.000	−0.012	−0.008
自首	−0.0033	0.001	−2.648	0.010	−0.006	−0.001
立功	−0.0032	0.003	−1.093	0.278	−0.009	0.003
常数项目	1.2103	0.223	5.422	0.000	0.766	1.655

注：剔除“坦白”和“认罪认罚”两个变量。

表 8　偷逃应缴税额特别巨大且 $p<0.01$ 时的求参回归结果

变量	系数	标准误差	t 值	$p>t$	置信区间下限	置信区间上限
偷逃应缴税额	0.0026	0.000	6.548	0.000	0.002	0.003
退赃	−0.0005	0.000	−1.185	0.238	−0.001	0.000
从犯	−0.0016	0.000	−8.848	0.000	−0.002	−0.001
坦白	−0.0003	0.000	−0.927	0.356	−0.001	0.000
立功	−0.0003	0.000	−1.619	0.108	−0.001	0.000
认罪认罚	−0.0008	0.000	−3.289	0.001	−0.001	−0.000
常数项目	4.5467	0.262	17.338	0.000	4.027	5.066

注：剔除“自首”变量。

综上所述，将求参结果代入式（5）可得式（6）。

$$X(j)=\begin{cases}4.92\times10^{-2}(1+\varepsilon+0.3q_\theta+0.2q_\iota+0.2q_\kappa+0.2q_\lambda+0.3q_\upsilon)j+0.0695 & 10\leqslant j<50\\ 2.16\times10^{-2}(1+\varepsilon+0.3q_\theta+0.2q_\iota+0.2q_\kappa+0.2q_\lambda+0.3q_\upsilon)j+1.2103 & 50\leqslant j<250\\ 0.26\times10^{-2}(1+\varepsilon+0.3q_\theta+0.2q_\iota+0.2q_\kappa+0.2q_\lambda+0.3q_\upsilon)j+4.5467 & j\geqslant 250\end{cases}\tag{6}$$

式中，$10\leqslant j<50$ 的，$\varepsilon=0.224$，q_Θ 无对应实例，$q_\iota=0.112$，$q_\kappa=0.244$，q_λ 无对应实例，$q_\upsilon=1.043$；$50\leqslant j<250$ 的，$\varepsilon=0.477$，$q_\Theta=0.509$，q_ι 无对应实例，$q_\kappa=0.741$，$q_\lambda=0.556$，q_υ 无对应实例；$j\geqslant 250$ 的，$\varepsilon=0.515$，q_Θ 无对应实例，$q_\iota=0.577$，$q_\kappa=0.577$，$q_\lambda=0.641$，$q_\upsilon=1.026$。

上述参数的实际含义可解读为：第一，偷逃应缴税额较大的，基础刑期接近于 0，坦白、立功情节的对量刑结果产生作用均小于基准值。第二，偷逃应缴税额巨大的，基础刑期约为 1.2 年，立功情节从轻作用基本与法律规定相当，在 74.1% 左右，自首情节的从轻作用小于基准，仅 50.9%。第三，偷逃应缴税额特别巨大的，基础刑期约为 4.5 年，坦白情节、立功情节的对基准刑的从轻作用均为 57.7% 左右，略低于基准。第四，从犯对基准刑的从轻幅度影响会随偷逃应缴税额的增加而成倍放大，税额较大时为 24.4%，税额巨大时为 47.7%，税额特别巨大时为 61.5%，尽管不同案例中从犯的地位作用差异巨大难以总体评价，但也反应了在税额特别巨大时即基准刑较高时，司法人员可能有给予从犯更轻缓的量刑的群体性倾向。第五，退赃情节对量刑结果从轻幅度影响远小于基准值，税额巨大时为 16.7%，税额较大时为 17.2%，可能的原因是随着偷逃应缴税额的增加，犯罪嫌疑人全额退赃的难度也随之增加，许多犯罪嫌疑人的非法牟利远小于认定的偷逃应缴税额，随着退赃金额占全部偷逃应缴税额比例的减小，司法人员也不得不降低认定的退赃情节从轻幅度。此外，认罪认罚从宽影响力与法定值基本相当，税额较大时为 31.3%，税额特别巨大时为 30.8%。

由式（2）可清楚显示，罚金刑在被认定为从犯时与刑期直接相关、被认定为主犯时与偷逃应缴税额直接相关的模型，分类回归可计算得到：

$$F(j)=\begin{cases}4.33X(j)-3.81 & \eta=1\\ 0.37j+22.19 & \eta=0\end{cases}$$

将其代入式（2）可得

$$F(j)=\begin{cases}4.33X(j)-3.81 & \eta=1\\ 0.37j+22.19 & \eta=0\end{cases} \tag{7}$$

综上所述，由式（6）和式（7）可得走私普通货物罪参考量刑模型：

第一，当偷逃应缴税额大于等于10万元小于50万元时，基础刑期均值不足1个月，每10万元偷逃应缴税额会使刑期平均增加0.492年，从犯能使量刑平均减少22.4%，坦白适用均值为基准值（30%）的11.2%，立功适用均值为基准值（20%）的24.4%，认罪认罚从宽适用均值为基准值（30%）的104.3%。

第二，当偷逃应缴税额大于等于50万元小于250万元时，基础刑期均值为1年3个月，每10万元偷逃应缴税额会使刑期平均增加0.216年，从犯能使量刑平均减少47.7%，自首适用均值为基准值（30%）的50.9%，立功适用均值为基准值（20%）的74.1%。

第三，当偷逃应缴税额大于等于250万元时，基础基准刑刑期均值为4年7个月，每10万元偷逃应缴税额会使刑期平均增加0.026年，从犯能使量刑平均减少61.5%，坦白适用均值为基准值（20%）的57.7%，立功适用均值为基准值（20%）的57.7%，认罪认罚从宽适用均值为基准值（30%）的102.6%,。

第四，对于偷逃应缴税额50万元以上的样本，退赃成为最为重要的从轻量刑情节。偷逃应缴税额大于等于50万元小于250万元时退赃情节能使基准刑平均从轻16.7%，偷逃应缴税额在250万元及以上的退赃情节能使基准刑平均从轻19.2%。

就罚金刑而言，罚金刑的算法模型结果显示：认定为主犯时，基础罚金为221877.8元，每1万元偷逃应缴税额会平均增加罚金3749.7元；认定为从犯时，每增加1年刑期，会平均增加罚金43344.5元，基础罚金为–38078.1元。

对248条裁判结果的实际刑期与量刑建议模型计算的预测刑期进行残差计算，尽管中部分样本与模型预测结果有所偏离，但总体上，模型的算法假设符合实证数据样本的真实情况，具体残差散点图，如图2至图4所示。

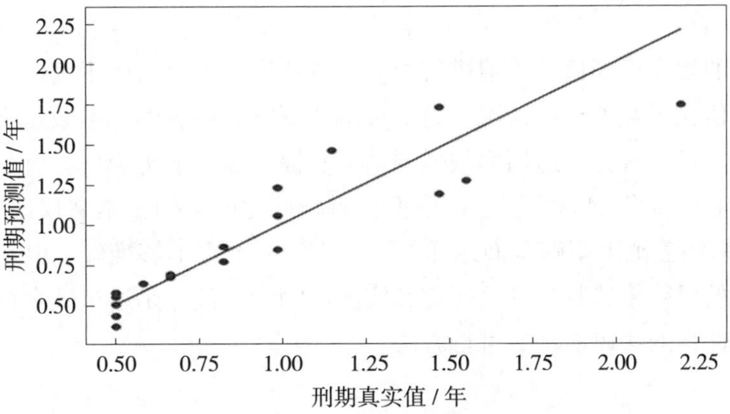

图2　偷逃应缴税额较大的残差散点图

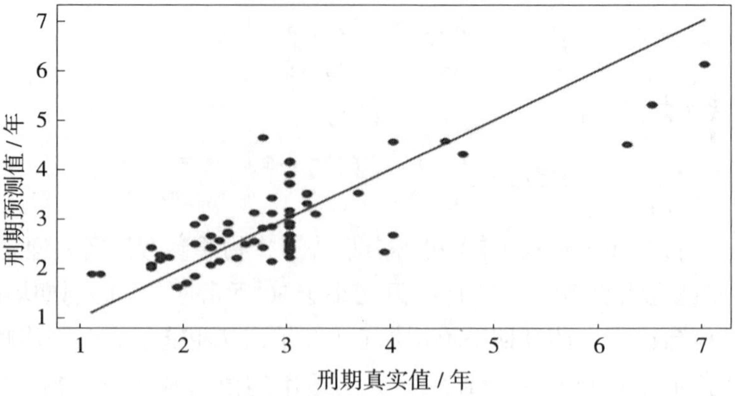

图 3　偷逃应缴税额巨大的残差散点图

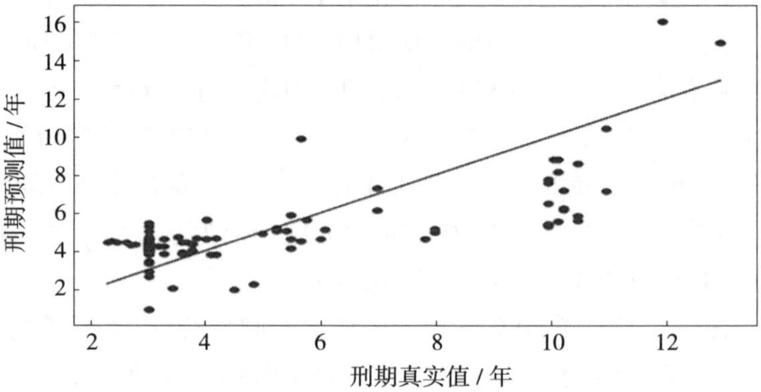

图 4　偷逃应缴税额特别巨大的残差散点图

五、结论

走私普通货物犯罪的量刑建议数字模型构建能够为检察机关提供参考，并助力于审判机关与检察机关达成共识，从而实现量刑建议精准化，减少量刑的不确定性。本文通过多元回归计算量刑情节的相应参数，得出群体倾向性选择 q 将 248 例裁判文书样本中量刑的轻重倾向以数字化的方式显示出来，最终形成走私普通货物犯罪量刑建议的量化结论。

本文选用的常见量刑情节均值进行求参的方法同样可以适用于其他罪名的研究。需要注意的是均值在未经加权的情况下易被极端值影响，极少的样本数量会导致数据的普遍解释力降低，对于累犯等适用率较低的情节需提前控制干扰变量。

此外，走私普通货物罪量刑建议模型仍有精确化的空间，本文仅选取 Z 市 2023 年 248 条裁判结果涵盖范围不够全面，样本不够广泛，数据不够准确。但是对既往判例进行大数据建模的思路依然具有理论研究和实践应用的价值，是通过数字技术定量分析数据庞杂、随机性强的法律活动的可行方法。

走私犯罪刑事侦查监督与协作配合机制的路径完善
——以F市检察机关“一核心四环节”办理新模式为例

蔡德恒*

摘　要　F市既沿海又沿边，与越南山水相连，特殊的地理位置条件下绕关走私与通关走私呈高发态势。在多年的反走私斗争中，F市检察机关在坚持办好案、善办案的同时，主动将司法办案中的好经验、好做法进行系统梳理、总结提炼，逐渐探索出了一条以走私案件质量为核心，围绕引导侦查、批捕、起诉、预防四个环节创新的“一核心四环节”走私刑事案件办理新模式，在检警关系互动、提升办案质效、保护边境地区经济社会方面取得了良好效果。同时，针对现阶段走私犯罪刑事侦查监督与协作配合机制反映出的一些案件高发、打击力度不足、办案难度增大等问题，结合“捕诉一体”的检察办案模式，从加大案件惩治力度、加强部门协同联动等方面对走私犯罪刑事案件侦查监督与协作配合机制的进一步完善提出建议。

关键词　走私犯罪　侦查监督　协作配合　机制完善

一、检察机关办理走私案件概述

近年来，F市检察机关办理的各类走私案件总量超过全广西全省二分之一，如2019年全市检察机关办理的走私案件起诉数占全市总起诉数的16.3%，走私犯罪案件数占全自治区的54.7%。近三年，F市海警部门移送检察机关的案件量在全国海警部门中排第一，海关缉私部门移送检察机关的案件量也在全国排前列，在自治区排在第一位。据统计，F市检察机关2021年受理走私审查逮捕案件55件115人、起诉114件308人，2022年受理审查逮捕45件182人、起诉78件257人，2023年受理审查逮捕178件408人、起诉189件579人。

F市检察机关办理的走私案件主要有以下特点：

---

*　蔡德恒，广西壮族自治区防城港市人民检察院二级检察官助理。

一是案件量居高不下，大要案较多。总体来说案件量较大，而且不少案件是最高检、公安部、海关总署、中国海警局挂牌督办的大要案，具有案值高、涉及面广、涉及人员众多、社会影响重大等特点。

二是以“绕关式”走私为主，通关案件较少。近三年来，受理的全市走私案件中，绕关走私案件828件1558人，件数和人数分别占走私案件94.05%、94.65%；而通关走私的案件仅有52件88人，件数和人数分别占走私案件的5.91%和5.35%。

三是海上走私呈增长趋势。随着我国在中越边境设置边境阻拦设施以及高清监控视频后，走私人员从陆路走私越来越困难，从而转移运输路线至海上。由于海洋辽阔，调查取证相比于陆地走私的案件办理难度更大。① 海上走私案件又呈现单人单船作案，涉案物品少，价值低，幕后老板无法到案的特点。

四是走私对象多样化。虽然涉嫌罪名相对集中，主要集中在走私国家禁止进出口的货物、物品罪，走私珍贵动物、珍贵动物制品罪及走私普通货物、物品罪，但是走私对象多样，主要有食蟹猴、象牙制品、穿山甲鳞片、海马干、巨蜥、鳄鱼、龟类、犀牛角等珍贵动物及制品，冻鸡爪、牛肉、猪肉等冻品，香烟、海鲜、洋酒、大米、白酒等普通货物。

五是新型案件逐渐增多，手段日益隐蔽。近年来，逐渐出现利用物流快递邮寄或边民互市政策走私货物的案件，有些案件在理论和实际司法中具有很大的争议，增加了检察机关办案难度。涉走私香烟案件中，随着物流快递行业的高速发展，一些犯罪分子开始利用网络兜售走私香烟或者假冒伪劣香烟，然后通过物流快递完成发货，还有通过客运班车、油罐车设置暗格等手段对涉案香烟进行隐藏运输。

六是犯罪主体多为当地低文化的边民。从三年审结的审查逮捕和审查起诉案件来看，初中及以下文凭的占比85.79%，初中以上文凭的占比14.21%。重犯的人员中主要也集中在文化程度低的边民，并且主要是从事走私运输。

七是团伙协作作案特征明显，幕后老板难以打击。随着打击力度加强，犯罪团伙手段逐步升级，由之前一个团伙全程负责运输，变为分段分团伙、多次换车、驳货和运输相分离、家族分工协作等方式，犯罪手段越发隐蔽，打击难度增大。② 走私老板人货分离，取证难度大，随着打击非法经营活动的不断深入，犯罪分子从单打独斗逐渐演变为有组织的团伙协作作案，各环节分工明确，经营活动网络化，犯罪手段不断更新、更加隐蔽，侦查取证困难。现场抓获的往往是无证运输的司机或者是将住所或者仓库租赁给非犯罪分子的边民或者居民，难以抓获真正的幕后老板。再加上非法经营罪属较轻型犯罪，量刑相对较轻，缓刑适用比例较高，被打击处理后再犯的概率较大。

---

① 胡世娟:《中越边境犯罪规定的比较研究》，载《法制与经济》2016年第8期。

② 杨红文、丘新颖:《广西壮族自治区边境地区走私犯罪的特点、原因与对策》，载《黑龙江民族丛刊》2016年第3期。

二、走私犯罪刑事侦查监督与协作配合机制的“F 市实践”

面对打击走私犯罪的严峻形势，F 市检察机关认真贯彻“打防结合、综合治理、突出重点、坚持不懈”的打击走私犯罪工作方针，积极研究和探索具有地方特色的走私犯罪综合治理“一核心四环节”走私犯罪侦查监督与协作配合机制，并取得初步成效。

（一）紧扣“案件质量”核心，探索走私案件办理新模式

F 市与越南临海临江临陆，边境线狭长，部分走私案件与边民互市贸易相互交织，办案时常会涉及案件定性、关税计核、生物鉴定、政策适用等疑难复杂问题。[①] 全市检察机关紧扣“案件质量”这一核心要素，不断探索走私案件办理新模式。

1. 设立检警联络员。走私案件的侦查主体有缉私、海警、边境管理、森林公安等多个单位、部门，指定检察官担任专门联络员有利于加强案件存在问题沟通、指导交流，进行案件预判和调控。对于重大、疑难、复杂的走私案件，两级检察机关刑检部门做到提前介入，通过与办案人员沟通、参与案件讨论、实地走访、提前阅卷等方式，就案件事实和证据进行沟通，员额检察官在基本掌握案件证据的基础上，提出有针对性的取证意见，统一证据标准和取证要求。

2. 严格不捕、不诉案件讨论汇报程序。拟作不捕、不诉处理的案件，一律由分管副检察长主持检察官联席会议听取主办检察官汇报并进行讨论，案件相关法律文书需经分管副检察长审批，严把案件实体、程序关，化解潜在诉讼风险。利用捕诉一体的优势，随时督促侦查机关补充、完善证据，防止案件带病进入审查起诉环节，为审查起诉阶段减少退回补充侦查打下良好基础。

3. 退查补证全程引导。以遵循必要性、可行性、说理性、配合性、有效性为原则，规范制作补充侦查意见书，检察官实时跟踪、了解补证情况，并根据案件侦查进程、证据变化提出更全面的引导意见。对于侦查机关的批延请求，亦改变以往有求必应的做法，仅针对案情重大复杂，延押与否对案件罪与非罪有较大影响的案件才予以批延。

4. 有效运用认罪认罚从宽制度。主动牵头组织海关、海警召开认罪认罚协商会，共同谋划、会商，签署走私犯罪案件认罪认罚会商机制，牵头起草《F 市刑事案件认罪认罚从宽制度工作实施细则》，对侦查、起诉、审判各阶段的工作流程及具体要求进行明确，以“同心合作法律工作站”为平台，加强案件释法说理，使走私分子认罪服法，减少司法资源浪费的同时降低复犯率。

5. 设计 F 市特色的走私案件统计分析系统模块。通过构建数字检察模型，动态掌握、快速分析走私案件办理趋势、现状、高发地区，为研判打击走私措施提供检察数据支撑。同时，利用数据分析统一裁判尺度。近年来办理的走私案件中无捕后不诉、撤回

① 周珊:《我国海上走私毒品犯罪的形势特点及侦防对策》，载《湖南警察学院学报》2018 年第 5 期。

起诉、无罪判决案件。

（二）创新引导侦查机制，加强检警协同联动形成打击合力

1. 构建审查一体化工作机制。以“侦查监督与协作配合办公室”、联席会议制度为载体，打造检警信息联动体系。推行相对固定的专业办案组模式，不断破解证据收集、事实认定、法律认定等司法难题。同时通过与侦查机关共同出台《提前介入经济金融犯罪案件侦查工作规定》等一批机制及实施意见，强化刑事司法衔接，推动案件的高效处理。

2. 以类案引导规范侦查行为。组织编写《常见刑事犯罪侦查取证工作指引》丛书，制作类案证据清单及表格式审查报告，针对走私案件中出现的一些新模式、新手段、新方式，总结提炼证据共性，以“照单抓药”的方式实现从个案的引导取证到类案全面引导取证的转化。

3. 探索侦查人员到检察机关轮训制度。以一对一的模式由检察官带领轮训民警参与案件办理各个环节，帮助民警转换办案角色、证据思维以及工作侧重点，提高轮训民警从检察机关审查案件的角度去收集固定证据的能力。此外，指派检察官到侦查机关进行侦查取证方面的授课和开展交流座谈会，组织走私案件研讨沙龙活动，同时通过邀请侦查人员、鉴定人员观摩庭审、列席检委会等方式，增强侦查机关证据意识，增强对庭审证据裁判规则的理解，助力提升侦查质量。

（三）严把案件审查逮捕，发挥检察监督及走私衍生犯罪打击职能

1. 形成常态化的“大二长”“小二长”联席会商制度。重大案件审查逮捕工作由检察机关刑检部门负责人与侦查机关负责人直接对接，疑难复杂案件则根据需要启动检警分管院（局）领导协调会商。如办理的陆某等人走私珍贵动物、介绍贿赂案，案件批准逮捕后检察官主动跟进参与分析电子数据、银行流水、天网照片等证据，及时补充调整引导取证，从而精准地认定走私犀鸟的数量，实现了对该犀鸟走私犯罪团伙的“全链条”打击。

2. 强化侦查监督。三年来，针对走私案件办理中发现的相关问题，F市检察机关向有关部门发出检察建议2份、纠正违法通知书12份，均得到有效回应。监督立案36件，监督撤案10件，纠正漏捕、漏诉33人，均得到有罪判决。如在办理沈某某涉嫌走私珍贵动物审查逮捕案中，检察机关建议侦查机关追捕的涉嫌走私珍贵动物罪的方某某，侦查机关将方某某抓捕后，被批准逮捕。该案经审查起诉后，方某某被F市中级人民法院判处有期徒刑十年，并处罚金人民币二十万元。

3. 建立衍生犯罪并侦机制。在坚决打击走私刑事犯罪的同时，推动侦查机关将衍生犯罪一并纳入侦查内容，与银行、法院、海关缉私等部门联合会签《关于联合预防和打击洗钱违法犯罪活动的实施意见（试行）》。在自洗钱行为入罪后，办理了广西检察机关首个上游走私犯罪衍生的洗钱罪案件。

（四）规范证据标准，打造大控方格局

1. 规范刑事案件法律适用。与法院联合出台《关于疫情防控期间从严打击走私犯罪、偷越国（边）境管理犯罪的指导意见》，为打击走私等涉边犯罪提供准确的定罪量刑参考。出台《F市检察机关办理国家重点开发开放试验区刑事案件指导意见》，指导全市检察机关在办理走私等涉边刑事案件时正确适用法律政策。

2. 打造诉讼沟通新模式。经常性地与侦查机关、法院就案件定罪量刑、社区矫正意见、释法说理等进行沟通、协调，构建量刑“数据库”，统一裁判尺度。同时，充分贯彻落实“证据裁判原则”，不因犯罪嫌疑人认罪认罚而降低证据要求和证明标准。通过全面完整收集证据，为客观精准量刑打好基础。精选典型案件组织两级院刑检干警参加观摩庭集中评议、邀请市法院资深法官就量刑建议等实务难点授课解疑以及通过召开检察官联席会议、精简制作表格式审查报告、推行相对固定的专业办案组办案模式等方式方法，引导检察官把握量刑尺度和裁判规律，提高检察官精准量刑的核心能力和提高法院对认罪认罚案件的采纳率。

3. 以典型案例、跨国合作“反哺”司法实践。近三年来共起诉最高检、公安部、海关总署缉私局等单位督办的重大疑难复杂案件22件，并将部分起诉典型案例编撰至《F经济金融犯罪白皮书》。其中，办理的最高检、最高法、海关总署联合督办的特大跨国案件马某某等人走私珍贵动物制品案，该案走私对象涉及非洲转至亚洲的新加坡、越南等地，通过检察机关规范侦查机关境外合法取证，及时提取境外电子证据、银行流水账、视听证据，从而丰富证据证实走私老板犯罪事实，为办理境外调查取证工作的走私案件提供了参考，有效解决了追究境外走私老板犯罪的证据缺乏问题。同时，与侦查机关携手共同探索建立健全与邻国越南边境地区金融监管、海关等部门的双边会晤协作机制，以刑事案件诉讼交流活动为契机，扩大开展跨国境经济金融监管工作信息交流、情报互换、协助调查等工作。

（五）强化源头预防机制，促进法治教育深入人心

1. 延伸检察职能。从办理走私案件的某个案件或某类案件出发，查找案件背后的社会管理问题，帮助相关行政单位完善规章制度，发挥预防犯罪功效。积极适应形势发展和改革要求，敢于开拓创新，成立全区首家边海经济金融犯罪研究中心，承担开展F市边海经济金融犯罪研究、宣传、提供司法对策等工作职责。加强司法机关、组织部门及纪检监察的信息沟通，完善监管举报机制，把打击“保护伞”与侦办走私案件、提升乡村综合治理结合起来。

2. 首创社会矫正数据共享平台。坚持惩罚与教育相结合，促进做好在押走私人员感化教育工作和走私罪犯的社区矫正工作。通过对在押走私人员释法说理，使在押走私人员真正认罪、悔罪、畏罪。与司法行政部门建立被判处管制、缓刑、假释、监外执行而进行社区矫正的走私罪犯人员信息数据共享平台，与社区矫正机构进行有效衔接走私罪犯的社区矫正工作。经统计，2019年至今被判处缓刑而监外执行的走私罪犯再犯率为

零。近三年来，绝大部分走私犯罪人员为初犯、偶犯，受过刑罚（有前科）的约 20 人。

3. 创新走私犯罪警示教育新平台。F 市检察机关始终按照“谁执法、谁普法”的要求，积极开展法治宣传教育活动，做好以案释法工作。依托线上平台，做好案件发布工作，积极宣讲相关法律法规。如通过检察院“两网两微”（官方门户网站、案件信息公开网、官方新浪微博、官方微信）、“四位一体”检务宣传平台以及抖音平台等，深挖宣传线索，力争扩大宣传面，提高宣传效果。其中撰写的方某某等人走私食蟹猴案宣传稿被《检察日报》刊登，同时被最高人民检察院多平台转发。加强线下宣传，切实提高群众反走私意识。以“法律六进”为契机，到沿海沿边沿山等走私多发地区开展反走私法治宣传教育活动，采取多点宣传、发放宣传资料、上法治课、开座谈会、新闻媒体宣传等形式积极开展反走私法治宣传活动，以案释法，解答法律咨询，提高人民群众反走私意识。创新宣传手段，提升宣传的社会群众可接受性。与海关缉私部门联手拍摄反走私微电影，以创新作为法治宣传教育发展的引擎，不断提高检察法治宣传教育的针对性和实效性，形成具有民族、沿边特点的 F 市检察机关法治宣传教育品牌。

三、走私犯罪刑事侦查监督与协作配合机制面临的现实困境

虽然 F 市检察机关在走私犯罪刑事侦查监督协作配合机制方面探索出了具有特色的经验做法，但由于 F 市地理位置特殊、侦查机关证据收集不规范等原因，目前在实践当中依然存在一些困难，这也在一定程度上削弱了法律监督、协作配合的效果。

（一）地理位置特殊，走私犯罪源头难以斩断

F 市位于边境地区，边境线长，与越南临海临江临陆，独特的地缘环境客观上为走私行为提供了便利，侦查打击难度更大。在国内市场需求以及走私巨额的利润诱惑下，边境地区走私违法犯罪活动居高不下。走私案件主谋通常雇请他人进行走私，其隐匿于背后网络遥控指挥，即便有某一环节受雇请人员落网，也无法指控幕后老板。案发后，犯罪嫌疑人往往偷渡逃匿至越南，受跨国侦查、追捕等因素限制，犯罪嫌疑人常常难以归案。另外，边境地区经济、文化教育较为落后，执法司法基础薄弱一定程度上也影响到案件防控打击效果。

（二）传统案件作案手段不断变化，致使办案难度加大

随着经济社会和科学技术的不断发展，走私传统案件也出现了一些新模式、新手段、新方式，个别案件中在证据模式认定甚至在罪与非罪之间存在一些争议，办案难度加大，对于证据收集、把握及法律适用能力提出更高的要求。如海上走私案件，犯罪嫌疑人往往采取单人单船运输少量冻品来逃避打击，因为单船单案，犯罪嫌疑人又采取单线联系，侦查机关查获后，很难将相关涉案船舶进行串联，难以打击幕后老板。另在伪报边民互市贸易性质走私案件中，国内货主一般通过越南代理与国内清关团伙对接，再由国内清关团伙雇请边民具体实施清关走私行为，案发后往往难以将案件串并，打击效

果不佳。[1]

（三）行政执法与刑事司法衔接不畅

经调阅辖区内各县市区行政部门案件台账资料，发现部分走私香烟、冻品案件未及时移送司法机关，“以罚代刑”的现象突出。部分行政执法人员执法理念落后，很少主动调查了解案件的行政处罚情况，移送涉嫌犯罪案件的主动意识不强，与侦查机关缺乏有效衔接机制，导致部分案件线索灭失。如部分查获到“人货分离”的运输香烟案件，未能及时调取相关监控，进而及时锁定犯罪嫌疑人，导致证据灭失，无法侦破案件。部分行政执法部门与刑事司法部门亦缺乏有效的合作机制，导致检察机关对侦查活动的监督不及时、不全面，陷于被动局面。[2]

（四）侦查机关证据收集活动需要进一步规范

受理的走私犯罪案件材料中，部分案件存在因侦查行为不规范导致证据瑕疵的情况。如扣押决定书及扣押清单不规范、未按规定制作辨认笔录、讯问笔录存在瑕疵等问题。检察机关向侦查机关发出口头纠正或者书面纠正违法通知书，要求纠正相关侦查违法行为，侦查机关也均回复已整改落实，但在后续案件办理中，依然发现有同类违法情形存在，影响证据的证明力和案件办理质量、效果，侦查机关的证据收集活动仍需进一步规范。

（五）群众打私意识不够，纵容、护私行为存在

走私行为直接危害国家税收，严重损害国家经济利益，这是国家严厉打击的行为。但不可否认的是，部分群众从走私活动中获得了好处，一方面用较为低廉的价格就可以购买到价格较高的商品，同时，走私需要大量的人员实施，如拉运、卸货、看路，这些工作要求门槛低，来钱快，收入高，解决了部分边境地区人员的就业问题。另一方面很多走私分子与本地群众同宗同源或者具有亲戚朋友的关系，从人情礼义上来讲，群众也不乐意主动检举、揭发，甚至为走私分子打掩护。

四、完善走私犯罪刑事侦查监督与协作配合机制的思考

走私犯罪刑事侦查监督与协作配合机制的构建，其本质是在以审判为中心的诉讼制度改革中，结合“捕诉一体”的检察办案模式，对诉讼价值目标的再次界定，并进行合理设置，具体仍需要在加大案件惩治力度、加强部门协同联动等方面给予重视。

---

① 陈宁:《对中越边民互市贸易“化整为零”的合法性探讨》，载《法制与经济》2021 年第 9 期。

② 《冻肉链走私：中越边境千条船“蚂蚁搬家”边民收费护送》，载《食品安全导刊》2015 年第 18 期。

（一）加大案件惩治力度，不断提升办案质效

加强边境地区执法司法基础建设，提升案件查处能力，进一步加大惩治走私犯罪力度。对于走私案件，要突出打击原生的走私犯罪，逐步消除走私衍生犯罪，在筑牢陆路边境线反走私体系的前提下，特别要加强海上缉私执法力度，堵住陆海走私通道。[①]司法机关应主动加强与纪检监察沟通联络，严格执行“一案三查”“两个一律”工作制度，坚决查处潜藏的腐败题和失职渎职问题，合力铲除走私违法犯罪活动背后的“保护伞”“关系网”。注重斩断走私犯罪的利益输送链条，进一步加大打击洗钱犯罪、地下钱庄案件。同时，提高缉私执法人员的能力建设，强化缉私执法人员专业培训，通过培训更新执法司法理念，不断提高执法司法人员业务素养。

（二）加强部门协同联动，创新基层社会治理

打击走私犯罪通常牵涉到社会治理的方方面面，实践中依靠司法机关打击防控的同时，更需要在党委政府的坚强领导下多部门协同作战综合施策，打防结合、预防为主、标本兼治，将专项治理与长效治理有机结合，才能收到更好的防控实效。改善市场经营环境，激励发展生产经营活动，采取有力的就业政策和措施，拓宽就业渠道，创造就业机会。特别是要充分整合农村生产经营活动中的各种资源要素，扶持发展乡村经济，从而预防和减少村民走私违法犯罪，保障社会和谐稳定。[②]

（三）完善行刑衔接机制建设

针对走私案件的法律监督，检察机关不应“就案办案”“守株待兔”，应主动出击，对立案、追捕追诉、纠正违法、审判监督开展法律监督。要做好案件行刑衔接，也绝不是检察机关“一家之言”。检察机关应加强与相关行政单位的沟通，发挥检察权的主导作用和地位，依托在侦查机关设立的“侦查监督与协作配合办公室”，丰富监督、协作配合方式，延伸监督触角，拓宽监督渠道，主动与各相关行政单位统一思想，达成共识，建立信息流转及共享平台，制定相关行刑衔接办法或签订工作备忘录，建立合作机制，促进刑事司法与行政执法的有效衔接，形成打击走私犯罪的合力。[③]

（四）重视国际合作，健全双边金融司法协作机制

随着经济全球化和金融服务国家化的不断发展，我市的对外开发开放水平也不断提升，边境贸易活动更加复杂活跃，走私违法犯罪活动更多地表现为跨地区、跨国界的组织形式。建立健全与邻国越南边境地区的双边会晤协作机制，扩大开展跨国境工作信息交流、情报互换、协助调查等工作，尽可能的利用多方力量更为有效的推进反

---

① 宋利红：《海上走私犯罪侦查方法》，载《贵州警官职业学院学报》2005 年 6 期。

② 黄子成：《桂西南边境农村地区治安防控体系建设研究》，中国人民公安大学 2020 年硕士学位论文。

③ 宋才发：《西南民族地区稳疆固边治理探讨》，载《学术论坛》2018 年第 5 期。

走私工作。

（五）注重文化法治教育，提高群众法治意识

积极开展打击走私犯罪宣教工作，通过在边境地区建立反走私宣传橱窗、流动宣传车入村入乡，在流动人口集聚小区及路口建立反传销宣传专栏，采用新闻媒体和网络宣传典型案例等形式，增强群众风险意识和法律意识，使群众真正认识到走私犯罪的严重社会危害性。[①] 做好出境入境人员的法治宣传，提醒出入境人员不能携带或者邮寄违禁品进境。

① 卢厚林:《找准职能定位 联合打击走私》，载《中国国门时报》2012 年 6 月 25 日，第 3 版。

打击走私犯罪视域下
侦查监督与协作配合机制的优化进路

张 路 朱 勇*

摘 要 在打私领域建立侦查监督与协作配合机制，是新时代检察机关与海关缉私部门学习贯彻习近平新时代中国特色社会主义思想、习近平法治思想，深化新时代检警关系的重大改革创新，具有引导侦查取证、做实法律监督、做优“大控方”格局的重要作用。天津市已正式建立打击走私犯罪侦查监督与协作配合机制，开展了侦查监督、提前介入引导侦查、联席会议等有益探索，取得了一些成效，也发现了诸如理念传导效果有待提升、监督协作线索来源受限、监督方式相对滞后、组织保障力度不足、监督刚性有待增强等突出问题。为进一步健全完善机制，可从三个维度推进优化，牢固树立依法精准、善意合作、务实高效的监督协作理念，拓展“全时、全域”跟踪监督机制、规范沟通研商机制、调查核实权限使用机制、前置化繁简分流机制及与缉私部门内部监督协作配合机制，进一步完善人员配备、平台建设等组织保障，以此推动完善监督更加有力、协作更加顺畅的监督协作关系，全力保障侦查工作程序价值，实质提升打击走私犯罪工作质效。

关键词 走私犯罪 检警关系 侦查监督 协作配合

在打私领域建立侦查监督与协作配合机制，是新时代检察机关与海关缉私部门学习贯彻习近平新时代中国特色社会主义思想，在习近平法治思想指引下，对执法司法制约监督体系和执法司法责任体系改革建设成功经验的总结，是回应党和人民群众对于公平正义新期待的重要改革创新。机制的健全完善，直接关系中央司法改革中关于深化检警关系重大部署的贯彻落实，对中国特色社会主义刑事法治道路的创新发展具有重大意义。天津市已正式建立打击走私犯罪侦查监督与协作配合机制，开展了一系列有益探索，取得了一些成效。同时，在工作中也发现一些实践中亟待解决的问题，需从多角度优化实践进路，以此推动建立监督更加有力、协作更加顺畅的监督协作关系，全力保障

* 张路，天津市人民检察院第四检察部二级检察官助理；朱勇，天津市人民检察院第四检察部副主任、三级高级检察官。

侦查工作程序价值，实质提升打击走私犯罪工作质效。

一、打私领域侦查监督与协作配合机制的效用重心

2021 年 10 月，最高人民检察院、公安部联合印发《关于健全完善侦查监督与协作配合机制的意见》，为侦监协作机制赋予了组织协调、监督协作、督促落实、咨询指导四项基本职能，是在充分尊重侦查规律、监督需要和司法实践的基础上，积极推动构建规范高效的执法司法制约监督体系的破题之举，为提升侦查执法与检察监督规范化水平、协同构建以证据为核心的刑事指控体系奠定了坚实基础。在打击走私领域建立侦查监督与协作配合机制，是新时代检察机关立足打击走私犯罪办案工作实际，聚焦主责主业，能动履行法律监督职能，持续推进构建新型检警关系的创新举措，通过坚持双赢多赢共赢理念，为缉私部门依法及时高效开展侦查、检察机关依法全面履行检察监督职责提供双重保障，[①] 对于提升打击走私犯罪工作质效具有重要意义。

（一）引导侦查取证，在打私领域推动构建以证据为核心的刑事指控体系

协同构建以证据为核心的刑事指控体系，是新时代检警机关落实以审判为中心的诉讼制度改革的重要举措。这一体系的建立，要求司法机关在深入研究办案规律的基础上，夯实庭前阶段指控证据基础，切实提升证明犯罪、审查过滤把关能力。[②] 走私犯罪属高智商犯罪，其专业化、网络化、链条化等特点造成犯罪行为隐蔽性强、证据易销毁，客观上造成走私案件侦查取证难度较高。因此，侦办此类案件，势必要求检察机关与海关缉私部门共同致力于提高收集、固定证据能力，以此强化指控犯罪效果。在这一基础上，侦查监督与协作配合机制为这一客观需求提供了功能基础。例如，在走私犯罪案件中，“走私的故意”时常成为走私案件的核心定罪点，特别是对于嫌疑人拒不供述的部分案件，通过调取同案犯供述、证人证言、电子邮件、微信聊天记录等证据推翻无罪供述进而证实“明知”，或通过调取学习工作经历、社会关系、公司分工等证据辅助证实“应知”作为侦查重点。上述证据在侦查初期取得的难度相对较小，后期补查存在较大证据灭失风险。此种情况下，检察机关在侦查初期即立足于侦查监督与协作配合机制，通过提前介入引导侦查，能够最大限度保障取证效果，进而牢固搭建符合审判标准的指控犯罪证据体系。

（二）做实法律监督，为提高侦查办案质量提供有力保障

我国侦查模式属于行政型侦查模式，侦查程序不受审判机关的司法控制。[③] 为进一

① 最高检、公安部：《关于健全完善侦查监督与协作配合机制的意见》，2021 年 10 月。
② 苗生明：《夯实工作基础完善“三个体系”推动刑事检察》，载《人民检察》2024 年第 3 期。
③ 樊崇义：《诉讼法研究》（第五卷），中国检察出版社 2003 年版，第 236—237 页。

步确保侦查工作依法客观开展，对侦查权进行控制及约束的需求应运而生。[①] 基于此种现状，仅依赖缉私部门对自身侦查行为强化自行管理，或在不创设权力制约基础的情况下即提出规范侦查行为的要求，对减少侦查违法问题难以起到实质作用。为切实解决上述问题，检察机关立足于侦查监督与协作配合机制，可更加有效地开展侦查监督工作：一方面，可以立足机制发现更多立案监督线索，例如，走私案件多为涉企案件，若久侦不决形成“挂案”，长期的“负罪”状态会严重影响企业生产经营，[②] 与国家引导经济健康发展的指导思想不符，对于此类案件可以监督海关缉私部门撤案；又如，也可基于“双向衔接”，对于部分实为犯罪但仅受行政处罚的案件，督促缉私部门纠正“以罚代刑”问题，及时进行刑事立案，防止“降格处理”。另一方面，可更为主动、全面地发现侦查违法行为，例如在走私案件中时常涉及电子证据调取，但缉私部门能否按照《计算机犯罪现场勘验与电子证据检查规则》规范取证程序是实践中的突出问题，可立足机制梳理存在此类问题的案件并开展监督，通过督促纠正侦查违法行为，保障已取证据最终能够作为定罪依据，进一步防止侦查资源无端浪费，实质提升检警双方工作质效。

（三）做优“大控方”格局，不断强化走私犯罪案件办理质效

建立打击走私犯罪侦查监督与协作配合机制，本质目的是通过强化“监督”和“配合”，构建新时代打私领域检警关系新格局。在走私犯罪案件中，海关缉私部门侧重侦查和执行，检察机关侧重监督和制约，二者分别通过侦查和起诉实现对犯罪行为的追诉，具有共同追求的诉讼价值。[③] 新时代刑事诉讼办案理念不仅对庭审提出更高要求，更强调从刑事诉讼的源头对收集固定证据进行全面规范，而检察机关与缉私部门负责在起诉前收集证据，在合力打击犯罪层面已经实质形成“大控方”格局，在这一履职基点上，侦查监督与协作配合机制通过推动更加集约、有效地开展工作，为打私领域检警关系的再优化提供了常态性、稳定性的组织保障，既是提升缉私部门执法与检察监督规范化水平的重要抓手，也是协同构建规范高效的执法司法制约监督体系的必然要求。例如，检察机关开展的提前介入侦查工作就是机制优越性的突出体现，在流程对接、引导取证、文书制作等方面均形成了较好的工作经验，对于整体侦查取证工作具有积极促进作用。又如，合力构建的“大控方”格局有助于发现和总结走私犯罪规律及侦查办案工作规律、检警关系运行规律，在深入分析类案特点的基础上，可立足机制持续拓展类案办理、业务管理、宏观治理等多角度工作。

---

① 张志杰：《人民检察院侦查监督工作回顾与展望》，载《人民检察》2021 年第 21 期。

② 童建明：《努力让人民群众在每一个司法案件中感受到公平正义——学习习近平总书记关于公正司法重要论述的体会》，载《国家检察官学院学报》2021 年第 4 期。

③ 韩锦霞：《以审判为中心视域下检警关系之重构》，载《人民检察》2020 年第 17 期。

二、对天津市打击走私犯罪侦查监督与协作配合机制实践近况的检视

在最高检、公安部《关于健全完善侦查监督与协作配合机制的意见》的科学指引下，天津市公检两家于 2023 年 8 月共同签订《侦查监督与协作配合办公室工作办法》（以下简称《工作办法》）。自机制正式建立以来，双方已共同开展一系列积极有益的探索、实践，取得了较为良好的监督办案效果，同时出现部分亟待解决的问题。

（一）成立以来的监督协作工作模式及进展

1. 立案监督与侦查活动监督

依据《工作办法》，检察机关的主要职责之一是开展立案监督，即对应当立案而不立案、不应当立案而立案、长期“挂案”等侦查违法情形及时发现和纠正，机制建立以来共办理立案监督案件 11 件；职责之二是开展侦查活动监督，通过发现、纠正刑讯逼供、非法取证等侦查违法行为，从源头防范冤假错案发生，机制建立以来共办理侦查活动监督案件 5 件，对“未依法制作传唤证或传讯通知书”“未规范封存扣押手机”等问题制发《侦查活动违法监督通知书》，对于提升侦查活动规范性起到了积极作用。

2. 提前介入并跟踪引导取证

依据《工作办法》，检察机关对于重大、疑难、复杂及辖区内有重大影响的走私案件开展提前介入，介入过程中，由海关缉私部门全面介绍案件情况，提供相关证据材料，及时通报侦查进展，检察机关就案件定性、证据收集等及时提出意见建议，协助缉私部门构建更加清晰、完整的证据体系。成立以来，对最高检、海关总署挂牌督办的 7 件走私“挖泥船”案件提前介入，在全面了解案件情况、审查已有证据的基础上，梳理系列案件共性认定争议问题，就证据标准达成初步共识，协同研商形成侦查取证提纲，并在后续办案过程中跟踪落实，充分保障侦查及审查起诉工作质效。

3. 联席会议

对于疑难复杂、关注度高、涉敏感舆情等类型案件，检察机关与缉私部门可开展联合会商，会商后双方按照会商意见共同抓好落实，并定期书面反馈执行情况。成立以来共召开 8 次联席会议，双方通报打击海上走私专项工作进展情况，组织培优沙龙，具体研讨解决实践中出现的走私人造石墨打击依据变更问题、走私球星卡新类型案件认定问题、海南离岛免税套代购证据采信及法律适用问题，相关研讨意见对于后续全市走私案件办理工作具有指导意义。

（二）现有履职路径的优化空间

自检察机关内设机构改革后，“捕诉一体”客观保障侦查监督融合贯穿于审查逮捕、审查起诉全过程，制度完善进一步保障侦查监督质效持续提升。检察机关开展侦查监督仍然存在相对被动、滞后、疲弱等突出问题，具体到侦查监督与协作配合机制中，叠加人员紧缺、平台壁垒等实践问题，在理念传导、线索发现、监督方式、组织保障、监督刚性等多层面均存在优化空间。

1. 理念传导效果仍有待提升

目前，检察机关与缉私部门对于侦查监督与协作配合机制的制度价值已经基本达成共识，但通常存在检察主导、侦查配合问题，缉私部门的积极性有待提高。出现上述问题的原因是，两机关在刑事诉讼中的具体分工存在客观差异，立足侦查取证工作现实需求，侦查权更具“追诉性”“攻击性”，导致在处理具体案件中，相较于取证合法性的程序性问题，缉私部门更加注重证据取得的实体结果。事实上，侦查监督与协作配合正是刑事司法对公检法三机关“分工负责、互相配合、互相制约”原则的具体落实，[①] 监督与协作的“一体两翼”共同服务于走私刑事案件办理质效提升，检察机关开展侦查监督的目的不是纠错，而是通过监督保障刑事立案及刑事证据调取效果，如无法传导这一监督理念，将直接影响缉私部门立足机制开展工作的积极性。

2. 监督协作线索来源受限

目前，检察机关与缉私部门之间存在办案数据壁垒，暂无法通过各自办案系统实现案件信息共享。实践中的变通方法是由个别检察人员通过查询“海关缉私刑事执法办案系统”，对于已在系统内的刑事案件进行查看，如发现确属不应当立案，可在充分了解并研判理由的情况下，视具体情况监督撤案。但是，走私犯罪属行政犯，走私行为均违反行政法规，存在海关缉私部门对于相关违法行为仅进行行政处罚，但实际已经构成刑事犯罪的情况，特别是同一单位或个人，可能存在已经受到多次行政处罚，行政处罚次数或相关偷逃税款数额已经超过定罪标准的情形，对于此类情形，应当讲明情况并开展立案监督。但是，目前检察机关即使依托侦查监督与协作配合机制也不具备登录“海关缉私行政违法办案系统”的权限，因此无法掌握行政处罚案件情况，进而无法开展立案监督。同时，由于宣传力度不够，群众申诉、举报线索的情况较少，检察机关基于侦查工作的秘密性也不宜逐案了解侦查工作情况，上述原因均导致侦查监督自始具有选择性。

3. 监督方式相对滞后

在侦查阶段，仅逮捕属于缉私部门必须通过检察机关决定才能进行的侦查事项。实践中，即使存在侦查监督与协作配合机制，除在部分疑难复杂案件中检察机关可通过提前介入发现相关问题外，对于绝大部分刑事案件，缉私部门是否立案、是否进行侦查、是否采取影响嫌疑人人身权利和财产权利的强制措施及查封、扣押、是否侦查终结均无须检察机关介入。因此，对于普通案件，检察机关发现问题的方式主要集中于批准逮捕及审查起诉阶段查阅案卷、讯问嫌疑人、听取律师意见等，但是，案卷必然形成于问题之后，嫌疑人、律师意见也必然在发生问题后才能反映，故通过上述途径开展的侦查监督具有明显滞后性[②]。

---

① 李琳、蔡沐铃:《新时代检警侦查监督与协作配合机制运行的困境与进路》，载《四川警察学院学报》2022 年第 6 期。

② 宋英辉:《刑事诉讼原理》，北京大学出版社 2014 年版，第 180 页。

4. 组织保障的现实困难

一是无法实现人员派驻。走私案件属集中管辖，检察机关办案部门日常即存在案多人少情况，无法保障由固定检察官通过派驻方式开展日常工作。面对海量数据，人员不足将直接影响监督线索挖掘效果。二是监督中立性面临质疑。在检察官独任制办案模式下，由检察官同时履行办案及监督职能，但在办理部分案件过程中，可能存在检察人员在办案初期引导缉私部门调取的部分证据，在办案后期却发现存在问题的情况，特别是曾开展提前介入的案件中，出现此类问题的概率更大。检察人员进行主动监督的动力不足，导致监督的中立性直面质疑。

5. 监督刚性有待增强

检察机关是宪法规定的法律监督机关，依据《刑事诉讼法》行使侦查监督职权。但是，现行法律法规对检察机关进行侦查监督后，缉私部门不说明不立案理由、接到立案通知后不立案等情形均未明确规定法律后果。同时，对于检察机关通过制发的《检察建议书》或者《纠正违法通知书》提出纠正意见的情形，若缉私部门不予理睬或敷衍塞责，现行法律也未明确规定惩处措施。上述问题直接导致权力制约缺乏基础和依据，侦查部门对于监督的回复出现模板化倾向，未充分反应申辩、反思、整改效果，检察机关侦查监督权的刚性有待增强。[①]

三、打私领域侦查监督与协作配合机制的优化进路

新时代新征程，打私领域侦查办案工作面临更多机遇挑战，侦监协作配合机制的建立已经体现出检察机关与缉私部门在打私领域探索能动履职新方式的坚定决心，为切实保障机制效能，应进一步对机制进行优化、完善。因此，检察机关与缉私部门应进一步强化合作，在多方面采取手段性、程序性、技术性的因应革新，通过确立优化原则，从理念、机制、组织保障三个维度拓展优化进路，为推动机制发挥更大作用提供支撑，从而实现保障侦查程序价值的最终目的。

（一）机制优化应当遵循的基本原则

1. 侦查监督与协作配合相结合

由于侦监协作机制的职能基点既有监督又有协作，实践中可能出现二者择一职能履行，而偏废另一职能的问题。特别是基于侦查工作的强势性，检察机关在开展监督过程中可能阻力较多，因此存在更加偏重于立足提前介入引导侦查，要强化对侦查工作进行协作的情形。但是，检察机关是法律监督机关，法律监督职能是宪法赋予检察机关的主责主业，需立足机制持续强化，争取理解、达成共识，才能真正实现减少侦查活动违法问题、提升侦查工作质效的机制目的。

① 侯登华、赵莹雪:《侦查活动监督与检警关系》，载《人民检察》2019 年第 17 期。

2. 全面监督与重点监督相结合

为更好体现机制优势，通过做实监督与协作全力保障走私犯罪打击质效。应尽力保障监督案件范围，防止因出现监督盲区导致问题案件影响工作全局。但从工作现实性和权力制约的科学性角度出发，仍要进一步明确，监督的终点不是代替侦查办案，全面监督不是逐案监督，保障监督覆盖面是保障“可被监督”的案件范围不被无端缩减，实际仍是整合办案资源，对疑难复杂、影响较大的重点案件进行监督，应紧盯核心证据，跟踪侦查进展，结合案件情况适时开展自行补充侦查，通过严格把控重点案件证据质量充分发挥“头雁作用”，带动走私案件整体侦办质量的改善与提升。而对于其他普通案件，存在申诉、控告的应当及时监督，其他案件进行抽查监督，是立足工作实际更为现实的工作方式。

3. 立案监督与侦查活动监督相结合

实践中，由于立案监督涉及相对更为严重的案件定性问题，需经过更为严格的监督程序，导致此类线索相较侦查活动监督线索更难挖掘。因此，实践中立案监督相较侦查活动监督开展较少。但是，立案监督由于涉及更为原则性的打击犯罪与保障人权问题，更能体现监督协作的机制价值，为进一步优化履职结构，应尽力平衡立案监督与侦查活动监督的工作配比。

（二）机制优化的三个维度

1. 理念维度

理念是行动的先导，通过理念更新形成共识有助于引导检警双方进一步认识和处理在侦查阶段的分工关系，通过高质效检察监督工作，强化实质性检警协作配合，有助于落实审判为中心的刑事诉讼制度改革要求，实现良好的监督协作效果。侦监协作机制作用于侦查前端，具有理念传导、政策落实方面的天然优势，具体可从以下几方面进行理念更新：

（1）依法精准监督

一是依法监督。检察机关作为宪法规定的法律监督机关，行使监督权力必须严格依法依规进行，若作为裁判员“自身不正”，将动摇检察机关履职根基。因此，检察机关开展各项侦查监督均应遵循程序要求，严格按照法定条件和程序履职，切实防范错误监督、缺位监督、违规监督等情形发生。[①]

二是精准监督。法律监督是对司法的纠错性、修复性工作，是一种矫正正义，本身就是公平正义的最后一道防线。因此，法律监督既然开展就必须搞准，要善于发现监督线索，准确提炼监督事由，选取适当有效的监督方式，提出切实有效的监督意见，真正做到以监督质量立信，由此才能实现检察机关开展法律监督的最终目标。

---

① 薛正俭：《推进侦查监督与协作配合办公室有效运行的路径》，载《人民检察》2022 年第 18 期。

三是证据裁判理念。在审判为中心的诉讼制度改革的背景下，庭审实质化推动证据裁判理念革新，通过审判阶段传导至起诉阶段，进而继续传导至侦查阶段，倒逼“侦查中心主义”向“审判中心主义”实质转变，必然影响新时代检警关系运行逻辑。[①] 为有效实现侦查程序的制度功能，缉私部门势必要更加致力于提高收集、固定证据的规范性和实效性，检察机关也应更加注重研究走私案件结构、案件类型化特点，选取合适有效的监督策略，切实提高审查、运用证据进而构建证据体系的能力。

（2）善意合作监督

事实上，理论界对于侦监协作机制始终存在部分质疑，如有学者认为“协作”会导致检察机关角色混同，折损监督刚性。[②] 事实上，上述质疑是对于侦监协作机制的误读。在走私案件侦查工作分工中，缉私部门侧重“侦查执行”，检察机关侧重“监督制约”，二者立足于共同的利益基础，既分工负责，又相互配合、相互制约。新时代检警关系优化的最终目的在于最大化实现侦查程序功能，即通过构建证据体系和规范侦查行为，最终通过合法、充分的证据证明指控的犯罪事实。

实现这一目的的基础在于，检察机关与缉私部门必须真正站在“一个战壕”中：一方面，侦查机关要规范开展侦查行为，通过调取合法且充分的证据有效证实指控的犯罪事实，确保侦查行为既要高效，也要规范；另一方面，检察机关要立足现实的监督环境对监督理念进行理性重塑，监督者与被监督者之间并非“你赢我输”的零和博弈[③]，应当通过开展良性互动促进双方加深理解、统一认识、形成合力，最终达到双赢多赢共赢，在打击走私犯罪案件中实现惩罚犯罪与保障人权并重，实质提升指控犯罪的准确性和合法性。

（3）务实高效监督

要真正提升监督配合质效，必须深入研究侦查权运行的现实需要，在此基础上推进检警双方增进理解、消除分歧。特别是检察机关作为法律监督机关，更应当综合考虑、分析运用侦查工作规律和监督工作规律，坚持补证工作必要性，结合案件实际提出具有可操作性的取证建议及认定意见。同时，仍要注重把握工作力度，谨守检察权与侦查权的角色定位和分工，既要确保做好引导、参与，又要做到不能越界为“干预”“插手”。在互相尊重、充分沟通基础上，检察机关应客观公正地就证据合法性及法律适用问题充分发表意见，同时更加注重听取缉私部门意见，强化对相关决定开展释法说理的效果，充分保障缉私部门对于相关决定的复议复核权，在加深相互理解的基础上推动形成指控

---

① 刘文强：《以审判为中心视野下我国检警关系的反思与重构》，载《辽宁大学学报》2019年第4期。

② 陈实、杨菲：《派驻公安检察室的功能定位及其优化路径——以侦查权控制为视角》，载《中央民族大学学报（人文社会科学版）》2021年第10期。

③ 张军：《最高人民检察院关于检察机关加强对民事诉讼和执行活动法律监督工作情况的报告——2018年10月24日在第十三届全国人民代表大会常务委员会第六次会议上》，载《中华人民共和国最高人民检察院公报》，2018年12月15日。

犯罪体系的功能性合力，切实强化法律监督工作实质效果。

2. 机制维度

机制的拓展完善是确保工作价值最终实现的关键环节，是开展各项工作的重要抓手。结合打击走私犯罪侦查工作现状，在遵循侦查工作规律、保障双方权力行使规则的基础上，应立足现有侦监协作机制，通过如下途径对机制进行优化、完善：

（1）拓展“全时、全域”跟踪监督机制

立足法律监督职能目的，侦查监督与协作配合本应覆盖整体侦查工作，但由于检察机关法律监督线索发现渠道较少，现有机制效用范围暂时较为局限，检警履职领域存在明显壁垒，具有“信息不充分、时间不及时、程序不周延”等多个明显缺陷。[①] 这就客观导致出现两类监督协作盲区：

一是“规模性盲区”，一些在侦查阶段结案的案件、封闭实施的侦查行为未纳入监督范围，[②] 检察机关以立案监督、捕诉案件审查的方式无法掌握不立案或“以罚代刑”线索、未侦查终结的“挂案”等情况，对此应逐步进行“全时性拓展”，突破监督协作依托关键节点的现有工作模式，进一步拓展动态监督、即时监督模式。具体而言，就要选取重点案件动态跟踪立案情况、规范性取证情况，及时提出取证建议、跟踪取证进展，结合侦查工作进展适时引导调整侦查方向，进而全面把控证据体系，减少立而不侦、侦而不力及程序空转式复议复核，提高侦办效率，充分做好诉前准备。

二是“程序性盲区”，除捕诉案件外，检察机关对于其他环节涉及的侦查措施的监督均有不足，特别是对于与嫌疑人人身权益相关的讯问、与财产权益相关的查封、扣押、冻结等强制性侦查措施，只要未进入捕诉环节，基本无从监督，对此应逐步进行“全域性拓展”，选取重点案件立足初查、捕后未移诉阶段开展监督，重点关注是否存在违法刑拘、移送管辖、“挂案”、不规范撤案、非羁押性强制措施在撤案后不解除等情况，以此逐步拓展监督范围，全力保障打击走私犯罪侦查工作的程序价值。

（2）进一步规范沟通研商机制

可进一步规范区分个案研商、定期通报和联席会议的功能：

一是在个案办理的微观层面，强化个案研商机制，及时了解案件基本情况及争议问题、明确侦查重点、开展侦查监督，保障重大疑难案件联合督办、提前介入、捕前诉前研商等功能，同时，可进一步探索对于重大疑难走私案件在初查阶段即开展个案研商，将研商效果前移，更好保障侦查办案效果。

二是在类案研究的宏观层面，规范定期业务工作通报机制，固定时间节点，双方通报交流犯罪形势、类案问题和业务研判工作情况、近期侦查监督工作情况等，在定期业务工作通报会上介绍类案特点、通报办案数据并进行分析研商，为下一步合力打击此类

① 张永进:《侦察监督制度改革新论》，载《湖北社会科学》2015 年第 9 期。
② 孙谦:《刑事侦查与法律监督》，载《国家检察官学院学报》2019 年第 4 期。

犯罪打好基础。

进一步规范联席会议机制，主要解决突发类案问题，可以进行专项行动部署、研判类案办理标准及关联问题等，例如，走私犯罪通常以相关行政法规作为打击基础，对于因行政法规修改造成的类案追究标准突然变更问题，可迅速召开联系会议研究打击标准及后续处理方式。

（3）完善调查核实权限使用机制

检察机关在监督手段方面，现行《刑事诉讼法》第57条、《人民检察院组织法》第21条规定了检察机关的调查核实权，但前者局限于对“非法取证”这一特定违法行为的调查核实，且二条文均未规定检察机关的具体行权手段。虽然《人民检察院刑事诉讼规则》对上述漏洞进行了封堵式规定，但并未解决规范位阶较低的问题。上位规范缺失导致检察机关行使调查核实权基础不牢、刚性不强。[①] 基于推动刑事诉讼制度改革的更高立场，有必要推动在《刑事诉讼法》中对于调查核实权的具体行权方式进行明确规定，从而为检警关系规范、有效运转提供基本法保障。例如，需明确检察机关在调查核实过程中，可通过询问相关人员、查看讯问录像、查询人身检查记录等方式收集相关材料，并结合案件具体情况选取监督方式。

同时，理论界有观点认为，调查核实权是试图通过增强法律监督权的执行力，进而解决自侦部门转隶后法律监督刚性不足问题，[②] 上述质疑在客观上引出了进一步解决调查核实权“空置”问题的现实需求。为达到这一目的，应当要求检察人员践行最高检“三个走出来”要求，通过强化调查核实的亲历性保障准确性、实效性；同时，进一步强化调查核实权与检察侦查权的有效衔接，在调查核实过程中，若发现缉私人员存在检察机关有权侦办的司法人员侵犯公民权益、损害司法公正的犯罪线索，应及时向职务犯罪侦查部门移送，并跟踪后续侦办进展。

（4）建立前置化繁简分流机制

走私案件中，涉税类走私案件、走私废物案件多为轻刑类案件，走私禁限类物品案件虽易认定为5年以上重罪，但叠加自首等减轻情节也可划为轻型类案件，此类案件的办理不仅应注重治罪，还应关注案件背后的社会治理问题，通过开展有效治理，使轻罪数量下降，更好守护国门安全和社会秩序稳定。要进一步拓展建立案件前置化繁简分流机制，可通过以下方式：

一方面，要通过开展监督协作，在侦查阶段即对案件进行预先分流，结合速裁、简易等诉讼程序，做到“简案快办、繁案精办”。在简案中通过探索快速办理、类案集中办理，切实提升诉讼效率，缓解办案力量紧缺问题，同时注重监督可能出现的违规“化案”、认罪认罚不实等问题，结合行为人社会危险性适时开展羁押必要性审查；在繁案

---

① 李逸强：《改进侦查监督工作的路径》，载《人民检察》2017年第21期。

② 万毅：《〈人民检察院组织法〉第21条之法理分析》，载《国家检察官学院学报》2019年第1期。

中投入更大力量办精品案，检警双方充分借助沟通研商机制开展提前介入、跟踪引导侦查取证等工作，同时注重监督侦查合法性问题，确保取得的证据能够“合法”地证实指控事实，筑牢证据体系，为更好指控走私犯罪奠定坚实基础。

另一方面，要及时总结轻罪类案犯罪现象与犯罪规律，深挖背后蕴含的社会治理问题，共同做到精准研究、靶向施治。例如，对涉案企业在犯罪中暴露出的经营问题，检察机关可有针对性地提出检察建议，指出问题、挖掘根源并提出合理化建议；又如，通过个案问题深挖行业乱象，在开展精准调研的基础上，对于特定行业协会制发检察建议等。

（5）探索建立与海关内部监督协作配合机制

立足刑事案件侦查工作，检察机关的侦查监督属体外监督，从外部监督的角度对立案和侦查行为的规范性做出评价，通过纠正合法性存在瑕疵的立案和侦查行为，或宣告实质性违法立案和侦查行为无效，保障当事人合法权益、促进审前程序公正。[①] 与此同时，缉私部门内部监督属自体监督，从内部角度对实施违法立案和侦查行为的侦查人员的司法责任作出评价，通过追究侦查人员司法责任的方式提升侦查规范化水平。检察机关的侦查监督与缉私部门的内部监督虽然在理论基础和行权方式上有所不同，但在规范目的、制度功能上均旨在实现侦查程序的制度目的与功能，二者互为补充、助力，若能将内外监督有机结合将形成系统集成的强大效果。

因此，实践中检察机关要立足侦监协作机制，探索与缉私部门内部监督开展良性协作。例如，检察机关可及时向缉私内部监管部门通报近期制发《说明立案决定书》《纠正违法通知书》等文书情况，在不捕不诉案件、无罪案件等产生争议的案件中联合开展专项检查监督、执法质量考评等，通过推进内外协作配合，全力拓展监督工作效果。

3. 组织保障维度

组织保障是开展各项工作的基础，需在充分考虑工作现状及需求的基础上，对人员力量短缺、平台建设仍不完备等问题选取符合工作实际的解决方式，以此为机制优化孕育肥沃“土壤”，切实保障机制优化取得实效。

（1）保障人员力量配备

结合天津市走私案件办理现状，采取“轮值常驻”或“定期当值”方式，选取有过硬业务素质和责任心的检察人员担任机制联络员，确保联络员在司法规范、政策理解把握、办案实践经验等方面均达到素质过硬标准，保障能够完成发现、转递侦查监督线索、引导侦查取证、与缉私办案人员强化沟通等各项任务。

同时，加强对检察人员及缉私办案人员的培训指导，通过专题讲座、旁听庭审、互派人员参与办案等培训形式，运用共同制发典型案例、编发侦查违法行为监督手册、类

① 李毅：《中国检警关系的侦查监督与引导侦查之维探讨》，载《广西政法管理干部学院学报》2022年第5期。

案证据指引等方式，合力解决侦查活动中的重点难点问题，切实提升双方业务办案、沟通协调、综合研判各方面能力，进一步增进彼此了解、推动形成共识。

（2）推进信息协作平台建设

信息平台建设是保障信息共享的必经环节，重点围绕侦查程序功能设计、建设平台，实现与现有办案平台的数据互通，确保检察机关登录平台即可查阅缉私部门办理的刑事案件及海关其他部门办理的行政违法案件，变线下派驻、轮值为线上常态化值守。

同时，着重解决平台信息分类与保密问题，以实现共享信息的精准控制，防止信息冗余、外溢。对与侦查程序功能直接相关的法律文书、证据、涉案款物处理等信息应作为重点共享内容，但侦查机关内部研商记录、内部审批等不宜作为公开内容，在技术上为办案人员设置不同查询权限并对查询动作进行后台留痕，严防交叉查询、超范围查询导致泄密，以织密“保密网”为突破点全面提升信息共享的科技化和规范化水平。

在此基础上，进一步推动数据共治，探索建立检警大数据协同办案机制，设计智能辅助办案系统、大数据分析等功能，共同研发与类案治理、关联犯罪治理宏观犯罪治理等相关的大数据模型，助推监督协作真正实现从治已病向治未病转变。例如，可以通过资金穿透功能梳理走私款项转移路径，进而发现洗钱犯罪线索，斩断“黑财”转移链条，切实强化走私下游犯罪、关联犯罪打击效果。

粤港澳大湾区跨境走私犯罪检察协作机制研究

梁海娟　李嘉智　曹慧诗*

摘　要　《粤港澳大湾区发展规划纲要》提出了粤港澳协同发展的战略。在此背景下，大湾区的经济、社会一体化进程正在逐步快速推进，粤港澳三地在经济、文化、制度等出现融合的同时，也面临着一定问题。部分不法分子通过走私牟取不法利益，严重影响大湾区整体建设。内地与港澳都有相应的法律规范对管辖范围内的走私犯罪进行规定，但是在打击跨境走私犯罪的问题上，因为粤港澳三地制度存在差异，出现管辖限制、司法冲突等问题，导致大湾区无法形成统一的打击走私犯罪规范。本文通过研究分析走私犯罪中的司法协助问题存在的困境，提出与之相应的对策，以期促进跨境走私犯罪形成打击合力。

关键词　粤港澳大湾区　刑事司法协作　个案协作　信息交流

一、粤港澳大湾区走私犯罪的演变态势和特点

走私活动与国际市场的磅礴发展、关税制度的衍生息息相关，夹杂在跨境经济贸易活动发展浪潮中，在不同的外部条件影响下呈现出不同的表现形式。[①] 走私活动属于高利润的非法交易，有走私分子看中走私迅速带来的财富利益；有走私分子由于高额关税、严格的市场准入条件或者供应不足等原因，选择走私的方式以获取商品；有走私分子追求高科技电子设备、高端奢侈品和美妆产品等物质享受，但受经济状况和其他条件限制无法购买，选择走私获取低价商品。由于走私活动往往涉及庞大的组织犯罪，走私组织通过利益引诱，接受招募或者操纵走私分子等，以上都是跨境走私犯罪出现的原因。

大湾区处在“一国两制三法域”的特殊地位上，在打击跨境走私犯罪的问题上难免

---

*　梁海娟，广东省博罗县人民检察院第二检察部主任、一级检察官；李嘉智，广东省博罗县人民检察院五级检察官助理；曹慧诗，广东省博罗县人民检察院五级检察官助理。

①　周洋:《粤港澳大湾区走私犯罪的治理》，载《福建警察学院学报》2022 年第 4 期。

会出现司法冲突等难以调和的局面。本文通过对粤港澳三地走私犯罪的趋势进行分析，研究三地在走私犯罪中的特点，并提供相应治理对策。粤港澳大湾区走私犯罪呈现以下几个主要趋势：

（一）走私犯罪的主体呈现出多元化、组织化

早期，走私犯罪主体主要是内地及港澳居民，但随着经济的发展，不同国籍的人员也逐渐参与到走私犯罪当中，特别是粤港澳大湾区纲要实施以后，跨境人员在大湾区的流动速度加快，走私犯罪的主体还延伸到境外人员，并且走私分子的年龄有低龄化趋势，特别是 2008 年 3 月 5 日深圳海关开通跨境学童通道以来，深圳各口岸的跨境走读学童总数较大。2019 年深圳罗湖海关在出境通道从一名 12 岁的跨境女学童书包内截获 142 支孕妇血样。走私分子以“带工费”引诱跨境走读学童或低龄人群实施走私的问题越发普遍。

走私分子还常常以企业法人身份出现，如广州中级人民法院判决“跨境电商刷单走私第一案”广州某公司走私案，该公司先对外承揽一些一般贸易的进口货物，然后再以跨境电商贸易的形式将上述货物伪报为个人海外购进的商品，并通过非法收购他人信息，制造虚假“三单”，以此逃避缴纳或者少缴税款。

跨境走私逐渐形成产业链条，在境内外形成走私集团。如在边贸、水客走私中，涉案的人员相对较多，货主、过关人员、运输人员、付汇人员等各个环节联系紧密、分工有序，形成了相对完整的“走私产业链”。如 2023 年上旬，珠海市拱北海关缉私局破获一起走私高档摄影器材案，查扣涉嫌走私进境的高档数码相机、镜头 236 只，初步查证该案案值达 5.68 亿元。该走私团伙首脑组织澳门的出租车司机和水客，以蚂蚁搬家方式将摄影器材走私进境，“水客”每次进境时都将带有照片、视频的储存卡装入照相机内，伪装成自己正在使用的照相机，而后再化整为零存放到蜂巢快递柜中，再由走私头目从快递柜内取出摄像器材化零为整分销到全国各地。团伙型走私犯罪对侦查取证、行为定性、数额认定带来更大挑战。

（二）走私犯罪对象多样化

随着大湾区的建设布局不断推进，大湾区居民生活水平及需求也将随之升级，走私犯罪的对象也将多样化。走私的根本目的是赚取因赋税产生的商品差价，在内地走私犯罪的对象多为普通货物、物品。从中国裁判文书网检索关键词刑事案件、走私罪、判决书、广东省，检索结果显示 2019 年至 2022 年期间，走私普通货物、物品罪以及走私国家禁止进出口的货物、物品罪的判决占全年走私罪判决的 78% 以上，占据第二大比重的是废物、珍贵动物、动物制品，走私武器、弹药、淫秽物品等已经较少。但在香港地区，如走私毒品、枪支等仍然很常见。

在上述走私的货物、物品中，高科技物品占比越来越大，成为走私物品的新趋势。特别是大湾区国家级超级计算中心等科技中心建设，华为、矩阵起源等高新技术企业的

扎根、辐射，大湾区内的高新材料需求更加旺盛，使得走私的物品科技含量越来越高、越来越复杂。如 2023 年 6 月 13 日，香港海关侦破计划走私到内地的总价值 15 亿港元案件，其中就包括 10 亿粒全新集成电路、手机、电脑主板等。

随着大湾区经济布局，奢侈品、高档消费品成为走私的新热点。由于在港澳购买物品没有增值税与关税，不法分子为抢占内地市场，想方设法将港澳奢侈品走私到内地，赚取商品差价。近年来兴起的“跨境电商代购”“套代购”等方式的走私犯罪的对象也主要以奢侈品、化妆品等高档消费品为主。

（三）走私方式隐蔽，涉及领域广泛

走私犯罪必须要有进出关口的行为，这就意味着走大湾区走私行为必须跨越一个或多个地区，一般走私的方式除了船艇偷运外，还利用过境火车、汽车以及出入境人员等作为走私工具。在司法机关的严厉打击下，涉案人员为逃避法律追究，犯罪手段日益多样化，隐蔽性特征也更为凸显。有的毒品犯罪中，涉案人员将毒品藏匿于体内、或放置在随身衣物、行李箱夹层等隐蔽位置的方式进行走私。某些伪报贸易性质的走私犯罪中，涉案人员伪报为小额的边境贸易来走私，犯罪方式十分隐蔽。如 2023 年 5 月 8 日至 9 日，香港海关在香港国际机场侦破一宗涉及 3 名入境旅客的体内藏毒案件，从体内排出检获约 1.6 公斤怀疑可卡因，估计市值约 130 万港元。另外，许多来往的人员以通关方式携带体小价高的商品过境的现象增长，走私团伙雇佣过境人员充当带货“水客”，由“水客”将手机绑在身上、把芯片藏在鞋底等方式进行通关。据统计，2021 年全年，广东海关共立案查办各类“水客”走私违法案件 19990 件，案值 242.1 亿元；2022 年查办的“水客”走私犯罪案件 442 件，案值 26.83 亿元，涉税 6.24 亿元。

在物流中通过虚假申报货运渠道、夹藏货物等方式进行走私的犯罪增多，涉案人员通过通关便利漏洞，在运输中利用港澳两地牌汽车进行携带，通过掏空、改装运输工具藏匿和夹藏货物为手段偷运货物。从香港法律咨询中心检索期限 2022 年 1 月至 12 月，共检索到 29 份相关判案书，经统计被控该罪名行为人的走私方式大部分为驾驶车辆从内地关口经香港管制站入境，而驾驶的该辆车的油箱、座椅、底盘等曾经被人更改结构，且内藏走私物品。

以“伪报、瞒报”为手段的商业瞒骗活动不断发生。一些不法分子在港澳地区设立“国际贸易公司”等皮包公司，将国外生产的物品通过皮包公司进行虚假申报，而后将在港澳转运的货物更换包装、简易加工后，用上“香港制造”“澳门制造”的标签进行包装，以“过桥”的方式进入内地，从而实现零关税进口到内地的市场，骗取关税政策优惠。

（四）走私犯罪出现与洗钱、新型犯罪相结合的趋势

随着大湾区建设推进，走私犯罪还与其他经济犯罪交织在一起，表现形式更为复杂。由于走私犯罪涉及资金流动、外汇管理等多个资金流通的内容，走私犯罪完成后，

走私分子为逃避侦查，往往会将大量违法所得通过地下钱庄跨境流进流出，给侦查取证、追赃挽损等增大难度。[①] 并且，在国际经济贸易不断发展的过程中，走私犯罪逐渐出现了与新业态、新技术伴生的新型犯罪。如随着电商经济的发展，行为人利用跨境电商走私，引发新型犯罪，且该类案件中往往会涉及一些专业性极强的内容，如外贸规则、商业惯例、海关专业术语等。

二、粤港澳大湾区跨境走私犯罪中检察协作的现状及存在的问题

从上述案件情况分析可看出，目前涉港澳的跨境走私犯罪已对大湾区经济发展造成了阻碍，严重制约了市场经济的有序健康发展。在当前大湾区各地经济互通互融程度不断提高的情况下，粤港澳三地不同法域间法律制度的冲突，对跨境刑事司法协助造成了一定的阻碍，进而使得跨境走私犯罪的打击和治理困难重重。

（一）跨境走私犯罪中刑事司法协作的主要方式

实践中，粤港澳三地打击跨境走私犯罪运用较多的就是个案协查机制。个案协查机制是内地与港澳司法机关就某一刑事案件，通过内地和港澳地区在刑事个案中提供的协助，打击犯罪的司法行为。个案协查机制最初是为了打击职务犯罪而开展的一项合作实验，随着粤港澳地区交流、合作关系的日益密切，涉港澳跨境犯罪的种类、数量也不断增加，这些新的动向对个案协查机制提出了新的要求。目前，在个案协查工作积累了丰富的实践经验的同时，个案协查机制的范围已经由职务犯罪逐步扩大到走私犯罪、毒品犯罪等跨境型犯罪案件中。

当前，内地与港澳司法机关在案件协查工作中达成了较为统一的共识，包括情报动向信息交流、追赃、调查取证、送达文书等。但个案协查机制始终缺乏规范化和程序化的工作规定，日渐复杂化的犯罪问题难以得到有效解决。比如调查取证的审批程序烦琐、调取证人证言客观阻力大以及赃款赃物的移交难等一系列问题的存在，导致区际刑事司法协作的效率低下。

（二）跨境走私犯罪中检察协作的困境

1. 粤港澳区际刑事司法协作的法律机制仍待完善

近年来，在“和平统一、一国两制”的大方针下，两岸暨港澳间不断加强司法协作配合，2005 年澳门地区与香港地区签订了《澳门特别行政区政府与香港特别行政区政府关于移交被判刑人的安排》，2009 年大陆与台湾地区签订了《海峡两岸共同打击犯罪及司法互助协议》。在粤港澳大湾区协同发展的同时，刑事司法协助、合作的内容从个案协作等拓展深化到了刑事证据调取、犯罪嫌疑人移交、强制措施执行、赃款赃物追缴

① 简洁:《走私犯罪呈现与洗钱等多种犯罪交叉竞合等特点》，载《检察日报》2023 年 4 月 11 日。

等多方面。[①] 但上述深化协作的内容更多是宏观的方向性内容，对于因法律制度差异产生的阻碍刑事司法协作的各类实质性因素并未进行细致考虑，由此使得粤港澳司法协作的内容相对粗泛，许多内容需要内地与港澳进一步明确才能予以实施，该方面内容的不完善，导致内地与港澳开展区际刑事司法协助不畅，给三地的犯罪分子实施跨区域犯罪、犯罪后逃匿、转移赃款赃物等逃避法律制裁的行为提供了可乘之机。[②] 而跨境走私犯罪有组织化、网络覆盖广、反侦察能力强等特点为检察机关有效打击和指控犯罪造成了很大的困难，对粤港澳三地司法机关之间的刑事司法协助提出了更高要求，当前对跨境走私犯罪的打击主要还是依靠粤港澳三地公安机关开展的联合行动，相比于检察机关，内地公安机关与港澳警方在走私犯罪案件中的合作方沟通机制、合作效果、合作范围等方面的协作更为有效，成果更大，检察机关在审查逮捕、审查起诉阶段涉及港澳证据的调取等一般都是依赖于粤港澳公安机关之间的侦查协作，内地与港澳之间在办理走私案件中的检察协作十分有限。无法可依、无章可循、协助范围与方式界定模糊、审批程序烦琐等现实问题是制约粤港澳检察机关开展刑事司法协助的主要原因，亟须有明确的粤港澳区际刑事司法协助的法律机制提供遵循。

2009 年、2013 年，最高人民检察院会同全国人大法工委、最高人民法院等部门先后和澳门检察机关、香港特保安局等方面就内地与港澳《刑事司法协助的安排》进行磋商，但并未在实践中取得实质性的进展。根据港澳基本法，港澳和内地可以通过协商进行司法联系和协助，但在实践过程中内地与港澳因各种阻碍因素，并未达成更深层次的刑事司法协助共识或形成统一的刑事司法协助等制度规范。

2. 粤港澳三地司法制度不协调

基于“一国两制”，港澳在立法权、司法权与行政权的行使上保留着较大的自主性，在对跨粤港澳三地的走私犯罪实施打击时，粤港澳地区的司法管辖权存在不协调的情况，甚至产生冲突，成为司法实践中打击大湾区走私犯罪必须要突破的瓶颈。

在实体法方面，内地与港澳在走私犯罪上的罪名、行为类型以及相关刑事立法规定存在明显差异。尽管常见走私犯罪主要内容是相同的，但是罪名范围的类型却存在差异，走私属于违反我国刑法破坏社会主义市场经济秩序的犯罪，其中如走私普通货物、物品行为，内地刑法规定的罪名为“走私普通货物、物品罪”，但在香港并没有具体刑法条文，法官在判案时引用的是香港地区的法例以及判例，罪名则为“输入或输出未列船单的货物”。一个同样的行为在内地与港澳所规定的罪名却并不相同，使得法律适用也并不相同，甚至还存在涉及不同处罚或者不作为犯罪进行处置的情况。[③] 同一种犯罪

① 李晨光、黄嘉慧:《略论粤港澳大湾区经济犯罪警务合作制度的完善》，载《山西警察学院学报》2020 年第 2 期。

② 陈雷:《我国区际刑事司法合作的实践与发展》，载《国家检察官学院学报》2013 年第 5 期。

③ 陈茂华:《两岸刑事实体法差异对合作打击跨境犯罪之影响及对策》，载《福建警察学院学报》2012 年第 1 期。

行为可能会因为港澳两地与内地之间存在的司法制度差异而出现不同性质的法律结果，特别是内地与港澳走私分子相互勾结的案件，由于走私分子处在不同法律制度管辖之下，内地认为构成犯罪的在港澳则不认为是犯罪，或者是港澳认为是犯罪在内地却做无罪或轻罪处理等，这就会出现“同案不同判”的为难局面。

在程序法方面，港澳与内地证据规则上存在着显著差异。如内地刑事诉讼法明确规定证人的法定作证义务，而港澳却赋予证人拒绝作证的权利，因此在实务中就会出现在内地刑事诉讼法必须作证的证人，到了港澳就可以拒绝作证的矛盾现象。又如在刑事诉讼过程中，如果内地警方提供的资料没有在庭审中调查或者审查，则将会被视作违反《澳门刑事诉讼法典》第336条关于证据效力的规定，最后导致证据不被采信。上述证据规则上的差异，阻碍了大湾区刑事侦查工作的顺利进行，也必将影响着在实体审查上的结果。

3. 粤港澳检控职能机构设置有差异

粤港澳三地处在“一国两制三法域”的境地，制度的差异导致粤港澳在机构设置上的职能安排差异较大，特别是港澳地区行使检察职能的机关相对混杂，并不完全与内地的检察机关职能相对应。如香港涉及刑事案件的部门中并没有检察机关，相关的刑事检控工作大部份由律政司辖下刑事检控科的法庭检控主任负责，而澳门涉及刑事案件的检察院虽然与内地检察机关相似，由检察院承担控告、起诉职能，但澳门检察院职能与内地却又并不完全一致。① 粤港澳履行检控职能机关的职权划分差异，导致可能会出现多个机关都对同一案件有着处理的权限，但却没有及时有效协作的尴尬局面，此类问题在一定程度上制约着粤港澳司法机关的有效协作。

4. 粤港澳跨境走私犯罪取证困难

当前走私犯罪日益集团化、有组织化，犯罪手段更加隐蔽，更加智能，犯罪网络广、链条长，完整地恢复和还原走私犯罪的全过程是全面打击犯罪和有效指控犯罪的关键，因此在跨境走私犯罪中的取证问题显得尤为重要，但在内地与港澳地区之间的调查取证工作却存在不少困难。

一是调查取证程序烦琐且耗时长。在调查取证上，根据规定内地与港澳双方可以相互委托调查取证，但是耗时长，导致检察人员办案压力增大的同时，办案效率也变得低下。

当前主要的跨境调查取证方式包括：一是派员在协助方的协助下自行进行调查；二是委托对方代为调查。内地与港澳可通过内地最高人民法院或者高级人民法院和香港政务司行政署、澳门特别行政区终审法院进行，并分别在6个月、3个月内完成。而两种协查方式的审批程序都较为严格，需要经历请示汇报、联系协商、联系对口部门的审查安排，以及协查开始后如何深入进行办案活动等复杂的程序问题，需要一定的审批周期

① 黄维玉：《检察机关服务保障粤港澳大湾区建设探略》，载《珠海特区报》2020年4月13日。

和准备时间。[①] 但在实际办案中，特别是一些新类型的跨境走私集团犯罪，在完成上述审批程序后，犯罪分子很有可能已经将犯罪证据进行消灭、转移，所需要的证据有可能已经灭失，协助调查所取得的证据变得没有任何价值。此外，跨境取证常常处在被动的局面。如内地警方参与取证，内地警方如果要与港澳籍嫌疑人见面，往往要先通过港澳警方与嫌疑人进行联系，这时候嫌疑人往往提前应对内地警方的侦查，而且如果嫌疑人拒绝，内地警方就难以对其进行讯问。

二是跨境走私犯罪涉案证据易灭失。内地与港澳地区的走私犯罪分子之间通常是通过非实名注册或者虚假实名注册的手机卡进行联系，多用绰号备注姓名，并且还经常通过定期销毁账册账本及现金交易记录等方式减小犯罪证据留存的可能性，而侦查机关在调取境外证据时需要经历层层请示汇报，导致取证周期较长，在这个过程中，容易发生电子证据和书证灭失的情况。

三是内地与港澳互相提供的情报资料，要如何转化才能成为符合请求方具有证据资格的合法证据。特别是涉及信息化犯罪的跨境电商走私犯罪，内地与港澳均有其实施犯罪的电子证据材料，但该类型的证据如何提取也是一大问题。尽管能够取得证据，但是收集到的境外证据也可能会因为证据缺乏合法性等问题导致不能被采信。[②] 虽然有检察机关设立“涉港澳个案协查办公室”，通过依托内地与港澳检察联系的平台，协助调查取证，但这种协作方式并没有在粤港澳大湾区之间形成规范化、常态化的机制，且调查取证的证据认定等问题仍然亟待解决。

四是跨境走私犯罪的取证需求大。实践中的跨境走私犯罪案件呈现出明显的流水作业特点，犯罪团伙分工有序，并且常常采用单线联系的方式，擅长反侦查和钻监管漏洞，大部分的涉案人员往往只是涉及其中某个环节，有的甚至不知道自己的行为系犯罪行为，这些人通常无法把握犯罪的全过程，而在内地办理的走私犯罪案件中，大部分抓获的都是协助搬运、望风的犯罪最下游人员，而一些首要分子或犯罪集团的骨干成员往往在港澳地区隐蔽起来进行遥控指挥。对于这类型的走私犯罪，证据涉及面广，对境外取证的需求量大，烦琐的境外取证程序使得跨境走私犯罪的取证工作难上加难。

5. 粤港澳跨境走私犯罪的犯罪主体信息获取程序复杂

在涉港澳跨境走私犯罪案件中，不少案件是港澳籍犯罪分子到内地策划实施、组织走私犯罪活动，但这些人的身份信息、违法记录等往往难以查明。一方面，港澳籍犯罪嫌疑人信息的查询较为烦琐且耗时，在港澳地区，大部分人口、财产信息资料都是以个人的姓名和身份证号码作为检索条件的，因此准确地提供被调查者的姓名、身份证号码、住址等信息，能够大大缩短查询调取的时间。但在案件办理初期，内地司法机关对于这些境外的犯罪嫌疑人的信息通常掌握得不怎么详细，导致在获取犯罪主体信息这一

① 曹苏明:《职务犯罪侦查赴港取证探析》，载《人民检察》2011 年第 4 期。

② 林思含:《跨境经济犯罪治理研究——以粤港澳大湾区跨境经济犯罪治理为视角》，载《上海政法学院学报》2022 年第 2 期。

环节耗费的时间较多。

另一方面，港澳籍犯罪嫌疑人前科资料的调查程序也十分烦琐，实践中想要调取查询港澳籍犯罪嫌疑人的前科记录，要经过向广东省人民检察院申请、与港澳司法机关联系等程序，十分浪费司法成本，前科记录的难以调取使得在量刑方面无法进行准确的裁量，也难以考证其社会危险性，对案件办理徒增许多障碍。

三、完善粤港澳大湾区跨境走私犯罪治理的路径设想

（一）构建司法协作机制，细化司法协作内容

为进一步提高区际刑事司法协作的规范性和高效性，增进内地与港澳地区司法协助机制的畅通、便捷性，在内地与港澳之间签订双边或多边刑事司法协助协议有一定的必要性和可行性。

首先，近些年来，内地与港澳地区之间在个案协查的相互合作的过程中，已经积累了相当的协助经验，也形成了一些行之有效的方式方法，这些实践中积累的经验和方法是签订区际刑事司法协作协议的良好开端，能提供有效的指引和参考。

其次，随着粤港澳大湾区建设的不断推进，形成全面开放新局面的同时，内地与港澳地区之间的经贸合作也变得更加紧密，这也给粤港澳签订刑事司法协作协议带来了更多的可能。

最后，内地与香港和澳门特别行政区之间在民商事领域也分别签署了《民商事司法文书送达的安排》《民商事司法文书送达和委托调取证据的安排》《相互认可和执行生效判决的安排》，在制定区际刑事司法协作协议时，可借鉴三地在民商事司法协作中的经验与国际刑事司法协作的经验做法。

诚然，制定一份完备的区际刑事司法协作协议是一项极为复杂的系统工程，不可能一蹴而就，应当分阶段、有步骤、有程序地推进。在制定区际刑事司法协作协议时，可就各项事项如调查取证、文书送达等专项内容按照先易后难、先局部后整体的方式分步骤地、分项签订协作协议，再不断发掘这些协议运作过程中存在的问题和有益的经验，逐步签订、完善其他事项的协作协议，成熟一项签订一项，最终形成完备的区际刑事司法协作协议。

（二）建立互通信息网络，实现信息交流共享

探索建立一个完备、高效、共享的犯罪信息互通网络能够为粤港澳刑事司法协助的深入开展提供强有效的工作保障机制。内地与港澳地区应形成内部合作的犯罪信息网络，以便满足司法机关及时有效开展协作打击犯罪、及时根据办案需要协助对方收集犯罪情报及前科信息，以及惩处已决犯罪。粤港澳三地警方已在网络信息交流平台方面有过探索实践，2009 年 8 月，粤港澳警方在广州签署了“网上合作平台建设谅解备忘录”，建立了网上合作平台，基于加密电邮专线系统，在不违反个人隐私条例和各法域法律

的前提下，三地互相分享警务信息，其中包括犯罪动态、法律法规、警讯交流、联络工作及线索协查等。基于此，粤港澳三地可探索建立一个犯罪信息互通网络平台，不仅仅包括警方的资源信息，还可延伸至检察机关的资源信息，在不违反本法域法律的情况下，可以相互通报对方所需的有关信息，实现信息的共享。同时，可以定期召开信息交流会议，就信息交流的相关问题和程序进行研究，实现跨境犯罪的高效办理、高效打击。

（三）加强交流协作配合，形成共治犯罪合力

粤港澳三地之间这些年来始终未能签署正式的刑事司法合作相关协议安排，刑事司法协助工作没有一个大的突破，其中一个重要的原因就是三地之间的司法机关因沟通不足而缺乏了解和互信。因此，在建立刑事司法协作机制以外，还需要不断加强粤港澳三地司法机关之间的沟通交流，使得三地之间司法机关和人员的友好交流成为刑事司法协助顺畅、高效的助推器。

一方面，定期召开粤港澳大湾区刑事司法协作工作座谈会，全面总结广东、香港、澳门在刑事司法协助过程中的良好成效和经验做法，深入探讨刑事司法协助过程中存在的矛盾和问题，共商解决方式和对策。2005 年开始，经最高人民检察院同意，粤港澳三地的执法机关轮流主办每年召开一次个案协查的座谈会，围绕协查机制的规范、协查效率的提高和协查中遇到的问题的应对以及解决方式进行深入探讨。在此基础上，粤港澳三地的司法机关可探索召开粤港澳三地刑事司法协作工作座谈会，并适当扩大参会人员范围，邀请三地研究相关领域的知名学者参加，在探讨和研究中，为粤港澳刑事司法协作机制的构建和完善不断助力。

另一方面，积极开展粤港澳三地之间司法机关的交流学习。刑事司法协助工作水平和效率的提高，除了需要有相应的机制保障外，还需要有强大的司法人才队伍保障。[①] 这既需要加强对司法人员的培训力度，丰富其对各法域相关法律制度和程序规定的了解，更需要加强三地之间司法机关工作人员的交流学习，深入了解对方司法机关的工作机制，才能够为三地的刑事司法互助工作更加顺畅，同时也能为丰富刑事司法协作机制思路和内容的完善提供丰富的实践素材，从而构建更加合理的粤港澳大湾区刑事司法协作机制。

（四）采取打防结合措施，源头治理走私犯罪

走私犯罪与传统的人身、财产犯罪不同，这背后不仅有人的贪利性，更折射出涉案人员法律意识薄弱、相关单位企业机制缺失、有关管理部门监管不力的问题。与此同时，粤港澳大湾区建设是在“一国两制”背景下开展的，没有任何经验可供借鉴，在三地之间的交流往来不断探索和尝试的过程中出台的政策、规定等，难免会存在漏洞和不足。这一系列消极因素的叠加对跨境走私犯罪起到了推波助澜的作用，因此，只对跨境

① 马进保：《我国内地与港澳的区际司法协助与机制构建》，载《河北法学》2008 年第 3 期。

走私犯罪进行刑事处罚难免治标不治本，这就要求检察机关在跨境走私犯罪治理中应当同时注重事后处罚和事前预防，在跨境走私犯罪刑事检察工作中融入社会综合治理。一方面，对于因法律意识淡薄而涉案的单位及人员，检察机关应当主动去调查和了解涉案单位的经营状况和监管缺陷，通过向其制发检察建议等方式，帮助其提高守法意识，完善合法经营机制，堵塞管理漏洞。另一方面，检察机关在办理案件时，要充分发挥以点带面的效应，对跨境走私犯罪背后反映的经济管理制度的漏洞、社会监管机制的不足，以及某一行业发现的普遍问题制发检察建议，提醒和建议监管部门予以重视并加以整改，消除跨境走私犯罪分子可利用的各种漏洞、隐患，有效抑制跨境走私犯罪的蔓延。

走私犯罪治理研究

“三次通关”型走私案件的司法实践困境与纾解

何文苑　陈拔志　吴　梵*

摘　要　“三次通关”型走私作为典型轻罪，是积极刑法观和刑罚轻缓化两大思潮推动下的结果，打击“三次通关”型走私既要坚持“严”的一面，做到治罪严密，也要坚持“宽”的一面，做到严而不厉。当前“三次通关”型走私案件处理还存在司法理念滞后、入刑标准模糊、刑罚执行方式不灵活和犯罪附随后果严厉等问题。检察机关应当更新司法理念，坚持治罪与治理并重，从前、中、末三端发力，进一步细化入刑标准、提升办案效率、优化刑罚执行方式、探索建立轻微犯罪记录封存制度，疏通“三次通关”型走私案件的治理堵点，实现质量、效率、效果的有机统一，高质效办好每一个“三次通关”型走私案件。

关键词　“三次通关”型走私　宽严相济　入刑标准　刑罚执行　附随后果

一、“三次通关”型走私[①]入罪的立法背景

（一）积极刑法观和刑罚轻缓化思潮推动下的轻罪扩展

2024年7月18日，中国共产党第二十届三中全会通过的《中共中央关于进一步全面深化改革，推进中国式现代化的决定》明确提出“建立轻微犯罪记录封存制度”，这项决定标志着我国的轻微犯罪前科制度迈出了重大一步。

近年来，我国刑事犯罪结构发生重大变化，刑事犯罪结构轻罪化的趋势愈加明显。一是重罪的总量和占比出现大幅下降。最高人民检察院2020年10月15日在第十三届全国人民代表大会常务委员会第二十二次会议上作的《关于人民检察院适用认罪认罚从宽制度情况的报告》中明确指出，近二十年来，刑事案件总量不断增加，检察机关

---

*　何文苑，广东省珠海市人民检察院法律政策研究室副主任、一级检察官；陈拔志，广东省珠海市人民检察院第五检察部五级检察官助理；吴梵，广东省珠海市人民检察院第三检察部五级检察官助理。

①　“三次通关”型走私指的是《中华人民共和国刑法》第153条第1款规定的“一年内曾因走私被给予二次行政处罚后又走私”的行为。

受理审查起诉刑事犯罪从1999年的82.4万人增加到2019年的220万人；刑事犯罪结构发生重大变化，起诉严重暴力犯罪从16.2万人降至6万人。[①] 二是轻罪总量和占比明显上升。根据有关统计，2023年一审判处有期徒刑三年以下的轻罪案件占全部案件的85.5%。[②] 重罪的“双降”和轻罪的“双升”反映出我国犯罪结构已经完成由“重罪主导”“轻重并重”到“轻罪主导”的结构调整。

轻罪总量和占比的“双升”无外乎两种原因，一是新增设轻罪的适用，二是传统重罪的从轻处理。前者体现的是积极刑法观，后者体现的是刑罚轻缓化，二者均是当前世界刑法重要的思想浪潮。

1. 积极刑法观驱动下的立法扩张

近年来，德国、日本、美国等世界各主要国家均出现了大规模犯罪化态势，“各国立法者在最近20年来大多倾向于积极立法观，注重发挥刑事政策的功能，使得刑法逐步从法治背景下的法益保护和自由保障转向兼顾社会防卫的法律”[③]。积极刑法观在理念上主张刑法应广泛地参与社会治理，在立法层面积极增设新罪，以不断扩张刑法的处罚范围来有效保护法益，在司法层面，积极刑法观也会要求司法机关积极解释法律。[④] 积极刑法观对采用刑事手段参与社会治理的积极态度，认为应该适当推动一般违法行为犯罪化，前置和扩展刑罚的打击位点，强化刑法的预防作用，以应对现代社会形态的持续变动和日益增加的社会“风险”，回应民众对社会安定不断增强的需求。

增设轻罪是完善我国当前犯罪体系和结构的必然之举。改革开放以来，中国经济社会发展迅猛，人民生活水平得到大幅提升，对安宁的社会生活的需求也日益高涨，而随着经济社会发展不断涌现的新型危害行为，不但使得公众生活的不安感日渐增强，也不断考验着落后的法秩序。而我国1997年刑法在制定时受限于当时的立法经验，难以满足我国改革开放后日新月异的社会发展和人民群众日益增长的美好生活需要，必然需要通过增设轻罪回应社会治理需要。一是有力回应人民群众对公平正义的需求，从具体个罪来看，无论是《中华人民共和国刑法修正案（八）》增设的醉驾入刑，还是《中华人民共和国刑法修正案（十一）》增设的高空抛物罪、侵害英雄烈士名誉、荣誉罪，在该类型行为入罪之前，无一不引发了汹涌的社会舆论，将其纳入以严厉著称的刑罚体系，对平息社会担忧起到了立竿见影的效果。二是有效推动社会治理体系的完善，以醉驾为例，根据公安部公布的数据，在醉驾入刑的第一个10年里，我国机动车增量为1.81亿

---

① 张军：《最高人民检察院关于人民检察院适用认罪认罚从宽制度情况的报告——2020年10月15日在第十三届全国人民代表大会常务委员会第二十二次会议上》，载《检察日报》2020年10月17日，第2版。

② 靳高风、张雍锭、赵洪洋：《2022—2023年中国犯罪形势分析与预测》，载《中国人民公安大学学报（社会科学版）》2023年第2期。

③ 周光权：《论通过增设轻罪实现妥当的处罚——积极刑法立法观的再阐释》，载《比较法研究》2020年第6期。

④ 王俊：《积极刑法观的反思与批判》，载《法学》2022年第2期。

台、驾驶人增量为2.59亿人，而因酒驾、醉驾导致的伤亡事故较前10年减少了2万余起，[①] 醉驾入刑直接推动了饮酒驾车、醉酒驾车这一顽瘴痼疾得到了有效的治理。三是填补“法无明文”的新型危害行为的治理漏洞，新型危害行为出现后，由于缺乏法律依据，司法上难以规制，而司法的不作为往往会激起民众更加强烈的不满，增设必要的轻罪，对严密刑事法网、弥补法律的滞后性，防止重罪被误用和滥用，维护罪刑法定原则，有着十分重要的意义。

积极刑法观是我国轻罪立法扩张内在的驱动因素。通过不断新增的轻罪，强化刑法在社会治理体系中的地位，发挥治罪在社会治理中的积极作用，正是积极刑法观的核心观点。周光权教授认为，积极刑法立法观在我国已经确立，从晚近多个刑法修正案的制定来看，我国刑事立法已经明显从消极的刑法立法转向积极的侧面，这一状况的出现绝非偶然，刑法通过增设新罪的方式参与社会治理是刚性需求。[②] 其一，从我国刑法的修正历程看，以法定最高刑为3年有期徒刑作为划分标准，1997年刑法规定了413个罪名，其中轻罪79个，占比19.13%，历经多次修订后，截至2024年，刑法规定罪名486个，其中轻罪106个，占比21.18%，轻罪增长了27个，增幅34.18%，我国轻罪扩张的趋势非常明显。其二，从司法实践上来看，2011年醉驾入刑，2021年全国法院审理危险驾驶罪28.5万件，短短10年间危险驾驶罪迅速跃升为审理数排名第一的罪名。[③] 可见，无论是在立法还是司法上，积极刑法观均体现出对轻罪扩张重要的推动作用，是我国犯罪结构轻罪化的主要动因。

2. 刑罚轻缓化驱动下的犯罪结构轻罪化

刑罚轻缓化肇始于18世纪意大利著名刑法学家贝卡利亚，后在“现代刑法学之父”李斯特的教育刑论等重要思想中不断发展壮大，逐渐成为刑事司法体系文明的最主要特征。李斯特指出，将来的刑法必须从所有影响再社会化进程的名誉后果中摆脱出来。但在行为人的此等社会适应能力不再可能被期望时，应当使用最为有效的使之不能犯的方法。[④] 一味追求严厉的刑罚超过了刑罚的必要程度，非但不能有效预防犯罪，更阻碍犯罪人的再社会化进程。因此，刑罚应当在必要程度上不断轻缓化，以有效保障人权。刑罚轻缓化思想驱动了近现代以来世界各国刑事司法体系的变革更新。

有学者在分析我国历次刑法修正案对法定刑调整的基础上提出，现行刑法的历次修正，就各罪名刑罚（法定刑）配置的修改而言，整体上呈现重刑化的基本趋势。[⑤] 一

① 程林杰、刘哲、黄亦程：《“醉驾入刑”十年间减少两万余起伤亡事故》，载《人民公安报》2021年4月29日，第1版。

② 周光权：《论通过增设轻罪实现妥当的处罚——积极刑法立法观的再阐释》，载《比较法研究》2020年第6期。

③ 《全国法院整治年底不立案新闻发布会》，中国法院网，https：//www.court.gov.cn/zixun-xiangqing-332811.html，2024年8月16日。

④ ［德］李斯特（著）、施密特（修订）：《德国刑法教科书（修订译本）》，徐久生译，法制出版社2006年版，第441页。

⑤ 孙万怀、崔晓：《法定刑的修订趋势及其反思》，载《法治现代化研究》2021年第5期。

方面，历次刑法修正案提高法定最高刑和法定最低刑的次数大于降低最高法定刑和最低法定刑的次数；另一方面，为应对经济社会的发展，作为附加刑的罚金的金额也相应提高。但这并不意味着我国的刑法修正案完全没有体现出轻缓化的趋势。

将特定的重罪行为类型轻罪化、从犯行为轻罪化也是实现刑罚轻缓化的方式之一。例如《中华人民共和国刑法修正案（十一）》增设的催收非法债务罪，在增设该罪之前，该类型的犯罪行为应当依据刑法第 293 条寻衅滋事罪定罪处罚，法定最高刑为十年有期徒刑，而该罪增设为刑法第 293 条之一后，法定最高刑仅为三年，毫无疑问催收非法债务的犯罪行为得到了轻缓化的处置。《中华人民共和国刑法修正案（九）》增设的第 286 条之一拒不履行信息网络安全管理义务罪、第 287 条之一非法利用信息网络罪、《中华人民共和国刑法修正案（十一）》增设的第 133 条之二妨碍安全驾驶罪、第 280 条之二冒名顶替罪等等亦同此理。此外，《中华人民共和国刑法修正案（九）》增设的第 287 条之二帮助信息网络犯罪活动罪将帮助行为正犯化，客观缩减了自由裁量空间，也应当认为是轻缓化的方式之一。在历次刑法修正案中上述情况并不少见，因此，刑罚轻缓化亦是当前我国犯罪结构轻罪化的主要原因之一。

（二）“三次通关”型走私入罪的内在逻辑

1. “三次通关”型走私属于典型轻罪

陈兴良教授认为，轻罪之意涵应该进一步区分为纯正轻罪与不纯正轻罪，前者是指最高法定刑为 3 年有期徒刑以下的犯罪；后者是指该罪的法定刑中包含 3 年以下有期徒刑的量刑幅度，该幅度内的犯罪就属于轻罪，也可以称为罪量意义上的轻罪。[①]《中华人民共和国刑法》第 153 条第 1 款第 1 项规定：“走私货物、物品偷逃应缴税额较大或者一年内曾因走私被给予二次行政处罚后又走私的，处三年以下有期徒刑或者拘役，并处偷逃应缴税额一倍以上五倍以下罚金。”可见，“三次通关”型走私案件最高法定刑为 3 年有期徒刑以下，属于前述所提纯正轻罪的范畴。

从 Z 市司法实践来看，“三次通关”型走私行为的宣告刑也均为拘役刑，也属于轻罪。例如 2022 年，拱北海关所属闸口海关缉私分局在拱北口岸和港珠澳大桥口岸共立案侦办“一年三次”“水客”走私入刑类案件 215 宗，全年共移诉涉案人员 202 人，获法院判决案件 172 宗 172 人，其中最高被判处拘役 1 个月 20 日，最高被判处罚金人民币 6 万元。[②] 无论是从立法还是司法实践来看，“三次通关”型走私行为与普通走私犯罪存在刑罚上的本质区别，普通走私犯罪最高刑期为无期徒刑，司法实践多适用有期徒刑，“三次通关”型走私行为最高刑期为 3 年有期徒刑以下，司法实践适用的刑罚均系拘役刑，因此，“三次通关”型走私是典型的轻罪。

---

① 陈兴良：《轻罪治理的理论思考》，载《中国刑事法杂志》2023 年第 3 期。

② 《2022 年闸口海关缉私分局立案侦办“三次入刑”案件 215 宗》，载拱关微发布微信公众号平台，2023 年 1 月 20 日，2024 年 8 月 16 日。

2.“三次通关”型走私入罪的双重背景

“三次通关”型走私入罪，不但有打击职业“水客”采用化整为零、“蚂蚁搬家”式走私的目的，亦有不断规范小额多次型走私犯罪定罪量刑的客观需求，兼具积极刑法观和刑法轻缓化的双重特点。

一是立足社会治理需求。在《中华人民共和国刑法修正案（八）》增设“三次通关”型走私行为入罪之前，毗连港澳等Z市通关地小额多次型走私犯罪日益猖獗，甚至形成了以走私为生的“水客”[①]，通过频繁随身携带小额涉税货物、物品往返港澳与内地之间进行牟利，严重危害国家税收秩序和对外贸易秩序。以卓某某团伙行李藏匿走私酒案为例。2022年1月至2023年3月，卓某某向多个境外供货商订购葡萄酒、白酒等货物，由境外供货商安排“水客”通过夹藏瞒报的方式将货物从澳门走私进境后，销售给境内客户牟利，不到一年的时间内，该团伙走私酒案值高达3.1亿元。[②] 如前案所呈现的，“三次通关”型走私背靠陆路关口庞大的过关人群，可以迅速组织起大规模的“水客”，通过“蚂蚁搬家”式走私，短时间内就可以给国家造成巨额税款损失。而在“三次通关”型走私入罪之前，行为人走私普通货物、物品偷逃税款的数额只有达到起刑点，才可能被认定为犯罪，给职业“水客”留下了违法犯罪的空间。“三次通关”型走私类案件入刑打破了普通走私只以偷逃税款的数额作为标准的立法模式，以走私行为被行政处罚的次数为核心独立构建起了一种新型的走私犯罪类型，有效填补了国家税收秩序管理漏洞，提高了国家税收治理水平。

二是优化了小额多次走私犯罪的治罪模式。“三次通关”型走私入罪对规范通关行为起到了一定的行为规制作用。在“三次通关”型走私入罪之前，无论是港澳居民还是内地游客，在走私相关规定方面法律意识淡薄，主动了解通关法律知识的意愿不强，往往是在走私数额累计达到起刑点，甚至因携带海马干、穿山甲等国家禁止进出口的货物、物品，触犯了更加严重的犯罪被处以严厉刑罚时方才悔悟。而“三次通关”型走私入罪起到了非常好的警示教育效果，客观上推动通关旅客了解相关法律，避免触犯更重的犯罪，也起到了轻缓化的治罪效果。

3. 从入罪背景中延伸出的治罪逻辑

“三次通关”型走私行为入刑显示了刑法在社会治理中的积极意义，强化了刑法打击走私行为的积极作用，这体现了“三次通关”型走私犯罪中“严”的一面；而“三次通关”型走私只是走私犯罪的附属环节，限定最高法定刑上限，实现自由裁量的限缩和通关行为的引导，这是“三次通关”型走私犯罪中“宽”的一面。因此，从“三次通关”型走私入刑的立法背景上看，宽严相济刑事政策是“三次通关”型走私犯罪治罪的根本逻辑。

---

① “水客”指的是以牟利为目的，经常性通过随身携带涉税货物参与跨关走私、赚取费用的人。

②《雇水客走私红酒 主犯获刑十二年》，载拱关微发布微信公众号平台，2024年9月10日。

首要是把握“严”的逻辑。储槐植教授曾提出不严不厉、又严又厉、严而不厉、厉而不严四种刑罚的结构，并建议我国刑法的结构应从厉而不严转向严而不厉，[①] 得到了学者的广泛认可。具体到“三次通关”型走私犯罪中，“严”指的应当是严密而非严厉，“三次通关”型走私入刑，目的是织密刑事法网，填补刑法漏洞，有效打击走私犯罪。因此，司法机关在司法实践中必须严格依法，准确把握入罪出罪标准，提高“三次通关”型走私犯罪在定罪量刑环节的准确性，确保刑法在社会治理中有效发挥作用。

同时要把握“宽”的逻辑。一是从“三次通关”型走私犯罪本身来看，其兼具犯罪数额小、从属性等特点，其本质仍系轻罪，不应处以过于严厉的处罚。我们在肯定刑法在社会治理中的作用的同时，也应当警惕刑罚万能论的思维陷阱，必须警惕轻罪扩张致使我国刑法结构走向又严又厉的结构，这不仅会导致我国刑法的犯罪治理现代化的结构转型难以完成，而且也与人类文明的发展进程背道而驰。[②] 无论“三次通关”型走私入罪的必要性多强，也不能将社会治理的必要性超脱于罪责之上，对其处以不必要的刑罚。二是从刑事责任体系来看，我国刑事责任体系的完善远滞后于犯罪结构的扩张，轻罪犯罪行为人在很多方面仍然面临着和重罪犯罪行为人一样的处遇。以犯罪的附随后果为例，我国法律、行政法规中关于犯罪附随后果的规定数量庞大，随着犯罪化进程的推进，此类规定产生的严重负面效应更加凸显，甚至阻碍犯罪化功能的实现。[③] 一部分轻罪给犯罪人带来的负面效应远甚于应当承担的刑事责任，有违刑罚轻缓化的价值理念，同时不利于犯罪人再社会化。[④] 因此，在轻罪配套的轻缓化治罪和治理仍然在进一步完善的当下，要不断更新司法理念，避免“三次通关”型走私罪犯沦为社会治理宏大主题的牺牲品，有效保障“三次通关”型走私犯罪“宽”的一面的落实。

无论是积极刑法观还是刑罚轻缓化，其本质均是追求建立更加文明高效的现代化治理体系，既要当罚则罚，更要该宽则宽。因此，在严密刑事法网，有效打击走私犯罪的同时，也要坚持准确落实宽严相济刑事政策，在“三次通关”型走私的治罪中避免罚过其罪的“厉”的负面影响，实现“严而不厉”的良好效果。

二、“三次通关”型走私案件的实践困境

《刑法修正案（八）》对《刑法》第153条第1款进行了修改，增加了关于“三次通关”型走私的规定。“三次通关”型走私行为因涉及的犯罪人群相对固定，主要为内地与港澳往返通关的极少数人群，因此，“三次通关”型走私行为未能引起司法实践的足

---

① 储槐植：《刑事一体化论要》，北京大学出版社2007年版，第53—67页。

② 刘艳红：《犯罪圈均衡化与刑罚轻缓化：轻罪时代我国刑事立法发展方向》，载《中国刑事法杂志》2024年第1期。

③ 徐久生、师晓东：《犯罪化背景下犯罪附随后果的重构》，载《中南大学学报（社会科学版）》2019年第6期。

④ 周光权：《论通过增设轻罪实现妥当的处罚——积极刑法立法观的再阐释》，载《比较法研究》2020年第6期。

够重视，司法实践鲜有研究“三次通关”型走私行为的罪与罚问题，但是从现行司法实践来看，“三次通关”型行为已经成为了我国现行司法中处罚最轻的罪名之一。“三次通关”型走私行为在司法实践中存在治罪与治理等多方面问题，“三次通关”型走私行为的罪与罚问题应当引起司法实践的重视和研究。

从《刑法修正案（八）》施行到现在，“三次通关”型走私行为入刑迄今已经有13年了。从司法实践的效果来看，在一定程度上有效震慑了走私行为人，发挥了刑法的行为规范功能。但是从Z市现有的司法实践来看，被提起公诉的犯罪嫌疑人大部分为年长、受教育程度低下的人员，偷逃税款的数额一般在50—5000元。基于现有司法解释并未对前述所提及的“又走私”的数额作出明确解释，侦查机关掌握的“三次通关”型走私行为的入刑标准就是再次构成行政处罚的标准，也即行为人在受到二次行政处罚后，如果再次走私的货物、物品偷逃税款的数额在人民币50元以上，就构成了“三次通关”型的走私普通货物罪。在这种实践操作下，以刑罚作为处罚手段，去评价原来只需要行政处罚、情节相对比较轻微的“三次通关”型走私行为，是否合理，值得我们进一步分析和反思。

通过对既有司法实践的分析，目前“三次通关”型走私案件存在以下困境有待纾解：

（一）司法理念有待进一步转变

我国传统治罪模式强调通过刑罚的打击达到社会治理的目的，但是如前所述，目前，我国刑事犯罪结构已经发生了重大变化，“三次通关”型走私行为属于典型的轻罪，在办理“三次通关”型走私案件时，不能只是注重通过刑罚的打击来达到犯罪治理的目的，检察机关在司法实践中，应当主动适应犯罪治理的新形势，坚持治罪与治理并重。Z市的司法实践如下图所示：

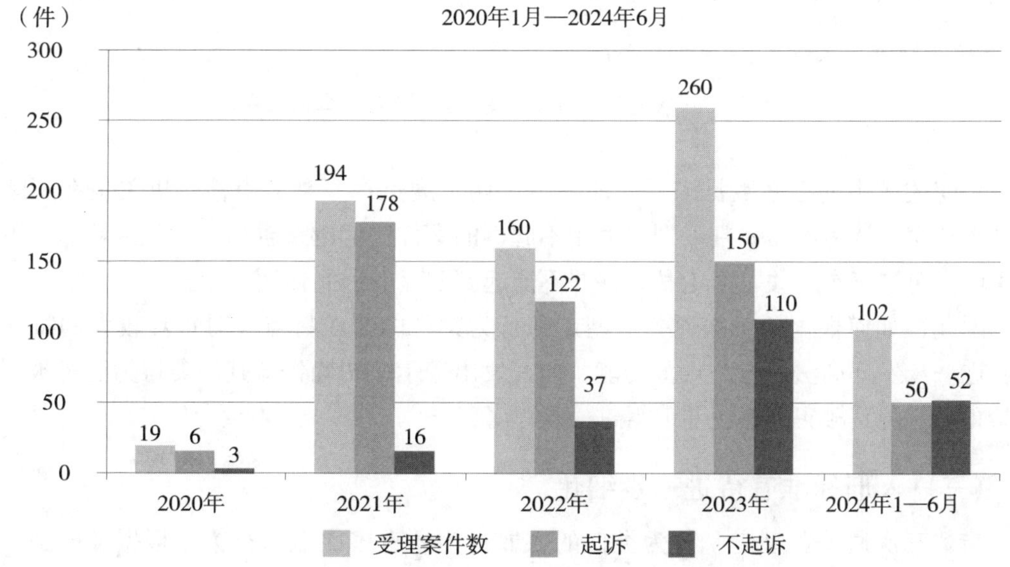

图1 “三次通关”型走私案件办理的司法实践情况

从Z市受理案件的数量来看，“三次通关”型走私案件在司法实践中无明显的数量下降趋势，适用不起诉的案件比例越来越高。

（二）刑法的行为规范功能有待进一步发挥

Z市被提起公诉的犯罪嫌疑人的年龄如下图所示，“三次通关”型走私案件50岁以上占到了42.13%，其中61—70岁的占到16.34%，而50岁以下年龄段中，41—50岁的占到了22.64%，被提起公诉的嫌疑人大部分年龄较大。

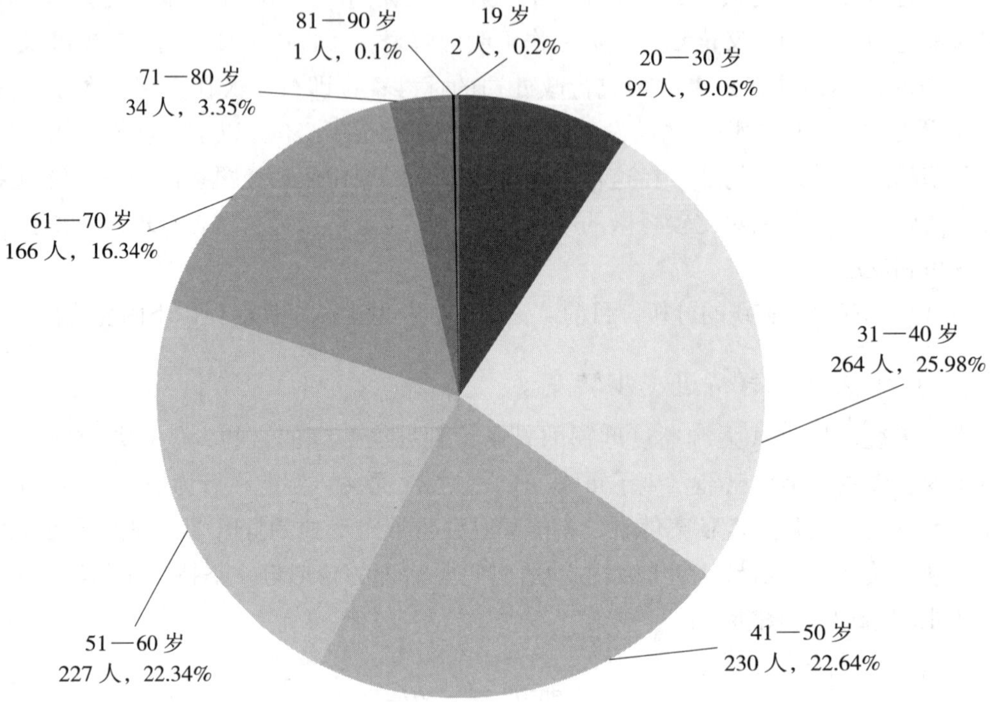

注：数据统计时间为2024年1月至2024年6月

图2 “三次通关”型走私案被公诉嫌疑人年龄情况

从前述Z市的办案数据来看，能够得出两个观点：一是Z市检察机关也在不断更新办案理念，认为不需要判处刑罚适用不起诉的案件比例越来越高；二是纯粹靠刑事治理手段，对“三次通关”型走私案件并不能起到明显的遏制作用。

因此，如何根据“三次通关”型走私行为案件的罪质特点，对年龄较大的特殊群体，进一步发挥刑法的行为规范功能，向其发出警示，明确告知其该类行为已经被刑法所禁止，避免其触犯刑事犯罪值得进一步思考。

（三）入刑标准有待进一步细化

与“三次通关”型走私行为类似的入罪行为还有多次盗窃行为，根据《刑法》第264条的规定，盗窃公私财物，数额较大的，或者多次盗窃、入户盗窃、携带凶器盗窃、扒窃的，处三年以下有期徒刑、拘役或者管制，并处或者单处罚金，根据上述刑法条文的表述，盗窃罪也是打破了传统盗窃犯罪只以数额作为标准的立法模式，以盗窃的次数（根据相关司法解释的规定，两年内盗窃3次以上）为核心独立构建起了一种盗窃的犯罪类型。

司法实践对于多次盗窃行为的认定也经历了一个逐渐变化的认识过程。最高人民检察院发布的第五十二批指导性案例中，朱某涉嫌盗窃不批捕复议复核案①，该案的指导意义明确指出，审查认定犯罪应当依法准确把握是否具有严重社会危害性的本质特征。理解把握“多次盗窃”的规定，应坚持实质解释，不能简单认为只要“多次盗窃”就一律作为犯罪惩处。也即在办案时，审查认定行为人的多次盗窃行为是否构成犯罪时，还是应当坚持实质解释，不应当只是以次数作为简单的认定标准。

司法实践中，侦查机关依据《中华人民共和国进出口关税条例》第45条第1款第1项规定，“下列进出口货物，免征关税：（一）关税税额在人民币50元以下的一票货物”，据此认定，行为人只要受过二次行政处罚后，再偷带关税税额在人民币50元以上的一票货物即构成入刑标准，认定行为人构成走私普通货物罪。也即目前，司法实践系以行为人只要一年内实施了三次构成行政处罚的走私行为就认定为构成犯罪，这也是“三次通关”型走私行为简称的由来。本文认为，在对“三次通关”型走私行为认定是否构成犯罪时亦应当坚持实质解释，不能简单地认定法律所规定的“行为人在一年内受到二次行政处罚后，再次走私的”就构成犯罪，对此简单地作文义解释。

（四）刑罚执行模式有待进一步优化

Z市毗邻港澳，是内地唯一与香港澳门陆路相连的城市，“三次通关”型走私案件被提起公诉的很大一部分犯罪嫌疑人系澳门居民，大部分人在内地并无固定住所，经统计，2020年1月至2024年6月，澳门籍犯罪嫌疑人占到了46%。

根据我国现行法律法规规定，判处缓刑需要满足以下条件：一是犯罪情节较轻；二是有悔罪表现；三是没有再犯罪的危险；四是宣告缓刑对所居住社区没有重大不良影响。第四个条件是《刑法修正案（八）》新增加的，而在“三次通关”型走私类案件中这一条件往往却成为了判处缓刑最为重要的条件，因为现行内地与澳门尚无就相关刑罚执行达成区际司法互助。Z市司法实践中曾出现过对澳门居民判处缓刑，却无相应的司法机构肯承担起相应社区矫正责任的情况。而行为人如果被判处缓刑，则在缓刑考察期限内，不得擅自离开居住的县市，而前述所提及“三次通关”型走私的行为人很大一部分均系澳门居民，大部分人在内地并无固定住所，其若回澳门的家，则属于出境了，而这也给“三次通关”型走私的行为人适用缓刑带来了很大的障碍。综上，对“三次通关”型走私的行为人来说，一旦犯罪，则可能会面临比其他行为危害

---

① 朱某涉嫌盗窃不批捕复议复核案（检例第209号），最高人民检察院第52批指导性案例（2024年）。

后果更为严重的行为人更重的刑事处遇：不符合宣告缓刑的适用条件，必须被羁押。

（五）犯罪附随后果有待进一步消除

从司法实践来看，“三次通关”型走私的行为人较大一部分都面临着被提起公诉，也就意味将面临前科记录的问题。因此，从犯罪的附随后果来看，较大一部分“三次通关”型走私的行为人都可能因为其犯罪带来的刑罚处罚记录产生权利或者资格被限制、禁止或者剥夺等后果。在我国，很多情形下，犯罪附随后果没有期限限制。只要犯罪人被宣告有罪并判处刑罚，犯罪附随后果就会终身伴随，从而使犯罪人贴上犯罪的标签。犯罪人除承受法律规定的附随后果外，还会因其犯罪人标签产生负面效应，并存在于工作、生活以及社会活动的各领域各方面，包括有形的活动限制与无形的社会负面评价。①

三、“三次通关”型走私案件“三端发力”的纾困路径

习近平总书记提出关于“法治建设既要抓末端、治已病，更要抓前端、治未病”的要求，如前所述，“三次通关”型走私案件作为轻罪，应当纳入当前犯罪结构变化下犯罪治理的范畴予以考量，因此对“三次通关”型走私案件应当坚持治罪与治理并重，防止出现“重打击轻预防”的现象，以该类型案件的高质效办理，融入国家治理、推动标本兼治。

（一）总体理念：坚持高质效办好每一个“三次通关”型案件

《中共中央关于加强新时代检察机关法律监督工作的意见》指出，各级检察机关要“根据犯罪情况和治安形势变化，准确把握宽严相济刑事政策”“积极参与社会治安防控体系建设，促进提高社会治理法治化水平。”

理念是行动的先导，理念一新天地宽。促进提高社会治理法治化水平应实现新时代司法理念的革新，以“高质效办好每一个案件”回应人民群众对公平正义的期待。“质效”一词是质量、效率、效果的综合体现，检察机关在办理“三次通关”型走私案件时，应当坚持质量、效率、效果的有机统一。“三次通关”型走私案件具有案情简单、同案人数少、多数犯罪嫌疑人被采取取保候审强制措施的特点，尤其要在确保办案质量与办案效果的基础上，进一步提升办案效率，减少当事人的“讼累”，既要“小案不小办”，做好犯罪嫌疑人的释法说理工作，又要使犯罪嫌疑人早日回归正常的工作生活，切实减少社会对抗、增进社会和谐。要“探索推进案件繁简分流、轻重分离、快慢分道机制”。具体到“三次通关”型走私案件的治罪与治理中，“繁简分流、轻重分离、快慢分道”机制的构建，关键在确保质量与效果的前提下提升效率。为此，既要更新理念也要更新路径，

---

① 山东省高级人民法院、首都经济贸易大学联合课题组:《犯罪附随后果研究》，载《人民法院报》2024 年 1 月 11 日。

效仿大禹治水“疏堵结合”的治理模式进行类案的治罪与治理。一是要筑起堤坝、堵住入口，对犯罪情节轻微、依照刑法规定不需要判处刑罚或者免除刑罚的，应严把案件入口关，严格把握入罪入刑标准；二是要疏川导滞、提高流速，对符合条件的“三次通关”型走私案件，检察机关一方面可以适用快速办理机制进行处理，另一方面可以建议人民法院适用普通程序简化审理[①]，努力避免刑事诉讼时间过长给犯罪嫌疑人造成的额外负担；三是要进一步发挥刑法的行为规范功能，增强与海关等相关部门联动，在关口增强对出入境人员“三次入刑”的普法、警示教育，增强与社区、校园联动，以“检察听证+法治宣讲”相结合的方式，提升人民群众对“三次通关”型走私案件的违法性认识及主动参与反走私社会治理的积极性。

综上，针对前述“三次通关”型案件的罪质特点，检察机关应当以“高质效办好每一个案件”的办案理念为统领，以犯罪治理为抓手，全面准确落实宽严相济刑事政策，以新理念统领新路径，具体从前、中、末三端发力，疏通“三次通关”型走私案件的治理堵点。

（二）前端治理：进一步细化入刑标准

如前所述，“三次通关”型走私案件兼具纯正轻罪与不纯正轻罪的类型特点。对于纯正的轻罪而言，入刑标准已然明晰，不存在变动现行立法的必要性，在未来仅需要将社会危害性偏低的行为纳入纯正轻罪的范畴，在此不赘述。而对于不纯正的轻罪而言，狭义上的刑事立法仅仅针对不同罪量划分刑罚幅度，如将走私普通货物、物品罪中的偷逃应缴税额“较大”“巨大”“特别巨大”的分别给予三年以下、十年以下、十年以上的有期徒刑。而具体“较大”“巨大”“特别巨大”的数额，则留给司法解释来明确。同样的例证是盗窃罪的入罪标准问题，同样由狭义刑事立法划分量刑幅度，由司法解释明确具体标准。如上文所述，朱某涉嫌盗窃不批捕复议复核案体现出除了司法解释可以作细化标准之外，司法机关亦应审慎、全面、稳妥运用司法权对具体案件作出实质审查，根据主观恶意、客观事实、社会危害性等方面把好个案的批捕、起诉、审判关。综上，本文认为注重前端治理，细化入刑标准有以下两个举措：

一是司法解释的明晰。应当综合偷逃税额、前科记录等因素，对“三次通关”型走私行为的具体罪量作出进一步明确。进言之，对于“三次通关”型走私行为的罪量问题，司法解释应当对“二次行政处罚后又走私”的“走私”行为进一步明确相关标准，例如以货物种类、货物数量、偷逃税额、前科记录等相关因素进一步明确社会危害性，以期更好指导司法实践。

二是司法机关的依法履职。以检察机关为例，其在犯罪治理前端履行职能的规范基础来自于三个维度：其一，《中华人民共和国刑法》第13条对于犯罪概念的规定，情节

① 因受级别管辖限制，走私类案件均系中院管辖，故无法适用简易程序。

显著轻微、危害不大的行为不认为是犯罪。其二，《中华人民共和国刑事诉讼法》中关于不起诉内容的相关规定。其三，其他法律法规对检察人员职能之规定。综上，正当性问题得以解决。在具体路径上，应当发挥审查起诉阶段的“滤网”作用，以检察人员的亲历性做好个案实质审查，对起诉与否作出个案判断，进一步再实现案件分流。进而，可以在总结个案类型的基础上总结提炼办案规范、工作指引等文件，注重建章立制，具体对涉“三次通关”型走私犯罪案件的货物因素、人员因素、偷逃税额因素、社会危险性因素等作出统一研判，明确相对具体的案件审查标准，更好助力该类型案件的治罪与治理。货物因素可包括货值、货物数量等，人员因素可包括行为人家庭状况、受教育程度、作案时年龄等，偷逃税额因素可包括偷逃税款的数额大小、收取报酬额度等，社会危险性因素可包括违法性认知、违法犯罪前科等。

（三）中端治理：进一步优化刑罚执行方式

贝卡里亚在谈及“刑罚的宽和”议题时认为，只要刑罚的恶果大于犯罪所带来的好处，刑罚就可以收到它的效果。这种大于好处的效果中应该包含的，一是刑罚的坚定性，二是犯罪既得利益的丧失。[①] 如前所述，当前犯罪治理时代议题在刑罚执行方面，具体可体现为刑罚轻缓化的价值取向，并且在“三次通关”型走私类案件的刑罚执行中存在基于涉案区位与人员特点的特殊问题。从历史上看，刑罚轻缓化是人道主义的发展与人权保障的进步的结果，符合人类文明的发展方向。从现实来看，刑罚轻缓化体现了宽严相济的刑事政策，体现了社会和谐和法治进步。[②] 结合司法实践，本文对“三次通关”型走私类案件刑罚执行提出以下二个优化举措：

其一，罚金刑的优化适用。基于贝卡里亚提出的“犯罪既得利益丧失”观点、经济犯罪的案件特点、《中华人民共和国刑法》第153条第1款第1项并处罚金的相关规定，在没收违法所得之外对走私犯罪行为人判处罚金实属必要。具体操作上，可以通过增设限额罚金制和倍比罚金制，增强罚金刑的可预期性[③]，也可以将缴纳罚金作为犯罪嫌疑人适用认罪认罚从宽制度的考量因素、检察人员建议对其符合条件可适用缓刑的前提条件，以此提升轻罪罚金刑的适用。

其二，探索区际司法互助。针对上文提出的对澳门居民缓刑适用难的问题，考虑通过探索区际司法互助的方式，解决无相应的司法机构肯承担起相应社区矫正责任的难题。例如，探索依托设在横琴粤澳深度合作区的有权机关对被执行刑罚人员行使有关监管权责；又如，探索实行出、入境报备制，借鉴如H市司法机关推出的“非羁码”等大数据监督监管手段，避免仅因在境内无固定居所导致澳门居民适用缓刑受限。

---

① ［意］切萨雷·贝卡里亚：《论犯罪与刑罚》，黄风译，北京大学出版社2014年版，第74页。

② 赵秉志、金翼翔：《论刑罚轻缓化的世界背景与中国实践》，载《法律适用》2012年第6期。

③ 陈荣鹏：《轻罪制度研究》，西南政法大学2018年博士学位论文，第211页。

（四）末端治理：建立犯罪记录封存制度

犯罪随附后果问题的治理是犯罪治理领域的“神经末梢”，处于最末端，却决定着机能的正常运转。概言之，学界对于该议题的讨论存在以下三种观点：一是建立轻罪前科消灭制度，即轻罪行为人的前科记录不向社会公开，在其受到刑事处罚或刑满释放的一定期限后，如果其没有再犯罪危险性的，取消择业限制或消灭其前科。[①] 二是轻微犯罪记录封存制度，即对轻微犯罪的犯罪记录不对外公开，封存记录可在特定情形、一定程度上使用。三是删除其他法律、法规有关犯罪附随后果的规定，同时完善刑法中的附加刑（资格刑），将禁止在一定期限内从事特定职务或者职业规定为的资格刑。[②]

在现行社会条件与司法实践中，以第二种路径作为治理犯罪随附后果的问题更为妥当。轻罪前科消灭制度需要直接回应的问题或许在于与现行刑法所规定的“累犯”等制度的价值对冲及适用冲突问题。有学者提出的废除其他法律随附后果、完善刑法中资格刑规定的观点具有独创性及体系性，但考虑到犯罪随附后果在现行社会环境下尚有警示、教育意义，且“三次通关”型走私案件一定程度上依附于前置行政处罚记录而入刑，可作为后续探索的进路更进一步讨论。

《中共中央关于进一步全面深化改革，推进中国式现代化的决定》指出的要“建立轻微犯罪记录封存制度”的要求，是宽严相济刑事政策的应有之义，应作为包括检察机关在内的司法机关依法履职的新抓手，深度结合司法实践中的实际问题与探索路径，助力相关制度的建立、试点与推广。具体而言，可以借鉴未成年人犯罪记录封存制度，采取循序渐进的立法策略，先进行微罪记录封存立法，条件成熟时再进一步推进到轻罪记录封存，并采用设置梯度考验期、精确化封存后果的制度设置[③]，对“三次通关”型走私案件的附随后果采取封存的制度，使相关犯罪记录只能作为司法机关办案依据，作为后续衡量是否需要判处刑罚的依据，消除其入学、就业的负向社会评价属性。

① 周光权：《论刑事一体化视角的危险驾驶罪》，载《政治与法律》2022 年第 2 期。
② 张明楷：《轻罪立法的推进与附随后果的变更》，载《比较法研究》2023 年第 4 期。
③ 李勇、曹艳晓：《中国式微罪记录封存制度之构建》，载《中国检察官》2023 年第 7 期。

小额多次走私犯罪治理问题研究

何亚军　朱　敏*

摘　要　小额多次走私具有明显的地域特点，毗邻港澳地区的案件数量大、占比高，但作为典型的轻刑走私犯罪，其实体入罪标准、程序优化设置、当事人诉讼权利保障等方面存在诸多问题需要探讨，社会综合治理措施亦有进一步强化的必要。本文以珠海市小额多次走私犯罪治理实践为样本，通过透视办案和治理的检察实践，探寻轻刑走私犯罪的有效治理路径。

关键词　小额多次走私　宽严相济　社会治理

一、小额多次走私犯罪实体适用问题

（一）缺乏明确且规范的入罪标准

1. 偷逃税额的认定及标准

《刑法》第153条及其司法解释并未对第三次走私偷逃税额的具体金额进行明确，有观点认为不论入罪标准制定得多低，都会被不法分子利用以逃避刑事打击，如果设置标准，就有违《刑法修正案（八）》打击小额多次走私行为的初衷[①]。从《刑法》第153条的立法构造来看，三次通关走私中“又走私”的偷逃税额数额理论上应为0元以上10万元以下（不包括本数）。但由于走私犯罪系行政犯，其入罪标准和行政执法标准紧密关联，即第三次带货进境的行为需构成行政法意义上的“走私”，而根据《进出口关税条例》《海关进出口货物征税管理办法》有关规定，关税、消费税等税额在50元以下的一票货物免征进出口货物相关税，因此海关对于旅客携带进境的货物征收进出口相关税的起征点是50元。珠海市海关部门的行政执法实践显示，只有小额通关走私的货物偷逃应缴税额达到50元，才认定行为人构成走私，并结合其历次走私行政违法行为判断其是否构成走私犯罪。

最高人民法院《关于审理走私犯罪案件适用法律有关问题的通知》明确，对于一年

*　何亚军，广东省珠海市人民检察院第三检察部副主任、四级高级检察官；朱敏，广东省珠海市人民检察院第三检察部四级检察官助理。

①　《“三次走私”是个什么鬼》，载深圳市人民检察院微信公众号2016年10月25日。

内曾因走私被给予二次行政处罚后又走私需要追究刑事责任的，具体的定罪量刑标准可由各地人民法院结合案件具体情况和本地实际确定。各地人民法院要依法审慎稳妥把握案件的法律适用和政策适用，确保社会效果和法律效果的统一。从已公开的信息看，尚未有省市人民法院通过纪要、通知等形式明确本地区该类案件的定罪量刑标准。由于我国地域辽阔，各地区经济发展状况和社会治安状况不同，相同的犯罪数额所体现的社会危害性及人身危险性也有所不同，故最高人民法院、最高人民检察院针对盗窃、诈骗等常见刑事案件数额标准进行了授权，各省、自治区、直辖市高级人民法院、人民检察院可以根据本地区实际，在规定的数额幅度内，共同研究确定本地区执行的具体数额标准①。比照上述司法解释授权性规定，《关于审理走私犯罪案件适用法律有关问题的通知》则并未明确具体数额幅度，因该通知系最高人民法院下发，未明确授权各省、自治区、直辖市高级人民法院、人民检察院共同研究确定。如上所述，根据刑法及司法解释的规定，三次通关走私数额标准应为0元以上10万元以下（不包括本数），而根据行政法规及海关执法实践，三次通关走私实际执行的数额标准则是50元以上10万元以下（不包括本数），且不同地区海关部门执行的标准尚存在一定差异。为确保执法、司法的统一和权威，有必要进一步规范小额多次走私类案件刑事入罪标准设定。

2. 两次行政处罚的界定

根据刑法规定，小额多次走私案件的认定，行为人需要有一年内因走私被给予二次行政处罚的记录。但实践中，行为人除因走私被给予二次行政处罚外，常存在因违反海关监管规定而受到行政处罚的情况。根据《海关行政处罚实施条例》规定，除了依法不追究刑事责任的走私行为外，该条例还明确了违反海关法及其他有关法律、行政法规和规章但不构成走私行为的，是违反海关监管规定的行为。而对于如何区分走私行为和违规行为，有学者认为，二者根本区别在于是否逃避海关监管，包括客观上有实施逃避监管的行为，主观上具有逃避海关监管的故意②，而海关则重点审查行为人是否有逃避海关监管的主观故意，例如行为人因携带货物过关被查获时，其系第一次被查获或者本次被查获的货物与此前被行政处罚的货物种类不一致，其个人又辩解不知是需申报缴税的货物，则海关部门一般不认定其具有走私主观故意，因而适用上述条例并作为违规行为进行处理。

根据最高人民法院、最高人民检察院、海关总署《关于办理走私刑事案件适用法律若干问题的意见》中走私主观故意推定的规定，行为人曾因一种走私行为受过刑事处罚或行政处罚的，可以认定为“明知自己所从事的行为是走私行为”。然而对于实践中出现的行为人除因走私被给予二次行政处罚之外仍有多次违规行为，上述按照走私货物

① 最高人民法院、最高人民检察院下发的《关于办理敲诈勒索刑事案件适用法律若干问题的解释》《关于办理抢夺刑事案件适用法律若干问题的解释》《关于办理盗窃刑事案件适用法律若干问题的解释》《关于办理诈骗刑事案件具体应用法律若干问题的解释》等。

② 陈鹿林：《走私犯罪司法认定》，法律出版社2023年版，第190页。

是否同类为依据区分走私行为和违规行为的方式，客观上可能造成监管不力的结果，例如行为人可能为此不断更换需要偷带的货物种类。因此，判断行为人是否有走私主观故意，需要综合行为人辩解、携带方式、违法记录等进行判断，不宜仅以再次走私同类物品才认定走私主观明知。此外，对于行为人主观认知的判断，还需考察海关针对首次违规或走私行为的警示和告知是否及时全面。

（二）从宽和从严情节适用存在差异

宽严相济刑事政策是我国的基本刑事政策，因此需要全面把握从宽从严情节，合理确定量刑标准并作适当认定。经查询中国裁判文书网有关生效判决，各地对于小额多次走私类案件量刑标准存在较大差异。例如，在中国裁判文书网公开的（2017）粤03刑初875号判决书中，郝某某走私护肤品进境，偷逃应缴税额596.44元，郝某某认罪认罚，没有其他特殊从重、从轻情节，被判处拘役三个月，缓刑六个月，并处罚金1000元。而在（2019）粤04刑初1号判决书中，陈某某走私白酒进境，偷逃应缴税额1444.63元，亦认罪认罚，没有其他特殊从重、从轻情节，则被判处拘役一个月，并处罚金2000元。从上述案例对比可以看出，各地对该类犯罪量刑标准存明显差异。而从近三年珠海小额多次走私不起诉比率看，珠海市检察机关对于多次小额走私犯罪适用酌定不起诉比率是呈明显增长趋势。从不起诉的理由看，除考虑犯罪金额、认罪认罚态度等常见情节外，还会综合考虑行为人三年内有无违反海关监管被征税、退运记录、因违规被行政处罚的记录、犯罪时的具体年龄等情节。

1. 偷逃税额

以珠海市检察机关2023年酌定不起诉案件为例，偷逃税额低于1000元的占比64%，而偷逃税额低于500元的占比超过40%，部分案件偷逃税额甚至低于100元。而在2023年珠海市检察机关审结金额低于500元的小额多次走私案件中，酌定不起诉占比为57%。因此，在确定是否酌定不起诉决定时，涉税金额大小仍是重要考量因素。对涉税金额较小且无特殊从重情节的行为人依法作出酌定不起诉，符合宽严相济刑事政策，有利于实现办案社会效果和法律效果的统一。同时，在小额多次走私犯罪入罪标准进一步明确前，对犯罪情节轻微、危害不大的该类案件作出酌定不起诉，可有效控制犯罪打击面，减少因各地执法标准不一带来的相关问题。

2. 前科劣迹

前科劣迹是衡量行为人再犯可能性和人身危险性的重要依据，表明了行为人侵害法益的危险和特殊预防必要性提高、量刑责任加重，前科劣迹与案件事实在主观恶性、人身危险性存在关联，可称为酌定量刑情节[①]。在小额多次走私类案件中，前科劣迹主要表现为：一是曾因违规携带货物、物品等进境被行政处罚；二是曾因走私货物、物品等

---

① 杜宣：《行为人前科劣迹规范适用的法教义学分析》，载《首都师范大学学报（社会科学版）》2017年第2期。

进境被行政处罚。如前述，该两类行政处罚虽有区别，但均系劣迹且和小额多次走私犯罪关联，可佐证行为人主观恶性和人身危险性。如果行为人在一年内曾因走私被海关给予二次行政处罚，同时还有其他因违规或走私被海关行政处罚的记录，则在决定是否酌定不起诉时应当审慎。司法实践中，除上述两类常见劣迹，海关部门往往还会提供行为人征税、退运记录，根据《海关法》和《进出口关税条例》等相关规定，居民入境时携带的物品超出合理自用范围的，海关将依法征收进口税或要求退运等。如行为人有多次征税、退运记录，则可佐证其对于进出境主动申报义务的认知，但不应归为劣迹范畴。

3. 行为人年龄

从珠海市检察机关 2023 年酌定不起诉的案件来看，被不起诉人年龄高于 70 岁的占比超过 37%，被不起诉人年龄高于 60 周岁的占比超过 73%。根据刑法规定，已满 75 周岁的人故意犯罪的，可从轻或者减轻处罚，而对于 75 周岁以下的人故意犯罪的，没有明确从轻处罚依据。而从事小额多次走私的行为人中老年人数量占比较大，且港澳籍的老年人占了较大比例。在确定是否作出酌定不起诉决定时，需要考察行为人人身危险性、再犯可能性以及适用刑罚后的实际社会效果，而老年人往往对于犯罪的法律后果认知不深，人身危险性和再犯可能性相对较低，因此将行为人的年龄纳入酌定不起诉考量因素有其合理性，但仍需要结合其他因素综合判定。

（三）缓刑适用相关配套机制不全

缓刑是刑罚的执行方式，体现出司法机关给予犯罪情节轻微的罪犯改过自新及时回归社会的机会，有助于避免短期自由刑可能带来的弊端。根据《刑法》第 72 条的规定，缓刑的适用条件，一方面适用对象是被判处拘役、三年以下有期徒刑的犯罪分子，另一方面需同时符合犯罪情节较轻，有悔罪表现，没有再犯罪的危险，宣告缓刑对所居住社区没有重大不良影响。从实践看，如果行为人系内地居民，则上述缓刑适用条件是可以核实并认定的，但如系港澳居民，缓刑适用会存在障碍。若以"法定刑三年有期徒刑以下"作为缓刑适用的案件范围，港澳居民因犯罪最终被珠海市司法机关判处三年以下有期徒刑、拘役以及被检察机关作出酌定不起诉的人数占比较高，若仅以可能被判处的刑罚来看，有超过 90% 的行为人符合内地缓刑关于刑期的适用条件[①]。在 2018 年至 2023 年珠海市检察机关办理的小额多次走私犯罪案件中，嫌疑人系港澳居民的多达 417 人，占比为 55.75%，该部分人员符合内地缓刑相关刑期的适用条件。但根据《刑事诉讼法》的规定，对被判处管制、宣告缓刑、假释或者暂予监外执行的罪犯，依法实行社区矫正，由社区矫正机构负责执行。我国 2020 年后陆续颁布并实施了《社区矫正法》《社区

① 珠海市检察机关于 2017 年 1 月 1 日至 2022 年 4 月 12 日共办理澳门居民在本市犯罪案件共计 544 人，除去尚未判决的 51 人外，有 493 名澳门居民在珠海市犯罪案件已办结，其中被法院判处三年以下有期徒刑、拘役或者管制以及被检察机关作出酌定不起诉的人数共计 465 人，约占 94%。

矫正实施办法》等一系列法律规定，进一步规范了缓刑适用及执行要求。[①] 而根据社区矫正规定，社矫执行地为社矫对象的居住地或经常居住地，在上述地址无法确认的，社矫决定机关应当根据有利于社矫对象接受矫正、更好地融入社会的原则，确定执行地。由于绝大部分港澳居民在境内无固定居住场所，无法对其开展有效社会调查，难以评估宣告缓刑对其所居住社区是否有重大不良影响，因此港澳居民在境内犯罪的缓刑适用率一直不高，而跨境执行社区矫正则没有先例可循，亦无明确执法依据。例如，珠海市于2021年对澳门籍人员判处三年以下有期徒刑的缓刑适用率仅为11.7%。

目前我国尚未专门出台有关港澳居民在内地犯罪适用缓刑的相关规范性文件。在全面适用认罪认罚从宽制度背景下，如果港澳居民在境内犯罪后无法适用境内缓刑制度，而是统一执行实刑，则可能违背罪责刑相适应的基本原则，难以实现最佳办案效果。而对于取保候审并被限制出境或者被判处缓刑的港澳籍行为人，即使能够在境内接受监管或社区矫正，也面临就医、上学、证件办理等实际问题。从珠海司法实践看，为充分落实宽严相济的刑事政策，保障港澳籍行为人合法权益，珠海市司法机关根据有利于社区矫正对象接受矫正、更好融入社会的原则，在诉讼期间提前征求港澳籍行为人关于是否同意适用缓刑的意见，并建议其自行在境内租房，从而认定租住地为社区矫正执行地。从实践效果来看，上述在行为人确定租住地后依法决定适用缓刑措施并交付执行的方式，受到了港澳籍行为人的认同。但上述实践可能造成缓刑适用条件放宽的嫌疑，且对于不具备租房条件的人员不适用缓刑，仍难达到类案统一和三个效果的实现。

二、小额多次走私犯罪程序适用问题

（一）取证范围存在差异

证据的收集范围和具体要求，不仅影响到案件事实和量刑情节的认定，也直接影响到诉讼的效率，因此需要引起重视。从中国裁判文书网公开的相关判决看，各地对该类案件取证的范围和要求仍然存在差异，例如，部分地区的证据材料中没有行政违规查询记录或特别警示、进出境旅客海关监管规定告知书及征税或者退运的有关记录证明材料等，而在珠海市近三年的同类案件中，上述证据材料则较为齐全。

1. 行政违规记录等材料

对行政违规记录、出入境记录、征税或退运记录等证据进行收集，主要是了解涉案人员在三次小额通关走私行为之外，还存在哪些非正常带货过关记录或异常出入境记录。对于行政违规记录和征税、退运记录，均能证实行为人携带货物进境行为不符合海关关于旅客携带货物进境的监管规定，违反海关法及有关法律规定，因此可以佐证行为

---

① 比如《中华人民共和国社区矫正法实施办法》第4条规定，司法行政机关依法履行主管本行政区域内社区矫正工作；第12条规定，对拟适用社区矫正的，社区矫正决定机关应当核实社区矫正对象的居住地……

人对如实申报义务的认知，有助于全面了解和判断行为人对于进出境管理规定是否有明确的认知并进而综合判断其主观恶性。对于异常出入境记录，例如部分案件中行为人十五天内入境记录超过30次且没有合理事由，则从事职业“水客”嫌疑较大，虽然难以据此就断定其是职业“水客”，但可通过进一步讯问、查找客观证据等核实并依法作出判断。

2. 监管规定告知文书

在小额多次走私类案件中，行为人往往会对海关进出境政策的认知提出不同程度的辩解，由此可能影响其走私主观故意的认定。针对不同的进出境旅客，海关监管的具体标准存在差异，可能造成部分旅客存在认知误区，珠海海关部门为此制作了统一格式的《进出境旅客海关监管规定告知书》《特别警示》等文书，主要用于重点人群的出入境事项提醒或旅客初次构成行政违法的提示，告知书中明确了不类型旅客申报的义务、范围以及可能承担的具体责任等，提醒旅客有如实申报的义务和走私可能承担行政责任甚至刑事责任的后果，行为人签名确认后存档。在行为人后续再走私并构成犯罪时，海关部门调取该部分书证材料并作为证明行为人主观违法性认知的证明。从实践效果看，上述监管规定告知书有效发挥了预防犯罪的功能，也提升了执法、司法办案效率和效果。

（二）诉讼程序简化不足

与重罪诉讼程序相比，各国对于轻罪的诉讼程序都遵循了快速和简易的原则，追求以最小的司法资源消耗来处理更多的案件[①]，通过有限的司法资源实现诉讼效益的最大化。小额多次走私犯罪案件一般具有以下特征：可能被判处三年有期徒刑以下刑罚；案件事实清楚、证据充分；被告人承认自己所犯罪行，对指控的犯罪事实没有异议；被告人希望尽快开庭并判决，对案件简化审理无异议。该类案件属于典型的轻刑犯罪案件，但在司法实践中，该类案件的办案程序简化仍存在以下问题：

1. 不能适用简易程序或速裁程序

根据《刑事诉讼法》规定，简易程序、速裁程序均只能适用基层人民法院管辖的一审案件，而不能适用二审案件或中级人民法院管辖的一审案件。而根据《关于走私犯罪侦查机关办理走私犯罪案件适用〈刑事诉讼法〉程序若干问题的通知》，海关缉私部门侦查的案件均由各地市人民检察院审查起诉，由各地市中级人民法院审理。因小额多次走私犯罪案件一般由海关缉私部门侦查，因此无法适用简易程序和速裁程序审理。从珠海市检察机关提起公诉的该类案件看，对于犯罪嫌疑人认罪认罚的，一般均在与犯罪嫌疑人签订的认罪认罚具结书中明确同意适用普通程序简化审理，法院则在开庭前征求控辩双方意见后适用普通程序简化审理。《关于适用普通程序审理“被告人认罪案件”的若干意见（试行）》，对普通程序简化审理作出了具体要求，根据该规定，除了需要中

---

① 高长见:《轻罪制度研究》，中国政法大学出版社2012年版，第252页。

级人民法院组成合议庭审理案件外，其他简化审理的方式和简易程序实质没有区别，这对于提高庭审效率是有积极意义的。但相比简易程序，在案件适用普通程序简化审理时，案件的审理期限仍然适用普通程序的规定，而简易程序和速裁程序均明确缩短了审理期限，对提升诉讼效率更具刚性。

2. 办案期限缺乏刚性约束

基于上述第一点所列原因，因小额多次走私犯罪案件无法适用简易程序或速裁程序，且缺少类似醉酒危险驾驶刑事案件办理的程序性规定，案件办理仍按照一般刑事案件的程序进行，因此司法机关在办理该类案件的时限缺乏刚性约束，可能影响整体办案效率和效果。且司法机关对该类犯罪嫌疑人以取保候审为原则，以逮捕等羁押强制措施为例外，而根据《刑事诉讼法》的规定和当前司法实践中关于取保候审的办案时长，对于未采取拘留、逮捕等羁押强制措施的案件，其侦查期限、审查起诉期限最长均可能长达一年，如此可能造成该类案件久拖不决，不利于行为人权利保障和诉讼效率提升。

（三）强制措施适用两难

1. 非羁押强制措施适用两难

2023 年，珠海市检察机关办理的小额多次走私犯罪案件中，涉案人员共计 258 人，被采取取保候审强制措施的为 250 人，占比 96.9%。在该类案件中，对犯罪嫌疑人采取非羁押强制措施是常态，也符合宽严相济的刑事政策精神。但从珠海的司法实践看，取保候审仍存在诸多问题，2023 年，珠海市检察机关审结的上述小额多次走私案件中，港澳籍犯罪嫌疑人 163 人，其中 158 人被取保候审占比为 96.9%。根据规定，被取保候审的犯罪嫌疑人未经执行机关批准不得离开所居住的市、县，司法机关可根据案件情况责令犯罪嫌疑人将通行证等出入境证件交执行机关保存。而绝大部分港澳籍犯罪嫌疑人在内地无固定住所，被取保后仍需返回港澳居住生活，因内地和港澳之间缺少有效的刑事案件司法协作机制，导致执行机关难以对其在港澳的活动实施有效监管。部分嫌疑人在取保候审期间拒不配合返回内地并完成后续诉讼程序，部分嫌疑人则在取保候审期间再次实施走私行为，容易产生办案风险及社会隐患，后续案件处理处于两难境地。

2. 羁押强制措施的适用存在争议

结合珠海和其他地市近年司法实践看，为解决取保候审两难问题或提高类案办理效率，部分地市曾探索对小额多次走私刑事案件采用“刑拘直诉”模式[①]，对行为人以拘留为原则、不拘留为例外，并在拘留后的一定期限内完成侦查、起诉、审判，使办案时间得到最大程度压缩，极大提升办案效率，同时有效消除行为人脱管等社会危险。山东等地法院、检察、公安、司法等部门还联合发布关于适用刑拘直诉机制办理刑事案件的

① 《扎实推进认罪认罚从宽制度试点工作成效初显》，载广东省人民检察院微信公众号 2018 年 8 月 1 日。

有关意见，对可能判处三年有期徒刑以下刑罚的案件适用刑拘直诉进行了详细规定[①]。有观点认为，"刑拘直诉"机制有违拘留的临时性、紧急性重要特征，也违背了《刑事诉讼法》规定的延长拘留期限的条件，可能导致出现延长拘留期限条件把握不准、不严问题，造成拘留措施的滥用[②]。"刑拘直诉"程序相关的嫌疑人被羁押的最长时间虽然只有一个月左右，但其羁押效果和逮捕并无实质区别，一旦作为类案办理的普遍程序机制，则可能有"一刀切"的嫌疑，使得部分社会危险性显著较低的行为人被采取拘留等羁押强制措施，不利于刑事诉讼公正价值的实现。

三、小额多次走私犯罪治理的路径构建

（一）治理的理论基础

随着我国刑事法治的发展，轻罪治理问题越来越引起重视。据统计，自2006年《刑法修正案（六）》首次增加轻罪罪名开始，《刑法修正案（九）》《刑法修正案（十》《刑法修正案（十一）》共增加35个罪名，轻罪罪名占比达65.7%。近年来，我国犯罪结构发生深刻变化，判处三年有期徒刑以下刑罚的案件占比从1999年的不足55%，到最近几年稳定维持在85%以上[③]，由此可见，轻罪案件数量大幅增加，已经成为犯罪治理的主要对象，这是包括检察机关在内的执法司法机关及社会各方面需要共同面对、回应的时代课题。我国刑法并没有如域外许多国家和地区将犯罪划分为轻罪、重罪等不同性质和种类，换言之，目前我国刑法中的轻罪和重罪概念都是学者界定的，并不存在法定标准，而轻罪治理更多属于刑事政策性范畴。

小额多次走私犯罪属于走私犯罪的一部分，而走私犯罪并不属于一般意义上的轻罪范畴，其确定刑取决于走私的对象、数量、价值以及犯罪情节等多重因素。而小额多次走私犯罪则具有其自身特点，其法定最高刑为三年有期徒刑，属于典型的法定刑轻罪范畴，且从司法实践来看，该类犯罪的确定刑一般为拘役，因此更接近微罪范畴，具备轻罪治理的基本条件，考虑其在部分地区走私犯罪案件中占据的比重，同时有别于独立的轻罪概念，属于不纯正的轻罪[④]，可以将小额多次走私犯罪界定为"轻刑走私犯罪"并对其内在治理逻辑和路径进行进一步探究，为走私犯罪的治理提供参考路径。

---

① 《24小时结案！潍城首起刑拘直诉案件宣判》，载潍坊市中级人民法院微信公众号2021年2月8日。

② 顾顺生、刘法泽：《"刑拘直诉"的方式值得商榷》，载《人民检察》2016年第20期。

③ 《最高检工作报告多次提及的轻罪治理，存在哪些待解问题》，载《新京报》2024年3月8日，第3版。

④ 不纯正的轻罪，是指无论犯罪的最高法定刑是否3年有期徒刑，只要该罪的法定刑中包含3年以下有期徒刑的量刑幅度，该部分犯罪就属于轻罪，因而也可以称为罪量意义上的轻罪。陈兴良：《轻罪治理的理论思考》，载《中国刑事法杂志》2023年第3期。

（二）治理的基本原则

对走私违法犯罪行为开展社会治理，既是有效预防和惩治走私违法犯罪的需要，也是维护国家安全和社会经济秩序的要求。结合我国当前法律、法规和刑事政策，反走私工作的重要一环即是反走私综合治理工作，且自上而下形成了相对具体的指导方针。不论是《广东省反走私综合治理条例》，还是《珠海市经济特区反走私综合治理条例》，明确坚持打防结合、标本兼治、权责一致、统筹协调的原则，目的均是建立辖区内有效的反走私综合治理工作机制，更好打击和预防走私违法犯罪行为。从综合施策的角度来看，上述条例的出台，重点是整合反走私各方力量，提升执法质效，着力减少走私的同时确保打击有力。

从轻罪治理的角度看，打击并不意味着必须治罪，治罪不是打击走私的终点或最佳方式。除了开展上述综合治理工作，有必要围绕走私犯罪案件类型、特点，分别站在行政执法主体、刑事司法主体、走私行为人立场，从入罪、出罪等角度思考行政执法、刑事执法如何双向发力，才能达成最佳治理效果。总体上，应把握以下几个基本原则，协同推进小额多次走私犯罪的有效治理：

一要兼顾行政执法和刑事司法。行政处罚作为一种具体行政行为，旨在通过减损权益或增加义务的方式对违反行政管理秩序的公民、法人或其他组织进行惩戒，具有预防和减少违法行为的功能。走私犯罪作为典型行政犯，其犯罪构成以行为违反《海关法》等行政法律法规为前提，通过行政罚款、没收货物等具体制裁措施，有利于明确法律的底线，增强公民对法律的敬畏和遵守法律的意识，减少违法行为和犯罪的发生。针对小额多次走私行为的治理，需要统筹行政执法和刑事司法两个层面，进一步统一行政执法和刑事司法的尺度，确定合理处罚标准和入罪、量刑标准，充分发挥行政执法和刑事司法各自功能，同时健全行政执法和刑事司法衔接工作机制，加强行政执法机关和司法机关的协调配合，做到二者相辅相成，共同提升治罪和治理的整体效果。

二要兼顾实体和程序。从危险驾驶案件的治理实践来看，其既注重从实体层面完善入罪标准、规范案件不起诉的标准，又注重从程序层面简化、优化办案程序，提升办案效率。从实体层面看，既要关注行政处罚的种类、标准，又要进一步明确合理的刑事入罪、出罪标准等，通过完善立法或规范自由裁量权的使用，形成小额多次走私犯罪司法过滤机制；从程序层面看，则要完善该类案件的程序分流、证明标准、羁押措施、轻罪转处后的配套保障机制等程序问题，体现轻罪案件在程序处理上的优势，减少当事人的诉累。

三要兼顾公正和效率。司法机关应对持续增长的轻罪数量需要足够的司法资源，但如果做不到对有限司法资源的科学配置和充分利用，就会导致“程序过剩”的资源浪费问题[①]。轻罪治理是一个系统性的工程，需要兼顾实体和程序两个层面，努力在“人少

① 黎宏达、袁方：《从消极惩罪到积极治理：中国特色轻罪治理体系的反思和完善》，载《中州学刊》2024年第4期。

案多”的司法现状和“公平正义”的司法理想间实现最大限度的衡平。对于小额通关走私犯罪案件，犯罪情节普遍轻微，犯罪嫌疑人普遍认罪认罚，案件证据搜集难度小且行政机关、司法机关均形成了相对固定的办案流程，具备快速办理的基础条件。而该类案件中的犯罪嫌疑人因经常往来内地和港澳工作或者生活，如果案件办理周期过长，会对其工作和生活造成较大影响。特别是针对港澳居民，如果因采取强制措施而无法出境，其在境内居住问题又难以解决，其将无法享受港澳的医疗保障等。因此，在办理该类案件时，应当兼顾公正和效率，一方面，要确保司法尺度规范统一，公平公正执法，保障当事人合法权益；另一方面，也需要建立科学、合理、有效的小额多次走私犯罪治理工作机制，加强公检法各部门的协调配合，推进案件的繁简分流、轻重分离、快慢分道，形成轻罪预防、惩处、治理的合力，实现政治效果、法律效果和社会效果的统一。

（三）治理的路径构建

1. 完善相关立法，统一执法司法尺度

一是落实立法精神，准确把握罪与非罪的界限。根据《关于审理走私犯罪案件适用法律有关问题的通知》，各地应当结合实际确定入罪的标准。参照部分地市司法实践，同时防止“一刀切”的简单执法可能带来的消极后果，可将小额多次走私中的“又走私”偷逃税额一般标准确定为500元，同时就500元以下可能入罪的特殊情节作出规定。据此，对于偷逃应缴税额不足500元且不具有法定从重处罚情节的，可认定为情节显著轻微、危害不大，依照《刑法》第13条、《刑事诉讼法》第16条的规定处理。从珠海市检察机关2023年审结的案件情况看，如果以500元为入罪标准，则有41.74%的该类案件可能系情节显著轻微的案件且不需要作为刑事案件处理，该部分案件可作为行政案件进行分流处理，在统一执法尺度的同时体现公平公正，同时又将极大节省司法资源。从盗窃罪、诈骗罪等侵财类犯罪的入罪标准来看，各省、自治区、直辖市高级人民法院和人民检察院均通过联合发布通知的形式明确本地区的入罪标准。因《关于审理走私犯罪案件适用法律有关问题的通知》已经明确，各地人民法院可以结合案件具体情况和本地实际确定定罪标准，因此对于小额多次走私类案件的入罪标准优化设计，应当在省级司法机关层面统筹研究并依法予以明确，确保在一定区域内执法司法的统一。因走私案件系行政犯，在该类案件进入刑事诉讼前，其走私性质与否的认定权在海关部门，在司法机关统一明确各地类案入罪标准后，海关部门应当及时对行政执法的标准和处理方式进行调整，从而实现行政执法标准、刑事司法标准的有机统一。

二是规范裁量标准，探索有效出罪机制。为合理配置司法资源，落实我国宽严相济的刑事司法政策，从而减少社会对立、促进社会和谐，优化检察机关的不起诉裁量权行使至关重要。因小额多次走私类案件犯罪金额小，行为人普遍认罪认罚，社会危害性较小，具备酌定不起诉的基础条件。但从适用条件看，只有同时具备“犯罪情节轻微”与“依照《刑法》规定不需要判处刑罚或者免除刑罚”两种情形方可适用。由于何谓“犯罪情节轻微”缺乏明确界定，而“依照《刑法》规定不需要判处刑罚或者免除处罚的”

目前仅有八种明确规定的情形，加之检察机关自身对适用酌定不起诉态度谨慎，从严掌握，致使酌定不起诉的适用空间十分狭窄，适用比例严重偏低[①]。明确酌定不起诉的裁量标准，不仅可以解决因“犯罪情节轻微”概念模糊可能带来的司法随意性或偏差，影响法律的权威和公信力，也可以有效防止裁量权的滥用，实现对检察官自由裁量权的有效制约和监督。结合小额多次走私类案件特点，参照《关于办理醉酒危险驾驶刑事案件的意见》相关规定，一方面可以进一步明确应当从重的情节为：采取暴力冲关方式进境的；利用未成年人走私的；除涉案的三次走私行为外，三年内还有多次违反海关监管规定被行政处罚记录的；五年内曾因走私行为被判处有罪或者作酌定不起诉的。另一方面，可以明确对海关缉私部门移送审查起诉的该类案件，人民检察院综合考虑犯罪嫌疑人年龄、带货的动机和目的、违法性认识程度、偷逃税额以及认罪认罚表现等因素，认为犯罪情节轻微的，依照《刑法》第37条、《刑事诉讼法》第177条第2款的规定处理，但具有上述从重情节的除外。

2. 优化诉讼程序，实现案件繁简分流

一是积极探索类案快速办理工作机制。当前各地对该类犯罪的办案效率提升均有积极探索，不同程度实现了简化办案程序、兼顾公正和效率的目标，有助于完善轻罪案件办理程序，实现繁简分流。如珠海市检察机关在审查该类案件前，检察官分批提前介入并全面了解案件，对于没有特殊情况案件，建议侦查机关集中移送，检察机关集中办理，同时简化审查报告，明确不同情形处理标准。为提高审判效率，在签署认罪认罚具结书时，将“同意适用普通程序简化审理”作为认罪认罚内容，确保案件快诉、快判。因该类案件适用缓刑比例高，检察机关在签订认罪认罚具结书前需要向犯罪嫌疑人户籍地或住所地司法局发出社会调查委托函，但因社调回函时间较长，为了保障行为人诉讼权益同时确保程序合法，珠海市检察机关探索在社会调查完成前开展认罪认罚具结并在具结书中明确“符合条件的，可以适用缓刑”，为后续审判留下衔接空间。从其他地市检察机关司法实践看，也有探索在一线口岸设立“检察官办公室”，专门办理口岸缉私部门侦办的“一年三次走私入刑”“走私止咳水”等认罪认罚案件，通过繁简分流实现“简案专办、难案精办”，提高效率[②]。

二是进一步规范类案办理程序，减少司法实践随意性。有必要在上述探索的基础上，进一步从立法和司法层面探索并明确小额多次走私类案简单案件快办的程序和具体要求，统一证据收集和审查的标准。例如，当前各地海关缉私局已经实行公安部和海关总署的双重领导，但以公安部为主，为此可以探索在立法上明确小额多次走私类犯罪案件由各地基层人民法院管辖，改变当前海关缉私相关走私犯罪案件全部由各地中级人民

---

① 卞建林、肖峰：《刑事诉讼中的审前程序分流——以轻罪治理为视角》，载《法学杂志》2024年第2期。

② 《扎实推进认罪认罚从宽制度试点工作成效初显》，载广东检察微信公众号，2018年8月1日，http：//static.nfapp.southcn.com/content/201708/01/c584210.html?from=groupmessage。

法院管辖的局面，解决中级人民法院适用速裁程序、简易程序受限问题。如果无法在立法层面解决级别管辖问题，则可在省级或市级层面建立公检法类案快速办理的工作机制，明确开展侦查、审查起诉以及一审审判的时限，指定专人或办案组负责，实现简案快办，例如，可以参照《关于办理醉酒危险驾驶刑事案件的意见》，明确以下内容：公检法机关一般应当在立案侦查之日起 30 日内完成侦诉审工作；对于取保候审尚未届满且符合取保候审条件的，受案机关可以不再重新作出取保候审决定；对于拟判处缓刑的人员一般不再委托社区矫正机构进行调查评估；公检法机关可以采用表格式、清单式法律文书办理小额多次走私犯罪案件。同时，可以明确案件集中办理工作机制，对具备集中办理的案件，实行集中移送、集中审查、集中审理和判决，提高类案办理效率。此外，为保障当事人合法诉讼权益，应当明确司法机关在受理案件后应当及时协调司法局完成法律援助律师委派工作并确保律师及时阅卷、会见等。

3. 探索配套机制，解决跨境执法难点

一是丰富和完善内地和港澳之间的司法协作机制。港澳均属自由贸易区和免税区，与内地法律制度存在差异，以澳门为例，澳门法律虽不禁止“水客”团伙的揽货行为，但可根据澳门《对外贸易法》《聘用外地雇员法》《禁止非法工作规章》等，对水客相关联的违法贸易行为科处罚款等行政处罚，非居民还可能面临被禁止在澳门从事任何劳务活动的附加处罚。2004 年，海关总署与澳门海关签署《海关总署与澳门海关合作互助安排》，以提高通关效率并更有效打击和遏制两地间的走私违法活动，粤澳两地海关还建立了双方高层年度会晤、粤澳海关会晤、联络员会晤制度等联络机制，拱北海关根据粤澳海关联络员制度设立了联络员。2011 年广东省人民政府和澳门特别行政区政府签署的《粤澳合作框架协议》指出，在内地公安机关与澳门警方交流合作机制框架下，完善打击跨境犯罪的直接联络、会晤和案件协查渠道，提高打击跨境犯罪的效率和能力。上述框架协议，奠定了粤澳反走私执法合作的基础。从实践看，2018 年期间澳门海关和内地海关就曾经成功联合开展反走私行动，澳门海关查获 35 宗行政违法案件[①]。粤港澳三地执法部门需进一步围绕个案、类案，充分运用和执行三地法律规定，完善打击跨境犯罪的联络、会晤和案件协查渠道，联合开展查缉行动，推动解决跨境取证难等问题，提高打击该类犯罪的效率和能力。

二是探索建立港澳人员取保候审、缓刑适用的配套机制。为解决实践中遇到的港澳人员取保候审难、缓刑适用难问题，可参照台湾居民在内地适用缓刑有关规定建立港澳籍人员相关工作机制。例如，司法行政机关开展调查评估、社区矫正等具体工作时，可以请求各地港澳企业协会、港澳企业以及犯罪嫌疑人、被告人在内地的监护人、亲友等

① 《澳门海关与拱北海关举行 2018 年打击走私联合行动》，载人民日报海外网，https：//m.haiwainet.cn/middle/3541079/2018/0212/content_31260172_1.html，2024 年 7 月 15 日。

协助提供有关材料。[①] 可探索建立港澳籍犯罪嫌疑人集中监管、矫正协作机制，对于被采取非羁押措施或被判处缓刑的港澳籍人员，探索在横琴粤澳深度合作区建立专门的涉港澳人员矫正中心或安置基地，鼓励民间公益团体、企事业单位为无固定住所的轻微刑事犯罪人员提供暂住地等，既方便集中开展监管、矫正，又能解决港澳居民异地就医、上学、证件办理等实际民生问题，为日常有效监管和社区有效矫正创造有利条件；根据社区矫正需要，司法行政机关可以会同相关部门，协调港澳企业协会、港澳企业等，为判处缓刑的被告人提供工作岗位、技能培训等帮助，最大化地保障港澳籍行为人合法权益。[②] 在经过上述探索后，应积极推动内地与港澳签署区际刑事司法互助协议，探索建立跨境执行取保候审和适用缓刑的新机制，在有效打击犯罪、维护社会稳定的同时，适应大湾区融合发展的需要，提升港澳居民在内地的司法认同感。

4. 创新管控模式，提升综合治理实效

一是加强行政执法，充分发挥行政执法惩治轻微违法行为和预防刑事犯罪的功能。近年来，海关部门对小额走私违法行为的行政处罚随着执法实践在持续调整，从此前的“没收走私货物 + 罚款”为主，到近年来的“没收走私货物”为主。通过走访调研发现，导致上述变化的原因有多种，而行政处罚中的罚款执行难问题也一直困扰海关执法部门，在作出罚款决定后，相当一部分被处罚人未能及时按照行政处罚决定书交付罚款，导致案件进入复杂、漫长的执行程序，直接影响案件的办理质效。针对部分“水客”帮他人走私货物进境的行为，如果仅仅没收涉案的货物，可能因“水客”未支付货物对价，导致其并未遭受任何实际损失，也就无法对该部分“水客”起到应有的惩治作用。为充分发挥行政执法的威慑力，在依法没收走私货物的同时，应当充分发挥罚款的惩戒作用，同时通过完善执行程序、加大执行力度等解决罚款执行难问题。此外，应当区分案件具体情况，作出和案情相符的行政处罚结论，以体现行政处罚轻轻重重、有效惩治违法行为、预防违法犯罪的功能。综上，对于小额走私违法行为，海关监管部门应当加强日常行政执法，充分发挥行政处罚预防犯罪的功能，合理确定“罚款”的适用范围和标准，例如区分“水客”和“非水客”、区分第一次走私和再次走私等，实现精准打击。

二是加强刑事司法和行政执法的反向衔接，实现“罚当其错”。强化对被不起诉人、免予刑事处罚人的教育惩戒，根据法律规定，在对犯罪嫌疑人作出不起诉决定后，如需要对被不起诉人给予行政处罚、处分或者需要没收其违法所得的，人民检察院应当提出检察意见，移送有关主管机关处理，可以根据案件不同情况，对被不起诉人予以训诫或者责令具结悔过、赔礼道歉、赔偿损失。结合司法实践看，在对小额多次走私的犯罪嫌疑人作出酌定不起诉后，珠海市检察机关会提出检察意见，建议海关缉私部门对被不起

---

①《最高人民法院、最高人民检察院、公安部、司法部关于对因犯罪在大陆受审的台湾居民依法适用缓刑实行社区矫正有关问题的意见》第 4 条。

②《最高人民法院、最高人民检察院、公安部、司法部关于对因犯罪在大陆受审的台湾居民依法适用缓刑实行社区矫正有关问题的意见》第 9 条。

诉人给予行政处罚。需要注意的是，自2023年以来，最高人民检察院出台关于行刑双向衔接的有关意见[①]，使检察意见的制发更为规范、落实更为有力，但需要注意的是，为确保检察意见的针对性和落实效果，防止行政执法的随意性，检察机关应当结合案件具体情况，参照《海关行政处罚实施条例》及相关裁量标准，探索在检察意见中明确行政处罚的种类和处罚标准，实现“罚当其错”。

三是加强跨部门反走私联动，健全协调配合机制。反走私综合治理工作涉及部门众多，相关成员单位应充分发挥自身职能作用，切实加强协作配合，市场监管、城市管理、社区街道等部门应对口岸周边区域开展不定期的巡查和联合执法，加强对私货仓库、出租屋、快递网点等相关行业、领域的监管，通过清查整治以净化口岸周边环境，做好行政刑事案件衔接，定期通报各地区执法、治理等方面存在的问题，全面提升打击效果。要加强重点人群管控，探索进出境准入机制，海关向地方公安机关出入境管理部门及时通报有严重违法记录的内地“水客”信息、具体情况及原因，提出限制签注或注销签注及限制出入境次数的要求。加强涉走私风险人员预警，依托边检出入境、海关查验数据信息、地方公安机关建模平台资源，搭建大数据反走私平台，提升打击效果。探索反走私信用体系建设，将因走私被判处刑罚、免予刑事处罚、受到行政处罚的单位、自然人信息并入政府信用管理体系，在税收优惠、招投标、贷款、保险、证券交易等方面予以惩戒。例如，对于赴港澳劳务人员利用口岸通关便利实施走私违法犯罪行为的，可以将违法犯罪信息通报商务主管部门，由商务主管部门通知相关对外劳务合作企业向境外雇主披露，而对于利用驾车跨境实施走私违法犯罪行为的，可以通报公安机关、交通运输管理部门和商务主管部门，注销跨境机动车指标和牌证或者车辆及所有人、驾驶人备案信息，责令限期返回原车籍地，不予受理新的跨境机动车指标和牌证申请等，有效压缩劳工“水客”群体和车主“水客”群体规模。

四是加强反走私警示告知，针对重点人群开展普法宣传。虽然进出境的旅客携带货物进境时有如实申报的义务，海关法亦明确了可以携带合理自用货物进境的范围，但进出境政策亦有调整的情况，为防止“强人所难”，海关部门应持续加强在口岸通关现场及周边区域的反走私宣传，突出进出境政策法规、典型违法犯罪案件的警示作用；探索在口岸周边街道、社区开展不起诉公开宣告或公开庭审，将司法活动带入社区，让人民群众可知可感；针对数量庞大且通关频繁的赴港澳劳工群体，应当通过境内外职业介绍所强化职前培训，促使其不能犯、不敢犯；对初次违反海关进出境政策的旅客及时发出海关监管告知书、特别警示等，提醒旅客守法通关；探索开展不起诉后的跟踪回访，防止被不起诉人再次走上违法犯罪的道路，做足做实不起诉的社会治理。

与严刑峻法相比，刑罚轻缓宽和更有利于培养社会公众内心对于法律的认同感，公

---

① 最高人民检察院发布的《关于推进行刑双向衔接和行政违法行为监督 构建检察监督与行政执法衔接制度的意见》。

众对于法律的普遍认同感形成社会共同的法治观念和法治心理，从而形成自觉守法的氛围。[①] 为了教育、挽救涉嫌小额多次走私犯罪的行为人，除了谨慎适用羁押强制措施，实现缓刑的积极适用外，还要探索建立轻罪前科记录封存制度，确立经过特定时限和特定条件的前科消灭制度，为行为人复归社会移除最大的障碍。

① 郭理蓉:《轻罪刑事政策研究》，中国法制出版社2023年版，第43页。

分线管理场景下通关走私犯罪的协同治理研究
——对 SFIC 模型的修正适用

刘 杰 周 洋*

摘 要 口岸地区分线管理场景的出现导致通关走私犯罪的跨境属性进一步突出，利用海关监管疏漏和关税政策红利实施通关走私犯罪的风险增加。在分线管理场景下，通关走私犯罪的治理表现为系统化多元协同的动态解决过程，与 SFIC 模型的内在逻辑较为契合。借助修正后的 SFIC 模型提供的分析框架，分线管理场景下通关走私犯罪的协同治理可以从起始条件、协同过程、制度设计、催化领导等四个基本方面得到优化。在具体实施中，要优化情报共享增强各个主体的治理参与动机，以“大数据”等技术手段赋能协同过程控制，完善通关走私犯罪案件行政执法与刑事司法的双向程序衔接，充分发挥检察机关主导作用。

关键词 走私犯罪 分线管理 海关监管 检察主导 协同治理

党的二十届三中全会提出，开放是中国式现代化的鲜明标识，必须坚持对外开放基本国策，坚持以开放促改革，依托我国超大规模市场优势，在扩大国际合作中提升开放能力，建设更高水平开放型经济新体制；要稳步扩大制度型开放，深化外贸体制改革，深化外商投资和对外投资管理体制改革，优化区域开放布局。口岸历来是走私犯罪治理的重点和难点所在，走私犯罪的具体形态和特点与口岸通关管理模式密切相关。分线管理是我国构建对外开放新格局的口岸通关管理创新举措，将口岸与境外之间设定为“一线”管理，口岸与我国关境内其他地区之间设定为“二线”管理，以“一线放开，二线管住”为基本要求，对“一线”与“二线”之间的口岸实施海关监管。分线管理着眼于口岸通关流程的整体安排，“一线”的管理措施与“二线”的管理措施通常一体化布置，在压力传导、目标侧重等方面密切联系。随着分线管理在我国的应用场景逐渐丰富，通关走私普通货物、物品犯罪（以下简称“通关走私犯罪”）在“一线”与“二线”的区

* 刘杰，华东政法大学国家安全研究院副研究员，硕士研究生导师；周洋，广东省珠海市人民检察院办公室副主任。

分管理之中有着怎样的表现形态，对此应当如何展开多主体参与的协同治理等问题，亟待在观察分析的基础上进行较为系统的研究。

一、口岸分线管理模式的演进更迭

（一）基于加工物流服务功能的保税监管模式

在该模式下，货物根据加工贸易合同，从“一线”进入海关监管区，可以暂不缴纳进口环节相关税费，在“一线”与“二线”之间被允许自由流转，自“二线”离开监管区进入我国关境内其他地区时，则需按货物进口的有关规定办理报关手续，由海关核查该合同项下进出口、原料消耗等情况，并按货物实际报验状态征税，由此解除保税状态。根据该模式，“一线”与“二线”之间的海关监管区主要立足加工、物流、服务三方面实施保税监管，提供暂缓缴税的政策便利，吸引加工制造类、研发设计类、检测维修类、销售服务类等产业等入驻，聚集多种生产资源要素，但是海关监管区内实施封闭管理，商贸零售、生活消费服务、金融服务等未获得许可。[①]

（二）基于接轨国际贸易规则体系需要的自贸区模式

自贸区模式是对保税区监管模式的升级拓展。进境货物在“一线”可享受先入区后报关、先检疫后检验等优惠待遇，可以在“一线”与“二线”之间的自贸区内开展仓储、分拨、加工等业务；“一线”保税事项可以在“二线”销结，进入自贸区视同退税，坚持内外贸同道管理。除此之外，该模式还探索保税功能与新外贸业态、新金融工具、新商业模式的创新融合，探索货物保税功能向战略区域空间拓展——在自贸区内外、自贸区与大型港口之间、跨关区特殊监管区域之间推动保税货物便捷高效流转。[②] 以上海自贸区为例，按照“一线放开、二线安全高效管住、区内流转自由”的分线管理原则，开展与国际贸易等业务发展需求相适应的海关监管制度创新，探索形成了“批次进出集中申报”“区内自行运输”“统一备案清单”和“加工贸易工单式核销”等14项海关监管新举措，积极回应通关便利、安全、高效的对外贸易要求。[③]

（三）基于人财物自由流动目标的综合监管模式

在新一轮国际市场开放和经济自由化的浪潮下，结合我国积极构建开放型经济新体制的要求，该模式应运而生，目前有海南自由贸易港（以下简称“海南自贸港”）和横琴粤澳深度合作区（以下简称“横琴合作区”）两个实践样本。得益于四面环海的独特自然环境，海南自贸港的建设具有全岛域、全产业、全功能等显著特征。在这里，“一

---

① 郭永泉：《海南自由贸易港的封关运作和分线管理》，载《南海学刊》2021年第2期。

② 舒琴芳：《上海自贸区改革“深水区”海关监管服务创新再思考》，载《海关与经贸研究》2016年第2期。

③ 关宣：《上海自贸区海关监管创新将推广》，载《中国海关》2014年第7期。

线放开”是统筹各类进出口业务的制度性放开，其实质是立足于海南自贸港的跨境经济关系，推动贸易便利化和各类生产要素流通便利化，消除双向市场发展障碍，通过准入放开、程序放开、税收放开、经济放开等多种方式加强制度创新。[①] 海南自贸港划定的“二线”是对“一线”政策安排的终止空间线，“二线”实施双侧管理，进出流向的贸易性质不同，“二线”内外的管理方式也不同。[②] 为更好构建琴澳一体化高水平开放新体系、建设便利澳门居民生活就业的新家园，横琴合作区实行货物“一线放开，二线管住”、人员往来高度便利政策。经“一线”从澳门进入横琴合作区的货物可予以免税或保税，自用及合理数量的物品可予以免税，其中，免税或保税货物在横琴合作区内符合条件的主体之间可以自由流转，经“二线”从横琴合作区进入我国关境内其他地区则视同进口；人员从“一线”进出境仍需查验有关证件，从“二线”进出不受限制。[③]

可见，我国口岸监管模式在不同时期发生了不同变化，分线管理的制度内核在不同应用场景下呈现出不同形态。从基于加工物流服务功能的保税监管模式到基于人财物自由流动目标的综合监管模式的演变过程，既反映出我国不同时期口岸监管模式的拓展升级，也在一定程度上折射出不同时期不同监管模式之下监管侧重点和治理思路的差异。需要重点研究的是，口岸分线管理可能给通关走私犯罪带来何种影响，为相应的犯罪治理带来何种难题，治理思路又将发生何种变化。

二、口岸分线管理对走私犯罪的影响

（一）通关走私犯罪的跨境属性进一步突出

走私意味着货物、物品的非法跨境转移，刑法规定走私罪，旨在货物、物品进出境环节规制人们的行为，这体现了走私罪的跨境性特征。[④] 作为走私犯罪的一种形式，通关走私犯罪所进出的“境”，应当理解为一国海关用于划分征税与监管界线的“关境”（Custom Territory），而非国际法意义上与领土概念紧密相关的“国境”（Border）。关境是一国海关实施征税与监管的可变空间范围，实际上并非与该国国境完全重合。造成关境变化的原因，是由于针对不同种类货物、物品的不同海关监管政策，而非境内自由贸易区等海关监管区域的设立。[⑤] 与其形态的走私犯罪相同，以非法手段逾越关境也是分线管理场景下通关走私犯罪的本质特征。但是根据具体走私对象，非法逾越的关境范围会随之发生变化，有时“一线”即为关境也是国境，有时“二线”才是关境，此时关境则会略小于国境，具体情形分析如下。

---

① 郭永泉：《海南自由贸易港的封关运作和分线管理》，载《南海学刊》2021 年第 2 期。

② 郭永泉：《海南自由贸易港的封关运作和分线管理》，载《南海学刊》2021 年第 2 期。

③ 张伟宁：《横琴粤澳深度合作区封关运行政策“一问一答”发布》，载《珠海特区报》2024 年 2 月 28 日，第 4 版。

④ 陈鹿林：《走私犯罪司法认定》，法律出版社 2023 年版，第 23 页。

⑤ 张驰：《自贸区内走私罪的认定与处理》，载《政治与法律》2015 年第 4 期。

一是对于走私国家明确禁止进出境货物的犯罪行为，特别是涉及我国经济、政治、文化、生物安全以及其他非传统安全威胁的事项，此时国境即为关境，关境界线即为“一线”，只要行为人将此类违禁品经由“一线”从境外带入，遂构成通关走私。二是对于走私不享受免税或保税政策货物的犯罪行为，例如走私海关监管区内生活性服务业等企业进口的货物、走私国家海关总署公布的不予免税货物名单之列的货物、走私法律和行政法规等明确规定不予免税的货物，仍以货物通过口岸与境外之间的“一线”作为通关走私行为成立的必要条件。三是对于走私应缴纳关税货物或享受保税政策的货物的犯罪行为，关境界线与“二线”重合，关境的范围小于国境，货物由我国关境内其他地区经“二线”进入海关监管区属于出口，反之则属于进口。非法运输货物经“二线”进出海关监管区则构成通关走私。

（二）利用监管疏漏的“虚假申报”型通关走私犯罪风险增加

走私犯罪涉及的常见“虚假申报”情形包括故意低报价格、瞒报或伪报品名、伪报成交方式和伪报成交币制等。“一线放开”的宽松通关政策加快了进出口货物的流转速度，为外贸企业节省了经营成本，也将货物监管压力转移到海关位于“二线”的监管环节，在客观上给走私犯罪留下了可乘之机。[①] 在快速通关机制下，海关难以及时有效发现“虚假申报”类走私犯罪，报关单证与通关货物不符的风险有所增加。此外，跨境电子商务近年来在“一线”和“二线”之间的海关监管区域快速发展，其直接面向境内消费者的零售进口业务享受国家税收减免政策优惠，而海关监管手段还存在一定滞后性。例如，在以“二次刷单”为显著特征的走私过程中，不法商家将普通进口货物虚报为跨境电子商务零售进口货物；为实现“化整为零”的目的，在跨境电商平台大批量虚构境内消费者个人订单，引入非法获得的个人信息利用平台规则漏洞生成虚假“三单”（交易清单、支付清单、物流信息清单），错误引导海关予以进口通关放行，再将这些商品分别发往早已设置好的收货仓库聚集，转而在国内再次销售牟取利益。[②] 通常认为，如果购买进口商品的支付清单最初不是在跨境电商平台上生成的，而是为了符合“三单一致”[③] 进行“二次支付”，即属于为享受税收优惠，将一般进口货物贸易伪装成跨境电

---

① 路长明、张星：《自由贸易港及海关特殊监管区反走私治理研究》，载《海关法评论》2023 年第 12 卷。

② 高孝义：《自贸区走私犯罪法律风险防控》，载《上海法学研究》2019 年第 8 卷。

③ 2018 年 11 月 28 日商务部、发展改革委等六部门联合发布的《关于完善跨境电子商务零售进口监管有关工作的通知》第 1 条规定，跨境电商的商品应当符合以下条件：（1）属于《跨境电子商务零售进口商品清单》内、限于个人自用并满足跨境电商零售进口税收政策规定的条件。（2）通过与海关联网的电子商务交易平台交易，能够实现交易、支付、物流电子信息“三单”比对。（3）未通过与海关联网的电子商务交易平台交易，但进出境快件运营人、邮政企业能够接受相关电商企业、支付企业的委托，承诺承担相应法律责任，向海关传输交易、支付等电子信息。

商零售进口贸易的通关走私行为。[①]

（三）利用政策红利的“蚂蚁搬家”型通关走私犯罪有所增长

分线管理与关税政策优惠相伴相生，通常情况下，经“一线”从境外进入海关监管区的货物，若不再经“二线”进入我国关境内其他地区则可享受免税或保税待遇，自用及合理数量的物品可予以免税。海南自贸港早在2011年即开展离岛旅客免税购物政策试点，目前离岛旅客每年每人免税购物额度为10万元人民币，不限购买次数，保留对化妆品、手机、酒类等免税商品的种类及每次购买数量的限制，吸引大量旅客前来购物，“套代购”这一新型走私犯罪行为悄然出现，给海南自贸港离岛免税的监管工作带来了巨大挑战。[②] 首先，监管对象群体庞大，逐一落实监管难度高。可以享受海南自贸港离岛免税政策的对象为年满16周岁且离岛的居民，覆盖了绝大部分进出海南岛的人员。其次，监管范围迅速扩张，监管的实时性要求增强。海南自贸港离岛免税监管范围远大于海关业务的传统监管范围，海、空主要进出岛途径和“CDF中免海南官方商城”等线上购物平台均需纳入视线。除此之外，海关的监管任务从传统的监管走私贩运行为本身进一步延伸到走私犯罪治理的两端，以“套代购”走私犯罪为例，既需要关注并打击前期招募采购制定商品人员的行为，还需要及时发现购得免税商品后的离岛邮寄等行为。

三、基于SFIC模型的通关走私犯罪协同治理框架

（一）SFIC模型应用于通关走私犯罪治理的洽适性

SFIC模型是由法律和公共政策交叉研究领域专家Chris Ansell和Alison Gash在对多个国家的公共卫生、社会福利等多个社会领域近140个协作治理案例进行“连续近似分析”后建立的协同治理经典理论分析模型。简言之，该模型借助数学语言描述社会治理中的多元主体协同关系，认为某一社会问题的协同治理效果是以下四个变量的函数：起始条件（Starting Conditions，即“S”）、催化领导（Facilitative Leadership，即“F”）、制度设计（Institutional Design，即“I”）、协同过程（Collaborative Process，即“C”）。[③] SFIC模型具有代表性特征的环形理论分析架构使整个协同治理过程更加真实和立体，以多元变量和其相互关系直观呈现了协同治理的过程，充分考虑了协同行为内在的规律性关系，有助于厘清各变量之间纷繁复杂的相互影响关系，尽可能减少隔阂冲突，增进协同效力、避免协同惰性。

---

① 叶良芳:《数字经济背景下跨境电商零售进口走私的行为类型和责任认定》，载《中国检察官》2023年第11期。

② 据海口海关统计,2024年“五一”假期期间，共监管免税购物金额5.47亿元，购物客流量8.58万人次。曹马志、杜虹霖:《“五一”假期海南离岛免税购物金额5.47亿元》，载《海南日报》2024年5月7日，第A6版。

③ C. Ansell, A. Gash. Collaborative Governance in Theory and Practice [J]. Journal of Public Administration Research and Theory, 2008 (4): 543–571.

在口岸分线管理的特定场景下，通关走私犯罪的治理是一个系统化多元协同的动态解决过程，由负有进出口商品监管、打击犯罪等职能的机关为达成守护国门安全、维护国家外贸秩序的共同目标，寻找共同价值，通过循环开展协同工作实现高质效的治理成果，基本运行流程与SFIC模型的内在逻辑较为契合，主要表现在以下三方面。

1. 治理参与主体的多元性

在实施分线管理的口岸地区，通关走私犯罪是一种组织程度较高的复杂社会现象，治理主体不仅要开展“购、运、储、销”全链条联合打击，还要深挖扩线延伸打击幕后犯罪组织和非法经营、掩饰隐瞒犯罪所得等上下游犯罪，更离不开对涉案款项的追查研判以便斩断走私犯罪赖以存在的不良资金链。因此，在通关走私犯罪的治理过程中，海关、税务、公安、检察院、法院、人民银行、市场监管等国家机关依据各自职能在对应业务领域承担治理职责，其各有所长也各有所短。例如，海关通常奋战在口岸地区反走私第一线，是分线管理的具体操作者，走私货物查缉经验丰富，却在获取涉嫌走私企业实际控制人和涉案资金流向等信息方面存在短板，在证据把控、法律适用等方面也不及检察院等司法机关。根据SFIC模型，多元治理参与主体自身在权能、资源、信息等方面的配置不均衡，恰恰是引导其参与协同过程的积极条件，各主体能够在协同过程中互通有无，在统一的治理问题面前逐步实现要素共享。

2. 治理目标指向的一致性

在分线管理场景下，通关走私犯罪治理的参与主体仍然需要执行各自领域的法律法规及其他规范性文件，各自的工作目标受到各自职能设置不同的影响而表现出一定差异。例如，海关监管进出口货物的直接目的是使外贸活动合乎法律法规和涉外经贸规则的要求，检察机关对通关走私犯罪嫌疑人提起公诉旨在维护国家对外贸易管理秩序，并确保法律的统一正确实施。与此同时，他们在打击通关走私犯罪领域存在相互依存的需求，各自工作目标在最终指向上表现出较高的一致性。通关走私犯罪治理的参与各方作为国家机关，依法履行职责，打击各自领域内的涉走私违法犯罪行为，为全链条全维度治理通关走私犯罪贡献力量。

3. 治理主体行为的协同性

SFIC模型重视准确把握多元治理参与主体的互动关系，契合分线管理场景下通关走私犯罪协同治理过程的动态性与复杂性。与之相对应，海关、公安、检察院、法院、人民银行、市场监管等国家机关在各自职能范围内发挥优势，促成通关走私犯罪治理良好效果的实现。展开通关走私犯罪协同治理具体工作时，牵头主体起草工作方案或行动计划并征询其他参与主体的意见建议，再以红头文件的正式形式明确各自责任承担、分工内容、完成时限等要素条件。此外，该模型还较为关注协同治理过程中催化领导作用的发挥，注重实现打击走私犯罪的整体效益，实现分线管理场景下通关走私犯罪协同治理也离不开主导统筹作用的正确发挥。

（二）SFIC 模型在通关走私犯罪治理方面的修正

SFIC 模型提炼出的分析框架从起始条件出发，以协同过程为核心，佐以制度设计和催化领导，其中协同过程依次包含面对面沟通、建立相互信任、予以过程投入、达成一定共识和出现阶段性成果等若干方面，并按照协同治理的长期性要求保持着循环推进的工作节奏，对协同治理中产生的相关问题能够予以较为客观的透视和相对完整的解答。分线管理场景下通关走私犯罪的协同治理，不仅具有公共管理领域中协同治理的共同特点，而且有分线管理和通关走私犯罪本身产生的特殊情况，适用 SFIC 模型时还应当有更为具体的考虑。

分线管理是对口岸通关管理的政策创新，是通关走私犯罪治理的全新工作场景。纯粹依靠反走私合作的历史经验尚不足以持续推动通关走私犯罪的协同治理，需要海关与其他有责机关开展面对面沟通，围绕这一社会治理任务建立更为充足的相互信任。在此前提下，各个主体投入多种资源要素共同参与通关走私犯罪的治理，追求共同的价值目标，并在此过程中不断磨合，产生一系列意见共识，最终形成阶段性成果，深化对通关走私犯罪治理的认识，完善通关走私犯罪治理的宏观战略。经过此番运转后，起始条件得到加强，协同过程再次启动，分线管理场景下通关走私犯罪的协同治理效果由此得到源源不断的优化和提升。据此修正后的 SFIC 模型如图 1 所示。

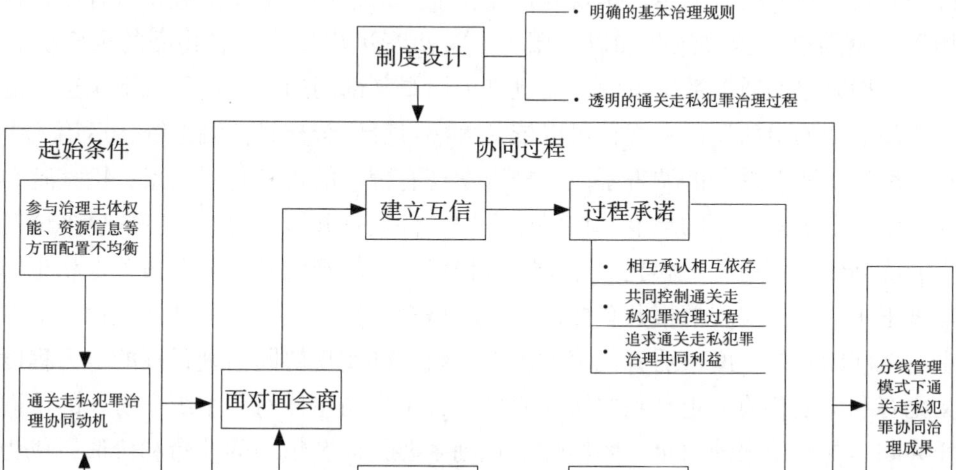

图 1　基于 SFIC 模型（修正）的通关走私犯罪治理

四、基于SFIC模型的通关走私犯罪协同治理优化路径

（一）起始条件：优化情报共享，增强参与治理积极性

在修正后的SFIC模型，起始条件作为分线管理场景下开展通关走私犯罪协同治理的先决要求，从权能、资源、信息的不对称到参与动机，再到彼此合作的历史经验，对该类型走私犯罪协同治理的成功发起作出了规律性的总结。在参与动机层面，对走私犯罪的麻痹轻视、对走私犯罪治理的认识缺失仍然客观存在。部分欠发达地区曾因走私一时“风光”无二，诱使当地百姓产生“依赖走私发家致富”的错误认识，甚至对打击走私犯罪存在观望态度；部分地区和部门对反走私综合治理工作的定位了解不够透彻，将反走私综合治理简单等同于缉私工作，认为仅仅是海关缉私部门的职责，与自身关系不大，对参与走私犯罪的治理重视不足。①

此外，通过加强情报共享尽量消除信息孤岛，对强化不同职能机关参与通关走私犯罪协同治理的积极性有着至关重要的意义。情报共享的逻辑前提是多个主体分散占有情报，且存在互通情报信息、还原事件原貌的客观需要，即这些情报占有者正在面对“共同的敌人”，存在共同利益诉求，也就初步具备了情报共享的可能和条件。一段时期以来，虽然金盾工程、金关工程、金税工程等“电子政务十二金工程”分别汇集了社会生活方方面面的大量数据，但是受职能划分、权责界定、绩效考核等外部因素影响，不同职能机关对走私犯罪情报的掌握呈现碎片化特征，情报共享工作推进相对有限，在分线管理场景下亟须进一步关注并加以克服。海关负责进出口货物、物品的税费征收和监管，可以掌握完整的通关数据资源，而且其下属缉私部门通过反走私日常执法，能够及时掌握走私活动的最新动向；银行可以依托大额可疑资金交易监测系统，运用《中华人民共和国反洗钱法》授予的调查手段，排查发现有价值的走私犯罪线索；检察院在刑事诉讼程序中居于承上启下的环节，如果能掌握案件侦查和涉案财产执行的更多情况，将有利于准确高效指控通关走私犯罪，铲除其赖以存在的经济基础。在通关走私犯罪的协同治理过程中，更好实现情报共享要注重同时培育社交性文化和团结性文化，前者代表参与主体之间的友好程度，后者代表着团结一致共同实现协同治理目标的努力程度。社交性文化有利于强化通关走私犯罪协同治理的各个参与主体对“组织身份”的认同，满足责任共同体共享情报的需求；团结性文化则主要是涉及组织的使命和价值，成为凝结协同治理参与主体之间关系的重要纽带，降低情报共享的“社会不确定性”，推动实现跨部门、跨行业、跨领域的深层次情报交流。②

---

① 皮昊：《整体治理视阈下海南自贸港走私风险防控机制构建研究》，载《海关与经贸研究》2023年第4期。

② 刘杰：《情报共享困境及其消解：社会困境理论的视角》，载《情报杂志》2022年第2期。

（二）协同过程：以“大数据”赋能过程控制

结合通关走私犯罪治理问题修正后，协同过程依然在SFIC模型中发挥重要作用，并持续受到制度设计和催化领导这两个因素的影响。待满足起始条件后，参与通关走私犯罪治理的各主体就开始了具体互动，依次进入面对面会商、建立信任、形成过程承诺、达成一定共识和取得阶段成果等阶段。在此期间，各个治理参与主体的互动密切持续，整个协同过程表现为环形循环结构，看似枯燥重复，实为量变引起质变，分线管理场景下通关走私犯罪的协同治理效果在一个接着一个阶段的往复互动中得以不断提高。

分线管理场景的出现，在探索口岸地区更高水平对外开放的同时，也降低了“一线”与“二线”之间海关监管区域的封闭性，人员和商品进出越发频繁，通关走私犯罪的形势日趋复杂，对多主体协同治理的主动性和有效性构成较大挑战。各参与主体实现通关走私犯罪治理的共同有效控制，离不开“大数据”技术手段的强大助力。在通关走私案件的侦查方面，可以通过穿透可疑账户的交易记录、通信方式、地理位置等信息，获取更多有用的线索，或通过数据挖掘、数据分析等梳理各类数据来源中的有价值信息，再借助数据穿透技术加以整合，形成更完整、准确的证据链。[①] 对于数据经过清洗、分析后产生的新数据，可借助区块链存证技术增加其作为证据的可靠性，其中涉及个人隐私的内容可以在不影响案件办理的前提下“脱敏”处理。[②] 在通关走私案件的整体办理质量把控方面，可以结合检察机关法律监督的具体方向不断丰富大数据的应用场景。例如，G省Z市检察机关研发的走私案件侦查监督模型把走私案件涉及的海量数据以时间节点的形式展现，通过筛查、比对、碰撞，梳理出相关案件办理中存在的久拖不决、程序违法、反馈迟滞等执法不严问题线索，并通过类案分析动态把握走私犯罪案件发展变化的规律和趋势，与侦查机关形成目标共识，变数据共享为数据共赢，使“大数据”真正在解放人力、整合海量信息、提供精准分析、辅助决策参考方面释放强大动能，充分发挥数字检察在助力社会治理现代化中的重要作用。

（三）制度设计：完善行政执法与刑事司法的双向程序衔接

制度设计是修正后的SFIC模型中协同过程的重要影响因素之一，为参与通关走私犯罪协同治理的主体提供更好的行动遵循，通过相对稳定的合作机制，从协同流程标准化的角度促进协同过程高效顺畅运转，并助力实现各方意见的公平表达。由于我国刑法系概念定性与定量因素的结合，所以我国行政犯其实是行政违法行为刑事化的产物。[③] 走私犯罪属于典型意义的行政犯，以触犯海关行政法规为定罪前提，在行政和刑事层面

---

① 张凯:《走私犯罪案件的数据穿透侦查路径》，载《江苏警官学院学报》2024年第2期。

② 王晓东、杜修品:《大数据技术在经济犯罪侦查中的应用》，载《中国人民警察大学学报》2022年第8期。

③ 刘艳红:《“法益性的欠缺”与法定犯的出罪——以行政要素的双重限缩解释为路径》，载《比较法研究》2019年第1期。

具有双重违法性，因而在刑事诉讼程序前端存在从行政执法到刑事司法的正向程序衔接，在刑事诉讼程序末端还有从刑事司法到行政执法的反向程序衔接。

关于行刑正向程序衔接，如果海关的旅检货检部门发现通关走私行为可能涉嫌犯罪，即应将案件移送海关缉私部门，由后者依据刑法相关条文的规定判断是否达到立案追诉标准以及可能涉嫌的具体罪名，决定是否向检察机关移送审查起诉。有学者认为，一段时期以来，在行刑衔接环节，检察机关对行政执法机关不当移送案件的监督以监督办案为根本目标，无法直接予以问责，由于行刑衔接环节既涉及检察机关对刑事司法活动的监督又涉及行政检察的相关业务，但传统工作机制存在不连贯和疏漏，难免会有不顺畅或衔接断档的情形出现。[①] 根据《最高人民检察院关于推进行政执法与刑事司法衔接工作的规定》，针对通关走私案件中“有案不移”“有案不立”的情况，检察机关可以向同级有关主管机关提出检察意见并抄送同级司法行政机关等方式予以监督。分线管理场景下通关走私案件的正向程序衔接问题可以从中找到初步解决路径。

关于刑行反向程序衔接，涉嫌通关走私犯罪的企业依法获得相对不起诉后，程序衔接问题主要体现在如何正确施加行政处罚。受“罪不别罚”认知混淆的影响，海关等行政机关可能认为已经移送司法机关办理的涉嫌通关走私犯罪案件无须再考虑是否应当给予行政处罚，存在“不诉了之”现象，导致相应的行政处罚等非刑罚化替代性责任追究停留于纸面。此类反向衔接本质上属于刑事检察业务的范畴，是否给予行政处罚或行政处分，给予什么样的行政处罚或行政处分，需要立足刑事责任。[②] 对此，检察机关应当对实施反向衔接的必要性做出评估，并非每一起相对不起诉的通关走私案件都需要移送海关等行政机关继续追究行政违法责任，而要结合具体案件的性质、情节、再犯可能性、预防必要性等进一步审查。获得肯定结论后，再结合比例原则研判，即行为人在刑事诉讼程序中已经受到的“训诫”和可能被给予的行政处罚之总和，应当与其通关走私行为的法益侵害性及预防必要性成比例。需要注意的是，在与走私犯罪“双重违法性”对应的“双轨执法体制”下，行政罚款给进出口企业带来资金周转压力，下调外贸企业信用等级、取消报关业务资格等资格类行政处罚导致日常经营成本剧增，行政处罚对进出口企业的冲击甚至大于刑事处罚。检察机关应当积极探索“相对不起诉 + 免于或减轻行政处罚”一体化机制，确保刑事司法与行政执法的有效衔接，将对涉案进出口企业的考察报告等材料连同不起诉决定书和检察建议书一并移交海关，以此作为对该企业从宽处罚甚至免于行政处罚的事实依据。

（四）催化领导：发挥检察机关主导作用

催化领导是修正后的 SFIC 模型中协同过程的另一重要影响因素，强调在模型内部

---

① 刘艺：《检察机关在行刑反向衔接监督机制中的作用与职责》，载《国家检察官学院学报》2024 年第 2 期。

② 李勇、丁亚男：《检察环节行刑反向衔接类型化规则建构》，载《中国检察官》2024 年第 5 期。

围绕通关走私犯罪的协同治理实现任务分配和工作机制的有效统筹，降低参与主体相互间的沟通协调成本，避免协同过程的内耗或空转。作为国家法律监督机关，检察机关在刑事诉讼程序中负有主导责任，承担着监督侦查、指控犯罪、监督审判和刑罚执行的重要职责，对全面、准确把握通关走私案件的来龙去脉具有天然优势，应当以在每个案件中彰显公平正义为价值追求，既要充分发挥追诉、监督、指导、建议等具体职能，又要自觉地与侦查机关、审判机关相互配合、相互制约，在追求办案质量、效果上保持步调一致，在办案价值、目标上实现双赢多赢共赢，做好法治秩序的建设者、公共利益的维护者，积极参与到分线管理场景下通关走私犯罪的社会治理活动之中。[①]

一方面，检察机关要在审前阶段充分履行主导责任。立足检察官发现案件事实真相、实现司法公正的客观公正义务，结合刑事案件审查起诉、审理判决的法律要求，准确把握通关走私犯罪案件的事实认定难点，规范证据收集指引，引导海关缉私部门精准收集、有效固定证据。此外，检察机关也要对涉嫌走私犯罪案件自行进行补充侦查。持续深化以审判为中心的刑事诉讼制度改革，构建以证据为核心的刑事指控体系，退回补充侦查或退回补充调查往往很难实现预期目的，改革完善检察侦查权尤其是自行补充侦查权制度，成为全面准确落实检察责任制，实现检察工作发展的应然选择。[②] 检察侦查作为刑事诉讼独立环节具有独立品格，而不只是依附于其他检察职能的某项具体措施。[③] 有鉴于此，检察机关在办理通关走私犯罪案件时，应根据案件的具体情况独立判断是否启动自行补充侦查程序。这种自行补充侦查不受案件是否已经经过海关缉私部门的初步侦查、案件性质是否重大或者复杂等因素的限制，而更应当侧重基于证据之间尚存在矛盾、合理怀疑未被排除、非法证据可能被纳入考量范围，或者案件可能涉及职务犯罪等。此外，如果案件具有较高的时效性要求或社会关注度，检察机关也应当考虑启动自行补充侦查。在实施自行补充侦查的过程中，检察机关需要内外部资源的充分协作。司法警察和检察技术人员应提供必要的支持，包括但不限于采取强制措施和电子数据鉴定等；海关、公安和市场监管等相关部门也应提供密切配合，特别是在搜查和扣押涉案物品等重要环节上。检察机关在实施自行补充侦查的过程中应当维护法律的严肃性，确保程序的正当性和有效性，同时保障涉案各方的合法权益，为案件的公正审理奠定坚实基础。

另一方面，检察机关要用好社会治理检察建议。社会治理检察建议是《人民检察院检察建议工作规定》第 5 条明确规定的检察建议类型，一方面与司法诉讼制度相衔接，另一方面也处于检察监督活动的“上游”，通过社会治理与纠正违法检察建议的运用更

① 周洋:《粤港澳大湾区走私犯罪的治理》，载《福建警察学院学报》2022 年第 4 期。

② 兰跃军、张跃:《检察机关自行补充侦查权的实施困境及纾解》，载《犯罪研究》2024 年第 1 期。

③ 秦前红:《法律监督视野下检察侦查制度优化》，载《国家检察官学院学报》2024 年第 1 期。

好将矛盾化解于基层。[①] 检察机关通过对分线管理场景下特定重大通关走私案件或某一类别的通关走私案件进行深入分析，发掘提炼其中蕴含的犯罪行为特点、侦破过程以及证据情况、判决结果等有效信息，提出客观而详细的社会治理检察建议。这些检察建议对于指导海关、公安、银行等相关主体对分线管理场景下实施的通关走私犯罪展开协同治理具有重要指导意义。检察建议的灵活性、非强制性等特点通常被认为是能够广泛运用于各领域并取得良好成效的主要原因，但灵活性、非强制性的特点也可能会导致检察机关制发的检察建议专业化程度低、针对性弱、可操作性差。[②] 因此，要注重提高检察建议本身的质量，从口岸地区分线管理的具体实际出发，避免"官样文章"的套路化和"放之四海而皆准"的空泛化。发出社会治理检察建议应当以系统分析案件暴露出的社会管理漏洞为基础，充分论证改进措施的可行性和针对性，对进出口贸易中涉及的专业问题应当事先咨询相关领域专家。在发出社会治理检察建议之后，检察机关还要注重及时掌握被建议单位的反馈，视情况给予进一步指导，协助被建议单位更好融入通关走私犯罪的协同治理体系。长远看来，检察机关应与实施分线管理的口岸所在地人大常委会、党委政法委等建立专项联动机制，围绕通关走私犯罪的协同治理达成目标共识，凝聚通关走私犯罪的治理合力，以社会综合治理工作考评的形式督促相关单位认真对待检察机关提出的建议，及时优化社会管理具体举措，尽可能降低分线管理被通关走私犯罪利用的可能性。

五、结语

在口岸分线管理场景之下，通关走私犯罪呈现出新的特点，对治理工作提出了新的要求。为有效防范和打击此类犯罪，笔者从跨学科的角度借鉴了 SFIC 模型的思想内核，认为两者之间具有天然的洽适性，如参与主体的多元性、治理目标的一致性、主体行为协同性等。同时考虑到分线管理场景之下通关走私犯罪领域的特殊属性，提出了基于 SFIC 模型（修正）的通关走私犯罪协同治理思路。认为在起始条件方面，应优化情报共享增强参与治理动机；在协同过程方面应以"大数据"赋能过程控制；在制度设计方面应致力于完善行政执法与刑事司法的双向程序衔接；在催化领导方面，应充分发挥检察机关主导作用，强化检察机关的主导责任以及提好用好检察建议。如此，全方位、多角度、动态化、协调性地强化分线管理场景之下的走私犯罪协同治理，促进对外经贸秩序的良好运行和口岸地区经济社会的健康发展，为构建更高水平对外开放新格局奠定坚实基础。

---

① 陈勇：《以检察工作的高质量发展服务保障中国式现代化》，载《东方法学》2023 年第 5 期。

② 陈卫东、申育冰：《立体化格局：检察机关参与社会治理之全新面向》，载《探索与争鸣》2024 年第 6 期。

刑事一体化视野下反走私工作模式的审视与构建
——基于粤桂琼样本的实证分析

陶建旺　刘新宇　叶良富　吕晓雯*

摘　要　当前粤桂琼三地逐步建立起了反走私联防联控机制，跨区域协同打击犯罪和社会治理合力日渐增强，但仍存在多维度治理主体联动协调不足，走私活动隐蔽性增强加大治罪与治理难度，边境地区存在特殊管控挑战等现实问题。本文紧扣“如何推动反走私工作取得新突破”这一命题，对粤桂琼三地925个反走私工作样本进行分析，提出将刑事一体化思维融入反走私工作模式的构建，并从实体前提、程序衔接、政策落实、社会治理手段等四大方面，对反走私机制的重塑路径进行规划。

关键词　粤桂琼地区　刑事一体化　反走私　工作模式

走私罪作为破坏社会主义市场经济犯罪，不仅冲击正常经济秩序和金融秩序，还给国家边境安全带来威胁，未经检验检疫的走私物进境后流通市场，又对百姓“菜篮子”造成负面影响。一段时间以来，粤桂琼地区在享受特殊地理区位优势带来的发展机遇的同时，也面临着繁重的边海防管控任务。粤桂琼域内的各治理主体充分发挥主观能动作用，尝试打破地区壁垒和常规思维局限，逐步建立起了反走私联防联控机制，跨区域协同打击犯罪和社会治理合力得到提高，取得较好成效。但随着时代背景发展，粤桂琼三地现有的反走私工作模式逐渐与新的时代格局不相适应，治理过程中出现的一系列新的社会风险和问题挑战也亟待关注。从犯罪控制的角度出发，应将反走私工作模式的构建置于刑事一体化的视野下进行考量。

一、粤桂琼反走私工作模式概述

粤桂琼地区，即广东、广西、海南三省所辖地区。该地区4000多公里海岸线横跨

*　陶建旺，广西壮族自治区防城港市人民检察院党组书记、检察长；刘新宇，广西壮族自治区防城港市人民检察院综合业务部主任；叶良富，广西壮族自治区防城港市人民检察院办公室主任；吕晓雯，广西壮族自治区防城港市人民检察院综合业务部检察官助理。

粤西、桂南、琼北，北连我国“三南”腹地，南接东盟11国，航通非洲、欧洲、大洋洲，是21世纪海上丝绸之路重要港口群和陆海新通道出海口。一段时间以来，一些不法分子利用这片地区独特位置与优惠政策从事走私违法犯罪活动，破坏区域稳定与影响地方经济发展。2014年至2023年，该地区作出一审判决的走私案件多达4015起，占全国作出一审判决的此类罪名案件总数的50%。[①] 为有效遏制走私犯罪，粤桂琼地区各执法司法主体开展了诸多有益探索，为广大研究者提供了丰富的研究样本和实践经验。

（一）粤桂琼三地反走私工作模式的划分

笔者以“走私”为关键词，在人民网（广东、广西、海南）板块以及中国反走私微信公众号平台上进行词条检索，过滤、筛选出2021年至2024年5月期间粤桂琼三地有效反走私工作参考样本925个。按照部门法、对象和手段等不同的标准划分，这些治理样本分别可归纳为以下类型。

1. 以反走私工作依据为标准划分，可分为刑事规制型和行政管理型。刑事规制型样本通过展示走私刑事案件的侦查、起诉、判决等，彰显刑事手段打击走私犯罪实效，以达到震慑和警示效果。据统计，粤桂琼三地在人民网上发布了41条个案打击宣传报道。行政管理型样本，主要通过召开工作会议，发布反走私治理工作方案、意见等，直接对走私行为进行行政管制；或从优化营商环境、强化基层尤其是国（边）境地区治理和建设等方面出台系列规定或政策。如针对横琴粤澳深度合作区建设，2021年至2024年，中央和地方先后出台了总体方案、促进条例、货物有关进出口税收政策等一系列政策文件，以此推动琴澳一体向纵深推进，粤澳海关在缉私行政互助方面也得到持续强化。

2. 以对象为标准划分，可分为一般治理和专门治理。一般治理模式的关键词为“全面综合”，也即针对“走私”这一行为，不过多区分重点与非重点标的、对象、领域等，综合运用行政监管、打击犯罪、前端预防等方式，进行广泛而全面的治理。通常情况下，一般治理框架内往往包含多项专门治理。而在专门治理模式下，执法司法部门结合当地实际，针对反走私工作中的重点领域，通过开展专项行动等方式，对突出问题进行专门整治等。如海南省围绕离岛免税“套代购”走私易发多发问题开展专项行动，构建了一套完善的常态化工作体制机制，包括组织协调、联防联动、重点预防等，经检索，海南省的295个治理样本中，有126个涉及打击“套代购”走私专项行动。

3. 以手段为标准划分，可分为常规治理和数字赋能治理。常规治理主要依靠人力劳动，内容涵盖日常案件办理、执法执勤、监管监督、法治宣传教育等。而数字赋能治理，是将数字技术与治理场景深度融合，提升治理智慧性和精准度。如在2023年，广西北海市在广西首创设立集反走私智慧综治、海洋监管综合执法、海上涉稳情报信息、

① 载聚法案例网，http：//www.jufaanli.com/new_searchcase?TypeKey=7%3Around_1_一审+6%3Ajudgement_1_判决+8%3Areason_1617_走私罪%2By%3Ajudgement_timestamp_2014-01~2023-12_2014-01~2023-12&search_uuid=937ed78671355a39a47e8bfb34efacc9。

清廉北海建设智慧平台为一体的联合指挥中心，相继搭建“智能感知”“智能研判”“合成打击”“复盘考核”体系，打造海上监控“一张图”，陆上感知“三道线”，空中巡查“千里眼”，网格综合治理“一张网”，组建合成研判中心，搭建智能研判模型，强化会商机制，形成“智能合成”缉私体系，取得明显成效，该经验做法被广西打击走私综合治理领导小组在全区推广。①

（二）粤桂琼三地反走私工作的现实困境

通过对上述粤桂琼地区 925 个反走私样本进行综合分析，发现该地区的反走私工作在取得明显成效的同时，还面临主体联动协调不足、根源性问题难解决、部分地区存在特殊挑战等三大方面的现实困境。

1. 跨地区多维度执法司法主体联动协调力不足。走私链条包含源头进口、中间流转、终端销售、资金结算等多个环节，往往涉案人数众多且为跨区域作案；反走私主体则囊括公安、海关、海警、市场监督管理、烟草专卖、人民银行、检察院、法院等多个部门。因此在反走私工作中，跨部门、跨区域乃至跨国的协同合作至关重要。然而，目前地区和部门间协同配合不足、各自为战的现象较普遍存在。以情报信息共享为例，一方面，信息情报在缉私系统内部共享程度不高，另一方面，信息情报在不同反走私治理部门之间没有形成有效共享。② 在 925 个样本中，联动协调工作多集中在本市内，明确提及跨区域协作的仅有 26 个。目前，粤桂琼三地虽已初步建立反走私联防联控机制，但力量仍相对分散，工作合力凝聚不足。

2. 走私活动隐蔽性增强加大源头打击难度。走私分子为逃避执法部门监管，不断翻新、变化作案手法，走私活动隐蔽性提高、走私分子反侦查能力增强，给打击走私带来了相当大的挑战。在货物入境环节，除利用非设关地偷运、夹藏通关、伪报贸易性质、海上接驳等常见手段外，近几年还出现了“套代购”“水客”通关、物流寄递等较新的走私手段。而在资金结算环节，走私资金流转链条向复杂化、层级化和网络化发展，这在增加取证和监管难度的同时，也带来极大的金融风险。上述情况的出现，使执法司法部门对走私违法犯罪行为的发现和识别愈加困难，影响全链条打击成效。

3. 边境地区反走私工作存在特殊困难挑战。粤桂琼三地中的广西壮族自治区与越南民主共和国陆海河相连，地理环境复杂，边海防管控难度大，为走私活动提供了天然的便利而隐蔽的通道；边境地区少数群众受教育程度不高，法治意识淡薄，易受不法分子蛊惑，有些不仅自身参与走私，还招徕亲朋熟人共同参与，甚至出现走私犯罪“家族化”倾向，加之沿边沿海村镇多数经济欠发达，就业岗位和机会少，当地有些群众依赖

---

① 《广西打击走私综合治理领导小组推广北海市反走私智能合成作战经验》，载人民网广西频道 2024 年 6 月 16 日，http：//gx.people.com.cn/n2/2023/1117/c408693-40644483.html。

② 皮昊：《整体治理视阈下海南自贸港走私风险防控机制构建研究》，载《海关与经贸研究》2023 年第 4 期。

从事走私违法犯罪活动为生；在跨境协调方面，执法司法部门又通常面临语言、文化、法律等方面的阻碍，这在一定程度上对边境地区反走私治理造成掣肘。

二、刑事一体化视野下反走私工作的理念革新

“刑事一体化”理论，于1989年由我国著名刑法学家储怀植教授在其文章《建立刑事一体化思想》中首次提出，经过三十余年的发展，这一理论不断被演绎、深化、注解和完善。刑事一体化的内涵是刑法和刑法运行内外协调，即刑法内部结构合理（横向协调）与刑法运行前后制约（纵向协调），[①] 其目的是实现刑法的最佳社会效益。刑事一体化观念倚重动态关系中的刑法实践，以刑事一体化作为方法，强调“化”（即深度融合），刑法学研究应当与有关刑事学科知识相结合，疏通学科隔阂，彼此促进。[②] 具体到反走私工作中，海关总署发布数据显示，2019年至2023年间，全国海关缉私部门立案侦办走私犯罪案件数量逐年攀升，如何在强化犯罪打击实效中推动反走私工作的完善，成为各执法司法部门深入思考的问题。当前，反走私工作模式的重塑，首要任务是转变旧思维，将模式构建纳入刑事一体化研究视野下。

（一）由侦检壁垒向侦捕诉联动转换

反走私成效较多体现在刑事案件质效中，反走私工作的综合性、系统性和长期性要求刑事诉讼的各个环节要做到紧密衔接、畅通联动。在传统走私刑事案件办理模式中，侦查环节和逮捕、起诉环节会因职权主体间的壁垒引起衔接失调。尽管在检察机关“捕诉一体”改革后，逮捕起诉环节的衔接问题得到根本性解决，但侦查环节与检察环节衔接失调问题仍时有发生。事实上，在我国刑事诉讼中，检察机关的起诉职能与公安机关的侦查职能具有天然的亲和性，[③] 起诉和侦查职能的履行均有着共同的主张，即指控和打击犯罪。在这一背景下，为谋求共同主张最大限度实现，两大主体必然要对各自权责差异与内外衡平进行重新审视，开辟出一条求同存异的合作之路。基于此，走私案件办理中打破侦检壁垒、向侦捕诉联动转换具有充分的现实基础。

（二）由个案思维向系统理念转换

如前述，走私刑事案件办案数、查获款物数、抓获人数、查获团伙数、典型案例数等通常是反走私工作成效的最直观体现，在“案件为先”等观念的驱动下，不免出现“重打击，轻治理”的偏颇思想。个案打击固然能应对短期内的单一问题，但仍旧难以触动深层次的社会问题，例如，如何以类案打击成效的“小切口”撬动“大治理”，如

---

① 储槐植:《刑事“三化”述要》，载《中国检察官》2018年第1期。

② 储槐植:《再说刑事一体化》，载《法学》2004年第3期。

③ 魏晓娜:《从“捕诉一体”到“侦诉一体”：中国侦查控制路径之转型》，载《政治与法律》2021年第10期。

何在维护国边境地区长期稳定的同时推动地方经济等。基于对“如何解决深层次社会问题”的深入思考，由“个案”到“类案”，由“局部”到“系统”的思维转换应运而生。与“个案办理”中的单一应对、短期应对、被动应对不同，“系统治理”更注重从整体和长远的角度出发，采用综合措施及方法，主动预防，以推动建章立制持续解决问题，实现长效常治。

（三）由传统治理向韧性治理转换

传统的反走私工作模式更加倾向依赖刑法的行为规制和刑罚的预防功能，强调法律的威严和惩罚力度，辅以道德教化和行为人的自我约束，手段相对单一且固定，在相当长的一段时间内起到了相当大的功用。但面对日益复杂多变的社会环境和外部风险挑战，以一元化、硬性化为主的传统治理模式显然无法有效应对。“韧性治理”的概念在2019年由学者唐皇凤、王豪提出，以弹性适应为理念内核，治理主体涵盖政府、企业、社会组织、基层社区和居民等多方力量，具备完备的应急制度，是能够根据环境复杂变迁的需要作出弹性调适的机制以及有效且现代化的治理工具。[①] 刑事一体化视野下，包括侦查、检察、审判在内的治理主体，实体法、程序法及相应政策的适用和落实能得到有效联通，机动性与弹性适应增强，能更好应对外部风险与挑战。

三、刑事检察一体化视野下反走私治理的全过程审视

防城港市作为沿海沿边城市，与越南接壤，拥有101公里陆地国境线与538公里海岸线，拥有5个国家一类口岸和5个边民互市贸易点，上述便利的先决条件被走私分子利用，走私案件体量大、情况多，具有典型性，仅2023年，该市检察机关起诉371人，人民法院依法判决388人。当前，防城港市反走私工作仍存在打击盲区和模糊边界、资源配置不合理等问题。为系统推进解决走私问题，近年来，防城港市检察机关在防城港市委和上级检察机关的正确领导下，深入贯彻习近平法治思想，坚持“高质效办好每一个案件”，从“一体化”角度出发，推动“侦捕诉审”各环节有机协调，实体程序政策有机统一，将走私案件办理实践中好的经验做法系统归纳总结，形成了一套符合防城港“海边山”检察特色的反走私工作模式。在刑事一体化视野下，对该模式进行全过程审视，具有一定的借鉴意义。

（一）一体化思维下反走私工作模式构建的检察探索

1. 强化侦检协作配合，规范提前介入引导侦查取证。持续推动侦查监督与协作配合机制实质化、规范化运行，检察机关牵头与公安机关会签《侦查监督与协作配合办公室工作办法》，设置办公室17个，充分发挥侦协办作用，4个侦协办获评广西示范性（规

---

① 易承志：《中国韧性治理体系的框架和构建路径》，载《人民论坛》2023年第15期。

范化）办公室。加大诉前引导侦查，提升取证效率，严格延期、退补、延押等审批程序，杜绝“空退”现象；建立规范有序高效的侦检协作机制，编印《常见犯罪罪名证据指引》，实现“照单抓药”指导走私类案侦查。创新检警互培轮训机制，与海关缉私、海警、边管等各部门会签《检警互培轮训实施办法》，构建互派优秀青年干警交流轮训机制，一体提升检警素质能力。

2. 发挥“捕诉一体”优势，源头把控案件质效。充分发挥“捕诉一体”制度优势，统一逮捕、起诉环节证据证明标准，强化案件审前把关和过滤。先后办理最高检、海关总署挂牌督办大要案 30 余件。建立起一套完备的衍生犯罪并侦机制，与中国人民银行防城港市中心支行、市中级人民法院等会签预防和打击洗钱违法犯罪活动实施意见，在办案中敏于发现洗钱犯罪线索，起诉上游犯罪为走私罪的洗钱犯罪 7 人，助力防范化解金融风险；办理林某某走私案中发现涉嫌洗钱 1700 余万元现实并监督立案，入选广西检察机关打击洗钱犯罪典型案例。

3. 健全诉审衔接机制，巩固走私犯罪打击实效。加强与法院沟通，对事实清楚、证据充分且适用认罪认罚从宽制度的轻微走私犯罪案件采取集中受理、集中起诉、集中开庭模式，提高诉讼效率。针对当地走私罪“类案不同判”“同案不同处”问题，由市检察院牵头，常态化与侦查机关、法院就量刑统一标准等问题召开联席会议，研究细化明确统一标准。与市中级法院会签《关于建立健全常态化协作机制，构建新时代良性互动检法关系的实施意见》，明确建立健全常态联席会议机制等 12 项具体措施，提升检法沟通质效。2023 年，该市走私犯罪确定型量刑建议采纳率超 90%，起诉的 140 余件走私案件均未出现无罪判决。

4. 抓前端，治未病，推动跨区域协作。防城港市检察机关结合走私案件办理过程中发现的问题，调研撰写多篇调研报告，并对加强走私犯罪打击、强化边海防管控提出检察建议，相关报告获党委主要领导批示并转发相关部门作工作参考，形成工作合力。建立健全工作机制，提供有效保障，如与海关缉私、边境管理、海警等部门会签协作配合办法，与钦州市、北海市检察机关会签环北部湾海域检察协作机制，全方位、多角度实现跨部门、跨区域检察协作。同时还打造多维度反走私普法平台，设立“边海经济金融法治讲堂”，推出“白鹭说法”等普法品牌，以所办案件为题材拍摄反走私微电影，推动提升群众法治自觉，促进群防群治，合力强边固防。

（二）刑事一体化思维融入反走私工作的必要性与可行性

基于对分析样本的中微观审视，将刑事一体化思维融入反走私工作，无论在理论上抑或实践上，均具备充分且必要的条件。刑事一体化强调疏通学科隔阂，彼此促进，映射在实践中，即是刑事相关实体、程序、政策等内容背后关联的各职能主体有效联通，这与反走私工作的综合性、系统性要求不谋而合。

1. 刑事一体化思维融入反走私工作是对时代发展和全球格局变化的呼应。当前，国际局势变乱交织，百年变局加速演进。此种大背景下，粤桂琼三地作为携手港澳内连我国西南腹地、外接东南亚各国的重要枢纽，面对着更多更复杂的外部风险和挑战。扰乱金融监管和市场秩序的走私行为在粤桂琼三地频发，直接影响地缘社会稳定和经济发展；加之走私罪是经济犯罪，也是常见的涉外因素犯罪，反走私成效在一定程度上反映出当地营商环境是否得到优化，涉外法治建设是否高质效。融入刑事一体化理念的反走私工作中，主体配合将更加紧密、资源配置更加科学，应急措施与弹性政策将发挥更大效能，能够更好应对外部风险挑战。

2. 刑事一体化思维融入反走私工作是法治目标与社会治理内涵的契合。如前述，实现刑法的最佳社会效益是刑事一体化的目的。[①] 法治目标在我国的体现，则是建设法治中国，实现法律规范科学完备统一，执法司法公正高效权威，权力运行受到有效制约监督，人民合法权益得到充分尊重保障，法治信仰普遍确立，法治国家、法治政府、法治社会全面建成。[②] 而社会治理强调多元主体的参与、综合手段的运用和长期性与可持续性的追求。刑事一体化思维融入反走私工作，是法治中国建设的其中一环；同时一体化视野格局之下的全局性、系统性和综合性，又与综合治理的内涵相契合。这种契合将使反走私工作在法治框架内更加科学、全面和有效。

3. 刑事一体化思维融入反走私工作具备跨区域司法协作的现实实践基础。当前传统的“就案办案”“单线治理”等单一治理模式已难以满足现实需求，粤桂琼三地除强化域内工作合力外，还逐渐走向区域联合，开展了诸多有益的探索和实践。如湛江、海口、北海、防城港、钦州、茂名环北部湾六市在广东湛江召开反走私区域协作会议，签署《环北部湾六市反走私合作机制协议》；海南、广东、广西三省检察院在海口召开琼粤桂地区反走私检察联席会议，会签《琼粤桂地区反走私检察联席会议机制实施办法（试行）》《琼粤桂地区反走私检察案件协作办理机制实施办法（试行）》等。随着大数据、人工智能等高新技术的发展，情报共享、数据整合、信息融通也越来越便捷，刑事一体化思维融入反走私工作的现实空间得到大范围拓展。

四、刑事一体化视野下实现反走私工作模式重塑之路径

如前述，刑事一体化的内涵是刑法和刑法运行内外协调，其中，内部协调主要指刑法结构合理，外部协调实质为刑法运作机制顺畅，[③] 而这就意味着融入此种思维的反走私工作模式的重新要从实体、程序、政策以及社会环境等诸多方面寻求统一方向的最优路径。接下来，将从实体判断、程序衔接、政策落实、基层治理手段等四大方面，尝试对这一模式进行重新设想。

---

① 储槐植：《再说刑事一体化》，载《法学》2004 年第 3 期。

② 《法治中国建设规划（2020—2025 年）》，载中国政府网 2024 年 6 月 19 日，https：//www.gov.cn/zhengce/2021-01/10/content_5578659.htm。

③ 储槐植：《再说刑事一体化》，载《法学》2004 年第 3 期。

（一）实体前提：以证据为核心，提升刑事指控质效

1. 统一案件审查尺度标准。当前案件办理中，存在走私犯罪标准尺度把握不统一的问题，如量刑建议与缓刑适用出现偏差，“同案不同判”情形较为常见，需要通过建立明确的判断尺度框架、准确理解适用司法解释、善用指导性案例和典型案例等方式达成共识。针对情节相似的不同案件当事人，或者同一案件团伙内主从犯、漏犯刑罚适用标准不一致或差距较大的问题，需要检法充分协商，考虑个案特殊性，兼顾类案和地区普遍性，形成科学的量刑参考，使犯罪者罚当其罪。与此同时，适时形成办案指引，加大全链条打击力度，深挖幕后组织者、终端购买者，完善走私衍生犯罪并侦机制，最终铲除走私犯罪土壤。

2. 提升走私案件侦查取证质效。证据是准确认定案件事实的基础。从这一层面看，证据质量的好坏高低，牵引着案件实体处理，因此，需要执法司法部门有意识、有目的地提高案件证据质量。在推进以审判为中心的刑事诉讼制度改革背景下，提升证据质量不仅是侦查机关一家之事，检察机关作为连接侦查与审判环节的关键纽带，更需要充分发挥提前介入引导侦查的效能。检察机关除与侦查机关联动协调外，还应加强与渔政、海洋、人民银行等职能部门衔接，坚持做好重大案件提前介入，全方位、多角度引导侦查取证，立足指控犯罪的角度，就取证方向、发现的证据缺陷提出准确意见，敦促侦查机关切实提高取证质效。

（二）程序衔接：完善“两法”正向与反向衔接机制

1. 正确处理侦查管辖权问题。当前，具备走私犯罪侦查权的部门包括地方公安、海关缉私、海警等，不同部门的管辖范围既有区分，又有重叠。以海上走私案件为例，该类案件由海警部门管辖，通常情况下，海上走私行为最终需要延续到陆地上，因此，从犯罪结果地角度来看，海关缉私部门和地方公安机关对海上走私案件都有一定管辖权，上述三类机关在具体管辖上就有一定重合，[①] 容易引发管辖争议，出现管辖不够顺畅、影响后续侦查等问题。这就要求在发现案件之初就要明确侦查主体，以区域标准配置管辖权；此外，侦查机关可尽早邀请检察机关提前介入，除对取证进行引导外，检察机关还可对侦查主体是否适格作出判断，提出改变侦查管辖的意见建议，规范侦查程序。

2. 推动行刑衔接由单向到双向互动转变。目前，走私案件行政执法与刑事司法衔接过程中主要存在注重行刑正向衔接多、关注刑行反向衔接少等问题，打击走私活动中的“两法衔接”亟待由单向到双向良性互动转变，其中，检察机关向行政执法机关移送走私行政案件是强化刑事与行政反向衔接配合的重要环节。实践中，承载该环节工作的载体主要为检察意见，检察机关应与行政执法机关凝聚共识，健全完善信息共享平台，抓

① 陈鹿林、周耀凤：《略论海上走私犯罪侦查管辖权的优化配置——以2015—2019年N市、W市司法机关办理海上走私案件为例》，载《公安学刊（浙江警察学院学报）》2021年第6期。

住检察意见质量这个关键，切实履行主体责任，推动刑事司法和行政执法的双向互动、无缝衔接。

（三）政策落实：宽严相济刑事政策的辩证适用

1. 准确把握走私犯罪审查中“宽”与“严”的辩证关系。宽严相济这一基本刑事政策早在2006年就被正式确立，经过十余年发展，这一政策在立法和实践上不断丰富。而在现阶段我国犯罪结构呈现明显轻罪化趋势的大背景下，刑事案件中的非犯罪化、非监禁化、非司法化特征日渐明显，执法者、司法者不可避免地要在实践中更加积极地回应如何统筹处理好“宽”与“严”、“惩”与“防”的辩证关系。具体到走私案件办理中，就是围绕全链条打击犯罪、实现源头治理这一目标，准确把握宽严相济的基本内涵，保持宽中有严、严中有宽，对不同地位的行为人采取不同措施，辩证看待。一方面，对于走私犯罪中的组织者、积极参与者，如货主、起到关键作用的中介，“保货”团伙头目等，重点侦查，必须体现当严则严，该捕即捕、依法追诉、从重打击；另一方面，对于其中的一般参与者，尤其是初犯、偶犯，或参与程度浅、获利少、对走私行为帮助作用不大的行为人，重在小惩大诫，通过发挥不批捕、不起诉等“宽”的教育作用，减少社会对抗、增进社会和谐。

2. 依法全面、准确、规范适用认罪认罚从宽制度。认罪认罚从宽制度是在宽严相济刑事政策背景下建立起来的、一种基于犯罪嫌疑人、被告人的认罪认罚而获得宽大处理的制度，[①] 该制度的全面适用，对于推动案件繁简分流、节省司法资源、提高诉讼效率、减少当事人的对抗具有重要意义。一般而言，大多数走私犯罪证据基础较好，犯罪嫌疑人认罪意愿较高；对于涉案人数较多的团伙犯罪，认罪认罚的适用有助于分化团伙内部，对拒不认罪的同案犯形成压力，助推案件侦破和审查。要强化检察机关的审前过滤作用，依法行使裁量权，对进入审查起诉环节的走私案件进行分流，在实体上过滤无须进入审判阶段的案件，在程序上简化办理认罪认罚的案件。[②] 检察机关通过对符合条件的案件实行不起诉、繁简分流等途径，切实发挥诉前主导作用。

（四）社会治理：一体推动多方联动，实现长效常治

1. 将数字技术广泛应用于反走私工作。扎实推动智能边海防建设，通过运用大数据、云计算等数字技术，建立反走私智慧监管平台，实时收集、整理和分析走私活动中的重要信息，对走私风险进行预警和预测；加强数字化技术在执法和侦查活动中的应用，如利用无人机侦查、大数据分析、区块链技术等提升执法侦查质量和效率。

2. 充分发挥刑罚一般预防目的，提升全民反走私意识。一是增强走私犯罪诉讼活动

---

① 陈兴良:《程序与实体双重视野下认罪认罚从宽制度的教义学反思》，载《政法论坛》2023年第5期。

② 林锡铭、廖望:《审前过滤：秉持“谦抑、审慎、善意”刑事司法理念》，载《检察日报》2019年9月3日，第3版。

的透明性和公开性。及时通报惩治走私犯罪典型案件，可通过庭审直播、公开宣告等方式进行披露，强化公众对法律的敬畏。二是多渠道全方位开展全民反走私宣传。严守宣传阵地，举办各类宣传主题活动，丰富宣传载体，扩大反走私宣传受众面和影响力，营造全民反走私的浓厚氛围。三是建立健全有奖举报奖励机制，促进群防群治、合力强边固防。

3. 加强基层组织建设，提升基层组织战斗力。把反走私工作与加强基层组织建设紧密结合，加强对基层组织领导者和管理人员的选任，强化对“人”的监管，及时查处违法违纪行为；强化大学生村官或第一书记功能作用，强化基层组织队伍管理能力，打破“宗族势力”和地方保护主义；深化抵边村镇反走私工作网格化管理，增强协同能力，推动执法队伍整合，执法力量下沉，不断提升社会治理系统化、精细化、法治化水平。

4. 强化一体化思维，构建跨区域联动协同治理新格局。打破地方局限，建立区域协同机制，为地区之间的紧密配合提供牢固的制度支撑；推动资源跨区域共享，加强信息、技术、人才等领域的交换和联动，优化反走私资源配置和资源利用效率；同时，推动建立完善与周边国家和地区的反走私合作、刑事司法协助等机制，形成打击跨境走私的国际合力。

五、结语

反走私工作是一项长期性、系统性工程，面对复杂严峻的国内外形势，反走私工作模式需要不断在发展中完善，在实践中纠偏。各方主体应在一体化的考量下，直面实践中的痛点、难点和堵点，在提升案件质效的前提下，向社会治理角度谋求新的突破；而不同地区也应破除区域壁垒，从分散走向联合，形成区域协同共治的工作模式，以达到资源的最优配置。

检察建议参与反走私社会治理问题研究

谢 楠[*]

摘 要 作为国家法律监督机关，检察机关理应通过制发社会治理检察建议推进反走私社会治理工作，实现治罪与治理效果并重的新时代要求。社会治理检察建议需要遵循三个逻辑：即基于检察机关职能定位的政治性逻辑、基于社会互构理论的理论性逻辑与基于犯罪治理客观要求的实践性逻辑。但目前反走私社会治理检察建议存在共性问题反复、制发领域狭窄、制发科学性不够等实体性内容问题，存在未跟进督促、审核把关不严、程序启动错误等程序性内容问题，可以考虑通过“1+3+2”模式来提高反走私社会治理检察建议的制发能力和制发水平，更好以检察高质效履职助推反走私社会治理工作高质量发展。

关键词 社会治理检察建议 反走私社会治理 制发范围 类案监督 高质效

我国社会建设的实践历程，经历了社会管控（新中国成立到党的十一届三中全会前）、社会管理（党的十一届三中全会到党的十八大前）、社会治理（党的十八大以来）三个阶段，[①] 不同的阶段对于反走私的治理工作有不同的要求，形成不同的治理工作格局，这需要检察机关参与反走私治理工作的做法与理念与时俱进。当前，反走私的社会治理工作如果以打击走私的行政机关正面监管和司法机关的负面评价作类比参考，仍然是以社会管理阶段形成的“政府领导＋各行政单位负责”的反走私综合治理格局作为主要推进抓手，[②] 反走私社会治理参与主体、领域范围、方式方法等相对狭窄，与进入社会管理阶段，党的十九届四中全会强调的坚持和完善共建共治共享的社会治理制度，建设人人有责、人人尽责、人人享有的社会治理共同体还有差距，反走私社会治理的理念与工作格局亟待强化。

---

* 谢楠，广东省珠海市人民检察院法律政策研究室检察官助理。

① 王志民:《中国共产党领导新中国社会建设实践与启示》，载《学习时报》2021 年 6 月 9 日，第 1 版。

② 1995 年全国打击走私领导小组第五次会议上要求逐步建立起“党政统一领导，打私办监督协调，部门各尽其职，企业配合支持，群众积极参与，上下齐抓共管，加强法规建设、舆论引导、严格管理”的全社会反走私综合治理格局。

党的二十大报告提出，要完善社会治理体系。健全共建共治共享的社会治理制度，提升社会治理效能。“效能”的出现代表着对社会治理的更高要求，因此，从检察机关运用社会治理检察建议参与反走私社会治理的问题出发，检察机关必须立足新时代，深刻理解检察建议参与反走私社会治理的内在逻辑，审慎用好社会治理检察建议，围绕反走私社会治理的难点堵点，研究可以进一步完善、改进、提高的工作内容，充分借力相对成熟的反走私综合治理体系，深度挖掘制发社会治理检察建议的着力点，更好融入反走私社会治理大格局，助力反走私社会治理工作取得高质效发展。

一、检察建议参与反走私社会治理的内在逻辑

（一）政治性逻辑：检察机关的政治任务和性质职责所在

一方面，中国共产党领导是中国特色社会主义检察制度最本质的特征。我国检察制度是人民民主专政国家制度的组成部分。人民民主专政是我国的国体即国家政权的阶级本质，也是社会主义检察制度的本质。[①] 检察机关作为党领导下的人民民主专政的国家政权机关，首先是政治机关，必须始终把讲政治摆在第一位，始终坚持党的绝对领导。[②]《中国共产党政法工作条例》在总则中明确规定“政法单位是党领导下从事政法工作的专门力量”“坚持和加强党对政法工作的绝对领导”。因此，检察机关必须始终与党中央保持高度一致，始终服务于党在不同历史时期所确立的根本任务和法治指标，[③] 必须不断提高政治判断力、政治领悟力、政治执行力，运用好社会治理检察建议更加主动地融入党中央对反走私社会治理工作的大局，助力国家治理体系和治理能力不断提升。

另一方面，《宪法》和《人民检察院组织法》从法律上规定人民检察院是国家的法律监督机关。《中共中央关于加强新时代检察机关法律监督工作的意见》进一步明确检察机关的三大职能定位，一是法律监督，二是追诉犯罪，三是保护国家利益和社会公共利益。运用社会治理检察建议参与反走私社会治理工作是落实三大职能定位职责所在：其一，牵扯到反走私的行政权、侦查权、检察权、审判权等权力与权利错综复杂、相互交织、相互作用，其中各个环节、各项权力的运行均落入检察权的监督范围内，需要检察机关行使法律监督权[④] 制发社会治理检察就是履行法律监督手段的一种；其二，打击走私犯罪，维护国家安全和社会经济秩序，需要各相关单位共同规范反走私大格局中的执法司法工作，社会治理检察建议的部分适用消除违法犯罪隐患和不依法履职危险、堵塞漏洞、督促改进管理监督工作，一定程度上能提高相关单位的执法能力，减少执法不

---

① 童建明、孙谦、万春：《中国特色社会主义检察制度》，中国检察出版社2022年版，第3页。

② 《检察日报评论员文章：坚持讲政治与抓业务有机统一》，载微信公众号“最高人民检察院”2021年1月12日，https://mp.weixin.qq.com/s/onbu6PASosA6CLAAtd-ChA。

③ 林强：《新时代检察机关能动参与社会治理的定位和实现路径》，载《智慧法治》集刊2024年第1卷。

④ 宋远升：《检察官客观义务与法律监督》，载《检察日报》2021年5月6日，第3版。

规范的可能，同时促使全社会形成共同反走私的良好氛围。社会治理检察建议的运用得当能够很好体现检察机关的三大职能定位。

（二）理论性逻辑：社会互构理论

社会互构理论是我国郑杭生教授主持的国家社会科学基金“十五”重点项目《中国社会转型期个人与社会关系》的最终成果，具有中国特色的社会学理论。社会互构理论认为，个人与社会之间，以及市民社会与政治国家之间，并非二元对立的，是“互构共变”的诱导契合关系，[①] 呈现交互性建塑和型构特征。在“互构共变”关系过程中，个人与社会，社会与国家形成相应的、协同的、共时的演变，从而走向更加契合匹配的社会运行规律，也通过不同行动主体间的对话、参与、协商、合作机制的发展，推动构建自助互助、多赢互惠以及共同在场、共建家园的社会格局。[②] 这对检察机关运用社会治理检察建议参与反走私社会治理提供了有益的理论启示：一方面，参与反走私社会治理主体之间的各种治理活动的开展，具有互相连接、互相影响、需要互相配合的高度关联性，共同推进反走私社会治理现代化工作。因此社会治理检察建议的制发必须要站在反走私大的宏观整体维度上进行考虑，避免仅从本部门出发考虑问题，局限于“以一隅观全局”的局部思维，[③] 更加不能出现直接插手被建议单位执法工作与企业正常经营等情形。另一方面，制发反走私社会治理检察建议需要遵循比例原则，需要考虑如何贯彻党中央提高社会治理效能的决策部署，以“柔性”治理切入，助力全社会形成良好反走私的高度自觉，切实形成共建共享共治的反走私社会治理格局。不能采取过分督促相关执法单位严格执法、加大执法力度、保持过度高压态势等方式，影响人民群众正常出入境效率。

（三）实践性逻辑：反走私进行社会治理的客观要求

以狭隘的传统观点看，反走私的治理可能被误认为只是行政执法机关、侦查机关查人查货，司法机关判人封货，有多少走私违法犯罪各单位各司其职一律接收办理，打的多、查得严、判得重、罚得狠就可以彻底消灭走私嚣张气焰。但是从检察机关有关打击走私成果的通报、白皮书来直观感受我国走私违法犯罪的情况，仅依赖上述传统的做法很难达到理想的治理效果。

根据北京、上海、宁波、珠海 4 个城市发布的不同年份的打击走私工作报告或反走私工作白皮书（一审案件情况）进行分析、统计、整合，可以发现涉走私犯罪案件的数量还是占据一定比例。具体而言：北京市检四分院（集中管辖北京地区一审走私案件）

---

① 郑杭生、杨敏：《社会互构论：世界眼光下的中国特色社会学理论新探索》，中国人民大学出版社 2015 年版，第 198—200 页。

② 杨敏、郑杭生：《社会互构论：全貌概要和精义探微》，载《社会科学研究》2010 年 4 月。

③ 牛正浩：《新时代检察机关诉源治理改革论纲》，载《东岳论丛》2024 年 3 月。

在2015—2022年办理走私犯罪案件536件；[①] 上海市检三分院（集中管辖上海地区一审走私案件）在2019—2022年受理走私犯罪审查逮捕案件355件796人，受理走私犯罪审查起诉案件678件；[②] 宁波检察机关在2015—2019年受理审查逮捕走私犯罪案件155件414人，受理走私犯罪审查起诉案件229件898人，同时宁波检察反走私工作白皮书显示，2015—2019年的受案数、人数分别较2010—2014年增长70%和1.7倍；[③] 珠海检察机关在2019—2023年受理走私犯罪审查起诉案件1299件2346人，分别占据全市所有刑事案件审查逮捕总数的7.59%、审查起诉总数的9.43%。同时珠海检察反走私工作白皮书显示，"水客"走私犯罪案件增长异常明显，如2020年是54件84人，2021年时跃增到243件478人，2023年又增长到381件516人；海上走私犯罪案件从2020年的13件40人，到2022年的46件161人、2023年的36件143人，海上走私犯罪案件也是增长明显。[④] 此外，上述4个城市的相关反走私工作报告或者白皮书均共同提到走私犯罪团伙化、组织化、链条化，犯罪手段智能化、网络化等特点，打击走私的形势依旧严峻。

通过分析不同层级、不同地域的检察机关面临走私违法犯罪行为数量激增、占比居高，且不断呈现新颖化作案手段、行为类型，造成打击难度加大的态势，基本可以驳斥传统只注重打击走私的观点，并可以印证这样一个结论：客观上单纯地利用刑事打击不能从根本上预防走私违法犯罪行为的发生，事实上社会上各种违法犯罪行为的发生大多数与社会治理工作相关，[⑤] 应用全局性的站位去思考反走私治理难题。不能仅以走私是典型法定行政犯，违法行为达到行政、刑事处罚标准就罚款或判刑案结事了，而应当从源头开始到尾端全链条通盘考虑，关注走私根绝难的原因，无论是通关走私还是绕关走私，涉税走私还是非涉税走私，"闯关""漂移走私"等违法犯罪的背后都会有各种各样的原因。

---

① 《北京市检察院第四分院发布〈走私犯罪检察白皮书〉，梳理走私犯罪四大特点》，载《检察日报》2023年4月11日，第7版。

② 《2022年度打击走私犯罪检察工作报告》，载上海市人民检察院第三分院（铁检分院）网站2023年5月15日，https：//www.sh.jcy.gov.cn/sfjc/jwgk/jcgzbg/93641.jhtml;《2021年度打击走私犯罪检察工作情况》，载上海市人民检察院第三分院（铁检分院）网站2022年7月4日，https：//www.sh.jcy.gov.cn/sfjc/jcxw/jcdt/82633.jhtml;《2020年三分院办理走私犯罪案件检察工作报告》，载上海市人民检察院第三分院（铁检分院）网站2021年5月31日，https：//www.sh.jcy.gov.cn/sfjc/jwgk/jcgzbg/77331.jhtml;《2019年打击走私犯罪检察工作白皮书》，载上海市人民检察院第三分院（铁检分院）网站2020年11月14日，https：//www.sh.jcy.gov.cn/sfjc/jwgk/jcgzbg/66163.jhtml。

③ 《近五年宁波走私犯罪检察工作白皮书》，载宁波市人民检察院网站2020年10月11日，http：//www.ningbo.zjjcy.gov.cn/art/2020/10/11/art_1229641700_342.html。

④ 《珠海市检察院召开走私犯罪检察工作新闻发布会》，载微信公众号"广东反走私"2024年5月11日，https：//mp.weixin.qq.com/s/xuJoGYiqGRddHBimEFI2Zw。

⑤ 天津市宝坻区人民检察院课题组：《检察机关依法能动参与社会治理的实质意涵与路径构建》，载《山西省政法管理干部学院学报》2024年第3期。

二、反走私社会治理检察建议制发现状与反思

（一）反走私相关的社会治理检察建议概况

社会治理检察建议是五种类型检察建议之一，由于它更多是通过大量个案办理、类案监督的深挖，进行系统治理，所以社会治理检察建议的总数不会很高，再加上走私案件数量多数发生于沿海、港口城市，及至边境城市，不具有全国范围普遍性，且走私犯罪只是所有犯罪类型中一种，即使对于珠海地区走私犯罪案件数相对全国较高情况下，占全市刑事案件总数也不足10%。那么综合以上多种因素，反走私相关社会治理检察建议占比及总数均相对稀少。以上文所述的上海（2019年、2021—2022年）、宁波（2015—2019年）、珠海（2019—2023年）三个地区检察机关受理的审查起诉案件总数作参照，三地检察机关制发社会治理检察建议数情况如图1所示：

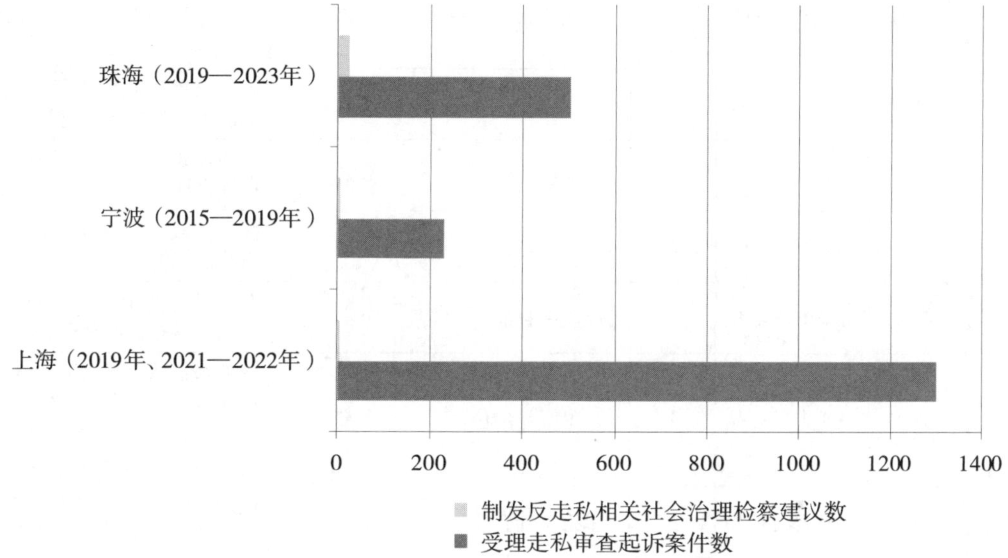

图1　上海（2019年、2021—2022年）、宁波（2015—2019年）、珠海（2019—2023年）受理走私起诉及制发反走私社会治理建议情况

根据上图，各地检察机关制发反走私社会治理检察建议数总数不多、制发率也差异较大。为更直观阐明检察机关制发反走私社会治理检察建议的具体情况，通过实地调研、官方网络检索进行收集，现将收集到的部分地区反走私社会治理检察建议情况，按照被建议单位、制发领域、制发份数、制发的来源（个案/类案）、主要对策建议、主要整改回复落实情况以及制发过程中亮点特色措施等整理如表1所示：

表 1　全国部分地区制发反走私相关社会治理检察建议情况

序号	区域	时间	领域	份数	被建议单位	制发来源	特色措施
1	S市	2018	走私普通货物	1	某免税公司	个案	公开宣告 + 人大代表见证
2		2019	走私普通货物	1+5（延伸）	某交通委员会	个案	全面调研 + 延伸效果多制发 5 份检察建议 + 异地制发
3		2020	走私普通货物	1	相关单位	个案	视频远程宣告
4		2021	寄递走私毒品	1	某国际物流公司	个案出发，类案梳理	依托最高人民检察院七号检察建议 + 行业治理
5	G省	2021	低报价格走私	1	某海关	类案	注意到行政处罚可能机械不合理；注意宽严相济，服务保障民营企业健康发展
6		2023	国家禁止进出口货物、物品	1	某卫健委	个案	对提出堵塞漏洞完善机制方面进行了具体细化
7		2018	“水客”走私	1	甲海关	类案	类案分析基数大，数据充足，分析问题深刻；抄送打私办
8		2021	“水客”走私	1	乙海关	个案	被建议单位联合澳门拉长整治链条，加强源头防控
9		2022	“水客”走私	1	甲海关	类案	放在反走私综合治理框架中加强责任
10		2023	“水客”走私	1	甲海关	个案	提请侦查机关制定机制，堵塞执法漏洞
11	F省	2021	跨境电商走私	3	行业主管部门	个案	对跨境电商走私犯罪的关联犯罪一并全面收集分析
12	S省	2022	寄递走私毒品	1	罪犯所处单位	个案	依托最高人民检察院七号检察建议 + 抄送主管部门；罪犯是国家工作人员，对单位疏于管理问题制发
13	H省	2019	走私普通货物	3	罪犯所处企业	个案	调取证据 + 公开宣告送达 + 细化建议清单 + 跟踪落实
14	N自治区	2023	走私、贩卖毒品	1	某公安局	个案	走私犯罪背后发现属地公安局对罪犯的户籍管理有问题
15	J省	2022	走私淫秽物品	1	某邮政业安全中心	个案	依托最高人民检察院七号检察建议

（二）实体性内容反思

1. 共性问题反复，治理成效值得反思

如上文序号 7、9 的 G 省某地检察机关制发的反走私社会治理检察建议，两组检察建议内容均是围绕对“水客”走私的治理问题，制发对象均是甲海关，制发案源依据均是一定年限的类案，制发年限从 2018 到 2022 年，制发的点均是深挖扩线，全链条打击、上下游打击；加强联动、深化联防联控综合治理效果；加强宣传普法教育。对此，甲海关的回复围绕两组检察建议，基本是专项重点打击了一批重大走私案，查办了一定的物流集散和收货分销窝点；发动关区执法力量或区域执法联动加大打击，“精、准、狠”铲除走私网络，实现对“水客”走私活动“购、运、储、销”全链条打击；运用新媒体在出入境关口进行警惕性、普法性宣传等。看似整体上甲海关对照社会治理检察建议内容采取了大量有力、有针对性措施取得丰硕战果，但仔细观察会发现，“水客”走私综合治理效果未达理想预期，直至2023年“水客”走私案件数量还是增长明显，同时在第7和第9号社会治理检察建议书中，反复提到了源头打击和中转地、收货地打击问题，原因是海关等侦查机关查得不深不透，没有根据案件材料中犯罪嫌疑人供述去深挖彻查，没有积极发挥反走私综合治理格局作用去整合、协同、用足各相关单位执法力量，而海关的回复内容是宽范围、大方面地采取了措施进行联防联控打击中转和收货地。如此，该问题还是没有很好地治理解决。

2. 关注点和制发对象狭窄

社会治理建议的制发对象除了侦查机关，还有司法机关、主管部门、行政机关、人民团体、社会组织、事业单位、企业等，同样，反走私社会治理格局也包含上述对象主体。但是从上文15组社会治理检察建议制发对象看，仅有3组是针对企业，其余均是主管部门或者侦查机关。显然，多数反走私社会治理检察建议目前关注点和制发对象狭窄，还是希望通过行政手段进行正面监管，对处于案件办理流程第一步的行政执法进行严格规范，到了后续的检察机关审查逮捕、审查起诉环节可能会降低补充侦查的概率，从而相对提高办案效率。这种思路无可厚非，但是这与当下强调的人人有责、人人负责的共建共治共享的社会治理格局比较而言，治理的主体、力量、范围还是有限。事实上，单位犯罪的比例在走私犯罪中并不低，如根据青岛中级法院白皮书，2013—2022年审结的走私犯罪案件中单位犯罪占比69.2%，北京检察四分院白皮书显示2015—2022年单位犯罪占比19.2%，宁波市检白皮书显示2015—2019年单位犯罪占比33.3%，这从一定层面反映出对企业也应当加强社会治理检察建议的制发，督促整改漏洞等，助力构建法治化营商环境。

3. 部分建议内容操作落实难度大，可能影响社会治理检察建议的科学性、审慎性

如上文序号5的G省某地检察机关制发的反走私社会治理检察建议，是从办理食品低报瞒报价格系列案中深入剖析后向属地海关制发，虽然分析透彻，大部分内容海关可以对照完善监管，但是该建议涵盖内容较多，部分内容对制发主体整改落实难。一是该份向海关制发的完善监管建议中还牵扯到了对该食品的行业自律问题，后者由海关以行政手段直接介入似乎略有不妥；二是该份建议中提到针对该涉案食品进口企业反映的通关效率需要提高问题，检察机关建议海关助推企业降本增效，但是海关回复出于国门安全考虑和当时仍处防疫严格时期无法开通特例；三是对行刑双向衔接问题，检察机关建议海关注意宽严相济，对于企业经营者采取强制措施和低报价格走私被处罚严重导致企业后续经营困难情形，建议海关内部向上级请示进行相关条例修订，该部分内容出发点好、考虑长远，但是海关回复“没收走私货物”在低瞒报价问题上内部已有相关规

范。以上内容均反映出一个问题，就是检察机关制发检察建议前没有充分和海关沟通，对海关很多工作内容规范没有掌握透彻。此外，部分内容超越属地海关权限，直接建议海关自我内部推动反馈解决的难度无疑偏大。那么这就带来问题，社会治理检察建议虽然对问题研究透彻，但在被建议单位落实难度较大无法直接完成的现实情况下，会使得检察建议整改落实不能完全实现，最终社会治理检察建议的期待效果未能完全实现，致使检察建议的科学性、审慎性被打上问号。

（三）程序性内容反思

1. 针对性督促和核查整改不足

如上文序号 6 的 G 省某地检察机关围绕走私国家禁止进出口货物、物品一案向属地卫健委制发的社会治理检察建议，核心内容是围绕医护人员走私疫苗和孕妇血液，督促卫健委通过医德医风教育加强医务队伍建设，同时排查走私疫苗、孕妇血液情况找到监管漏洞补齐短板。制发时间是 2023 年下半年。然而，属地卫健委在 2 个月内回复的内容中，大部分是 2023 年全年督促医疗机构进行非法胎儿性别鉴定检查打击成果，还有部分是上半年采取的打击代孕工作情况，对本案制发依据点的走私疫苗、走私孕妇血液情况鲜有提及，且部分核心机制文件的制发是在社会治理检察建议制发前就已经完成的工作，因此整篇回复整改落实情况中，将近七成内容与社会治理检察建议内容直接关联性不大，也看不出来属于社会治理检察建议制发后的成果，不利于社会治理检察建议效果的评估。对此，检察机关的跟踪落实情况就暴露出问题，既没有围绕建议内容要求被建议单位进行针对性回复，也没有在收到建议后作出积极有效的回应。

2. 检察机关相关内设机构对社会治理检察建议的合法性审核把关不严

如序号 10 的 G 省某地检察机关向甲海关制发社会治理检察建议，其中有一点内容是检察机关认为依据《行政处罚法》规定，海关缉私局对涉案案件办案超期。但是海关复函依据《海关办理行政处罚案件程序规定》认为不存在超期情况，对检察机关的建议提出异议不采纳。检察机关在收到复函后也未对海关的异议内容进行跟进核查。以上情况除了制发社会治理检察建议承办检察官需要准备充足的同时，也一定程度反映出，法律政策研究室审查把关需要加强，对在制发检察建议检察官没有提供充足法律依据情况下探索限制人身自由的措施或者指出海关办案违法情况，应当进行合法性审查，帮助承办检察官把好制发前的关口。

3. 对启动社会治理检察建议的程序性条款适用错误

如上文序号 10 的 G 省某地检察机关围绕缉私行政调查、刑事侦查违法向甲海关制发社会治理检察建议，由于个案中的犯罪嫌疑人在 3 处不同口岸进行携带普通物品走私被查处时，3 处口岸均存在执法违法情形，最终产生侦查办案程序违法导致不能对犯罪嫌疑人刑事追责的后果，为避免此类情形再度发生，检察机关依据《人民检察院检察建议工作规定》第 11 条第 4 项内容“相关单位或者部门不依法及时履行职责，致使个人或者组织合法权益受到侵害或者存在损害危险，需要及时整改消除”进行制发社会治理检察建议。然而仔细审视会发现，上述条款的程序要件是“不依法及时履行职责”，而非上文10号检察建议中针对的“具体执法违法”，换角度可以理解为《人民检察院检察建议工作规定》第11条第4项内容的启动是针对的“应做而不及时做”，不是“已经做了但是违法”，因此，该序号10的社会治理检察建议在程序性条款适用上出现不当。虽然对被建议单位或部门而言都是社会治理检察建议，但是对检察机关而言不能错误启动程序，否则会导致相关检察建议出现“根基不稳”情形，也对检察机关的法律监督角色定位产生负面影响。

三、检察建议参与反走私社会治理的“1+3+2”模式发力思考

为进一步促进反走私社会治理检察建议高质效发展，本文提出“1+3+2”模式的发力思考，即一条主线核心引领、三项内部步骤落实、两个外部环节加强。

（一）“1+3+2”模式的启发来源

2018年以来，为适应人民检察院组织法赋予检察建议的新功能和新要求，把握新时代检察工作的新定位，大力更新法律监督理念，最高检党组对加强和改进检察建议工作作出一系列谋划部署，出台了相关工作规定和《人民检察院检察建议督促落实统管工作办法》，对社会治理检察建议等工作作出全面规范。为充分发挥优秀社会治理检察建议的示范作用，最高检对从2020年开始每年评选一次上年度全国优秀社会治理检察建议，目前共评选出2019年度12份、[①] 2020年度13份、[②] 2021年度9份、[③] 2022年度10份、[④] 2023年度20份，[⑤] 合计64份全国优秀社会治理检察建议。选取2021年度和2022年度的19份社会治理检察建议，以制发主体、走访调研（扩大范围非局限涉案单位）、查阅文件、听取意见、询问、调取证据、制发前沟通、公开听证、个案（类案）、公开宣告、跟踪落实、制发后参与协同共治、向上级（党委部门）报告为要素进行样板统计分析如图2、图3所示。

综合2021年度和2022年度优秀社会治理检察情况统计，结合相应检察建议文书和信息通报，可以发现有四点经验值得借鉴，用以提高反走私相关社会治理检察建议的水平。一是从服务发展大局着手，聚焦群众“急难愁盼”问题。主动围绕党和国家工作大

① 《2019年度全国检察机关社会治理类优秀检察建议评定结果（上）》，载微信公众号“最高人民检察院”2020年8月5日，https：//mp.weixin.qq.com/s/mUYT82TjaRVqzd9e_m2Rlw。

② 《云南这份检察建议入选全国检察机关社会治理类优秀检察建议》，载微信公众号“云南省人民检察院”2022年1月19日，https：//mp.weixin.qq.com/s/4Lg2eBqESoIEbocVE2d1Og。

③ 《2021年度全国检察机关优秀社会治理检察建议评选结果揭晓》，载微信公众号“最高人民检察院”2022年11月29日，https：//mp.weixin.qq.com/s/wg4jCZF39FhkrO3vL-2piQ。

④ 《2022年度全国检察机关优秀社会治理检察建议评选结果揭晓》，载微信公众号“最高人民检察院”2023年8月14日，https：//mp.weixin.qq.com/s/PontXPyOzvkeY0untQwzgw。

⑤ 《名单公布！2023年度优秀社会治理检察建议评选结果揭晓》，载微信公众号“最高人民检察院”2024年7月16日，https：//mp.weixin.qq.com/s/0mvD7ael1GiWicoQ12H6XQ。

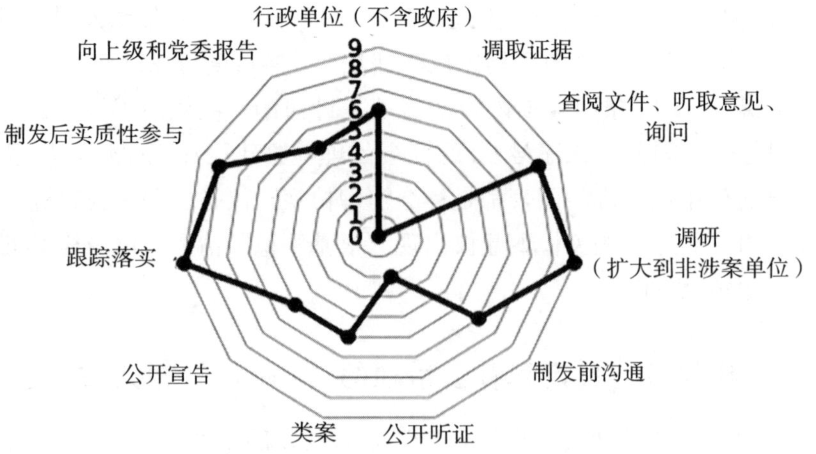

图 2　2021 年度 9 份全国优秀社会治理检察建议情况

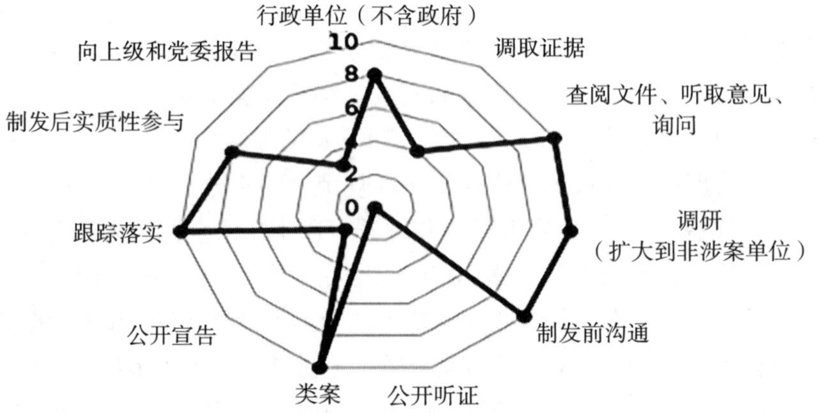

图 3　2022 年度 10 份全国优秀社会治理检察建议情况

局，在服务保障完善中国特色社会主义制度，推进国家治理体系和治理能力现代化中展现检察机关的担当作为。同时，聚焦剖析与人民群众利益紧密相关、人民群众普遍关注的问题，充分彰显以人民为中心的习近平法治观；二是从规范制发程序着手，做优文书质量。严格遵循检察建议制发程序，不局限于就案办案，调研的主体不囿于涉案单位本身，要充分地释法说理就必须首先要自身有对社会治理的系统性问题分析意识，做到调查核实工作扎实，这样才能客观精准指出问题，提出的建议也于法有据、切实可行，此外，文书格式规范，要素齐全。三是从有力督促工作着手，紧盯落实效果。既秉持“双赢多赢共赢”理念，支持帮助被建议单位开展工作，共同推进检察建议落实，又及时督促被建议单位积极整改，不能一发了之。四是从持续深入落实着手，提升治理效能。既然是社会治理检察建议，就应当将效果实现“跳出”个案的效力圈，将地基打牢，将水井挖深，甚至推动上级单位或异地进行协同共治，形成长效制度机制，真正达到“办理一案，教育一片，治理一方”的更深更广更远效果。

（二）一条主线核心引领

2023年大检察官研讨班上，最高检应勇检察长指出检察建议工作要坚持质量先行，持续紧盯、跟进落实，推动从“办理”向“办复”转变，促进社会治理。[①] 对此，要找准检察机关运用社会治理检察建议参与反走私社会治理的定位，“以监督促进治理，不仅是在发现监管漏洞后制发一份检察建议了事，也不是要‘大包大揽’，而是立足于法律监督只能为破解社会治理难题贡献‘高含金量’的检察方案、检察智慧，以更大的参与度、贡献度融入社会治理大格局”。[②] 做到恪守“抓前端、治未病”的核心理念，立足扎实的反走私案件个案基础，通过办案关注、思考类案成因，敏于发现案件背后反映的违法犯罪问题、行业监管漏洞和社会治理短板，严格遵循《人民检察院检察建议工作规定》对制发社会治理检察建议的流程和操作规定。

需要注意的是检察机关运用社会治理检察建议参与反走私社会治理，除了是法律监督机关的本质，检察机关还是协同反走私综合治理格局共同服务于国家反走私社会治理的机关，这一点与其他机关具有同质化。[③] 检察机关应当树立“双赢多赢共赢”的理念引导以及“共建共治共享”的社会治理格局追求，同时也要注意履职的边界问题，对于发现需要治理的问题只能建议、督促、引导、支持或者协助，发现解决不能的及时按照程序规定上报，不能代替被建议单位执法，也不能直接干涉企业主体的自主经营权。

（三）三项内部步骤落实

1. 事前做足准备，打好制发反走私社会治理检察建议的基础

（1）做好高质效办理个案的基础性工作。

个案永远是检察机关行使法律监督职能的载体，脱离个案的办理开展社会治理工作是没有根基的，难以令参与社会治理主体信服。根据《人民检察院检察建议工作规定》第11条的要求，在“办理案件中发现社会治理工作存在问题”才可以提出建议。只有高质效的办理个案才能作为下一步类案研判的依据、进一步挖掘分析进行深层次社会治理的基础。同时要注意在走私个案办理中有意识提高对具有社会治理价值的苗头性、前瞻性线索的发掘和捕捉能力。

（2）关注走私犯罪的链条性，考虑全方位、全流程、全环节的反走私社会治理工作。

当前反走私社会治理检察建议的制发主体一般是制发给关系案件办理最紧密最前沿的海关缉私部门或者涉案走私普通货物、物品的行业主管行政单位。这样的治理落脚点

---

① 巩宸宇:《为大局服务 为人民司法 为法治担当 以检察工作现代化服务中国式现代化》，载《检察日报》2023年7月20日，第1版。

② 贾宇:《大数据法律监督办案指引》，中国检察出版社2022年版，第31页。

③ 任学强:《检察建议的理论与实践——以检察机关社会综合治理职能为视角》，载《社会科学论坛》2014年第10期。

在督促海关等行政机关加强自身监管堵塞漏洞，提高执法能力方面表现突出，然而从反走私整体性流程“走私源头预谋→实施走私主体、对象确定→海上、绕关、通关等具体走私行为→海关海警严查→符合刑事移送检察机关→检察审查→法院审判”以及走私环节的“境外订货→居间派货、揽货、接货→境内储货、发货、销货→买家收货”来看，督促行政单位的治理工作只处在了中间环节，治理的链条没有往前伸，在走私巨大的违法获利诱惑下，源头性的冒险、侥幸走私还是会层出不穷，走私违法犯罪案件全国整体增长势头还是比较明显，因此需要往前探寻源头性的溯源工作，往后思考走私收、发、储、销、购的治理工作，做到“跳出”检察看检察，从与检察审查逮捕审查起诉最直接相关环节的思考着力点“跳出”来，以高站位、全局性角度去思考反走私各环节的社会治理工作，不能仅仅锚定对处在中间环节实行正面监管的行政单位加强治理上，否则后续的反走私社会治理检察建议成效难免会有局限性。

（3）加强数字检察的开发及运用，做足社会治理检察建议的效果预判分析。

《法治社会建设实施纲要（2020—2025年）》强调“推动大数据、人工智能等科技创新成果同司法工作深度融合”，最高检《2023—2027年检察改革工作规划》将深化实施数字检察战略作为新一轮检察改革的总体目标。数字检察对检察机关而言是法律监督手段的革命，是提高法律监督能力的重要依托。在反走私社会治理工作中推广数字检察工作既能够通过充分协同各相关行政单位进行数据整合，筛选碰撞对比出社会治理共性问题，又能够推动实现“个案办理—类案监督—社会治理”的目标追求，从而有效提升检察建议促进社会治理的深度和广度。此外，将数字检察应用到反走私社会治理检察建议中，探索能否深刻找出类案问题和普遍性、共性问题，可以很好地建议预期的社会治理效果，这也是检察建议制发原则的审慎性、必要性、实效性原则的要求。如果以数字赋能方式进行筛选评估，发现只是个案问题，那么就需要评估是否有必要将纠正违法型检察建议上升到社会治理角度，否则会造成社会治理检察建议的滥发多发效果不佳。

2. 事中多措并举，高质效制发反走私社会治理检察建议

（1）充分结合走私犯罪中的多重构成要素，考虑扩大反走私社会治理检察建议的制发范围。

一方面单位犯罪比例高，考虑健全公司管理规章制度，堵塞违法滋生漏洞，增加长远健康发展的内生动力，对公司企业制发社会治理检察建议，如青岛中级人民法院白皮书显示2013—2022年审结的走私犯罪案件中单位犯罪占比69.2%；[①] 北京检察四分院白皮书显示2015—2022年单位犯罪占比19.2%；[②] 宁波市检白皮书显示2015—2019年单

① 《青岛发布走私刑事案件审判白皮书》，载微信公众号“山东反走私”2023年5月6日，https://mp.weixin.qq.com/s/1irFpEo_RVZIs0rVUaWQig。

② 《北京市检察院第四分院发布〈走私犯罪检察白皮书〉，梳理走私犯罪四大特点》，载《检察日报》2023年4月11日，第7版。

位犯罪占比33.3%；[①] 珠海市检白皮书显示2019—2023年单位犯罪占团伙犯罪比18%；[②] 这些公司企业犯罪有些是出于对贸易政策理解不到位钻漏洞，有些是冒险海关海警执法监管未能全覆盖的空隙，有些是经营者决策管理层一时抵挡不住走私巨大利益差、有样学样受同行等影响，这些都是可以考虑围绕单位犯罪进行社会治理的点。另一方面，利用老年人在边贸互贸、三次通关藏匿夹带走私、闯关走私等情形并不少见。应考虑利用大数据对重点区域的街道办等基层行政单位制发社会治理检察建议，推动基层社会治理，借助综治中心、社区网格员等力量加大对重点社区的普法引导。

（2）综合运用多种手段保障反走私社会治理检察建议的“药方”切实见效。

目前社会治理检察建议呈现“柔性为主”的特征，需要站在党和国家监督体系的大监督格局中借力发力、补足刚性。现今党和国家监督体系整体布局主要包括党内监督、人大监督、民主监督、行政监督、司法监督、审计监督、财会监督、统计监督、群众监督、舆论监督等各类监督。[③] 对此，不少地方检察机关已在最高检领导下，积极推动党委、人大对检察建议工作支持，通过出台文件，开展检察建议落实工作督查检查来保障刚性。如安徽省检推动省人大常委会制定出台《关于进一步加强检察建议工作的决议》，对有关单位和组织应当自觉支持和配合检察建议工作提出明确要求；山西省检推动将“社会治理检察建议回复、整改落实情况”纳入省级督查检查项目，并联合省委政法委对省高级法院、省公安厅、省生态环境厅等6个部门和11个市开展现场督查检查。此外，还可以通过“检察建议+调研报告”“检察建议+人大代表议案”等形式向党委政府提交相关报告、议案，引起对反走私社会治理检察建议工作落实的关注；还可以与被建议单位协商，邀请人大代表、政协委员、新闻媒体等参与公开听证以及检察建议的宣告送达工作，通过多种多样公开透明、参与度高的形式保障反走私社会治理检察建议的刚性实现，让被建议单位积极、主动、全力、有效配合检察机关进行反走私社会治理工作。

3. 事后加强督促落实，助力反走私社会治理效能提升

根据《人民检察院检察建议工作规定》第24条规定，人民检察院应积极督促和支持配合被建议单位落实检察建议。督促落实工作由原承办检察官办理，可以采取询问、走访、不定期会商、召开联席会议等方式，并制作笔录或者工作记录。为实现最高检党组要求的将社会治理检察建议从“办理”到“办复”要求的转变，必须扭转实践中的一些不当工作理念和做法。检察机关的办案人员应该进一步强化督促落实的意识，在制发反走私社会治理检察建议后积极动态跟踪落实情况。对回复内容进行细致审查，将有关内容报告同级党委、人大，通报同级政府、纪检监察机关，进一步促进反走私社会治理效能提升。

---

① 《近五年宁波走私犯罪检察工作白皮书》，载宁波市人民检察院网站2020年10月11日，http：//www.ningbo.zjjcy.gov.cn/art/2020/10/11/art_1229641700_342.html。

② 《珠海市检察院召开走私犯罪检察工作新闻发布会》，载微信公众号“广东反走私”2024年5月11日，https：//mp.weixin.qq.com/s/xuJoGYiqGRddHBimEFI2Zw。

③ 洪向华、张杨：《坚持完善党和国家监督体系》，载中共中央党校（国家行政学院）网站2024年5月19日，https：//www.ccps.gov.cn/dxsy/202405/t20240519_162747.shtml。

（四）两个外部环节加强

1. 协同反走私综合治理格局责任主体，深入推进反走私社会治理工作

反走私的治理工作始于政府领导，打私办统筹，各行政机关肩负主责各司其职，时至今日已出台成熟的反走私综合治理工作相关条例规定，形成稳固发展的反走私综合治理工作格局。检察机关应该充分借助行政执法的力量来实现社会治理。[①] 牢牢把住行政机关是社会治理的重要治理环节，抓住这个环节就抓住了治理结构中的原动力。[②] 尤其是反走私综合治理不断加强社会治理元素情况下，对检察机关运用社会治理检察建议去协同、推动反走私综合治理各行政主管单位整合信息资源，共促反走私社会治理是很好契机。对此，就必须充分厘清反走私综合治理格局中各责任主体，尤其是行政主管单位的职责与权限，加强认知，然后才能“望闻问切”→做到“对症下药”→实现“药到病除”→取得“治标治本”成效。

2. 在跨境协作上加强探索，为守护国门安全贡献检察力量

以我国粤港澳大湾区为例，深圳与香港，珠海与澳门陆地口岸相通，每天往返出入境人员数以万计。尤其珠海拱北口岸是全国最大陆路口岸，数据显示仅 2024 年上半年，拱北口岸出入境旅客总量突破 5000 万人次，平均每日达 20 多万人次，粤澳“双牌”车 139 万余辆次。[③] 可想而知对于高发增长的“蚂蚁搬家”式水客走私打击难度之大。对于珠海检察机关而言，在制发反走私社会治理检察建议时，可以建议海关加强跨境合作，加强与澳门海关、司警联络，建立反水客走私协作机制，加大对外逃人员的追逃力度，开展信息情报、案件通报、执法互助合作，共同研判水客走私新动态新手段，推动澳劳务人员签订《进出境旅客海关监管规定告知书》等工作。总之，无论是境内的反走私社会治理，还是加强跨境协作共同治理反走私，都要牢记社会治理是多元主体共建共治共享的过程，要以实质性协同共治推进执行反走私社会治理工作。[④]

---

① 刘艺：《社会治理检察建议的特征分析与体系完善》，载《中国法律评论》2021 年第 5 期。

② B. Guy Peters, Governance as Political Theory, in David Levi-Faur (ed.) , Oxford Handbook of Governance,Oxford University Press, 2012，pp.21-22.

③ 《突破 5000 万人次！珠海这里好“热”！》，载微信公众号“珠海发布”2024 年 6 月 19 日，https：//mp.weixin.qq.com/s/-ImNp5RZaLkcFQ9iwNnBAw。

④ 秦前红、王雨婷：《检察建议类型的制度反思及功能性重构》，载《中南民族大学学报（人文社会科学版）》2023 年第 6 期。

沿江码头走私犯罪与检察融合履职治理对策

徐　凡*

摘　要　在走私犯罪中，沿江码头走私是海上走私的重要类型。温州地处东海之滨，水系复杂、海陆交通便利，因沿江岸线往往处于经济活跃区域，车、船、人、货流巨大，走私活动隐蔽性强，且往往采取“蚂蚁搬家”式分散走私，增加了查明走私次数、物品数量、走私物品来源、走私链条中涉案上下游人员等犯罪事实的难度。本文在分析近年受理的涉沿江码头走私犯罪的形态特点、发案规律的基础上，就当前打击走私犯罪遇到的禁而不绝、难以全链条打击、职能部门履职不到位等问题，从刑事检察、行政检察和公益诉讼检察融合履职的视角，探讨搭平台、建机制、促履职，为推进市域社会治理现代化和社会经济高质量发展注入检察力量。

关键词　走私犯罪　沿江码头　非关地　检察融合履职　治理

众所周知，中国有1.83万公里大陆海岸线，海岸线虽不与他国直接接壤，但又通过海上与域外相通，被称为第二国境线。温州地处滨海，三江水系横贯东西，有漫长的深入内陆的沿江岸线，因其特殊的地理环境和社会经济因素，成为走私活动的活跃区域。海域与陆地不同，必须通过船只进行登载，码头港口为必不可少的进陆通道，因此，沿江岸线码头是遏制走私活动的关键节点。

一、沿江岸线码头走私的特点

（一）走私数量规模较大，且常见国家禁止物品

常见的“通关”走私采取隐瞒数量、物品种类等方式通过正常通关进出口，因为要经过正常的检查等环节，走私的物品种类往往是属于正常进出口需缴纳关税的货物，如果是国家禁止进出境、国家限制进出口的物品，多采取假转口、伪报贸易性质、直接闯关、水客走私等方式，数量规模上较小，以方便藏匿。而滨海沿江岸线一般为非海关管辖区域，走私的物品除成品油，一般为禁止或限制进出口、专营专卖物品，如走私冻

---

*　徐凡，浙江省温州市龙湾区人民检察院检察委员会专职委员。

品、烟草、毒品等，以达到逃避海关检查目的。涉及的罪名除了走私普通货物、物品罪以外，往往还涉及走私假币罪、走私国家禁止进出口的货物、物品罪、走私毒品罪等其他走私罪名。

海上走私逃避海关监管，则具有运载量大、隐蔽性强等特点，一旦发案，货物数量和货值金额甚巨。如2020年11月岱山县查获的一起特大香烟走私案，该走私团伙组织严密，分工明确，从公海大船到小船接驳，再到码头装车运输，有完备的绕关手段和走私链条，查获的走私卷烟达43万余条。[①] 走私活动往往是持续的过程，在暴利驱使下，犯罪分子不会因为一次得逞而收手，一旦查获，涉及走私的数量往往较大。

（二）行为特点较为明显，规律上有迹可循

海上走私一般采取从停泊在公海或经济专属区的母船，由小吨位的驳船进行发散式转运，再由沿江岸线码头登陆，因此受客观条件限制。在登陆地点上，海陆转运往往选取在管理不规范的民营码头或废弃、无主码头，需要一定的装载设施、设备，如冻品走私需要叉车、货车，成品油走私需要大型油罐车和输油管线；时间上受气象等因素影响，海域不像是道路可以点线封堵，监管主要依赖海警和海关海上缉私的巡查，走私分子往往利用执法活动的时间差和潮汐情况进行运输；人员上往往需要熟悉水域的本地人作为“地接”，尤其是沿江海域水文复杂，走私活动条件要求苛刻，涉及环节、人员多，因此信息很难做到完全的隐蔽，如果对异常的人、车、船动态进行实时管控，可以最大限度发现线索。

（三）社会危害性大

2023年，全国海关检出新冠、猴痘、霍乱等各类传染病49种、3.1万例，岸线码头走私往往通过绕关的方式逃避检查，走私物品无法被纳入检验检疫监管范围，社会危害性更大。以冻品走私为例，根据国标《冷藏、冷冻食品物流包装、标志、运输和储存》规定，冷藏食品需要8℃以下、冻结点以上条件下储运，冷冻食品需要在小于或等于-18℃条件下储运。走私活动中以冷冻禽畜肉和内脏为主，走私过程中根本没有冷藏条件，且货源品质无法保证，“僵尸肉”、病疫肉屡见不鲜。冻品走私不仅危害人体健康，对公共卫生带来危害，因海上走私发生于非设关地，也就规避了常规的检验检疫环节，对生物安全、生态安全构成威胁。

（四）涉及运输、仓储、分销等多个环节

与涉关走私走正常进出口通道不同，岸线码头走私没有正常通关和检验检疫等手续，因此在运输、仓储、分销等环节都无法走正轨合法渠道，尤其是陆海衔接的码头成

---

① 陈洪娜、夏梦、姚秉正：《深夜，43万条香烟从海上漂来》，载《检察日报》2021年9月14日，第8版。

为打击走私的关键节点。2023 年龙湾区查获的杨某某等人冻品走私系列案，多名犯罪嫌疑人受境外人员指使走私冻品。走私分子事先高价雇佣搬运工、叉车和货车，在码头作业时被公安机关查获。现场扣押的冻品包括来源于巴西多地的牛胃、牛腱等牛肉制品和美国的牛骨小排、鸡爪等 100 余吨，其中巴西部分区域因口蹄疫疫情，牛肉制品已经被国家禁止进口。此案中，从公海装运、小船过驳、码头装卸和货车运输，再到冷库仓储和市场分销，形成运贩卖一体的走私犯罪网络。除在码头做好查私的工作外，仓储是进行集中打击的重要环节。根据有关规定，无合法来源证明的进口冻肉不得入库，必须进行入库登记。

二、沿江岸线码头走私治理难点

（一）暴利驱动致使走私犯罪屡禁不绝

走私与暴利往往相提并论，绕关走私可以规避关税，而在销售等环节因无进项记录，又可以逃避增值税、消费税等，有巨大的套利空间。以成品油为例，《2020 年国内外油气行业发展报告》显示，当年全国汽柴油隐性资源供应（即通过税外渠道销售）近 1 亿吨，偷逃消费税 1000 亿元以上，其中走私成品油占 20% 左右。[①] 在高额报酬的吸引下，有些人被利诱参与或配合走私活动，杨某某等人冻品走私系列案中，走私分子以 15 万元的价格租用冯某某的渔船，在码头上以 5000 元的价格租了两辆叉车，并高价雇佣邢某某等人驾驶大型货车协助装卸和运输。

（二）沿江岸线码头监管难

与大型海港码头不同，沿江岸线码头存在规模小、分布广、经营主体多样和历史遗留问题等治理难点。温州地区海岸线 355 公里，境内有瓯江、飞云江、鳌江三大水系与 150 余条河流，在海陆交通便利的同时，大大增加了日常监管的难度。如流经龙湾辖区的瓯江水系，沿线正常经营的码头有 43 处，另外还有少数废弃或临时码头也可作停泊装卸。龙湾查获的杨某某等走私冻品案中，走私物品从上岙码头登陆，而该码头为无主废弃码头，但未失去功能，被走私分子所利用。沿江岸线地形水情复杂，有些岸滩稍加改造，可以发挥临时停泊的功能，这也为走私贩子使用小吨位的船只“蚂蚁搬家”式的走私犯罪提供了有利条件。甚至还有个别私营码头经营者，为利益所惑，为走私活动开方便之门。龙湾检察机关受理的一起走私国家禁止进出口货物、物品案中，犯罪嫌疑人张某某明知上家走私货物，仍出借码头供走私船只停靠装驳。

（三）管理职能分散履职不到位

涉及沿江岸线码头管理的部门较多，存在管理职能分散且协调统一不足等问题。一

① 丁彦：《对油站“隐性资源”出重拳》，载《中国石油石化》2022 年第 7 期。

是审批处罚权限分属不同部门，信息不畅导致监管漏洞。以海域使用权为例，根据《海域使用管理法》《渔业法》《海上交通安全法》，沿海县级以上地方人民政府海洋行政主管部门负责毗邻海域使用的监督管理，渔业行政主管部门对海洋渔业实施监督管理，海事管理机构对海上交通安全实施监督管理。据此，海域使用权许可向海洋行政主管部门即自然资源和规划局申请，但行政执法是由农业农村局（海洋与渔业执法支队）负责。审批和监管、处罚分立，部门之间没有形成执法信息衔接机制，导致部分码头未获海域使用权或许可过期未得到及时制止。二是职能分散，较难形成合力。因沿江岸线码头往往置于江堤一侧，属于水利部门的海塘管理范围，而码头的港口经营和附属功能设施管理归口交通部门，而在非海关管辖地发生的走私活动，由公安机关管辖。沿江码头走私活动活跃，与职能部门之间权力边界不清，多头管理不无关联。三是海陆分治，难协调一致。沿江岸线码头走私需经过水岸陆三个环节，海域范围的走私活动由海关缉私、海警查处，而非海关关境内的码头、陆地走私活动由公安机关管辖。走私活动日益链条化、专业化，反侦察能力不断提高，如果在情报共享、行动协作没有平台和机制的支持，很难达到打击效果。如2020年岱山县特大香烟走私案中，走私团伙关闭走私船舶AIS定位系统，使船只在海事雷达网中消失成为“幽灵船”，并且专人负责航运、过驳、望风、货运和销售等，如果不能从上下游对走私链条进行摧毁，极易死灰复燃。

三、检察融合履职与治理对策

近年走私案件数和走私规模有继续扩大之势。[①] 沿江码头走私采取绕关方式，规模大、隐蔽性强，其中冻品和成品油是沿江码头走私中主要的物品。鉴于沿江码头走私的发展形势，检察机关有必要充分发挥法律监督职能，通过刑事办案、行政检察、公益诉讼等融合式监督模式，提升打击走私犯罪的力度和推进社会治理的成效。

（一）发挥刑事检察打击犯罪职能

一方面形成办案团队。走私犯罪呈现集团化、长期化趋势，犯罪链条更长。通过专业团队，不仅可以办理走私犯罪案件，以及部分洗钱、掩隐案件，更容易发现走私犯罪的上下关联和发案规律。龙湾检察院在办理的冻品走私系列案中，发现上家源头互有关联，集中办理对扩大办案成果发挥了积极作用。有专业办案团队后，可以建立线索、数据库，将走私案件中的获取的人员、车辆、码头等数据信息，从上下游犯罪（如办理洗钱犯罪、非法经营等）案件中提取涉及走私的相关信息充实其中，并在市域范围内进行数据比对，能发现更多的监督线索。另一方面，进一步完善提前介入、引导侦查等办案机制。走私犯罪往往涉及人员众多，需要多个环节取证和对走私链条的打击。充分发挥

---

① 黄意娃:《宁波检察发布近五年宁波走私犯罪检察工作白皮书》，载平安浙江网，http: // www.pazjw.gov.cn/wangqunxinxi/ningboshi/202010/t20201009_21501172.shtml。

检察官诉前主导作用，通过侦查监督与协作办公室在提前介入、引导侦查等方面实现侦诉衔接。

（二）强化数字检察、三查融合和机动侦查权

一是大数据赋能检察工作，推动数字检察的深化应用。如成品油走私与成品油零售密不可分，为促进市场公平竞争和繁荣，目前成品油零售许可审批权限下放至市（地）级，民营加油站数量呈现爆发式增长，民营加油站超过6万座，且销售走私成品油也不再定非法经营罪，打击成品油走私难度更大。为破解线索发现难等难题，通过税务、应急、市场监督、交通和街道等部门，对加油站点数据、销售和纳税记录、车辆信息等数据进行碰撞比对，发现非税销售记录，从销售环节发现案件线索。二是贯通审查、调查、侦查的“三查融合”办案模式。走私案件中暴露出的走私犯罪链条、利益链条复杂性，以及上下游犯罪的线索，审查案件卷宗过程中很难全面概括，需要进一步补充调查或开展侦查，更好的巩固证据或发现监督线索。三是机动侦查权的适用。刑事诉讼法规定对于由公安机关管辖的国家机关工作人员利用职权实施的重大犯罪案件，经省级以上人民检察院决定，可以由检察机关立案侦查。非关地走私犯罪由公安机关管辖，而岸线码头大都处于海关管辖范围之外，公安机关是侦查主体。在打击走私犯罪活动中，个别国家机关工作人员通风报信、徇私舞弊，为走私活动提供便利等，当公安机关怠于立案或侦查的，检察机关可以启动机动侦查，有力震慑走私犯罪。

（三）督促职能部门履职

岸线码头功能和性质各异，人、车、船、货进出频繁，增加了管理难度。如龙湾辖内的43处码头，企业经营占20家，包括砂石、能源、水产、货物等码头，国营为11家，以能源类为主，集体经济组织占3处，未明确归属9处。调查中发现，岸线码头管理情况堪忧，如4处水域码头港口经营许可证均已过期，39处海域码头海域使用权到期后未续期的有16处，未提出海域使用权申请但占用海域的码头有14处。职能部门履职不到位，违规运营问题突出，因利益牵扯大、历史遗留等问题，码头成为城区管理的盲区和治理顽疾。一方面非法经营的码头设施不健全，对海域环境造成损害，甚至有少数码头管理主体不清，被走私、盗采砂石等非法活动所利用。另一方面，即使是合法经营的码头，没有严格落实规章制度，甚至在前述案例中，码头经营者为牟利非法出借码头，为走私活动提供便利。

检察机关发挥法律监督职能，以履职促管理。一是以公益诉讼促履职。针对没有港口经营许可和海域使用权从事港口经验的码头，以及码头使用过程中存在的安全生产、出入管理漏洞损害到公共利益的情形，督促职能部门履行职责。如在历史遗留问题上，职能部门出于对法律适用的错误理解，对部分非法使用的码头没有采取整改、关闭的措施。2001年10月颁布的《中华人民共和国海域使用管理法》和2012年11月通过的《浙江省海域使用管理条例》都对海域使用权有明文规定，个人和单位获得海域使用权都需

要通过批准，期满后未申请续期或者未获批准的，海域使用权终止。因部分码头的使用始于法律法规颁布之前，主管部门对上述码头是否适用新法存在顾虑。《立法法》第104条规定，法律、行政法规、地方性法规、自治条例和单行条例、规章不溯及既往。不溯及既往是指行政相对人的行为发生在新法施行之前，且新法颁布后行为已经终止的情形。事实上，上述码头仍然继续使用，应属行为的连续或者继续状态，如果新法施行之后，没有申请海域使用权许可或许可到期后未申请延期，将出现非法使用的状态，不存在新旧法的选择适用和衔接问题。海域使用权与海域使用金的征收直接相关，而当前海洋行政管理涉及多部门，如海域使用前端审批和后端执法分属不同部门（在温州分别为自然资源和规划局和农业农村局海洋与渔业执法支队），海域使用金又划转税务部门征收。[①] 职能部门不能对码头经营主体进行有效管理，这部分海域使用金面临流失，公共利益必然收到侵害。当公共利益受到重大侵害危险，而行政机关违法行使职权或不作为时，可以通过检察机关及时介入，督促行政机关依法履行职责。[②] 二是以行政非诉执行监督强化执法权威。作出行政处罚还只是行政管理的初始阶段，多措并举确保行政处罚执行到位，切实发挥行政处罚警示、教育及惩戒作用，才能维护行政行为的严肃性和权威性。龙湾区海洋与渔业局曾对丰源、东源等4个码头作出过行政处罚5份，除罚款外，责令限期整改、退还非法占用的海域、恢复海域原状。龙湾检察院在工作中发现，在缴纳罚款后，上述码头依然在违规使用，而职能部门对后续违法行为没有采取有效措施。对怠于履行职责导致公共利益受到损害的，检察机关通过行政非诉执行监督，督促行政机关履行监管职责，对无许可使用的码头和无主码头进行清理整改，防止被走私等非法活动所利用。

（四）加强平台机制建设

遏制走私犯罪，关键是关口前置，需要加强对海域、船只、港口码头和市场的管理，形成打私高压态势，提升违法犯罪成本，压缩走私获利空间等。而要实现上述目的，需要在信息情报、侦控手段、协调行动上有质的提升，而加强打击走私犯罪的平台机制的建设无疑是可行的途径。一是建立信息情报共享平台。以司法办案作为推进社会治理现代化的切入点和突破口，低成本高效解决问题则是社会治理现代化的价值追求。沿江码头走私货物往往规模较大，抓住成品油、香烟、冻品等需要登陆入境这一关键节点受到天气、潮汐条件限制的特点，以及走私货物装载转运对卸货码头、货车和大型仓储的需求，建立信息情报共享的平台，将海事、海警、公安和市场监管等部门有关数据

① 财政部、自然资源部、税务总局、人民银行：《关于将国有土地使用权出让收入、矿产资源专项收入、海域使用金、无居民海岛使用金四项政府非税收入划转税务部门征收有关问题的通知》，载中华人民共和国财政部官网，http：//www.mof.gov.cn/gkml/caizhengwengao/wg2021/wg202108/202111/t20211126_3769530.htm。

② 卢金增、孙春德：《公共利益受到重大侵害危险检察机关可提起公益诉讼》，载最高人民检察院官网，https：//www.spp.gov.cn/spp/llyj/201810/t20181031_397142.shtml。

情报进行关联性分析，极大提高发现走私犯罪线索的能力。如在海域上，走私船只为逃避监管，往往选择关闭或干扰船上船舶自动识别系统，危害海上安全和航线、船舶管理。山东警方在侦办走私案件过程中，破获一起伪造 AIS 信号，隐匿和绘制虚假船舶踪迹的新型技案件。① 针对走私活动的行为特征，海事部门发现可疑的船只轨迹或信息中断等情况，及时通报海警等部门加大巡查力度；市场监督部门发现走私货物的仓储和销售，及时通报相关部门加强溯源。二是加强打击走私犯罪线索移送、法律监督和协作配合等机制的构建。打击走私犯罪任重道远需要各部门的密切协作配合，将履职中发现的渎职、走私线索及时移送相关部门，形成打击合力，如最高检与中国海警局共同建立侦查监督与协作配合机制。在平台建立基础上，还需要工作机制发挥作用，如汕尾探索构建公安、海警、海事、海洋综合执法“四位一体”的海上联动机制，做到“一点预警、多方响应、多级研判、接力处置”，共同构建岸线防控机制。② 三是构建多维的反走私防控网络。走私活动离不开陆路转运、流通领域集散分销等各环节，依托海域巡查、岸线巡控、基层网格和市场监督常态化检查的“巡检控”打私网络，实现从源头管控到末端治理的闭环。四是吸纳社会力量进入反走私治理的范畴。如前所述，沿海码头走私犯罪有迹可循，对码头、水文等要求较高，比较依赖当地提供的条件。社会力量往往有贴近群众，方法灵活等便利，治理更是一种由共同的目标支持的活动，这些管理活动的主体不仅可以是政府，也可以是非政府的机构和组织。③ 通过正式引入社会力量，对海塘和岸线使用，包括码头的不规范使用情况等进行常态检查，并向主管部门报告，从而以更加经济的方式提升反走私工作的成效，如上海市水务局执法总队（中国海监上海市总队）就上海市沿江沿海岸线保护检查开展的竞争性磋商，就是吸纳社会力量参与调查收集反馈相关信息，实时跟进巡查和协助管理部门处置。④

（五）助推社会治理

党的二十大报告指出要加快推进市域社会治理现代化，提高市域社会治理能力，对治理理念、体制机制创新、治理手段等方面提出了更高的要求。新时期检察工作与时俱进，依法能动履职，为治理体系和治理能力现代化贡献检察力量。如数字时代背景下，浙江检察运用大数据法律监督模型，探索“个案办理—类案监督—社会治理”的办案新模式，在高质效办案的同时，着力解决社会治理难点问题，构建社会治理有效机制。⑤

---

① 刘蓓、郭名扬：《潍坊海警局成功打掉一绘制虚假 AIS 轨迹隐匿船舶真实行踪的新型技术犯罪团伙》，载深圳热线网，https：//focus.szonline.net/contents/20231007/202310294389.html。

② 吴晓媛、许婷：《汕尾：强化“以岸制海”措施 筑牢“双反”安全防线》，载《汕尾日报》2024 年 3 月 20 日，第 1 版。

③ 郭俊华：《公共政策与公民生活》，上海交通大学出版社 2018 年版，第 240 页。

④《上海市水务局执法总队（中国海监上海市总队）上海市沿江沿海岸线保护检查竞争性磋商》，载中国政府采购网，http：//www.ccgp.gov.cn/cggg/dfgg/jzxcs/202401/t20240124_21468859.htm。

⑤ 翁跃强：《构建数字时代法律监督新模式》，载最高人民检察院官网，https：//www.spp.gov.cn/spp/llyj/202303/t20230322_609158.shtml。

高质量发展检察工作已经不再限于案件本身的质量精准，还在于案件所映射出的社会问题是否得到有效的解决，社会治理检察建议和检察白皮书都是在系统治理的理念下，检察机关的积极作为。如宁波检察机关发布《近五年宁波走私犯罪检察工作白皮书》，对走私案件数量、规模持续扩大，非设关地走私突出等问题进行研判分析，发现发案规律。[①] 对比宁波与龙湾两地非设关地走私活动情况，宁波以成品油走私为主，而龙湾以冻品走私为主，这与两地码头和海域情况、销售市场等要素有关，对专题问题的实务研究，可以对指导办案和制定预防犯罪对策提供借鉴，两地在制定反走私措施时就能因地制宜。社会治理检察建议则是系统治理理念在检察工作中的具体应用，市域社会治理现代化是体系化、层次化的过程，如温州提出"强城行动"三年计划，作为实现市域高质量发展的关键战略，法治建设、法治保障的基础性作用必不可少。社会治理检察建议根据司法办案中发现的问题，坚持治罪与治理并重的理念，针对某一领域治理，可协同相关职能单位建立对违法犯罪行为的联动查处机制。[②] 以案促治，精准发现问题，尤其是对治理顽疾有更好的针对性。

---

① 董小芳、蔡俊杰：《海淘、出境购物、代购等现象普遍 法律风险不容忽视》，载中国宁波网，http：//news.cnnb.com.cn/system/2020/09/29/030192529.shtml。

② 赵培显、白秀峰：《社会治理检察建议的生成机理与优化》，载《人民检察》2024 年第 5 期。

离岛免税“套代购”型走私的法律风险及规制路径

孙 伟 袁 帅*

摘 要 “套代购”型走私是我国推行离岛免税政策实施过程中出现的一种较为新型的走私犯罪，此类走私呈现出团队性、隐蔽性、高发性等特点，通过组织招募“水客”，利用免税政策分散购买免税品后，再次销售牟利。“套代购”型走私不仅直接造成了国家税收损失，扰乱了正常的社会秩序，损害自由贸易区的健康发展，也给海关监管和法律制裁带来诸多困难。我国始终坚持严厉打击走私犯罪，本文以离岛免税“套代购”型走私的概念为逻辑起点，结合实践案例总结其走私商品特定性、涉案人员年轻化、犯罪模式团伙性等特征，揭示“套代购”型走私的行政、刑事法律风险，分析个人层面法律意识淡薄，监管执法层面衔接协同机制和信息共享不足，犯罪形势层面走私隐蔽性强、侦查难度大的犯罪原因，进而通过加大宣传力度，提高民众的防范意识，依托无感知监管系统，打造“打防管控”全链条工作模式，加强执法、司法衔接，形成多方合力，构建反走私社会综合治理体系，共同打造良好自由贸易区的营商环境。

关键词 “套代购” 走私犯罪 “水客” 无感知监管 营商环境

2020 年 7 月，海南推出离岛免税购物政策，将免税购物额度从每人 3 万元提升至 10 万元，免税额度的提升大大激活了市场动力。但在巨大经济利益的支配下，越来越多的不法分子面对巨大的差价利润诱惑铤而走险，利用“代购漏洞”，通过组织人员，利用被组织者的免税购买权限购买物品，并分销全国各地，造成国家税款严重损失。根据海关总署发布的数据显示，2022 年，我国海关侦办走私犯罪案件 4509 起，案值 1210 亿元，分别增长 5.8%、25.6%，其中，“水客”、离岛免税“套代购”、粤港澳海上跨境走私等情况尤为突出[①]；2023年，我国海关侦办走私犯罪案件4959起，案值886.1亿元，

---

* 孙伟，天津市宝坻区人民检察院第三检察部主任、四级高级检察官；袁帅，天津市宝坻区人民检察院四级检察官助理。

① 刘昕：《2022 年海关侦办走私犯罪案值达 1210 亿元》，载《国际商报》2023 年 1 月 31 日，第 3 版。

其中，立案侦办“套代购”走私犯罪447起，涉及案值19.7亿元，案件占比为9%[①]。总体看来，“套代购”型走私仍然是当前走私犯罪的重要组成部分，且犯罪数量居高不下，“套代购”的走私形式不断翻新，甚至愈演愈烈。目前，走私问题已经成为国家和社会关注的突出问题，一方面，很多被组织者法律意识淡薄，对走私犯罪认识不足，甚至还觉着这种“套代购”行为可以带来收益，导致“套代购”型走私屡禁不止；另一方面，由于被组织者往往单线联系，且人员覆盖面广泛，很难直接侦查和抓获，这也为打击和治理此类行为带来一定困难。综上所述，离岛免税“套代购”型走私犯罪具有理论研究价值和实践意义，本文研究通过归纳离岛免税“套代购”型走私行为的概念，结合实践中的案例判决归纳套代购型走私行为的性质特征，针对可能涉及的法律风险提出规制路径和完善对策。

一、“套代购”型走私的内涵及特征

（一）“套代购”型走私的内涵

“套代购”型走私是由“代购”行为衍生出的一种以销售牟利为目的的特殊代购行为，“套代购”包含了“套购”和“代购”两层的含义。“代购”含义已经被大众所熟知，所谓的“代购”，是指在未违反个人购买的相关限制条件下，用自己的购买免税商品资格和额度帮别人购买免税品的行为，简言之就是“帮别人买”。[②] 而“套购”主要是指利用他人的名义，套用他人资格和限度来购买免税商品，简言之为“码人头”。因此，本文中“套代购”主要包含“套购”和“代购”两层含义，“套代购”的行为主体不仅包括组织他人购买的行为人，还包括帮助他人购买的行为人。因此，“套代购”主要指以牟利为目的，为他人购买免税产品或将所购的免税产品在国内再次销售，或组织、利用他人离岛免税购物资格和额度，分散购买离岛免税商品后在国内市场销售牟利的走私行为[③]。

代购与“套代购”存在较大区别，代购行为是以自己的购买限度为限，为他人购买商品的行为，有的以转售牟利为目的，利用本人额度，为他人购买免税品，有的不以销售牟利为目的。例如，帮助亲友代为购买商品，这种行为一般不会涉嫌违法，超出限额内只需补缴税款。但也应注意，以销售牟利为目的的为他人代购的行为也可能涉嫌刑事犯罪。“套代购”是一种违法行为。此外，“套代购”与代购的区别主要有二：一是行为人违反离岛免税购物限制条件，违反了离岛免税购物“不得再次进入国内市场销售”的强制性规定。《海南省反走私暂行条例》第6条规定，已经购买的离岛免税商品属于消

① 《2023年全国海关立案侦办走私犯罪案件4959起》，载人民网2024年月24日，http：//finace.people.com.cn/n1/2024/0124/c/1004-40165824.html。

② 李微、宋常蕊：《海外代购怎样才能不踩法律红线》，载《检察日报》2015年6月7日，第1版。

③ 刘荣：《离岛免税走私监管模式的检视与完善——基于〈海南自由贸易港法〉第15条的规定》，载《海南大学学报（人文社会科学版）》2021年第4期。

费者个人使用的最终商品，不得进入国内市场再次销售。从法律效力和解释的角度看，该《条例》系地方性行政法规，违反此强制性规定可能涉嫌被行政处罚。二是“套代购”通过组织他人利用离岛免税购物资格和额度来购买免税商品，也就是我们常称的“水客”，更有甚者，“套代购”团伙提供贷款、资金、账号或者为其提供各种方便，以此达到逃避海关对离岛免税品的监管，偷逃国家税款的目的[①]。同时，要明确的是并非所有的“套代购”行为都涉及刑事犯罪，有些可能涉嫌行政处罚[②]。

（二）“套代购”型走私的特征

1.“套代购”型走私的商品具有特定性

近年来，“套代购”型走私案件虽然层出不穷，但从公布的文件和走私案件中看，其涉及的走私商品具有特定性，主要集中在45种规定的特定商品中。财务部、海关总署、税务总局发布的《关于海南离岛旅客免税购物政策的公告》的附件“离岛免税商品品种及每个人购买数量和范围”中规定的45种免税商品，其中除化妆品每人每次限购30件、手机4件，酒类合计不超过1500毫升，其他种类包括手表、香水等电子消费产品不限数量。“套代购”走私的对象限定在以上免税商品的范围内，具有特定性。

2. 涉案人员年轻化

从近两年发布的“套代购”走私案件中看，该类型的涉案人员年龄特征较为明显，团队头目呈现年轻化趋势。从性别上看，被告人中男性占比高；从年龄结构上看，涉案人员呈现年轻化特征，大多数是三十岁左右的年轻人，且一部分被告人为在校学生，[③]通过组织同学进行代购，并实施了购买离岛船票、组织代购人提货等行为；从有无前科及工作情况上看，多为初犯、偶犯且无正式工作。主要原因如下：一方面，犯罪成本低廉，盈利速度快，犯罪比较隐蔽。年轻人对政策变化比较敏感，紧跟市场需求，了解高档消费品的市场价格，及时感应市场缺口。多数年轻人通过这种方式购买比正常贸易渠道进口价格便宜，看到了巨大的利润空间，且购买完直接销售出手，不容易被发现；另一方面，贪欲心理是导致犯罪的主要诱因。年轻人由于经济差距产生的心理落差，自身经济状况不佳、贪图享乐思想、攀比心理作祟等，法律意识淡薄，诱使其采取不合法的方式获取钱款，或存在侥幸心理，明知是违法行为而铤而走险。

3. 犯罪模式呈现团伙性、组织性强、分工明确的特征

当前，“套代购”型走私案件中代购人主要组织人员有两种方式：第一种是组织自己家人、邻居及朋友等作为代购人，通过帮助购买船票、报销路费、住宿等方式，利用代购人员的免税额度，等待他人下单完毕后，再由代购人购买免税商品并将商品进行当面交付或者邮寄。第二种是“套代购”发起人委托中间人组织代购人，中间人再通过旅

---

① 皮昊：《自贸港建设背景下“套代购”走私防控机制研究》，载《新东方》2021年第4期。

② 马守敏：《海外代购 游走在走私边缘》，载《人民法院报》2012年9月15日，第6版。

③ 例如：（2020）琼02刑初75号判决书，被告人林某某系大学学生。

游团、兼职网等渠道获取代购人信息，购买离岛船票，最后由中间人组织代购人完成提货，之后再按照人头支付报酬，中间人抽取不同程度的提成，此类案件一般人数众多。从办理的案件上看，“套代购”型走私犯罪的主要模式为：组织代购人→下单→提货→销售。[①]

4. 根据犯罪角色确定刑事或行政责任

结合前文论述，“套代购”型走私行为，分工较为明确，主要角色包括：组织者、中间人、代购人、免税商品收购人四类主体，因此结合主体的身份不同，也将承担不同的法律责任。实践中，无论是组织亲友代购还是委托中间人代购，“套代购”的组织者往往被认定为走私犯罪的主犯[②]；接受组织者委托，组织他人提供旅客信息，赚取人头费的中间人往往被认定为从犯[③]；若有偿提供个人身份信息及额度给他人使用的代购人，参与偷逃税额达到10万元以上的也会被认定为犯罪，但也往往认定为从犯；免税商品收购人如果明知他人利用离岛免税政策走私商品仍旧直接向其收购，个人偷税10万以上，单位偷税20万以上的以走私论处。此外，具有代购行为，但税额不足10万元，则可能面临行政处罚，例如，没收免税物品、没收违法所得、逃税税款3倍以下罚款、3年内不得购买离岛免税品等，甚至有可能被列入失信名单。

5. 认罪认罚、退缴违法所得比例高，缓刑适用率较高

此类犯罪往往以走私普通货物、物品罪论处，并以偷税税款数额确定刑罚。大部分生效判决的案件被告人认罪认罚适用率高且同时具有补缴税款、缴纳罚金的情节，在此情况下，针对那些偷税数额较低的可以适用缓刑。但针对偷税数额特别巨大，一般不适用缓刑，例如2021年海南省公布的王某离岛免税走私案件，王某被判处10年有期徒刑，并处罚金。[④]

二、“套代购”型走私的法律风险

如前所述，“套代购”型走私行为系违法行为，情节严重、构成犯罪的应当依法追究其刑事责任，因此，从行为上来说“套代购”行为主要面临行政责任和刑事责任。行政责任和刑事责任的关系还应予以明确，针对同一违法行为，行为人若给予刑事处罚后，行政机关是否还能给予行政处罚。司法裁判是具有终局性的文书，经过司法裁判后争议纠纷得到最终解决，不再接受其他机关及组织的审查和裁决。《中共中央办公厅、国务院办公厅转发国务院法制办等部门〈关于加强行政执法与刑事司法衔接的意见〉的

① 例如：(2021)琼02刑初22号判决书，被告人许某某雇佣158名代购人在免税店购买免税产品。

② 例如：(2021)琼02刑初64号判决书，被告人谢某某、李某某商议一起合作，分别组织身边亲朋好友进行代购，并将所得利益均分，最终二人均被定为主犯。

③ 例如：(2020)琼02刑初75号判决书中，被告人林某某利用其在校大学生的身份，组织同学为金某、宋某进行代购，购买离岛船票、组织代购人提货等行为，最终被认定为从犯。

④ 海南法院2021年度十大典型案例之一：王某等3人走私普通货物案。

通知》规定："行政执法机关向公安机关移送涉嫌犯罪案件，应当移交案件全部材料，同时将案件移送书及有关材料目录抄送人民检察院。行政执法机关在移送案件时已经作出行政处罚的，应当将行政处罚决定书一并抄送公安机关、人民检察院；未作出行政处罚决定的，原则上应当在公安机关决定不予立案或者撤销案件、人民检察院做出不起诉决定、人民法院做出无罪判决或者免予刑事处罚后，再决定给予行政处罚。"因此结合上述规定，在"先刑后行"的原则下，一般只有未给予刑事处罚的才处以行政处罚。若刑事处罚中已经给予了行为和财产处罚，原则上不能基于同一行为再给予同种类的行政处罚，即同种不罚、异种可罚。[①]

（一）行政责任

1. 没收走私、物品及违法所得，可以并处罚款

对于"套代购"行为首先面临的行政处罚是没收走私、物品及违法所得及并处罚款，但应注意的是，此处的罚款是可以并处，并非应当。根据《中国人民共和国海关法》第82条[②]及《中华人民共和国海关行政处罚实施条例》第7条[③]、第9条之规定，针对"套代购"的行为规定了由海关作出没收走私货物、物品及违法所得，可以并处罚款的行政处罚规定，而罚金数额方面，以逃税数额3倍以下罚款为限。

2. 三年内不得购买离岛免税商品，并依法纳入信用记录

2020年的财政部、海关总署及国家税务总局公告的文件中规定，对于违反公告倒卖、代购、走私免税商品的个人，依法纳入信用记录，三年内不得购买离岛免税商品，但对于需要交纳税费的其他商品仍旧可以继续购买。此外，2020年7月1日以来，已经有数万人因套代购相关问题被纳入"黑名单"，需要注意的是，在处以没收走私、物品及违法所得、并处罚款的行政处罚之后，往往会并处三年内不得购买离岛免税商品，并依法纳入信用记录的行政处罚。

---

① 李政：《网络走私普通货物、物品犯罪案件的侦查难点与对策》，载《网络安全技术与应用》2023年第8期。

②《中华人民共和国海关法》第八十二条第一款第（二）项规定，违反本法及有关法律、行政法规，逃避海关监管，偷逃应纳税款、逃避国家有关进出境的禁止性或者限制性管理，有下列情形之一的，是走私行为：（二）未经海关许可并且未缴纳应纳税款、交验有关许可证件，擅自将保税货物、特定减免税货物以及其他海关监管货物、物品、进境的境外运输工具，在境内销售的。

《中华人民共和国海关法》第八十二条第二款规定，有前款所列行为之一，尚不构成犯罪的，由海关没收走私货物、物品及违法所得，可以并处罚款。

③《中华人民共和国海关行政处罚实施条例》第七条第（二）项规定，违反海关法及其他有关法律、行政法规，逃避海关监管，偷逃应纳税款、逃避国家有关进出境的禁止性或者限制性管理，有下列情形之一的，是走私行为：（二）经过设立海关的地点，以藏匿、伪装、瞒报、伪报或者其他方式逃避海关监管，运输、携带、邮寄国家禁止或者限制进出境的货物、物品或者依法应当缴纳税款的货物、物品进出境的。

（二）刑事责任

1. 走私普通货物、物品罪

从刑法犯罪理论上分析，根据犯罪构成要件，“套代购”行为主要涉嫌的罪名为走私普通货物、物品罪，首先，其行为侵犯的客体系国家的贸易制度，客观上表现为违反海关法规，逃避海关监管，逃避应缴税额较大的行为；其次，行为人主观方面为故意，主体可以为自然人，也可以为单位，“套代购”行为方式符合走私普通货物、物品罪的构成要件，根据我国刑法 153 条规定，“套代购”的出资者、组织者、中介人员中若逃税应缴数额在十万元以上的，或者在一年内曾因走私被给予二次行政处罚的可能构成走私普通货物、物品罪。最后，从共犯的理论上分析，针对“套代购”的组织者、中介人员、走私物品的购买者以及为组织者提供资金、账号等帮助的行为人也可能构成走私普通货物、物品罪的共犯，例如前文中提到的王某某走私普通货物案。

2. 掩饰、隐瞒犯罪所得、犯罪所得收益罪或洗钱罪

针对明知是犯罪所得及其产生的收益而予以收购、代为销售或以其他方法掩饰、隐瞒的犯罪行为，还可能构成掩饰、隐瞒犯罪所得、犯罪所得收益罪，例如，行为人明知他人出售的免税物品为走私物品，仍旧从他人手中非法收购离岛免税品，则可能构成掩饰、隐瞒犯罪所得、犯罪所得收益罪。此外，若明知是走私犯罪的犯罪所得及其产生的收益而进行掩饰、隐瞒其来源、性质的，可能构成洗钱罪（自洗钱）。例如，行为人通过实施离岛免税“套代购”走私犯罪获利 100 万元，后将该钱款转移至境外账户，或者利用他人账户将该违法所得进行转移或者合法化。[①]

三、“套代购”型走私的成因分析

（一）个人层面——法律意识淡薄

一些民众对“套代购”行为的违法性认识不够，从涉嫌犯罪及违法的行为主体上看，主要以三十岁左右的年轻人以及一些大学生为主，特别是一些海南高校的学生，已经沦为代购的重灾区。大部分参与“套代购”的人群都是充当带货“人头”的角色，处于走私链条的最底端。对于这类人员，可能出于对朋友之间的“热心帮助”，或是为了几百元的好处费进行“套代购”走私。针对这一类尚不构成刑事犯罪的人群而言，其行为的出发点是为了几百元的蝇头小利，有的甚至认为自己的行为尚不构成违法犯罪，较轻的处罚加之利益的驱使，使一些个人不顾法律风险和道德约束，从事“套代购”违法行为，综合而言，法律意识淡薄是“套代购”行为实施的主要原因。

（二）监管执法层面——衔接协同机制和信息共享不足

随着近几年打击“套代购”行为的不断深入，海南地区的监管和执法力度已经达到

① 董彬：《代购毒品行为的法理认定和判断方法》，载《法律适用》2020 年第 18 期。

空前的严格程度，但如何在繁杂的购物群体中精准识别“套代购”群体，仍旧需要监管部门与免税店等多个主体之间的协同与信息共享。从免税店角度来看，虽然顾客签署了遵守海关监管规定相关承诺书，且书面告知顾客购买离岛免税品应自用，但顾客是在免税政策允许的范围内进行购买，从购买范围上难以判断是否牟利，而且，经营主体以业绩为导向，即使经营主体识别出顾客的不当行为，是否可以拒绝交易，或者采取其他方式，经营者往往仅以销售者身份自居，并不会考虑其他情况。

从执法监管部门的角度看，其一，监管对象过多，执法人力资源不足。从行为上看，执法监管需将所有居民作为离岛免税“套代购”的监管对象，显然会面临人力、物力和财力等方面资源的不足；其二，多部门之间的协同和信息共享不足。“套代购”行为涉及海关、市场监督管理局、税务局、网络购物 App 等多部门和领域，如果之间缺乏有效的协同机制和信息共享，有可能会造成信息断档、线索丢失等问题，影响执法的连贯性和效果[①]。

（三）犯罪行为层面——“套代购”走私隐蔽性强，侦查难度大

随着打击“套代购”走私行动力度的不断深入，其作案手段也在不断翻新，主要原因系隐蔽性强，侦查突破难度打。主要原因有四：其一，“套代购”走私案件，团伙具有很强的组织和纪律性，同时具有很强的反侦察意识；其二，“套代购”行为形式上看购物流程合规合法，很难发现较大的行为漏洞；其三，散货方式隐蔽，散货地分散，集货环节放在岛外，利用快递进行二次销售，因此案件查发困难，特别是走私活动资金流向的隐蔽性强；其四，证据收集及固定难度大[②]。过去走私团伙主要通过微信群、朋友圈等途径招募带货“人头”，之后安排“人头”提货并离岛，这样通过核验账单即可展开调查并固定证据，但现在的“套代购”走私，则由“头目”提前将资金转给“人头”再套购免税商品，这使得走私资金与“人头”的日常资金混在一起，从而以合法的转账形式掩盖其非法目的。[③]

四、“套代购”型走私的规制路径

（一）加大“套代购”法律风险宣传力度，提高民众的防范意识

“套代购”走私行为屡禁不止的一项主要原因就是部分民众法律意识淡薄。对此需针对性的加强法律宣传，不断提高防范意识，尤其是针对大学生等年轻群体，开展广泛的宣传活动，提高对“套代购”行为的认知和警惕性。一方面，可以通过媒体、社交软件及官方网站等渠道，开展宣传普法栏目，提高个人对“套代购”行为的法律风险和社

---

① 皮昊：《自贸港建设背景下“套代购”走私防控机制研究》，载《新东方》2021 年第 4 期。

② 陈芹：《为病患代购管制药品的情与法冲突及化解路径》，载《医学与哲学》2023 年第 8 期。

③ 刘荣：《离岛免税走私监管模式的检视与完善——基于〈海南自由贸易港法〉第 15 条的规定》，载《海南大学学报（人文社会科学版）》2021 年第 4 期。

会影响的认识，向公众传递正确的消费观念，引导民众合法合规的购物。另一方面，对于一些“套代购”行为的重灾区开展针对性普法活动，可以对存在代购行为的部分学校、社区等地点进行定期组织的宣传活动，例如举办讲座、座谈会或社区聚会等，通过专家或相关机构等介入，讲解“套代购”行为的危害和负面影响。并通过以案释法的形式，分享“套代购”行为所带来的不良后果和教训，让其深刻理解“套代购”的风险和损失。针对在校大学生，要加强对其教育与监督，可以在部分出现代购行为较多的高校开展专项“套代购”的专项整治工作，并采取多种形式警示、制止，对出现的苗头性问题，建立高校约谈机制，通过公安、海关等同志与在校学生进行约谈沟通。此外，还可以拓宽举报“套代购走私”的途径，让广大人民群众能够及时向缉私部门反馈走私“套代购”信息。

（二）依托免税物品无感知监管系统，打造“打防管控”全链条工作模式

免税商品是“套代购”走私行为的源头，加强源头货物的监测和管理有利于实现预防与打击犯罪的双重目标。运用现代手段打击“套代购”走私行为。一方面，海南免税商品尝试运用社会管理信息化平台先进的感知手段，通过整合大数据资源，强化“线上”与“线下”工作配合，实现对离岛免税购物进行无感知监管，[①] 平台可以通过感知手段，对各类人、物、事进行感知、追踪，可实时掌握全省宏观态势，特别是依托资金流信息监测平台，可实现对进出岛“每一笔资金”全天候精准监测；通过汇总统计开展宏观分析，全面把握资金流向和整体态势，通过资金流向能够大幅度跟踪物品的资金流向，及时发现出岛的二次销售行为。另一方面，将业务平台的信息共享，有利于实现事前、事中、事后“打防管控”的全链条管控。通过无感知监管系统感知资金的特殊流向，检测特殊信号，并通过监管数据、社管平台、公安数据系统等渠道集成各类离岛免税数据资源，搭建“套代购”走私案件侦查信息库、数据库并与有关单位充分共享，以实现自动预警及可视化研判。

（三）加强执法、司法衔接，形成多方合力，共同打造良好的营商环境

“套代购”问题的治理仅靠一方力量达不到良好的治理效果，需要整合执法、司法和社会主体的多方合力，以共同之力打造良好营商环境。第一，在执法人员配置方面，提升执法人员的数量和资源投入，加强执法人员培训，提升辨识和处理能力，提高打击“套代购”行为覆盖面和工作效率；第二，组织执法机构与司法部门、品牌方、免税店等联合培训，形成多方合力。结合新形势下的套代购问题进行研讨，分析新形势下的

---

① 无感知监管作为海南社管平台建设的重要理念之一，整体架构为“1561”即一个总台；5个业务平台，包括环岛边海防立体管控分平台、综治分平台、公安分平台、应急消防分平台、口岸监管分平台6个功能，包括人流进出岛信息管理系统、物流进出岛信息管理系统、资金流进出岛信息管理系统、特殊进口商品流管理系统、通信大数据系统和网络安全风险管控系统；1套基础设施，即全省统一的社管平台信息基础设施。

“套代购”行为的特点和犯罪趋势，合理运用行政和刑事处罚手段，在行政处罚与刑事的案件办理程序加强协调配合，建立衔接机制，加强信息共享和分析，形成打击“套代购”的多方合力，条件允许情况下可在省内各执法机构协同的基础上，充分联合其他省市海关和公安机关，共同构筑打击“套代购”的执法、司法屏障。第三，继续加大“套代购”的打击力度，共同打造良好的营商环境。持续保持高压态势，严厉处罚“套代购行为”，有效运用罚款、没收违法所得、征信等行政处罚措施，对于构成犯罪的，落实宽严相济刑事政策，结合犯罪情节、作用、危害后果做到罚当其罪，此外，发挥案件警示教育作用，持续运用宣传力量，多措共举，共同形成不敢、不能、不想参与“套代购”的良好社会环境氛围。

海南封关运作下走私犯罪风险防范之思考
——以走私普通货物犯罪个案为视角

李 萍 郑儒传*

摘 要 2024年是海南自贸港封关运作的攻坚之年，如何有效防控走私犯罪，降低国门安全风险，是当前亟须研究和探索的重要课题。为此本文重点分析自贸港政策下可能带来的走私风险与挑战，并以个案为样本，针对涉自贸港（区）走私犯罪新手段、新方式，提出防范对策建议。

关键词 自贸港 监管创新 走私犯罪 防范

2024年是海南自贸港建设封关运作的攻坚之年，海南将以自贸港建设引领“大开放、大改革”，激发内生活力，形成更多具有自贸港辨识度的标志性成果。① 作为世界最高水平开放形态的自贸港，海南面临前所未有的机遇与挑战。其中，如何有效防控走私犯罪，降低国门安全风险，是当前亟须研究和探索的重要课题。从海南及上海、广东等地设立自贸港（区）后发生的走私案件看，其变化主要集中在走私普通货物罪上，并在犯罪模式上呈现新的手法和新的方式。为此，本文重点分析自贸港政策下可能带来的走私风险与挑战，并以个案为样本，针对涉自贸港（区）走私犯罪新手段、新方式，提出防范对策建议。

一、风险检视——海南自贸港监管创新下走私犯罪防控面临的风险和挑战

海南自贸港建设实行世界最高形态全面开放制度。在贸易、投资、人员自由便利同时，不可避免随之带来各种风险。特别是作为自贸港海关监管最大亮点的“一线放开、二线管住”监管模式，将对走私风险防范产生较大影响。随着全岛封关运作的推进，“一线”逐步放开直至完全放开，对“二线”风险防范的挑战和影响越来越大。

---

* 李萍，海南省海口市人民检察院第二检察部主任、四级高级检察官；郑儒传，海南省海口市人民检察院第二检察部四级检察官助理。

① 刘小明：《2024年海南省人民政府工作报告》，载《海南日报》2024年1月30日，第2版。

（一）宏观层面

《海南自贸港建设总体方案》(以下简称《总体方案》)规定，海南自贸港建设要“对标国际高水平经贸规则，解放思想、大胆创新，聚焦贸易投资自由化便利化，建立与高水平自由贸易港相适应的政策制度体系，建设具有国际竞争力和影响力的海关监管特殊区域，将海南自由贸易港打造成为引领我国新时代对外开放的鲜明旗帜和重要开放门户”。历史发展上来看，海南本身的政策与全国其他地区无不同之处，但是市场发展却远不及其他地区。各级政府、各部门在监管过程中遇到的问题较为单一，本地区无可供参考的经验。海南作为“一带一路”重要发展地区，与越南等地区边贸业务发展较为迅速，但边贸业务发展与其他陆路接壤地区不同，海南存在天然的屏障，海南整体业务量较小。随着洋浦港、马村港等港口的不断发展，海南在临海边贸业务中的监管盲区日渐凸显。自贸港实行最高形态全面开放，在贸易、投资、人员自由便利的同时，也存在监管盲区和缺乏可参考的防范经验，各种风险不可避免相继产生。

（二）微观层面

《总体方案》明确规定，自贸港实行贸易自由便利，自贸港内实行“零关税”“零壁垒”。对货物贸易，实行以“零关税”为基本特征的自由化便利化制度安排，对服务贸易，实行以“既准入又准营”为基本特征的自由化便利化政策举措。2025 年，海关正式封关后，海南岛整体将作为中国“境内关外”最大的地区，在关税、贸易监管等方面与内地形成政策落差。在利益的驱使下，“一线”“二线”的各个贸易环节都可能存在走私违法犯罪活动风险和隐患，潜在风险现已有所凸显。以目前已实施的离岛免税政策为例，离岛旅客可购买免进口税物品用于自用，由于岛外商品存在较大差价（离岛免税商品价格约为其他地区价格的 70%），且难以监督，可能存在套购免税品后倒卖牟利等违法犯罪活动。根据“先进区后报关”模式，企业可以先提货入库再办理报关手续，存在着时间差，且操作规程尚未成熟，可能存在货物入区后“漏报”“不报”非法牟利等违法犯罪活动；根据“自行运输”模式，企业可使用经过海关备案的车辆，在自贸区内自行运输货物，可能存在利用自行运输的便利来对货物进行“偷梁换柱”从事走私或逃税等非法犯罪活动；根据保税货物“集中申报”规定，港（区）保税仓储、加工等货物，按照保税货物状态监管，货物流转手续简化可实行批次进出，集中申报，可能存在保税进口货物，未向海关申报并缴纳税款而进行销售非法牟利等违法犯罪活动；根据海关抽查等相关规定，同一批货物可能存在虚报、高报价格等情况以便骗取国家退税或补贴，但实践中海关难以抽检出来。

二、犯罪界定——涉自贸港走私普通货物犯罪的认定规则

根据我国刑法，走私罪是指逃避海关监管，非法运输、携带、邮寄国家禁止、限制进出口的货物、物品进出境或者偷逃应缴关税、情节严重的行为。对自贸港（区）而言，

实行的是“一线放开、二线管住”海关监管政策，那么对其走私普通货物犯罪的认定上，“一线”与“二线”、“国境”与“关境”如何界定，都会对犯罪认定规则带来新的变化。

（一）“一线”和“二线”的界定

《总体方案》规定，在海南自由贸易港与中华人民共和国关境外其他国家和地区之间设立“一线”。在一线环节取消或最大程度简化贸易管制措施，对于非安全准入管制的进出口货物、物品最大程度简化海关审核手续，实行便捷高效的海关监管。对税收征管、商品检验等非安全准入风险向后推移处置，并将登临检查、查验等环节顺应物流整体流动，开展顺势监管、后台监管。

《总体方案》规定，在海南自由贸易港与中华人民共和国关境内的其他地区（以下简称内地）之间设立“二线”。货物、物品从海南进入内地的，海南视同出口，内地视同进口。属于海南本地产品（包括加工增值超过30%的进口产品或发生实质性改变的），免征关税和进口环节税，不需交验相关许可证件。属于进境物资的，按照进口货物有关规定办理。内地收货人或其代理人向海南本地海关办理进口相关手续，海南发货人或其代理人在规定期限内向海关备案出口情况。

（二）“关境”和“国境”的界定

通常意义上说，关境是指“一个国家的海关法得以完全适用的区域”。[①] 换言之，关境以内即一国海关法适用的地理空间范围，货物、物品一旦进入一国之内，就应当受到该国海关部门的监管，接受该国海关法的管辖。

但在自贸港（区）语境下，由于“一线”与“二线”的存在，关境与国境之间并不是完全重合的关系。造成关境变化的原因，是针对不同种类货物、物品海关监管政策的不同所致，而非单纯境内自由贸易区的设立。当涉及走私犯罪的问题时，应当根据走私罪的犯罪对象来具体判断关境的范围。[②] 当走私行为以枪支、弹药、毒品、淫秽物品等国家禁止规定进入国境的物品作为犯罪对象时，海关对这些物品的监管范围为全国范围内，关境就等于国境；当走私犯罪以应税货物作为走私对象时，关境就是对应税物品征缴关税的那一条线，在境内设立自贸区且这些应税货物在区内享受保税、免税优惠的情况下，关境便小于国境。

（三）涉自贸港（区）走私普通货物犯罪的认定规则

在自贸港（区）落实一系列方针政策的社会背景下，部分经济运行模式以及行政监管制度也发生了一定程度的变化，而与之相应的刑事法律在适用方面也势必会随之发生深刻的改变。对于自贸港（区）内的走私普通货物犯罪的认定，由于“一线”“二线”

① 国际关税组织编撰的《国际海关术语汇编》中对“关境”的定义。

② 刘宪权：《中国（上海）自由贸易试验区成立对刑法适用之影响》，载《法学》2018年第12期。

的存在、“关境”和“国境”的不同，应当根据具体情形对具体的犯罪对象进行判断。具体说来，包括下述认定规则：

1. 对于以应税货物（享受免税、保税的货物）作为犯罪对象的直接走私行为，一般情况下，应以行为人运输货物经“二线”进出自贸港（区）时为走私犯罪的成立之时。此时，关境线与自贸港（区）“二线”相重合，关境的范围小于国境，货物由内地进入自贸自贸港（区）视同出口，由自贸自贸港（区）进入内地视同进口。简言之，此类情况下，关境线与国境线不重合，而与自贸港（区）“二线”相重合。逃避海关监管，运输货享受免税、保税政策的货物应税货物进出“二线”、逃避缴纳税款数额较大的，可构成走私普通货物罪。

2. 对于以在自贸港（区）内不享受保税、免税政策的货物作为犯罪对象的走私行为，仍应以自贸港（区）与境外的“一线”作为走私行为成立的基线。根据《海关法》相关规定，这些应税货物包括：自贸区内生活性服务业等企业进口的货物；海关总署公布的不予免税的货物；法律、行政法规和相关规定明确不予免税的货物等。从境外进口这三类货物进入自贸区不享受保税、免税优惠，必须按规定缴纳税款，如果逃避缴纳而将货物运入国境，则构成走私。此时，关境线与国境线重合，同时也与自贸区“一线”相重合。逃避海关监管，逃避缴纳税款数额较大，运输货物进出“一线”的行为，应可构成走私普通货物罪。至于以《刑法》第 151 条、第 152 条、第 347 条和第 350 条所规定的武器弹药、核材料、假币、文物、毒品等物品，以及国家禁止入境或者禁止出境的其他物品作为走私罪的犯罪对象的，即关境等于国境，自携带、运输这些物品进出国境，构成走私罪。由于其不属本文研究重点，在此不予赘述。

综上所述，虽然具体的越境形式不同，但逃避海关监管，非法逾越关境仍是涉自贸港（区）走私犯罪的本质特征。只是根据走私犯罪对象的不同，关境的范围会发生变化，或与自贸港（区）“一线”和国境相重叠，或与自贸港（区）相重合而小于国境，对此应当结合案件具体情况进行认定。

三、样本分析——涉自贸港（区）走私普通货物犯罪的新手法、新方式

从海南、上海、广东等地自贸港（区）走私犯罪情况看，主要集中在利用自贸港（区）开放便利政策下监管漏洞走私普通货物，且在犯罪模式上呈现新的手法和新的方式。

（一）组织“人头”套购、倒卖免税商品实施走私犯罪

以被告人王某走私普通货物案为例，2021 年 3 月开始，被告人王某通过付钱请代购人员李某等人（即“人头”），根据王某的要求利用个人的免税额度购买指定免税品，乘船离岛到海安后交给王某，王某每个“人头”给予 200—300 元不等的报酬。之后，王某将每件免税品加价 50—100 元倒卖给“货主”牟利。经海关计税核算，王某采取上述方式倒卖免税商品偷逃税款 300 余万元。

根据离岛免税政策，对离岛旅客可以限值、限量、限品种免进口税购物，[①] 并规定，离岛免税商品属于消费者个人使用的最终产品，不得进入国内市场再次销售。该政策进一步激活海南本土市场消费，使离岛旅客享受到了政策红利。然而，本案中被告人王某却以牟取巨额非法经济利益为目的，利用该优惠政策下对免税品监管的漏洞，组织“人头”用个人购买免税品的资格和额度在多家免税店购买免税商品，转卖给“货主”在国内市场进行二次倒卖出售，牟取非法利益，偷逃应缴纳税款特别巨大。从办理的案件看，“套代购”犯罪普遍链条完备，分工明确，社会危害性大，不仅严重侵害海关监管秩序，造成国家巨额税款流失，对自贸港政策顺利实施造成极大影响，必须从严打击。

（二）利用“先进区后报关”漏报、不报实施走私犯罪

以被告人施某某、陈某某等人走私普通货物案为例，被告人施某某、陈某某等人合股成立某伞业有限公司并获得了货物进出口经营权，施某某等多人向中山海关申报进口64英寸保税尼龙布后，将保税尼龙布提货至仓库保存，施某某指使陈某某、苏某某等人与仓储公司相勾结操作虚假报关，该公司先后申报进口保税尼龙布31票合计约569万米，实际进口709万米。此后施某某等人将多进的保税尼龙布用于销售和抵偿公司债务。经核算，施某某等人偷逃应缴税额255万余元。

根据自贸港（区）内“先进区后报关”模式，海关允许符合条件企业凭进境货物的舱单信息先提货进区，后进行进境备案申报，有效改变之前单证繁琐影响通关，物流、仓储成本增加等问题。但由于货物可以先进入自贸区并放入仓库后再报关缴税，货主和仓储方就有了勾结操作的可能。本案中，施某某、陈某某利用“先进区后报关”中的时间差，与仓储方利用进区与报关之间的监管空当操作虚假报关，成功脱离了海关监管，通过少报多进的方式得以偷逃税款。

（三）利用自行运输的便利，偷梁换柱实施走私犯罪

以张某某、顾某等7人走私普通货物案为例，被告人张某某、顾某某多次将境外的红酒、汽配等货物伪报成聚乙烯再生粒予以申报进口，由奉某某安排运输车辆将货物运往义乌海关，在转关途中对货物进行调换，将调换后的装载有聚乙烯再生粒的运输车辆开进义乌海关监管区进行申报，而实际的红酒、汽配等货物则安排其他车辆运输至目的地销售。待义乌海关验货放行后，再将上述聚乙烯再生粒运回途中换货仓库，以备下次转关换货。经核算，张某某等7人偷逃应缴税额达534万余元。

根据自贸港（区）“自行运输”模式，港（区）内企业可以使用经海关备案的自有车辆或委托取得相关运输资质的境内运输企业车辆，在港区内自行结转货物。本案中，被告人张某某、顾某某利用自行运输的便利条件及监督漏洞，将进口红酒、汽配等货物申报聚乙烯再生粒进口，并安排运输车辆将红酒、汽配进行调换，进海关监管区进行申

---

① 免税额度原来规定为3万人民币，2020年7月1日后调整为10万人民币。

报前再调回聚乙烯再生粒，从而得以偷逃应缴税额。可见，自行运输模式下交通工具完全在区内企业的控制下，如海关未进行有效监管，则容易带来一定的走私风险和隐患。

（四）利用保税货物批次进出、集中申报等制度的监管漏洞实施走私犯罪

以陆丰某某棉纺制品公司、卓某走私普通货物案为例，卓某投资成立某公司开展棉纺制品生产销售及进口棉花进料加工贸易业务。为得到更多进口棉花优惠关税配额和申领更多加工贸易手册，卓某又先后成立两家公司。卓某先后以三家公司的名义向海关申领 12 本进料加工贸易手册，专门安排一批固定的棉纱货物用于循环进出口，制造公司保税制成品加工后复运出口的假象，在未向海关申报情况下，将保税棉花及制成品直接销售给境内客户。经核算，卓某偷逃税款 3 亿余元。

根据自贸港（区）保税货物监管模式，加工贸易单位经海关批准，可允许进口料件等货物进境时不办理纳税手续，在境内储存、加工、装配后复运出境，再由海关核查该合同项下所有进出口、耗料等情况，最终确定征、免、退、补税的货物。本案中，卓某先后以三家公司的名义向海关申领进料加工贸易手册，未如实申报并缴纳税款，将保税棉花直接在境内销售，并骗取海关对已销售保税棉花的核销，达到不缴税将保税货物进行销售的目的。从此类案件的犯罪手段、方式来看，批次进出、集中申报制度的实施，将会给海关对保税货物是否存在未补缴应缴税额擅自在境内销售的行为监管带来挑战。

（五）利用跨境电商平台虚构交易实施走私犯罪

以广东某某物流有限公司、佟某等人走私普通货物案为例，被告人佟某、骆某注册成立广东某某物流有限公司，在进口润滑油的过程中，通过广州市某电子商务有限公司电商平台，以某连支付网络服务股份有限公司为网络支付平台，以广东某某物流有限公司为快递派送平台，采取制作虚假个人消费者订单、支付单、物流单的手段，通过跨境电商渠道，将本应按一般贸易进口的多型号润滑油，以化整为零的方式伪报称消费者个人自用物品的电子商务货物进口，先后偷逃应缴税额 342 万余元。

随着自贸港（区）各项贸易政策落地，跨境电商行业也随之快速发展，如何提防不法分子利用跨境电商监管漏洞实施犯罪行为也被提上日程。本案中，被告人佟某、骆某在自贸区内注册跨境贸易电子商务公司，以“刷单”模式将一般贸易货物伪报成跨境电子商务货物，在跨境电商平台上批量虚构订单，并利用平台交易规则漏洞生成虚假的交易、支付物流“三单”信息，待海关对相关订单完成进口通关放行和征税手续后，将商品在其他电商平台上予以销售。这种“刷单”进口行为实质上在通关环节脱离海关监管，降低了进口货物的税率从而偷逃税款。

四、防范之策——惩治和预防自贸港走私犯罪的对策建议

打好封关运作准备攻坚战，关乎国家重大战略落实和各界对海南自贸港建设的预期，而守住风险防控底线是封关运作是否成功的决定性基础。当前，面对自贸港建设中

面临的各种走私风险和挑战，针对自贸港走私犯罪的新手法和新方式，要强化各项有效措施，构建“打、防、管、控”的反走私立体防线。

（一）突出重点，强化对监管漏洞的整体防范

监管水平和能力将直接影响着自贸港对外开放程度。要防范走私风险，就必须堵截监管上的漏洞。

一是加强对重点人员的监管。通过建立相关感知和预警机制，有效发现走私可疑分子和相关人员，对其行为进行有效排查，打通各项业务报表数据，形成商品、轨迹、购买行为、个人身份底盘关联信息，提炼风险特征，及时发现走私违法行为线索，防范其进一步发展蔓延。二是加强对重点环节的监管。对免税品货物、跨境电商货物“进、出、转、存”重点监控，通过电子监管、海关驻场监管、信息系统监管等方式，强化海南免税品、跨境电商商品进口、出入库、销售、配送、提货和离岛等流程监管。① 对可能利用自行运输车辆对货物“偷梁换柱”“少报、漏报”的情况，要完善监管运输车辆登记内容，对运输车辆在运输过程中的一系列动作进行如实记录，同时在执法管理过程中增加技术监管手段。对可能利用批次进出、集中申报，采用“一车多报”重复报关、骗取核销的，加大核查库存监管，对库存明显小于还未核销的数量的企业予以重点关注。另外，对适用“集中申报”通关方式和汇总纳税制度的企业，要求明确有效担保效力和保证金数额。三是加强对重点区域的监管。对外贸企业、保税加工企业、运输公司、仓储公司等关联主体重点关注，对曾发生走私案件的免税店、港口、码头持续关注，对曾有违法记录的运输车辆和“三无”船舶严密关注。

（二）严厉打击，保持对走私违法犯罪的高压态势

依法严厉打击是反走私最有力也是最有效手段之一。

一是拓展线索来源，强化案件移送。走私犯罪侵害的是国家利益，一般没有特定受害人，其涉及面广，不易被发现，查缉难度大，往往要依靠情报线索和群众举报发现案件线索。同时开发大数据走私犯罪侦查模型，利用不同信息在案件侦破过程中的作用，及时了解和掌握犯罪风险和线索，发现犯罪苗头有针对性开展侦查，提升犯罪预防和侦查效率。② 二是从严打击，保持反走私高压态势。集中优势力量从严打击不仅对走私犯罪形成强大震慑，而且有力彰显海南自贸港严厉打击走私、维护国门安全的信心和决心。当前针对离岛免税套购日益猖獗趋势，海南集中查办一批案件，取得了良好成效。2023年5月，公安部、海关总署部署开展“护航2023”联合专项行动，严厉打击海南离岛免税“套代购”走私。2021年至2023年，共立案侦办海南离岛免税“套代购”走私犯罪案件518起、行政案件2000余起，案值达到20亿元。③ 三是加强队伍建设，提升专业化办

① 刘荣：《离岛免税走私监管模式的检视与完善》，载《海南大学学报》2021年第4期。
② 王佳等：《犯罪侦查决策支持模式》，载《清华大学学报》2023年第10期。
③ 公安部新闻发布会：严厉打击海南离岛免税“套代购”走私，2023年7月14日。

案能力。从前述典型案件看，走私货物物品种类各式各样，走私链条涉及多个环节，走私手法不断翻新升级，对司法机关走私犯罪专业化办案能力提出更高要求。为此，在队伍的组建上，可考虑组建反走私办案部门、办案组等专业办案队伍；在法律适用上，建立统一、规范的证据标准和证明标准，确保精准打击；在办案机制上，健全信息通报、联席会议等机制，对重大、有影响的走私犯罪案件提前介入引导取证，提升打击质效。

（三）注重协作，构建走私犯罪社会防控体系

走私犯罪涉及面广，仅靠个别部门、个别地区单打独斗难以有效防范，必须形成高效顺畅的社会综合治理体系。

一是健全完善社会管理信息化平台。充分利用我省反走私综合治理的重要平台，围绕人员、车辆、船舶、小飞行器、物流、资金流、信息流等监管要素，通过接入多种前端感知手段，进一步汇聚全省各相关单位、企业的数据资源，实时掌握态势并开展大数据分析，形成近海、岸线、岛内三道防控圈。[①] 二是充分发挥"两法衔接"机制作用。完善行政执法与刑事司法相衔接工作机制和信息平台机制，将海关监管系统与工商信息系统、企业信用评级系统等进行对接，完善自贸港监管信息共享平台，加强走私违法犯罪风险提示，实现资金流向、交易信息、商户和交易者身份的准确追溯，提高发现和破获走私案件的效率。通过对违法违规企业进行标记、降低信用等级等措施提高企业违法违规成本。三是强化泛珠区域反走私合作。海南四面环海，与广东、广西、福建沿海接壤，在"二线管住"上，广东、广西、福建发挥至关重要的作用。要充分发挥区域反走私合作"9+2"联席会议机制作用[②]，全面实现"一线"和"二线"联防联控，特别是加强与粤桂闽三省反走私信息互通、情报交流和联合执法，整合三地资源，进一步提升区域防范和打击走私犯罪合力。

（四）加强宣传，提升全民共同防范走私良好氛围

一是坚持发挥群众组织的作用。要进一步巩固我省民风淳朴、没有群众性参与走私的良好基础，教育群众识别走私、抵制走私、举报走私。要把村委会、居委会建成反走私工作的前线堡垒，充分发挥我省现有 1 万多名治安网格员的作用，成为遍布全省的反走私网格员。二是充分发挥社会群体的作用。利用企业协会、志愿者等群体的力量，加强行业自律和社会诚信体系建设，联合惩戒涉及离岛免税等严重失信企业、个人，推动形成全社会反走私的良好氛围。三是充分发挥司法机关的作用。坚持"谁执法谁普法"，司法部门通过庭审、案例通报、法律咨询、信息公开等拓展反走私法治宣传的广度和深度，通过"办理一案、教育一片"，提升社会公众对防范走私的积极性和主动性。

---

① 皮昊:《自贸港建设背景下"套代购"走私防控机制研究》，载《新东方》2021 年第 4 期。

② "9+2"即福建、江西、湖南、广西、海南、重庆、四川、贵州、云南 9 省（区、市）及香港、澳门特别行政区。

走私犯罪治理视角下涉案财物公诉制度的功能适用、司法探索及实践展望

叶子祥　李　灿*

摘　要　随着我国涉外法治工作的逐步深化，对涉外刑事犯罪中的涉案财物开展“对物之诉”的本土化建设势在必行。在当前走私犯罪涉案财物处置工作中，除长期存在着证据收集、权属认定、财物执行不到位，处置周期长、重刑事责任追究而轻财产保护、处理程序行政化等问题之外，还存在着涉外处置舆情敏感性、执行标的难以处置性、刑执衔接落实可行性、法律查明现实可行性等问题亟待解决。对此，检察机关应当围绕涉案财物公诉工作，构建“侦检”诉前协同涉案财物处置、诉中提出财物处置建议、诉后财物处置跟踪监督机制，并从持续优化涉外法治宣传、依托国际法治优化刑事司法协助程序执行、完善涉案财物调查证据采纳使用标准规范、推动刑事领域准据法搜集查明工作持续开展等方面进行工作，确保涉外刑事犯罪涉案财物公诉制度得以落地落实。

关键词　走私犯罪　涉外刑事犯罪　涉案财物　公诉职能　功能定位

随着我国对外持续扩大开放，涉外刑事犯罪案件在近年来呈现出案件量逐年增多的态势，其中既有传统的国内外企业、自然人勾结实施走私、洗钱等刑事犯罪，也存在着部分犯罪人员因国内的重点打击逐步外溢、转移、转化至国外并继续实施相关犯罪。例如，在我国当前走私犯罪打击治理过程中，发现有相当部分犯罪人员外逃至东南亚、西亚等地，流窜于我国边境实施走私犯罪行为；还有部分犯罪人员匿于境外，遥控“车手”实施走私、洗钱等非法犯罪；还出现了“两头在外”型走私、电诈—洗钱—走私三位一体化犯罪等新型涉外违法犯罪。对此，在走私犯罪治理方面，推进涉外法治工作刻不容缓。2024 年 7 月，党的二十届三中全会发布的《中共中央关于进一步全面深化改革 推进中国式现代化的决定》中提出，要建立一体化推进涉外立法、执法、司法、守法的工作机制，深化执法司法国际合作。而在其中，对以走私犯罪为代表的涉外刑事犯罪中的涉案财物开展追赃挽损成为了人民群众在涉外法治工作中重点关注和讨论的议题

*　叶子祥，上海市静安区人民检察院检察官助理；李灿，上海市人民检察院第一分院检察官助理。

之一。对此，强化检察机关涉案财物的公诉职能，妥善处理涉案财物，为惩处犯罪与被害人权益救济提供法治保障，势必将成为在当前刑事司法中必须要处理的重要命题。

一、构建涉外刑事犯罪涉案财物公诉制度的必要性和可行性

我国刑法、刑事诉讼法并未在涉案财产诉讼方面规定单独的“对物之诉”，但这并不意味着对刑事犯罪涉案财物的处置不重要。学界认为，刑事对物之诉是与刑事对人之诉相并列的概念，主要是指检察机关代表国家对被告人违法犯罪所得提起的追缴之诉。[①] 对于涉案财物的处置不仅关系到当事人以及案外人合法权益的保护，更关乎人民群众对司法公正的获得感，这不仅是剥夺违法犯罪行为既得非法利益的手段，更是收获惩治犯罪和保障公民合法财产权益的双重效果的重要途径。[②] 与此同时，刑事案件涉案财物处置可能涉及不同诉讼领域与执法司法环节，如何建机制、抓要点，确保在涉外刑事犯罪案件办理过程中，实现对涉案财物处置效果的最大化、最优化，是检察机关作为司法办案部门在开展涉案财物处置的重要考虑。对此，进一步推进落实涉外刑事犯罪涉案财物公诉制度，是当前检察机关在涉外法治建设中更好发挥职能作用，以“三个善于”真正落实“高质效办好每一个案件”的重要路径。

（一）检察机关作为法定法律监督机关履行职责的必然要求

检察机关是宪法规定的国家法律监督机关，在司法工作中，负有对司法案件办理全流程监督的职责。在案件办理过程中，涉案财物处置涉及的主体包括监察、公安、人民法院、司法行政等多个部门，在全流程中存在着跟踪不足、监督漏洞、管理缺位等问题。对此，由检察机关将涉案财物处置纳入以刑事指控为核心的公诉职能，加强对涉案财物处置各主体的法律监督，是检察机关的法律监督职能对涉案财物处置工作上的必然要求。

（二）实现高质效办理每一个涉外刑事案件办理的必然要求

对于被害人而言，及时追赃挽损、弥补损失是其参与刑事司法程序的核心利益诉求之一，办案是否真正实现了高质效，不仅要看是否对被告人作出了合法判决，更取决于追赃挽损工作是否真正做到高质高效。对此，检察机关在贯彻社会正义追究违法犯罪行为刑事责任的同时，贯彻落实以审判为中心基本原则，履行涉案财物公诉职责，加强对涉案财物的追赃挽损，是坚持人民至上基本价值追求、维护人民群众根本利益、切实围绕人民诉求开展工作、让人民群众感受到公平正义的必然要求。

---

① 陈瑞华：《刑事对物之诉的初步研究》，载《中国法学》2019 年第 1 期。

② 徐翀、李舒悦：《高质效处置涉案财物　强化刑事犯罪治理》，载《检察日报》2024 年 7 月 17 日，第 3 版；孔令营：《涉众型金融犯罪案件追赃挽损机制探究》，载《山西省政法管理干部学院学报》2023 年第 6 期。

（三）实现涉外法治中三个效果有机统一的必然要求

贯彻落实三个效果是司法工作开展的重要目标，是检验检察工作好与坏、得与失的重要标准和抓手。检察机关在涉外法治工作中推进落实涉外刑事犯罪涉案财物公诉制度，是防范化解重大风险，维护社会秩序大局稳定，保持国内市场经济持续健康有序发展的重要路径。

对此，检察机关高度重视对于涉案财物的处置工作，除在刑法、刑事诉讼法等实体、程序性法律以及相关司法解释中明确规定了追赃挽损之外，最高检察机关在《2023—2027年检察改革工作规划》中提出，强化检察机关涉案财物公诉职责。在司法实践中，各地检察机关结合地区经济社会发展和检察工作实际，借鉴域外相关经验和做法，逐步探索适合适合本地区经济社会发展法治需求的经济犯罪案件涉案财产公诉模式，更好地应对涉外刑事犯罪案件中的国际化挑战，为强化检察环节追赃挽损，更好实现检察工作高质效现代化发展目标，优化市场化、法治化、国际化一流营商环境提供有力保障。

二、构建涉外刑事犯罪涉案财物公诉制度的现实困境

在当前针对涉外刑事犯罪开展的涉案财物处置工作中，正如诸多实务人员以及专家学者发现并指出，我国司法机关长期存在着证据收集、权属认定、财物执行不到位，处置周期长、重刑事责任追究而轻财产保护，处理程序行政化等问题。[①] 除此之外，在涉外刑事犯罪案件尤其是走私犯罪案件办理过程中，由于相关案件的特殊性、敏感性、复杂性，检察机关在对涉外刑事犯罪开展涉案财物公诉工作时，还存在着涉外处置舆情敏感性、执行标的难以处置性、刑执衔接落实可行性、法律查明现实可行性等问题有待解决。

（一）涉外财物标的处置存在着舆情敏感性

在涉外刑事案件办理过程中，由于涉外刑事犯罪可能涉及外事外交、国际经贸等多个方面，社会关注度高、舆论敏感性强；而在涉外财物标的的处置上，舆情风险极高，案件办理过程中稍有不慎就易引发负面舆情。[②] 一方面，我国民法典第五章中关于私人所有权制度的规定与西方产权制度有所区别；另一方面，我国司法体制中部分涉案财物处置主体与国外存在明显差异性，例如在走私犯罪案件办理过程中，如发现相关公职人员参与共同实施犯罪，可根据《监察法》第23条、第25条，依法对所有境内外的涉案财物开展调取、查封、扣押工作。但在国外特有语境下的信息茧房效应可能会导致国外

---

① 段凰、石魏：《涉案财产处置虚化之现状分析及应对思路》，载《人民司法》2021年第19期；樊崇义：《刑事诉讼法哲理思维》，中国人民公安大学出版社2010年版。

② 胡勇：《高质效办理涉外刑事案件 提升涉外法治工作水平》，载《检察日报》2024年1月17日，第3版。

的质疑。对此，在当前国际形势复杂背景下，处理稍有不慎，可能会招致国外少数人士基于法律体系和司法体制的差异化恶意发声，诱导舆情开展攻击。

（二）执行标的可能存在难以处置性

在实践工作中，部分涉案财物存在着难以处置性。一方面，由于物理隔离、标的本身特性等原因，执行标的可能存在难以处置性。该情况常见于犯罪实施人员的财产位于国外，并已转化为不动产、信托基金、公司股权等资产的情况，执行难度高、周期长。另一方面，由于我国法律规定，部分涉案财物无法成为执行标的，最为典型的即是虚拟货币。在当前走私犯罪打击治理过程中，发现已有大量走私人员利用比特币、以太币等虚拟货币作为走私对价支付手段或洗钱手段，通过虚拟货币去中心化和完全数字化的特性实施境内外的资产腾挪转移。此类涉案财物由于其价值不稳定性、其本身的非法性、交易平台违法性等原因，势必成为司法机关在处置涉案财物时的难点。

（三）国内外刑执衔接难以实际落实落地

尽管在判决或仲裁裁决的相互承认与执行方面，我国与世界绝大多数国家均为《纽约公约》的成员国且相互承认仲裁结果，但是在刑事犯罪处理上，根据我国规定，仅能以判决形式来确定刑事责任，而与之相应，也仅能以判决明确刑事犯罪涉案财物的处置情况。而在判决的承认与执行上，与我国相互承认判决的国家数量较少，未能覆盖全球的多数国家。在实际开展刑事判决的承认与执行过程中，执行的不确定性明显不符合法的安定性要求，可能存在刑执衔接难以实际落实落地的情况。

（四）准据法的完全查明目前尚不具备现实可行性

在当前我国对国外法律的查明工作中，通过人民法院司法解释，基本明确了民事法律规范查明的主体、路径、适用规则等。但是对于刑事法律规定的查明目前尚无相关规定。此外，由于不同国家在涉案财物的处置上采取刑民分立、刑民合立、特别立法等不同形式，在准据法明确上有较大难度，根据当前工作情况，尚不具备现实可行性。

三、推进检察机关涉案财产公诉制度的机制构建

在涉外刑事犯罪案件办理过程中，如何通过完善公诉职能的履行，加强涉案财产公诉制度落地落实，是检察机关在开展涉案财产公诉工作中的重要抓手与工作着力点。对此，笔者认为，可以通过加强检察机关诉前协同涉案财物处置、诉中提出处置建议、诉后处置跟踪监督，完善相关工作。

（一）构建侦检诉前协同涉案财物处置机制

在公安机关开展涉案财物处置过程中，检察机关应当与公安机关开展协同冻结扣押工作，构建协同工作机制，根据诉讼要求和标准，进一步完善涉案财物的诉前处置工

作。一是进一步完善提前介入机制。在走私犯罪打击治理实务工作中，检察机关一般情况下均围绕案件定性争议、证据情况、补侦方向等方面开展提前介入工作，对于涉案财物仅会根据其实际情况，提出补侦提纲，作出补侦要求。对此，笔者认为，应当进一步完善检察机关提前介入侦查工作，尤其在涉外刑事犯罪案件中，应当将涉案财物的处置前置到侦查环节，以起诉标准与公安机关开展提前介入、专案会商工作。对于权属复杂的财物，提前要求公安机关开展侦查，明确处置可行性。对于完全不具有处置可能或权属复杂、可能需要外事部门协同协调的财物，由公安机关、检察机关在提前介入阶段予以明确，在未进入刑事诉讼程序时就将相关情况及时层报上级部门协商协调解决。对于具备调查、查封、扣押、冻结工作可行性的涉案财物，由检察机关根据诉讼需要，商请公安机关调取财物权属证明、财物来源说明等材料，在材料充分完备的基础上，再对相关涉案财物采取查封、扣押、冻结措施。二是建立价值易变动的财物先行处置机制。应当注重对涉案财物的评估和分类处理，针对在侦查过程中发现的不易保存、价值易贬损或存在价格高度波动性的财物或虚拟商品，公安机关应当第一时间与检察机关沟通联系，对相关涉案财物开展先行处置。在处置过程中，以集中统一处置涉案财物为原则，以易损财物先行处理为例外，探索先行处置的处置规则，对生鲜货物、活体商品、易受潮财物、化学制品等易损财物依照法定程序先行处置，最大程度保障涉案财物价值。①此外，对于虚拟货币、虚拟商品等价值难以估定、价格波动剧烈，不具有价格上连续性的财物，也应当予以先行处置。三是进一步规范公安、检察及相关部门涉案财物移送程序。针对涉案财物查封、扣押、冻结、移送等程序，应当构建统一适用的程序性规定。明确涉案财物处置的具体责任承担主体部门、责任划分、部门协同配合要求等，确保公安、检察及相关行政部门在相关程序规定之下，规范相关司法行为，杜绝出现涉案财物遗失、权属不明、责任推诿等不良现象。

（二）构建诉中财物处置建议机制

公安机关将案件移送至检察机关审查起诉、检察机关受理相关案件后，检察机关应当从以下方面开展相关工作。一是履行调查职责。针对公安机关移送检察机关审查起诉的涉案财物情况，依法履行调查职责，明确审查涉案财物的权属是否存在争议、是否具备执行可行性、是否有必要进行先行处置、是否具有执行敏感性、是否存在程序瑕疵等方面。二是在提起公诉时，就财物处置提出建议。检察机关应当根据涉案财物的实际情况，在将案件提起公诉至人民法院时，在起诉书中事实部分增加说明涉案财物的权属、来源、涉案情况、与犯罪行为的关联性、是否存在不当得利等基于恶意的转移行为、提起公诉时财物的状态（调查、查封、扣押、冻结等）等，并在起诉书尾部增加对涉案财物处置的建议；三是在庭审调查过程中，对涉案财物处置承担举证责任及说明、建议义

---

① 李华伟、原佳丽：《涉案财物处置机制的优化》，载《人民检察》2024年第8期。

务，并针对可能存在的第三人异议、被告人意见等问题予以答辩或驳斥。四是在提起公诉全流程过程中，对于涉案财物处置可能存在舆情敏感性、权属争议、相关权益人（包括犯罪嫌疑人、第三人等）存在不同意见等情况，将涉案财物的处置纳入听证审查范围，召开由相关行政部门、社会第三方独立专业人士、人民监督员、听证员等参与的听证会，决定涉案财物处置情况。

（三）构建诉后财物处置跟踪监督机制

在人民法院就相关涉案财物作出判决后，检察机关作为法律监督与诉讼办案一身二任、职能一体两面的国家法律监督机关，还应当承担对在判决后财物处置跟踪监督的职责。一是对审判机关的执行开展法律监督。针对执行不存在法律及现实障碍的涉案财物，与法院及时沟通诉讼、执行阶段涉案财物处置工作，确保对于涉案财物相关判决的执行落脚点当严格落实在法律的标准和尺度上。二是协助人民法院针对涉案财物与相关行政部门开展沟通协调工作。对于在国外的涉案财物，检察机关应当与人民法院加强合作，协同与外事、金融监管、边境管理等部门联系沟通，确保相关涉案财物判决送交对应国家职权部门开展执行工作。三是后续进一步跟进监督，在对应国家法院执行时，同样开展法律监督，充分保障相关当事人的权益。

四、深化推进涉外刑事犯罪涉案财物处置的实践展望

在构建涉外刑事犯罪涉案财物公诉制度之外，检察机关还应当进一步完善涉案财物公诉相关工作，确保涉案财物公诉工作得以真正贯彻落实。笔者认为，应当从持续优化涉外法治宣传、依托国际法治优化刑事司法协助程序执行、完善涉案财物调查证据采纳使用标准规范、推动刑事领域准据法搜集查明工作四方面开展相关工作。

（一）持续优化涉外法治宣传

对于涉案财物处置过程中可能会出现的舆论情况，检察机关应当积极推动持续优化涉外法治宣传，以创新举措破难题、补短板、强弱项，积极开展舆情引导工作。一是借力典型案例，讲好法治中国故事。通过以法治视角观察、以法治思维切入国内外公众所关注的涉外刑事犯罪案件的办理过程，有针对性地对相关涉案财物的处置“讲中国案、解中国法、说中国理”，积极推进指导性案例、典型案事例、检察故事汇等工作的开展，做好案件评析、释法说理、普法宣传等工作。二是在涉外法治工作中构建舆情快速响应机制。把握好案件处理的实效性、联系沟通的及时性，在相关涉案财物处置过程中敢发声、善发声，主动回应外界关切、澄清相关事实、消除无端误解、辟驳无稽谣言，主动服务对外工作大局，提升舆情宣传工作能力和传播能力。

（二）依托国际法治优化刑事司法协助程序执行

检察国际合作工作是我国对外国际合作工作中的重要组成部分之一，也是我国司法

工作走向国外的重要路径之一。对此，检察机关应当依托国际法治体系，持续优化刑事司法协助程序，为包括走私、洗钱、电诈等犯罪在内的涉外刑事犯罪涉案财物处置提供制度保障。一是依托双边、多边合作，深化国际司法检察合作机制。围绕涉外法治工作整体布局，充分发挥上海合作组织成员国总检察长会议、中国—东盟成员国总检察长会议、金砖国家总检察长会议、国际检察官联合会等多边司法合作机制作用，深化推进取证合作、调查便利化、判决互认、执行互助等工作，稳步推进刑事司法协助。二是积极参与全球治理体系的建设。检察机关应当务实开展国际司法协助，加大涉外刑事案件跨境调查取证、国际司法规则制定等工作力度，主动参与打击网络犯罪、洗钱犯罪等工作，反哺我国相关司法协助工作顺利开展。三是主动开展跨国边境犯罪治理。持续深化推动我国与相邻国家、友好国家的司法协作，针对走私、洗钱、电诈等边境上的涉外刑事犯罪主动加大打击力度，开展双边、多边针对跨国犯罪的联合治理，持续推进边境司法工作的常态化开展。

（三）完善涉案财物调查证据采纳使用标准规范

我国当前在境外刑事证据合法性审查过程中，对于境外证据采用严格审查模式，开展关联性、真实性与合法性进行审查；此外还通过《检察机关办理电信网络诈骗案件指引》《人民检察院办理网络犯罪案件规定》《关于办理电信网络诈骗等刑事案件适用法律若干问题的意见》等文件，确定了对电信网络诈骗犯罪、计算机网络犯罪等具体犯罪证据搜集的相关工作规范。[①] 但是在当前规范下，还应当从以下方面开展相关工作，一是进一步从涉外刑事犯罪角度确定统一、具体、可操作的证据标准，明确证据形式、证据排除、转化形式等方面的内容，为涉外刑事犯罪案件的办理以及相关涉案财物的处置提供法律依据。二是在技术层面进一步完善相关证据传送的方式，借鉴“欧洲调查令”等制度，构建定向文本加密传送平台，同时以“电子—实物双道并行”模式开展证据传送工作，为涉案财物处置提供时间上的即时性及便利化。

（四）推动刑事犯罪领域准据法搜集查明工作持续开展

目前，根据我国刑法第 6 条、第 7 条、第 8 条、第 9 条规定，检察机关的域外管辖权分为属人管辖权、属地管辖权、保护管辖权和普遍管辖权，这四类管辖权都有可能成为域外管辖的基础。2021 年 6 月 10 日通过的《中华人民共和国反外国制裁法》第 3 条明确规定，外国国家违反国际法和国际关系基本准则，以各种借口或者依据其本国法律对我国进行遏制、打压，对我国公民、组织采取歧视性限制措施，干涉我国内政的，我国有权采取相应反制措施。2018 年我国颁布施行《国际刑事司法协助法》对域外文书送达、调查取证、财产强制措施运用、追缴涉案财物等刑事司法协助活动作出系统规范。检察机关应当与监察机关、人民法院、公安机关、司法行政机关等部门携手开展刑

---

① 王玫黎：《构建境外刑事证据合法性审查规则》，载《检察日报》2024 年 5 月 30 日，第 3 版。

事犯罪领域准据法对外法律查明、对内法律释明等方面的探索，作为涉外法治工作中的重点工作之一。一方面，通过开展刑事犯罪法律查明工作，明确其他国家关于涉案财物的判决承认、调查、执行等工作的具体规定，明确相关工作开展落实可行性。另一方面，通过开展刑事犯罪法律查明工作，与国内相关规定开展比较法研究，查漏补缺，以弥补国内规定之不足。

五、余论

除了持续性、长期性、常态化推进司法工作之外，不断推进关于涉外法治的立法工作也应当是司法工作的重中之重。对此，检察机关应当积极配合立法机关开展司法调研、案件汇编、经验反馈、规则提取等工作，在立法机关的指导下，开展独立的对物之诉、赃物处置介入监督等相关工作，协助立法机关持续完善涉外法治立法工作，切实完善涉外法律法规体系和法治实施体系，构建中国特色现代化法治国家。

在涉外刑事犯罪案件办理中推进涉案财物公诉制度是一项艰巨、系统的工作，它关系到人民群众能否从我们办理的每一起涉外司法案件感受到公平正义，关系到社会的稳定及司法的公信力。对此，检察机关只有在开展涉外刑事犯罪涉案财物公诉工作中主动作为，奋发有为、担当善为，推动涉外法治工作规范化、一体化、常态化，切实保障人民群众的利益，才能真正做到“三个善于”，真正实现“高质效办好每一个案件”。与此同时，检察机关应当在涉外刑事犯罪治理过程中找准检察履职的发力点和突破口，不断推动源头治理、苗头治理，凝聚社会共力，塑造社会共识，持续深化做实强打击、重防范、压发案、筑平安，服务保障好国家建设大局。